本书是国家自然科学基金面上项目（项目批准号：71272069）的最终研究成果、国家社科基金重点项目（项目号：14AZD058）和教育部人文社科重点研究基地重大项目（项目号：17JJD79001）的阶段性成果。

立足于经济全球化与中国改革开放的大背景
分析中国工业企业国际化的方式、水平及动态变化
探究微观层面上的国际化与经济绩效变化是如何反映在行业及经济整体层面上的

中国工业企业的
国际化与经济绩效

CHINESE INDUSTRIAL FIRMS:
INTERNATIONALIZATION AND ECONOMIC PERFORMANCE

程大中 著

人民出版社

目　　录

表图索引

图示索引

前　　言

20世纪90年代以来,国际经济学特别是在国际贸易领域的理论与经验研究越来越关注异质性企业在国际贸易和国际投资中的角色。这主要是由于随着微观(企业/厂商)水平数据可得性的增强,现有国际贸易理论开始面临越来越多的经验上的挑战,特别是无法解释许多微观水平上的特征事实,比如同一行业中的企业在生产率、规模以及其他经济特征方面存在显著的异质性。这些研究深化了人们对于一个国家或地区经济对外开放与经济绩效变化的微观机制的理解。

本书采用异质性企业国际化理论分析框架和方法论,基于大规模翔实的微观数据,分析中国工业企业国际化的方式、水平及动态变化,测算中国工业企业的经济绩效,评估中国工业企业国际化的升水效应、学习效应与自选择效应。在此基础上,采用考虑了价值链关联的一般均衡分析方法,从中国工业行业及经济整体的角度,评估国际化的福利效应,从而探究微观层面上的国际化与经济绩效变化是如何反映在行业及经济整体层面上的。

本书共分为十章。第一章阐述本项研究的现实背景、主题和内在逻辑以及结构安排。第二章分别从国际贸易、国际投资、参与全球价值链分工以及中国的角度概括性地评述有关企业国际化与经济绩效的理论与经验研究,指出本书的主要研究工作以及可能贡献。第三章在讨论企业水平全要素生产率(TFP)一般测算方法的基础上指出本书采用的方法,同时详细介绍了本书所用企业水平生产、贸易与投资数据的处理方法、技巧与过程。第四、五章分别从参与全球价值链分工、国际贸易和投资的视角研究了中国工业企业的国际化方式、水平及动态发展。第六、七章从不同维度比较分析了中国工业企业的经济绩效表现及其动态变化,特别是比较了国际化企业与非国际化企业的差异。第八章在理论与经验两个层面探究了企业国际化与企业生产率之间的相互作用机制。第九章采用一般均衡分析的理论方法与技术评估中国工业企业国际化的福利效应。最后,第十章总结本书的主要研究工作及发现,并对相关政策含义进行讨论。

本书得到的研究结论主要包括:(1)中国经济已经非常深入地融入全球价值链和产业链,特别是与高收入发达经济体的价值链关联最密切。在中国工业行业中,参与全球价值链分工程度越高的行业,其企业发展、就业、出口、增加值就越重要。"多产品—多市场"的企业在很大程度上解释了中国工业出口的水平与增长。"多产品"工业企业的出口集中于少数热销产品,越热销产品的销售越集中于热销市场并销往更多的市场。持续出口的企业向持续的市场出口持续的产品(即企业、产品与市场三个维度上的集约边际)在较大程度上解释了中国工业出口的增长机制。外商独资企业与私营企业在中国工业出口中的作用突出。中国企业对外直接投资(OFDI)的增长主要是因为企业与东道国两个维度的广延边际增长所致。(2)中国工业企业的平均TFP增长不及劳动生产率和资本密集度。国际化企业与非国际化企业的平均TFP均趋于上升且年均增长率相当,但前者显著低于后者;在国际化企业中既出口又进行对外直接投资的企业的平均TFP并不是最高的,这些发现均与异质性企业贸易理论的基本预期相反。中国工业企业的TFP增长主要是靠企业广延边际实现的。国有绝对和相对控股企业、中央及省级所属企业的平均TFP及其增长率均显著低于其他类型企业;TFP较高的行业的资本密集度并不高,而TFP较低的行业则要么是政府垄断专营、要么是政府产业政策关注的重点;TFP增长较快的地区基本上是东部地区,而TFP增长较慢的地区基本上是中西部地区。如果目的地市场的经济规模越大、人均收入水平越高、制度质量越好,则中国对其出口/OFDI的企业数量就越多、出口产品种类就越多,中国向其出口/OFDI的企业的TFP离散程度就越大、TFP最低临界值就越小,即意味着这些市场更能容纳来自中国的TFP较低的多元化出口和 OFDI 企业。(3)中国工业企业的国际化(出口/OFDI)与否及程度不是因为其自身有较高的 TFP,即不存在正向的国际化自选择效应;企业国际化与否及程度对企业 TFP 也不产生正的影响,即不存在正向的国际化学习效应。无论是基于总体样本还是分不同所有制和隶属关系,国际化企业的 TFP 并不显著地高于非国际化企业,即不存在显著的国际化升水效应。(4)中国及其他经济伙伴削减关税与非关税壁垒可以增进中国的福利水平,并且主要得益于贸易条件(Terms of Trade,TOT)的改善。参与全球价值链分工程度较高的工业行业对贸易条件效应和贸易量(Volume of Trade,VoT)效应的贡献相对较大。

本书研究得到的政策启示主要是:(1)中国过去取得的巨大经济成就在很大程度上得益于对外开放以及企业以直接或间接方式参与全球价值链分工,未来中国要继续从微观和宏观两个层面增进经济绩效与经济福利,需要进一步打好人力资本与组织制度基础并深化对外开放包括有效推进区域经济一体化进程。(2)在国际贸易与投资涉及的风险与收益权衡方面,中国(非国有)企业与外国企业没有本质的差别,因此,制定和实施相关贸易和投资的政策与战略,应该充分考虑微观水平上的企业异质性,形成"自下而上"式的机制。特别地,对于近几年出现的以 OFDI 形式发生的资本外逃(资产转移)现象,应该更多地从宏观层面与制度层面寻找问题,而不是一味地归咎于企业与市场。(3)无论从国有企业自身的角度,还是从这些企业与中国国民经济的关系的角度,提升以 TFP 为核心的经济绩效,不仅应该成为国有企业改革的主线,而且也应该成为中国进一步市场化改革的基本取向。同时,改进政府影响经济和市场的手段,慎用产业政策,真正使市场在资源配置中发挥决定性作用。(4)企业国际化与企业 TFP 之间的相互作用机制非常重要,对于中国这样的转型经济体而言,要素自由流动与价格市场化、专业化分工以及管理变革与产权改革则更加关键。(5)提高经济发展水平、改进制度设计、优化经贸政策结构、完善统计体系以及通过削减关税与非关税壁垒改善国际经济环境,对于增进中国微观及宏观层面上的经济绩效与经济福利至关重要。

总之,只有不断夯实经济发展的微观基础尤其要重视市场化企业特别是民营企业和国际化企业的成长,中国经济才能逐渐由主要以传统贸易理论意义上的比较优势(主要体现为相对成本和价格优势)参与国际分工,转变为主要以新贸易理论意义上的产业规模经济优势和异质性企业贸易理论意义上的企业优势参与国际分工。只有这样,中国才能够同时发挥好作为发展中国家的成本和价格比较优势、作为大国的国内规模经济优势以及经济全球化和开放带来的国际规模经济优势。

程大中

2017 年 9 月 22 日于上海

第一章　企业国际化与经济绩效：现实问题和启示

　　工业革命开始于 18 世纪 60 年代的英国，并在 19 世纪先后扩散至法国、德国、俄国等其他欧洲国家以及美国和日本，从此，传统的农业经济开始被新兴的工业经济所取代，这标志着由这些国家主导的世界经济正式迈上工业化的历史进程。工业革命兴起之时的中国正处于清朝乾隆年间（1736—1796 年）。这个时期的中国有幸见证了美国的诞生与亚当·斯密《国富论》的发表（均为 1776 年），却没能跟上工业革命引发的世界经济工业化的步伐。历史已经证明，错过这一重要战略发展机遇期的后果对于中国而言无疑是非常严重的，中国这个东方文明古国开始衰落，大大落后于西方工业国家。1949 年中华人民共和国成立，但进入了一个高度集中、高度封闭的计划经济时代，"优先发展重工业，迅速实现工业化"成为国家经济发展的首要战略。从某种意义上讲，这似乎是在补中国历史上已经错失的经济工业化的课。然而，这种逆比较优势发展战略是建立在扭曲的宏观经济政策、资源计划配置制度以及没有自主权的企业微观经营机制基础之上的（林毅夫等，2002），因而是不可持续的。这一发展模式随着 20 世纪 70 年代末以来的中国改革开放战略的逐步实施而得以转变。中国经济从此驶入了一条快车道，并取得了举世瞩目的成就。本书立足中国改革开放与经济全球化的大背景，以工业化的产业基础即工业为重点，系统地研究中国工业企业的国际化与经济绩效。在全面展开本项研究之前，本章首先围绕这一主题对国内外的现实背景进行剖析，揭示本项研究的现实意义,提出要研究的主要问题及其内在基本逻辑。

第一节　国际背景:经济全球化、
企业国际化与国家竞争

现代经济的发展历程表明,企业是一个国家和地区经济实力与竞争力的微观基础。[①] 尽管传统贸易理论(Traditional Trade Theory)强调的比较优势即由外生资源禀赋决定的相对成本和价格优势[②],以及新贸易理论(New Trade Theory)强调的产业规模经济优势即非价格竞争优势和产品差异性优势,仍是国际贸易的基本动因;但现实表明,实际发生的国际贸易以及国际投资大多是由企业完成的,企业的生产也越来越趋于国际化。[③] 因此,在某种程度上可以说,企业是各种优势的集大成者和最终实现者。这正是异质性企业贸易理论(Heterogeneous Firm Trade Theory)所关注的企业优势,尤其是国际化企业优势。在目前经济全球化背景下,微观层面上的企业国际化与经济绩效直接决定着一个国家和地区产业中观层面以及宏观层面上的国际化与经济绩效。企业的国际化行为都是在特定的国际环境与背景下进行的,同时也影响并塑造着特定的

---

①　这里所指的企业主要是市场化企业,而国有企业或政府企业比较复杂,通常受到政府或政治较深的干预和影响。本书将对不同所有制类型与隶属关系进行分类研究。

②　杨小凯和黄有光(Yang 和 Ng,1993)、杨小凯(1998、1999)指出,当比较优势存在与否取决于人们对于专业化程度的决策时,这种比较优势被称为内生比较优势,而李嘉图的比较优势是以外部给定的主体之间在技术和禀赋方面的差异为基础,被称为外生比较优势。李嘉图的比较优势概念使得经济学家的注意力从内生比较优势转向外生比较优势,而后者与资源配置问题联系更为密切,前者则与经济组织问题有更深刻的关系。后来的赫克歇尔—俄林理论(H-O理论)继承并形式化了外生比较优势概念。

③　企业的国际化(internationalization)方式有多种,至少包括:一是在本国生产然后出口(export);二是在目标市场所在国家和地区进行直接投资,包括绿地投资(Greenfield Investment)与跨境(或跨国)并购(cross-border M&A)等;三是与外国企业合作设立合资企业(joint venture)或采取非股权模式(Non-Equity Modes,NEMs),比如外包(outsourcing)等(Dunning,1980;Grossman 和 Helpman,2005;Melitz,2003;UNCTAD,2011)。而且,现实中的企业也可能同时采取几种国际化方式,而不仅仅限于一种方式。

国际环境与背景。

一、全球价值链分工与企业国际化

20 世纪 80 年代末、90 年代初以来,世界经济呈现出一些特征事实 (stylized facts)。其中最重要的特征事实是全球价值链(Global Value Chains,GVCs)分工模式已经发展成为经济全球化与国际分工的主导性模式。

第一,全球价值链分工模式的微观基础是企业尤其是跨国企业(或跨国公司)(Multinational Corporations,MNCs)。这一分工模式的基本特征是企业生产活动和生产过程的分散化(disintegration),具体表现为:企业通过 FDI 或非股权模式等途径将其不同的生产阶段布局于不同的国家和地区,从而极大限度地利用资源禀赋等方面的跨国差异而产生的商业机会(UNCTAD,2013)。这样,一种产品的生产往往由多个经济体的多家企业协同完成,其不同生产环节及其增加值是在不同经济体实现的,由此产生的贸易被称为增加值贸易(Trade in Value-Added,TiVA)或任务贸易(Trade in Tasks)(Hummels 等,2001;Grossman 和 Rossi-Hansberg,2008;Mattoo 等,2013)①。

因此,全球价值链分工是企业尤其是跨国企业进行全球生产与投资布局、扩大要素价格均等化集合(Helpman,1984)、实现生产要素和生产条件"新组合"的结果②。这种基于全球价值链的分工、贸易和投资模式,一方面对已有国际经济理论与统计提出新的课题,比如需要引入增加值贸易统计方法,以弥补传统海关总值贸易(gross trade)统

---

① 世界贸易组织(WTO)早在 1998 年发布的一份报告显示:在一辆"美国"轿车(American car)的生产过程中,30% 的价值是到韩国进行装配、17.5% 是到日本采购元件和先进技术、7.5% 到德国进行设计、4% 到中国台湾和新加坡购买小部件、2.5% 到英国进行广告与市场营销、1.5% 到爱尔兰和巴巴多斯进行数据处理。这意味着只有 37% 的价值产生于美国本土(WTO,1998)。

② 熊彼特(1912)指出,作为资本主义"灵魂"的"企业家"的职能就是实现创新;"创新"是一种"创造性的破坏过程"(creative destruction),就是"建立一种新的生产函数"即把一种从来没有过的生产要素和生产条件的"新组合"引入生产体系。

计的不足①,从而能够全面评估一国的对外贸易绩效和贸易平衡状况;另一方面也有着非常不同的经济含义与政策启示,比如对就业、福利、汇率等方面的影响(Bems 和 Johnson,2012;Patel 等,2014)。

第二,全球价值链分工正在重新塑造世界经济的新格局。全球价值链分工的演进正在引发世界经济关系的变革,世界上几乎所有经济体都不同程度地参与到这一新的国际分工与专业化格局之中,这必然会影响到企业及其国际化行为,因为企业通过不同的国际化方式进入全球价值链和供应链系统,并成为其中的重要节点。有关贸易与投资数据表明,当前的价值链分工不仅是全球性的(global),也是区域性的(regional)。北美、欧洲(主要是西欧)、东亚是主导目前全球价值链分工和贸易的三大核心区域。鲍德温和洛佩兹-冈萨雷斯(Baldwin 和 Lopez-Gonzalez,2015)将这三大区域称为"北美工厂"(Factory North America)、"欧洲工厂"(Factory Europe)、"亚洲工厂"(Factory Asia)。世界其他地区都是围绕着这三大区域从事相应的生产、贸易和投资活动,比如资源型国家主要是通过提供石油等原材料参与到这一分工格局之中的。就目前而言,美国、德国、日本分别是这三大核心区域里的分工主导性国家,其他经济体则是围绕着这三大核心国家进行分工布局的。这三大区域之间也有着较为清晰的分工,以美国为主导的北美分工和贸易区主要是"创新"引领,以德国为主导的欧洲分工和贸易区以

---

① 因为传统的国际经济贸易统计方法无法准确反映生产过程的各个环节(包括货物与服务)及其原产地,最终组装国往往被误认为是最终出口国(比如,有很多只是在中国完成加工装配的产品标有"made in China"即"中国造",但实际上应该是"made in the world"即"世界造")。这导致一些国家的出口贸易额因重复计算而被高估,同时另外一些国家的出口额因未考虑在这些国家实现的中间环节货物与服务价值而被低估(WTO,2010;Wang 等,2013;Koopman 等,2014;Wang 等,2016),由此带来一些贸易摩擦与汇率争端(比如中美经贸关系问题)。所以,全球价值链与产业链专业化分工的新趋势迫切要求开发新的基于生产环节与价值链的统计方法,不仅要涵盖货物产出,更要覆盖服务产出。最近几年,这方面工作已经有了一些进展。2012 年 3 月 15 日,OECD 和 WTO 共同宣布要开发一个有关增加值贸易指标(Trade in Value Added indicators)的数据库并将之纳入到主流的国际经济统计体系。随后,在 2012 年 4 月 19 日于墨西哥召开的 G20 贸易部长会议上,OECD 秘书长安格尔·格瑞尔(Angel Gurría)发表了题为《理解全球价值链》(Understanding Global Value Chains)的演讲,强调了测算增加值贸易的重要性,并使这一项目赢得了国际支持。与此同时,学术界的研究也在逐渐深入(参见第二章的文献评述)。

及以日本为主导的东亚分工和贸易区则主要是以"制造"见长(见图1-1)。

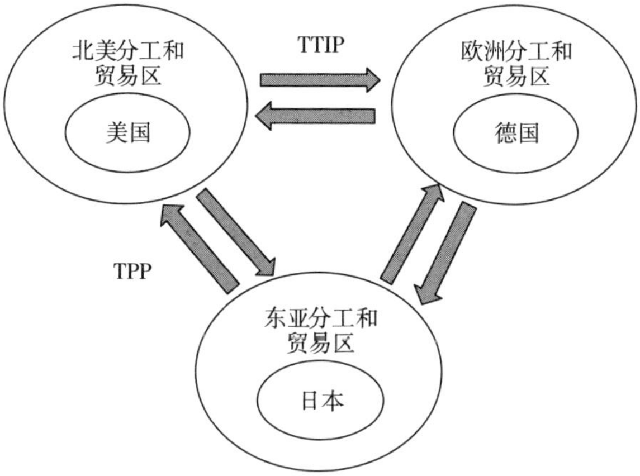

图1-1 目前全球价值链分工的三大核心区域

资料来源:基于鲍德温和洛佩兹-冈萨雷斯(Baldwin 和 Lopez-Gonzalez,2015)的研究制作而成。

实际上,这三大分工和贸易区的核心国家也是当今世界人均收入水平最高的国家。[①] 这也可能意味着,一国人均收入水平(是人均 GDP 而不是总量 GDP)的高低与该国在全球价值链中的位置息息相关。

比较巧合的是,与这种全球区域性分工格局相匹配,区域一体化制度安排已经或正在形成,主要包括 NAFTA(North American Free Trade Agreement,北美自由贸易协定)、EU(European Union,欧盟)以及横跨三大区的 TPP(Trans-Pacific Partnership,跨太平洋伙伴关系协定)和 TTIP (Transatlantic Trade and Investment Partnership,跨大西洋贸易与投资伙伴关系协定)等。[②] 这些区域一体化制度安排不仅能够降低交易成本(包括

① 我们将全球所有经济体按照实际人均 GDP(2005 年不变美元;与第四章分析相对照,使用 2011 年数值)排列,并以实际人均 GDP 的 6 个统计值[即最小值(151 美元)、第25 百分位(962 美元)、第 50 百分位(3489 美元)、均值(11233 美元)、第 75 百分位(14016 美元)、最大值(81853 美元)]为界限分为 5 组。收入水平最高(即第 75 百分位或 14016 美元以上)的一组集中于 GVC 分工三大核心区(中东地区高收入的产油国是例外)。

② 自 20 世纪 90 年代以来,区域经济一体化的蓬勃发展(表现为各种形式的 FTA)成为世界经济的一大显著特征(参见第九章的讨论)。正如鲍德温(Baldwin,1993)所言,"区域自由化如野火一样席卷全球,而多边贸易谈判却步步履维艰"("Regional liberalization sweeps the globe like wildfire while multilateral trade talks proceed at a glacial pace")。

贸易和投资壁垒)、促进价值链分工深化和产业链转移,而且可以提高对外开放水平、促进自由竞争和效率提升,无疑是对目前 WTO 多边制度安排的重要补充与局部升级(程大中等,2017)。

第三,全球价值链分工正在催生国际经贸领域的新规则。在市场中经营的企业必然受制于并影响着国际经贸新规则。全球价值链分工一方面会导致中间品(包括作为中间品的货物和服务)贸易的大幅增加,另一方面使得跨国投资日趋重要,其重要性甚至超过国际贸易,而且服务领域的跨国投资占据主导地位。目前,全球 60% 以上的国际贸易都集中于中间产品和服务,跨国公司协调的全球价值链(MNCs-coordinated GVCs)贸易占全球贸易的 80% 左右(UNCTAD,2013)。相对于最终品贸易,大量的、在国际间来来回回的中间品贸易客观上更加需要降低关税与非关税壁垒、促进贸易便利化,这也符合关税升级(tariff escalation)原理;同时,无比细化的、"你中有我和我中有你"的竞合模式要求规则具有高度的兼容性和协调性。更为重要的是,进入新世纪,国际经贸活动中的"贸易—投资—服务"相互交织,客观上要求出台"21 世纪的贸易规则",涉及知识产权保护、投资保证、资本流动保证、人员流动以及一流基础设施(电信、网络等)的提供等方面(Baldwin,2011)。

然而,现实的发展趋势表明,WTO 多边框架不仅停滞不前,而且残缺不全;全球至今仍缺乏一个完整的多边投资框架;但另一方面,自由贸易区(FTA)和双边投资安排(Bilateral Investment Treaty,BIT)却在蓬勃发展。因此,笔者有理由预测,基于全球价值链分工的新规则的诞生最有可能基于 FTA 区域一体化或 BIT 的制度安排,而非现行的 WTO 多边体制。也就是说,在适应全球价值链分工演进方面,区域经济一体化安排拥有相对于 WTO 多边体制的制度优势。

第四,全球价值链分工已经并将继续给包括中国在内的各相关经济体及其企业发展带来新机遇。如果认为 20 世纪 80 年代之前也存在价值链分工,那么那时的分工格局主要是"北—北"模式即发达经济体之间的分工(比如美国与加拿大 1964 年签订的《北美汽车贸易协定》所反映的价值链贸易就是这方面的经典案例),产业链转移主要发生在发达经济体之间。但如今，全球价值链分工格局则是"北—北"模式与"南—北"模式、"南—南"模式并存，而且后者特别是"南—北"模式越来越重要，即越来越多的发展中经济体和转型经济体及其企业（包括大量的中小企业）逐渐参与到全球价值链分工之中；产业链转移不仅发生在发达经济体之间，而且也越来越多地发生在发达经济体与发展中或转型经济体之间。至此，世界上几乎所有经济体，不管其经济发展水平如何，都已经或即将成为全球价值链分工格局的一部分，设法分享经济全球化所带来的好处。

　　第五，全球价值链分工对各有关经济体经济政策和战略的优化升级提出新要求。企业是这些政策与战略优化升级的实际推动者与落实者。一方面，全球价值链与产业链分工客观上要求削减关税与非关税壁垒（特别是对于中间产品和服务），推动贸易与投资便利化，这必然会使改革领域逐渐从传统的"边境上壁垒"（on-the-border barriers）（即涉及降低关税与非关税壁垒的"第一代"贸易自由化）延伸至"边境内壁垒"（behind-the-border barriers）（即涉及国内规制改革的"第二代"贸易自由化）（Lawrence，1996）；同时要求"跨边境互通互联"（cross-border interconnections）。另一方面，如果一国要实行特定的产业政策，那么这样的产业政策也必然是针对产业链和价值链的某个或某些环节（或任务），不可能覆盖整个产业链和价值链。也就是说，只有搞清楚自身在哪个或哪些环节（或任务）上具有比较优势，才能有针对性地采取有效政策。这就要求政策设计必须更加细致入微、更加具有目标指向性，"大而全、小而全"的粗放式产业政策时代已经结束。此外，价值链分工会带来很多新机遇，但这些机遇能否转化为参与者实际得到的好处，则在很大程度上取决于参与者的战略与政策。比如，美国长期以来就一直密切关注价值链、产业链和供应链的安全问题。美国国土安全部曾在2007年专门发布《增强国际供应链安全战略》；2008年又提出"国家网络安全综合计划"，即要建立全方位的方法来实施全球供应链风险管理；2012年美国白宫发布《全球供应链安全国家战略》并于2013年出台《全球供应链安全国家战略：实施更新版》；2014年又发布《提高关键基础设施网络安全框架》。这一系列举措均表明，美国目前已经基本完成对全球价值链和供应链安全问题的战略研究,并开始转入战略实施阶段。这必将影响美国乃至其他的跨国公司。因此,美国的战略意向特别值得关注。

二、企业国际化与国家竞争

随着经济的市场化与全球化不断演进,企业尤其是国际化企业(或跨国企业/跨国公司)越来越成为国际市场竞争的主体,主导着世界市场、国际分工、国际贸易与投资,影响着国际政治与经济关系。同时,当今世界的强国特别是经济强国都是建立在坚实的企业微观基础之上的,国家之间的竞争在很大程度上是企业之间的竞争。

表1-1是根据联合国贸发会议(UNCTAD)相关年份的《世界投资报告》整理出来的全球对外直接投资、国际生产与贸易的基本情况。

表1-1 1982—2016年全球FDI、国际生产与国际贸易

年份 主要指标	1982	1990	2005—2007	2008	2009	2010	2011	2012	2013	2014	2015	2016
FDI 流入量 (inflows) (十亿美元)	59	207	1473	1744	1198	1409	1700	1330	1427	1324	1774	1746
FDI 流出量 (outflows) (十亿美元)	28	241	1501	1911	1175	1505	1712	1347	1311	1253	1594	1452
内向FDI存量 (十亿美元)	796	2081	14588	15295	18041	20380	21117	23304	24533	25108	25191	26728
外向FDI存量 (十亿美元)	590	2093	15812	15988	19326	21130	21913	23916	24665	24686	24925	26160
内向FDI的收入 (十亿美元)	—	75	1020	1066	960	1377	1603	1581	1526	1632	1480	1511
内向FDI回报率(%)*	—	4.2	7.3	7.3	5.6	6.8	6.9	7.6	6.5	6.9	6.2	6.0
外向FDI的收入 (十亿美元)	—	122	1100	1113	1049	1387	1550	1509	1447	1533	1382	1376
外向FDI回报率(%)*	—	6.1	7.2	7	5.6	6.6	6.5	7.1	6.1	6.4	5.7	5.5
跨境并购 (十亿美元)	—	99	703	707	250	344	556	332	263	428	735	869

续表

主要指标 \ 年份	1982	1990	2005—2007	2008	2009	2010	2011	2012	2013	2014	2015	2016
跨境并购占FDI流入量比重(%)		47.83	47.73	40.54	20.87	24.41	32.71	24.96	18.43	32.33	41.43	49.77
FA 销售额(十亿美元)#	2717	5102	20656	33300	23866	22574	28516	31532	31865	33476	36069	37570
FA 增加值(产值)(十亿美元)	636	1018	4949	6216	6392	5735	6262	7089	7030	7355	8068	8355
FA 总资产(十亿美元)	2076	4599	43623	64423	74910	78631	83754	89568	95671	104931	108621	112833
FA 出口额(十亿美元)	717	1498	5003	6599	5060	6320	7463	7532	7469	7854	6974	6812
FA 就业(千人)	19232	21458	51593	64484	59877	63043	63416	67155	72239	75565	79817	82140
国内生产总值(GDP)(十亿美元)	11737	22206	50411	61147	57920	63468	71314	72807	75887	78501	74178	75259
固定资本形成总额(GFCF)(十亿美元)	2285	5109	11208	13999	12735	13940	16498	17171	18753	19410	18533	18451
货物与非要素服务出口(十亿美元)	2246	4382	15008	19794	15196	18956	22386	22593	23158	23563	20921	20437
FA 增加值占全球 GDP 比重(%)	5.42	4.58	9.82	10.17	11.04	9.04	8.78	9.74	9.26	9.37	10.88	11.10
FA 出口占全球货物与非要素服务出口比重(%)	31.92	34.19	33.34	33.34	33.30	33.34	33.34	33.34	32.25	33.33	33.33	33.33

注:按现价计值。"2005—2007"表示 2005—2007 年危机前平均水平。"FA#"表示外国附属机构(foreign affiliates)。FDI*回报率数据仅基于有 FDI 收入与存量数据的经济体计算而得。2015 年和 2016 年外国附属机构(foreign affiliates)销售额、增加值或产值[value added(product)]、总资产和就业数据是基于每个变量对 1980—2014 年期间外向 FDI 存量和因变量滞后项的固定效应面板回归而估算得到的。跨境并购(cross-border M&A)数据仅从 1987 年开始才有的。另外,与母公司有关的、通过非股权关系的外国附属机构的全球销售值以及母公司自身的销售值未包括在本表中。外国附属机构的全球销售值、总产值、总资产、出口与就业是基于相关重要经济体占世界外向 FDI 存量的份额并通过相关数据外推计算而得的。

资料来源:根据相关年份的 UNCTAD《世界投资报告》(World Investment Report)整理计算而得。

首先看 FDI 流量和存量变化。1982 年全球 FDI 流量与内向 FDI 存量分别只有 590 亿美元和 7960 亿美元,但到 2016 年则分别超过 1.7 万亿美元和 26.7 万亿美元,分别是 1982 年的 30 倍及 33 倍。与此同时,这些 FDI 也带来了可观的回报与收入。

其次看跨境并购。1990 年全球发生的跨国并购净销售(net sales)现值占当年内向 FDI 流量(2070 亿美元)的比重接近 48%;在此次金融危机前的 2005—2007 年,这一平均比重仍接近 48%。受全球金融危机的影响,这一比重在 2008 年下降至 40.5%、并在 2009 年进一步下降至 21%;但 2010 年开始回升,达到 24%,但只相当于 2007 年高峰时候的 1/3(UNCTAD,2011)。2011 年进一步回升,达到 33%。这一比重在 2012—2013 年有所下降,但到 2014—2016 年又出现较大上升,2016 年接近 50%。

虽然金融危机期间全球跨国并购比其他年份要少得多,但跨国公司外国附属机构的增加值占全球 GDP 的比重基本保持在 10% 左右,外国附属机构的出口值占全球货物和非要素服务出口值的比重则保持在 30% 以上。由此可以看到跨国公司在目前全球投资、贸易与生产中的分量。

以 2016 年《财富》世界 500 强企业为例(见表 1-2)①,美国有 134 家企业上榜,占全部企业数的 26.8%,高居榜首。中国上榜企业的数量达到 110 家,超过日本,位列第二位。日本有 52 家企业上榜,位列第三位。法国(29 家)、德国(28 家)、英国(25 家)、瑞士(15 家)、韩国(15 家)、荷兰(12 家)、加拿大(11 家)依次居第四位至第十位。可以看出,在排名前十位的国家中,除中国外其他经济体都是发达经济体。而且,通过回归分析发现,GDP 总量越大的经济体拥有的上榜企业数量就越多,两者之间存在显著的正相关关系。另外,各国上榜企业的营业总收入占各自国家GDP 的比重都很高。比如,美国 134 家上榜企业的营业总收入为 84670 亿美元,占美国 GDP(2014 年 GDP)的 56%;日本 52 家企业的营业总收

----

① 全球 500 强企业的母国主要集中在北美、欧洲以及亚太地区。

入为 25776 亿美元,占日本 GDP(2014 年 GDP)的 54%。①

表 1-2 《财富》世界 500 强企业的地理分布

名次	经济体	2016		2012		2016 年相对于 2012 年的数量变化
		个数	比重(%)	个数	比重(%)	
1	美国	134	26.8	132	26.4	↑
2	中国	110	22.0	81	16.2	↑
3	日本	52	10.4	68	13.6	↓
4	法国	29	5.8	32	6.4	↓
5	德国	28	5.6	32	6.4	↓
6	英国	25	5.0	26	5.2	↓
7	瑞士	15	3.0	15	3.0	—
8	韩国	15	3.0	13	2.6	↑
9	荷兰	12	2.4	12	2.4	—
10	加拿大	11	2.2	11	2.2	—
11	意大利	9	1.8	9	1.8	—
12	西班牙	9	1.8	8	1.6	↑
13	澳大利亚	8	1.6	9	1.8	↓
14	印度	7	1.4	8	1.6	↓
15	巴西	7	1.4	8	1.6	↓
16	俄罗斯	5	1.0	7	1.4	↓
17	新加坡	3	0.6	2	0.4	↑
18	瑞典	3	0.6	4	0.8	↓
19	墨西哥	2	0.4	3	0.6	↓
20	比利时	2	0.4	4	0.8	↓
21	爱尔兰	2	0.4	2	0.4	—
22	丹麦	1	0.2	1	0.2	—
23	卢森堡	1	0.2	2	0.4	↓

① 基于 www.fortunechina.com 提供的原始数据计算而得,GDP 数据来自世界银行数据库。

续表

名次	经济体	2016		2012		2016 年相对于 2012 年的数量变化
		个数	比重（%）	个数	比重（%）	
24	印度尼西亚	1	0.2	0	0.0	↑
25	土耳其	1	0.2	1	0.2	—
26	奥地利	1	0.2	1	0.2	—
27	挪威	1	0.2	1	0.2	—
28	沙特阿拉伯	1	0.2	1	0.2	—
29	波兰	1	0.2	1	0.2	—
30	泰国	1	0.2	1	0.2	—
31	英国—荷兰	1	0.2	1	0.2	—
32	阿拉伯联合酋长国	1	0.2	1	0.2	—
33	马来西亚	1	0.2	1	0.2	—
34	委内瑞拉	0	0.0	1	0.2	↓
35	匈牙利	0	0.0	1	0.2	↓
	合计	500	100.0	500	100.0	

注:数量变化是指 2016 年相对于 2012 年的变化,"—""↑""↓"分别表示不变、上升和下降。中国的数据包括大陆与港澳台。

资料来源:根据 http://www.fortunechina.com/fortune500/index.htm 提供的原始数据制作。

　　然而需要指出的是,虽然中国的 GDP(未包括港澳台地区)已位居世界第二、上榜企业总数(未包括港澳台地区)在 2016 年位居第二,但这些企业的所有制性质以及所在行业的行业特征特别值得关注。一方面,这些上榜企业中的民营企业数量较少;大部分是央企和国有企业,它们在政策优惠、金融支持与市场垄断等方面享有民营企业无法比拟的好处或优势(Szamosszegi 和 Kyle,2011)。

　　另一方面,在《财富》列出的 53 个行业/部门中(见表 1-3),中国在计算机软件、信息技术服务、娱乐、饮料、服装、建筑和农业机械、保健、家居和个人用品、管道运输、铁路运输等行业或领域没有上榜企业。与美国等发达经济体相比,中国企业不仅在传统的、涉及国计民生的行业领域如服装、食品等,而且在高科技和新兴产业如信息技术、计算机软件、医药保健、娱乐等领域的优势明显较弱。①

特别需要指出的是,全球范围内上榜的五家房地产企业全部来自中国,分别是位列第 311 位的绿地控股集团有限公司(Greenland Holding Group)、第 356 位的万科企业股份有限公司(China Vanke)、第 401 位的中国保利集团(China Poly Group)以及第 496 位的恒大集团(Evergrande Real Estate Group)。

表 1-3　《财富》世界 500 强的行业分布:中国与美国、全球的比较

	行业/部门	全　球		中　国		美　国	
		个数	比重(%)	个数	比重(%)	个数	比重(%)
1	银行:商业储蓄	53	10.6	10	9.09	8	5.97
2	车辆与零部件	34	6.8	6	5.45	3	2.24
3	炼油	32	6.4	3	2.73	6	4.48
4	人寿与健康保险(股份)	24	4.8	6	5.45	2	1.49
5	食品店和杂货店	20	4.0	0	0	5	3.73
6	采矿、原油生产	19	3.8	13	11.82	1	0.75
7	公用设施	18	3.6	3	2.73	2	1.49
8	电信	17	3.4	3	2.73	3	2.24
9	电子、电气设备	17	3.4	4	3.64	2	1.49
10	财产与意外保险(股份)	16	3.2	1	0.91	6	4.48
11	航天与防务	15	3	6	5.45	6	4.48
12	工程与建筑	13	2.6	9	8.18	0	0
13	金属产品	13	2.6	7	6.36	1	0.75
14	能源	13	2.6	5	4.55	0	0
15	制药	13	2.6	1	0.91	6	4.48

---

①　实际上,美国等发达经济体除了拥有为数众多、竞争实力超强的大企业外,还拥有更多的、可以获得政府等各方面支持的、充满活力和竞争力的中小企业,这些中小企业对经济、就业和创新的贡献丝毫不逊于大企业(根据美国中小企业局网站 www.sba.gov)。相比之下,中国的中小企业自改革开放以来虽有较大发展,但由于受到融资、信息、管理等方面的约束,其进一步发展的潜力还远未发掘出来,对国民经济的贡献还远未发挥出来。

续表

行业/部门	全球		中国		美国	
	个数	比重（%）	个数	比重（%）	个数	比重（%）
16 贸易	12	2.4	5	4.55	0	0
17 专业零售	11	2.2	2	1.82	6	4.48
18 工业机械	8	1.6	4	3.64	1	0.75
19 航空	8	1.6	1	0.91	3	2.24
20 计算机、办公设备	8	1.6	4	3.64	3	2.24
21 人寿与健康保险（互助）	8	1.6	0	0	4	2.99
22 化学品	7	1.4	1	0.91	2	1.49
23 食品生产	7	1.4	0	0	4	2.99
24 综合商业	7	1.4	1	0.91	4	2.99
25 保健:保险和管理医保	6	1.2	0	0	6	4.48
26 多元化金融	6	1.2	1	0.91	4	2.99
27 批发:保健	6	1.2	0	0	3	2.24
28 其他	6	1.2	1	0.91	4	2.99
29 邮件、包裹及货物包装运输	6	1.2	1	0.91	3	2.24
30 房地产	5	1	5	4.55	0	0
31 食品:消费产品	5	1	1	0.91	2	1.49
32 半导体、电子元件	4	0.8	1	0.91	1	0.75
33 管道运输	4	0.8	0	0	3	2.24
34 建材、玻璃	4	0.8	1	0.91	0	0
35 批发:电子、办公设备	4	0.8	0	0	4	2.99
36 铁路运输	4	0.8	0	0	1	0.75
37 网络、通讯设备	4	0.8	1	0.91	2	1.49
38 信息技术服务	4	0.8	0	0	1	0.75
39 保健:医疗设施	3	0.6	0	0	2	1.49
40 计算机软件	3	0.6	0	0	2	1.49
41 家居、个人用品	3	0.6	0	0	1	0.75

续表

	行业/部门	全 球		中 国		美 国	
		个数	比重(%)	个数	比重(%)	个数	比重(%)
42	批发:食品	3	0.6	0	0	2	1.49
43	批发商:多元化	3	0.6	1	0.91	1	0.75
44	食品:饮食服务业	3	0.6	0	0	1	0.75
45	网络服务和零售	3	0.6	1	0.91	2	1.49
46	饮料	3	0.6	0	0	1	0.75
47	娱乐	3	0.6	0	0	3	2.24
48	财产与意外保险(互助)	2	0.4	0	0	2	1.49
49	船务	2	0.4	1	0.91	0	0
50	服装	2	0.4	0	0	1	0.75
51	雇佣帮助	2	0.4	0	0	0	0
52	建筑和农业机械	2	0.4	0	0	2	1.49
53	油气设备与服务	2	0.4	0	0	2	1.49
	合计	500	100	110	100	134	100

资料来源:根据 http://www.fortunechina.com/fortune500/index.htm 提供的 2016 年数据制作。

根据联合国贸发会议官方网站(www.unctad.org)发布的最新数据,在2016 年按海外资产(foreign assets)排名的世界前 100 家非金融类跨国公司(non-financial TNCs)中,只有两家来自中国大陆,分别是海外资产总额排名第 44 位与第 81 位的中国海洋石油总公司(China National Offshore Oil Corp)、中国远洋运输(集团)公司(China Ocean Shipping(Group)Company),但这两家企业的"跨国化指数"(Trans-nationality Index,TNI)却分别只有 23.8%、49.8%,分别排在倒数第二位、第 85 位(该两家公司都属于前面提到的《财富》世界 500 强企业,它们的营业收入在 2016 年分别列第 109 位、第 465 位)。美国(22 家)、英国(15 家)、德国(11 家)和日本(11 家)、法国(11 家)位列前五位,占全部上榜跨国公司数量的70%,而且这些国家的跨国公司的跨国化指数都很高(见表 1-4)。

表 1-4 2016 年海外资产排名前 100 的非金融类跨国公司的跨国化指数对比

海外资产排名	企业名称	母国	TNI（%）	TNI 排名	海外资产排名	企业名称	母国	TNI（%）	TNI 排名
1	Royal Dutch Shell plc	英国	74.3	38	51	Procter & Gamble Co	美国	52.4	78
2	Toyota Motor Corporation	日本	60.2	63	52	Orange SA	法国	51.3	82
3	BP plc	英国	74.9	36	53	Amazon.com, Inc	美国	62.7	56
4	Total SA	法国	80.9	24	54	Nippon Telegraph & Telephone Corporation	日本	26.0	98
5	Anheuser-Busch InBev NV	比利时	82.1	20	55	Statoil ASA	挪威	30.3	96
6	Volkswagen Group	德国	60.3	61	56	GlaxoSmithKline PLC	英国	78.0	30
7	Chevron Corporation	美国	57.9	67	57	BASF SE	德国	65.0	54
8	General Electric Co	美国	56.8	68	58	Lafargeholcim Ltd	瑞士	74.9	37
9	Exxon Mobil Corporation	美国	52.1	79	59	Wal-Mart Stores Inc	美国	29.3	97
10	Softbank Corp	日本	62.5	58	60	Liberty Global plc	英国	91.6	10
11	Vodafone Group Plc	英国	81.4	23	61	General Motors Co	美国	32.7	95
12	Daimler AG	德国	59.6	64	62	ConocoPhillips	美国	52.0	81
13	Honda Motor Co Ltd	日本	77.6	32	63	Unilever PLC	英国	81.4	22
14	Apple Computer Inc	美国	47.9	86	64	Robert Bosch GmbH	德国	68.3	46
15	BHP Billiton Group Ltd	澳大利亚	79.1	26	65	Mondelez International, Inc.	美国	81.7	21
16	Nissan Motor Co Ltd	日本	70.1	42	66	John Swire & Sons Limited	英国	98.8	2
17	Siemens AG	德国	65.9	51	67	AstraZeneca PLC	英国	75.8	34
18	Enel SpA	意大利	55.3	71	68	Renault SA	法国	67.7	48
19	CK Hutchison Holdings Limited	中国香港	84.5	17	69	Schlumberger Ltd	美国	66.9	50
20	Mitsubishi Corporation	日本	62.5	57	70	Broadcom Limited	新加坡	96.4	4
21	Glencore Xstrata PLC	瑞士	74.9	35	71	Anglo American plc	英国	96.0	5
22	Telefonica SA	西班牙	78.5	29	72	Petronas-Petroliam Nasional Bhd	马来西亚	42.5	91
23	Eni SpA	意大利	58.8	65	73	Marubeni Corporation	日本	67.0	49

续表

海外资产排名	企业名称	母国	TNI（%）	TNI排名	海外资产排名	企业名称	母国	TNI（%）	TNI排名
24	Nestlé SA	瑞士	92.5	8	74	Repsol YPF SA	西班牙	69.5	44
25	BMW AG	德国	56.1	69	75	National Grid PLC	英国	58.1	66
26	Johnson & Johnson	美国	65.0	53	76	Christian Dior SA	法国	76.5	33
27	Deutsche Telekom AG	德国	60.2	62	77	Bayer AG	德国	46.6	88
28	Iberdrola SA	西班牙	70.8	41	78	Nokia OYJ	芬兰	94.4	6
29	Allergan PLC	爱尔兰	55.4	70	79	Air Liquide SA	法国	84.2	18
30	Rio Tinto PLC	英国	99.3	1	80	British American Tobacco PLC	英国	84.9	16
31	Fiat Chrysler Automobiles	英国	77.7	31	81	China COSCO Shipping Corp Ltd	中国	49.8	85
32	Pfizer Inc	美国	50.1	84	82	SAP SE	德国	92.5	7
33	EDF SA	法国	22.5	100	83	United Technologies Corporation	美国	53.0	77
34	Microsoft Corporation	美国	46.7	87	84	Sumitomo Corporation	日本	60.6	60
35	Mitsui & Co Ltd	日本	71.6	40	85	Imperial Brands PLC	英国	79.1	27
36	Altice NV	荷兰	97.0	3	86	Danone Groupe SA	法国	90.5	12
37	Engie	法国	53.9	75	87	RWE AG	德国	45.1	90
38	ArcelorMittal	卢森堡	85.8	15	88	Amgen Inc	美国	42.1	92
39	Sanofi	法国	65.4	52	89	Schneider Electric SA	法国	91.4	11
40	Hon Hai Precision Industries	中国台湾	83.5	19	90	Hewlett-Packard Co	美国	54.0	74
41	The Coca-Cola Company	美国	68.6	45	91	Alphabet Inc	美国	33.3	94
42	Ford Motor Company	美国	38.1	93	92	Intel Corporation	美国	54.3	73
43	Novartis AG	瑞士	67.8	47	93	Volvo AB	瑞典	86.8	14
44	China National Offshore Oil Corp（CNOOC）	中国	23.8	99	94	WPP PLC	英国	88.4	13
45	Shire plc	爱尔兰	91.9	9	95	ITOCHU Corporation	日本	46.3	89
46	Airbus Group NV	法国	62.9	55	96	E. ON AG	德国	53.7	76
47	Teva Pharmaceutical Industries Limited	以色列	79.0	28	97	Sony Corporation	日本	52.0	80

续表

海外资产排名	企业名称	母国	TNI (%)	TNI 排名	海外资产排名	企业名称	母国	TNI (%)	TNI 排名
48	Roche Group	瑞士	80.4	25	98	AP Moller-Maersk A/S	丹麦	73.0	39
49	International Business Machines Corporation	美国	69.6	43	99	Vale SA	巴西	50.5	83
50	Samsung Electronics Co., Ltd.	韩国	55.1	72	100	América Móvil SAB de CV	墨西哥	61.7	59

注:"跨国化指数"(Trans-nationality Index，TNI)等于海外资产占总资产比重、海外销售占总销售比重、海外员工就业占总就业比重这三项比重的平均值。

资料来源:UNCTAD，World Investment Report 2017:Annex table 24。

第二节 国内背景:改革开放、结构转型、创新升级与微观基础

前面主要从跨国比较的角度,考察企业在经济全球化、全球价值链分工与国家之间竞争中的基础性作用,也涉及中国企业的国际化表现及其与相关经济体的差异性。这些发现无疑与中国国内的产业状况与宏观背景密不可分。

首先,在体制改革和对外开放的不断刺激下,中国三次产业的发展和调整在过去近40年里大致经历了四个阶段,而且每个阶段都与中国经济体制改革的进程密切相关(见表1-5)。

第一阶段(1978年12月—1984年10月):即党的十一届三中全会至党的十二届三中全会期间,以家庭联产承包责任制为主要形式的农业和农村改革使农业部门成为经济发展的核心带动力,解决了中国的吃饭问题。

第二阶段(1984年10月—1992年6月):以调整所有制结构、增进企业活力为中心环节的工业改革(城市国有工业企业改革与乡镇企业发展)促进了轻工业的快速发展,人民的生活用品日益丰富,耐用消费品进入普及阶段,物质产品领域的供给短缺状况出现根本转变。

表1-5　中国三次产业发展和调整的背景、阶段及结果

时　间　阶　段		三次产业发展与调整结果
改革开放以前 (进口替代式的重工业优先发展战略、资源计划配置制度与扭曲的宏观经济政策)		形成"二一三"的总体产业格局、产业非协同发展下的单一部门(即重工业)较快增长、服务化水平低下、农业生产落后
改革开放以来 (出口导向到融入全球化的对外开放战略、不断深化的体制改革和市场化进程、不断矫正的宏观经济政策)	第一阶段(1978年12月—1984年10月)	"二一三"的总体产业格局没有改变、第一产业(主要是农业)出现较快增长、工业比重有所回落、服务业发展徘徊不前
	第二阶段(1984年10月—1992年6月)	形成"二三一"的总体产业格局、轻工业快速发展、服务业发展较快但水平仍然低下
	第三阶段(1992年6月—2001年12月)	"二三一"的总体产业格局未变、工业比重维持在较高水平、服务业略有发展
	第四阶段(中国加入WTO至今)	"二三一"的总体产业格局未变、工业比重维持在较高水平、服务业发展徘徊不前

注:根据国家统计局,中国国民经济行业划分为:第一产业包括农林牧渔业和农林牧渔服务业;第二产业包括工业(包括采矿业、制造业以及电力、燃气及水的生产和供应业三大类)和建筑业;其他为第三产业(归为服务业,但服务业范围更广)。

资料来源:笔者制作而成。

　　第三阶段(1992年6月—2001年12月):以1992年6月16日中共中央、国务院颁布《中共中央、国务院关于加快发展第三产业的决定》(中发〔1992〕5号)为标志,服务行业的改革正式铺开。在此阶段,很多物质产品出现供过于求、货物贸易顺差开始出现并逐步扩大,消费者随着收入水平的提高对服务的需求开始增加,服务供给短缺问题开始暴露;另一方面为使中国经济全面融入国际化(加入WTO),服务行业的改革开放势在必行。但服务业改革的长期性和复杂性要远远超过农业和工业改革。

　　第四阶段(中国加入WTO至今):以中国加入WTO为标志,中国三次产业的发展和调整进入了一个更加开放(需要兼顾内需与外需)、更加注重结构调整、协同发展和经济绩效(包括节能减排、可持续发展)的新时期。但与此同时,一方面,随着中国经济总量规模的不断扩大,以工业

为主的第二产业带动经济增长(特别是重化工业快速增长)受环境、资源、土地等方面约束日益强烈,可持续性受到严峻挑战;另一方面,随着世界经济一体化进程的加快,中国产业特别是工业发展面临的国际竞争压力日益加大。

目前("十三五"时期)及未来一段时期,中国经济总体上仍将处于工业化深入发展即所谓的新型工业化阶段,以企业为主体、基于新型工业化的实体经济发展在经历此次全球金融危机的严峻考验之后显得尤为迫切和重要。同时,在面对美国和欧洲意欲推行"再工业化"、回归实体经济战略冲击的背景下,中国的企业特别是工业企业如何提升国际化与经济绩效和竞争力、更好地应对国际挑战,就成为特别紧迫的问题,因为工业特别是制造业在中国国内经济与对外贸易发展中的地位举足轻重。

从图1-2可知,自改革开放以来,中国工业占GDP的比重始终保持在45%左右;而构成工业最主要部分的制造业则呈现缓慢下降的趋势,但目前占GDP的比重仍维持在30%左右。

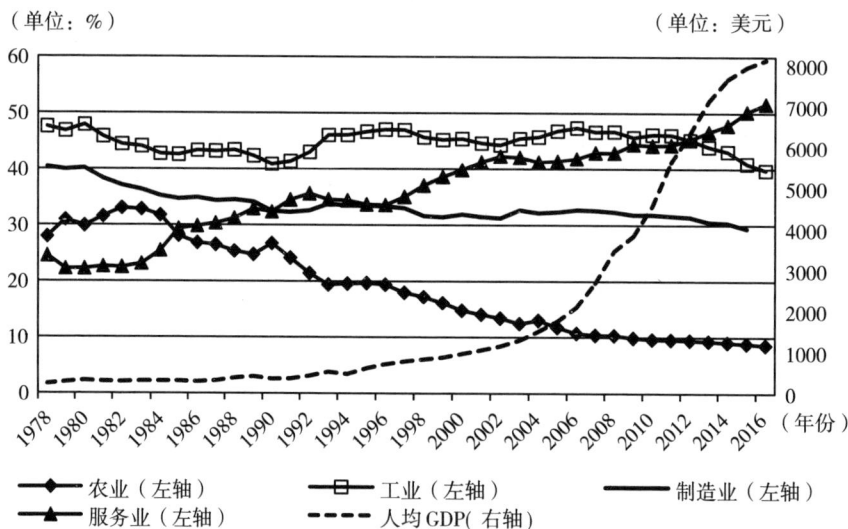

图1-2 1978—2016年中国的国内生产总值(GDP)行业结构与人均GDP

注:左轴为各部门/行业占GDP的百分比;右轴为名义人均GDP。

资料来源:基于CEIC Data Manager数据库。

图 1-3 和表 1-6 显示,中国货物贸易进出口占全部贸易进出口的比重基本保持在 80% 以上,而且自 1995 年以来,中国的货物贸易始终处于顺差状态(2016 年顺差高达 5110 亿美元,约占货物贸易总额的 14%),与服务贸易始终处于逆差状态(2016 年逆差为 2430 亿美元,约占服务贸易总额的 37%)形成鲜明对照。[①] 在货物贸易内部,工业制成品出口占货物贸易出口的比重持续上升,从 1985 年的 50% 升至 2016 年的 95%;相反,工业制成品进口比重总体上趋于下降,从 1985 年的 87% 降至 2016 年的 72%。工业制成品进出口的反向变化导致工业制成品的大幅贸易顺差,这一顺差占工业制成品贸易总额的比重、占货物贸易总额的比重在 2016 年分别接近 27%、23%。

与此同时,在 2008 年全球金融危机之前,中国国内制造业实际利用外资金额占全部实际利用外资金额的比重始终保持在 46% 以上,在有些年份(比如中国加入 WTO 之后的 2002—2004 年)甚至高达 70%。毋庸置疑,中国工业制成品出口的增长与贸易顺差规模的扩大与制造业中的外资企业密不可分。

但金融危机以来,情况发生巨大变化,中国国内制造业实际利用外资金额占全部实际利用外资金额的比重不断下降,到 2016 年降至 26.5%;与此同时,服务业吸引外资比重不断上升,到 2016 年升至 68.5%。但必须看到的是,这一结构性变化并不意味着产业结构得到预期调整,而是反映以制造业为代表的实体经济的衰落与房地产市场的泡沫化,因为金融危机以来每年都有 20% 左右的外资流向了房地产行业(占整个服务业实际利用外资的 1/3、恰好等于这些年制造业实际利用外资丢失的份额)

---

① 一方面,中国的对外贸易增速高于国民经济的总体增速,中国进出口总额占全球贸易总额的比重不断提升。根据 WTO 发布的《2017 年世界贸易统计概览》(*World Trade Statistical Review 2017*),2016 年中国货物贸易出口 20980 亿美元,占世界总额的 13%,为全球第一大货物贸易出口国;进口 15870 亿美元,占世界总额的 10%,为仅次于美国的全球第二大货物贸易进口国。同年,中国商业性服务贸易出口 2070 亿美元,占世界服务出口总额的 4.3%,为仅次于美国、英国、德国、法国的全球第五大服务出口国;进口 4500 亿美元,占世界总额的 9.6%,为仅次于美国的第二大服务进口国。另一方面,中国的外贸依存度(进出口贸易占 GDP 比重)从 1979 年的 11% 提高到 2006 年的最高点 65%,随后趋于下降,2016 年降至 33.3%。以 GDP 总量衡量,中国于 2010 年超过日本成为仅次于美国的第二大经济体。

（不管这些外资是真外资还是假外资）。毫无疑问，工业行业特别是制造业的发展状况与其自身的企业微观基础息息相关。对后者的深入探讨有助于深化对前者的理解。

表1-6 中国工业制成品贸易与制造业吸引外资 （单位:%）

年份	工业制成品出口占全部贸易出口比重	工业制成品出口占货物贸易出口比重	工业制成品进口占全部贸易进口比重	工业制成品进口占货物贸易进口比重	工业制成品贸易差额占工业制成品贸易总额的比重	工业制成品贸易差额占货物贸易总额的比重	制造业实际利用外资金额占全部实际利用外资的比重	服务业实际利用外资金额占全部实际利用外资的比重	房地产实际利用外资金额占全部实际利用外资的比重
1985	44.66	49.44	83.04	87.48	-46.43	-33.68	—	—	—
1990	56.93	63.57	82.92	86.83	-30.89	-23.81	—	—	—
1991	60.01	66.45	79.69	84.00	-16.15	-12.21	—	—	—
1992	63.38	69.68	77.15	81.80	-15.45	-11.77	—	—	—
1993	65.73	71.30	75.56	80.12	-11.70	-8.89	—	—	—
1994	68.11	74.41	75.69	81.53	3.02	2.35	—	—	—
1995	70.71	77.46	78.19	83.02	2.52	2.02	—	—	—
1996	72.24	79.98	74.98	83.55	0.45	0.37	—	—	—
1997	73.08	81.83	77.69	86.33	-8.90	-7.50	62.13	26.65	11.42
1998	73.75	83.71	75.44	85.74	1.08	0.92	56.27	29.72	14.10
1999	76.13	85.56	68.70	81.51	8.35	6.99	56.06	29.34	13.86
2000	75.24	85.48	70.34	81.68	6.49	5.43	63.48	25.70	11.44
2001	76.62	86.90	66.87	79.90	16.54	13.87	65.93	23.85	10.96
2002	78.63	88.85	70.36	83.64	16.37	14.18	69.77	23.23	10.74
2003	79.15	89.77	70.60	83.80	11.51	10.02	69.03	24.90	9.79
2004	80.09	89.78	68.35	79.24	11.29	9.57	70.95	23.18	9.81
2005	80.19	90.10	70.00	81.22	9.59	8.23	58.63	37.28	7.48
2006	81.39	91.23	72.06	83.31	9.42	8.24	55.11	40.72	11.32
2007	83.24	92.06	72.71	82.37	8.53	7.45	48.93	47.58	20.46
2008	84.03	93.17	70.09	79.11	10.92	9.42	46.07	49.73	17.16

续表

年份	工业制成品出口占全部贸易出口比重	工业制成品出口占货物贸易出口比重	工业制成品进口占全部贸易进口比重	工业制成品进口占货物贸易进口比重	工业制成品贸易差额占工业制成品贸易总额的比重	工业制成品贸易差额占货物贸易总额的比重	制造业实际利用外资金额占全部实际利用外资的比重	服务业实际利用外资金额占全部实际利用外资的比重	房地产实际利用外资金额占全部实际利用外资的比重
2009	85.29	93.56	68.91	77.62	16.38	14.11	49.72	45.25	17.86
2010	86.38	94.53	67.77	76.36	20.50	17.70	43.22	51.39	20.91
2011	86.15	94.74	65.68	74.56	23.72	20.37	42.02	53.42	21.68
2012	85.77	94.55	59.68	68.00	27.44	22.73	40.36	54.97	19.93
2013	87.04	95.14	56.68	66.25	23.86	19.47	36.76	58.54	23.24
2014	85.04	95.19	54.45	66.98	25.90	21.33	31.08	64.62	26.95
2015	84.73	95.37	56.21	71.79	28.49	24.31	29.16	66.72	21.38
2016	86.44	94.97	56.30	72.27	26.93	22.95	26.54	68.51	14.70

注:"—"表示数据缺失。

资料来源:基于 CEIC Data Manager 数据库。

其次,正是在全球价值链分工不断演进、深化的背景下,中国实施了改革开放战略。事实表明,三十多年的改革开放不仅是中国国内市场机制逐渐发挥作用、要素配置不断调整和纠正的过程,也是中国逐渐嵌入全球价值链、承接全球产业链转移,从而成为全球及区域增加值贸易流与投资流有机组成部分的过程,这也是中国之所以取得较大经济成就的重要原因之一。然而,目前中国正面临着如何从过去不断扩大价值链份额到提升价值链地位的重大转型问题。

可以肯定的是,中国过去三十多年已经受益于全球价值链分工和产业链转移。UNCTAD(2013)的研究表明,发展中国家增加值贸易对其 GDP 的贡献平均接近30%,而在发达国家,这一比重为18%;而且全球价值链的参与程度与人均 GDP 增长率之间存在正相关关系,全球价值链对增加值、就业和收入都有直接的经济影响。此外,不管产品是最终品还是中间品、是供国内使用还是出口,其国外增加值含量比重与经济体人均 GDP(对数值)之间都是正相关关系(程大中,2015)。因此,

（单位：%）

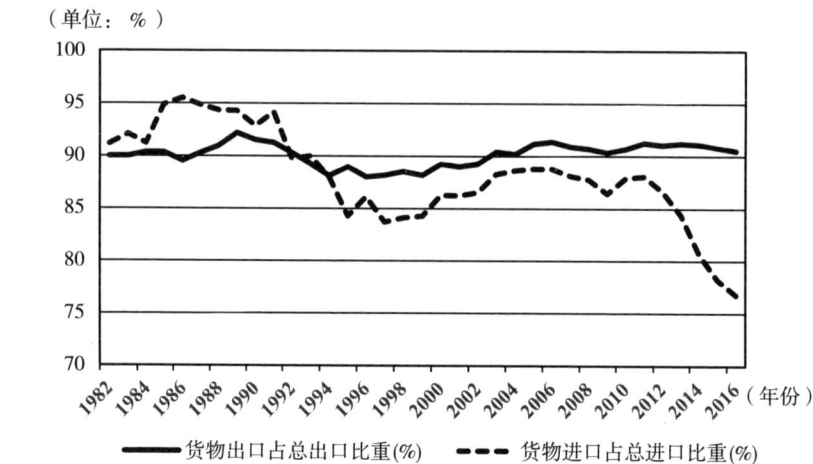

（1）货物贸易占总贸易的比重（%）

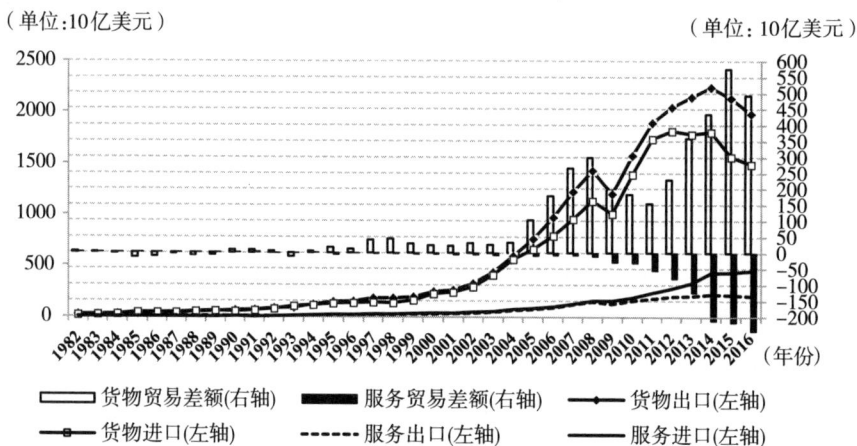

（2）贸易进出口及其差额

图 1-3 中国的贸易增长与结构变化

资料来源：基于 CEIC Data Manager 数据库。

参与全球价值链和产业链分工对于发展中国家非常重要,是这些国家增强生产能力、实现产业升级的重要途径;正是在这一过程中,一些发展中国家显著提高了自身在全球价值链和产业链的参与程度,增加了高增加值产品和服务的出口,并在全球价值链和产业链分工中获得越来越多的好处。中国过去三十多年的改革开放经历就是其中比较成功的范例，即通过积极有效地吸收外资和升级出口模式，逐渐嵌入全球价值链和产业链中一些技术含量相对较高的环节，从而使参与全球价值链和产业链分工的水平得以逐步提高，由此获得巨大的开放红利，有效推动了经济增长、就业、税收、结构升级、效率提升、技术进步和自主创新（王子先，2014）。

然而，中国目前在全球价值链和产业链分工中面临很多问题、风险和挑战。全球价值链和产业链分工的环节或任务有高端、中端和低端之分，但很多实证研究表明，中国目前基本上仍处于这一分工的中低端环节，或者说处于"微笑曲线"的中部和底部。这其中的原因值得深入探讨。但毫无疑问，中国目前所处的不利分工地位不仅会阻碍中国对外开放水平、质量、效益以及福利的进一步提升，而且也不利于改进和提高中国参与全球价值链和产业链治理的能力。现实表明，全球价值链和产业链主要由跨国公司主导，但中国缺乏这样的跨国公司，因此很容易陷入被动跟随式的发展陷阱，面临低端锁定而无法升级的风险。而且，这些低端环节很容易被其他很多拥有类似要素禀赋结构的国家和地区所替代。另外，对于已经进入中等收入阶段的中国而言，资源生态环境约束以及劳工标准和健康等社会约束日益收紧，也使得目前的发展模式风险不断加大、不可持续。

因此，中国亟待提升在全球价值链和产业链分工中的地位。2015年，中国政府的工作报告强调，"必须实施新一轮高水平对外开放，加快构建开放型经济新体制，以开放的主动赢得发展的主动、国际竞争的主动"，"推动外贸转型升级"，"推动产业结构迈向中高端"。中国不仅要成为经济大国，更重要的是要成为经济强国。但目前的较低分工地位无法将中国塑造成真正的经济强国，因为世界上的经济强国无一不是建基于坚实的企业微观基础以及较高的分工地位之上的。客观地说，中国已经具备较好的发展基础，进一步提升全球价值链和产业链分工地位的潜力巨大、前景广阔：一方面，中国需要在既定价值链和产业链的分工格局中不断提升地位；另一方面，中国应积极主动地创造自己主导的价值链和产业链。但所有这些想法、战略与政策绝不能急功近利、搞意识形态式的

"大跃进",而要符合市场经济的基本规律,要基于实体经济中市场化企业的发展壮大以及国际竞争力的提高。

第三节　研究主题及其内在逻辑

前面的讨论表明:一方面经济全球化、全球价值链分工是世界经济与国际分工发展的大趋势,企业尤其是国际化企业是这一趋势的重要微观基础;另一方面中国经济总体上仍处于工业化阶段,从原先的相对封闭状态到逐渐融入世界经济体系,这一态势也必然会反映在企业微观层面上。在这一国内外背景下,本书试图通过较为系统的理论与实证研究,探讨中国工业企业国际化的方式、水平及动态变化,测算中国工业企业的经济绩效,评估中国工业企业国际化的升水效应、学习效应、自选择效应以及福利效应。

本书把中国工业企业的国际化因素加入到企业经济绩效的分解过程中,分析企业国际化与企业经济绩效的关系。因此,本书的现实意义是从企业微观视角审视中国开放导向的经济增长(开放引致的经济增长)战略和相关对策、思考中国企业的"走出去"(或包括出口在内的国际化)战略和相关对策。本书尝试为中国宏观层面上的开放与经济增长(和福利)之间关系找寻微观基础。正如2008年诺贝尔经济学奖得主克鲁格曼(Krugman,1997)所言,"生产率不是一切,但从长期看,生产率就是一切"("Productivity isn't everything,but in the long run it is almost everything")。

第一,无论是从大型企业还是从中小企业的角度来审视,中国要真正从经济大国转变为经济强国,就必须进一步夯实企业微观基础,这是未来中国经济发展、转型、攀升全球价值链的主旋律。

第二,国际化与否对于企业本身而言是内生的(endogenous),取决于企业的生产率如全要素生产率(Total Factor Productivity,TFP)等方面的特性。异质性企业贸易理论指出,生产率最低的企业将被淘汰、离开其所在的产业,因为如果它要留下来,不管选择什么样的组织形式,其经营利润都将为负;生产率较低的企业将选择供应或服务国内市场;生产率相对较高的企业将会选择既供应或服务国内市场又供应或服务国外市场,也就是成为国际化的企业。因此,企业的国际化不仅意味着企业自身需要提高经济绩效(通常用 TFP 等指标衡量),也意味着企业可以在更大范围、更广领域和更高层次上参与国际竞争,在更广阔的空间里获取资金、技术、市场及战略资源,进行结构调整和资源优化配置,提高技术开发和自主创新能力。这正是近些年中国实施"走出去"战略、提高安全高效地利用两个市场和两种资源能力的应有之义。①

第二,事实表明,一个国家(地区)的经济越发达、越开放,其企业国际化程度就越高。中国的经济总量(GDP)已经位居世界第二,但成为世界级跨国公司的企业数量不仅偏少而且国际化和跨国化水平偏低(尽管进入《财富》世界 500 强的企业不少),这与中国快速发展的进程以及在世界经济中的地位极不相称。另外,前面提及的中国进入《财富》世界500 强的工业企业大多集中在房地产、金属产品、工程与建筑、公用设施(电力)、采矿、原油生产、车辆与零部件、工业机械等行业;工业企业自主创新能力较弱,核心竞争力不强,国际(品牌)知名度与国际化程度不高,经济绩效有待提高等等。此外,中国的跨国公司与对外投资发展过度倚重于国有企业,这必然导致包括美国在内的东道国的猜疑、限制,甚至围追堵截,这已经为近些年发生的事实所证明。面对这些问题,当务之急是要认真研究如何通过对外开放、促进市场竞争与国际化,让工业企业能够在更大范围内有效配置和利用资源,提高经济绩效,而经济绩效的提高则意味着能源、资源、要素和成本的节约以及可持续有效率发展。这进而一方面带动中国经济整体素质和质量的提高,缓解中国经济发展的约束和压力;另一方面扩大中国经济发展的回旋空间与余地。这是中国国民经济和社会发展迫切需要解决的关键理论与现实问题,具有深远的战略意义和实际应用价值。

第四,企业的国际化与经济绩效之间关系隐含着十分重要的政策逻

---

① 比如,国家"十二五"和"十三五"规划(2016—2020)均提出中国要实施"走出去"战略。但近年来,一个重要现象和问题正日益引起人们的关注:中国企业"走出去"是否正在变成企业转移资产的方式。这一问题比较复杂,也非常敏感,需要进一步探讨。

辑:如果是国际化导致了企业更高的生产率即存在正的学习效应,那么对国际化实施补贴(及其他促进国际化的政策)将是可取的;如果是更高的生产率导致了国际化即存在正向的自选择效应,而且国家和地方又十分想扩大国际化,那么最有效的办法就是提高企业生产率(如通过促进市场竞争、增加研发投入等)。

第五,本书通过理论与实证研究,探讨中国工业企业的国际化与经济绩效以及相关政策,有助于从国际化的角度评估 20 世纪 90 年代中后期以来中国实施新型工业化战略的微观绩效;提升工业企业的国际化程度与经济绩效,也有助于促进服务业尤其是生产性服务业的发展,为使中国经济顺利向服务经济转型提供坚实、高效的工业物质基础,这也是美国等发达经济体已经走过的历程。

第四节　结构安排

本书以下部分包括九章(见图1-4)。第二章文献评述首先对二十多年来有关异质性企业国际化问题的理论与经验研究发展脉络进行总结,然后围绕企业国际化与经济绩效问题,分别从国际贸易、国际投资、参与全球价值链分工以及中国的角度对相关研究的基本创新点、基础理论模型和方法、关键分析技术以及主要结论进行比较分析与综合评述。这不仅为本书后文对中国的理论分析与经验研究提供很好的研究基础与思想启迪,也是为了廓清本项研究相对于已有研究的创新之处以及对该领域研究的可能贡献。

第三章首先讨论有关企业水平经济绩效的测算方法,重点关注企业全要素生产率(TFP)的测算问题。在为了估算企业 TFP 而估计生产函数时,通常会出现同步偏差(simultaneity bias)、选择偏差(selectivity and attrition bias)和共线性问题(collinearity)等经济计量问题,半参数方法(或代理变量法)(包括 OP 方法、LP 方法和 ACF 方法等,这些方法将在第三章具体讲述)有助于解决这些问题。考虑研究主题以及使用的企业大样本数据,本书一方面按照 ACF 方法对 LP 方法的改进将所有投入要素的系数估计都放在第二步进行;同时借鉴德·洛克(De Loecker,2007)将企业国际化行为决策引入到 OP 方法的做法,但考虑不同国际化方式组合的情况。其次,本章还比较详细地介绍了企业水平数据的处理方法、技巧与过程,包括中国工业企业数据、海关交易水平数据与 OFDI 数据三大数据库之间的精准匹配与模糊匹配。

第四、五章分别从参与全球价值链分工、国际贸易和投资的视角研究了中国工业企业的国际化方式、水平及动态发展。国际化决策是市场中的企业最重要的行为决策之一。这不仅在微观层面上意味着收益与风险的权衡,而且在宏观层面上意味着经济活动与经济资源的重新配置。

第六、七章从不同角度分析中国工业企业的经济绩效。第六章从总体、所有制形式、隶属关系、行业和地区结构等多个视角,评估中国工业企业的经济绩效表现及其动态变化,比较国际化企业与非国际化企业在经济绩效表现上的差异。第七章基于出口与 OFDI 等不同国际化方式选择和组合、目的地市场选择和组合、"产品—市场"组合以及不同贸易模式的角度,比较分析中国工业企业的经济绩效及其变化。这两章的研究不涉及企业国际化与经济绩效之间的因果关系问题。

第八章首先在理论上分析了企业国际化与企业生产率之间的相互作用机制;然后通过面板数据计量分析与倾向分匹配方法,实证检验了中国工业企业国际化的学习效应、自选择效应、升水效应以及外部性,重点回答三个问题:一是经济绩效好的企业是否会成为国际化企业? 二是企业国际化能否提高企业的经济绩效? 三是国际化企业的存在能否提高其他非国际化企业国际化的可能性以及所有企业的经济绩效?

第九章基于中国不断推进改革开放、经济全球化深入发展、价值链分工持续深化的宏观大背景,采用一般均衡分析的理论方法与技术,从中国工业行业以及经济整体的角度,评估国际化的福利效应,从而探究微观层面上的国际化与经济绩效变化是如何反映在行业及经济整体层面上的。

最后,第十章总结本书各章的主要研究工作与主要发现,并对由此得到的政策启示与政策含义进行讨论。

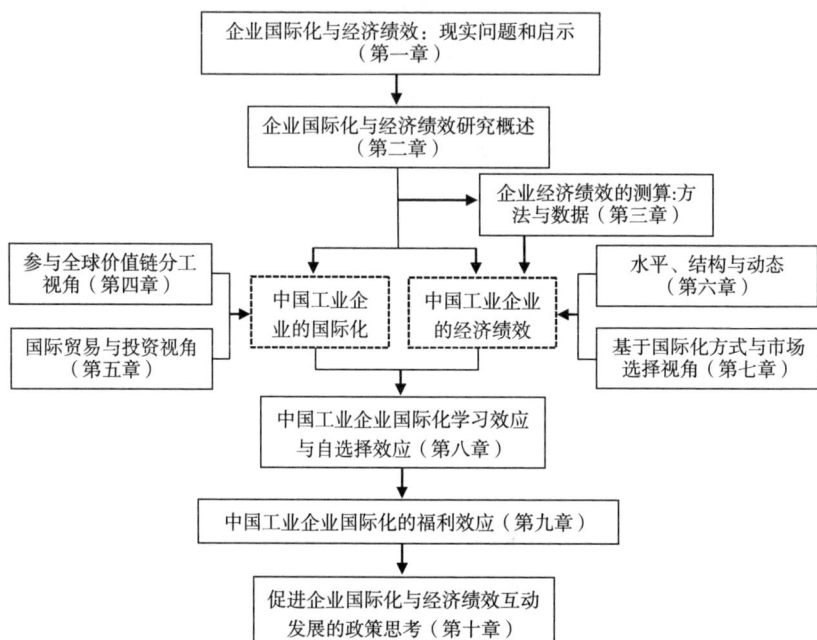

```
┌─────────────────────────────────────────┐
│  企业国际化与经济绩效:现实问题和启示       │
│            (第一章)                       │
└─────────────────────────────────────────┘
                    ↓
        ┌─────────────────────────┐
        │  企业国际化与经济绩效研究概述 │
        │       (第二章)           │
        └─────────────────────────┘
                    ↓
            ┌──────────────────────────┐
            │  企业经济绩效的测算:方      │
            │  法与数据(第三章)         │
            └──────────────────────────┘
```

图 1-4　本书的内容及结构安排

结构图各框内容:
- 企业国际化与经济绩效:现实问题和启示(第一章)
- 企业国际化与经济绩效研究概述(第二章)
- 企业经济绩效的测算:方法与数据(第三章)
- 参与全球价值链分工视角(第四章)
- 国际贸易与投资视角(第五章)
- 中国工业企业的国际化
- 中国工业企业的经济绩效
- 水平、结构与动态(第六章)
- 基于国际化方式与市场选择视角(第七章)
- 中国工业企业国际化学习效应与自选择效应(第八章)
- 中国工业企业国际化的福利效应(第九章)
- 促进企业国际化与经济绩效互动发展的政策思考(第十章)

第二章　企业国际化与经济绩效研究概述

本书的研究主题是中国工业企业的国际化与经济绩效,对于这一现实问题的思考可以基于不同的分析框架、采用不同的分析方法,本书的研究则主要基于异质性企业国际化(包括贸易和投资)理论与方法。目前,异质性企业国际化理论与经验研究是国际经济学的前沿领域。从学术发展路径看,对开放经济(如国际贸易)的纯理论研究日渐深入至微观层面包括经济主体特别是企业的国际化行为等方面。与此同时,随着微观(企业/厂商)水平数据(micro-level data)可得性的增强,该领域的理论研究与经验研究相互促进、融合发展,可以更好地帮助人们理解一个国家和地区经济对外开放、经济绩效和福利变化的微观机制。本章将对这些相关研究成果进行简要的梳理与分析。

第一节　文献发展脉络

20 世纪 90 年代中期以来,国际经济学家在讨论国际贸易(进一步拓展到国际投资以及一般意义上的国际化)的动因、格局以及影响等基本问题时,不再仅仅强调比较优势(即为传统贸易理论所关注)、规模报酬递增以及消费者的品种偏好(即为新贸易理论所关注)所起的作用,而是更多关注微观企业在国际贸易和国际投资中的角色(Bernard 等,2007;Greenaway 和 Kneller,2007)。

当然,在传统贸易理论尤其是标准的 H-O 模型中也有利润最大化的企业(即在规模报酬不变条件下经营的企业),但这些企业的边界并未被很好地加以界定,而且它们也不决定贸易型式(pattern)或产品构成。经济活动是在行业水平上发生的,国际竞争力是由潜在贸易伙伴之间的相对要素禀赋决定的。

在以保罗·克鲁格曼(2008 年诺贝尔经济学奖获得者)为代表的经济学家开创的新贸易理论中,企业也是存在的。但在迪克西特—斯蒂格利茨(Dixit-Stiglitz)垄断竞争模型的框架下所有企业都出口,因为每家企业只生产单一品种以满足具有品种偏好(love of variety preference)特征的消费者。在这种情况下,贸易成本的存在只能减少企业的海外收入,而不会阻止企业出口。

但新贸易理论的这一结论与伯纳德和詹森(Bernard 和 Jensen,1995)等的一些经验观察相去甚远,因为后者发现:即使在同一行业,出口企业和非出口企业不仅并存而且具有显著不同的特征。也就是说,企业具有异质性(heterogeneity),而并非如克鲁格曼(Krugman,1979、1980)模型假定的具有对称性(symmetry)(即意味着企业具有相似的生产率水平和相似的贸易参与度)。随后的相关研究在以下两个相互补充的方面不断取得重要进展:

首先在纯理论方面,经济学家们以全新的方式思考并形式化(formalize)企业的异质性及其参与国际市场的行为。异质性企业在行为决策上表现为两个相互联系的方面:一是国际化决策(internationalization decision),比如企业选择出口还是 FDI 以及如何决定、有何影响等;二是内部化决策(internalization decision),比如企业选择外包(outsourcing)(包括国际外包)还是一体化(integration)(包括国际一体化,如跨国公司)以及如何决定、有何影响等。这一理论流派被称为异质性企业贸易理论(Heterogeneous Firms Trade Theory)(或称为新—新贸易理论,new-new trade theory)。实际上,该理论的发展已经不再仅仅局限于其名称所显示的"贸易",而是拓展至企业水平上的国际化(firm-level internationalization)包括出口、外包、绿地投资以及跨国并购等(Melitz,2003;Bernard 等,2003;Helpman 等,2004;Antràs 和 Helpman,2004;Nocke 和 Yeaple,2007;Blonigen 等,2012;Antràs 等,2017)。因此,本书将其统称为异质性企业国际化理论。

其次在经验研究方面,随着微观数据可得性的增强,企业(或厂商)水平(firm/plant-level)的经验分析越来越丰富、越来越深入,从而不断地对已有纯理论进行实证检验,并为纯理论的发展提供经验素材和现实灵感。

另外,值得注意的是,由于企业又是全球价值链分工的直接参与主体,因此全球价值链分工的相关理论和经验研究变得越来越重要,并与异质性企业国际化理论和经验研究相互补充,成为该领域的主要研究热点与发展方向(见图2-3)。

鉴于本书的研究主题,以下文献综述主要围绕企业国际化与经济绩效的关系。本章结合伯纳德等(Bernard等,2007)、格林纳韦和凯勒(Greenaway和Kneller,2007)、雷丁(Redding,2011)、麦图等(Mattoo等,2013)的评述以及大量的具体研究文献,分别从异质性企业国际化的三个维度(即国际贸易、国际投资与一般意义上的参与全球价值链分工)[①],以及理论与经验两个视角,简要梳理每个研究领域和研究阶段出现的代表性文献。最后考虑到本项研究的中国视角,笔者专门对有关中国工业企业国际化与经济绩效的文献进行总结,并在此基础上说明本项研究的主要工作与可能贡献。

第二节　企业国际化与经济绩效:国际贸易视角

本部分主要基于国际贸易视角,对有关企业国际化与经济绩效的理论和经验研究文献进行评述与总结(见图2-1)。

---

① 关于企业国际化三个维度的划分并不是绝对的(企业参与全球价值链分工更具一般性),因为即使对于同一家企业而言,其国际化也可能是多种方式的组合。因此,这里从国际化方式的视角对文献进行综述,并非意味着每个视角的文献所涉及的国际化方式就是一种,而是以一种为主。此外,在国际商务(international business)研究领域,企业国际化与经济绩效的关系问题也是研究热点。本项研究则侧重经济学领域,但这并不意味着与国际商务研究领域毫不相关。

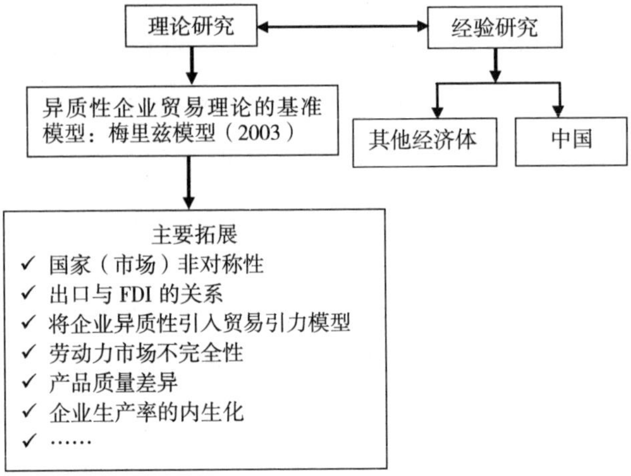

图 2-1 异质性企业贸易理论及经验研究的发展脉络

资料来源：基于伯纳德等（Bernard 等，2007）、格林纳韦和凯勒（Greenaway 和 Kneller，2007）、雷丁（Redding，2011）整理而得。

一、梅里兹（Melitz，2003）模型：异质性企业贸易理论的基准模型

克鲁格曼（Krugman，1979）模型之所以得出与现实很不一致的结论，其原因主要在于企业并非面对固定的出口成本。毫无疑问，企业进入出口市场将产生沉没成本（sunk costs），比如要进行市场调研、改进现有产品、建立新的营销网络等。克莱里季斯等（Clerides 等，1998）最早将沉没成本引入一个离散选择模型框架（discrete choice framework），结果显示，那些具有较低边际成本和较高生产率的企业将从生产中获得较高的利润，但并非所有企业都是出口的。只有那些能够以足够高的利润去抵补沉没成本的企业才会出口。这就得出以下重要结论：生产率最高的企业自选择进入（self-select into）出口市场，即存在沉没成本与企业异质性相互作用的"自选择效应"（self-selection）。这一结论的推论是，企业若要出口就必须先提高生产率。他们还分析出口学习效应（learning-by-exporting effect）的可能性，即企业一旦进入出口市场，其生产率就可能得到提升。这是由于，一方面进入出口市场会更加激励企业进行创新，因为

此时的创新回报会提高;另一方面,出口市场上的竞争比国内市场更激烈,从而促使企业减少 X-无效率(比如通过企业流程再造等)。如果存在正的出口学习效应,那么企业的生产率在企业进入出口市场之后就会上升,这就为出口引致增长(export-led growth)提供了微观机制。克莱里季斯等(Clerides 等,1998)关注的是企业内生产率(intra-firm productivity),而在宏观层面上,我们常把生产率增长与部门间资源再配置(inter-sectoral reallocation)(比如资源从农业部门转移至制造业部门)联系在一起。那么,在微观层面上又如何呢? 这则是梅里兹(Melitz,2003)探讨的问题。

梅里兹(Melitz,2003)将贾法诺维克(Javanovic,1982)和侯朋黑因(Hopenhayn,1990)带有异质性企业的产业均衡模型与克鲁格曼(Krugman,1980)基于多样化品种偏好和规模经济的贸易模型结合在一起,开创性地分析了企业间资源再配置(inter-firm reallocation)与行业生产率增长问题。在梅里兹模型中,异质性企业(在迪克西特—斯蒂格利茨垄断竞争行业中运营)的出口会存在固定成本,但其生产率分布不同,内生决定的生产率临界点(threshold)将决定哪些企业出口还是不出口。行业生产率将由于以下两方面原因而得以提升:首先存在优化效应(rationalization effect),即出口将提高预期利润,诱使企业进入、推高能容许企业生存的生产率临界点、逐出最无效率的企业,从而提高行业平均生产率;其次是存在再配置效应(reallocation effect),即出口将使生产率较高的企业得以扩张、使生产率较低的企业趋于萎缩,从而提高行业平均生产率。① 所以,梅里兹模型虽是微观结构模型,但有助于我们理解宏观层面上出口与增长之间的相关关系。

---

① 除了梅里兹模型,伯纳德等(Bernard 等,2003)也分析了异质性企业出口与行业生产率之间的因果关系。虽然后者模型中的产业组织结构不同,但仍可推导出优化效应和再配置效应,不过前一种效应是由进口竞争引起的,而后一种效应则是由出口商进入更多市场引起的。吉恩(Jean,2002)在带有相对效率差异的两国模型中也识别出了进口推动和出口推动的行业生产率增长。

关于企业出口与经济绩效(包括生产率)之间因果关系的经验研究很多。[①] 大多数经验分析都支持自选择效应的存在,即与同一行业的非出口企业(仅为国内市场而生产)相比,出口企业的就业和生产规模较大、生产率较高、技术较复杂、资本较为密集、支付工资较高、增长较快(如 Tybout 和 Westbrook,1995;Roberts 和 Tybout,1997;Van Biesebroeck,2005;Aw 等,2011)。但对于出口学习效应的检验结果则并不一致:一些研究发现企业的生产率在其开始出口之后确有显著的增长(如 Roberts 和 Tybout,1997;Bernard 和 Jensen,2004;Van Biesebroeck,2005;De Loecker,2004;Aw 等,2011);但另一些研究则发现企业的生产率在其开始出口之后并没有显著的增长(如 Tybout 和 Westbrook,1995;Delgado 等,2002)。还有一些经验研究关注汇率、政策以及集聚对企业出口与企业经济绩效之间关系的影响(如 Bernard Jensen,2004;Görg 等,2008)。

二、围绕梅里兹(Melitz,2003)模型的主要拓展

到目前为止,已经出现大量理论模型以及经验研究,都与梅里兹(Melitz,2003)有着不同程度的联系,概括起来主要包括以下几个方面。

(一)考虑与传统贸易理论和新贸易理论的融合

伯纳德等(Bernard 等,2007)将异质性企业与赫尔普曼和克鲁格曼(Helpman 和 Krugman,1985)的不完全竞争和规模经济假定以及 H-O 模型的要素禀赋差异假定结合在一起,并使用一体化均衡(integrated equilibrium)概念,解释不同贸易型式(产业间和产业内贸易以及同一行业中有些企业出口而另一些企业不出口)以及贸易与生产率、资源配置的关系。经验分析主要是伯纳德等(Bernard 等,2007)的数值模拟分析。

(二)考虑国家(市场)的非对称性

梅里兹和奥塔维亚诺(Melitz 和 Ottaviano,2008)分析了国家之间竞争程度的差异(表现为规模差异)(differences in size)对贸易自由化之后

---

① 格林纳韦和凯勒(Greenaway 和 Kneller,2007)对此做了很好的文献总结。这些相关研究基于不同的国家和地区探讨企业出口与企业经济绩效之间的因果关系。

的均衡结果的影响。他们发现,大国内部的竞争较为激烈,产品选择余地较大、平均生产率较高,但企业生存率较低,因为新进入者失败的概率较高。贸易自由化通过提升平均生产率而提高两国国内的竞争,但这些效应在大国将会感到更为强烈(因为它吸引的企业数量更多)(即存在母市场效应,home market effect)。法尔维等(Falvey 等,2004)则强调不同国家在使用前沿技术(frontier technology)方面存在效率差异(differences in efficiency)。结果表明,自选择效应(self-selection)对于产品之间替代程度较高的行业而言较为强烈,因此,企业倒闭的概率可能与产业内贸易水平负相关。他们还发现,一国的平均效率越高,其企业在出口市场上存活的概率就越高、但在平均效率更高的国家存活的概率则越低,这就意味着贸易结构(trade structure)是很重要的。贸易的型式由国家的实际规模以及效率差距大小决定。如果国家之间的效率差异给定,那么当一国规模变小时,其国内差异性产品的生产将减少;如果国家之间的规模差异给定,那么当一国效率提升时,其国内差异性产品的生产将增加。贸易成本下降所产生的效应是,提高企业生存所要达到的最低生产率,即提高自选择效应的临界点(cut-off point)。这一效应在效率较高的国家更强烈。坎贝尔和侯朋黑因(Campbell 和 Hopenhayn,2005)通过经验分析发现在较大市场上的零售机构的销售更多、就业更多;西维森(Syverson,2004)以贸易成本很高的水泥行业为例,发现在较大市场上,生产厂的平均规模较大、平均生产率较高。梅里兹和奥塔维亚诺(Melitz 和 Ottaviano,2008)通过构造一个同时考虑企业异质性(以生产率差异衡量)与不同市场的竞争激烈程度差异性(以竞争性企业的数量和平均生产率衡量)的垄断竞争贸易模型,分析市场规模与贸易如何影响市场竞争程度,并进而影响该市场上异质性企业(生产者和出口者)的行为选择。代表性经验分析有伊藤等(Eaton 等,2007)、奥等(Aw 等,2011)等。

(三)考虑出口与 FDI 的关系

出口与 FDI 都是企业国际化的重要渠道,二者之间存在着替代或互补关系。当外国市场规模变大、出口成本上升时,在海外投资生产可能比从本国向外出口更可取;相反,若海外生产成本和风险上升时,则出口更可取。这就是布雷纳德（Brainard，1993、1997）分析的企业进行所谓接近市场与集中生产（以获取规模经济优势）之间的权衡（proximity - concentration trade-off）。在此基础上，赫尔普曼等（Helpman 等，2004）引入企业异质性，假定企业服务国内外市场的成本、出口与 FDI 的成本都是不同的，并允许同一行业中的企业有不同的选择（自选择），以此决定企业是出口还是成为跨国公司，即生产率最高的企业成为跨国公司、生产率较高的企业选择出口、生产率最低的企业只在国内销售。如同梅里兹（Melitz，2003）认为，全球化的深化可能导致企业退出，在这一背景下企业成为出口者或跨国公司的概率是递减的。赫尔普曼等（Helpman 等，2004）假定企业建立海外附属机构的决策纯粹是基于市场进入（market access）方面的考虑，所有 FDI 都是水平型的。黑德和里斯（Head 和 Ries，2003）则认为，当国家之间的要素价格和市场规模存在差异时，企业对外投资也会是垂直型的。这样，跨国公司与非跨国公司的生产率分布的顺序甚至可能被颠倒过来。比如，当外国较小且有一定的成本优势时，则在模型参数的一定范围内，生产率较低的企业将位于国外，而生产率较高的企业在国内生产。在这种情况下，低生产率企业就有较大的动力支付 FDI 沉没成本，因为它们可以更加密集地使用国外较低价格的要素。这方面的经验研究主要围绕三个方面：一是检验与生产率差异有关的、出口与 FDI 的产业内替代关系；二是检验出口与 FDI 相对规模在产业或国家之间的差异；三是对"接近市场与集中生产之间权衡"关系理论预测的检验（如 Head 和 Ries，2003；Helpman 等，2004；Arnold 和 Hussinger，2005）。

（四）关于跨国公司的出口决定

实际上，跨国公司也会出口。那么，跨国公司的出口决策是如何决定的呢？对该问题的理论研究主要沿着两条主线展开——出口平台 FDI（export-platform FDI）与互补性（complementarity），这大致按照企业的产品线数量进行划分。[1] 前者是指企业在国外建立生产设施，生产部分或

---

① 安楚斯（Antràs，2005）、赫尔普曼（Helpman，2006）还讨论了产权、不完全合约对企业国际化和离岸活动决策的作用，从而以更广的视角讨论这一问题。

全部产出并出口第三国,因而这仅仅是单一产品线的出口且不出口给母国。后者则指多产品企业、多个生产阶段、从母国到外国的出口和 FDI:如果产品线之间具有水平或垂直的互补性,那么出口与 FDI 将是正相关的。关于出口平台 FDI 的理论是在传统 FDI 理论的基础上加上了更多国家和生产阶段。其中,垂直型 FDI 是指不同生产阶段位于多个国家,水平型 FDI 是指同一生产阶段位于多个国家。垂直型 FDI 是追逐要素的、水平型 FDI 是追逐市场的。当有两个及以上国家、两个及以上生产阶段时,跨国公司的 FDI 决策可能更为复杂,会涉及公司内贸易(intra-firm trade)和出口平台 FDI。有关理论分析有莫塔和诺尔曼(Motta 和 Norman,1996)、格罗斯曼等(Grossman 等,2006)、埃克霍尔姆等(Ekholm 等,2007)等,基本结论是:生产率最低的企业不会进行 FDI、生产率较高的企业将选择较为复杂的战略即涉及 FDI 和出口的组合。出口平台 FDI 模型只简化地分析单一产品企业(但生产是多阶段的)。黑德和里斯(Head 和 Ries,2004)则讨论了多产品企业的情形,是互补性理论模型的代表。在这种情形下,如果产品线之间存在水平型或垂直型的互补性,则出口与 FDI 是正相关的。如果存在水平型互补性,则对国外生产产品的需求的增加会导致对那家企业所有产品的需求的增加;如果存在垂直型互补性,则在国外生产或装配最终品将替代这种产品的出口,但同时会增加来自母国的中间品出口。如果中间品出口的增加超过被替代的最终品出口,则存在净的互补性。对这方面研究有代表性的学者有莫塔和诺尔曼(Motta 和 Norman,1996)等。

(五)将企业异质性引入贸易引力模型(gravity model)

在国际经济学中,贸易引力模型的经验应用非常成功,它将国家之间的贸易流与各自的规模、相互距离等因素联系在一起(Anderson 和 Van Wincoop,2003)。已有一些经验分析使用企业水平数据并将贸易伙伴之间的贸易量分解为广延边际(extensive margin)和集约边际(intensive margin)(Hummels 和 Klenow,2005;Felbermayr 和 Kohler,2006;Mayer 和 Ottaviano,2007;Helpman 等,2008;Bernard 等,2007、2009)。钱尼(Chaney,2008)放松克鲁格曼(Krugman,1980)模型中的企业对称性假定,引入企业异质性(遵循 Pareto 分布)和出口固定成本两个变量,发现较高的替代弹性使得集约边际对贸易壁垒的变化更加敏感,而广延边际则不太敏感。阿克拉克斯等(Arkolakis 等,2008)假定企业自由进入(free entry),但仍得出基本相同的结论。检验钱尼(Chaney,2008)模型的经验分析有克罗泽特和凯尼格(Crozet 和 Koenig,2010)基于法国企业水平贸易数据的研究。

(六)考虑劳动力市场的不完全性

在梅里兹模型中,虽然贸易自由化对异质性企业的影响不同,但所有劳动力受到的影响相同,因为假定劳动力市场没有摩擦,所有劳动力的工资一样。而最近发展的异质性企业贸易理论开始探讨劳动力市场摩擦在贸易自由化影响劳动力收入分配方面的作用。这些研究分为两类:一类研究考虑公平或效率工资模型(Davis 和 Harrigan,2011;Amiti 和 Davis,2011;Egger 和 Kreickemeier,2009)。另一类研究分析劳动力市场上的搜寻摩擦(search frictions)产生的影响(Felbermayr 等,2011;Helpman 和 Itskhoki,2010;Helpman 等,2010)。很多经验研究发现较大的企业要比较小的企业支付更高的工资(如 Oi 和 Idson,1999)、出口企业要比非出口企业支付更高的工资(如 Bernard 和 Jensen,1995,1997)。

(七)考虑企业产品的质量差异

梅里兹(Melitz,2003)模型认为,企业生产产品的竞争力取决于价格,最便宜的产品是最有竞争力的,因而该模型又被称为异质性企业贸易模型(HFT 模型)的价格竞争形式(price competition)或效率筛选形式(efficiency sorting)。该模型预测,最低价格的产品将售往最远的市场。一些研究在梅里兹(Melitz,2003)分析框架下引入企业之间的质量差异性(Kugler 和 Verhoogen,2008;Tang 和 Zhang,2010;Crozet 等,2011;Baldwin 和 Harrigan,2011;Johnson,2012),这类模型称为 QHFT 模型(Quality Heterogeneous Firms Trade Model),也被称为 HFT 模型的质量竞争形式(quality competition)或质量筛选形式(quality sorting)。在 QHFT 模型中,竞争力取决于经过质量调整的价格。如果消费者很在乎产品质量,那么定价最高的产品将最具竞争力。这样一来,价格与竞争力之间的关系就颠倒过来,即那些价格最低的企业则是竞争力最低的(Baldwin 和 Harrigan,2011)。企业只出口最昂贵的产品到距离最远的市场。这正好与阿尔钦—艾伦猜想(Alchian-Allen conjecture)相一致,但与价格竞争或效率筛选形式的 HFT 模型的预测相反。这方面的经验研究有迈耶和奥塔维亚诺(Mayer 和 Ottaviano,2007)、唐和张(Tang 和 Zhang,2010)、鲍德温和哈里根(Baldwin 和 Harrigan,2011)、克罗泽特等(Crozet 等,2011)。

(八)企业异质性(生产率)的内生化

虽然异质性企业贸易模型通常把企业的异质性(特别是生产率)看作是固定的,并主要关注企业的行为选择与资源再配置,但已有很多研究将企业异质性(生产率)和组织形式内生化。这方面理论研究主要基于企业决策的不同维度:(1)多产品组合(multi-product)。现实中的多产品企业很普遍,因此,近几年的理论研究将梅里兹模型进行拓展,允许异质性企业对其生产和出口的产品范围进行最优化选择;贸易自由化导致的资源再配置不仅发生在企业之间,也发生在企业内部的不同产品之间(如 Nocke 和 Yeaple,2006;Feenstra 和 Ma,2008;Bernard 等,2010;Eckel 和 Neary,2010;Arkolakis 和 Muendler,2011;Mayer 等,2014)。这方面的代表性经验研究有基于墨西哥数据(Iacovone 和 Javorcik,2008)、美国数据(Bernard 等,2010)以及巴西数据(Arkolakis 和 Muendler,2011)的分析。(2)对于新技术的投资、劳动力技能结构的调整等。贸易自由化可能导致企业在进入出口市场之前采用新技术(Constantini 和 Melitz,2008);新技术可能表现为产品或流程的创新(Atkeson 和 Burstein,2010);或者企业支付较高的工资以维持较高质量和较高生产率的劳动力结构与技能结构,从而生产较高质量的产品(Verhoogen,2008;Bustos,2011;Harrigan 和 Reshef,2015)。所有这些因素都会使得企业生产率与出口之间的因果关系变得复杂化。代表性经验研究包括使用阿根廷企业数据(Bustos,2011)、加拿大厂商数据(Lileeva 和 Trefler,2010)以及智利企业数据(Harrigan 和 Reshef,2015)的分析。(3)国际生产网络决策。虽然异质性企业贸易理论大多关注企业的出口行为,但交易水平贸易数据显示企业的进口行为也有很多类似特征(Bernard 等,2007)。相关研究(Amiti 和

Davis,2011;Kasahara 和 Lapham,2013)将企业进口考虑到模型之中。这样,企业之内的进口和出口的存在意味着国际生产分散化理论的重要性(Dixit 和 Grossman,1982;Yi,2003;Grossman 和 Rossi-Hansberg,2008)。国际生产的分散化意味着企业将面临多种抉择:将生产阶段放在国内还是国外、内部化还是外包(或者说是在企业边界之内还是边界之外组织生产)。安楚斯和赫尔普曼(Antràs 和 Helpman,2004)构建的理论模型将企业异质性理论与安楚斯(Antràs,2003)企业内生边界理论(基于不完全合约理论)结合起来,对企业的国际生产分散化决策进行了分析。鲍德温和奥库伯(Baldwin 和 Okubo,2014)则将异质性企业贸易模型与新经济地理模型(New Economic Geography model,NEG 模型)(Fujita,Krugman 和 Venables,1999;Fujita 和 Thisse,2013)结合起来,分析了贸易自由化对企业位置(企业可能成为"移民"而完全移至外国)进而对企业规模和生产率的影响。代表性经验分析表明,中间品进口影响贸易自由化的总体效应(Amiti 和 Konings,2007;Goldberg 等,2010)以及企业生产率(Kugler 和 Verhoogen,2008;Halpern 等,2015)。

(九)企业异质性与国际化的动态学分析

梅里兹模型主要关注给定生产率企业的生产与出口决策,而近年来有一些理论文献开始探讨国际贸易模型中的企业动态(firm dynamics)。一些研究强调出口市场动态的形成是由于企业要了解外国市场以及贸易关系(Eaton 等,2010;Albornoz 等,2012);另一些研究则关注随机冲击对企业生产率进而对出口市场动态的影响(Arkolakis,2016;Ruhl 和 Willis,2017)。相关经验研究有基于哥伦比亚交易水平贸易数据的分析(Eaton 等,2007)以及基于葡萄牙企业水平贸易数据的分析(Amador 和 Opromolla,2011)。

此外,雷丁(Redding,2011)还指出,异质性企业贸易理论的发展很快,但仍存在大量未解问题,需要进一步拓展。主要包括:进一步深入探讨企业异质性的起源以及企业内部组织的作用;研究贸易成本(包括信息不对称和信息不完全问题)如何影响企业自选择进入出口市场,包括批发和零售分销网络的作用;引入战略互动与动态博弈理论进行分析,因为现实数据显示贸易具有较高的企业集中度即少数企业占据了较大的贸易份额,而现有的理论模型大多基于垄断竞争的市场结构(Neary,2010)。

第三节　企业国际化与经济绩效:国际投资视角

概括起来,现有研究企业国际投资包括对外直接投资(FDI)与跨国并购(M&A)的文献主要涉及实证分析(positive analysis)和规范分析(normative analysis)两个维度、三个方面问题(见图2-2)。这些维度和方面是密切相关的。

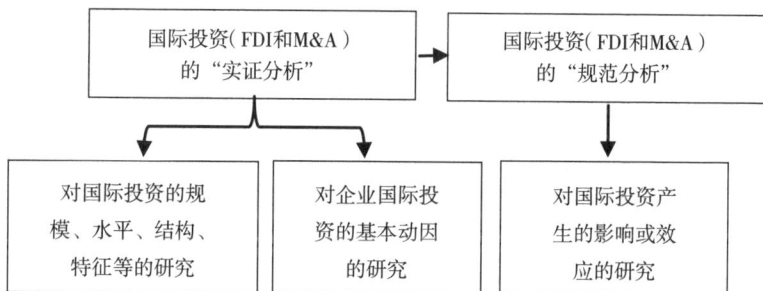

图2-2　基于异质性企业国际化理论和方法研究国际投资的主要维度

资料来源:基于相关文献整理而得。

一、对国际投资的规模、水平、结构与特征的研究

这方面研究主要基于特定的指标、方法和工具进行静态和动态的定量和定性评估。一个首要问题是如何界定和统计国际投资。联合国贸发会议(UNCTAD,2000)指出,一家公司在东道国(即目标企业或被并购企业所在的国家或地区)从事FDI一般会采取两种方式:绿地投资(新建投资)(greenfield investment)、收购或兼并(当地现有企业)(acquiring or merging)。当地企业可以是私营企业或国有企业。在跨国兼并(cross-border merger)情形中,两家企业的资产和运营分属两个不同的国家,通过合并,要么建立一个新的法律实体(即创立兼并或新设兼并,consolidation)要么并入其中一家企业(即吸收兼并)。在跨国收购

（cross-border acquisition）情形中，资产和经营的控制权从一个当地企业或机构转移至外国企业，前者成为后者的附属机构。如果是 100% 的控制权转移，称为"完全收购"（full/outright acquisition）；如果是 50%—99% 的控制权转移，则称为"多数收购"（majority acquisition）；如果是 10%—49% 的控制权转移，则称为"少数收购"（minority acquisition）。而 10% 以下的收购则属于证券投资（portfolio investment）。除了以上两种 FDI 方式外，在文献中还有"棕地投资"（brownfield investment），即指一种介于绿地投资与收购之间的混合情形，在该情形中，外国投资者收购一家企业但却将后者的厂房、设备、劳动力和产品线几乎全部置换（Meyer 和 Estrin，1998）。"棕地投资"概念经常出现在转型经济体的收购案例中。从概念上界定跨国并购相对容易，但如何统计和报告跨国并购则较为复杂。

在界定和统计跨国并购的基础上，相关文献大致从购买方和出售方、不同国家和地区、不同行业、不同所有制（比如私营企业和国有企业）、不同并购方式等多个角度，对跨国并购的规模、水平、结构与特征进行了静态和动态的定量和定性评估（如 UNCTAD，2000；Evenett，2003；Chen 和 Findlay，2003 等）。江小涓（2006）和李辉（2007）的数据和实证检验结果显示，当前中国作为 FDI 东道国的相对地位在下降，而作为跨国公司投资母国的相对地位在不断上升，因此中国已处于邓宁（Dunning，1981）所提到的国际投资转型阶段。顾露露和雷德（2011）基于汤姆森并购数据库，分析了 1994—2009 年中国企业海外并购的行业特征与规模。其他一些关于中国企业跨国并购的研究文献都不同程度地涉及这方面的分析，比如赵伟（2004）、张建红和周朝鸿（2010）、李杰等（2011）、裴长洪和郑文（2011）等。

二、对企业国际投资基本动因的研究

这类研究把企业的国际投资（FDI 和 M&A）（行为、规模等方面）看作是内生变量，符合逻辑地找出各种作用于该内生变量的影响因素包括企业自身的生产率等异质性因素，评估各种因素的影响力大小。

前面已经提到，出口与 FDI 都是企业国际化的重要方式，企业对二者的选择取决于很多因素,包括外国市场规模大小、贸易与投资成本高低等。因此存在接近市场与集中生产之间的权衡(Brainard,1993、1997)。赫尔普曼等(Helpman 等,2004)发现,生产率最高的企业成为跨国公司、生产率较高的企业选择出口、生产率最低的企业只在国内销售。诺克和耶普尔(Nocke 和 Yeaple,2007)通过构造一个一般均衡模型,研究企业如何选择进入国外市场的方式:出口、绿地投资与跨国并购,而这取决于企业的异质性即企业拥有的具有不同程度国际流动性的资产或能力(capabilities)。在赫尔普曼等(Helpman 等,2004)模型中,从事 FDI 的企业是行业中最有效率的。但诺克和耶普尔(Nocke 和 Yeaple,2007)发现,当企业的异质性源于非流动的能力(non-mobile capabilities)时,通过跨国并购方式进行 FDI 的企业是最没有效率的。这方面的经验研究有基于印度尼西亚企业跨国并购数据的研究(Arnold 和 Javorcik,2009)、对英国企业跨国并购的研究(Girma 和 Görg,2007)。

企业的国际投资除了受到企业自身因素影响外,还会受到目标市场和目标企业以及母国因素的影响。在文献中,M&A 目标企业通常被划分为两类:高绩效企业(high-performing firms)即所谓的"樱桃"(cherries)和低绩效企业(low-performing firms)即所谓的"柠檬"(lemons)。比如,利希滕贝格等(Lichtenberg 等,1987)发现,美国企业收购的主要目标企业(在制造业)都是"柠檬";诺克和耶普尔(Nocke 和 Yeaple,2007)模型的预测也是如此。这意味着,高绩效企业倾向于并购低绩效企业。但最近的经验研究却给出相反的证据,即低绩效企业特别是外国企业倾向于并购高绩效企业,比如基于智利(Ramondo,2009)、印度尼西亚(Arnold 和 Javorcik,2009)、美国(Criscuolo 和 Martin,2009)以及西班牙(Guadalupe 等,2012)的经验分析。布劳尼根等(Blonigen 等,2012)通过构建一个三阶段模型,分析外国低绩效企业倾向于并购本国高绩效企业的内在机制以及影响,其中的重要机制是:位于本国的目标企业由于事前的高生产率而能够投资巨大的出口销售网络,这对外国跨国公司是有价值的;但随后,本国企业的生产率下降且如果单独服务已经建立起来的网络则不再具有太大的价值;这时外国企业并购将会导致剩余的产生。他们使用法国的微观数据(1999—2006 年)验证了模型的这一预测。更为一般性地，鲍德温和奥库伯(Baldwin 和 Okubo,2014)将异质性企业贸易模型与新经济地理模型结合起来,分析了贸易自由化对企业位置的影响。张建红和周朝鸿(2010)经验性地研究了目标市场即东道国的特征对中国企业海外并购成功与否的影响。李杰等(2011)构建了一个产品从低端到高端分布的豪特林(Hotelling)模型,以探讨中国低端下游企业进行跨国垂直并购的时机选择和决定因素。裴长洪、郑文(2011)则认为,母国是一国企业对外投资的基石,母国因发展条件的差异,形成了不同的行业优势、规模优势、区位优势、组织优势及其他特定优势,从而对本国企业参与对外投资产生重要影响。布劳尼根(Blonigen,2005)还列出了汇率变动、税收包括关税等影响因素。

三、对国际投资所产生的影响或效应的研究

这类研究主要分析了企业国际投资(FDI 和 M&A)的学习效应以及对就业、工资和福利产生的影响等。

宽泛地讲,企业国际投资的学习效应既包括对企业短期经济绩效(如财务指标、股价等)的影响,也包括对企业中长期经济绩效(如 TFP、创新)的影响。一些研究发现,企业的生产率在企业完成并购之后有显著的提高(Arnold 和 Javorcik,2009)。但另一些研究则发现,企业的生产率在并购之后的表现并不确定(Girma 和 Görg,2007)。还有一些研究关注跨国并购对企业 R&D 的影响,其中有的研究发现企业在并购之后的创新努力下降,比如基于医药行业跨国并购的研究(Ornaghi,2009)、基于德国数据的研究(Stiebale 和 Reize,2011);有的研究则发现企业在并购之后的 R&D 活动趋于增加(Bertrand,2009;Stiebale,2010);还有一些研究发现企业在并购之后的 R&D 活动是否趋于增加取决于并购双方企业的技术互补性(如果是互补的,则趋于增加;如果是相互替代的,则趋于减少)(Desyllas 和 Hughes,2010)。顾露露等(2011)基于股票回报等财务数据评估了中国企业海外并购的绩效表现。

一些研究发现跨国并购对工资产生显著的正效应,比如对英国

（Conyon 等,2002)、葡萄牙(Almeida,2007)及芬兰(Huttunen,2007)的研究；另一些研究则发现工资差异并不显著,比如对英国(Girma 和 Görg,2007)、对瑞典的研究(Heyman 等,2007、2011)等。陈(Chen,2011)的经验研究表明,发展中国家的企业如果并购美国企业,将会减少美国企业（即目标企业）的就业。

第四节 企业国际化与经济绩效:参与全球价值链分工视角

全球价值链分工是通常意义上的专业化分工不断深化、细化的结果,是国际专业化分工内生演进的一个阶段。专业化分工思想至少可以追溯至以亚当·斯密为代表的古典经济学。若干年之后,杨和黄(Yang 和 Ng,1993)、杨小凯(1998、1999)用最优控制论即超边际分析方法重新将古典经济学的分工和专业化思想形式化,变成决策和均衡模型,"使古典经济学的灵魂在新古典躯体中复活"。[①]

关于价值链以及全球价值链的概念最早可以追溯至 20 世纪 70 年代关于"商品链"(commodity chain)问题的研究(Bair,2005),后者旨在追踪所有导致"最终消费品"的投入及改造活动,并描述这些活动和流程之间的关系(Hopkins 和 Wallerstein,1977)。在此基础上,格里菲(Gereffi,1994)引入全球商品链(global commodity chain)术语。进入新世纪,这一术语又进一步转换成全球价值链(global value chain)。而且,对全球价值链这一概念的使用也摆脱了"商品"一词的局限性,突出强调链条上的企业进行价值创造和价值获取的相对重要性。这一概念被广泛应用在有关国际贸易和产业组织等的研究领域中;这些研究还特别指出其

---

① 古典经济学的研究重心是专业化分工问题,存在的"两难冲突"(trade-off)是:资源稀缺程度不固定,劳动分工可以提高生产力,因而减少稀缺程度,但却可能增加交易费用;新古典经济学的研究重心是资源配置问题,也存在"两难冲突",即资源稀缺程度给定,各种产品之间的生产有两难冲突,多生产食物,就得少生产衣服。这两类"两难冲突"截然不同,但都需要人们作出权衡折中,以选择最佳的折衷中,这就是经济学研究的决策问题(Yang 和 Ng,1993;杨小凯,1998、1999)。

中的"价值"就是"增加值"（value added）。① 下面基于图2-3，从五个方面对相关研究文献进行分析，但不局限于企业国际化与经济绩效的关系问题。

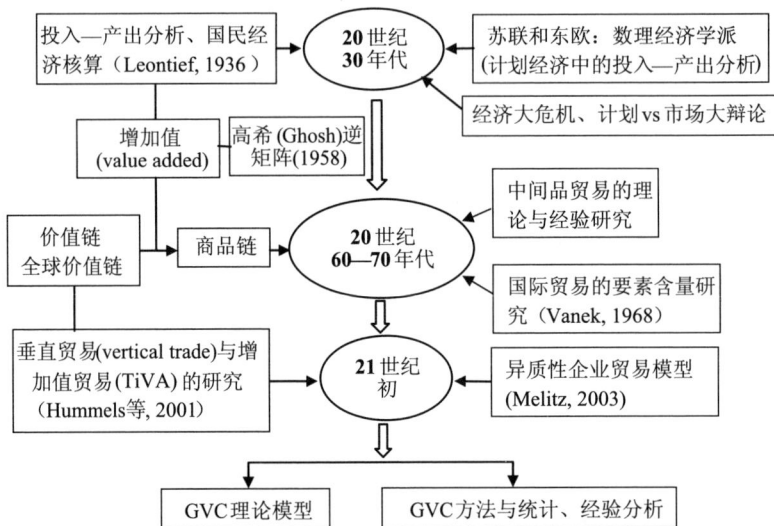

图2-3　全球价值链问题相关研究的发展脉络

注：重点列出每个方面研究的起始时间。在瓦尼克（Vanek）提出贸易的要素含量概念之前，已经有学者（比如里昂惕夫）采用投入—产出方法测算进出口的要素投入（也就是瓦尼克所定义的要素含量），以此来检验要素禀赋理论假说。这些研究与HOV模型的基本思想存在一定关系。
资料来源：基于相关文献整理而得。

---

① （全球）价值链、（全球）产业链、（全球）供应链这几个概念密切相关，相关学科如经济学和管理学已经对这些概念进行了较为明确的界定，它们都可以冠以"全球"二字。"产业链"（industrial chains）是指（一个国家或地区之内、不同国家或地区之间）不同产业/部门（需要基于一定标准划分产业/行业/部门）之间基于一定的技术和经济纽带（前向或后向关联）而形成的链条式关联关系形态。"价值链"（value chains）是指一个产品或服务在从概念到最终使用（但不仅限于最终使用）整个过程的所有活动（或任务）（包括研发、设计、生产、市场营销、分销和售后服务等，且可以尽可能细分；这些活动可能由同一家企业完成，也可能由不同企业协同完成；既可能由一个国家内部的一家或多家企业协同完成，也可能由多个国家的多家企业协同完成）所创造的价值而形成的链条式形态。"供应链"（supply chains）是指围绕核心企业，通过对商流、信息流、物流、资金流的控制而将供应商、制造商、分销商、零售商以及最终用户联成一个整体的功能性网链结构，从而完成从原材料采购到中间品和最终产品制造、最后由销售网络把产品送到消费者手中的整个过程。

一、关于全球价值链基本分析框架与测算方法的研究

目前,研究全球价值链采用的基本分析和测算方法主要包括投入—产出分析、企业微观数据分析及特定产品或企业个案分析。投入—产出分析包括一国(或地区)的投入—产出分析、多国或跨国投入—产出分析。要搞清楚全球价值链分工,跨国投入—产出分析是一条有效途径。而跨国投入—产出分析的开展依赖两大支柱:跨国投入—产出表的构建与投入—产出方法的创新。① 目前被广泛采用的跨国投入—产出表数据库主要有五个,即 UNCTAD-Eora 构建的 I-O 数据库、OECD-WTO 的 ICIO 数据库、IDE-JETRO 的亚洲 I-O 数据库(Asian International I-O tables)、美国普渡大学(Purdue University)的 GTAP(Global Trade Analysis Project)数据库以及 EU 资助的 11 个机构联合构建的 WIOD 数据库(World Input-Output Database)。这些数据库各有特点,是研究全球价值链和产业链分工问题的主要数据来源。有了投入—产出数据之后,接下来的问题就是如何运用并创新投入—产出方法。在这方面,最早的历史性贡献应归功于 1973 年诺贝尔经济学奖得主瓦西里·里昂惕夫(Wassily Leontief)以及 1984 年诺贝尔经济学奖得主理查德·斯通(Richard Stone)(Miller 和 Blair,2009)。如今,全球价值链和产业链问题日益重要,经济学家们开始将投入—产出方法运用于跨国分析(Hummels 等,2001;Johnson 和 Noguera,2012;Stehrer 等,2012;Antràs 等,2012;Antràs 和 Chor,2013;Wang 等,2013;Koopman 等,2014;Baldwin 和 Lopez-Gonzalez,2015)。

———————

① 20 世纪 30 年代,美国与苏联都曾有经济学家(数学家)从事投入—产出方法的研究。但不同的是,在美国,这些研究为构建投入—产出表与完善国民经济统计核算体系服务;但在苏联,这些研究则为计划经济体制下的国家对经济的干预与计划服务。因此,方法与理论是"无罪"的,关键要看其被用在什么方面。另外,值得注意的是 20 世纪 30 年代关于社会主义经济模式、经济体制的大辩论。一派是以米塞斯(维也纳学派)、哈耶克(新奥地利学派、1974 年获诺贝尔经济学奖)、罗宾斯(伦敦学派)为代表,反对社会主义中央计划,认为国家对经济的干预和实行计划化是反市场的、破坏了自由竞争机制,因而不可能有正确的价值制度和合理的资源分配及经济计算。另一派以兰格、泰勒、迪金森等为代表,认为计划经济可以有效地配置资源。

现实经济中,企业是全球价值链分工的直接参与主体。因此,从微观角度考察异质性企业在价值链分工中的角色是非常重要的。现有的相关研究主要包括两个维度:一是将微观数据与标准的国家水平投入—产出表结合起来,利用二次规划模型(quadratic programming model)进行估算(比如,Ahmad 等,2013;Tang 等,2014;Ma 等,2015;刘维林,2015);二是使用丰富的企业数据直接进行测算或案例研究(比如,Dedrick 等,2010;Kee 和 Tang,2016;张杰等,2013),其中戴德里克等(Dedrick 等,2010)对iPod 和 Notebook PCs 的案例研究就非常有趣。这些研究与基于异质性企业贸易模型的理论与经验研究密切相关,但都是基于特定国家的数据包括企业数据、投入—产出数据,而不是基于跨国投入—产出数据。

二、关于中间产品和服务的贸易与分工问题研究

由于全球价值链分工涉及大量的中间产品和服务的国际贸易,所以对中间品贸易的研究非常重要。而且,经济学家对全球价值链分工的认识也最早开始于 20 世纪 60—70 年代对中间品贸易的理论与经验研究。首先是一些经验研究,如有些对欧共体(EEC)的研究指出,中间品贸易在西欧内部举足轻重(Verdoorn,1960;Balassa,1966);格鲁伯和劳依德(Grubel 和 Lloyd,1975)发现,大多数产业内贸易(intra-industry trade)的产品都是中间品而非最终品。其次,鉴于中间品贸易的重要性,一些经济学家开始思考如何将其纳入到纯理论模型之中。比如,瓦尼克(Vanek,1963)在拓展 H-O 模型时就考虑了中间品贸易;艾斯尔(Ethier,1982)、迪克西特和格罗斯曼(Dixit 和 Grossman,1982)、桑亚尔和琼斯(Sanyal 和Jones,1982)、赫尔普曼(Helpman,1984)等的理论模型都把带有一些增加值的中间品贸易纳入其中。随着数据可得性的增强,中间品贸易的重要性越来越清晰。UNCTAD(2013)的数据显示,目前全球约 60%的贸易为中间产品和服务,这些中间产品和服务在不同阶段被纳入供最终消费的产品和服务生产过程;尽管服务业在全球 BOP(国际收支平衡表统计)净出口中仅占 20%左右的份额,但出口增值部分几乎一半(46%)是由服务部门的活动贡献的,因为大部分出口制造品在生产过程中都需要服务

（即作为中间投入的生产性服务）。在全球价值链分工背景下，如何协调与联结这一分工模式导致的高度分散化的生产活动与无国界的复杂生产网络？作为中间投入的生产性服务就是关键。像运输与物流、金融、信息、分销、专业服务等这些生产性服务不仅在全球价值链分工中起到"黏合剂"的作用，而且其本身也是全球增加值贸易的重要组成部分（Jones 和 Kierzkowski，1990；Mattoo 等，2013；UNCTAD，2013）。

三、关于产品增加值以及增加值贸易的测算与研究①

如何测算出口产品的增加值、追踪增加值的来源？胡莫斯等（Hummels 等，2001）指出，垂直贸易是国际生产分散化（fragmentation）的结果，有三个发生条件：一种产品或服务的生产有两个或以上序贯阶段（sequential stages）、两个或以上国家在生产过程中贡献过增加值、至少一个国家在生产过程中使用进口投入并且其中的一些产出是出口的；如果把直接与间接进口投入都考虑在内，那么世界贸易中的垂直专业化（Vertical Specialization，VS）份额大约为 25%。关于垂直贸易的研究主要是通过测算出口隐含的进口含量（import content）或国外含量（foreign content）来分析垂直型价值链分工与贸易的。

但正如库普曼等（Koopman 等，2012）指出，胡莫斯等（Hummels 等，2001）关于国外含量估算方法的两个关键假定是有问题的：一是"同比例"假定（"proportionality" assumption），即假定在用于出口的生产与用于国内销售的生产中，进口投入的使用密集度是一样的；二是假定进口是100%来自国外。显然，在加工贸易出口盛行的情况下，前一个假定是不成立的；而当出口中间品的国家数量大于 1 的时候，后一个假定是不成立的。如何解决这些问题，最近几年出现的关于增加值贸易的研究文献做了很多工作，其中一些研究大多讨论与胡莫斯等（Hummels 等，2001）的关系，并且与贸易的要素含量（factor content of trade）文献密切相关

---

① 　近年来，国际组织、国际学术界以及越来越多的国家政府对增加值贸易问题日益重视。相关研究成果陆续出现，麦图等（Mattoo 等，2013）对此做了详细总结。

（Daudin 等，2011；Johnson 和 Noguera，2012；Stehrer 等，2012）。

在这些研究中，最为引人注目的是刘遵义等（2007）、库普曼等（Koopman 等，2012）、库普曼等（Koopman 等，2014）与王直等（Wang 等，2013）的观点。刘遵义等（2007）构建了一种能够反映中国加工贸易特点的非竞争（进口）型投入占用产出模型并据此编制了 2002 年中美两国投入占用产出表，估算了中美两国出口对各自国内增加值和就业的影响。库普曼等（Koopman 等，2012）放松了胡莫斯等（Hummels 等，2001）的"同比例"假定，分别估算用于出口的生产与用于国内销售的生产的投入—产出系数。这一方法被用于分析墨西哥（De La Cruz 等，2011）以及土耳其（Ahmad 等，2013）的出口。王直等（Wang 等，2013）、库普曼等（Koopman 等，2014）将一国的总值出口（gross export）分解为不同来源国的增加值与重复统计项，它将以前所有文献中关于垂直专业化与增加值贸易的测算整合成一个统一框架；尤其是，王直等（Wang 等，2013）不仅可以在总体上，而且还可以在行业/双边水平上进行价值链和增加值贸易的测算和分解。

此外，斯特拉等（Stehrer 等，2012）、提莫（Timmer，2012）发现：如果以增加值贸易衡量，2009 年中国对美国贸易顺差要比传统的总值贸易统计低大约 25%，因为中国进口了较多的美国增加值（US value-added）；中国的总值贸易出口（gross exports）包含了较高份额的国外增加值，而且差不多有一半的进口中间品是用作出口品的中间投入。与之类似，李昕和徐滇庆（2013）通过将增加值法引入国际贸易核算体系发现：2002 年和 2007 年，按增加值统计的中国贸易总额分别低于通关统计贸易总额的 14.1% 和 20.5%，贸易顺差分别低于通关统计贸易顺差的 20.3% 和 24.9%。这意味着，就双边贸易而言，增加值贸易相对于总值贸易更能反映一国对外贸易的净要素含量。格斯奥里克和洛佩兹-冈萨雷斯（Gasiorek 和 Lopez-Gonzalez，2014）研究表明，欧盟与中国的全球价值链联系甚至超过欧盟与美、日、韩的联系，中欧的互补性持续上升，欧盟专业化于高、中技能增加值部分（比如服务），而中国则在低技能和资本增加值部分（比如加工制造活动）拥有比较优势。斯通等（Stone 等，2011）基于 GTAP 数据进行跨国比较后发现,在剔除中间投入后,中国熟练劳动力的净出口为负,而非熟练劳动力和资本的情况与之相反。最近几年,国内学者开始采用投入—产出方法或微观数据分析中国贸易品的增加值含量,比如,张杰等(2013)、罗长远和张军(2014)、程大中(2014,2015)等。

四、关于特定"国家—行业"的全球价值链分工地位的测算与研究

随着对全球价值链分工和贸易研究的深化,一些学者开始尝试构建相应的指标来衡量一国整体及其产业在全球价值链分工中的地位。比如,法利(Fally,2011)、安楚斯等(Antràs 等,2012)、安楚斯和焦尔(Antràs 和 Chor,2013)等构造了反映行业下游化(downstreamness)、上游化(upstreamness)的指数,但他们的测算是基于特定国家的投入—产出表,而非跨国投入—产出表。采用跨国投入—产出表进行测算有两个优势:第一,不需要像安楚斯等(Antràs 等,2012)所建议的那样,对存货(inventory)的净变化以及最终产出的进出口进行调整(安楚斯等假定生产中的中间品所占份额等于各国出口和进口中的中间品所占份额。使用跨国投入—产出表进行分析则无须作出这样的假定),因为跨国投入—产出表描绘的是整个世界,这相当于一个封闭经济的场景设定;第二,在跨国投入—产出分析框架下的上下游位置测算可以显示距离全球最终需求(或最终使用)(global final use or demand)以及距离全球初始投入供给(global primary inputs supply)的价值链长度(distance)。哈格梅杰和高德斯(Hagemejer 和 Ghodsi,2014)、米勒和特莫休(Miller 和 Temurshoev,2017)基于 WIOD 数据库将这些指标用于跨国投入—产出分析。

关于中国在全球价值链分工中的地位问题,鲍德温和洛佩兹-冈萨雷斯(Baldwin 和 Lopez-Gonzalez,2015)、库普曼等(Koopman 等,2014)等研究发现中国的比较优势和价值链地位提升没有想象的那么快。首先,用总值贸易出口与用增加值贸易出口衡量的巴拉萨显性比较优势(revealed comparative advantage)是不同的。如果基于前者,则中国很多

行业具有较强的显性比较优势;但如果基于后者,则这些行业的显性比较优势要么不明显,要么变为劣势。其次,无论是基于部门间同期比较,还是基于部门内跨期比较,中国产业在全球价值链中的相对位置并没有出现较明显的提升。毕木斯和约翰逊(Bems 和 Johnson,2012)研究发现,2000—2009 年,中国的增加值实际有效汇率(value-added REER)升值幅度高出传统方法测算的实际有效汇率(REER)20 个百分点。

五、关于国际贸易的要素含量研究

这方面研究可以追溯至瓦尼克(Vanek,1968)。根据瓦尼克的思想,某一个国家出口(或进口)某种产品实际上等于间接地出口(或进口)了该产品生产时所投入的要素。比如,中国出口的某件衣服耗费了 5 个单位的劳动和 1 个单位的资本,中国对这件衣服的出口意味着间接地出口了 5 个单位的劳动和 1 个单位的资本。如果说 HOS 模型是要素禀赋理论的"产品形式",那么 HOV 模型则是要素禀赋理论的"要素含量形式"。需要指出的是,里昂惕夫于 1953 年完成的经验研究是最早运用要素含量方法来检验 HOS 模型假说的。不过,里昂惕夫的研究应该早于 HOV 模型的建立(1968 年),他的方法与 HOV 模型的基本思想还是有区别的。但自 20 世纪 80 年代以来,经过以爱德华·利马(Edward Leamer)、丹尼尔·特夫勒(Daniel Trefler)、唐纳德·戴维斯(Donald Davis)和戴维·韦恩斯坦(David Weinstein)等为代表的经济学家的努力,HOS 模型假说的要素含量研究取得了丰富的成果(Feenstra,2004)。有关国际贸易的要素含量研究的重要意义在于,随着国际贸易的发生,隐含在贸易品中的要素的国际转移对贸易国要素及其报酬将产生直接影响。实际上,国际贸易的要素含量(factor content)如果以要素报酬或价值来衡量就变成了国际贸易的增加值含量(value-added content)。

第五节 企业国际化与经济绩效:基于中国的研究

基于异质性企业国际化理论的经验分析都要使用企业水平数据,因此获取这些数据非常关键。随着各国统计工作的改进与统计信息的开放,这方面的经验分析就成为可能。前面的评析显示,已有大量关于企业水平上的经验研究涉及美国、日本、法国、加拿大、德国、巴西、墨西哥、哥伦比亚、智利、葡萄牙等经济体。近些年来,国内外陆续出现一些使用企业水平数据针对中国的研究,我们按照以上提及的三个维度(国际贸易、国际投资、参与全球价值链)将这些文献总结如表2-1、表2-2、表2-3所示。① 这些研究概括起来有三个特点:

第一,大多数研究都在使用中国企业水平贸易数据(即海关交易水平数据)、生产数据(即工业企业数据或普查数据)与投资数据(OFDI/M&A数据),并配合其他数据如中国上市公司数据、投入—产出表数据等。

第二,这些研究从不同角度分析了中国企业国际化(国际贸易、国际投资与参与全球价值链)及其对企业经济绩效(包括生产率、利润、增加值的国内含量、出口绩效、产品质量等)的影响。

第三,这些研究在讨论企业国际化与经济绩效之间的关系时,不同程度地触及中国特殊的制度背景包括金融体制(比如金融抑制)、贸易体制(比如加工贸易)与投资体制(比如所有制结构)在其中所起的作用,并以此来解释中国出现的、不同于其他经济体尤其是发达市场经济体的特征事实。

表2-1　中国企业国际化与经济绩效:国际贸易视角的文献总结

研究者	主要目的和内容	数　　据
刘志彪、张杰(2009)	揭示中国本土企业出口扩张的决定因素	2005—2006年江苏省342家本土制造业企业调查问卷的样本数据
易靖韬(2009)	探讨企业异质性、市场进入成本和技术溢出与企业出口参与的关系	2001—2003年浙江省的企业面板数据
程大中等(2009)	探讨企业出口与经济绩效的关系	2002—2007年中国上市公司数据

① 表中仅仅列出了具有一定代表性的研究,若有不当及遗漏之处,请原谅。

续表

研究者	主要目的和内容	数　据
余淼杰(2010)	分析中国的贸易自由化与制造业企业生产率	1998—2002年中国制造业企业数据与NBER的世界进出口贸易数据
张杰等(2010)	分析地区分割对中国企业出口的影响	1998—2003年中国工业企业数据
钱学锋、熊平(2010)	分析中国出口增长二元边际及其决定因素	1995—2005年HS-6分位国际贸易数据
包群等(2011)	分析中国制造业出口对其员工收入的影响	1998—2001年制造业企业数据
于洪霞等(2011)	研究融资约束对企业出口行为的影响	2000—2003年制造业企业面板数据
张杰等(2014)	中国出口产品质量变化	2000—2006年中国海关数据
王永进、施炳展(2014)	分析上游垄断影响企业产品质量选择的作用渠道,并澄清了其阻碍产品质量升级的条件	2007中国海关数据、中国工业企业数据、宏观数据(WDI、CEPII)
陈维涛等(2014)	出口企业生产率的提高对中国人力资本积累的影响	2007年中国居民家庭收入调查、中国工业企业数据库
胡翠等(2015)	"贸易引致学习"以生产率提高作为获益的代理变量,以出口目的地加权经济增长率作为出口额的工具变量	2000—2006年合并的中国工业企业数据和海关数据
陈勇兵等(2012)	中国企业的出口持续时间	2000—2005年中国海关数据和工业企业数据的匹配
邱斌、闫志俊(2015)	分析"行业—地区—年份"而变化的出口固定成本;异质性出口固定成本与全要素生产率对企业出口决策的联合影响	2002—2006年间中国工业企业数据与海关数据
李春顶(2015)	对近年来关于中国企业"出口—生产率悖论"的研究文献进行梳理	无
安(Ahn等,2010)	研究中介(intermediaries)在促进国际贸易中的重要作用	2005年中国海关数据
程(Cheng,2012)	研究中国工业出口企业的产品—目标市场组合及动态变化	2000—2006年企业水平贸易与生产匹配数据
费尔南德斯和唐(Fernandes和Tang,2012)	探讨中国出口加工两种管理体制的并存,从而分析FDI和外包的影响因素	2005年中国海关数据和工业企业数据

续表

研究者	主要目的和内容	数　据
坎德维尔等（Khandelwal 等,2011）	分析取消中国纺织品出口配额的生产率效应	使用 2000—2005 年中国海关数据中的纺织品和服装部门和产品
马等（Ma 等,2014）	分析企业生产率、要素密集度与出口行为之间关系	2000—2006 年中国海关数据和工业企业数据
马努瓦和张（Manova 和 Zhang,2012）	分析中国企业出口价格	2003—2005 年中国海关数据
马努瓦等（Manova 等,2015）	分析融资约束对企业参与国际贸易的影响	2005 年中国海关数据
唐和张（Tang 和 Zhang,2010）	分析出口中的贸易中介的盛行与产品垂直差异性之间的关系	2005 年中国海关数据与工业企业数据
陆等（Lu 等,2010）	分析企业的外国附属机构的出口行为	1998—2005 年中国制造业企业数据
余（Yu,2015）	探讨加工贸易以及产出和投入品关税削减如何提高企业生产率	2000—2006 年中国海关数据和工业企业数据
龙和张（Long 和 Zhang,2011）	分析即使在金融欠发达的情况下产业集聚如何影响企业出口水平与要素生产率	1995 年中国工业普查与 2001 年中国经济普查数据
葛等（Ge 等,2015）	探讨了企业的出口价格特征	2000—2006 年中国海关数据和工业企业数据
刘和陆（Liu 和 Lu,2015）	分析企业投资对出口行为的影响	1998—2007 年中国工业企业数据
樊等（Fan 等,2015）	分析信贷约束对企业产品质量的影响	中国海关数据和工业企业数据
冯等（Feng 等,2016）	估计进口中间品投入增加对企业出口绩效的影响	2002—2006 年中国海关数据和工业企业数据
马努瓦和俞（Manova 和 Yu,2016）	探讨金融摩擦（financial frictions）如何影响企业的贸易模式选择。	2002—2006 年中国海关数据与工业企业数据
戴等（Dai 等,2016）	探讨了中国出口企业的异常表现在很大程度上是由于加工贸易模式的存在	2000—2006 年中国海关数据和工业企业数据
勃兰特等（Brandt 等,2017）	分析加入 WTO 对中国制造业绩效的影响	1998—2007 年中国工业企业数据

注:还有部分研究在前面的文献综述中有所讨论但没有出现在该表中。

资料来源:基于相关文献总结而得。

表 2-2　中国企业国际化与经济绩效：国际投资视角的文献总结

研究者	主要目的和内容	数　据
张建红、周朝鸿（2010）	以海外收购为例研究中国企业走出去的制度障碍	汤姆森并购数据库关于中国企业海外并购案例（1982—2009 年）：1306 起
顾露露和 Reed（2011）	对中国企业海外并购及其绩效的研究	汤姆森并购数据库关于中国企业海外并购案例（1994—2009 年）：157 个企业
蒋冠宏（2015）	企业异质性和对外投资决策的相互关系	2005—2007 年商务部统计的中国对外投资企业与中国工业企业数据
刘莉亚等（2015）	融资约束是否对中国企业的对外直接投资行为产生重要影响	1997—2011 年 CSMAR 中国上市公司关联交易数据
周云波等（2015）	外商直接投资（FDI）对东道国内外资企业间工资差距影响的动态过程和理论机制	1999—2007 年中国工业企业数据
蒋冠宏、蒋殿春（2014）	中国企业对外直接投资是替代还是促进了出口	2005—2007 年商务部统计的中国对外直接投资企业与中国工业企业数据
王永钦等（2014）	东道国（或地区）的不同制度维度是如何影响中国对外投资的区位选择的	2002—2011 年 842 笔交易（Zephyr 数据库）
宗芳宇等（2012）	关于双边投资协定、东道国制度环境与母国制度对发展中国家企业对外投资区位选择作用的研究框架。	2003—2009 年上市公司对外直接投资数据
李泳（2009）	中国企业对外直接投资的效果测度；中国企业对外直接投资的产出增长效应和技术提升效应	1996—2006 年商务部样本企业数据库；中国上市公司数据库；统计局调查总队
葛顺奇、罗伟（2013）	考察了母公司竞争优势对企业对外直接投资（OFDI）决策的影响	2002—2007 年中国境外投资企业（机构）名录和中国工业企业数据
周茂等（2015）	企业生产率与企业对外直接投资进入模式选择	中国境外投资企业（机构）名录、中国工业企业数据、母公司时间为 1998—2007 年，子公司时间为 2002—2012 年

续表

研究者	主要目的和内容	数　　据
王凤彬、杨阳（2013）	传统型 FDI 和战略资产寻求型 FDI 二者在效应产生过程机制方面的异同及其潜在的组合或整合优势	2001—2008 年间公告的 72 个事件
蒋冠宏等（2013）	技术研发型外向直接投资是否提升了企业生产率	2005—2008 年我国有对外投资的工业企业数据
毛其淋、许家云（2016）	对外直接投资对企业加成率的微观影响和作用机制	2004—2007 年中国工业企业数据、2005—2007 年对外直接投资数据
杨红丽、陈钊（2015）	FDI 的技术溢出在行业内的水平溢出可以借助于行业间的联系效应而间接产生，即外资企业的技术先传递给上游供应商，再经由上游供应商传递给与外资企业处于同一行业的内资企业	2000—2006 年中国工业企业数据和海关数据
钟昌标等（2015）	将外资进入速度、企业异质性和生产率整合在统一框架中，分析了外资进入速度对外资与中国制造业内资企业生产率关系的调节作用	1999—2007 年中国工业企业数据
蒋冠宏、蒋殿春（2014）	对外直接投资是否提升了企业生产率	2004—2006 年商务部统计数据库、中国工业企业统计数据
王碧珺等（2015）	构造包括内源资金约束、外源资金约束、投资机会等在内的融资约束综合指标，考察了融资约束对中国民营企业海外直接投资决策的影响	2006—2008 年浙江省制造业生产和对外直接投资的企业层面数据
刘等（Liu 等，2009）	分析 FDI 对中国制造业企业生产率的关联效应	1998—2001 年中国工业企业数据、1997 年中国投入—产出表
崔和江（Cui 和 Jiang，2012）	分析国有所有制对中国企业对外直接投资所有权决策的影响	2000—2006 年中国 FDI 数据
王 和 王（Wang 和 Wang，2015）	讨论 FDI 对企业绩效的影响	2000—2007 年中国工业企业数据

注：还有部分研究在前面的文献综述中有所讨论但没有出现在该表中。

资料来源：基于相关文献总结而得。

表2-3 中国企业国际化与经济绩效:参与全球价值链分工视角的文献总结

研究者	主要目的和内容	数 据
杨忠、张骁(2009)	建立衡量国际化程度(深度、广度)的指标体系	2006—2007年江苏省500家企业问卷
刘维林(2015)	基于产品与功能双重嵌入结构的测算框架和投入产出系数的优化算法,测算中国出口的国内附加值率(DVAR),并对国外附加值(FVA)中的产品和服务构成进行了分离	1997—2007年国家统计局的投入产出表等
吕越等(2015)	4种方法测算了企业在全球价值链(GVC)中的嵌入程度,考察效率和融资约束对企业参与全球价值链的影响	2000—2006年中国工业企业数据和海关数据
阿普沃德等(Upward等,2013)	分析中国出口的增加值含量	2000—2006年企业水平交易数据
马等(Ma等,2015)	分析不同所有制企业与贸易模式的中国出口国内含量	2007年国家统计局的投入产出表等
基和唐(Kee和Tang,2016)	中国贸易出口的国内含量(domestic content)测算:这一含量在样本期间从65%上升至70%	2000—2007年中国工业企业数据和海关数据

注:还有部分研究在前面的文献综述中有所讨论但没有出现在该表中。

资料来源:基于相关文献总结而得。

第六节 已有文献总结与本书的主要工作

现有关于企业国际化与经济绩效的理论和经验研究为下文针对中国的分析提供了理论与方法论上的启迪。

第一,企业的国际化方式多种多样,现有文献特别是关于中国的经验研究文献大多只关注其中的一种或两种方式,比如出口、对外直接投资(OFDI)。本书将中国工业企业数据与投入—产出数据进行匹配、分析更具一般意义的中国工业企业国际化即参与全球价值链分工,还考虑中国工业企业的国际贸易与国际投资,特别是着重研究中国工业企业的国际化方式组合(portfolio)、(非对称的)目的地市场的选择与组合、(多产品企业的)"产品—市场"组合。不仅如此,我们还把所有这些微观结构观察与中国工业企业的所有制特征、隶属关系特征、贸易模式特征结合起来，多维度呈现中国工业企业的国际化行为模式、水平及动态演变。

第二，在估算中国工业企业的经济绩效方面，我们考虑多种指标，其中特别关注企业全要素生产率（TFP）。为了最大限度地同时克服在估算企业生产函数时出现的同步偏差、选择偏差以及共线性问题，我们按照ACF方法对LP方法的改进，考虑劳动力作为可变投入要素会受资本存量和TFP的影响，将所有投入要素的系数估计都放在第二步进行；同时，借鉴德·洛克（De Loecker，2007）将企业国际化行为决策引入到OP方法的做法，但我们考虑中国工业企业的不同国际化方式组合，而不仅仅是企业出口。在此基础上，我们从不同角度分析中国工业企业的经济绩效表现差异及其动态特征。

第三，企业国际化与经济绩效（主要是TFP）之间的因果关系问题是现有文献的研究焦点。本书则不仅从微观层面实证检验中国工业企业国际化的学习效应和自选择效应，包括从国际化广延边际和国际化集约边际两个维度的检验，以及基于倾向分匹配方法（propensity score matching，PSM）的稳健性检验，而且从中国工业行业以及经济整体的角度，采用一般均衡分析的理论方法与技术，评估中国工业企业国际化的福利效应，检视微观层面上的国际化与经济绩效变化是如何反映在行业及经济整体层面上的。我们相信，微观与宏观两个角度的实证相互印证，不仅有助于检验"合成谬误"（fallacy of composition）的存在性，更重要的是帮助我们理解中国经济（微观和宏观）国际化的意义。

第四，与现有大多数关于中国工业企业国际化与经济绩效的研究不同的是，我们在进行理论分析和计量检验的同时，还进行一些案例研究，特别是深入到特定产品、特定企业、特定目的地市场层面，探讨中国工业企业内部的出口销售分布（包括分析"多产品"企业的不同产品出口到特定市场、"多市场"企业的特定产品出口到不同市场、特定企业的不同产品出口到不同市场等三种情形）、中国工业企业出口产品的市场内分布与市场间关系、中国工业企业经济绩效与目的地市场异质性的关系。

第五，为了支撑研究工作，我们使用大量的宏观、产业、微观等不同层面的数据,其中企业水平数据涉及三个数据库:中国工业企业普查数据、中国海关进出口数据与中国企业对外直接投资(OFDI)数据。这些数据之间的匹配工作十分繁重、耗时很长。比如,为了构建一个涵盖企业生产、对外贸易与对外投资信息的数据库,我们需要对三个微观数据进行匹配。但不幸的是,这三个数据中的企业没有统一编码,因此只能采取以下方法进行匹配:(1)直接匹配企业名称(汉字名称);(2)通过匹配邮政编码、电话号码而间接地匹配企业;(3)通过匹配企业的高管(如董事长、总经理等)而间接地匹配企业。然而,这些方法都不可能穷尽所有可以匹配的企业。为了提高匹配成功率,我们还采取模糊匹配方法(fuzzy match)并基于此进行人工匹配。这一基础性工作产生的数据成果是本项研究的重要副产品。

第三章 企业经济绩效的测算：
方法与数据

经济绩效的测算对象大致分为宏观和微观两大层面。前者关注总量（aggregate）即国家或地区或产业的经济绩效[①]，而后者则针对个量（individual）即企业或厂商的经济绩效。这一区分对于经济绩效衡量指标及其相关测算方法的运用具有重要意义。关于经济绩效的衡量指标有很多，但在宏观和微观两个层面上的运用不尽相同。如果从企业角度看，大致有两大类指标可以用来衡量企业的经济绩效[②]：一类是财务指标，主要包括资产负债率、资产收益率、利润率等；另一类是生产率指标，主要包括单要素生产率与全要素生产率（TFP）。相对而言，衡量企业经济绩效的财务指标很容易基于企业财务报表直接或通过计算而获得，单要素生产率指标（包括劳动生产率和资本生产率等，即直接表示为增加值或产出与要素数量的比率）的测算也比较容易[③]，但全要素生产率的测算则要复杂得多。因此，我们下面着重讨论如何测算企业水平上的全要素生产率，最后介绍本项研究使用的企业水平数据。

[①] 本书还从国际化的福利效应的角度进行分析（参见第九章），这一分析与微观视角的经济绩效分析相互印证。

[②] 对企业经济绩效的衡量无疑是基于对企业的投入与产出的界定与测算。由于投入与产出之间存在对偶关系，因此对成本的节约也就意味着收益或效益的提升。关于企业财务指标的界定，参见本书第六章。

[③] 单要素生产率又通常被看作是对生产率的部分度量（partial measure）（Coelli 等，2005）。

第一节 全要素生产率（TFP）的测算

关于 TFP 及其测算是经济学研究的基础性问题和热点问题，可以追溯至二战之后宏观经济学关于增长核算（growth accounting）问题的研究。这一研究领域中的一项重要工作是试图测度增长的"直接"源泉（即对整个国民经济具有某种隐含生产功能的投入）对国民经济总增长的贡献。这一工作的核心是确定劳动和资本对产出增长的贡献，而有一部分增长源泉，比如因技术进步而提高了的效率或 TFP，则一直由于我们的"无知"而没有得到核算。[①] TFP 也因此被看作是各要素投入（如资本和劳动等）之外的技术进步（或技术变迁）和能力实现等因素对经济增长的贡献，也就是总产出中不能由要素投入所解释的"剩余"（residual）（Solow，1957；Del Gatto 等，2011）。

在本质上，TFP 是用来衡量生产过程中各种投入要素的单位平均产出水平，亦即投入转化为最终产出的总体效率。但在实际应用中，TFP 常常被简化为对技术进步（或技术变迁）（即表现为 R&D 创新、新技术应用与推广导致的生产可能性边界外移）的反映。然而，这并不是对 TFP 的完整界定。如图 3-1 所示，TFP 除了与技术进步（或技术变迁）有关之外，还反映了技术效率、要素配置效率、要素投入质量，以及与之相关的管理效率、体制效率等因素，甚至还包括可能存在的测算误差（measurement error）。

对 TFP 的测算及其准确性取决于对生产函数的设定与估计。在应用经济学中，生产函数估计有很长的历史，可以追溯至 19 世纪初。但很多困扰当初估计的经济计量问题至今仍旧是问题（Levinsohn 和 Petrin，2003；Ackerberg 等，2006、2015）。

由于生产函数估计方法多种多样，所以对 TFP 的估计以及由此产生的问题不尽相同。戴尔加托等（Del Gatto 等，2011）比较系统地总结了估

[①] 约翰·伊特韦尔、默里·米尔盖特、彼得·纽曼主编：《新帕尔格雷夫经济学大辞典》（第四卷），中译本，经济科学出版社 1996 年版，第 713—714 页。

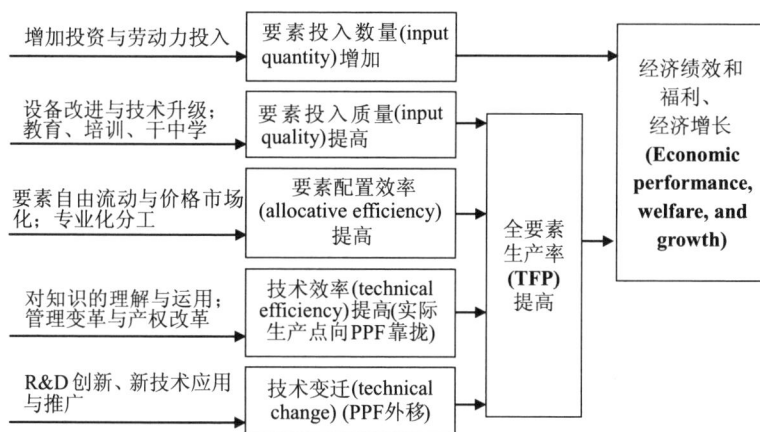

图 3-1 经济绩效和经济增长的源泉分解

注:PPF 指生产可能性边界(Production Possibility Frontier)。
资料来源:在科埃利等(Coelli 等,2005)、黄益平和宋立刚(2001)的基础上添加制作而成。

算 TFP 的方法和视角(如表 3-1 所示)。他们的研究首先区分了确定性方法(deterministic methodologies)和经济计量方法(econometric methodologies)。前者得到的结果是对 TFP 的"计算"(calculated measure)测度,后者得到的则是"估算"(estimated)的 TFP 水平和/或增长率。在这一分类的基础上,他们又进一步区分了前沿分析法(frontier approach)和非前沿分析法(non-frontier approach)。另外,他们还特别强调,在从事这一领域的研究时,研究者要首先区分应用于宏观研究的方法与应用于微观研究的方法。这也是我们前面所提到的,前者涉及总量即国家/地区/产业的生产率,而后者则关乎个量即企业/厂商的生产率。虽然原则上个量经过某种形式的加总可以得到总量,但有时事实并非如此。因此,这两个维度的研究是沿着不同的轨迹发展的,彼此很难加以比较。关于总量研究的文献开始于我们上面提到的增长核算以及索罗增长理论(Solow,1957),主要关注 TFP 在增长动态中的作用,研究目标包括解释国家之间在经济绩效方面仍然存在的较大差距。而微观水平研究即企业水平生产率(firm-level productivity)的估算则建基于 20 世纪 90 年代以来出现的两大方面进展:一是有关企业异质性理论研究的进展,其中的企业异质性主要体现为企业在生产率方面的差异性;二是微观水平数据的可得性逐渐增强。[①]

正如表3-1所示,每一种测算TFP的方法和技术都有不同的适用对象

表3-1 TFP测算及分析方法

	确定性方法 (deterministic methodologies)	经济计量方法 (econometric methodologies)	
		参数方法 (parametric)	半参数方法 (semi-parametric)
前沿分析法 (frontier)	数据包络分析 (Data Envelopment Analysis, DEA)(微观—宏观) 自由处置壳分析法 (Free Disposal Hull, FDH)(微观—宏观)	随机前沿分析 (Stochastic Frontier Analysis, SFA) (微观—宏观)	—
非前沿分析法 (non-frontier)	增长核算法 (growth accounting)(宏观) 指数方法 (index numbers) (微观—宏观)	增长回归法 (growth regressions) (宏观)	代理变量法 (proxy-variables) (微观)

资料来源:根据戴尔加托等(Del Gatto等,2011)的研究整理而得。

和条件。比如,同样适用于宏观与微观分析的前沿分析法(如DEA和SFA方法)的适用范围是具有相似生产结构的决策单元(Decision-Making Units,DMU),这在分析同行业各微观主体的技术进步和技术效率等问题时比较可行,但若进行跨行业分析则会出现较大偏差(Zelenyuk,2011;于永达和吕冰洋,2010)。如果分析对象是微观企业,而且数据样本又很大的话,则采用非前沿分析中的半参数方法(代理变量法,proxy method)来测算企业TFP就比较可行;而且与宏观分析不同的是,微观分

① 增长理论的最新研究进展开始关注更为复杂的机制,以刻画企业的竞争与选择影响创新动机(innovation incentives)的渠道(Aghion等,1999),或者分析那些比较接近世界技术前沿(world technology frontier)行业中的企业和生产组织应该在哪些方面是不同的(Acemoglu等,2006)。但这一研究领域的焦点是企业的生产率分布与一体化流程(integration process)的关系(Bernard等,2003;Melitz,2003;Bernard等,2007;Chaney,2008;Melitz和Ottaviano,2008)。与之相关的经验研究自然是关注企业水平的经济绩效差异及其决定因素(Roberts和Tybout,1997;Clerides等,1998;Bernard和Jensen,1999;Pavcnik,2002;Aw等,2003;Syverson,2004;Bernard等,2006;Del Gatto等,2011)。

析方法主要从企业的生产决策入手,企业的技术水平在某种程度上是可以事前认知的,企业据此再选择合适的要素投入水平。这使得很多适用于宏观生产率研究的方法如增长核算法、参数回归法等并不适用于微观企业生产率的研究(鲁晓东和连玉君,2012)。由于本书的研究对象是中国工业企业,样本量很大,所以我们主要采用半参数方法。下面对此重点进行讨论。

第二节 估算企业水平 TFP 的半参数方法

在估算企业水平 TFP 之前,需要对生产函数形式进行设定,并讨论在估计生产函数时出现的两大经济计量问题即同步偏差(simultaneity bias)和选择偏差(selectivity and attrition bias),然后重点讨论解决这些问题的三种半参数方法。[①]

一、生产函数的设定与经济计量问题

在实际研究中,C-D(Cobb-Douglas)生产函数是经常用到的函数形式[②],它具有以下优势:系数易于估计、对规模经济的估计总体符合常理(Arnold,2005)。现假定 C-D 生产函数采取以下形式:

$$Y_{it} = A_{it} K_{it}^{\beta_k} L_{it}^{\beta_l} \tag{3.1}$$

其中,Y_{it}、K_{it}、L_{it} 分别表示产出、资本与劳动投入。A_{it} 为 TFP,有助于同时提高各种要素的边际产出水平。对公式(3.1)取对数,可得:

$$y_{it} = \beta_k k_{it} + \beta_l l_{it} + \mu_{it} \tag{3.2}$$

其中,y_{it}、k_{it}、l_{it} 分别为 Y_{it}、K_{it}、L_{it} 的对数形式,残差项 μ_{it} 包含 A_{it} 的对数形式的信息。

---

① 有一些文献对此进行了很好的总结(如 Arnold,2005;Ackerberg 等,2007;Del Gatto 等,2011;Van Beveren,2012;Casas 和 González,2016)。这里的讨论也是基于这些文献。

② 也有一些研究采用较为灵活的超越对数生产函数(translog function)。虽然这种函数的限制较松,比如替代弹性不必设定为常数,但在实际估计中并不能提供比 C-D 生产函数更多的信息。关于该函数特点的讨论,可参见黄益平、宋立刚(2001 年,第 3 章)。

　　一般来说,对公式(3.2)进行估计可以获得 TFP 的估计值。但是,当这一线性估计用于企业 TFP 估算时,将会产生两大经济计量问题:同步偏差(simultaneity bias)和选择偏差(selectivity and attrition bias)。前者是指企业生产决策的同步性(simultaneity)问题,即在实际生产过程中,企业能够较早地观察到至少一部分 TFP 的变化,并据此改变要素投入决策以使利润最大化。也就是说,在要素投入影响 TFP 的同时,TFP 也会反过来影响企业的要素投入。如果不考虑这一点,企业的利润最大化选择就会产生偏差。计量回归中的残差项(包含 TFP 信息)与回归项就存在一定相关性,从而使 OLS 估计出现偏误,具体表现为:劳动投入的弹性系数会被高估,而资本投入的弹性系数则被低估,因为在短期内劳动投入比资本投入更容易对 TFP 变化做出反应和调整。马尔萨克和安德鲁斯(Marschak 和 Andrews,1944)最早指出这一同步偏差问题。为看清这一问题,先对公式(3.2)的残差项 μ_{it} 进行分解:

$$y_{it} = \beta_k k_{it} + \beta_l l_{it} + \omega_{it} + e_{it} \tag{3.3}$$

　　其中,e_{it} 为误差项,包含不可观测的技术冲击与测量误差。ω_{it} 为随时间变化的异质性企业的 TFP,它未必被研究者观测到,但可能为企业本身所知晓(Ackerberg 等,2006、2015)。如果企业能够观测到它,那么它将自然地作为状态变量而影响企业的投入决策,于是就出现同步偏差问题。针对这一问题,研究者们提出了一些解决方法,主要包括固定效应估计、代理变量法(如 OP 方法、LP 方法、ACF 方法)、工具变量法(如广义矩估计即 GMM 方法)以及份额等式方法(share equation method)(该方法提出者为 Gandhi 等,2016)。[①]

　　此外,企业的动态行为也容易导致选择偏差问题,因为在样本中的企业都是存活下来的企业,未包括一些因破产等而退出市场的低生产率企业,这表明回归样本并不是随机选择的。仅仅考虑平衡子样本(balanced sub-sample)则可能导致对要素系数的有偏估计,因为有可能出现这样的

---

① 考虑本项研究的数据样本特点,后面将以代理变量法为重点进行讨论,并对这些方法进行比较分析。

情形:当一家企业的资本存量较大时,如果受到负面冲击影响,其退出市场(和样本)的可能性要低于那些拥有较小资本存量的企业,即出现所谓的"大而不倒"(too big to fail)现象。这就意味着,残差项包含的负面冲击即企业因此而退出市场的概率与企业资本存量之间存在非零(负相关)关系,使得资本投入的系数被低估。

二、奥利—佩克斯(Olley-Pakes)方法(简称 OP 方法)

为了克服生产函数估计时出现的同步偏差和选择偏差问题,奥利和佩克斯(Olley 和 Pakes,1996)提出了一种半参数估计方法,以下简称 OP 方法。

(一)解决同步偏差问题

该方法认为,如果企业根据当期 TFP 状况作出投资决策,则可以用企业的当期投资作为不可观测的 TFP 冲击的代理变量,但这要取决于以下几个假设条件:(1)作为代理变量的投资基于 $i_{it} = i(\omega_{it}, k_{it})$ 对可观测到(被企业观测到)的 TFP 作出反应。(2) $i_{it} = i(\cdot)$ 对 ω_{it} 是严格单调的(strictly monotonic)。(3)标量的不可观测性(scalar unobservable)即 ω_{it} 仅仅对于 $i_{it} = i(\cdot)$ 是不可观测的。① (4)投资选择的动态含义,即资本是唯一的状态变量,其运动遵循 $k_{it} = k(k_{it-1}, i_{it-1})$,而劳动力则是一种"静态投入"(static input)即给定时间点的劳动需求对未来的利润没有动态含义。(5)确定投入的时机选择,即投资与资本(全部投资)都是在时间 $t-1$ 确定的、劳动力投入在时间 t 确定,表示为 $l_{it} \in \Omega_t$、$l_{it} \ni \Omega_{t-1}$、k_{it},$i_{it} \in \Omega_t$、$k_{it}, i_{it} \in \Omega_{t-1}$(其中 Ω 表示信息集)。在以上假定下,OP 方法的估计程序包括以下两个步骤:

首先要确认企业资本存量和流量之间的关系式,奥利和佩克斯(Olley 和 Pakes,1996)采用的是标准方法,即:

$$K_{it+1} = (1 - \delta)K_{it} + I_{it} \tag{3.4}$$

---

① 在马尔科夫设定(Markovian specification)下,企业的投资函数对于 ω_{it} 严格递增(Pakes,1994)。

其中，K 和 I 分别表示资本存量和投资。该式表明，当期资本价值与投资是正交的（orthogonal）。[①] 同时，该程序还假定，如果对 ω_{it} 的未来实现抱有较高预期的话，则企业的当期投资额将趋于上升。也就是说，当期的 ω_{it} 越高，则当期的投资额也将越高，即使当期的投资还没来得及影响当期的资本存量。为此，对最优投资决策定义一个（未知的）函数：

$$i_{it} = i(\omega_{it}, k_{it}) \tag{3.5}$$

求公式（3.5）的反函数，并定义 $h(\cdot) = i^{-1}(\cdot)$，则 ω_{it} 可以表示为：

$$\omega_{it} = h(i_{it}, k_{it}) \tag{3.6}$$

将公式（3.6）代入公式（3.3），可得

$$y_{it} = \beta_k k_{it} + \beta_l l_{it} + h(i_{it}, k_{it}) + e_{it} \tag{3.7}$$

定义函数：

$$\phi_{it}(i_{it}, k_{it}) = \beta_0 + \beta_k k_{it} + h(i_{it}, k_{it}) \tag{3.8}$$

由公式（3.7）和公式（3.8）可得

$$y_{it} = \beta_l l_{it} + \phi_{it}(i_{it}, k_{it}) + e_{it} \tag{3.9}$$

公式（3.9）是一个"部分线性"（partially linear）模型，据此可以确定劳动力的系数 β_l。因为这时所有的自变量都不再与误差项相关，所以可采用关于 i 和 k 的三阶或四阶多项式 $\tilde{\phi}$ 来逼近 ϕ，从而估计出 β_l。以上是奥利—佩克斯估计程序的第一步。[②]

第二步的目标是估计出资本的系数 β_k。根据公式（3.6）和公式（3.8），对于任意给定的 β_k，可以计算出企业的 TFP，即

$$\omega_{it} = h(i_{it}, k_{it}) = \phi_{it} - \beta_k k_{it} \tag{3.10}$$

由于假定企业 TFP 的变化服从一阶马尔科夫过程（first-order Markov process），可以将当期 TFP 写成上期 TFP 的条件期望与新息值

---

① 如果采用永续盘存法（perpetual inventories method），基于投资数据构建企业水平上的资本存量，则当期资本存量应该包含滞后的投资额，这样才能使正交性（orthogonality）成立。

② 如果生产函数中有更多的、可自由调整的要素，比如不同类别的劳动力，那么只需要在这一步把这些要素的系数一一估计出来，然后将这些要素的贡献从产出中减去。

(innovation)u_{it}之和,即

$$\omega_{it} = E[\omega_{it} \mid \Omega_t] = E[\omega_{it} \mid \omega_{it-1}] + u_{it} = g(\omega_{it-1}) + u_{it} \quad (3.11)$$

其中,$g(\omega_{it-1})$是关于ω_{it-1}的函数,且在随机游走(random walk)的假定下,该函数可简化为$\tilde{\phi}_{it-1} - \beta_k k_{it-1}$。$u_{it}$表示在时间$t-1$和$t$之间的新息值,它与$t-1$时的信息集不相关。$t$时的资本完全由$t-1$时的信息集决定,因而与新息值$u_{it}$不相关。

使用第一步估计出来的劳动力系数$\hat{\beta}_l$,将估算出来的劳动力贡献从公式(3.3)的产出中减去,即

$$y_{it} - \tilde{\beta}_l l_{it} = \beta_k k_{it} + g(\tilde{\phi}_{it-1} - \beta_k k_{it-1}) + \mu_{it} + e_{it} \quad (3.12)$$

如同第一步,对于$g(\cdot)$的估计可以采用关于$\tilde{\phi}_{t-1}$和k_{t-1}的高阶多项式形式进行逼近。但在实际估计过程中,这一步的估计要比第一步复杂一些,因为资本是以当期值出现在公式中的,并且以滞后值进行多项式逼近。如果忽视这一点,则估计将是无效的;也就是说,要使估计有效,须确保资本的系数始终保持不变。这意味着,需要采用非线性最小二乘法(non-linear least squares)来估计公式(3.12)。

一旦估计好公式(3.12),则生产函数中的所有系数都会被估计出来,包括第一步估计出来的劳动力(与任何一种额外的、可自由调整的生产要素)对数值的系数$\hat{\beta}_l$以及第二步估计出来的资本对数值的系数β_k。利用这些结果,就可以拟合公式(3.2)并得到残差项μ_{it},这就是要估计的企业水平 TFP 的对数值。

(二)解决选择偏差问题

OP 方法纠正选择偏差也包括两个步骤:第一步是估计企业生存概率(可以表示为资本和投资的函数);第二步是将第一步回归得到的拟合值代入公式(3.12),以控制选择偏差。

OP 方法假定在位企业(incumbent firms)在每期开始决定是否继续留在市场。如果企业退出,它将获得一定量的清算价值(liquidation value)Θ并将永不出现;如果它不退出市场,它选择可变投入(如劳动力、物料以及能源等)与一定水平的投资 I_{it}。企业获得利润还取决于每期开

始时的状态变量:生产率指数或冲击 ω_{it}、资本存量 K_{it}、企业的年龄 a_{it}。假定预期生产率是当前生产率与资本的函数即 $E[\omega_{it+1}|\omega_{it},K_{it}]$、企业的利润是 ω_{it} 和 K_{it} 的函数;假定企业 i 的最优化决策可以用以下贝尔曼(Bellman)方程加以刻画,即最大化未来净利润的预期贴现值:

$$V_{it}(K_{it},a_{it},\omega_{it}) = Max\{\Theta, Sup_{I_{it}\geqslant 0}\Pi_{it}(K_{it},a_{it},\omega_{it}) -$$
$$C(I_{it}) + \rho E[V_{it+1}(K_{it+1},a_{it+1},\omega_{it+1})|\Omega_{it}]\} \quad (3.13)$$

其中, $\Pi_{it}(\cdot)$ 为利润函数(即企业当前利润是状态变量的函数), $C(\cdot)$ 是当前投资的成本, ρ 为贴现因子(discount factor), $E[\cdot|\Omega_{it}]$ 表示取决于 t 期信息 Ω_{it} 的企业期望算子(expectations operator)。贝尔曼方程表明,如果企业的清算价值 Θ 超过其预期贴现回报,则企业将退出市场。解该方程可得到一个马尔科夫完美均衡策略(Markov perfect equilibrium strategy),该策略确定了企业退出市场以及进行投资决策的基本规则。具体说,当企业的生产率大于某一个受到企业当前资本存量 K_{it} 和企业年龄 a_{it} 约束的临界值 $\bar\omega_{it}(\cdot)$ 时,企业将决定继续留在市场上($\chi_{it}=1$);反之,将退出市场($\chi_{it}=0$)。这一退出规则可写成:

$$\chi_{it} = \begin{cases} 1,如果 \omega_{it} \geqslant \bar\omega_{it}(K_{it},a_{it}) \\ 0,其他情形 \end{cases} \quad (3.14)$$

假定状态变量 ω_{it} 服从一阶马尔科夫过程,可以采用以下概率单位(Probit)模型来分析这一决策机制:

$$\Pr(\chi_{it}=1|\Omega_{it-1}) = \Pr(\chi_{it}=1|\omega_{it-1},\bar\omega_{it}(K_{it+1})) = \varphi(i_{it-1},k_{it-1})$$
$$(3.15)$$

企业的投资决策 I_{it} 取决于 ω_{it}、 K_{it}、 a_{it},即 $I_{it}=I(\omega_{it},K_{it},a_{it})$。这意味着,未来生产率与当前生产率冲击正相关,因而那些在 t 期经历较大正向生产率冲击的企业将在 $t+1$ 期进行更多的投资。

将基于公式(3.15)求得的企业退出市场概率的拟合值代入公式(3.12):

$$y_{it} - \hat\beta_l l_{it} = \beta_k k_{it} + g(\tilde\phi_{it-1} - \beta_k k_{it-1}, \hat{Pr}_{t-1}) + \mu_{it} + e_{it} \quad (3.16)[1]$$

---

① 企业的生产函数除了包括资本和劳动力投入外,还可以加上物料、能源等投入。生产函数将产出与各种投入和生产率冲击联系起来。

其中，$\hat{Pr}_{t-1}$ 表示基于概率单位模型回归得到的企业生存概率拟合值。$g(\cdot)$ 包括 $\tilde{\phi}_{it-1}$、k_{it-1}、$\hat{Pr}_{t-1}$ 以及所有交互项的高阶多项式。至此，即使存在选择偏差问题，基于以上方法和程序也可以获得对资本项的一致估计值。[①]

三、莱文森—彼得林（Levinsohn-Petrin）方法（简称 LP 方法）

（一）对 OP 方法的改进

OP 方法在满足一系列条件的情况下可以给出关于企业生产函数的一致性估计值，但要求代理变量（投资）与产出之间必须存在严格单调的关系。这就意味着任何投资额为零的观测值将被排除在数据样本之外。由于并非每家企业每年都有严格为正的投资，所以肯定有观测值在估计过程中被丢掉了。为解决这一问题，莱文森和彼得林（Levinsohn 和 Petrin，2003）提出一种新的估计方法。该方法建议采用中间投入替代 OP 方法中的投资作为 TFP 的代理变量，因为企业只要生产就会使用中间投入，并且它的调整比投资更灵活，所以更能反映 TFP 的变动；同时，中间投入数据更容易获得。[②] 然而，这一代理变量的确定有赖于以下假定：（1）作为代理变量的中间投入基于需求函数 $m_{it} = m(\omega_{it}, k_{it})$ 对可观测到

---

① OP 方法有两个方面的拓展：（1）德·洛克（De Loecker，2007）在结构模型中引入出口因素，使出口企业面临不同的市场结构（要素市场、需求条件、退出壁垒等），因而企业关于投资多少以及是否退出市场的决策取决于出口状态（出口或非出口）。这种对 OP 方法的修正意在捕捉与出口状态相关的不可观测的生产率冲击，从而识别出给定行业的国内企业与出口企业面对的市场结构的差异。具体做法是将出口虚拟变量引入公式（3.10）即 $\omega_{it} = h_e(i_{it}, k_{it})$，下标 e 表示存在出口虚拟变量。在此情况下，第一步估计包括出口虚拟变量及所有与之互动的项目，这相当于在生产函数估计中引入出口状态作为一种投入。（2）凡·毕思布洛克（Van Biesebroeck，2005）引入滞后的出口状态（Ex_{t-1}）作为状态变量，即在标准 OP 程序基础上，企业还有额外的状态变量 Ex_{t-1} 与额外的控制变量 $\Delta Ex_{t-1} = Ex_t - Ex_{t-1}$，这时企业的投资决策函数为 $i_{it} = i(\omega_{it}, k_{it}, ex_{it-1})$。这一拓展很重要，因为出口变量的估计系数包含了是否存在出口学习效应的信息，凡·毕思布洛克（Van Biesebroeck，2005）证实了这一效应的存在。

② 此外，莱文森和彼得林（Levinsohn 和 Petrin，2003）还给出了用来检验代理变量合意性的几种方法。

(被企业观测到)的 TFP 做出反应。(2)$m_{it} = m(\cdot)$ 对 ω_{it} 是严格单调的。(3)标量的不可观测性即 ω_{it} 仅仅对于 $m_{it} = m(\cdot)$ 是不可观测的。(4)劳动力是一种"静态投入",即给定时间点的投入需求对未来的利润没有动态含义。[①] (5)确定投入的时机选择,即资本在时间 $t-1$ 确定、劳动力和中间投入在时间 t 确定,表示为 $l_{it}, m_{it} \in \Omega_t$、$l_{it}, m_{it} \ni \Omega_{t-1}$、$k_{it} \in \Omega_t$、$k_{it} \in \Omega_{t-1}$(其中 Ω 表示信息集)。

在以上假定下,把中间投入需求函数 m_{it} 引入公式(3.3),则

$$y_{it} = \beta_k k_{it} + \beta_l l_{it} + \beta_m m_{it} + \omega_{it} + e_{it} \tag{3.17}$$

其中,y_{it} 为企业产出的对数值[②],m_{it} 为中间投入的对数值。与 OP 方法假定投资和 TFP 存在的单调关系不同,LP 方法假定在给定 k_{it} 的情况下,m_{it} 是 ω_{it} 的单调增函数即 $m_{it} = m(\omega_{it}, k_{it})$。求其反函数,得到不可观测的 TFP 关于两个可观测的投入即资本存量和中间投入的函数,即

$$\omega_{it} = h(m_{it}, k_{it}) \tag{3.18}$$

代入公式(3.17),得

$$y_{it} = \beta_l l_{it} + \phi_{it}(m_{it}, k_{it}) + e_{it} \tag{3.19}$$

其中 $\phi_{it}(m_{it}, k_{it}) = \beta_{it} k_{it} + \beta_m m_{it} + h(m_{it}, k_{it})$。

跟 OP 方法类似,这一步可以估计出 β_l,第二步可以估计出 β_k 和 β_m。

$$
\begin{aligned}
y_{it} - \tilde{\beta}_l l_{it} &= \beta_k k_{it} + \beta_m m_{it} + g(\omega_{it-1}) + \mu_{it} + e_{it} \\
&= \beta_k k_{it} + \beta_m m_{it} + g(\tilde{\phi}_{it-1} - \beta_k k_{it-1} - \beta_m m_{it-1}) + \mu_{it} + e_{it}
\end{aligned} \tag{3.20}
$$

其中,k_{it} 和 μ_{it}、e_{it} 不相关,这可以作为识别的矩条件(moment condition)。m_{it} 作为企业在时间 t 的决策变量,与 e_{it} 不相关,但与新息值 μ_{it} 相关,因此可以用中间投入的滞后一期值 m_{it-1} 作为 m_{it} 的工具变量。用 $\tilde{\phi}_{it-1} - \beta_k k_{it-1} - \beta_m m_{it-1}$ 的多项式表示 $g(\tilde{\phi}_{it-1} - \beta_k k_{it-1} - \beta_m m_{it-1})$,根据矩条件采用 GMM 方法进行估计,从而得到 β_k 和 β_m 的估计值。

---

① 这不是一个必要条件,研究者可以允许劳动力有动态含义,但此时 l_{t-1} 应该包括在中间投入需求函数中。

② 注意,在 OP 方法中被解释变量为增加值,投入要素中不含中间投入。但在 LP 方法中,被解释变量为产出值,投入要素除劳动力和资本外还包括中间投入。

总之,与 OP 方法相比,LP 方法有两个优点:一是在理论上,LP 方法将估计策略与经济理论很好地联系起来,因为中间投入不是典型的状态变量;二是在实践上,企业资产负债表报告的投资往往显示为零,即意味着会有大量观测值缺失,但关于中间投入为零的报告则比较少见。

(二)具体操作步骤:同时考虑同步偏差和选择偏差问题

鉴于本项研究主题关注企业国际化(如出口)与企业绩效的关系,假定在每个生产周期的开始,某一企业就知晓其资本存量 k_{it}、前期国际化(如出口)状态 e_{t-1},并且拥有不为研究者所知的、关于目前 TFP 水平 ω_{it} 的信息。给定以上信息集 I_t,企业将依次做出以下关键决策:

首先,企业决定是否继续经营。根据奥利和佩克斯(Olley 和 Pakes,1996),企业存活下来的概率为:

$$\Pr(\chi_t = 1 \mid \omega_t(K_t, \omega_t, e_t), I_{t-1}) \tag{3.21}$$

其次,如果企业继续经营,那么它将考虑目标市场,包括决定是否国际化(如出口)。根据凡·毕思布洛克(Van Biesebroeck,2005)和德·洛克(De Loecker,2007),有

$$e_t = e(k_t, \omega_t, \chi_t = 1) \tag{3.22}$$

最后,中间投入 m_t 取决于:

$$m_t = m(k_t, \omega_t, \chi_t = 1) \tag{3.23}$$

假定存在单调性,求反函数,则公式(3.23)变为:

$$\omega_t = h(k_t, m_t, e_t, \chi_t = 1) = h(k_t, m_t, e_t, \hat{\Pr}_t) \tag{3.24}$$

这样,估计 TFP 的程序依次为:

第一步:先估计 Probit 模型,并将拟合值保存为 $\Pr(\omega_t > \omega_t(k_t, \omega_t, e_t)) = P_r(k_{t-1}, e_{t-1}, m_{t-1})$;然后令 $\phi_t(k_t, m_t, e_t, \hat{\Pr}_t) = \beta_0 + \beta_m m_t + \beta_k k_t + \omega_t(k_t, m_t, e_t, \hat{\Pr}_t)$,可由四阶多项式近似表示并由 OLS 加以估计:

$$y_t = \delta_0 + \beta_l l_t + \sum_{i=0}^{4} \sum_{j=0}^{4-i} \sum_{p=0}^{4-i-j} \sum_{q=0}^{4-i-j-p} [\delta_{ijpq} k_t^i m_t^j e_t^p \hat{\Pr}_t] + \eta_t \tag{3.25}$$

计算 $\hat{\phi}_t = \hat{y}_t^{OLS} - \hat{\beta}_l^{OLS} l_t$。

第二步:(1)对进行 β_k^* 网格搜索(grid search),并计算 $\hat{\omega}_t = \hat{\phi}_t -$

$\beta_k^* k_t$；（2）使用 OLS 估计 $\hat{\omega}_t$，即 $\hat{\omega}_t = \gamma_0 + \gamma_1 \hat{\omega}_{t-1} + \gamma_2 \hat{\omega}_{t-2}^2 + \gamma_3 \hat{\omega}_{t-3}^3 + \varepsilon_t$，并将拟合值保存为 $\hat{\omega}_t^{OLS}$；（3）计算 $\hat{u}_t = y_t - \hat{\beta}_l^{OLS} l_t - \beta_k^* k_t - \hat{\omega}_t^{OLS}$；（4）计算 $J(\beta_k^*) = \left(\sum_t \sum_i \hat{u}_{it} k_{it} \right)^2$；（5）重复该步骤的（1）至（4），直到 $\hat{\beta}_k^*$ 最小化 $J(\beta_k^*)$。

第三步：计算 $\ln TFP = y_t - \hat{\beta}_t^{OLS} l_t - \beta_k^* k_t$。[①]

四、阿克伯格—凯夫斯—弗雷泽（Ackerberg – Caves – Frazer）方法（简称 ACF 方法）

阿克伯格、凯夫斯和弗雷泽（Ackerberg，Caves 和 Frazer，2006、2015）认为 LP 方法存在共线性问题。劳动力作为可变投入要素会受资本存量和 TFP 的影响，即 $l_{it} = l(\omega_{it}, k_{it})$。按照 LP 方法的假定，有 $\omega_{it} = h(m_{it}, k_{it})$，所以有

$$l_{it} = l(\omega_{it}, k_{it}) = l[h(m_{it}, k_{it}), k_{it}] = g(m_{it}, k_{it}) \tag{3.26}$$

将该式代入公式（3.9）即 $y_{it} = \beta_l l_{it} + \phi_{it}(m_{it}, k_{it}) + e_{it}$，可得

$$y_{it} = \beta_l g(m_{it}, k_{it}) + \phi_{it}(m_{it}, k_{it}) + e_{it} \tag{3.27}$$

虽然上式中 $g(m_{it}, k_{it})$ 和 $\phi_{it}(m_{it}, k_{it})$ 的表达式可以不同，但它们包含的变量完全相同，所以 LP 方法存在多重共线性问题。对此，ACF 方法在第一步放弃对劳动力系数的估计，所有投入要素的系数都在第二步估计。与 OP 方法相同，ACF 也采用企业增加值作为被解释变量，生产函数为：$y_{it} = \beta_k k_{it} + \beta_l l_{it} + \omega_{it} + e_{it}$。

假定作为代理变量的中间投入基于需求函数 $m_{it} = m(\omega_{it}, k_{it}, l_{it})$ 对可观测到（被企业观测到）的 TFP 做出反应；$m_{it} = m(\cdot)$ 对 ω_{it} 是严格单调的；ω_{it} 仅对于 $m_{it} = m(\cdot)$ 是不可观测的；时间 t 的劳动力投入 l_{it} 在时间 $t-1$ 和 t 之间的某个时点上 $t-b(0 < b < 1)$ 进行选择、资本在时间 $t-1$ 确定、中间投入在时间 t 确定，即 $k_{it} \in \Omega_{t-b}$、$k_{it} \in \Omega_{t-1}$、$l_{it} \in \Omega_{t-b}$、$l_{it} \ni \Omega_{t-1}$、$m_{it} \ni \Omega_{t-b}$、$m_{it} \ni \Omega_{t-1}$（其中 Ω 表示信息集）。这意味着 ACF 方法提供了一种

---

① 需要注意的是，在实际估计中，通常需要先确定因变量是增加值还是总产出（或总收入），与之相应的估计方法也略有不同。具体讨论参见本章附录 3A – 1。

新的数据生成机制。与 OP 方法假定相同的是,k_{it} 由时间 $t-1$ 的信息集决定,m_{it} 由时间 t 的信息集决定;与 OP 和 LP 方法假定不同的是,时间 t 的劳动力投入 l_{it} 在时间 $t-1$ 和 t 之间的某个时点上 $t-b(0<b<1)$ 确定。这里关于劳动力投入 l_{it} 时机选择的假定具有一定的合理性,因为在现实经济中,企业招募新员工需要进行职前培训,解雇员工需要提前通知,劳动合同存在一定程度的黏性,就业人数调整没有中间投入调整灵活。

假定 TFP 的变动仍服从一阶马尔科夫过程,即

$$\omega_{it} = E\big[(\omega_{it} \mid \Omega_{t-b}\big] = E\big[\omega_{it} \mid \omega_{it-b}\big] + u_{it}$$

$$\omega_{it-b} = E\big[(\omega_{it-b} \mid \Omega_{t-1}\big] = E\big[\omega_{it-b} \mid \omega_{it-1}\big] + u_{it-b} \tag{3.28}$$

由于 l_{it} 在 m_{it} 之前进行选择,所以 m_{it} 不仅取决于资本和 TFP,还取决于劳动力的投入量,即 $m_{it} = m(\omega_{it}, k_{it}, l_{it})$。求其反函数,得到 TFP 关于资本存量、中间投入和劳动力的函数,即 $\omega_{it} = h(m_{it}, k_{it}, l_{it})$,代入生产函数,可得

$$y_{it} = \beta_k k_{it} + \beta_l l_{it} + h(m_{it}, k_{it}, l_{it}) + e_{it} = \phi_{it}(m_{it}, k_{it}, l_{it}) + e_{it} \tag{3.29}$$

其中,$\phi_{it}(m_{it}, k_{it}, l_{it}) = \beta_k k_{it} + \beta_m m_{it} + h(m_{it}, k_{it}, l_{it})$。用 m_{it}、k_{it}、l_{it} 的二次多项式(包括水平值、二次项以及交叉项)来表示 $\phi_{it}(m_{it}, k_{it}, l_{it})$,对公式(3.29)进行 OLS 回归。虽然无法从公式(3.29)识别出 β_k 和 β_l,但可以得到 ϕ_{it} 的估计值 $\tilde{\phi}_{it}$。给定资本和劳动力系数,可以计算出企业的 TFP,即

$$\omega_{it} = h(m_{it}, k_{it}, l_{it}) = \tilde{\phi}_{it}(m_{it}, k_{it}, l_{it}) - \beta_k k_{it} - \beta_l l_{it} \tag{3.30}$$

进一步地,可将 TFP 写成

$$\omega_{it} = E\big[\omega_{it} \mid \omega_{it-1}\big] + u_{it} = g(\omega_{it-1}) + u_{it} \tag{3.31}$$

将 ω_{it} 对 ω_{it-1} 的水平值及二次项进行多项式回归得到 u_{it} 的估计值 $\hat{u}_{it}$。[①] 因为第一步没有估计出任何投入要素的系数,所以第二步至少需要两个

---

① 采用不同阶数(如三阶或四阶)的多项式进行回归并不会改变估计结果,但会显著增加程序运行时间。使用 stata 运行完全部程序大约需要 10 个小时,而核密度估计程序的运行则需要更长时间。关于 stata 的估计方法,参见本章附录 3A-2。

独立的矩条件来识别 β_k 和 β_l。由于 k_{it} 与 u_{it} 不相关(即 $E[u_{it}|k_{it}]=0$),可以作为识别的矩条件。由于 l_{it} 在时间 $t-1$ 和 t 之间的某个时点上 $t-b(0< b <1)$ 进行选择,所以 l_{it} 至少与 u_{it} 的一部分相关,可以用 l_{it-1} 作为 l_{it} 的工具变量,这样就得到第二个矩条件(即 $E[u_{it}|l_{it-1}]=0$)。ACF 方法采用 k_{it} 和 l_{it-1} 作为参数识别的矩条件来估计 β_k 和 β_l。

第三节 本书采取的 TFP 估算方法

根据以上讨论,我们可以将用来估算企业水平 TFP 的半参数方法的发展及其特点总结如表 3-2 所示。[1] 考虑本项研究的主题即企业国际化与企业绩效及其相互关系以及使用的中国工业企业大样本数据,我们一方面按照 ACF 方法对 LP 方法的改进,考虑劳动力作为可变投入要素会受资本存量和 TFP 的影响,将所有投入要素的系数估计都放在第二步进行;另一方面借鉴德·洛克(De Loecker,2007)将企业国际化行为决策引入到 OP 方法的做法,但我们同时考虑了不同国际化方式的组合,这是本项研究不同于以往研究的地方。[2] 通过这些处理,我们就能够最大限度地同时克服同步偏差、选择偏差以及共线性问题(见表3-2)。

表 3-2 企业水平 **TFP** 的估算:基于半参数方法(代理变量法)

问题 / 方法	同步偏差问题 (simultaneity bias)	选择偏差问题 (selectivity and attrition bias)	共线性问题 (collinearity)
OP 方法	用企业的当期投资作为不可观测的 TFP 冲击的代理变量	先基于 Probit 模型(包含资本和投资的多项式)得到企业退出市场概率的拟合值,并将之代入除去劳动力贡献的产出公式	未考虑劳动力作为可变投入要素会受资本存量和 TFP 的影响

---

① 关于各种主要估计方法的问题及特点分析,可参见本章附录表 3A-1 和 3A-2。

② 比如,余淼杰(2010、2011)就比较早地使用 OP 方法研究中国贸易自由化、加工贸易对企业生产率的影响。但现有研究鲜有考虑贸易与 OFDI 等国际化方式的组合。

续表

问题 方法	同步偏差问题 (simultaneity bias)	选择偏差问题 (selectivity and attrition bias)	共线性问题 (collinearity)
LP 方法	用中间投入替代 OP 方法中的投资作为 TFP 的代理变量	先基于 Probit 模型(包含资本和投资的多项式)得到企业退出市场概率的拟合值,并将之代入除去劳动力贡献的产出公式;也有研究引入企业国际化(比如出口)状况作为状态变量	未考虑劳动力作为可变投入要素会受资本存量和 TFP 的影响
ACF 方法	用就业(人数)和实际投资作为代理变量	先基于 Probit 模型(包含资本和投资的多项式)得到企业退出市场概率的拟合值,并将之代入除去劳动力贡献的产出公式;也有研究引入企业国际化(比如出口)状况作为状态变量	考虑劳动力作为可变投入要素会受资本存量和 TFP 的影响,不在第一步对劳动力系数进行估计,所有投入要素的系数都在第二步估计

资料来源:根据前面讨论及相关文献总结而得。

　　为了观察 OP 方法、LP 方法和 ACF 方法的实际差异,我们采用中国工业企业数据进行比较分析。首先基于两分位行业估计生产函数[1],然后在此基础上测算企业的 TFP。

　　我们给出两种情形:一是未考虑企业进出市场以及国际化行为(包括企业出口或/和对外直接投资)与否;二是考虑企业进出市场以及国际化行为(包括企业出口或/和对外直接投资)与否。需要说明的是,在本项研究使用的三大微观数据库(中国工业企业数据、海关贸易数据与企业对外直接投资数据)中[2],有三个指标或变量可以刻画企业的国际化行为:一是工业企业数据库中的企业出口交货值;二是工业企业数据与海关贸易数据匹配后的贸易变量;三是工业企业数据与企业 OFDI 数据匹配后的 OFDI 变量。基于这三组数据信息,我们可以构造三个虚拟变量:前两个表示企业出口与否(分别记为 D_Ie、D_Ce),后一个表示企业 OFDI 与否(记为 D_OFDI)。我们发现前两个表示出口与否的虚拟变量并不完

---

　　①　这样做是为了保证每个行业有足够的样本量,同时又能兼顾不同行业的差异。
　　②　关于这三个数据库的匹配问题见下文讨论。

全一致。① 通过确认,两个数据库中的出口虚拟变量(D_Ie 和 D_Ce)相互重叠部分占到各自观测值的 50% 以上(见附录表 3A-3)。② 我们进一步将两个出口虚拟变量 D_Ie 和 D_Ce 分别与 OFDI 虚拟变量 D_OFDI 进行组合,从而得到两个同时考虑出口或/和 OFDI 的虚拟变量(分别记为 D_IeOfdi、D_CeOfdi)。实际上,对于测算企业 TFP 而言,两个同时考虑出口或/和 OFDI 的虚拟变量差别不大,后面主要使用同时考虑了工业企业出口交货值与 OFDI 的虚拟变量即 D_IeOfdi。③

受到篇幅限制,我们仅列出其中部分行业的生产函数估计结果,见表 3-3。可以看出,对于所有样本行业,中间投入的系数(弹性)对于不同方法估计的生产函数而言都是最大的,其次是劳动力系数,资本投入的系数最小。比如,对于"化学原料及化学制品制造业",用 OP、LP、ACF 三种方法估算的资本、劳动力和中间投入的系数分别为 0.002—0.024、0.007—0.058、0.917—0.959(未考虑企业进出市场及国际化与否),以及 0.015—0.024、0.035—0.058、0.808—0.917(考虑企业进出市场及国际化与否)。这里估计的不同要素与投入系数(弹性)的相对大小顺序跟已有文献(如 Petrin 等,2004;Ackerberg 等,2006;Yasar 等,2008)类似。

另外,因为对于同一行业,三种方法估计的生产函数就要素/投入系数(弹性)而言差别并不大,所以由此测算得到的 TFP 结果差别也不是很大,见表 3-4 和图 3-2。但用 LP 方法测算,最终的观测值(全样本为321130 家企业)明显要小于另外两种方法(全样本均为 1938956 家企业)。后面的分析均基于 ACF 方法,并同时考虑企业进出市场以及国际化与否。

---

① 需要特别指出的是,我们在对中国工业企业数据与海关数据进行匹配之后发现存在以下几种情形:一是两个数据库中同一家企业都有出口记录,但数值不等(相等的情形很少);二是工业企业数据库中有出口记录,但在海关数据库中没有对应的出口记录;三是在海关数据库中有出口记录,但工业企业数据库中没有对应的出口记录;四是两个数据库中均没有出口记录。为什么两个数据库中同一家企业的出口记录不一致呢?这其中的原因可能包括数据有缺陷、存在贸易中介等。

② 注意,两个数据库中的出口虚拟变量的重叠部分并不意味着出口值完全相等。

③ 第六章将进一步基于不同口径的国际化指标(见表 6-1)进行分析。

表3-3 不同方法估计生产函数:基于中国代表性工业行业

行 业		观测值	K		L		M	
			系数	标准差	系数	标准差	系数	标准差
未考虑企业进出市场及国际化与否								
纺织业(17)	OP	25394	0.005	0.008	0.065*	0.008	0.941*	0.007
	LP	25394	0.004	0.007	0.064*	0.007	0.942*	0.006
	ACF	25394	−0.014	0.011	0.022	0.026	0.959*	0.028
化学原料及化学制品制造业(26)	OP	28371	0.024*	0.008	0.058*	0.005	0.917*	0.005
	LP	28371	0.017*	0.006	0.058*	0.005	0.917*	0.005
	ACF	28371	0.002	0.009	0.007	0.028	0.959*	0.034
医药制造业(27)	OP	10137	0.034*	0.012	0.097*	0.013	0.922*	0.010
	LP	10137	0.037*	0.011	0.096*	0.013	0.923*	0.009
	ACF	10137	0.031*	0.006	0.074*	0.001	0.934*	0.002
交通运输设备制造业(37)	OP	19345	0.012	0.011	0.113*	0.010	0.910*	0.006
	LP	19345	0.009	0.012	0.113*	0.010	0.909*	0.006
	ACF	19345	−0.013	0.009	0.141*	0.035	0.909*	0.033
电气机械及器材制造业(39)	OP	9922	0.024**	0.010	0.068*	0.007	0.910*	0.009
	LP	9922	0.016***	0.009	0.070*	0.008	0.911*	0.009
	ACF	9922	−0.009	0.015	0.037	0.028	0.925*	0.067
通信设备、计算机及其他电子设备制造业(40)	OP	16373	0.017***	0.009	0.119*	0.006	0.934*	0.006
	LP	16373	0.010	0.007	0.118*	0.006	0.934*	0.006
	ACF	16373	−0.025**	0.011	0.161*	0.057	0.947*	0.044
考虑企业进出市场及国际化与否								
纺织业(17)	OP	25394	0.005	0.008	0.065*	0.008	0.941*	0.007
	LP	25394	0.002	0.007	0.064*	0.007	0.942*	0.006
	ACF	25394	−0.012	0.014	0.065	0.024	0.944*	0.033
化学原料及化学制品制造业(26)	OP	28371	0.024*	0.009	0.058*	0.005	0.917*	0.005
	LP	28371	0.015**	0.007	0.058*	0.005	0.917*	0.005
	ACF	28371	0.021**	0.010	0.035	0.030	0.808*	0.035
医药制造业(27)	OP	10137	0.031*	0.012	0.097*	0.013	0.922*	0.010
	LP	10137	0.036*	0.011	0.096*	0.013	0.923*	0.009
	ACF	10137	0.031*	0.006	0.074*	0.001	0.934*	0.002
交通运输设备制造业(37)	OP	19345	0.017	0.011	0.113*	0.010	0.910*	0.006
	LP	19345	0.008	0.012	0.113*	0.010	0.909*	0.006
	ACF	19345	−0.004	0.010	0.137*	0.035	0.792*	0.037
电气机械及器材制造业(39)	OP	9922	0.023**	0.010	0.068*	0.007	0.910*	0.009
	LP	9922	0.015***	0.009	0.070*	0.008	0.911*	0.009
	ACF	9922	0.011	0.013	0.081	0.003	0.926*	0.005

续表

行　业		观测值	K		L		M	
			系数	标准差	系数	标准差	系数	标准差
通信设备、计算机及其他电子设备制造业(40)	OP	16373	0.010	0.009	0.119*	0.006	0.934*	0.006
	LP	16373	0.008	0.007	0.118*	0.006	0.934*	0.006
	ACF	16373	-0.014*	0.003	0.111*	0.001	0.950*	0.001

注:*、**、*** 分别表示在 1%、5%、10%水平上显著。时间样本为 1998—2007 年。行业后面括号中的数字表示该行业两分位代码。因变量为实际产出的对数值,K、L、M 分别表示资本(以实际值衡量)、劳动力(以实际工资衡量)、中间投入(以实际值衡量)的对数值。代理变量(proxy)为就业(人数)和实际投资的对数值。关于相关变量名义值的价格调整见下文的讨论。企业国际化与否基于 D_IeOfdi 确定。多项式逼近(polynomial approximations)的阶数为 4,自抽样(bootstrap)重复次数为 50。

资料来源:基于数据估计而得。

表 3-4　基于不同方法测算的 TFP(对数值):基于全样本统计描述

两种情形	三种方法	观测值	均值	标准差.	最小值	最大值
未考虑企业进出市场及国际化与否	OP	1938956	0.405	0.388	-8.784	5.305
	LP	321130	0.112	0.417	-8.940	4.532
	ACF	1938956	0.346	0.331	-8.901	4.650
考虑企业进出市场及国际化与否	OP	1938956	0.401	0.377	-8.782	5.341
	LP	321130	0.128	0.407	-8.898	4.684
	ACF	1938956	0.343	0.331	-8.901	4.650

注:时间样本为 1998—2007 年。限于篇幅,不同行业的比较暂略。企业国际化与否基于 D_IeOfdi 确定。

资料来源:基于数据估计而得。

　　最后需要指出的是,受到项目研究时间的限制,我们还来不及采用甘地等(Gandhi 等,2016)提出的 GNR 估计方法(见附录表 3A-1 和表 3A-2)加以比较分析,这留待以后继续进行深入探讨。[1]

----

　　[1]　实际上,从目前的测算结果看,用几种方法得到的 TFP 相差不大。

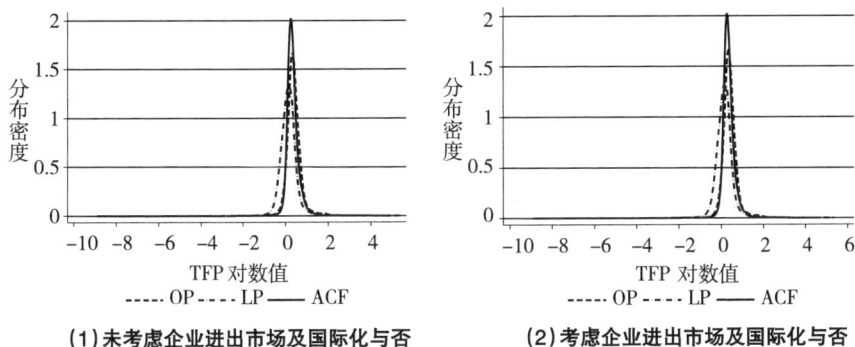

图 3-2　基于不同方法测算的 **TFP**（对数值）分布：基于全样本

注：时间样本为 1998—2007 年。观测值见表 3-4。限于篇幅，不同行业的比较暂略。企业国际化与
　　否基于 D_IeOfdi 确定。

资料来源：基于数据估计而得。

第四节　本书使用的企业水平数据

一、三大企业数据及其匹配

本书使用的数据较多，包括宏观、产业、微观等不同层面，其中企业水
平数据主要涉及三个数据库。①

一是中国工业企业普查数据。该数据是年度数据，1998 年，中国国
家统计局将工业统计范围划分为规模以上与规模以下两部分。但"规模
以上工业企业"的涵盖范围随着时间的推移而有所变化：1998—2006 年，
统计范围为全部国有企业和年主营业务收入 500 万元（人民币）及以上
的非国有企业；2007—2010 年，统计范围调整为年主营业务收入 500 万
元及以上的所有工业企业；2011 年开始至今，统计范围变为年主营业务
收入 2000 万元及以上的所有工业企业。基于以上统计口径与范围，该数
据记录了各工业行业（包括采掘业、制造业以及电力、煤气和水的生产和
供应业）企业的基本信息，其主要维度和变量包括：法人单位、企业编码

---

①　本书使用的其他数据将在相关章节中再加以介绍，此处不再赘述。

(9 位编码)、行政区别(12 位编码)、所在省区市、行业代码(四分位)、主营产品、控股情况和隶属关系、开业时间(年月)、企业规模、一系列财务会计数据(包括资产负债表、利润表等记录的信息)、工业总产值、工业销售产值和出口交货值以及从业人员数等。目前的数据始于 1998 年。①

二是中国海关进出口数据。中国海关原始数据是月度数据,记录了企业在每个月的每一笔交易(进出口)。该数据的主要维度和变量包括贸易方向(即进口与出口)、商品代码(八分位 HS 编码)、商品名称、进出口金额(单位为美元)、进出口数量、商品单位(包括公斤、米、克拉等 12种单位)、进出口企业代码(10 位编码)、进出口企业名称、消费地区(针对进口)或生产地区(针对出口)(全国共计 714 个左右)、企业类型(包括国有企业等 8 种所有制)、进口原产国/地或出口目的国/地(全球有关国家和地区)、海关口岸(包括全国 41 个海关)、贸易方式(包括一般贸易、加工贸易等 19 种贸易方式)、运输方式(包括江海运输等 7 种)、中转国/地以及进出口企业的地址等信息,有些年份还列出了进出口商品的单位价值(value per unit)。② 进口值是以 CIF 为基础,出口值是以 FOB 为基础。目前的数据从 2000 年开始。

三是中国企业对外直接投资(OFDI)数据。该数据取自中国国家商务部,涵盖的时间始于 1983 年,包括的变量主要有中国境内企业名称、境外投资企业名称、国内省区市、OFDI 目的地、境外投资经营范围、核准日期等。但遗憾的是,该数据只记录了企业 OFDI 投资频率,缺乏投资金额信息。③

有了这三大企业数据库之后,我们面临的最大挑战是如何将它们匹

---

① 在本项研究的样本期间里(1998—2013 年),有些变量如总产出、总就业、出口交货值、工业销售值等始终存在,但有些变量可能因为统计范围的调整而发生变化,比如 2008 年及之后缺了"总中间投入"、"固定资产净值",因此估算企业 TFP 就比较困难。为了尽可能利用数据库中的相关信息,我们将使用多种指标比如劳动生产率、资产利润率或总资产报酬率(Return on Assets,RoA)、净资产利润率或权益报酬率(Return on Equity,RoE)等,来分析企业的绩效特征。

② 其中,2000—2006 年的数据变量较为完整,但 2007—2013 年数据中有些变量要么缺失、要么不完整。

③ 我们注意到,已有研究使用中国企业并购(M&A)数据,包括 SDC Thomson 金融数据库与 Wind 数据库中的中国企业并购数据。我们的后续研究将结合这些数据进行探讨。

配整合在一起,从而构建一个涵盖企业生产、对外贸易与对外投资信息的综合性数据库。但是,这三大数据中的企业没有统一编码,因此对这三个数据库中的企业进行匹配只能采取以下方法:一是直接匹配企业名称(汉字名称);二是通过匹配邮政编码、电话号码而间接地匹配企业;三是通过匹配企业的高管(如董事长、总经理等)而间接地匹配企业。然而,这些方法实际上都不可能穷尽所有潜在匹配的企业。比如,对于第一种方法,如果使用 stata 中的 merge 进行精准匹配,那么只要企业名称中有一个符号不同或少了一个字(如"上海××公司""上海市××公司"应该是一家企业),那么就无法匹配成功,这样就会漏掉很多本来可以匹配在一起的企业。对于第二、三种方法,由于三大数据库中的这些信息非常不全,而且杂乱无章,因此,借用电话号码等信息来间接匹配的成功率也将很低。

为了提高匹配成功率,本项研究采用的匹配方法与步骤是:首先,去掉待链接变量(企业名称、电话号码等)中的空格,然后匹配,匹配成功的部分保存;其次,通过企业名称无法匹配的部分,再通过电话号码等进行匹配,匹配成功的部分保存;再次,通过前面两种办法都没法成功匹配的部分,再通过模糊匹配方法(fuzzy match)进行匹配,匹配成功的部分保存;最后,将以上匹配结果整合在一起。我们采取企业名称精准匹配与模糊匹配两种方法,前者主要使用 stata 中的 merge 命令、后者主要使用 stata 中的 matchit 命令。最终的匹配包括两两匹配与三个数据一起匹配。具体数据及其匹配方式如图 3-3 所示。先用 merge 对不同数据库中的企业名称进行匹配,再用 matchit 进行模糊匹配(设定 ngram＝4),选择分值超过 0.6(即 threshold＝0.6)的匹配观测值再进行人工匹配。

由于这些原始数据在当初生成过程中出现各种意想不到的问题,所以数据很不干净。这使我们的匹配工作变得十分艰辛、耗时。① 但这是一项非常

———————

① 这一匹配工作分为两个阶段:第一阶段是机器匹配,笔者动用了 3 台大内存计算机,夜以继日地持续运行,历时 80 多天完成计算机模糊匹配;第二阶段是人工匹配,笔者为此组织了近 10 位硕士生和博士生一起又耗时半个月时间,在第一阶段模糊匹配的基础上完成了人工匹配。此外,在计算机处理过程中,笔者还采用一些技术手段去掉企业名称中的空格等无效字段或字符,从而在一定程度上提高了匹配成功率。

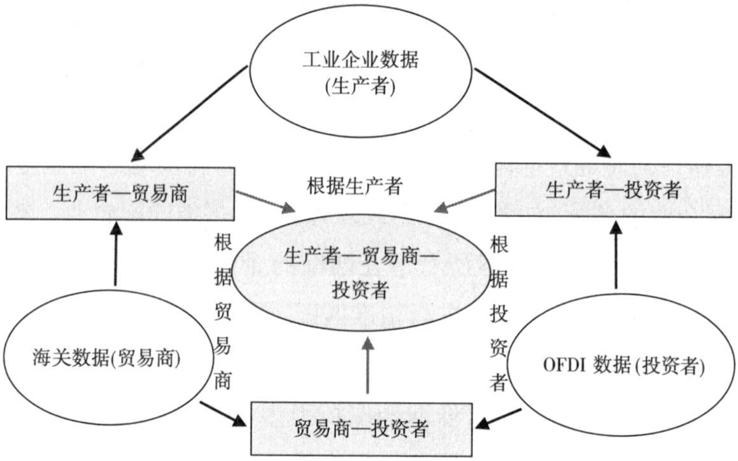

图 3-3 中国三大企业数据的相互匹配

资料来源:基于数据处理而得。

重要的基础性工作,为我们的后续研究带来了很多方便。下面展示一下主要匹配结果。所匹配的企业都是在样本时期里出现(至少出现过一次)的企业。图 3-4、图 3-5 和图 3-6 显示的是无法用 merge 进行精准匹配的部分,即用 matchit 进行模糊匹配、结果显示相似分(similscore)大于等于 0.6 但小于 1 的部分(similscore 等于 1 表示精准匹配,已由 merge 完成)。

表 3-5、表 3-6 显示中国工业企业数据、海关数据与 OFDI 数据三大数据库之间的两两匹配以及全部共同匹配的结果。在工业企业数据与海关数据匹配中,成功匹配的企业个数占工业企业总数的比重超过 20%、占海关企业总数的比重超过 25%。在海关数据与 OFDI 数据匹配中,成功匹配的企业个数占 OFDI 企业总数的 46% 以上、占海关企业总数的比重近 2%。在工业企业数据与 OFDI 数据匹配中,成功匹配的企业个数占 OFDI 企业总数的比重近 30%(对于长时期样本)。在不同的数据库匹配中,模糊匹配成功的企业数目也相对可观,占全部匹配成功的企业数的比重在 7.44%—31.45%。由于中国工业企业数据库中的企业规模相对较大,因此与工业企业数据库匹配成功的企业具有较强的代表性,它们的生产、贸易、投资、就业等在中国国民经济中所占比重会大大超过其个数所占的比重。我们在后面的分析中将展示这些结果。

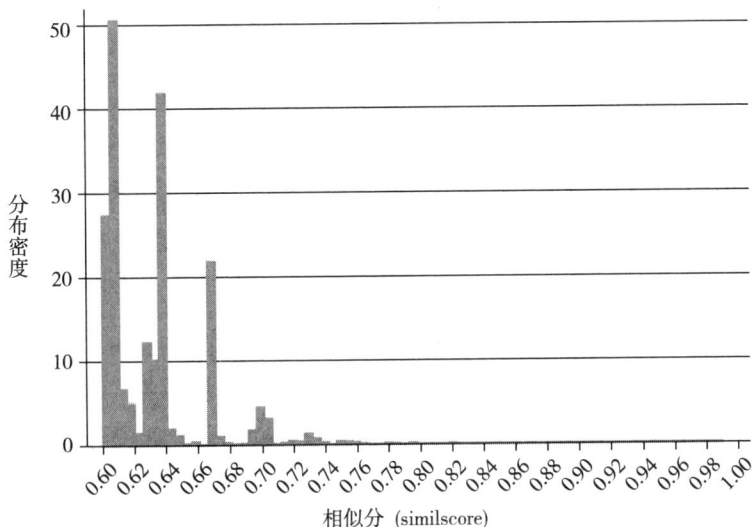

**图 3-4 1998—2013 年中国工业企业数据与 2000—2013 年
海关数据中的企业模糊匹配结果**

注:用 matchit 模糊匹配而得到相似分 similscore≥0.6 的匹配企业观测值为 59967607 家。最后人工
　　匹配成功的企业观测值为 52484 家。其中 bin=77,start=0.6,width=0.00506932。
资料来源:基丁数据处理而得。

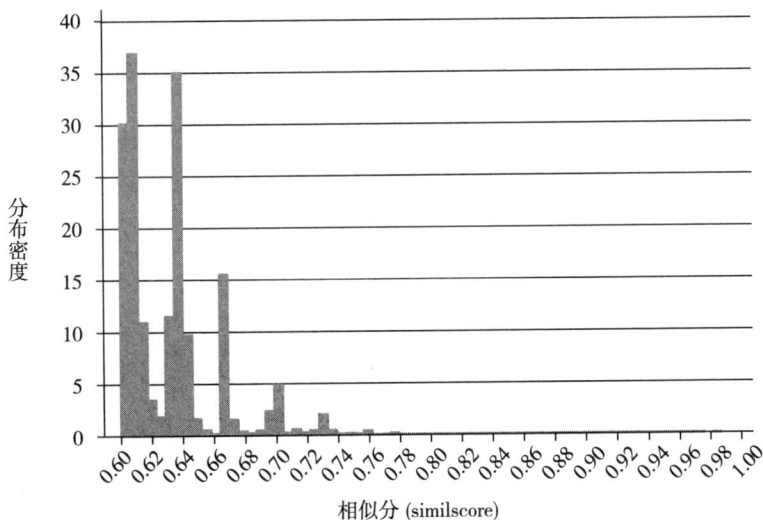

图 3-5 2000—2013 年中国海关数据与 OFDI 数据中的企业模糊匹配结果

注:用 matchit 模糊匹配而得到相似分 similscore≥0.6 的匹配企业观测值为 6171972 家。最后人工匹
　　配成功的企业观测值为 943 家。其中 bin=67,start=0.6,width=0.0057824。
资料来源:基于数据处理而得。

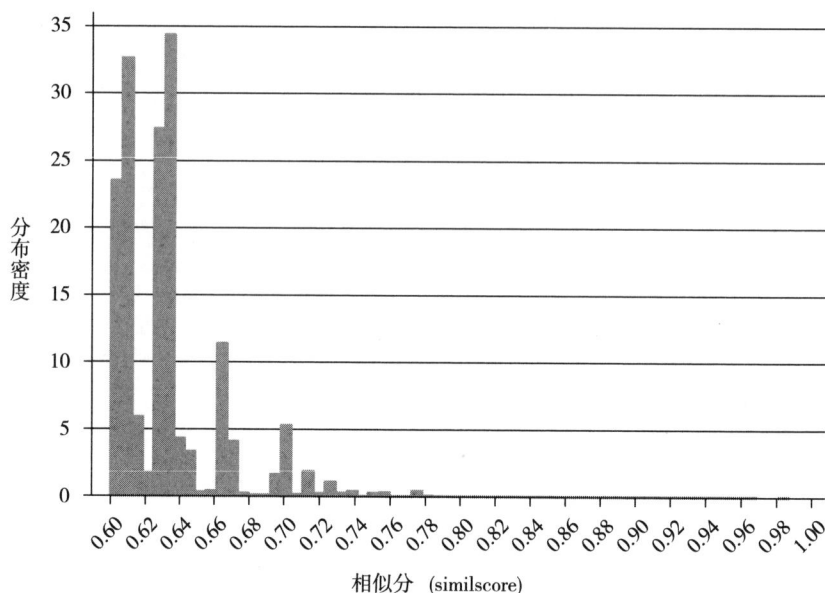

图 3-6   1998—2013 年中国工业企业数据与 OFDI 数据中的企业模糊匹配结果

注:用 matchit 模糊匹配而得到相似分 similscore≥0.6 的匹配企业观测值为 2407178 家。最后人工匹
　配成功的企业观测值为 820 家。其中 bin = 63,start = 0.6,width = 0.00614954。

资料来源:基于数据处理而得。

表 3-5   中国工业企业数据、海关数据与 OFDI 数据之间两两匹配

	工业企业 (1998— 2013 年) 与海关 (2000— 2013 年)	工业企业 (1998— 2007 年) 与海关 (2000— 2007 年)	工业企业 (1998— 2013 年) 与 OFDI	工业企业 (1998— 2007 年) 与 OFDI	海关企业 (2000— 2013 年) 与 OFDI
精准匹配成功的 企业数(1)	182979	114402	7234	4063	11737
模糊匹配成功的 企业数(2)	52484	52484	820	896	943
成功匹配的企业 总数(3)	235463	166886	8054	4959	12680
(2)/(3)(%)	22.29	31.45	10.18	18.07	7.44
工业企业数据库 企业总数(4)	1113354	752035	1113354	752035	—
海关数据库企业 总数(5)	663992	663992	—	—	663992

续表

	工业企业(1998—2013年)与海关(2000—2013年)	工业企业(1998—2007年)与海关(2000—2007年)	工业企业(1998—2013年)与OFDI	工业企业(1998—2007年)与OFDI	海关企业(2000—2013年)与OFDI
OFDI数据库企业总数(6)	—	—	27331	27331	27331
(3)/(4)(%)	21.15	22.19	0.72	0.66	
(3)/(5)(%)	35.46	25.13	—		1.91
(3)/(6)(%)	—	—	29.47	18.14	46.39

注:"—"表示不存在。

资料来源:基于数据处理而得。

表3-6　中国工业企业数据、海关数据与OFDI数据中的企业精准匹配

			将"生产—贸易匹配数据"与"贸易—投资匹配数据"通过trader、trader_id链接匹配		
			master only(1)	matched(3)	Total
1998—2007年	将"生产—贸易匹配数据"与"生产—投资匹配数据"通过producer、producer_id链接匹配	master only(1)	163180	16	163196
		using only(2)	1269	0	1269
		matched(3)	181	3509	3690
		Total	164630	3525	168155
1998—2013年	将"生产—贸易匹配数据"与"生产—投资匹配数据"通过producer、producer_id链接匹配	master only(1)	229410	117	229527
		using only(2)	2118	0	2118
		matched(3)	73	5863	5936
		Total	231601	5980	237581

注:三大数据库一起匹配的结果是在各自的完全匹配(即精准匹配加上模糊匹配之后的人工匹配)之后再进行精准匹配的结果。matched(3)表示匹配成功,三大数据库成功匹配的企业观测值在3500家以上。

资料来源:基于数据处理而得。

二、名义值的价格调整

为了估算企业经济绩效特别是企业的TFP,我们需要对中国工业企业数据库中企业的产出(产值)、中间投入、资本投入等名义值变量进行价格调整,从而得到其实际值。现有相关文献基本上都采用勃兰特和罗

斯基(Brandt 和 Rawski,2008,Chapter 20)的投资缩减指数以及勃兰特等(Brandt 等,2012)的产出与投入指数,但这些指数的时间跨度基本上都是在 2006 年或 2007 年之前。为了涵盖本项研究的样本时间段,我们做了如下处理:

首先,鉴于勃兰特—罗斯基投资缩减指数(Brandt-Rawski investment deflator)(Brandt 和 Rawski,2008,Chapter 20)截至 2006 年,同时考虑到中国大陆 31 个省、区、市的投资差异巨大,我们使用中国分省固定资产投资价格指数(fixed assets investment price index)代替勃兰特—罗斯基投资缩减指数。① 但西藏的数据缺失,我们用全国总体投资指数代替。另外,像勃兰特—罗斯基投资缩减指数那样,我们将中国各省、区、市环比投资指数转换成以 1998 年为基年的定基指数,然后采用该指数分别对企业的固定资产原值与长期投资进行缩减,从而得到企业的实际资本与实际投资。

其次,使用中国环比工业品出厂价格指数与环比原材料、燃料和动力购进价格指数,分别扩展勃兰特等(Brandt 等,2012)提出的基准产出缩减指数(benchmark output deflator)与基准投入缩减指数(benchmark input deflator)。其中,两分位行业没有指数的用全国指数代替,2008 年及之后的各行业数据按照全国指数的变化率进行推算。通过处理而最终得到的产出与投入价格缩减指数涵盖了 1033 个匹配的四分位工业行业,时间跨度为 1998—2015 年,共计 18 年。最后,我们使用产出价格指数对工业企业的工业总产值进行缩减,使用投入价格指数对企业的总投入、应付工资进行缩减,从而得到企业的实际总产值、实际总投入与实际应付工资。

关于中国大陆 31 个省区市的固定资产投资价格指数(1998—2015年)(定基)可参见附录表 3A-4;有关各工业行业及各年份的产出指数与投入指数数据量太大,我们只是在附录表 3A-5 中列出几个代表性工业行业,其他工业行业不再一一列出。

---

① 勃兰特—罗斯基投资缩减指数未考虑中国地区间的巨大差异。

附 录 1

(一)附录 3A-1:LP 方法估计中因变量分别为增加值和总产出(或总收入)的情形[①]

1.因变量为增加值时的 LP 估计

令 v_t 表示总产出减去中间投入之后的增加值,这样可以把生产函数写成:

$$v_t = \beta_0 + \beta_k k_t + \beta_l l_t + \omega_t + \eta_t = \beta_l l_t + \phi_t(m_t, k_t) + \eta_t$$

其中, $\phi_t(m_t, k_t) = \beta_0 + \beta_k k_t + \omega_t(m_t, k_t)$,将该式表示为含有 m_t 和 k_t 的三阶多项式逼近形式(third-order polynomial approximation),这样才可能使用 OLS 对增加值等式的参数进行一致性估计:

$$v_t = \delta_0 + \beta_l l_t + \sum_{i=0}^{3} \sum_{j=0}^{3-i} \delta_{ij} k_t^i m_t^j + \eta_t$$

其中, β_0 无法从 $\phi_t(m_t, k_t)$ 的截距项中单独分离出来。这就完成了 LP 方法第一步的估计,借此可以获得 β_l 和 ϕ_t (及其截距)的估计值。

第二步是确定系数 β_k 。首先运用下式计算 ϕ_t 的估计值:

$$\hat{\varphi}_t = \hat{v}_t - \hat{\beta}_l l_t = \hat{\delta}_0 + \sum_{i=0}^{3} \sum_{j=0}^{3-i} \hat{\delta}_{ij} k_t^i m_t^j - \hat{\beta}_l l_t$$

对于任何候选的 β_k^* 值,均可采用下式计算出所有时期 t 的 ω_t 预期值:

$$\hat{\omega}_t = \hat{\phi}_t - \beta_k^* k_t$$

使用这些数值,并基于下面回归获得的预期值,给出对 $E[\omega_t | \omega_{t-1}]$ 的一致性(非参数)近似:

$$\hat{\omega}_t = \gamma_0 + \gamma_1 \omega_{t-1} + \gamma_2 \omega_{t-1}^2 + \gamma_3 \omega_{t-1}^3 + \in_t$$

LP 方法称之为 $E[\overline{\omega_t | \omega_{t-1}}]$ (即等于 $\hat{\omega}_t$)。给定 $\hat{\beta}_l$ 、 β_k^* 、 $E[\overline{\omega_t | \omega_{t-1}}]$,可以得到生产函数的"剩余"(residual):

[①] 本附录参考了彼得林等(Petrin 等,2004)的分析。

$$\overline{\eta_t + \xi_t} = v_t - \hat{\beta}_l l_t - \beta_k^* k_t - E[\overline{\omega_t \mid \omega_{t-1}}]$$

资本系数的估计值 $\hat{\beta}_k$ 可以定义为下式的解:

$$\min_{\beta_t^*} \sum_t (v_t - \hat{\beta}_l l_t - \beta_k^* k_t - E[\overline{\omega_t \mid \omega_{t-1}}])^2$$

Stata 命令采用黄金分割搜索算法(golden section search algorithm)来最小化该函数。通过采用自抽样方法(bootstrap approach)来构建 $\hat{\beta}_k$、$\hat{\beta}_l$ 的标准差。

2. 因变量为总产出或总收入时的 LP 估计

定义 y_t 表示总产出或总收入,这样可以把生产函数写成:

$$y_t = \beta_0 + \beta_k k_t + \beta_l l_t + \beta_m m_t + \omega_t + \eta_t = \beta_l l_t + \phi_t(m_t, k_t) + \eta_t$$

其中,$\phi_t(m_t, k_t) = \beta_0 + \beta_k k_t + \beta_m m_t + \omega_t(m_t, k_t)$。对 $\hat{\beta}_l$ 的估计与前面一样,使用含有 m_t 和 k_t 的三阶多项式逼近形式(third-order polynomial approximation)代替 $\phi_t(m_t, k_t)$,并进行 OLS 回归。

第二步的第一部分也与因变量为增加值时的情形类似。对于任何候选的 β_k^* 和 β_m^* 值,采用下式估计 $\hat{\omega}_t$:

$$\hat{\omega}_t = \hat{\phi}_t - \beta_k^* k_t - \beta_m^* m_t$$

使用所有时期 t 的 ω_t,像前面一样估计 $E[\overline{\omega_t \mid \omega_{t-1}}]$。于是,对于 (β_k^*, β_m^*) 的"剩余"可以计算为:

$$\overline{\eta_t + \xi_t} = y_t - \hat{\beta}_l l_t - \beta_k^* k_t - \beta_m^* m_t - E[\overline{\omega_t \mid \omega_{t-1}}]$$

这一"剩余"必须与至少两个工具变量相互作用才能确定 β_k 和 β_m。与增加值情形类似,如果 t 期的资本存量由前一期的投资决策所确定,则它不对当前时期的生产率新息值项(productivity innovation term)ξ_t 的冲击作出反应,只要满足以下矩条件:

$$E[\eta_t + \xi_t \mid k_t] = 0$$

这一条件实际上隐含地施加在目标函数 $y_t = \beta_0 + \beta_k k_t + \beta_l l_t + \beta_m m_t + \omega_t + \eta_t$ 上。另一个矩条件是用来确定 β_m。LP 方法基于这样的事实:前一时期的中间投入水平 m_{t-1} 与当期的误差不相关,即满足以下矩条件:

$$E[\eta_t + \xi_t \mid m_{t-1}] = 0$$

于是,候选的估计值 $(\hat{\beta}_k, \hat{\beta}_m)$ 可以通过最小化以下 GMM 标准函数(GMM criterion function)来获得:

$$\min_{(\beta_k^*, \beta_m^*)} \sum_h \left[\sum_t \overline{(\eta_t + \xi_t)} Z_{ht} \right]^2$$

其中,$Z_t \equiv (m_{t-1}, k_t)$,$h$ 表示 Z_t 中的元素。另外的过度识别条件(over-identification conditions)为:$E[\eta_t + \xi_t \mid l_{t-1}] = 0$,$E[\eta_t + \xi_t \mid m_{t-2}] = 0$,$E[\eta_t + \xi_t \mid k_{t-1}] = 0$

这些条件可以用来提高效率并检验设定。这里再定义 $Z_t \equiv (k_t, m_{t-1}, l_{t-1}, m_{t-2}, k_{t-1},)$。于是,$(\hat{\beta}_k, \hat{\beta}_m)$ 可以定义为下式的解:

$$\min_{(\beta_k^*, \beta_m^*)} \sum_h \left[\sum_t \overline{(\eta_t + \xi_t)} Z_{ht} \right]^2$$

Stata 程序提供两种求解 GMM 最小化问题的方法:一是默认做法(default behavior),使用 Stata 命令 nl(nonlinear least-squares estimation),这基于牛顿方法(Newton's method)。二是二维网格搜索方法。使用 (β_k^*, β_m^*) 的候选值,从 0.01 到 0.99 间隔为 0.01。这一方法虽比 nl 方法慢,但比较容易确认 nl 已经找到了目标函数的全局最小值。而且,如果资本和代理变量没有充分变化的话,nl 可能很难求解最小化问题,这样就只能使用网格搜索方法。

3. 关于标准差(standard errors)

上面的估计涉及两个主要阶段。在每一阶段,都要用到大量的初步估计值。比如,第一阶段回归的结果在第二阶段中作为解释变量出现,所以第一阶段的估计误差将进入到第二阶段的估计中。最后参数的协方差矩阵(covariance matrix)必须能反映由两个阶段所有估计值引起的抽样变化。虽然可以导出一个解析性协方差矩阵(analytic covariance matrix),但计算却非常烦琐。而 LP 方法可以借助于计算机来解决这一困难,即采用自抽样方法(bootstrap)估计标准差。自抽样方法的原理是,对原始数据进行有放回重复抽样(sample with replacement),对每次抽样的样本计算样本统计量,这样可以得到统计量的一个经验分布。当抽样次数足够大时,可以近似认为统计量的经验分布接近于真实分布。[①]

LP 方法使用面板数据,对企业进行有放回抽样,即当某企业的编码(id)被随机抽取时,那么自抽样样本中该企业的整个时间序列的观测值都将被抽出使用。不同自抽样样本的点估计的差异为初始点估计的标准差提供了一种估计。Stata 可以基于命令 bsample 的选项 cluster(varname)来完成自抽样过程。

当实施过度识别限制时,自抽样则略有不同。即使总体矩(population moments)被假定等于 0,使用原始数据集计算的样本矩(sample moments)一般并不等于 0。正如霍洛维茨(Horowitz,2001)及其他研究者指出的,这意味着,对于每一个自抽样样本,必须对矩条件进行"再中心化"(recenter)即减去基于原始数据集(在最低限度)计算出的样本矩的值。Stata 程序可以先对原始数据进行估计,然后使用一系列全局宏(global macros)将这些样本矩的值储存起来;当最小化自抽样样本的目标函数时,再将这些样本矩的值从自抽样样本矩中减去,从而使总体矩等于 0。这样可以保证自抽样方法在构建标准差上的一致性。

(二)附录 3A-2:用来估计生产函数的 stata 程序模块 prodest

罗维伽剔和莫里斯(Rovigatti 和 Mollisi,2016)编写的 prodest 是基于控制函数方法(control function approach)估计生产函数的最新 stata 程序命令。该运算程序模块具有综合性,包括四种估计方法即 Olley-Pakes(OP)、Levinshon-Petrin(LP)、Wooldridge(WRDG)与 Ackerberg-Caves-Frazer(ACF),外加一项新方法即 Mollisi-Rovigatti(MR)(以该程序编写者命名)用来更好地处理短面板数据。该运算程序模块的基本用法类似于现有的 opreg(Yasar 等,2008)与 levpet(Petrin 等,2004),但添加了很多新元素以控制最优化程序并解决相关估计问题(比如,总产出与增加值的选用、内生变量以及样本选择问题等)。主要命令如下(详细说

---

① 比如,对每次自抽样的样本采用半参数方法估计资本和劳动力的系数,假定重复抽样 1000 次,最终得到 1000 个系数估计值,将 1000 个估计值的样本标准差作为原始样本回归系数的标准误。

明可以参见 Rovigatti 和 Mollisi,2016):

1. OP（Olley 和 Pakes,1996）方法

prodest depvar [if] [in] ,free(varlist) proxy(varlist) state(varlist) method(op) [control(varlist) acf id(varname) t(varname) reps(#) valueadded level(#) poly(#) seed(#) fsresidual(newname) endogenous (varlist) opt_options OP_options]

2. LP（Levinsohn 和 Petrin,2003）方法

prodest depvar [if] [in] ,free(varlist) proxy(varlist) state(varlist) method(lp) [control(varlist) acf id(varname) t(varname) reps(#) valueadded level(#) poly(#) seed(#) fsresidual(newname) endogenous (varlist) opt_options LP_options]

3. WRDG（Wooldridge,2009）方法

prodest depvar [if] [in] ,free(varlist) proxy(varlist) state(varlist) method(wrdg) [control(varlist) acf id(varname) t(varname) reps(#) valueadded level(#) poly(#) seed(#) fsresidual(newname) endogenous (varlist) opt_options WRDG_options]

4. MR（Rovigatti 和 Mollisi,2016）方法

prodest depvar [if] [in] ,free(varlist) proxy(varlist) state(varlist) method(mr) [control(varlist) acf id(varname) t(varname) reps(#) valueadded level(#) poly(#) seed(#) fsresidual(newname) endogenous (varlist) opt_options MR_options]

附 录 2

表 3A-1 企业水平 TFP 的估算:方法论问题总结

偏差的起源	定 义	偏差的方向	相关文献
选择偏差问题(selectivity and attrition bias)	样本选取(attrition)的内生性;残差项μ_{it}与K_{it}相关,取决于样本是否在数据集中	β_k向下偏差(downward bias)	Olley 和 Pakes(1996) Ackerberg 等(2007)
同步偏差问题(simultaneity bias)	投入的内生性;如果企业事先对残差项μ_{it}的信念影响其对投入的选择,则残差项μ_{it}与投入相关	β_l向上偏差(upward bias) β_m向上偏差 β_k向下偏差	Marschak 和 Andrews(1944) Olley 和 Pakes(1996) Levinsohn 和 Petrin(2003) Ackerberg 等(2006) Ackerberg 等(2007)
遗漏产出价格偏差(omitted output price bias)	产出市场不完全竞争;企业水平上对产出价格平减指数(deflator)的离差(deviation)($p_{it} - \bar{p}_{it}$)与投入相关	β_l向下偏差 β_m向下偏差 β_k向上偏差	Klette 和 Griliches(1996) Levinsohn 和 Melitz(2002) De Loecker(2007)
遗漏投入价格偏差(omitted input price bias)	投入市场不完全竞争;企业水平上对投入价格平减指数的离差($p_{it}^{k,m} - \bar{p}_{it}^{k,m}$)与投入相关	β_l向下偏差 β_m向下偏差 β_k向上偏差	Levinsohn 和 Melitz(2002) De Loecker(2007) Katayama 等(2009)
多产品企业(multi - product firms)	产品选择是内生的;单一企业生产的不同产品具有不同的生产技术	无法确定	Bernard,Redding,Schott(2006b) De Loecker(2007) Bernard,Redding,Schott(2009)
生产函数形式	当存在灵活投入时,控制函数方法(control function method)并不是非参数设定的(nonparametrically identified)	增加值生产函数无法解决设定问题(identification problem)且高估不同企业之间生产率异质性程度	Gandhi 等(2016) Casas 和 González(2016)

资料来源:根据凡·贝弗仁(Van Beveren,2012)、阿克伯格等(Ackerberg 等,2015)、甘地等(Gandhi 等,2016)补充整理而得。

表 3A−2 企业水平 TFP 的估算:估计方法总结

估计方法	假 设	解决的问题	相关文献
固定效应	生产率 ω_{it} 是厂商特定的(plant-specific)且不随时间变化(time-invariant)	同步性(simultaneity)选择性(selection)(如果对于所有的 i,$\omega_{it}=\omega_i$)	Ackerberg 等(2007)
工具变量与 GMM	工具变量与内生自变量之间相关,但与误差项不相关	同步性选择性(非平衡面板)	Blundell 和 Bond(1999)Ackerberg 等(2007)
半参数估计:OP 方法	可逆性条件:投资对于生产率是严格递增的标量不可观测假设:生产率是唯一不可观测的状态变量	同步性选择性(非平衡面板)选择性(生存概率)	Olley 和 Pakes(1996)Ackerberg 等(2006)Ackerberg 等(2007)
半参数估计:LP 方法	可逆性条件:中间投入对于生产率是严格递增的标量不可观测假设:生产率是唯一不可观测的状态变量	同步性选择性(非平衡面板)	Levinsohn 和 Petrin(2003)Petrin 等(2004)Ackerberg 等(2006)
考虑产出市场不完全竞争的 OP 方法	OP 方法假设	同步性选择性(非平衡面板)选择性(生存概率)遗漏产出价格偏差(omitted output price bias)	Klette 和 Griliches(1996)Levinsohn 和 Melitz(2002)De Loecker(2007)
考虑多产品企业的扩展 OP 方法	OP 方法假设;一个企业的所有产品的生产技术相同;需求弹性对于不同产品而言都是相同的且为常数	同步性选择性(非平衡面板)选择性(生存概率)遗漏产出价格偏差内生产品选择(endogenous product choice)	Klette 和 Griliches(1996)Levinsohn 和 Melitz(2002)De Loecker(2007)
GNR 估计	投入是灵活的;生产函数形式不确定;不强调单调性(monotonicity)假设	设定问题(identification)增加值生产函数与总产出生产函数的非兼容性(incompatibility)	Gandhi 等(2016)

资料来源:根据凡·贝弗仁(Van Beveren,2012)、阿克伯格等(Ackerberg 等,2015)、甘地等(Gandhi 等,2016)补充整理而得。

表 3A-3　中国工业企业国际化虚拟变量的构造及组合

			匹配的海关数据显示的企业出口与否（D_Ce）			匹配的OFDI数据显示的企业OFDI与否（D_OFDI）		
			0	1	合计	0	1	合计
1998—2007年	工业企业数据显示的企业出口与否（D_Ie）	0	1237263	162015	1399278	1393941	5337	1399278
		1	270035	269643	539678	529628	10050	539678
		合计	1507298	431658	1938956	1923569	15387	1938956
1998—2013年	工业企业数据显示的企业出口与否（D_Ie）	0	2802761	430657	3233418	3216423	16995	3233418
		1	358005	635114	993119	964403	28716	993119
		合计	3160766	1065771	4226537	4180826	45711	4226537

			匹配的海关企业出口状态与匹配的企业OFDI状态的组合（D_CeOfdi）		
			0	1	合计
1998—2007年	工业企业出口状态与匹配的OFDI状态的组合（D_IeOfdi）	0	1235811	158130	1393941
		1	269411	275604	545015
		合计	1505222	433734	1938956
1998—2013年	工业企业出口状态与匹配的OFDI状态的组合（D_IeOfdi）	0	2797531	418892	3216423
		1	356163	653951	1010114
		合计	3153694	1072843	4226537

注：虚拟变量1表示企业存在出口或OFDI行为，否则为0。匹配的个数为企业数量（观测值数）。"工业企业出口状态与匹配的OFDI状态的组合（D_IeOfdi）"如果为1，则是指该企业要么出口、要么OFDI、要么是二者同时发生；如果组合为0，则是指该企业既不出口也不OFDI。"匹配的海关企业出口状态与匹配的企业OFDI状态的组合（D_CeOfdi）"如果为1，则是指该企业要么出口、要么OFDI、要么是二者同时发生；如果组合为0，则是指该企业既不出口也不OFDI。

资料来源：基于数据处理计算而得。

表 3A-4　1998—2015 年中国大陆31个省区市的固定资产投资价格指数（定基）

地区＼年份	1998	1999	2000	2001	2002	2003	2004	2005	2006
全　国	100	99.60	100.70	101.10	101.30	103.53	109.33	111.08	112.74
北　京	100	99.90	100.90	101.50	101.91	104.15	108.63	109.39	109.83

续表

年份 地区	1998	1999	2000	2001	2002	2003	2004	2005	2006
天 津	100	99.20	99.10	98.80	98.31	100.87	108.23	109.53	110.29
河 北	100	99.40	100.49	100.39	99.89	102.19	109.34	111.42	113.31
山 西	100	99.70	101.49	103.22	103.74	106.74	112.30	115.66	117.40
内蒙古	100	101.90	103.84	104.67	105.71	108.46	113.89	118.10	122.00
辽 宁	100	100.00	101.10	101.50	102.21	104.77	109.80	112.87	115.24
吉 林	100	102.20	104.24	105.39	106.66	107.83	112.25	114.49	117.01
黑龙江	100	99.70	101.20	101.30	101.50	103.83	109.03	111.42	113.76
上 海	100	98.10	98.10	98.79	99.08	101.46	108.26	109.13	109.23
江 苏	100	98.30	99.48	100.28	101.58	105.95	115.80	116.84	118.24
浙 江	100	98.20	98.49	98.89	99.28	102.76	108.82	109.15	110.79
安 徽	100	99.30	100.89	100.38	101.49	105.04	111.45	112.56	114.70
福 建	100	98.50	98.70	98.20	97.91	99.28	102.66	103.37	105.44
江 西	100	98.60	99.98	98.88	98.88	103.92	111.61	112.17	115.76
山 东	100	99.60	101.99	103.42	104.56	107.59	115.55	118.90	121.04
河 南	100	98.00	100.84	101.25	99.93	103.73	114.20	115.80	117.65
湖 北	100	99.50	101.19	101.29	101.09	104.43	110.69	113.13	115.16
湖 南	100	100.50	102.81	104.15	104.46	107.39	113.29	117.37	121.01
广 东	100	99.60	100.70	100.90	100.59	102.81	109.39	111.14	111.92
广 西	100	96.10	97.45	99.39	99.69	101.49	106.16	107.64	108.93
海 南	100	99.60	101.39	101.70	99.87	103.06	108.83	110.14	111.24
重 庆	100	100.50	103.01	103.84	104.56	107.60	113.08	115.68	117.65
四 川	100	100.50	101.40	102.93	103.44	105.72	112.90	117.31	120.71
贵 州	100	99.40	101.59	101.99	102.20	104.55	109.67	111.21	112.43
云 南	100	100.70	102.31	103.33	103.33	105.61	114.06	119.30	121.45
陕 西	100	101.20	104.84	108.62	110.79	112.67	117.74	122.10	125.27
甘 肃	100	101.00	104.33	106.42	106.63	108.45	114.41	116.93	121.72
青 海	100	100.10	101.70	102.01	105.27	107.38	110.38	112.70	115.41
宁 夏	100	99.70	104.19	105.75	106.49	108.94	114.28	116.68	118.19
新 疆	100	99.00	102.56	105.13	105.34	108.92	113.82	117.01	119.58
西 藏	100	99.60	100.70	101.10	101.30	103.53	109.33	111.08	112.74

续表

地区＼年份	2007	2008	2009	2010	2011	2012	2013	2014	2015
全 国	117.15	127.62	124.52	129.02	137.47	139.01	139.36	140.07	137.52
北 京	112.94	121.72	118.14	121.10	127.95	129.62	129.47	129.45	126.32
天 津	113.21	123.62	120.68	123.78	130.84	130.77	130.09	130.74	130.60
河 北	117.56	128.87	124.30	128.90	135.99	136.37	136.27	136.54	133.77
山 西	122.15	138.36	135.79	140.75	148.47	150.24	150.92	150.30	147.59
内蒙古	126.58	136.86	134.81	142.02	150.90	153.31	152.67	152.39	149.38
辽 宁	120.23	131.19	127.19	131.42	140.15	141.49	141.52	141.04	138.12
吉 林	121.62	130.47	129.74	132.90	140.28	140.78	140.74	141.04	137.62
黑龙江	118.92	129.58	126.41	133.01	142.92	144.07	144.28	144.23	142.76
上 海	113.04	121.98	118.35	122.79	130.72	129.99	130.20	130.81	126.91
江 苏	124.00	136.45	133.33	140.13	149.68	147.63	148.30	149.91	144.19
浙 江	115.60	126.39	122.18	127.86	137.44	136.38	136.34	137.13	133.61
安 徽	120.85	132.25	126.92	133.71	144.58	145.98	146.20	146.65	142.06
福 建	111.67	118.27	115.91	119.74	127.13	127.51	127.60	128.06	125.91
江 西	122.04	134.74	129.53	135.72	147.06	148.50	149.13	149.31	144.51
山 东	125.93	135.60	131.38	136.17	145.48	146.70	147.28	147.67	144.34
河 南	123.11	134.14	129.32	133.79	143.65	145.09	144.94	144.87	141.44
湖 北	119.85	131.08	129.55	135.58	145.49	148.08	148.80	150.21	149.34
湖 南	128.06	140.68	140.27	145.81	156.37	159.01	161.12	163.61	164.28
广 东	114.56	124.42	120.26	123.81	130.66	132.64	134.46	136.41	135.03
广 西	111.47	120.22	117.65	121.23	128.77	129.53	129.59	131.62	130.02
海 南	118.06	133.74	130.62	137.45	146.28	149.26	148.14	149.03	148.14
重 庆	124.13	136.79	133.73	136.54	144.61	147.14	147.90	148.38	145.77
四 川	126.40	142.22	139.84	143.31	150.71	152.26	152.84	153.66	150.38
贵 州	116.36	126.66	127.33	130.81	137.89	139.93	141.24	142.74	140.44
云 南	126.55	135.85	133.27	136.92	143.28	145.25	146.78	148.17	146.84
陕 西	130.29	142.70	141.67	146.79	155.51	159.55	162.76	164.52	162.61
甘 肃	125.10	133.45	135.40	140.15	146.74	149.75	150.28	150.48	147.02
青 海	120.23	132.84	134.05	139.17	148.23	151.52	153.86	155.30	152.48
宁 夏	122.02	132.97	133.27	138.89	149.32	151.58	151.28	152.46	148.63
新 疆	124.78	138.75	135.97	142.17	152.22	153.08	153.81	154.24	151.54
西 藏	117.15	127.62	124.52	129.02	137.47	139.01	139.36	140.07	137.52

资料来源:基于 CEIC 原始数据整理计算而得。

表 3A-5　**1998—2015 年中国工业行业的产出与投入价格指数(定基):**
　　　　　以 4 个四分位工业行业为例

年份	投入价格指数				产出价格指数			
	纺织服装制造	化学药品原药制造	铁路机车车辆及动车组制造	通信传输设备制造	纺织服装制造	化学药品原药制造	铁路机车车辆及动车组制造	通信传输设备制造
	1810	2710	3711	4011	1810	2710	3711	4011
1998	100	100	100	100	100	100	100	100
1999	98.86	99.8	98.94	99	99.83	93.06	102.97	94.87
2000	100.44	101.56	99.76	99.98	99.62	92.49	101.08	95.52
2001	100.05	100.92	99.25	99.08	100.03	90.12	104.71	97.98
2002	98.91	100.5	97.82	97.82	100.04	87.42	107.12	98.07
2003	99.95	103.57	98.45	98.21	100.86	86.55	106.14	102.05
2004	105.32	110.62	104.14	102.24	101.57	84.63	104.24	97.07
2005	109.47	120.02	107.98	104.15	101.40	85.95	103.04	92.46
2006	111.15	125.6	111.46	104.98	102.31	84.74	102.52	89.31
2007	114.25	129.52	115.43	107.61	103.02	86.52	102.62	87.08
2008	112.80	127.88	113.96	106.24	101.85	85.53	101.45	86.09
2009	116.21	131.74	117.41	109.45	103.58	86.99	103.17	87.55
2010	127.21	144.21	128.52	119.82	109.72	92.15	109.29	92.74
2011	131.60	149.19	132.96	123.95	111.57	93.70	111.14	94.31
2012	128.42	145.58	129.74	120.95	109.40	91.88	108.98	92.48
2013	126.67	143.60	127.98	119.31	107.92	90.64	107.50	91.22
2014	121.61	137.87	122.87	114.54	104.34	87.63	103.94	88.20
2015	113.34	128.49	114.51	106.76	98.19	82.46	97.81	82.99

注:行业名称下面数字为该行业四分位代码。

资料来源:基于 CEIC 原始数据及勃兰特等(Brandt 等,2012)数据整理计算而得。

第四章　中国工业企业国际化：参与
全球价值链分工的视角

前面已经述及,企业的国际化有多种方式,而且即使对于同一家企业而言,其国际化也可能是多种方式的组合,而不仅仅是单一方式。同时,企业的国际化程度也存在差异,相关测算指标也较多。本章重点从一般意义上的参与全球价值链分工的视角,将行业水平的跨国投入—产出数据与企业水平的中国工业数据结合起来,分析中国工业行业及企业的国际化水平及动态发展。在随后的章节,我们还具体从国际贸易与国际投资两个维度,进一步讨论中国工业企业的国际化及其演变趋势。

第一节　跨国投入—产出分析方法与数据

一、跨国投入—产出分析方法

至少在行业与国家层面上,分析全球价值链分工视角下的国际化离不开投入—产出表特别是跨国投入—产出表。[①] 目前能够获得的跨国投入—产出表可以细分到行业水平。[②] 假设有 C 个经济体($l, m = 1, 2, \cdots,$

[①]　即使仅有国家投入—产出数据而没有跨国投入—产出数据,我们也可以采用"假设萃取"(hypothetical extraction)方法(Miller 和 Blair,2009,Chapter12;Los,Timmer 和 De Vries,2016),分解一国(行业)出口中的国内增加值(domestic value added),并可以进一步拓展分解双边贸易流。

[②]　从微观角度考察异质性企业在价值链分工中的作用很重要,与之相关的文献讨论可参见第二章第四节。

C,以上标表示),N 个行业($i,j=1,2,\cdots,N$,以下标表示),那么这种情形下的跨国投入—产出表如表 4-1 所示。基于表 4-1,我们可以构建两个会计等式(accounting identity):

一是产出侧的会计等式(output-side accounting identity)。用矩阵表示为:

$$
\begin{bmatrix} X^1 \\ X^2 \\ \vdots \\ X^C \end{bmatrix} = \begin{bmatrix} A^{11} & A^{12} & \cdots & A^{1C} \\ A^{21} & A^{22} & \cdots & A^{2C} \\ \vdots & \vdots & \ddots & \vdots \\ A^{C1} & A^{C2} & \cdots & A^{CC} \end{bmatrix} \begin{bmatrix} X^1 \\ X^2 \\ \vdots \\ X^C \end{bmatrix} + \begin{bmatrix} \sum\limits_{m=1}^{C} Y^{1m} \\ \sum\limits_{m=1}^{C} Y^{2m} \\ \vdots \\ \sum\limits_{m=1,l=1}^{C} Y^{lm} \end{bmatrix} = \begin{bmatrix} L^{11} & L^{12} & \cdots & L^{1C} \\ L^{21} & L^{22} & \cdots & L^{2C} \\ \vdots & \vdots & \ddots & \vdots \\ L^{C1} & L^{C2} & \cdots & L^{CC} \end{bmatrix}
$$

$$
\begin{bmatrix} \sum\limits_{m=1}^{C} Y^{1m} \\ \sum\limits_{m=1}^{C} Y^{2m} \\ \vdots \\ \sum\limits_{m=1,l=1}^{C} Y^{lm} \end{bmatrix}
$$

。其中,X^l 表示每个经济体的 $N \times 1$ 总产出向量;Y^{lm} 表示经济体 m 对经济体 l 生产的最终品所产生的需求向量,即 $N \times 1$ 最终需求向量;$A^{lm}(=x^{lm}/X^m)$ 表示经济体 m 的中间投入中来自经济体 l 的部分(x^{lm})占经济体 m 的总投入(X^m)(总投入=总产出)的比重而形成的 $N \times N$ 投入—产出系数矩阵。$L^{lm}=(I-A^{lm})^{-1}$ 表示全球(以及一国内部)投入—产出矩阵的里昂惕夫逆矩阵(其中,I 为单位矩阵)(Leontief,1936)。[1] 用简约形式表示为:

$$
\begin{aligned} X &= Z + Y = AX + Y \Rightarrow (I-A)X = Y \Rightarrow \\ X &= (I-A)^{-1}Y = LY \end{aligned} \tag{4.1}
$$

二是投入侧的会计等式(input-side accounting identity)。用简约的矩阵(向量)形式表示为:

---

① 实际上,里昂惕夫逆矩阵还可以通过幂级数逼近(power series approximation)方法求得。因为 $X = Y + Z = Y + AY + A^2Y + A^3Y + \cdots = (1 + A + A^2 + A^3 + \cdots)Y = (\dfrac{1}{I-A})Y = (I-A)^{-1}Y$,也就是说,一国的总产出向量 X 可以分解为最终使用(Y)和中间使用(Z)两个部分,而中间使用又包括"直接"中间使用和所有的"间接"中间使用。因此,$(I-A)^{-1}Y$ 表示为直接和间接生产最终品而使用的总产出向量。据此可以求出里昂惕夫逆矩阵。需要注意的是,在具体计算时,单独一国国内的里昂惕夫逆矩阵与多国在一起的全球里昂惕夫逆矩阵的计算有所不同,不可混淆。

$$X' = Z + V = X'B + V \Rightarrow X'(1 - B) = V \Rightarrow$$
$$X' = V(I - B)^{-1} = VG \tag{4.2}$$

其中，$b_{ij} = \dfrac{z_{ij}}{x_i}$、$B = \hat{X}^{-1}Z$ 为产出系数矩阵（output coefficient matrix）。

G 为高希逆矩阵（Ghosh inverse matrix）（Ghosh，1958）。

由此可以推导出 A 与 B、L 与 G 之间的关系：因为 $A = Z\hat{X}^{-1}$、$B = \hat{X}^{-1}Z$，以及 $Z = (\hat{X})B$，所以 $A = \hat{X}B\hat{X}^{-1}$。同理可得：$B = \hat{X}^{-1}A\hat{X}$。因为 $(I - A) = I - \hat{X}B\hat{X}^{-1} = \hat{X}(I - B)\hat{X}^{-1}$，以及 $\hat{X}I\hat{X}^{-1} = I$，同时由矩阵乘积的逆可知：$(I - A)^{-1} = [\hat{X}(I - B)\hat{X}^{-1}]^{-1} = \hat{X}(I - B)^{-1}\hat{X}^{-1}$。所以，$L = \hat{X}G\hat{X}^{-1}$、$G = \hat{X}^{-1}L\hat{X}$。

表4-1　跨国投入—产出表的基本结构

投入	经济体	行业/部门	中间使用 Z 1 (1,…,N)	2 (1,…,N)	… (1,…,N)	C (1,…,N)	最终使用 Y 1 (1)	2 (1)	… (1)	C (1)	总产出 X (1)
中间投入	1	1 ⋮ N	z^{11}	z^{12}	…	z^{1C}	y^{11}	y^{12}	…	y^{1C}	x^1
	2	1 ⋮ N	z^{21}	z^{22}	…	z^{2C}	y^{21}	y^{22}	…	y^{2C}	x^2
	⋮	1 ⋮ N	⋮	⋮	⋮	⋮	⋮	⋮	⋮	⋮	⋮
	C	1 ⋮ N	z^{C1}	z^{C2}	…	z^{CC}	y^{C1}	y^{C2}	…	y^{CC}	x^C
初始投入	增加值 VA (Value added)		v^1	v^2	…	v^C					
总投入 TI（=总产出 TO）			x^1	x^2	…	x^C					TI=GO

资料来源：笔者整理而得。

基于表4-1以及相关的会计等式，我们从中间品关联、增加值关联以及投入—产出关联三个方面评估中国参与全球价值链分工的程度以及演变趋势。

(一)中间品关联

前面第一章已经提及,目前全球约60%的贸易直接涉及中间产品和服务(UNCTAD,2013),因此中间产品(包括服务)是非常重要的。为了分析中国是如何通过中间品与其他经济体发生关联的,我们构建三个中间品进口比率:一是中国进口中间品占中国总体中间品使用的比重,该比重越高则中国对进口中间品的总体依赖程度就越高;二是中国从特定伙伴经济体进口中间品占中国总体中间品使用的比重,该比重越高则中国对伙伴经济体的中间品依赖程度就越高;三是伙伴经济体从中国进口中间品占伙伴经济体总体中间品使用的比重,该比重越高则伙伴经济体对中国的中间品依赖程度就越高。

(二)增加值关联

基于里昂惕夫(Leontief,1936)方法,用 V 表示增加值份额(=增加值/总产出),则一国 1 单位产出所含的直接和间接增加值总和为: $V+VA+VAA+\cdots=V(I-A)^{-1}=VL$(其基本计算程序如图4-1所示)。$VL$ 又被称为总增加值乘了(multiplicr)矩阵。在多国框架下,特定行业的所有增加值要么产生于国内、要么产生于国外,二者相加等于100%。[1]

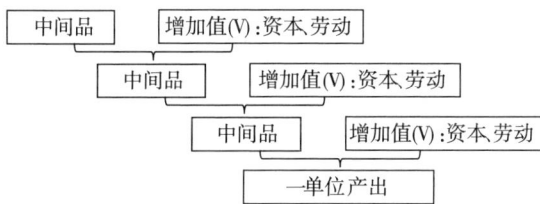

图4-1　对一单位产出所含直接和间接增加值的追踪

资料来源:笔者整理而得。

令 $\hat{V}$ 为由各国各行业的直接增加值系数对角矩阵沿着对角线分布而

---

[1]　对于国家1的行业 j 而言,有 $v_j^1=\dfrac{v\_a_j^1}{x_j^1}=1-\sum\limits_i^N a_{ij}^{11}-\sum\limits_i^N a_{ij}^{21}-\cdots-\sum\limits_i^N a_{ij}^{C1}$($i,j=1$, $2,\cdots,N$;v_a 表示增加值;a 表示行业水平上的中间投入系数)。定义 V^1 为国家1的 $1\times N$ 维直接增加值系数向量,它等于1减去所有国家的中间投入份额,即 $V^1=u[I-A^{11}-A^{21}-\cdots-A^{C1}]$,$u$ 为 $1\times N$ 维单元向量(unity vector)。

构成的矩阵(亦为对角矩阵)、$\hat{Y}$ 为由各国各行业的最终需求子矩阵沿着对角线分布而形成的矩阵(但并非对角矩阵)。那么,在"C 国—N 行业"情形下,国家—行业水平上的增加值和最终品生产可分解为:

$$\hat{V}L\hat{Y} = \begin{bmatrix} V^1 & 0 & 0 & 0 \\ 0 & V^2 & 0 & 0 \\ 0 & 0 & \ddots & 0 \\ 0 & 0 & 0 & V^C \end{bmatrix} \begin{bmatrix} L^{11} & L^{12} & \cdots & L^{1C} \\ L^{21} & L^{22} & \cdots & L^{2C} \\ \vdots & \vdots & \ddots & \vdots \\ L^{C1} & L^{C2} & \cdots & L^{CC} \end{bmatrix} \begin{bmatrix} Y^1 & 0 & 0 & 0 \\ 0 & Y^2 & 0 & 0 \\ 0 & 0 & \ddots & 0 \\ 0 & 0 & 0 & Y^C \end{bmatrix}$$

$$= \begin{bmatrix} V^1 L^{11} Y^1 & V^1 L^{12} Y^2 & \cdots & V^1 L^{1C} Y^C \\ V^2 L^{21} Y^1 & V^2 L^{22} Y^2 & \cdots & V^2 L^{2C} Y^C \\ \vdots & \vdots & \ddots & \vdots \\ V^C L^{C1} Y^1 & V^C L^{C2} Y^2 & \cdots & V^C L^{CC} Y^C \end{bmatrix} \tag{4.3}$$

公式(4.3)最后一个等式的矩阵详细描述了每个经济体的最终品生产所含的增加值来源。根据米勒和布莱尔(Miller 和 Blair,2009)、王直等(Wang 等,2013)的界定,该矩阵沿着行上的元素(之和)表示由某个"经济体—行业"产生的增加值被其自身以及所有下游"经济体—行业"所使用(即隐含在其自身以及所有下游"经济体—行业"的最终品生产中),这是基于前向关联(forward linkage)或供给视角的分解;该矩阵沿着列上的元素(之和)表示某个"经济体—行业"最终品产出中所隐含的来自其自身以及所有上游"经济体—行业"的增加值,这是基于后向关联(backward linkage)或使用者视角的分解。这两个视角和两类指标的区分具有重要意义,有助于全面理清全球价值链分工背景下的各个"经济体—行业"之间的相互关系。基于前向关联的增加值出口与贸易的要素含量(factor content of trade)含义一致;基于后向关联的增加值测算则与特定行业和产品的供应链和价值链案例研究相仿(Wang 等,2013),本书重点讨论后向关联。[1]

(三)投入—产出关联

现有文献(Antràs 和 Chor,2013;Miller 和 Temurshoev,2017)构造的用来衡量行业上游化(upstreamness)和下游化(downstreamness)的指数,并

---

[1] 公式(4.3)不仅可以用来计算最终品(国内使用和出口)的增加值,还可以用来计算中间品(国内使用和出口)的增加值。

不是指"微笑曲线"意义上的高端(high-end)和低端(low-end),而是反映一个经济体(及其行业)融入全球价值链和产业链的深度。正因为如此,我们不沿用这一称呼,而是从产业链和价值链参与程度或关联程度的角度加以解读。通常使用的指标有两个:

(1)基于产出的价值链关联指数(记为 $GVCL_i^{OB}$),计算公式如下:

$$GVCL_i^{OB} = \frac{1 \times Y_i + 2AY_j + 3A^2Y_j + 4A^3Y_j + \cdots}{X_i} = \hat{X}^{-1}(I + 2A + 3A^2 + \cdots)Y$$

$$= \hat{X}^{-1}(I + A + A^2 + \cdots)(I + A + A^2 + \ldots)Y = \hat{X}^{-1}LLY = \hat{X}^{-1}L\hat{X}_i = G_i$$

(4.4)

其中,最后两个等式中的 i 表示加总向量(1 的列向量),即同一行上元素加总。L、G 分别表示里昂惕夫逆矩阵与高希逆矩阵。该指数(≥ 1)基于安楚斯和焦尔(Antràs 和 Chor,2013)。该指数越大,则行业 i(下标)总产出中的中间使用部分(相对于最终使用)所占份额就越高,该行业与其他"经济体—行业"之间在中间产品供给方面就存在越复杂和越强烈的联系;反之反是。当行业 i 的所有产出均用作最终使用而非其他"经济体—行业"的中间使用时,该指数等于 1。

(2)基于投入的价值链关联指数(记为 $GVCL_i^{IB}$),计算公式如下:

$$GVCL_i^{IB} = \frac{1 \times V_i + 2V_jB + 3V_jB^2 + 4V_jB^3 + \cdots}{X_i} = V'(I + 2B + 3B^2 + \cdots)\hat{X}^{-1}$$

$$= V'GG\hat{X}^{-1} = i'\hat{X}G\hat{X}^{-1} = i'L$$

(4.5)

其中,最后两个等式中的 i' 表示加总向量(1 的行向量),即同一列上元素加总。该指数(≥ 1)基于米勒和特莫休(Miller 和 Temurshoev,2017)。该指数越大,则行业 i 总投入(=总产出)中的中间投入部分(相对于初始投入或直接增加值)所占份额就越高,该行业与其他"经济体—行业"之间在中间投入需求方面就存在越复杂和越强烈的联系;反之反是。当行业 i 的所有投入均是初始投入而非其他"经济体—行业"的中间投入时,该指数等于 1。

二、跨国投入—产出数据及其与中国工业企业数据的匹配

本章使用两套数据:一是跨国投入—产出数据;二是中国工业企业数据。基于对国别、行业、年份三个维度的综合考量,即为了尽可能涵盖较多国家、较多行业以及较多年份,我们优先选择使用包含41个经济体(其中包括作为整体的"世界其余地区")、35个行业、1995—2011年的WIOD数据库(Timmer,2012)。① 同时,为了观察行业背后的微观特征,我们基于行业划分把中国工业企业数据与WIOD数据进行行业对接(见表4-2)。这是本项研究在目前缺乏企业水平跨国投入—产出表情况下的一种尝试。当然,最终匹配的行业主要是工业行业,不包括农业与服务业。但在基于WIOD数据进行分析时,我们会同时考虑所有行业,并进行比较分析。

表4-2 WIOD 数据样本及其与中国工业企业数据的匹配

WIOD 经济体		WIOD 行业			中国工业企业数据
代码	经济体(41)	代码	行业(35个)	英文简码	行业代码(id)范围
AUT	奥地利		货物生产行业		
BEL	比利时	1	农林牧渔业	Agri Hunt For Fish	—
BGR	保加利亚	2	采掘业	Mining	600≤id<1200
CYP	塞浦路斯	3	食品、饮料与烟草	Food Bev Tob	1300≤id<1700
CZE	捷克	4	纺织及纺织品	Textiles	1700≤id<1800
DNK	丹麦	5	皮革与制鞋	Leather Footware	1800≤id<2000
EST	爱沙尼亚	6	木材及木制品	Wood	2000≤id<2200
FIN	芬兰	7	纸浆、纸及印刷出版	Paper Print Pub	2200≤id<2500
FRA	法国	8	焦炭、炼油及核燃料	Petroleum	2500≤id<2600
DEU	德国	9	化工及化学制品	Chemicals	2600≤id<2900
GRC	希腊	10	橡胶及塑料	Rubber Plastics	2900≤id<3100

（注：WIOD 经济体第一列左侧标注"欧盟27个经济体"）

① 第二章第四节提到,目前被广泛采用的跨国投入—产出表数据库主要有五个。其中,WIOD 投入—产出表有名义值和实际值两种形式,名义值IO 表的时间跨度为1995—2011年,实际值IO 表的时间跨度为1996—2009年。这两种形式的IO 表在已有文献中都曾被使用过。就本书而言,由于使用的指标都是相对比重,所以基于两种形式IO 表计算得到的结果相差无几,因此我们主要采用时间更长的名义值IO 表。另外,WIOD 数据处于不断更新中。

续表

WIOD 经济体		WIOD 行业			中国工业企业数据
代码	经济体 (41)	代码	行业（35 个）	英文简码	行业代码 (id) 范围
HUN	匈牙利	11	其他非金属矿物	Other Non-Met Min	$3100 \le id < 3200$
IRL	爱尔兰	12	基本金属及金属制品业	Basic Metals	$3200 \le id < 3500$
ITA	意大利	13	未列入其他分类的机器	Machinery Nec	$3500 \le id < 3700$
LVA	拉脱维亚	14	电气及光学设备	Elec Optic Eq	$3800 \le id < 4200$
LTU	立陶宛	15	运输设备	Transport Eq	$3700 \le id < 3800$
LUX	卢森堡	16	其他制造业、回收利用	Manuf Nec Rec	$4200 \le id < 4400$
MLT	马耳他	17	电力、煤气及供水	Elec Gas Water	$4400 \le id < 4700$
NLD	荷兰		服务行业		
POL	波兰	18	建筑	Construction	
PRT	葡萄牙	19	机动车销售及维修、燃料销售	Sale Repair Motor	
ROM	罗马尼亚	20	除机动车外的批发贸易及佣金贸易	Wholesale	—
SVK	斯洛伐克	21	除机动车外的零售贸易、家庭用品维修	Retail	
SVN	斯洛文尼亚	22	住宿和餐饮业	Hotels Rest	
ESP	西班牙	23	内陆运输	Inland Transp	
SWE	瑞典	24	水运	Water Transp	
GBR	英国	25	空运	Air Transp	
CAN	加拿大	26	其他支持及辅助运输活动、旅行社活动	Other Transp Serv	
USA	美国	27	邮政与电信	Post Telecom	
BRA	巴西	28	金融中介	Financial Int	
MEX	墨西哥	29	房地产活动	Real Estate	
CHN	中国	30	机器设备租赁及其他商务活动	Other Business Act	
IND	印度	31	公共管理与国防、社会保障	Public Adm	
JPN	日本	32	教育	Education	
KOR	韩国	33	健康及社会工作	Health Social Work	
AUS	澳大利亚	34	其他社区服务、社会及个人服务	Other Services	
TWN	中国台湾	35	有雇工的私人住户	Private Households	
TUR	土耳其				
IDN	印度尼西亚				
RUS	俄罗斯				

欧盟 27 个经济体（HUN—GBR）／美洲 4 个经济体（CAN—MEX）／亚太 9 个经济体（CHN—RUS）

续表

WIOD 经济体		WIOD 行业			中国工业企业数据
代码	经济体 (41)	代码	行业(35 个)	英文简码	行业代码 (id)范围
其他 1 个	RoW	世界其余 地区			

注:"—"表示中国工业无相应行业与 WIOD 行业相匹配。

资料来源:基于 WIOD 数据库与中国工业企业数据库,并将二者进行行业对接。

第二节　参与全球价值链分工:经济体比较分析

由图 4-2 可知,1995—2011 年,中国进口中间品占全部使用中间品的比重从 8.6% 升至 9.9%,2004 年达到峰值 13%,随后不断下降并在 2009 年探底回升。[①] 同期,中国生产的产品所含国外增加值比重上升幅度为 5—10 个百分点。到 2011 年,出口品(包括最终品和中间品)所含国外增加值比重超过 20%;国内使用的中间品和最终品所含国外增加值比重分别为 18% 和 14%。出口品所含国外增加值的比重高于国内使用的产品,二者相差 3—10 个百分点。中国国内使用的中间品所含国外增加值的比重高于国内使用的最终品(二者相差 2—4 个百分点),但低于出口品(包括最终品和中间品)所含国外增加值比重(二者相差 3—8 个百分点)。出口品和中间品的国外增加值含量较高符合直觉。这是从不同角度对张杰等(2013)、唐等(Tang 等,2014)、刘维林(2015)等研究发现的佐证,后者发现加工贸易、外资企业的国外增加值含量较高;而已有数据和研究显示,加工贸易、外资企业偏向于出口以及中间品的生产和贸易。在样本时期里,中国出口的中间品和最终品所含国外增加值比重逐渐接近,而国内使用的中间品和最终品所含国外增加值比重差异趋于扩

[①] 我们还比较了所有样本经济体发现:2011 年,中国的该项比重是除俄罗斯外的经济体中最低的,而俄罗斯则是少数几个在样本后半段乃至整个时期都处于下降趋势的经济体之一。主要发达经济体的这一比重在 2008 年之前均持续上升,其中美国和法国在整个样本时期均不断上升。美国在 2002—2011 年间进口中间品比重上升近 57%,金融危机并没有降低其对进口中间品的依赖。

大。中国加入 WTO 确实提高了中国与世界的增加值关联程度即融入全球价值链的程度,但 2008 年前后的全球金融危机使得这一进程发生了暂时性逆转,截至 2011 年仍未能恢复到 2005—2006 年的高水平。[①] 另外,以国外增加值含量衡量的中国融入全球价值链的程度明显高于以进口中间品比重衡量的程度。这意味着,仅仅基于进口中间品比重来评估中国融入全球价值链的程度,会出现低估;同时,如果仅基于进口中间品比重的下降,就判断中国的中间品实现了进口替代,也是有偏差的,因为产品的进口替代并不代表增加值的进口替代。

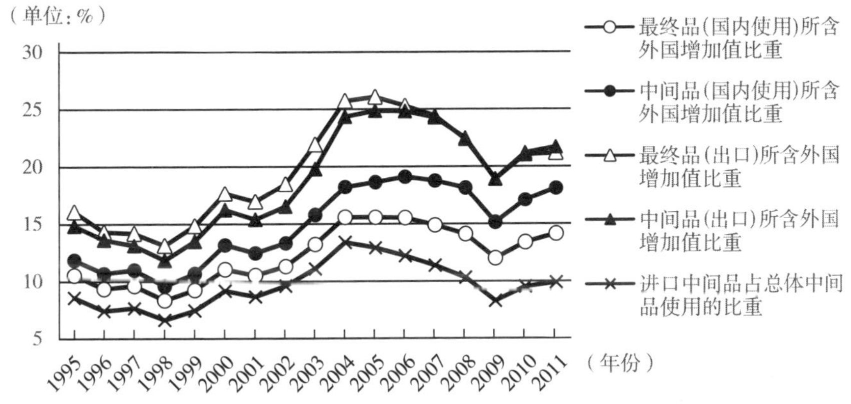

图 4-2　1995—2011 年中国产品所含国外增加值和中间品比重及其变化
资料来源:基于 WIOD 数据计算整理而得。

我们进一步考察中国进口中间品的来源以及中国出口中间品的去向。根据图 4-3,除了"世界其余地区"(RoW)外,美国、日本、韩国、中国台湾、澳大利亚和德国是中国中间品进口的六大来源地(比重均超过 0.5%)。其中,美国、澳大利亚和德国的相对比重在上升,而日本、韩国、中国台湾的相

---

①　为了比较整个样本时期(1995—2011)样本经济体参与全球价值链分工水平的变化,我们采用叶帕涅奇尼科夫核密度(Epanechnikov kernel density)图来加以描述。见附录图 4A-1。结果显示,虽然不同产品有所差异,但在样本时期里,国外增加值含量密度曲线均随着时间的推移而向右移动。这表明,平均而言,这些经济体的国外增加值比重均出现不同程度的提升。另外,无论在什么时期,出口品(包括最终和中间品)所含国外增加值比重都是相对较高的;国内使用的中间品要比国内使用的最终品含有更高的国外增加值比重。

对地位在下降。① 除保加利亚和卢森堡外的其他所有经济体的该项比重在中国加入 WTO 之后都出现了不同程度的上升,其中中国台湾、韩国、墨西哥、捷克和爱尔兰的该项比重升幅最大。比较纵坐标的刻度还可以发现,对于其他经济体而言,中国作为中间品提供者的作用要大于中国作为中间品使用者的作用。据此,我们要设问:中国是否正在从全球最终品的生产基地向全球中间品生产基地转换呢? 如果答案是肯定的话,而且如果这个转换过程能够保持下去的话,那么中国的产业链和价值链升级可能更容易实现,因为中间品生产的技术溢出效应更加明显(Keller,1998;Javorcik,2004)。但目前应该警惕的问题是:最近几年那些作为中间品生产主体的企业特别是外资企业是否开始撤离大陆? 如果是,那么事情将可能变得比较糟糕。②

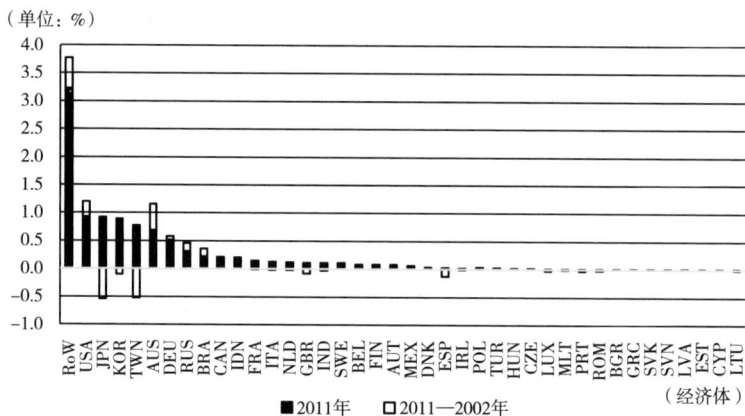

(1)中国作为进口国:中国从伙伴经济体进口中间品占中国中间品总使用的比重

图4-3　中国与伙伴经济体在中间品上的相互关联及其变化

---

① 由于这里主要关注中国加入 WTO 之后时期,因此随后的分析主要从 2002 年开始。

② 2014 年,日本经济新闻(日经中文网)、中国《环球时报》与韩国《每日经济新闻》共同实施的"中日韩经营者调查"显示,中日韩企业经营者明显对中国经济增长减速感到担忧。超过 70% 的日韩经营者回答中国经济增长减速对企业业务"将产生消极影响"。关于有望取代中国的潜在市场,越来越多的经营者对东南亚的期待增强。近 80% 的日本企业经营者将东南亚视为潜力市场,而韩国企业方面,选择东南亚的经营者也自该调查实施以来首次超过选择中国。这一调查结果似乎暗示包括日韩企业在内的外资企业甚至中资(特别是民营)企业有可能大规模撤离中国大陆。这一问题值得关注和警惕。

（单位：%）

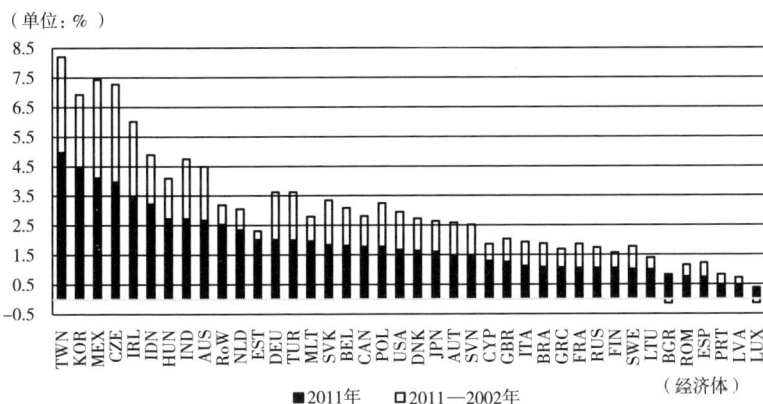

■2011年　□2011—2002年

（经济体）

(2)中国作为出口国：伙伴经济体从中国进口中间品占伙伴经济体中间品总使用的比重

图 4-3　中国与伙伴经济体在中间品上的相互关联及其变化

注：图中实体柱子表示 2011 年比重(%)（按该年比重排序）。空心柱子表示 2011 年相对于 2002 年的变化（即 2011 年数值减去 2002 年数值，负值表示下降，正值表示上升）。经济体代码见表 4-2。

资料来源：基于 WIOD 数据计算整理而得。

　　那么，中国产品所含国外增加值主要来自哪些经济体呢？为回答这一问题，我们按照国外增加值含量所占比重列出数值最大的十个经济体（RoW 除外），如表 4-3 所示。来自这十个经济体的增加值合计占中国产品所含国外增加值的比重在 50% 以上，具有很强的代表性。2011 年，不管是什么产品，与中国的增加值关联程度最高的经济体始终是美国，而且相对于 2002 年都是趋于上升的。此外，日本、澳大利亚、韩国、德国、中国台湾、俄罗斯、印度尼西亚、巴西和加拿大与中国的增加值关联程度也很高。虽然中国与这些经济体的总体增加值关联程度趋于上升，但与日本、韩国、中国台湾的增加值关联程度趋于下降。

表 4-3　中国与主要经济体的增加值关联：中国产品所含增加值来自下列经济体的比重

（单位：%）

排　名	最　终　品						中　间　品					
	国内使用			出　口			国内使用			出　口		
	经济体	2011	变化	经济体	2011	变化	经济体	2011	变化	经济体	2011	变化
1	USA	1.61	0.38	USA	2.51	0.42	USA	1.89	0.50	USA	2.42	0.57
2	JPN	1.33	-0.59	JPN	2.27	-1.07	AUS	1.48	1.11	JPN	2.13	-0.75
3	AUS	1.03	0.72	KOR	1.36	-0.18	JPN	1.45	-0.69	AUS	1.57	1.17

排 名	最 终 品						中 间 品					
	国内使用			出 口			国内使用			出 口		
	经济体	2011	变化	经济体	2011	变化	经济体	2011	变化	经济体	2011	变化
4	DEU	0.77	0.14	TWN	1.34	-0.72	RUS	0.92	0.57	KOR	1.26	0.07
5	KOR	0.72	-0.05	AUS	1.30	0.91	DEU	0.82	0.13	TWN	1.18	-0.42
6	RUS	0.60	0.34	DEU	1.08	0.19	KOR	0.80	-0.08	DEU	1.06	0.22
7	TWN	0.52	-0.42	RUS	0.76	0.44	TWN	0.63	-0.47	RUS	0.91	0.56
8	IDN	0.35	0.12	BRA	0.46	0.30	IDN	0.48	0.20	IDN	0.49	0.18
9	BRA	0.34	0.23	IDN	0.45	0.09	BRA	0.44	0.32	CAN	0.44	0.17
10	CAN	0.32	0.09	CAN	0.41	0.13	CAN	0.41	0.15	BRA	0.43	0.30
十大经济体总和		7.59	0.95		11.95	0.51		9.32	1.75		11.88	2.08
所有其他经济体总和		14.11	2.80		21.18	2.69		18.13	4.78		21.70	5.19
十大经济体所占比重		53.76			56.41			51.41			54.73	

注:"变化"表示 2011 年的数值减去 2002 年的数值。经济体(代码)见表 4-2。
资料来源:基于 WIOD 数据计算整理而得。

　　为了揭示所有样本经济体之间的相互关联关系,我们借助等高图进行分析。[①] 图 4-4 显示,尽管中国的重要性在提升,但美国和德国仍是世界中间品和增加值的最重要提供者(国外使用的、来自这两个国家的中间品或增加值占比均在第 80 百分位以上)。美国的影响是全球性的,包括北美自贸区(NAFTA)、亚太、欧洲以及"世界其余地区"(RoW);德国主要面向欧洲,包括西欧、中东欧地区;俄罗斯主要面向中东欧地区(主要是前苏联加盟共和国)。中国在最终品方面几乎向全球提供增加值,而在中间品方面主要向东亚地区(比如韩国、中国台湾等)提供增加值;中国作为其他经济体中间品和增加值提供者的重要性要高于作为使用者的重要性(图中中国所对应的行向比重明显高于列向比重)。2002—2011 年,中国作为其他经济体所用中间品和增加值的提供者的重要性在不断上升。从全球总体看,大多数经济体之间以中间品和增加值衡量的相互关联性在不断增强(图中黑色区域面积要大于白色区域面积),这一现象在北美、东亚以及中东欧地区表现得尤为明显,即意味着这些地区的经济体正在深度地融入全球价值链分工。

―――――――

　　① 限于篇幅,我们仅列出供出口的中间品及其所含国外增加值图形。

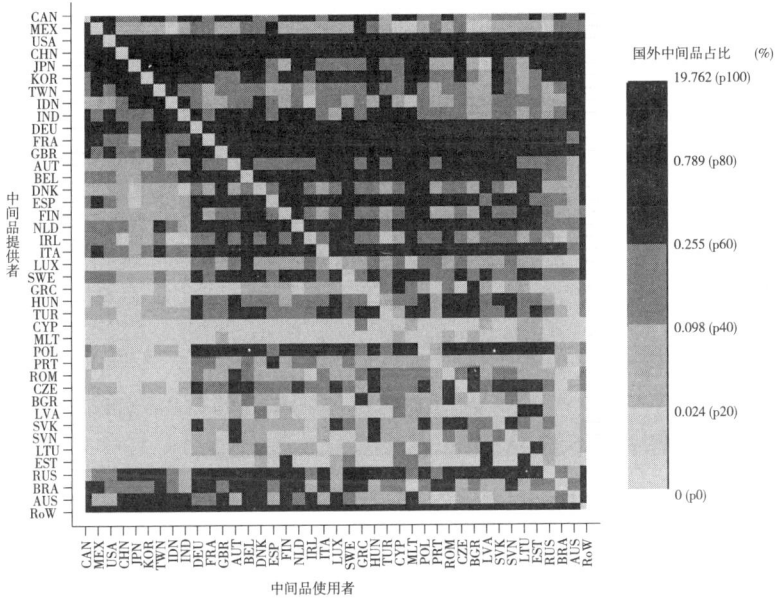

（1）中间品关联：2011 年

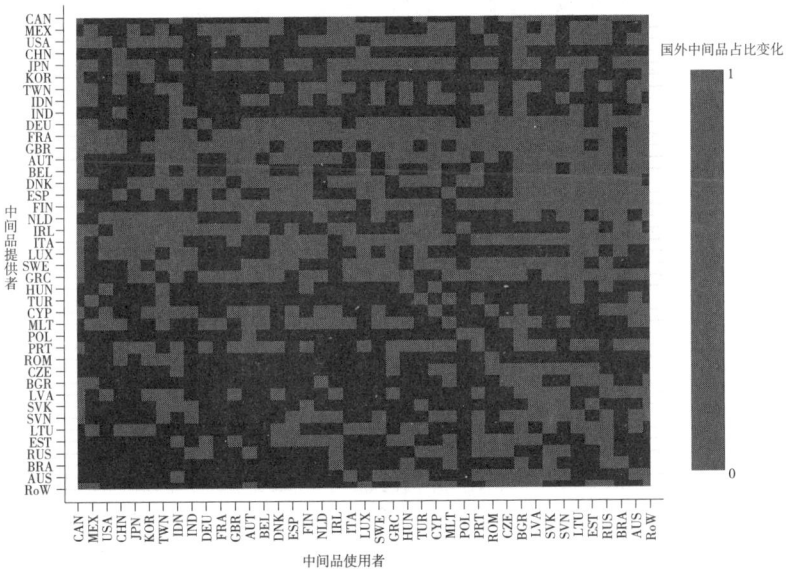

（2）中间品关联：变化

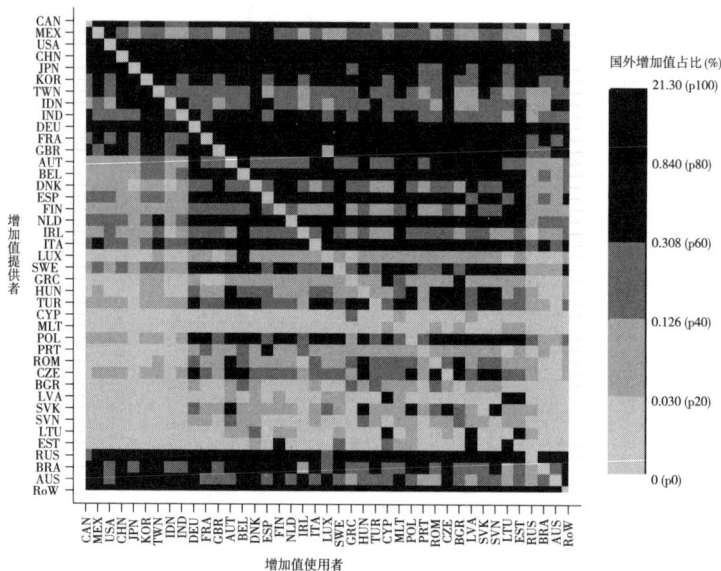

（3）增加值关联：2011年

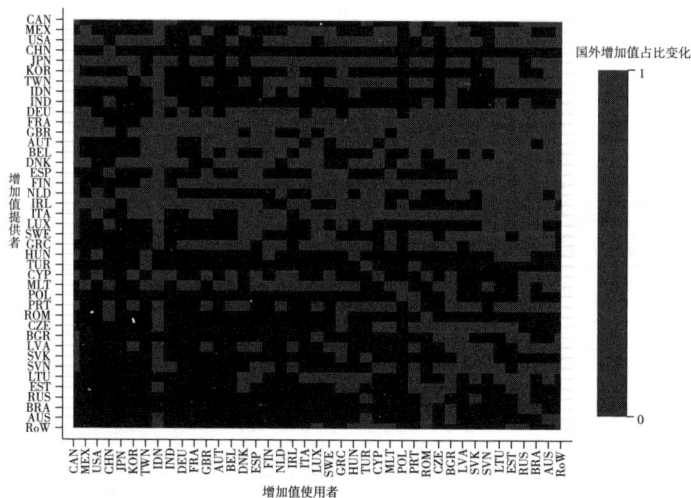

（4）增加值关联：变化

图4-4　全球各主要经济体之间的中间品和增加值关联及其变化

注：仅考虑国外所占比重（%），对角线数值（本国比重）为0。增加值关联是以出口的中间品为例。
　　p0、p20、p40、p60、p80、p100分别表示第0、20、40、60、80、100百分位（percentile），相应的数值与
　　之对应。"变化"指2011年数值减去2002年数值；如果差值为正即表示上升并设定为1（黑色
　　区域），否则为0（浅色区域），下同。经济体（代码）见表4-2。
资料来源：笔者计算制作而成。

第三节 参与全球价值链分工:行业及企业分析

一、中间品和增加值关联[①]

由图 4-5 可知,2011 年,中国的焦炭、炼油及核燃料使用的国外中间品和增加值所占比重最高(接近 45%,且相对于 2002 年出现了巨大增长),其次是电气及光学设备、基本金属及金属制品业、化工及化学制品(国外中间品比重均超过 10%、国外增加值比重均超过 20%)。国外中间品比重最低的行业是住宿和餐饮业(3.6%)。房地产活动与金融中介是仅有的两个国外增加值含量比重低于 5% 的行业,前者所含国外增加值比重低可能是因为该行业是很典型的非贸易品行业(non-tradable),后者所含国外增加值比重低可能是因为该部门开放程度较低。另外,中国几乎各行业在增加值方面与全球的关联程度都高于其在中间品方面与全球的关联程度。尤其是电气及光学设备,基本金属及金属制品业,化工及化学制品,未列入其他分类的机器,橡胶及塑料,空运,运输设备,纸浆、纸及印刷出版,建筑九个行业所含的国外增加值比重与其所用进口中间品比重之差均超过 10%。

因此,中国的工业行业中的焦炭、炼油及核燃料,电气及光学设备,基本金属及金属制品业,化工及化学制品,未列入其他分类的机器,橡胶及塑料,运输设备七个行业参与全球价值链分工的程度最高。

通过将 WIOD 数据与中国工业企业数据进行匹配(见表 4-4 至表 4-7),可以看出:首先,这些参与全球价值链分工程度高的行业对中国的企业发展、就业、出口、增加值都非常重要。比如,2011 年,电气及光学设备占中国工业企业的总体数量、增加值、就业和出口交货值的比重分别高达 14.36%、12.83%、15.56%、49.59%。再比如化工及化学制品,2011 年

---

① 根据公式(4.3),总体分析中的国外增加值含量对于最终品和中间品的国内使用和出口是不同的,但分行业计算则相同。

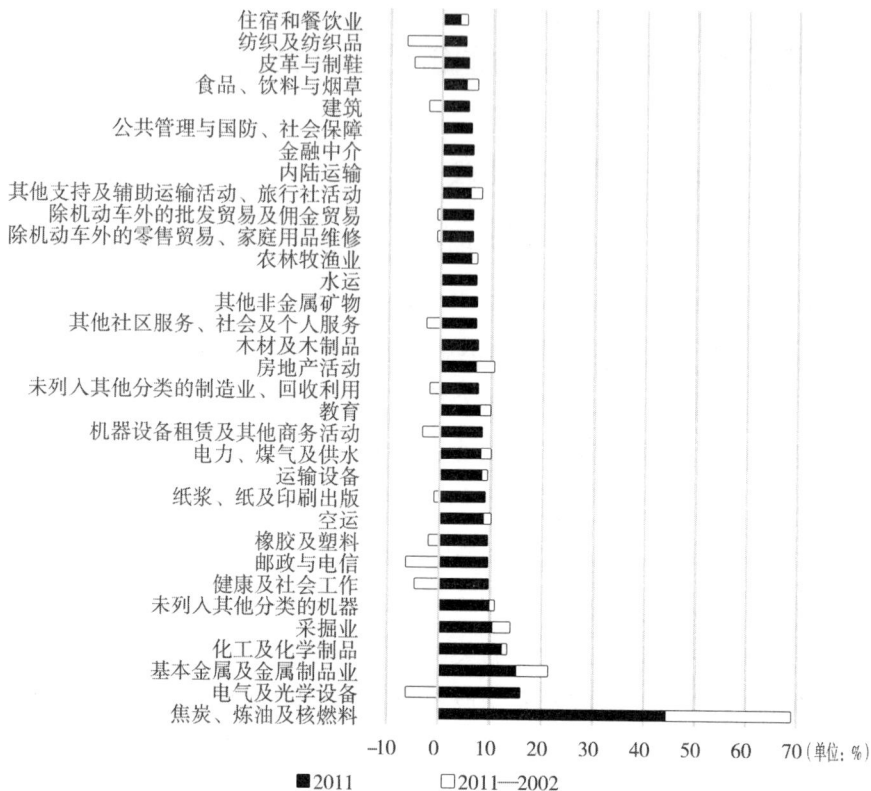

（1）国外中间品占比

图4-5　2002—2011年中国各行业使用的国外中间品与增加值比重

占中国工业企业的总体数量、增加值、就业和出口交货值的比重分别达到8.93%、8.11%、8.03%、5.15%。而这两个行业恰恰是高度参与全球价值链分工、高度国际化的行业。

其次，在样本时期里，外资企业、港澳台资企业与私营企业在中国经济参与全球价值链分工中发挥着越来越重要的作用。比如，2011年，外商独资企业占中国工业企业出口交货值的比重高达32.72%，是中国加入WTO之后出口增长最快的所有制企业。2011年，私营企业占中国工业企业的总体数量、增加值、就业的比重分别为52.36%、17.58%、37.45%，是中国加入WTO之后企业数、增加值和就业增长最快的所有制企业。

房地产活动
金融中介
除机动车外的批发贸易及佣金贸易
除机动车外的零售贸易、家庭用品维修
农林牧渔业
公共管理与国防、社会保障
住宿和餐饮业
教育
邮政与电信
食品、饮料与烟草
其他社区服务、社会及个人服务
内陆运输
其他支持及辅助运输活动、旅行社活动
纺织及纺织品
皮革与制鞋
未列入其他分类的制造业、回收利用
采掘业
机器设备租赁及其他商务活动
水运
木材及木制品
其他非金属矿物
健康及社会工作
电力、煤气及供水
建筑
纸浆、纸及印刷出版
运输设备
空运
橡胶及塑料
未列入其他分类的机器
化工及化学制品
基本金属及金属制品业
电气及光学设备
焦炭、炼油及核燃料

−5 0 5 10 15 20 25 30 35 40 45 50 55 60 65（单位:%）

■ 2011　　　　□ 2011—2002

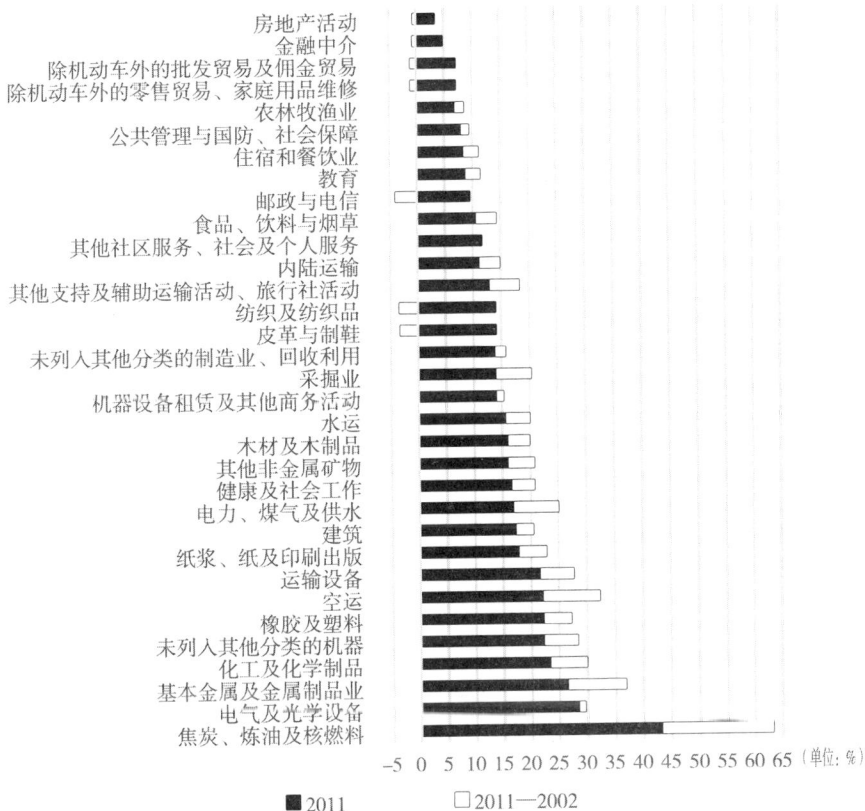

（2）国外增加值占比

图 4-5　2002—2011 年中国各行业使用的国外中间品与增加值比重

注:图中的实体柱子表示 2011 年的比重(%)(按该年比重排序)。空心柱子表示 2011 年相对于 2002 年的变化(即 2011 年的数值减去 2002 年的数值,负值表示下降,正值表示上升)。子图(2)中机动车销售及维修、燃料销售及有雇工的私人住户的数据缺失。

资料来源:笔者计算制作而成。

表 4-4　不同"行业—所有制"工业企业个数及其变化　（单位:%）

	外商独资	国有企业	中外合作	中外合资	集体企业	私营企业	其他	港澳台独资	港澳台合资	港澳台合作	加总
2011 年											
采掘业	0.01	0.13	0.00	0.02	0.13	1.47	0.50	0.01	0.01	0.00	2.29
食品、饮料与烟草	0.44	0.13	0.04	0.43	0.10	4.08	1.73	0.25	0.21	0.01	7.43
纺织及纺织品	0.44	0.04	0.03	0.35	0.09	5.06	0.98	0.69	0.38	0.04	8.11
皮革与制鞋	0.67	0.03	0.04	0.46	0.07	3.35	0.79	0.99	0.35	0.04	6.81

续表

	外商独资	国有企业	中外合作	中外合资	集体企业	私营企业	其他	港澳台独资	港澳台合资	港澳台合作	加总
木材及木制品	0.20	0.01	0.01	0.14	0.03	2.25	0.55	0.24	0.10	0.01	3.54
纸浆、纸及印刷出版	0.36	0.06	0.02	0.18	0.09	2.35	0.77	0.51	0.23	0.04	4.62
焦炭、炼油及核燃料	0.02	0.02	0.00	0.01	0.01	0.21	0.13	0.01	0.01	0.00	0.42
化工及化学制品	0.64	0.17	0.03	0.50	0.19	4.31	2.27	0.46	0.34	0.02	8.93
橡胶及塑料	0.59	0.03	0.02	0.20	0.11	2.95	0.94	0.61	0.22	0.03	5.70
其他非金属矿物	0.24	0.10	0.03	0.22	0.17	3.70	1.51	0.22	0.19	0.04	6.42
基本金属及金属制品业	0.55	0.12	0.03	0.35	0.21	5.52	1.73	0.55	0.32	0.05	9.42
未列入其他分类的机器	1.28	0.20	0.04	0.64	0.28	7.55	2.41	0.62	0.34	0.02	13.39
电气及光学设备	2.11	0.15	0.04	0.72	0.20	6.08	2.72	1.69	0.60	0.05	14.36
运输设备	0.63	0.15	0.02	0.39	0.10	2.18	1.02	0.21	0.16	0.01	4.86
其他制造业、回收利用	0.20	0.02	0.01	0.12	0.03	1.16	0.34	0.24	0.09	0.01	2.22
电力、煤气及供水	0.03	0.55	0.01	0.07	0.06	0.16	0.46	0.03	0.08	0.01	1.47
加总	8.41	1.90	0.38	4.81	1.87	52.36	18.85	7.34	3.62	0.38	100
2011—2002 年											
采掘业	0.00	−0.95	0.00	0.00	−1.26	0.82	0.04	0.00	−0.01	0.00	−1.36
食品、饮料与烟草	0.15	−2.43	−0.02	−0.10	−1.50	1.40	−0.12	0.00	−0.19	−0.04	−2.84
纺织及纺织品	0.27	−0.63	−0.01	0.09	−1.39	2.39	−0.08	0.29	−0.08	−0.06	0.79
皮革与制鞋	0.20	−0.21	−0.04	−0.15	−0.99	1.02	0.17	0.16	−0.35	−0.18	−0.37
木材及木制品	0.10	−0.24	−0.01	0.01	−0.40	1.17	0.29	0.06	−0.04	−0.03	0.89
纸浆、纸及印刷出版	0.17	−1.12	−0.02	−0.03	−1.32	0.73	0.00	0.11	−0.14	−0.07	−1.68
焦炭、炼油及核燃料	0.01	−0.07	0.00	−0.01	−0.15	0.02	0.00	0.01	0.00	0.00	−0.21
化工及化学制品	0.41	−1.38	−0.02	0.06	−1.91	2.05	0.14	0.20	−0.09	−0.05	−0.58
橡胶及塑料	0.35	−0.34	−0.01	−0.03	−1.04	1.36	0.25	0.15	−0.16	−0.07	0.47
其他非金属矿物	0.14	−1.21	0.00	−0.04	−2.30	1.39	0.08	0.06	−0.11	−0.03	−2.02

续表

	外商独资	国有企业	中外合作	中外合资	集体企业	私营企业	其他	港澳台独资	港澳台合资	港澳台合作	加总
基本金属及金属制品业	0.31	-0.75	-0.01	0.02	-2.15	2.38	0.51	0.19	-0.05	-0.04	0.42
未列入其他分类的机器	1.01	-1.59	0.00	0.27	-2.00	4.89	0.78	0.41	0.08	-0.04	3.84
电气及光学设备	1.51	-0.71	-0.01	0.23	-1.20	4.12	1.30	1.02	0.01	-0.09	6.18
运输设备	0.53	-0.85	0.01	0.17	-0.74	1.21	0.32	0.08	0.01	-0.01	0.74
其他制造业、回收利用	-0.02	-0.35	-0.01	-0.15	-0.71	0.19	-0.11	-0.14	-0.14	-0.05	-1.50
电力、煤气及供水	0.02	-2.65	0.01	0.03	-0.18	0.09	-0.08	0.02	0.01	-0.03	-2.78
加总	5.16	-15.48	-0.17	0.36	-19.22	25.22	3.49	2.62	-1.25	-0.81	

注："2011—2002 年"表示 2011 年的比重减去 2002 年的比重。外资企业与港澳台企业分开计算。

资料来源：基于 WIOD 数据与中国工业企业数据的匹配数据计算而得。

表 4-5　不同"行业—所有制"工业企业增加值及其变化　（单位：%）

	外商独资	国有企业	中外合作	中外合资	集体企业	私营企业	其他	港澳台独资	港澳台合资	港澳台合作	加总
2011 年											
采掘业	0.05	3.19	0.03	0.06	0.56	1.32	8.13	0.12	0.37	0.01	13.84
食品、饮料与烟草	0.75	3.29	0.06	0.72	0.20	1.82	2.34	0.31	0.27	0.02	9.79
纺织及纺织品	0.15	0.11	0.02	0.12	0.13	1.26	0.89	0.31	0.16	0.03	3.17
皮革与制鞋	0.33	0.03	0.03	0.21	0.10	0.80	0.42	0.55	0.22	0.04	2.72
木材及木制品	0.10	0.02	0.01	0.08	0.03	0.53	0.20	0.16	0.01	0.01	1.16
纸浆、纸及印刷出版	0.31	0.16	0.02	0.14	0.12	0.56	0.48	0.26	0.18	0.03	2.26
焦炭、炼油及核燃料	0.05	0.41	0.00	0.25	0.03	0.40	1.66	0.10	0.06	0.03	2.99
化工及化学制品	0.63	0.81	0.13	0.81	0.27	1.67	3.10	0.38	0.30	0.01	8.11
橡胶及塑料	0.30	0.09	0.01	0.19	0.08	0.62	0.48	0.30	0.13	0.02	2.20
其他非金属矿物	0.14	0.13	0.02	0.23	0.22	1.31	1.25	0.15	0.17	0.02	3.64

续表

	外商独资	国有企业	中外合作	中外合资	集体企业	私营企业	其他	港澳台独资	港澳台合资	港澳台合作	加总
基本金属及金属制品业	0.49	3.52	0.05	0.75	0.49	3.30	5.40	0.42	0.52	0.07	15.05
未列入其他分类的机器	0.64	0.78	0.03	0.46	0.24	1.48	1.82	0.34	0.15	0.02	5.95
电气及光学设备	3.84	0.48	0.11	1.43	0.27	1.44	2.78	1.69	0.68	0.06	12.83
运输设备	0.49	0.83	0.01	2.49	0.09	0.74	1.57	0.10	0.21	0.01	6.55
其他制造业、回收利用	0.07	0.04	0.00	0.05	0.03	0.26	0.16	0.11	0.05	0.02	0.77
电力、煤气及供水	0.20	5.96	0.10	0.20	0.07	0.09	2.07	0.08	0.20	0.09	9.06
加总	8.53	19.90	0.65	8.18	2.92	17.58	32.73	5.31	3.73	0.48	100
2011—2002 年											
采掘业	0.04	0.66	0.03	0.03	-0.11	1.08	2.11	-0.21	0.37	0.00	3.99
食品、饮料与烟草	0.30	-1.75	-0.02	0.05	-0.78	0.80	0.21	0.02	-0.38	-0.02	-1.55
纺织及纺织品	0.01	-0.52	0.00	-0.05	-0.72	0.23	-0.31	0.02	-0.17	-0.06	-1.60
皮革与制鞋	-0.05	-0.04	-0.02	-0.11	-0.35	0.00	-0.13	0.06	-0.19	-0.09	-0.93
木材及木制品	0.03	-0.03	-0.01	0.01	-0.13	0.20	0.02	0.03	-0.02	-0.02	0.09
纸浆、纸及印刷出版	0.09	-0.29	-0.01	-0.14	-0.38	0.09	-0.10	-0.06	-0.14	-0.03	-0.93
焦炭、炼油及核燃料	0.03	-0.61	-0.01	0.16	-0.11	0.29	0.22	-0.07	0.04	0.01	-0.05
化工及化学制品	0.27	-0.92	-0.01	0.03	-0.82	0.76	0.00	0.02	-0.15	-0.04	-0.86
橡胶及塑料	0.04	-0.14	0.00	-0.06	-0.37	0.12	-0.01	-0.06	-0.14	-0.03	-0.65
其他非金属矿物	0.02	-0.41	0.00	-0.02	-0.78	0.56	0.18	0.03	-0.05	-0.02	-0.53
基本金属及金属制品业	0.27	0.20	0.01	0.39	-0.75	1.98	2.81	0.11	0.07	0.01	5.11
未列入其他分类的机器	0.26	-0.31	0.00	-0.12	-0.72	0.58	0.23	0.19	-0.02	-0.02	0.08
电气及光学设备	1.49	-0.67	0.01	-0.64	-0.76	0.66	-0.04	0.41	-0.22	-0.11	0.18

续表

	外商独资	国有企业	中外合作	中外合资	集体企业	私营企业	其他	港澳台独资	港澳台合资	港澳台合作	加总
运输设备	0.28	-1.18	0.01	0.79	-0.33	0.29	0.08	0.00	0.00	0.00	-0.08
其他制造业、回收利用	-0.18	-0.07	-0.02	-0.14	-0.25	0.01	-0.12	-0.16	-0.09	-0.03	-1.06
电力、煤气及供水	-0.20	-0.27	-0.09	-0.05	-0.09	0.06	0.01	-0.03	-0.39	-0.17	-1.24
加总	2.69	-6.30	-0.13	0.13	-7.45	7.67	5.13	0.27	-1.50	-0.62	

注："2011—2002 年"表示 2011 年的比重减去 2002 年的比重。外资企业与港澳台企业分开计算。
资料来源：基于 WIOD 数据与中国工业企业数据的匹配数据计算而得。

表 4-6　不同"行业—所有制"工业企业就业及其变化　　（单位：%）

	外商独资	国有企业	中外合作	中外合资	集体企业	私营企业	其他	港澳台独资	港澳台合资	港澳台合作	加总
2011 年											
采掘业	0.02	2.17	0.01	0.03	0.27	1.81	2.98	0.02	0.03	0.00	7.34
食品、饮料与烟草	0.55	0.26	0.05	0.52	0.13	3.72	2.68	0.31	0.23	0.02	8.48
纺织及纺织品	0.33	0.09	0.02	0.28	0.09	3.46	1.57	0.69	0.31	0.03	6.86
皮革与制鞋	0.80	0.05	0.03	0.37	0.09	2.62	0.92	1.35	0.39	0.03	6.67
木材及木制品	0.18	0.02	0.01	0.10	0.02	1.68	0.55	0.19	0.09	0.01	2.85
纸浆、纸及印刷出版	0.32	0.08	0.02	0.16	0.10	1.52	0.77	0.62	0.20	0.03	3.82
焦炭、炼油及核燃料	0.02	0.09	0.00	0.03	0.01	0.27	0.46	0.03	0.00	0.00	0.94
化工及化学制品	0.46	0.42	0.02	0.40	0.16	2.96	3.02	0.32	0.26	0.01	8.03
橡胶及塑料	0.50	0.06	0.02	0.18	0.08	1.79	0.83	0.55	0.17	0.02	4.20
其他非金属矿物	0.19	0.17	0.02	0.20	0.16	3.13	1.95	0.23	0.18	0.03	6.26
基本金属及金属制品业	0.37	0.78	0.03	0.31	0.23	3.57	2.62	0.44	0.27	0.05	8.67
未列入其他分类的机器	0.87	0.44	0.03	0.51	0.24	4.46	2.70	0.46	0.25	0.02	9.99
电气及光学设备	3.53	0.25	0.05	0.88	0.17	3.75	3.16	2.96	0.74	0.04	15.56
运输设备	0.61	0.43	0.02	0.80	0.10	1.84	1.64	0.18	0.26	0.00	5.89

续表

	外商独资	国有企业	中外合作	中外合资	集体企业	私营企业	其他	港澳台独资	港澳台合资	港澳台合作	加总
其他制造业、回收利用	0.15	0.01	0.00	0.10	0.05	0.74	0.32	0.23	0.08	0.01	1.68
电力、煤气及供水	0.04	1.51	0.02	0.08	0.03	0.14	0.82	0.03	0.09	0.01	2.77
加总	8.93	6.85	0.34	4.95	1.92	37.45	26.97	8.62	3.56	0.32	100
2011—2002 年											
采掘业	0.02	-4.37	0.01	0.01	-0.94	1.45	1.02	0.02	0.02	0.00	-2.77
食品、饮料与烟草	0.34	-1.60	-0.01	0.09	-0.82	2.66	0.75	0.12	-0.11	-0.02	1.40
纺织及纺织品	0.14	-1.76	-0.01	0.04	-1.23	1.80	-0.96	0.32	-0.17	-0.08	-1.91
皮革与制鞋	0.06	-0.22	-0.06	-0.32	-0.86	1.11	0.12	0.09	-0.44	-0.26	-0.78
木材及木制品	0.09	-0.11	-0.01	0.02	-0.22	1.20	0.34	0.03	-0.02	-0.02	1.28
纸浆、纸及印刷出版	0.11	-0.66	-0.01	-0.03	-0.72	0.78	-0.01	0.07	-0.11	-0.10	-0.68
焦炭、炼油及核燃料	0.02	-0.26	0.00	0.01	-0.11	0.18	0.08	-0.01	0.01	0.00	-0.08
化工及化学制品	0.33	-2.28	-0.01	0.12	-0.95	2.11	0.23	0.19	0.00	-0.02	-0.27
橡胶及塑料	0.23	-0.34	0.00	0.00	-0.54	1.11	0.27	0.08	-0.10	-0.05	0.69
其他非金属矿物	0.10	-1.28	0.00	0.00	-1.64	1.77	0.17	0.11	-0.07	-0.01	-0.85
基本金属及金属制品业	0.21	-2.68	0.01	0.08	-1.29	2.16	0.69	0.11	-0.05	-0.02	-0.77
未列入其他分类的机器	0.69	-2.22	0.01	0.22	-1.13	3.27	0.64	0.32	0.09	-0.01	1.88
电气及光学设备	2.44	-1.55	-0.03	0.22	-0.84	2.87	1.36	1.83	0.15	-0.16	6.34
运输设备	0.49	-1.97	0.01	0.46	-0.50	1.28	0.48	0.05	0.16	0.14	0.46
其他制造业、回收利用	-0.11	-0.32	-0.01	-0.11	-0.47	0.19	-0.09	-0.27	-0.09	-0.06	-1.35
电力、煤气及供水	0.00	-2.74	-0.01	0.04	-0.08	0.11	0.08	0.02	0.01	-0.02	-2.60
加总	5.17	-24.29	-0.14	0.86	-12.34	24.03	5.18	3.08	-0.73	-0.83	

注:"2011—2002 年"表示 2011 年的比重减去 2002 年的比重。外资企业与港澳台企业分开计算。

资料来源:基于 WIOD 数据与中国工业企业数据的匹配数据计算而得。

表 4-7 不同"行业—所有制"工业企业出口交货值及其变化（单位:%）

	外商独资	国有企业	中外合作	中外合资	集体企业	私营企业	其他	港澳台独资	港澳台合资	港澳台合作	加总
2011 年											
食品、饮料与烟草	0.40	0.06	0.05	0.53	0.03	0.99	0.83	0.21	0.23	0.02	3.35
纺织及纺织品	0.51	0.04	0.05	0.36	0.05	1.57	0.91	0.95	0.35	0.04	4.86
皮革与制鞋	0.99	0.01	0.02	0.49	0.06	1.37	0.63	1.35	0.57	0.04	5.54
木材及木制品	0.35	0.00	0.01	0.16	0.00	0.69	0.28	0.31	0.12	0.01	1.93
纸浆、纸及印刷出版	0.52	0.01	0.02	0.18	0.06	0.39	0.19	0.71	0.24	0.02	2.32
焦炭、炼油及核燃料	0.00	0.01	0.00	0.16	0.00	0.01	0.17	0.00	0.00	0.00	0.36
化工及化学制品	1.08	0.27	0.03	0.54	0.05	1.08	1.40	0.42	0.26	0.02	5.15
橡胶及塑料	0.79	0.03	0.02	0.32	0.01	0.65	0.57	0.68	0.27	0.03	3.38
其他非金属矿物	0.26	0.02	0.03	0.17	0.04	0.41	0.36	0.19	0.12	0.03	1.63
基本金属及金属制品业	0.81	0.55	0.03	0.88	0.03	1.15	1.70	0.77	0.46	0.06	6.44
未列入其他分类的机器	1.95	0.20	0.03	0.68	0.03	1.13	1.15	0.67	0.33	0.04	6.23
电气及光学设备	23.82	0.22	0.16	4.92	0.20	2.00	4.73	11.86	1.69	0.08	49.59
运输设备	1.08	0.75	0.04	1.32	0.05	0.82	2.01	0.26	0.49	0.01	6.83
其他制造业、回收利用	0.22	0.01	0.01	0.16	0.03	0.68	0.26	0.49	0.09	0.05	2.00
电力、煤气及供水	0.02	0.03	0.03	0.01	0.00	0.00	0.01	0.00	0.04	0.00	0.15
加总	32.72	2.27	0.53	10.84	0.66	12.99	15.34	18.81	5.27	0.45	100
2011—2002 年											
采掘业	-0.01	-0.52	0.00	-0.01	-0.04	-0.03	-0.47	-0.34	0.00	0.00	-1.43
食品、饮料与烟草	-0.04	-0.26	0.00	-0.12	-0.45	0.53	0.12	-0.05	-0.24	-0.03	-0.54
纺织及纺织品	-0.02	-0.99	-0.08	-0.18	-0.87	0.13	-0.97	0.08	-0.67	-0.37	-3.90
皮革与制鞋	-0.80	-0.13	-0.16	-1.04	-1.17	-0.69	-0.77	-0.90	-1.06	-0.52	-7.24
木材及木制品	0.06	-0.01	-0.03	-0.03	-0.11	0.36	0.17	-0.09	-0.12	-0.09	0.11
纸浆、纸及印刷出版	0.03	-0.04	-0.09	-0.16	-0.24	-0.03	-0.03	-0.41	-0.17	-0.18	-1.31
焦炭、炼油及核燃料	0.00	-0.27	0.00	-0.10	-0.01	-0.01	-0.29	-0.04	0.00	0.00	-0.72
化工及化学制品	0.52	-0.44	-0.03	-0.03	-0.49	0.68	0.19	0.03	-0.04	-0.05	0.33
橡胶及塑料	-0.12	-0.07	-0.07	0.08	-0.27	0.33	0.27	-0.61	-0.20	-0.12	-0.77

续表

	外商独资	国有企业	中外合作	中外合资	集体企业	私营企业	其他	港澳台独资	港澳台合资	港澳台合作	加总
其他非金属矿物	-0.23	-0.12	-0.01	-0.12	-0.22	0.20	0.10	0.00	-0.06	-0.03	-0.51
基本金属及金属制品业	0.24	-0.31	-0.07	-0.09	-0.58	0.25	0.52	-0.10	-0.15	-0.11	-0.37
未列入其他分类的机器	1.22	-0.10	0.00	0.20	-0.45	0.46	0.37	0.17	0.14	-0.03	2.00
电气及光学设备	10.44	-1.01	-0.22	-1.80	-0.54	1.16	2.54	6.04	-0.28	-0.99	15.26
运输设备	0.64	-0.15	-0.02	0.89	-0.14	0.46	1.46	-0.20	0.35	-0.01	3.27
其他制造业、回收利用	-1.23	-0.08	-0.07	-0.40	-0.62	0.03	-0.15	-0.74	-0.41	-0.16	-3.82
电力、煤气及供水	0.02	0.00	0.03	0.01	0.00	0.00	0.01	0.00	-0.22	0.00	-0.15
加总	10.63	-4.50	-0.82	-2.94	-6.20	3.83	3.10	2.79	-3.14	-2.67	

注:"2011—2002 年"表示 2011 年的比重减去 2002 年的比重。外资企业与港澳台企业分开计算。
资料来源:基于 WIOD 数据与中国工业企业数据的匹配数据计算而得。

接下来从两个方面分析中国各行业与各主要经济体的关联程度及其变化。首先,观察中国各行业作为使用者、其他经济体作为提供者的情形。图 4-6(1)和(5)显示,2011 年,中国大多数行业使用的中间品和增加值来自美国、日本、韩国、中国台湾与德国的所占比重最高,尤其表现在电气及光学设备、运输设备以及空运、邮政与电信、机器设备租赁及其他商务活动、健康及社会工作(这个行业的中间品主要是健康医疗设备等)等服务行业。中国大多数行业与日本、韩国、中国台湾的关联程度趋于下降,但与美国、德国的关联程度趋于上升。这似乎意味着,中国正逐渐深入地融入美国和德国主导的分工和贸易区。[①]

其次,观察中国作为提供者、其他经济体各行业作为使用者的情形。图 4-6(2)和(6)显示,2011 年,相对于其他行业,其他大多数经济体的纺织及纺织品、电气及光学设备这两个行业使用的中间品和增加值来自中

① 另外,有几个行业值得强调:焦炭、炼油及核燃料行业使用的中间品来自俄罗斯的所占比重最高(5.6%)、基本金属及金属制品业行业使用的中间品来自澳大利亚的所占比重最高(4.3%)、电气及光学设备行业使用的中间品来自中国台湾(4%)、韩国(2.2%)、日本(2%)、美国(1.4)的所占比重合计近 10%。

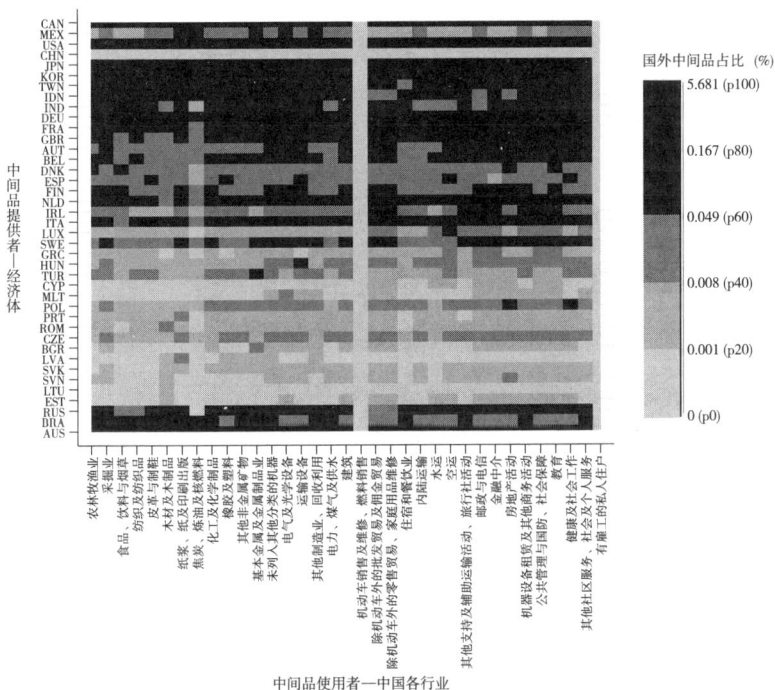

国外中间品占比(%)

5.681 (p100)

0.167 (p80)

0.049 (p60)

0.008 (p40)

0.001 (p20)

0 (p0)

中间品使用者—中国各行业

(1)中间品关联:中国各行业作为中间品使用者(2011)

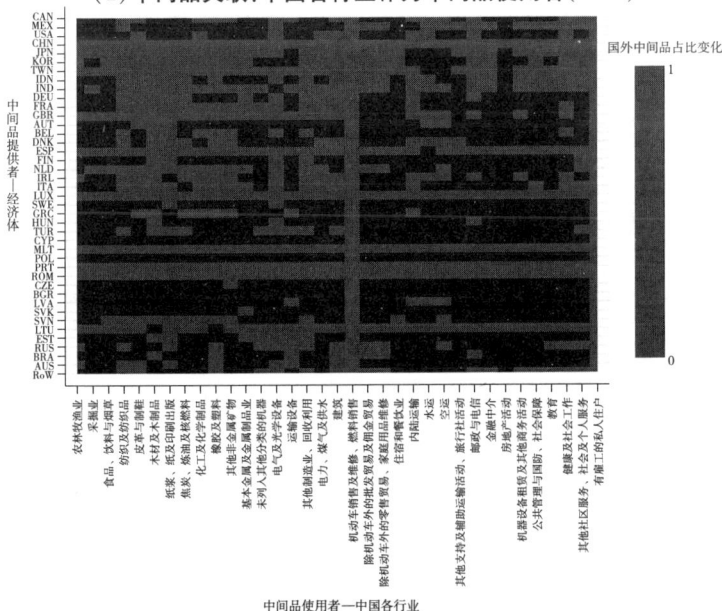

国外中间品占比变化

1

0

中间品使用者—中国各行业

(2)中间品关联:中国各行业作为中间品使用者(变化)

图4-6 中国与其他经济体的中间品和增加值关联及其变化:行业视角

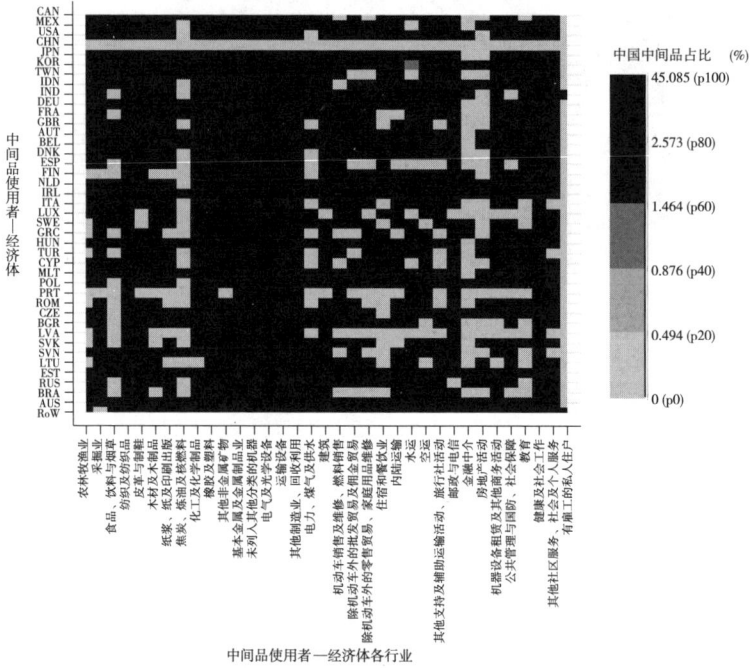

（3）中间品关联：中国作为中间品提供者（2011）

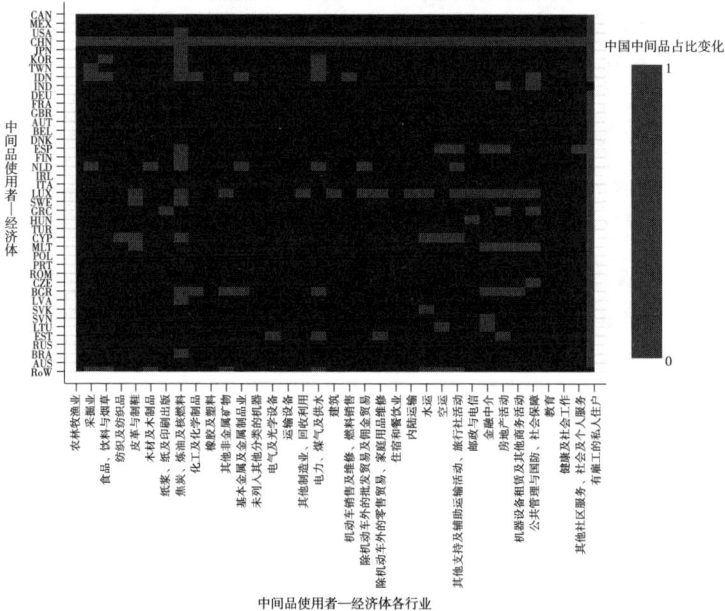

（4）中间品关联：中国作为中间品提供者（变化）

图4-6　中国与其他经济体的中间品和增加值关联及其变化：行业视角

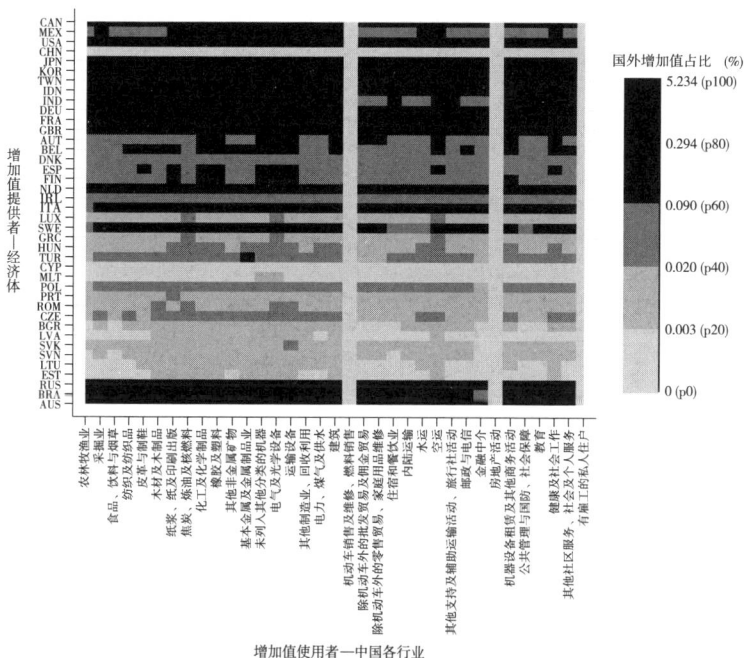

（5）增加值关联:中国各行业作为增加值使用者（2011）

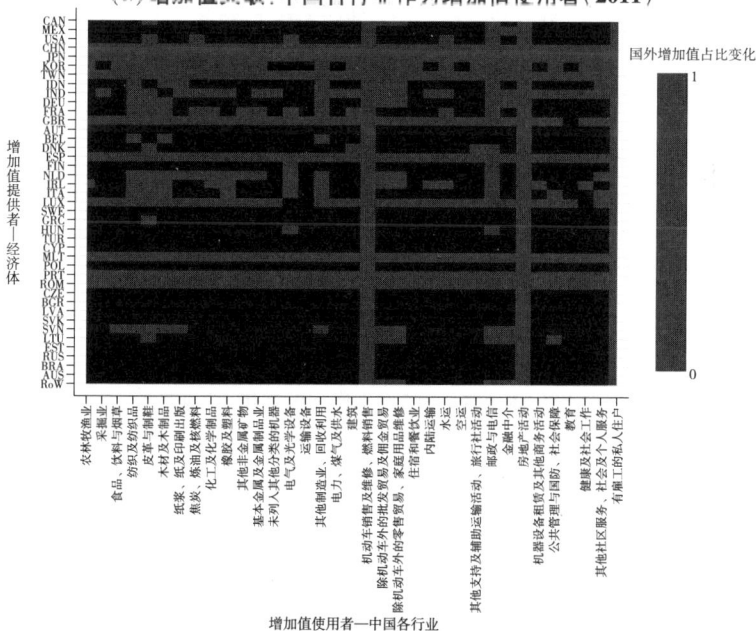

（6）增加值关联:中国各行业作为增加值使用者（变化）

图4-6 中国与其他经济体的中间品和增加值关联及其变化:行业视角

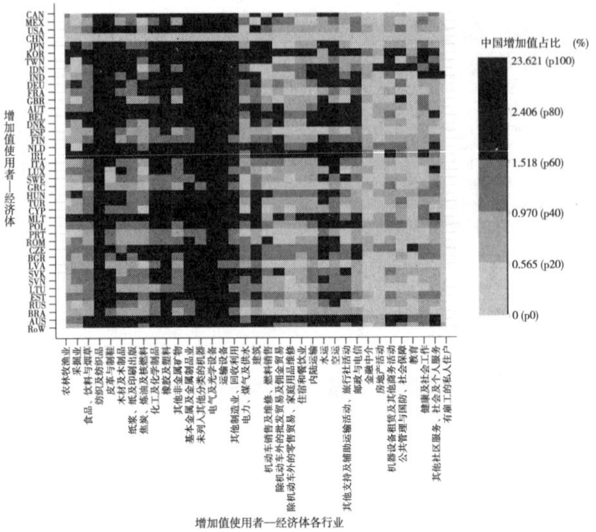

（7）增加值关联：中国作为增加值提供者（2011）

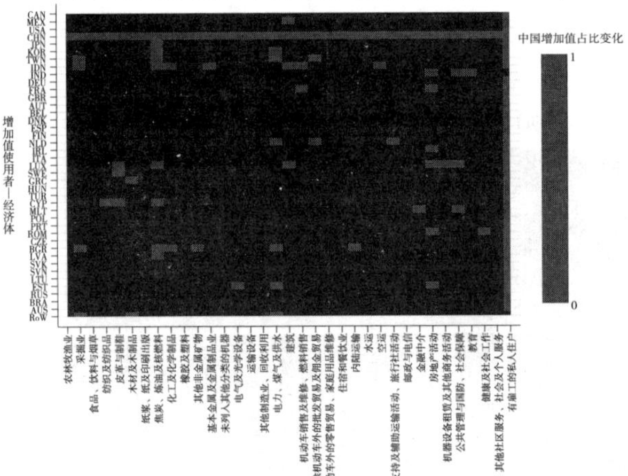

（8）增加值关联：中国作为增加值提供者（变化）

图 4-6　中国与其他经济体的中间品和增加值关联及其变化：行业视角

注：数值显示的分别是中国每个行业使用来自相关经济体的中间品或增加值占前者每个行业全部中间品
或增加值使用的比重（子图（1）、（5））及其变化（子图（2）、（6）），其他经济体每个行业使用来自中国的
中间品或增加值占前者每个行业全部中间品或增加值使用的比重（子图（3）、（7））及其变化（子图（4）、
（8））（不考虑中国对自身的国内提供）。在中国作为提供方的情形，由于"世界其余地区"（RoW）包括
很多经济体，在分年份显示时会掩盖图形中的单个经济体颜色，所以分年份显示时被去掉，但在跨期比
较时不存在这一问题；按国别列出机动车销售及维修、燃料销售、房地产活动、有雇工的私人住户等三
个行业或部门的部分数据暂缺。经济体与行业代码参见表4-2。

资料来源：基于 WIOD 数据计算制作而得。

国的所占比重最高(附录中的图 4A-2 显示得更加清楚)。此外,中国对其他大多数经济体的皮革与制鞋、橡胶及塑料和水运行业也提供相对较多的增加值。总体来看,中国对其他经济体各行业的中间品和增加值贡献在样本时期里都在上升。比较图 4-6(3)和(7)的标尺可以发现,中国作为增加值提供者的重要性要低于作为中间品提供者的重要性。这意味着,中国的中间品出口包含了很多国外增加值,因而夸大了中国自身对其他经济体的经济贡献和关联关系。

由图 4-4 和图 4-6 引发的问题是:中国作为中间品或增加值的提供者与使用者分别与样本经济体在统计上存在着一种什么关系呢? 为了回答这一问题,我们观察:(1)中国使用伙伴经济体的中间品或增加值占中国总中间品或增加值的比重(记为 CHN_Use)与伙伴经济体人均 GDP(对数值)(记为 Partner_Y)的关系;(2)伙伴经济体使用中国的中间品或增加值占伙伴经济体总中间品或增加值的比重(记为 CHN_Supply)与伙伴经济体人均 GDP(对数值)的关系。Pearson 相关性分析结果如表 4-8 所示。[①]

总体来看,中国倾向于较多地使用来自较高收入水平经济体的中间品或增加值。但中国作为中间品或增加值提供者时,两个变量之间的关系要么不显著、要么显著为负(对于供出口的最终品)。

分行业看,对于除木材及木制品,焦炭、炼油及核燃料外的其他所有行业而言,伙伴经济体收入水平越高,其在中国产品所用中间品中所占的比重就越高;或者说,中国越多地使用来自较高收入水平经济体的中间品。[②] 对于除焦炭、炼油及核燃料外的其他所有行业,伙伴经济体收入水平越高,中国就会越多地使用其提供的增加值。但当中国作为中间品提供者时,两个变量之间的关系因行业不同而有所差异:食品、饮料与烟草,

---

① 这里相关性分析的目的不是要确认两个变量之间的因果关系,而是揭示二者之间的相关性。若两个关系显著为正(负),则意味着中国倾向于较多地使用较高收入水平经济体提供的中间品或增加值、倾向于向较高收入水平经济体提供较多(较少)的中间品或增加值。

② 中国越多地使用来自较低收入水平经济体的木材及木制品(负相关不显著)、焦炭、炼油及核燃料(相关系数显著负相关)这两个资源类行业提供的中间品,可能是因为这些行业产品在较低收入水平国家相对便宜(比如缅甸的木材、委内瑞拉的石油等)。

皮革与制鞋,木材及木制品,纸浆、纸及印刷出版,其他非金属矿物,基本金属及金属制品业,未列入其他分类的机器,运输设备,建筑,机动车销售及维修、燃料销售,除机动车外的批发贸易及佣金贸易,住宿和餐饮业,水运,其他支持及辅助运输活动、旅行社活动 14 个行业,相关系数显著为正[①];其他制造业、回收利用,金融中介,房地产活动,机器设备租赁及其他商务活动,公共管理与国防、社会保障,教育,其他社区服务、社会及个人服务,有雇工的私人住户这八个行业(多为服务行业),相关系数显著为负[②];其他 13 个行业的相关系数不显著。当中国作为增加值提供者时,两个变量之间的关系也因行业不同而不同,但系数显著为正的行业占大部分,达到 19 个。[③]

表 4-8　中国与其他经济体的双边中间品与增加值关联:Pearson 相关性分析

产品/行业(及编码)	(1)中间品				(2)增加值			
	CHN_Use 与 Partner_Y		CHN_Supply 与 Partner_Y		CHN_Use 与 Partner_Y		CHN_Supply 与 Partner_Y	
	相关系数	观测值	相关系数	观测值	相关系数	观测值	相关系数	观测值
总体	0.2112*	646	0.0077	646	—		—	
最终品(国内使用)	—	—	—	—	0.2371*	646	−0.0109	646
中间品(国内使用)	—	—	—	—	0.2211*	646	0.0481	646
最终品(出口)	—	—	—	—	0.2271*	646	−0.0817*	646
中间品(出口)	—	—	—	—	0.2316*	646	0.0283	646
农林牧渔业	0.1812*	646	0.0212	646	0.2104*	646	0.2453*	646
采掘业	0.2304*	646	−0.004	646	0.2295*	646	0.1601*	646
食品、饮料与烟草	0.1419*	646	0.1964*	646	0.2023*	646	0.1778*	646
纺织及纺织品	0.0921*	646	0.0345	646	0.1668*	646	−0.002	646

---

① 当中国作为中间品使用者时,除木材及木制品外的这 13 个行业的相关系数也显著为正。也就是说,在这 13 个行业,中国既倾向于较多地使用较高收入水平经济体的中间品,也倾向于向后者提供较多的中间品。

② 当中国作为中间品使用者时,除"有雇工的私人住户"外的这七个行业的相关系数显著为正。这表明,在这七个行业,中国倾向于较多地使用较高收入水平经济体的中间品,但倾向于向较低收入水平经济体提供较多的中间品。

③ 当中国作为增加值提供者时,这 19 个行业的相关系数也显著为正。这表明,在这 19 个行业,中国既倾向于较多地使用较高收入水平经济体的增加值,也倾向于向后者提供较多的增加值。

续表

产品/行业（及编码）	(1)中间品				(2)增加值			
	CHN_Use 与 Partner_Y		CHN_Supply 与 Partner_Y		CHN_Use 与 Partner_Y		CHN_Supply 与 Partner_Y	
	相关系数	观测值	相关系数	观测值	相关系数	观测值	相关系数	观测值
皮革与制鞋	0.0793*	646	0.2907*	626	0.1725*	646	0.2379*	626
木材及木制品	−0.0642	646	0.1887*	646	0.1042*	646	0.2006*	646
纸浆、纸及印刷出版	0.1364*	646	0.1051*	646	0.1942*	646	0.0512	646
焦炭、炼油及核燃料	−0.1748*	646	0.0095	618	−0.0052	646	0.039	619
化工及化学制品	0.1595*	646	−0.0285	646	0.2009*	646	−0.0036	646
橡胶及塑料	0.1545*	646	−0.028	646	0.2016*	646	−0.0699*	646
其他非金属矿物	0.2018*	646	0.1132*	646	0.2201*	646	0.0924*	646
基本金属及金属制品业	0.1380*	646	0.1103*	646	0.1840*	646	0.0986*	646
未列入其他分类的机器	0.2448*	646	0.0702*	646	0.2448*	646	0.037	646
电器及光学设备	0.2200*	646	0.0312	646	0.2454*	646	0.0049	646
运输设备	0.2598*	646	0.1579*	646	0.2551*	646	0.1555*	646
其他制造业、回收利用	0.1260*	646	−0.1526*	646	0.1825*	646	−0.1725*	646
电力、煤气及供水	0.2035*	646	0.0116	646	0.2206*	646	−0.0013	646
建筑	0.2171*	646	0.0797*	646	0.2266*	646	0.0666*	646
机动车销售及维修、燃料销售	—	—	0.0981*	629	—	—	0.1965*	629
除机动车外的批发贸易及佣金贸易	0.3269*	646	0.1588*	646	0.2685*	646	0.2463*	646
除机动车外的零售贸易、家庭用品维修	0.3269*	646	−0.0029	646	0.2685*	646	0.1075*	646
住宿和餐饮业	0.1606*	646	0.0655*	646	0.2140*	646	0.0849*	646
内陆运输	0.2105*	646	0.0206	646	0.2077*	646	−0.0246	646
水运	0.2025*	646	0.0713*	646	0.1870*	646	0.1263*	646
空运	0.2929*	646	0.0066	646	0.2415*	646	0.0690*	646
其他支持及辅助运输活动、旅行社活动	0.2645*	646	0.1862*	646	0.2346*	646	0.2136*	646
邮政与电信	0.2736*	646	−0.0624	646	0.2595*	646	0.1163*	646
金融中介	0.3396*	646	−0.1220*	646	0.2789*	646	0.0957*	646
房地产活动	0.3200*	646	−0.1383*	646	0.2734*	646	−0.0419	646
机器设备租赁及其他商务活动	0.2597*	646	−0.0949*	646	0.2551*	646	−0.0037	646

续表

产品/行业(及编码)	(1)中间品				(2)增加值			
	CHN_Use 与 Partner_Y		CHN_Supply 与 Partner_Y		CHN_Use 与 Partner_Y		CHN_Supply 与 Partner_Y	
	相关系数	观测值	相关系数	观测值	相关系数	观测值	相关系数	观测值
公共管理与国防、社会保障	0.2745*	646	-0.0719*	625	0.2444*	646	0.0729*	646
教育	0.2906*	646	-0.1080*	646	0.2590*	646	-0.1350*	646
健康及社会工作	0.1891*	646	-0.0353	646	0.2211*	646	-0.1854*	646
其他社区服务、社会及个人服务	0.2108*	646	-0.0832*	646	0.2304*	646	0.0462	646
有雇工的私人住户	—	—	-0.5519*	34	—	—	-0.6230*	425

注:* 表示在5%的水平上显著。人均 GDP 为 2005 年不变美元实际值,来自世界银行数据库。样本
年份为 1995—2011 年。"—"表示数据缺失。

资料来源:基于 WIOD 数据计算而得。

二、投入—产出关联

就中国而言,加入 WTO 是进一步融入经济全球化的标志性事件。
图 4-7(1)显示,从中国加入 WTO 到 2011 年,除少数行业(主要是服务行
业如公共管理与国防、社会保障,建筑,教育,健康及社会工作)外,其他
行业基于产出的价值链关联指数($GVCL_i^{OB}$)均超过 1.5;关联指数上升的
行业远多于下降的行业(下降行业只有七个,其中邮政与电信行业降幅
最大),指数最高的是采掘业(达到 4.5)。该指数越高,则该行业产出中
的中间使用(中间品)部分所占份额就越高,从而越有可能通过中间品这
一渠道与其他"经济体—行业"发生直接和间接的关系。这些发现与唐
等(Tang 等,2014)的研究结果十分相似,但后者是基于中国国内投入—
产出表,而本研究则基于跨国投入—产出表,反映的是中国各行业融入全
球价值链的程度。

图 4-7(2)基于投入的价值链关联指数($GVCL_i^{IB}$)显示,在样本时期
里,除了焦炭、炼油及核燃料外,其他行业的关联指数均超过 1.5;同样,
关联指数上升的行业远多于下降的行业(下降行业只有十个,其中空运
行业降幅最大)。该指数越高,则该行业总投入中的中间投入(相对于初

始投入或直接增加值)部分所占份额就越高,从而越有可能通过中间投入这一渠道与其他"经济体—行业"发生直接和间接的关系。

比较图 4-7(1)和图 4-7(2)可以发现:基于产出的关联指数在各行业之间的差异程度高于基于投入的关联指数;总体比较看,服务行业基于投入的关联指数要大于制造业。这表明,服务业主要是通过中间投入(含有间接增加值)这一渠道融入全球价值链分工的。这进一步意味着,基于增加值的测算对于理解服务行业在全球价值链分工中的角色具有重要意义,但传统统计核算无法做到这一点。

为了比较中国各行业融入全球价值链的深度,我们拿美国作为参照。2002—2011 年,除水运、采掘业、皮革与制鞋外,美国其他各行业基于产出的价值链关联指数变化均不大。除水运,有雇工的私人住户,焦炭、炼油及核燃料外的其他行业基于投入的价值链关联指数均在 1.5 以上,而且彼此非常接近;该项指数上升的行业数远多于下降的行业数(只有三个)。这意味着从投入的角度看,美国融入全球价值链的程度也是在不断提升的。比较中美两国可以发现,中国大多数行业的这两项指数都要高于美国。但不同于哈格梅杰和高德斯(Hagemejer 和 Ghodsi,2014)、米勒和特莫休(Miller 和 Temurshoev,2017)等文献的解读,本书认为,中国的这两项指数比美国高并不意味着中国比美国更可能处于"微笑曲线"意义的价值链和产业链高端(因为至少对于大多数行业而言,事实并非如此)[1],而是意味着中国已经通过产出供给和投入需求两个渠道非常深入地融入全球价值链和产业链。[2]

---

[1] 唐等(Tang 等,2014)基于中国国内投入—产出表并采用基于产出的关联指数进行分析发现,国有企业更有可能位于"上游"(GVCL$_i^{OB}$ 指数较高)行业或部门。这些行业中的国有企业(直接的)国际化程度较低(比如出口较少),但它们通过产出供给(中间品)这一渠道间接参与到使用者行业(user sectors)的国际化活动之中(比如出口)。因此,处于"上游"的国有企业是否因为垄断而人为地拉长了产业链和价值链(从而使这里采用的关联指数趋于上升,并且高于美国),则值得进一步探讨。

[2] 我们还使用等高图将中国与其他经济体进行比较(略)。相对于其他经济体,中国几乎各行业的 GVCL^{IB} 指数都较高。

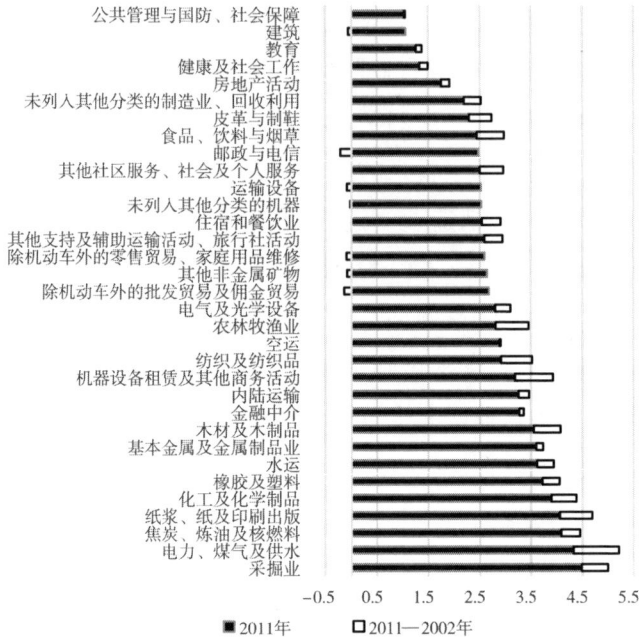

（1）中国各行业 GVCL^{OB} 指数

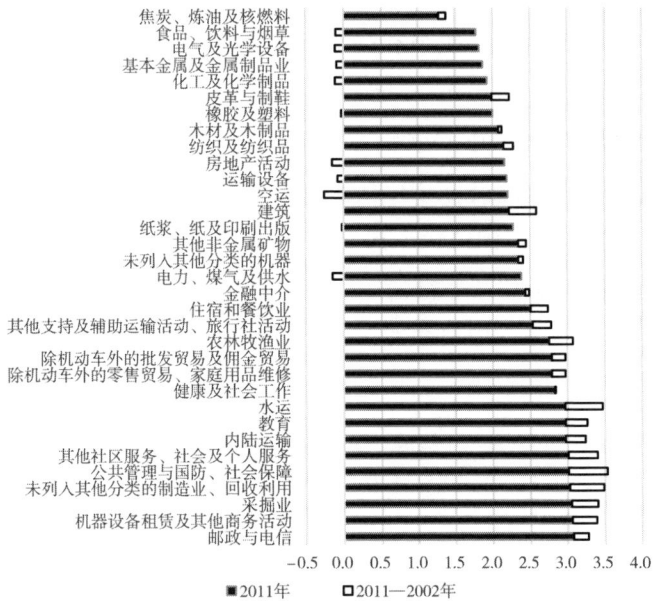

（2）中国各行业 GVCL^{IB} 指数

图 4-7　2002—2011 年各行业的 GVC 关联程度及其变化：中国与美国的比较

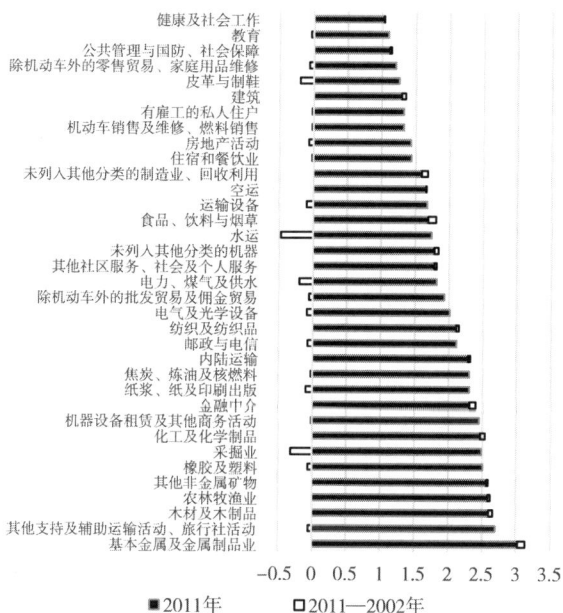

图中纵轴行业（从上到下）：

健康及社会工作
教育
公共管理与国防、社会保障
除机动车外的零售贸易、家庭用品维修
皮革与制鞋
建筑
有雇工的私人住户
机动车销售及维修、燃料销售
房地产活动
住宿和餐饮业
未列入其他分类的制造业、回收利用
空运
运输设备
食品、饮料与烟草
水运
未列入其他分类的机器
其他社区服务、社会及个人服务
电力、煤气及供水
除机动车外的批发贸易及佣金贸易
电气及光学设备
纺织及纺织品
邮政与电信
内陆运输
焦炭、炼油及核燃料
纸浆、纸及印刷出版
金融中介
机器设备租赁及其他商务活动
化工及化学制品
采掘业
橡胶及塑料
其他非金属矿物
农林牧渔业
木材及木制品
其他支持及辅助运输活动、旅行社活动
基本金属及金属制品业

-0.5　0　0.5　1　1.5　2　2.5　3　3.5

■2011年　　□2011—2002年

（3）美国各行业 GVCL^{OB} 指数

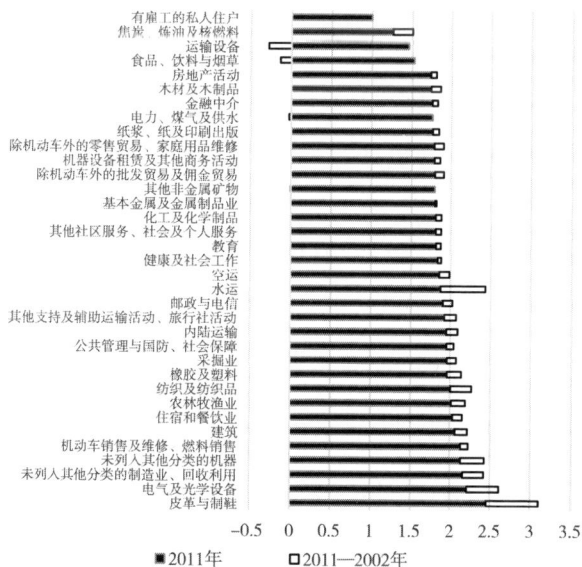

图中纵轴行业（从上到下）：

有雇工的私人住户
焦炭、炼油及核燃料
运输设备
食品、饮料与烟草
房地产活动
木材及木制品
金融中介
电力、煤气及供水
纸浆、纸及印刷出版
除机动车外的零售贸易、家庭用品维修
机器设备租赁及其他商务活动
除机动车外的批发贸易及佣金贸易
其他非金属矿物
基本金属及金属制品业
化工及化学制品
其他社区服务、社会及个人服务
教育
健康及社会工作
空运
水运
邮政与电信
其他支持及辅助运输活动、旅行社活动
内陆运输
公共管理与国防、社会保障
采掘业
橡胶及塑料
纺织及纺织品
农林牧渔业
住宿和餐饮业
建筑
机动车销售及维修、燃料销售
未列入其他分类的机器
未列入其他分类的制造业、回收利用
电气及光学设备
皮革与制鞋

-0.5　0　0.5　1　1.5　2　2.5　3　3.5

■2011年　　□2011—2002年

（4）美国各行业 GVCL^{IB} 指数

图 4-7　2002—2011 年各行业的 GVC 关联程度及其变化：中国与美国的比较

注：图中的实体柱子表示 2011 年的指数（按该年指数大小排序）。空心柱子表示 2011 年相对于 2002 年的变化（即 2011 年的指数减去 2002 年的指数，负值表示下降，正值表示上升）。

资料来源：基于 WIOD 数据计算制作而得。

第四节　本章的主要发现与政策启示

本章从参与全球价值链分工的视角,分析中国工业行业及企业的国际化程度及变化趋势。我们发现,中国工业行业中的焦炭、炼油及核燃料、电气及光学设备、基本金属及金属制品业、化工及化学制品、未列入其他分类的机器、橡胶及塑料、运输设备七个行业参与全球价值链分工的程度最高。这些行业对中国的企业发展、就业、出口、增加值都非常重要。在样本时期里,外资企业、港澳台资企业与私营企业在中国经济参与全球价值链分工中发挥着越来越重要的作用。

中国几乎所有行业包括工业行业使用的进口中间品或所含国外增加值来自美国、日本、韩国、中国台湾和德国的所占比重最高。但日本、韩国、中国台湾作为中国大多数行业所用中间品和增加值提供者的重要性在下降,而中国大多数行业与美国、德国的关联程度并没有下降。中国几乎各行业在增加值方面与全球的关联程度都高于其在中间品方面与全球的关联程度。中国绝大多数行业倾向于较多地使用较高收入水平经济体提供的中间品和增加值,有超过一半的行业倾向于向较高收入水平经济体提供较多的增加值。从中国加入 WTO 到 2011 年,中国大多数行业特别是工业行业基于产出和投入的价值链关联指数均超过 1.5;关联指数上升的行业远多于下降的行业。中国大多数行业的这两项指数都高于美国,但这并不意味着中国比美国更可能处于"微笑曲线"意义的价值链和产业链高端,而是表明中国已经通过产出供给和投入需求两个渠道非常深入地融入全球价值链。

本部分研究的政策启示是:首先,全球价值链分工是不能回避的客观事实,中国过去取得的巨大经济成就在很大程度上得益于对外开放、成功融入全球价值链分工。因此,对中国来说,关键的问题是如何继续有效地参与这一分工,并在这一过程中促进中国企业的发展并逐步提升自身的国际分工地位,从而从微观和宏观两个层面增进经济绩效与经济福利。OECD(2013)指出,对于经济增长与就业而言,一国(或企业)做(do)什么要比一国（或企业）卖（sell）什么更重要；而本章关于中间品和增加值关联衡量的全球价值链分工参与程度差异性表明，一国的"要素"（factor）干（do）什么可能要比一国的"工厂"（factory）做（produce）什么更为重要。有什么样的要素禀赋结构，就有什么样的分工地位；高级要素对应高端价值链位置，低端要素对应低端价值链环节。① 因此，从根本上讲，中国需要通过发展教育与科技、优化经济组织（包括企业）与制度结构，为攀升全球价值链奠定人力资本与组织制度基础。

其次，在参与全球价值链分工的过程中，中国需要密切关注伙伴经济体及行业的结构特征和动态变化，因为本部分研究表明不同伙伴经济体与中国的价值链关联关系、不同行业参与全球价值链分工的程度均存在较大差异。特别地，我们发现，实际人均收入水平越高的经济体越有可能成为中国在全球价值链分工意义上的"朋友"而非"敌人"。这应该成为中国进一步推进对外开放，包括有效推进区域经济一体化进程（如实施自由贸易区战略及其他类型区域主义战略）特别是涉及经济伙伴与行业布局问题的参考因素。

---

　① 高级要素（高端要素）不仅包括通常的高技能人力资本要素，还包括一切有利于攀升和维持 GVC 高端的管理、制度、体制和机制要素。一国高级要素的相对丰裕度决定着它在 GVC 中的相对位置；一国在 GVC 中的相对位置与其人均收入水平息息相关。实际上，已有文献把人均收入水平（人均 GDP）看作是劳动生产率（技术水平）的替代指标。

附　录

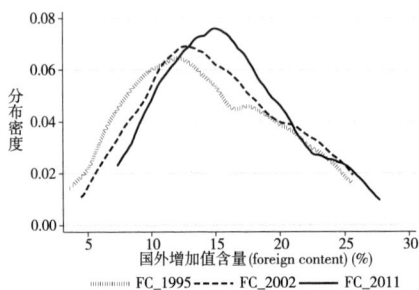

（1）最终品（国内使用）的国外增加值含量

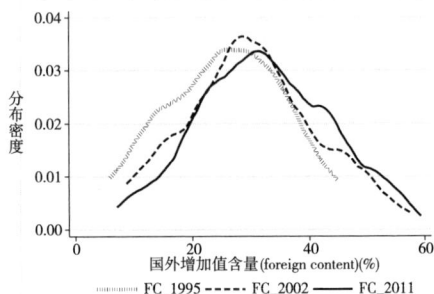

（2）最终品（出口）的国外增加值含量

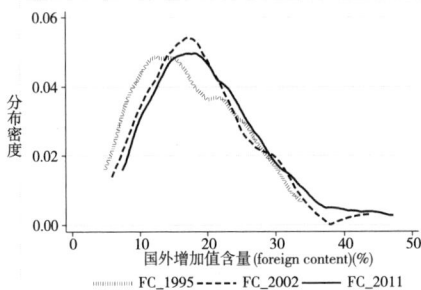

（3）中间品（国内使用）的国外增加值含量

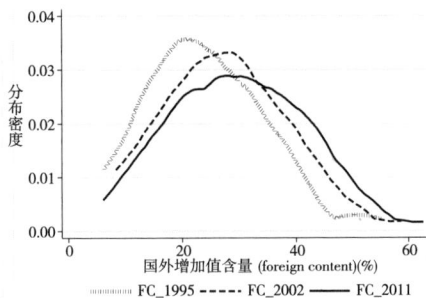

（4）中间品（出口）的国外增加值含量

图 4A-1　1995—2011 年所有样本经济体的国外增加值含量分布及变化

注：FC_1995、FC_2002、FC_2011 分别表示 1995、2002 和 2011 年的国外增加值比重。

资料来源：基于 WIOD 数据计算制作而得。

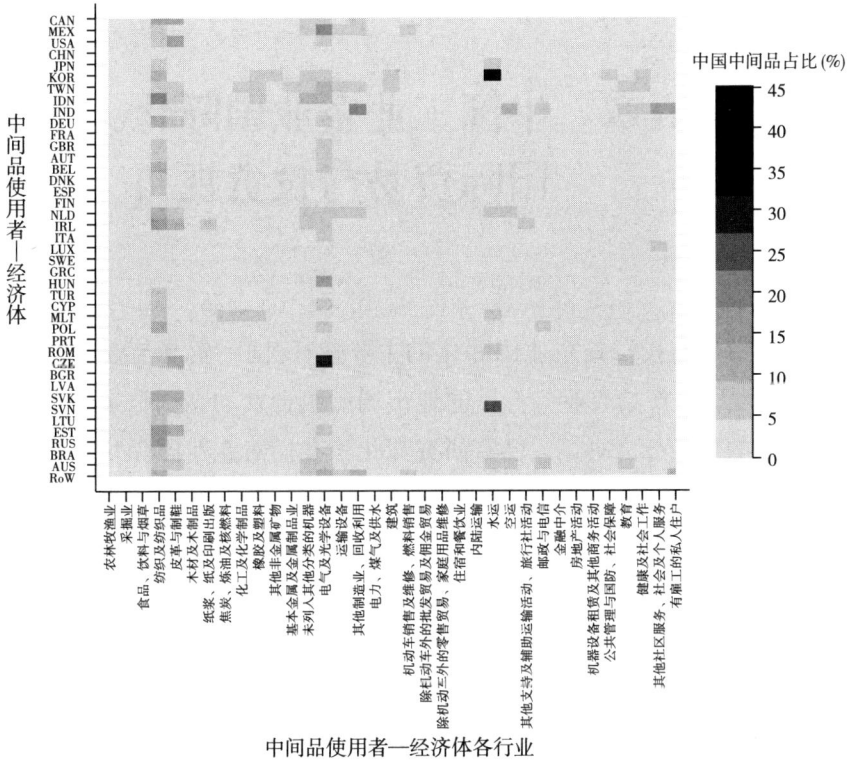

中国中间品占比(%)

图4A-2 中间品关联:中国作为中间品提供者(2011年)

注:经济体与行业代码参见表4-2。

资料来源:基于WIOD数据计算制作而得。

第五章　中国工业企业国际化：
国际贸易与投资视角

　　国际贸易与投资是企业国际化的主要途径，国际贸易与投资的组合（portfolio）、贸易产品或业务与目的地市场的组合及动态调整是企业国际化过程中的重要行为决策。已有研究深化了我们对企业国际化行为的认识[①]，但有两个与中国经济密切相关的特征事实，仍需要进一步探讨。首先，目前企业的经营方式通常是多产品/业务、多生产阶段的（位于不同国家和地区）。因此，越来越多的贸易是中间产品贸易，并且发生在母公司与其海外子公司之间，或发生在从事加工贸易（procession trade）的企业之间。在中国，加工贸易企业从国外进口原材料或中间品，然后经过国内加工出口最终品。其次，在新兴市场国家，企业经营所处的环境实际上是一个不断私有化和自由化的过程。因此，企业的所有制结构呈现出多样化特征，即包括国有企业、外资企业以及合资企业等不同所有制类型企业。就中国而言，在过去的改革开放时期里尤其是加入 WTO 之后，对外贸易与对外投资突飞猛进。这给我们提供了一个很好的机会，借此可以观察，在市场化与自由化的过程中不同所有制企业的变化以及这些企业所从事的不同贸易模式及其变化。

---

　　① 比如伊藤等（Eaton 等，2007）、雷丁（Redding，2011）、阿玛多和奥普拉莫拉（Amador 和 Opromolla，2011）、阿克拉克斯和缪恩德乐（Arkolakis 和 Muendler，2011）、伯纳德等（Bernard 等，2011）、伯纳德等（Bernard 等，2012）、耶普尔（Yeaple，2013）、迈耶等（Mayer 等，2014）、安楚斯等（Antràs 等，2017）、勃兰特等（Brandt 等，2017）。详见第二章文献评述。

第一节 中国工业企业的贸易模式与所有制特征

多种贸易模式与所有制结构并存是中国经济的基本特征。我们基于中国海关数据与中国工业企业数据,能够对不同所有制企业以及不同贸易模式的企业的国际化行为进行分类研究。我们首先将海关数据与工业企业数据进行匹配,从而把不从事生产或制造的纯贸易性企业剔除掉。[①]

根据海关数据分类,总共有十多种贸易模式(trade mode)。其中有两种贸易模式最为重要:一般贸易(ordinary trade)与加工贸易。后者又分为来料加工装配贸易(incoming materials processing and assembling trade)与进料加工贸易(imported materials processing trade)。[②] 其他贸易模式在大多数年份合计占样本进出口比重不到1%。[③] 因此,我们重点考虑一般贸易与加工贸易。

除了贸易模式,还有不同所有制类型,其中有四类所有制企业最为重要,即国有企业(记为 SOEs)、外商独资企业(Solely foreign-funded enterprises)(记为 Foreign)、私营企业(Private firms)(记为 Private)、中外

---

① 纯贸易性企业的加入将会影响分析结果及其比较。在计划经济时期、甚至在经济改革和开放早期,中国的对外贸易主要是由少数几个国营贸易企业控制,但其他企业没有贸易权。随着改革开放的不断推进,特别是随着中国加入 WTO,越来越多的企业获得了贸易权。然而,目前仍有相当数量的国营贸易企业,它们仅仅从事贸易,不生产或制造;这种所有制类型企业的数量要多于其他所有制类型企业。

② 这两类加工贸易模式的区别是:在来料加工装配贸易模式下,中国企业使用国外企业(或主体)提供的材料并按其要求进行生产加工,然后再向原来的国外材料提供者出口最终品,并收取加工费。在进料加工贸易模式下,中国企业从国外企业(或主体)那里购进材料,经过生产加工后,将最终品出口给任何一个国外企业(或主体),而不限于原先的国外企业(或主体)。来料加工装配贸易企业不拥有产品所有权,与外方之间是委托协议关系;进料加工贸易企业拥有产品所有权,并与外方是买卖交易关系。

③ 其他贸易方式主要包括国家间和国际组织无偿援助和赠送的物资、其他境外捐赠物资、补偿贸易、寄售和代销贸易、边境小额贸易、来料加工装配进口的设备、对外承包工程出口货物、租赁贸易、外商投资企业作为投资进口的设备和物品、出料加工贸易、易货贸易、免税外汇商品、保税仓库进出境货物、保税区仓储转口货物、出口加工区进口设备以及其他 16 种。但这些贸易方式合计占合并筛选后的中国工业企业出口的比重很小(在本研究样本期内不到1%)。

合资和合作企业(Sino-foreign hybrid firms)(记为 Hybrid)①。这四种企业占样本进出口值的比重在 90% 以上。②

图 5-1 显示,合并和筛选之后的出口与进口工业企业数量(基于企业编码)分别由 2000 年的 29429 家、27633 家增加到 2013 年的 86592 家、49284 家,但占原海关数据的比重却分别从 46.88%、44.01% 降至 30.72%、29.41%。工业品出口与进口总值分别由 2000 年的 1060 亿美元、940 亿美元增加到 2013 年的 12400 亿美元、7180 亿美元,但各自的变化趋势不同,前者占原海关数据的比重从 42.57% 升至 44.93%、后者则从 41.91% 降至 31.63%。出口的工业品种类数(基于八分位 HS 编码)从 2000 年的 5640 种升至 2013 年的 6887 种,进口的工业品种类数(基于八分位 HS 编码)从 2000 年的 6045 种升至 2013 年的 6577 种,前者占原海关数据的比重趋于上升、后者则趋于下降,但总体比重基本在 85% 以

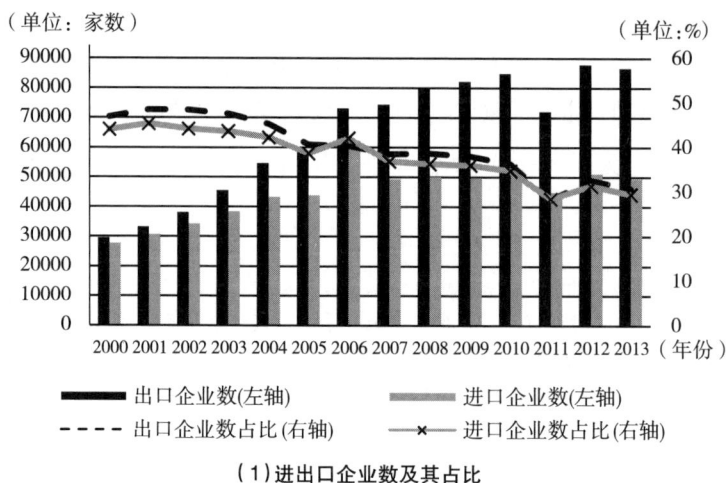

(1)进出口企业数及其占比

图 5-1　2000—2013 年中国工业企业进出口的统计描述:总体统计

---

① 中外合资和合作企业包括中外合资企业(Sino-foreign Joint Venture,EJV)与中外合作企业(Sino-foreign Cooperative Venture,CJV)两类企业。

② 除此之外,合并后的海关数据还列出了个体工商户、集体企业及其他三种所有制形式,但其合计占工业总出口比重较小。

（单位：10亿美元）　　　　　　　　（单位：%）

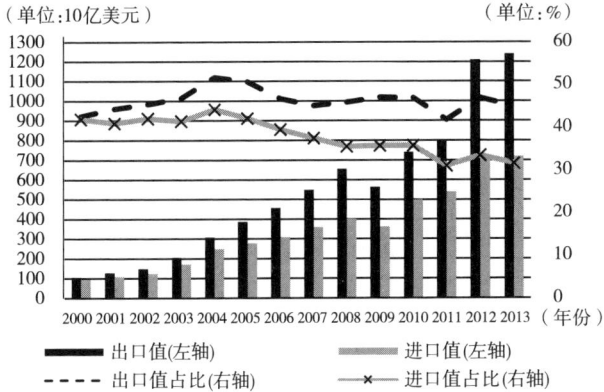

（2）进出口值及其占比

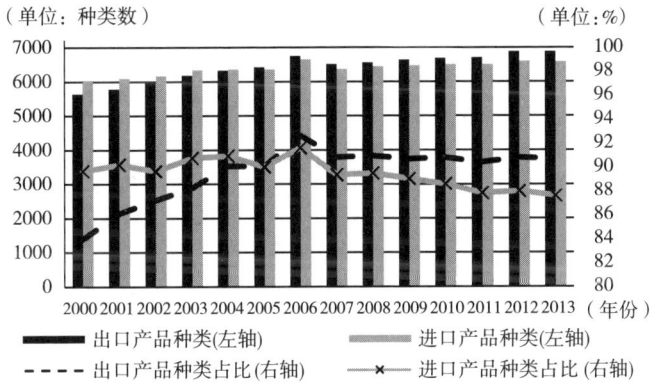

（单位：种类数）　　　　　　　　　（单位：%）

（3）进出口产品种类数量及其占比

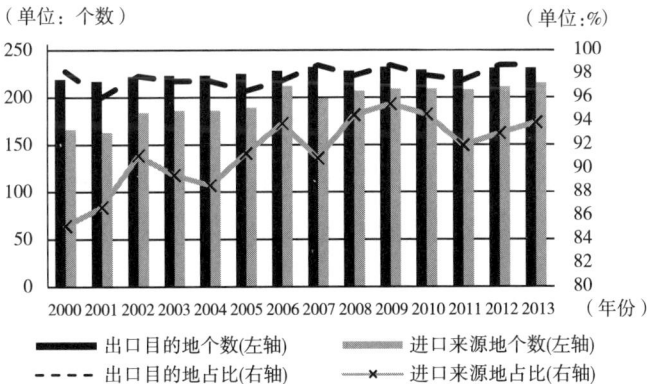

（单位：个数）　　　　　　　　　　（单位：%）

（4）贸易伙伴数量及其占比

图5-1　2000—2013年中国工业企业进出口的统计描述：总体统计

注：进出口值、企业数、产品种类、目的地和来源地数均为中国工业企业数据与海关数据匹配之后（即企业同时出现在这两个数据库中）的结果。占比（%）表示匹配之后的结果占原海关数据的百分比。

资料来源：基于中国海关数据和工业企业数据的合并数据计算而得。

上。① 进出口工业品种类与进出口价值所占份额基本高于进出口工业企业数量所占份额。这表明,一方面这些工业企业就贸易额而言是相对较大的企业,另一方面工业品的异质性或差异性相对较大。

表 5-1 2000—2013 年中国工业企业进出口的统计描述:企业水平统计

指标 \ 年份		2000	2003	2006	2009	2012	2013
产品种类数(八分位 HS 编码)	均值	5.65	6.10	7.86	6.28	6.63	6.89
	中位数	3	3	4	3	3	3
	标准差	9.71	10.24	12.4	10.49	12.11	12.87
出口目的地数量	均值	5.40	6.74	8.07	8.61	9.44	9.62
	中位数	2	3	4	4	5	5
	标准差	7.36	8.74	10.06	10.82	11.75	12
出口值(百万美元)	均值	3.61	4.51	6.23	6.87	13.8	14.3
	中位数	0.7	0.8	0.94	1.08	1.87	1.97
	标准差	18.8	37.7	71.2	103	236	222

资料来源:基于中国海关数据和工业企业数据的合并数据计算而得。

图 5-1 的总体统计还表明,2000—2013 年,中国工业企业中的出口企业数量和出口产品种类增长迅速,但出口目的地数量(国家广延边际)增长缓慢(从 219 个增加到 231 个)。这也符合直觉,因为全世界的国家和地区数量是既定的,不可能无限制增加。而新的出口企业的出现(企业广延边际)似乎要比新的出口产品的出现(产品广延边际)更加容易,因为数据显示前者的增长速度远大于后者。②

---

① 如同第三章第三节提到的,在数据合并筛选之后,在海关数据与工业企业数据中显示的企业出口值(换算成同一货币)是不相等的(比如,合并和筛选之前,海关数据显示,中国出口总值从 2000 年的 2490 亿美元增加到 2006 年的 9770 亿美元;工业企业数据则显示,中国工业企业出口交货值从 2000 年的 1.46 万亿元即按当年汇率约合 1763.6 亿美元,增长到 2006 年的 6.05 万亿元即按当年汇率约合 7587.7 亿美元)。这里的分析选择使用合并筛选之后的海关数据。

② 后面的分析主要集中于出口方面。

　　表5-1的企业水平统计结果进一步表明，2000—2013年每家工业企业的平均出口产品种类数（产品广延边际）与平均出口目的地数量（出口市场广延边际）均增长显著，分别从5.65种增加到6.89种、从5.4个增加到9.62个；平均出口价值（企业水平集约边际）平稳上升，从2000年的361万美元上升至2013年的1430万美元。另外，表5-1显示的标准差值较大，意味着在目标市场数量、出口产品种类以及出口收入方面存在较大的异质性。这些异质性将在后面继续进行分析。

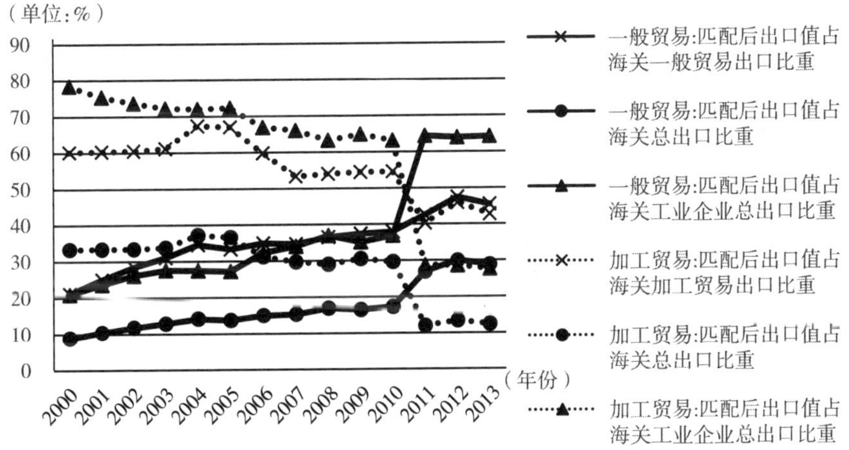

图5-2　2000—2013年中国工业企业出口值分解及变化：一般贸易与加工贸易比较

资料来源：基于中国海关数据和工业企业数据的合并数据计算而得。

　　不过，图5-1与表5-1的工业企业出口总体分析可能会掩盖中国工业企业对外贸易方式的异质性。为此，我们将占中国出口绝对份额的一般贸易（代码为10）与加工贸易（本研究主要考虑代码为14的来料加工装配贸易与代码为15的进料加工贸易）单独提取出来进行比较分析。图5-2的总体统计结果显示，2010年是个转折点。在2010年及之前，工业企业的加工贸易占中国海关总出口的比重基本保持在30%以上（2006年开始下降，到2011年及之后已降至13%左右）、占中国海关加工贸易出口比重保持在50%以上（2011年及之后降至40%多）、占中国海关工业企业总出口比重在60%以上（2011年及之后降至30%以下）；对于工业企业的一般贸易,这三项比重均处于上升趋势,在 2011 年及之后,这三项比重均超过加工贸易的相应比重。具体说,这三项比重分别从 2000 年的 8.92%、21.14%、20.94%上升至 2013 年的 28.84%、45.49%、64.19%。

表 5-2 的总体统计显示,加工贸易的工业企业个数、产品种类数少于一般贸易。比如,2000 年,加工贸易有 17745 家企业向 208 个市场出口 3909 种产品,一般贸易则有 21795 家企业向 214 个市场出口 5353 种产品;到 2013 年,前者有 72319 家企业向 229 个市场出口 6329 种产品,后者有 82076 家企业向 229 个市场出口 6682 种产品。两类贸易模式的企业数量(企业广延边际)增长均十分迅猛(2013 年约为 2000 年的 4 倍)。值得注意的是,有些企业既从事一般贸易,也从事加工贸易。这也是为什么两种贸易模式的企业总数百分比超过 100%。

表 5-2　2000—2013 年中国工业企业出口的统计描述:一般贸易与加工贸易比较

指标			年份	2000	2003	2006	2009	2012	2013
一般贸易	企业水平统计	产品种类数(八分位 HS 编码)	均值	5.12	5.73	6.38	5.92	5.50	5.71
			中位数	3	3	3	3	3	3
			标准差	9.55	10.18	10.30	8.99	9.82	10.38
		出口目的地数量	均值	4.73	6.31	7.34	8.07	7.77	7.93
			中位数	2	3	4	4	4	4
			标准差	6.33	8.08	9.36	10.07	9.77	10.01
		出口值(百万美元)	均值	1.02	1.53	2.31	2.66	9.30	9.70
			中位数	0.23	0.41	0.57	0.72	1.19	1.24
			标准差	5.21	5.50	14.30	16.20	170	166
	总体统计	出口企业个数		21795	36835	63895	74450	83104	82076
		产品种类数(八分位 HS 编码)		5353	5980	6572	6497	6712	6682
		出口值(10 亿美元)		22.2	56.5	147	198	773	796
		出口值占海关总出口比重(%)		8.92	12.90	15.05	16.50	29.96	28.84
		出口值占海关一般贸易出口比重(%)		21.14	31.04	34.92	37.36	47.42	45.49
		出口值占海关工业企业总出口比重(%)		20.94	27.56	32.24	35.11	63.88	64.19
		出口目的地数量		214	220	227	230	229	229

续表

指标　　　　　　　　　　　年份			2000	2003	2006	2009	2012	2013
加工贸易	企业水平统计	产品种类数（八分位 HS 编码）均值	4.13	4.18	7.15	4.49	4.03	4.17
		产品种类数（八分位 HS 编码）中位数	2	2	3	2	2	2
		产品种类数（八分位 HS 编码）标准差	5.84	6.01	10.49	10.53	6.82	7.22
		出口目的地数量 均值	4.61	5.21	6.64	6.66	5.40	5.52
		出口目的地数量 中位数	2	2	3	3	3	3
		出口目的地数量 标准差	6.87	7.84	9.30	10.35	6.92	7.14
		出口值（百万美元）均值	4.69	6.69	10.80	13.80	4.73	4.74
		出口值（百万美元）中位数	0.81	0.85	1.05	1.19	0.55	0.58
		出口值（百万美元）标准差	23	52.3	109	178	75.4	57.5
	总体统计	出口企业个数	17745	22093	28238	26550	73257	72319
		产品种类数（八分位 HS 编码）	3909	4171	5165	4799	6284	6329
		出口值（10 亿美元）	83.1	148	305	366	346	343
		出口值占海关总出口比重(%)	33.37	33.79	31.22	30.50	13.41	12.43
		出口值占海关加工贸易出口比重(%)	60.22	61.16	59.80	54.46	46.01	42.82
		出口值占海关工业企业总出口比重(%)	78.40	72.20	66.89	64.89	28.60	27.66
		出口目的地数量	208	214	218	225	225	229

资料来源：基于中国海关数据和工业企业数据的合并数据计算而得。

表5-2的企业水平统计显示，一般贸易的出口产品种类（平均为5.12—5.71 种）、出口目的地数量（平均为 4.73—7.93 个）总体上略多于加工贸易（出口产品种类平均为 4.13—4.17 种、出口目的地数量平均为4.61—5.52 个）。这进一步表明，加工贸易更倾向于专业化某些产品。但一般贸易工业企业的平均出口值（企业集约边际）在 2010 年及之前不到 400 万美元，远低于加工贸易工业企业（平均出口值为 470 万美元以上），而随后则高于加工贸易企业。

由于中国的对外贸易发展伴随着企业的所有制改革，因此不同所有制企业在贸易出口中的表现会有较大的异质性。这里重点考察工业企业中的国有企业、外商独资企业、私营企业以及中外合资和合作企业（见表5-3）。这四类工业企业出口合计占中国海关总出口的比重从 2000 年的39%上升至 2006 年的 45%，随后又降至 2013 年的 30%。其中国有工业企业从2000年的2.9%降至2013年的1.45%;外商独资工业企业先升后降即从2000年的17.99%升至2005年的27%,2013年降至16.16%;私营工业企业从2000年的0.35%上升至2013年的4.49%;中外合资和合作工业企业则从2000年的17.63%下降至2013年的7.50%。

这四类工业企业合计占海关工业企业总出口的比重从2000年的91%上升至2006年的97%,随后降至2013年的66%。其中国有工业企业、外商独资企业及中外合资和合作工业企业所占比重趋于下降,分别从6.81%、42.26%、41.42%降至3.22%、35.97%、16.69%;私营工业企业所占比重则趋于上升,由0.82%上升至10.00%。也就是说,到2013年,中国国有工业企业占出口的比重在所有类型企业中是最低的。[①] 外商独资工业企业是中国贸易出口的第一大类企业。出口企业数量与出口产品种类增长最快的是私营工业企业,2000年只有711家私营工业企业向146个市场出口1484种产品,到2013年则有18854家私营工业企业向226个市场出口5489种产品。而同年(2013年)的海关数据显示中国总共有281867家企业向234个市场出口7591种产品;海关工业数据显示中国总共有86592家工业企业向231个市场出口6887种产品。也就是说,中国私营工业企业的出口产品覆盖了海关出口全部产品的近90%,但私营工业企业的平均出口值最低。另外,2013年,在所有类型企业中,国有工业企业的个数、出口产品种类、出口市场数均是最少的。

表5-3的企业水平统计还显示,2003年及之前,国有工业企业的平均出口产品种类数(多于7种)超过其他三类企业,随后则被外商独资及中外合资和合作工业企业追上。这可能是由于中国加入WTO、改革开放进一步深化的原因。在整个样本期里,国有工业企业的平均出口目的地数量(7.2—12.22个)均超过其他企业,国有及外商独资工业企业的平均出口值则超过其他所有制企业。[②]

---

① 实际上,从中国加入WTO之后的2004年开始,中国国有工业企业占出口的比重在所有企业中一直是最低的。

② 总体统计与企业水平统计的结果有所不同,但彼此并不矛盾。比如国有工业企业的个数较少,这使得其平均出口产品种类数、平均出口值及平均目的地市场个数较多。

表 5-3 2000—2013 年中国工业企业出口的统计描述:四种所有制企业比较

指标		年份	2000	2003	2006	2009	2012	2013
国有企业	企业水平统计	产品种类数(八分位 HS 编码) 均值	7.90	7.28	7.96	8.43	10.86	10.84
		中位数	3	3	3	3	3	3
		标准差	23.54	21.92	25.68	26.63	36.27	36.63
		出口目的地数量 均值	7.20	7.90	9.30	11.17	11.93	12.22
		中位数	4	4	4	5	6	6
		标准差	9.17	10.41	12.55	14.93	16.26	16.83
		出口值(百万美元) 均值	3.44	4.02	9.02	15.00	28.60	28.20
		中位数	0.65	0.62	0.91	1.51	2.75	2.96
		标准差	12.1	18.9	49.5	107	216	186
	总体统计	出口企业个数	2099	3168	3129	1807	1507	1412
		产品种类数(八分位 HS 编码)	3883	4473	4721	3876	3834	3717
		出口值(10 亿美元)	7	13	28	27	43	40
		出口值占海关总出口比重(%)	2.90	2.90	2.89	2.26	1.67	1.45
		出口值占海关该类企业出口比重(%)	6.62	9.20	14.39	15.66	18.66	18.14
		出口值占海关工业企业总出口比重(%)	6.81	6.20	6.18	4.80	3.56	3.22
		出口目的地数量	188	206	209	213	209	210
外商独资企业	企业水平统计	产品种类数(八分位 HS 编码) 均值	5.84	6.19	9.85	7.99	8.92	9.45
		中位数	3	4	5	4	5	5
		标准差	7.12	7.82	12.76	10.87	13.06	14.17
		出口目的地数量 均值	5.54	6.05	7.40	8.17	8.67	8.81
		中位数	2	3	4	4	4	4
		标准差	7.54	8.06	9.31	10.40	11.07	11.17
		出口值(百万美元) 均值	4.88	5.99	8.87	12.30	26.00	27.10
		中位数	1.01	0.95	1.19	1.71	2.79	2.94
		标准差	24.6	52.5	102	173	439	412
	总体统计	出口企业个数	9191	16227	25897	20108	17483	16449
		产品种类数(八分位 HS 编码)	4001	4776	5783	5225	5304	5295
		出口值(10 亿美元)	45	97	230	248	454	446
		出口值占海关总出口比重(%)	17.99	22.21	23.54	20.67	17.60	16.16
		出口值占海关该类企业出口比重(%)	78.46	66.64	59.74	64.58	65.61	64.83
		出口值占海关工业企业总出口比重(%)	42.26	47.46	50.44	43.97	37.52	35.97
		出口目的地数量	197	212	221	223	222	221

		年份 指标	2000	2003	2006	2009	2012	2013
私营企业	企业水平统计	产品种类数（八分位HS编码） 均值	5.21	4.96	5.16	5.93	5.21	5.70
		中位数	3	3	3	3	3	3
		标准差	8.25	7.06	7.90	9.37	10.29	10.69
		出口目的地数量 均值	6.31	6.97	8.10	10.77	9.60	10.54
		中位数	4	4	4	7	5	6
		标准差	7.21	8.20	9.60	11.80	11.90	12.40
		出口值（百万美元） 均值	1.23	1.46	1.99	3.32	5.49	6.60
		中位数	0.42	0.46	0.61	1.13	1.24	1.64
		标准差	1.97	3.63	5.83	9.31	22.3	28
	总体统计	出口企业个数	711	7233	22351	16819	20573	18854
		产品种类数（八分位 HS 编码）	1484	4190	5582	5331	5504	5489
		出口值（10 亿美元）	1	11	45	56	113	124
		出口值占海关总出口比重(%)	0.35	2.42	4.55	4.65	4.38	4.49
		出口值占海关该类企业出口比重（%）	44.37	30.46	26.18	34.02	35.20	36.58
		出口值占海关工业企业总出口比重(%)	0.82	5.17	9.76	9.89	9.34	10.00
		出口目的地数量	146	211	219	223	224	226
中外合资和合作企业	企业水平统计	产品种类数（八分位HS 编码） 均值	5.63	6.22	8.63	7.57	7.75	8.17
		中位数	3	3	4	4	4	4
		标准差	7.76	8.55	12.71	12.56	13.42	14.69
		出口目的地数量 均值	5.30	6.71	8.41	9.71	10.06	10.23
		中位数	2	3	4	5	5	5
		标准差	7.17	8.78	10.58	12.20	13.06	13.29
		出口值（百万美元） 均值	3.88	4.91	7.59	9.99	19.70	22.40
		中位数	0.83	0.94	1.22	1.77	2.83	2.92
		标准差	18.6	34.2	70.9	101	169	216
	总体统计	出口企业个数	11292	15630	18626	12202	10218	9282
		产品种类数（八分位 HS 编码）	4589	5182	5888	5268	5207	5148
		出口值（10 亿美元）	44	77	141	122	202	207
		出口值占海关总出口比重(%)	17.63	17.51	14.43	10.17	7.83	7.50
		出口值占海关该类企业出口比重（%）	80.55	81.34	77.05	73.94	72.92	70.89
		出口值占海关工业企业总出口比重(%)	41.42	37.41	30.92	21.63	16.69	16.69
		出口目的地数量	211	215	223	218	222	223

资料来源:基于中国海关数据和工业企业数据的合并数据计算而得。

第二节 中国工业企业的"产品—市场"组合

本项研究深受已有相关文献的启发,这些文献主要是关于多产品企业(multi-product firms)的国际贸易(Bernard 等,2007;Manova 和 Zhang,2009;Amador 和 Opromolla,2011;Arkolakis 和 Muendler,2011;Mayer,2014),以及关于企业组织特别是关注垂直专业化问题(Feenstra 和 Hanson,1996;Hummels 等,1998;Hummels 等,2001)。比如,阿玛多和奥普拉莫拉(Amador 和 Opromolla,2011)使用葡萄牙的出口企业数据,发现绝大多数出口企业向多个目标市场出口多种产品。阿克拉克斯和缪恩德乐(Arkolakis 和 Muendler,2011)发现,对于多产品出口企业,只有少数几种产品主导着该类企业的出口市场,而大多数产品对该类企业的总体贸易额贡献很小。莫努瓦和张(Manova 和 Zhang,2009)分析了中国的贸易型式与增长,本项研究与莫努瓦和张(Manova 和 Zhang,2009)的区别主要体现在三个方面:首先,我们使用中国海关进出口数据与中国工业企业数据的匹配数据以剔除纯贸易性企业,而他们仅使用贸易数据(2003—2005 年)且通过寻找企业名称中的中文单词"贸易"来识别这样的纯贸易性企业;其次,我们探讨中国贸易进出口与进出口企业在产品和目标市场上的联合分布而非单独分布;更为一般地说,我们对中国不同所有制企业以及不同贸易模式的企业的贸易行为进行分类研究,以观察这些因素是如何影响贸易企业的,这是对现有文献的丰富与发展。特别地,随着企业生产越来越分散化,本项研究有助于理解全球价值链与供应链背景下的垂直专业化问题。

前面的表格尚未对出口产品或出口目的地的数量以及每家企业的平均出口产品种类数进行更为详细的分析,因而给出的初步信息可能具有一定的误导性。事实上,企业之间以及企业之内在产品和出口目的地方面的资源重新配置是经常发生的。每家企业以及企业总体在出口目的地数量等指标上表现出来的相对稳定性,不仅会掩盖企业进出出口市场的频繁程度,还可能掩盖企业本身变换出口产品和出口目的地的频繁程度。这正如前面给出的标准差所显示的:较大的标准差意味着企业在出口目的地和出口产品方面、因而在出口收入方面的高度异质性。这也正是下面要进一步探讨的问题。

图 5-3 描绘了 2000—2013 年中国工业企业的"出口产品—出口市场"组合情况。[①] 可以看出,大多数出口企业仅仅出口一至两种产品;大多数出口企业仅仅向一至两个目的地市场出口[见图 5-3(1)与图 5-3(2)]。随着出口产品种类与出口目的地市场数量的增加,相应的企业的数量所占比重则趋于下降,从而呈现出比较典型的帕累托(Pareto)分布特征。但那些仅仅出口一至两种产品、仅仅向一至两个目的地市场出口的企业所占的出口值比重却较低[见图 5-3(3)与图 5-3(4)]。这里关于中国出口企业出口行为的发现与伯纳德等(Bernard 等,2010)关于美国出口企业、阿玛多和奥普拉莫拉(Amador 和 Opromolla,2011)关于葡萄牙出口企业的描述十分相似。

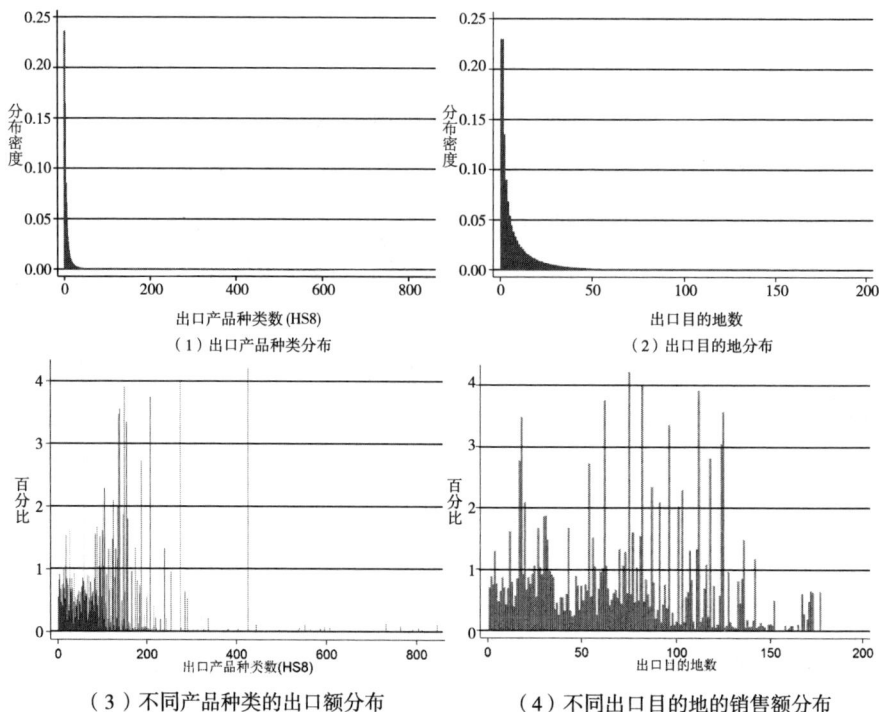

（1）出口产品种类分布

（2）出口目的地分布

（3）不同产品种类的出口额分布

（4）不同出口目的地的销售额分布

图 5-3 2000—2013 年中国工业企业出口的产品（HS 八分位）种类与市场分布:总体分析
资料来源:基于中国海关数据和工业企业数据的合并数据计算而得。

---

① 这里主要关注企业出口,关于中国工业企业的"进口产品—进口市场"组合的描述参见本章附录图 5A-1。

更进一步地,我们分不同贸易模式与所有制进行考察。图5-4描绘了不同贸易模式的中国工业企业的"出口产品—出口市场"组合。基本结果与图5-3的总体分析类似,但不同的是:相对于一般贸易模式,加工贸易模式所反映的出口企业在出口产品种类、目的地市场以及出口额方面的集中度更高。图5-5给出的四种所有制比较显示,其基本结果也与图5-3的总体分析类似。但就产品范围而言,国有企业与私营企业的出口产品种类最多,外商独资企业出口的产品种类最少;就出口目的地市场范围而言,外商独资企业与私营企业则更为集中。考虑到在中国做加工贸易的企业多为外资企业与私营企业,因此,图5-4与图5-5的发现具有内在的一致性。

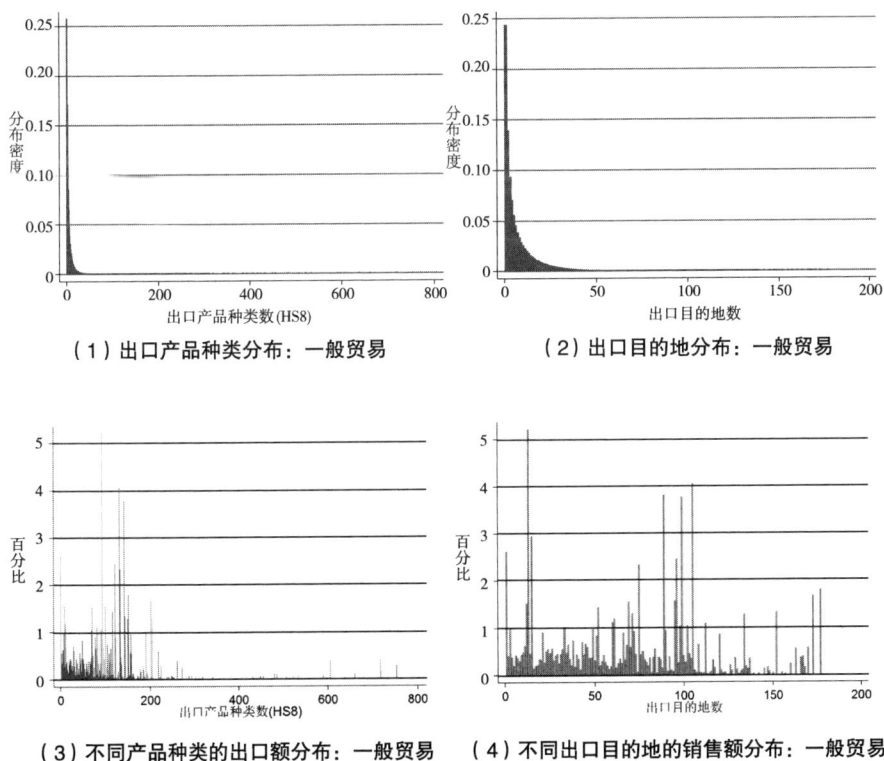

（1）出口产品种类分布:一般贸易　　　　（2）出口目的地分布:一般贸易

（3）不同产品种类的出口额分布:一般贸易　　（4）不同出口目的地的销售额分布:一般贸易

图5-4　2000—2013年中国工业企业出口的产品(HS八分位)种类与市场分布:
　　　一般贸易与加工贸易的比较

资料来源:基于中国海关数据和工业企业数据的合并数据计算而得。

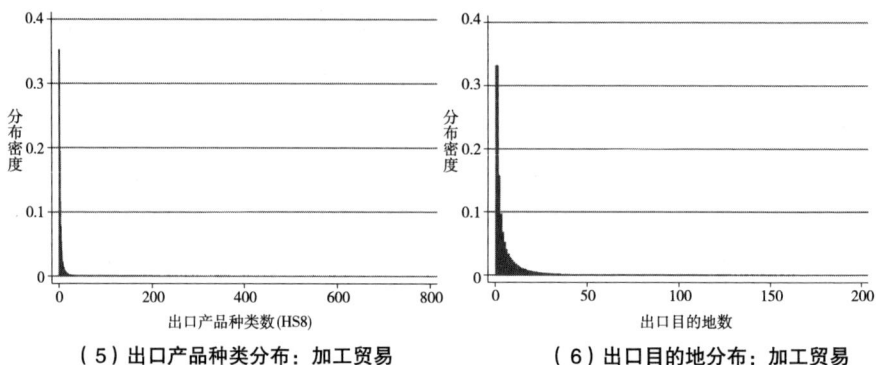

（5）出口产品种类分布：加工贸易　　　　（6）出口目的地分布：加工贸易

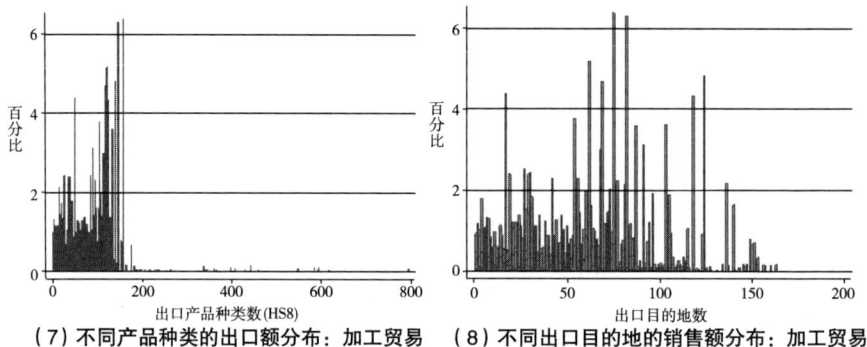

（7）不同产品种类的出口额分布：加工贸易　（8）不同出口目的地的销售额分布：加工贸易

图 5-4　2000—2013 年中国工业企业出口的产品（HS 八分位）种类与市场分布：
**　　　一般贸易与加工贸易的比较**

资料来源：基于中国海关数据和工业企业数据的合并数据计算而得。

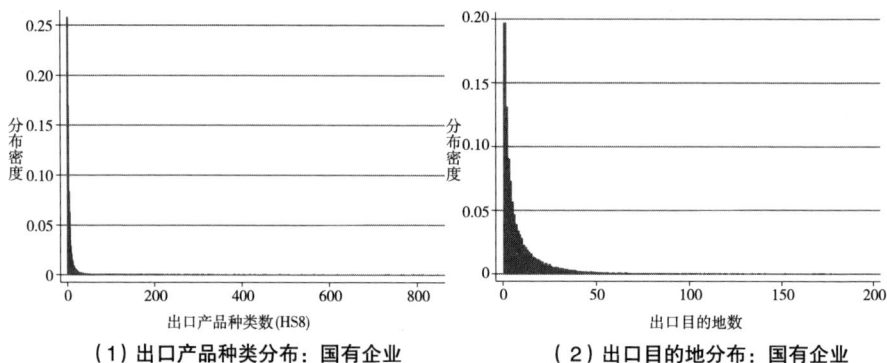

（1）出口产品种类分布：国有企业　　　　（2）出口目的地分布：国有企业

图 5-5　2000—2013 年中国工业企业出口的产品（HS 八分位）种类与市场分布：
**　　　不同所有制的比较**

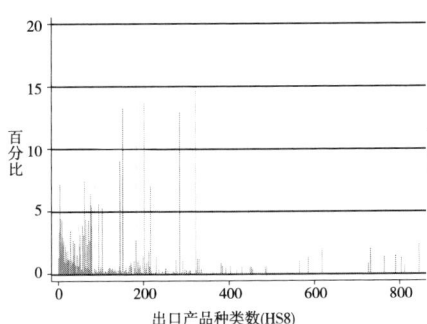

（3）不同产品种类的出口额分布：国有企业

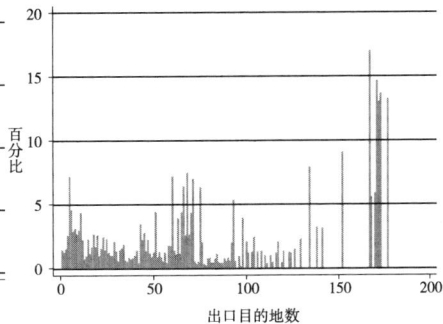

（4）不同出口目的地的销售额分布：国有企业

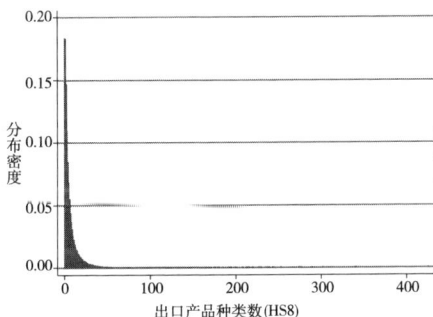

（5）出口产品种类分布：外商独资企业

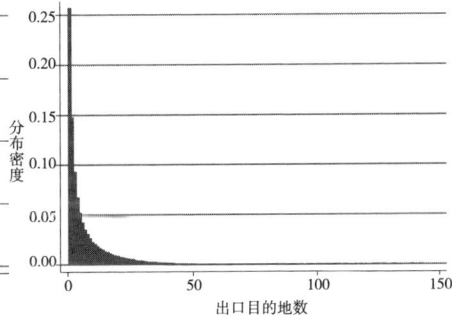

（6）出口目的地分布：外商独资企业

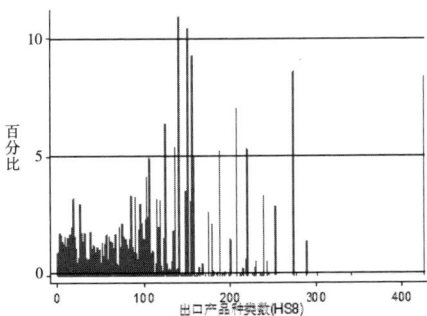

（7）不同产品种类的出口额分布：外商独资企业

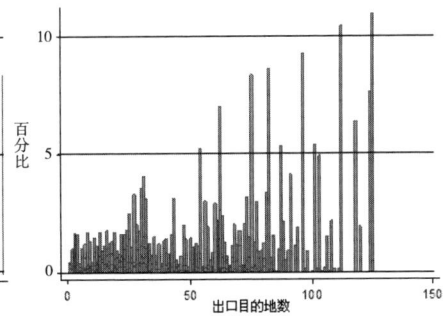

（8）不同出口目的地的销售额分布：外商独资企业

图5-5　2000—2013年中国工业企业出口的产品（HS 八分位）种类与市场分布：不同所有制的比较

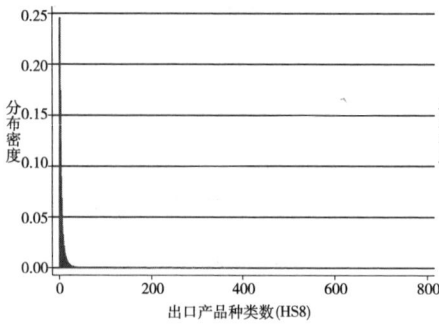

（9）出口产品种类分布：私营企业

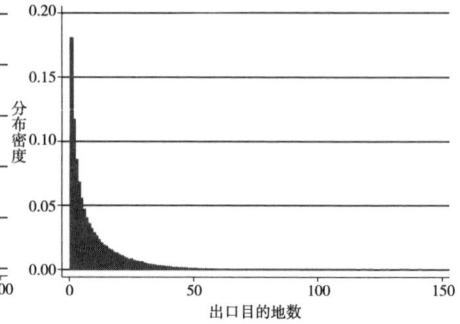

（10）出口目的地分布：私营企业

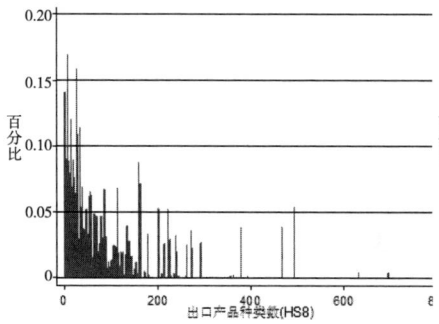

（11）不同产品种类的出口额分布：私营企业

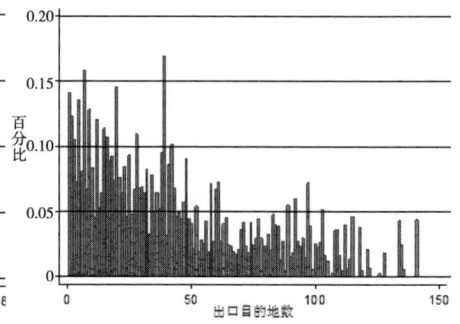

（12）不同出口目的地的销售额分布：私营企业

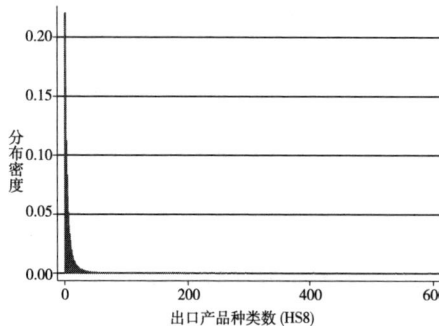

（13）出口产品种类分布：中外合资合作企业

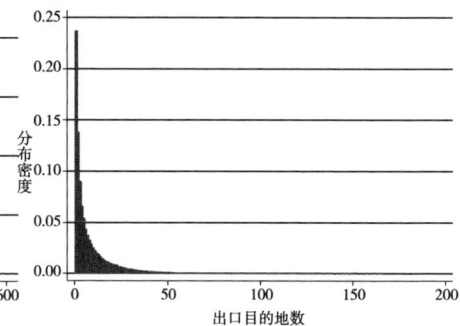

（14）出口目的地分布：中外合资合作企业

图5-5　2000—2013年中国工业企业出口的产品（HS八分位）种类与市场分布：
　　　　不同所有制的比较

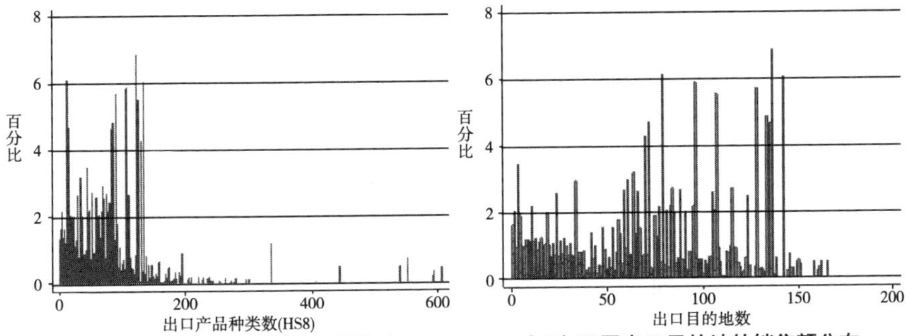

（15）不同产品种类的出口额分布：
中外合资合作企业

（16）不同出口目的地的销售额分布：
中外合资合作企业

**图 5-5 2000—2013 年中国工业企业出口的产品（HS 八分位）种类与市场分布：
不同所有制的比较**

资料来源：基于中国海关数据和工业企业数据的合并数据计算而得。

接下来，我们分析中国工业企业在出口产品与目的地市场两个维度上的联合分布特征。表 5-4 左边列出了各种"产品—出口市场"组合情况下的出口企业个数占全部出口企业个数的百分比。[1] 可以发现：对于每一年度，较大数值的百分比均集中在该年度子表区域的左上方和右下方。比如，2000 年，在 29429 家工业出口企业中，有 15.14% 的企业仅向 1 个市场出口 1 种产品（八分位 HS 编码的产品）（即"1 产品—1 市场"组合）；大约 5% 的企业向 10 个及以上的市场出口 10 种及以上的产品（即"10+产品—10+市场"组合）。到 2013 年，以上两种组合情形下的企业所占比重均为 11% 左右（该年出口企业总数为 86592 家）。从 2000 年到 2013 年，仅向 1 个市场出口 1 种产品的企业所占比重趋于下降，而向 10 个及以上的市场出口 10 种及以上产品的企业所占比重大幅上升。另外，2000 年，能够出口 10 种及以上产品（不管是向多少个市场出口）的企业占 14.98%、能够向 10 个及以上市场出口（不管是出口多少种产品）的企业占 16.53%，而且这两个比重都趋于上升，至 2013 年分别达到 19.39% 和 32.78%。这意味着，越来越多的中国工业企业在出口产品结构和出口市场方面日趋多元化。企业、产品与出口市场三个层面广延边际的作用

---

① 我们也考察了进口情形，发现结果也非常相似。

越来越显著。

表5-4右边则给出了各种"产品—出口市场"组合情形下企业的出口值占当年全部出口值的百分比。与表5-4左边不同的是,对于每一年度,较大数值的百分比均集中在该年度子表区域的右下方。比如在2000年,向10个及以上的市场出口10种及以上产品(即"10+产品—10+市场"组合)的企业的出口值约占当年全部出口值(1060亿美元)的23.38%,这一比重到2013上升至54.45%(该年出口值为12400亿美元)。另外,2000年,能够出口10种及以上产品(不管是向多少个市场出口)的企业的出口值占37.25%、能够向10个及以上市场出口(不管是出口多少种产品)的企业的出口值占47.55%,这两个比重也都是逐年上升的,到2013年分别达到62.14%和74.99%。这表明,一方面越来越多的中国工业企业的出口产品和出口市场日趋多元化,另一方面中国企业的出口集中度在上升,企业水平上的集约边际在中国工业企业出口增长中的作用日趋显著。

表5-4　中国工业企业出口的"产品—市场"分布:总体样本

年份	市场数\产品数	出口企业个数占比(%)						出口值占比(%)					
		1	2	3	4—9	10+	Total	1	2	3	4—9	10+	Total
2000	1	15.14	4.39	1.96	3.72	1.51	26.73	3.00	1.15	0.55	1.95	2.16	8.81
	2	6.03	4.00	1.93	3.76	1.68	17.40	2.14	1.15	0.68	2.42	2.34	8.73
	3	3.34	2.25	1.44	3.04	1.79	11.87	1.68	1.69	0.76	2.28	2.61	9.02
	4—9	5.98	4.83	3.08	8.56	6.58	29.03	3.57	3.27	2.19	10.09	17.07	36.19
	10+	2.94	2.24	1.32	3.52	4.97	14.98	3.26	2.56	1.82	6.25	23.38	37.25
	Total	33.43	17.70	9.73	22.60	16.53	100	13.65	9.81	6.00	22.98	47.55	100
2013	1	11.00	3.68	1.89	4.37	2.57	23.51	1.52	0.60	0.36	1.09	1.76	5.33
	2	3.41	2.95	1.83	4.55	3.39	16.13	0.98	0.49	0.37	1.51	3.16	6.52
	3	1.59	1.53	1.24	3.70	3.28	11.34	0.42	0.30	0.22	1.31	2.60	4.85
	4—9	2.96	2.59	2.27	9.44	12.36	29.63	1.46	1.05	1.22	4.41	13.01	21.15
	10+	1.44	1.21	0.97	4.58	11.18	19.39	0.83	0.99	0.80	5.07	54.45	62.14
	Total	20.41	11.97	8.21	26.63	32.78	100	5.21	3.44	2.97	13.39	74.99	100

注:10+表示10个及以上的产品或出口目的地国家和地区。限于篇幅,其他年份略。
资料来源:基于中国海关数据和工业企业数据的合并数据计算而得。

通过比较,可以知道:对于仅向1个市场出口1种产品的企业而言,其占全部企业数的比重远高于这些企业出口值占全部出口值的比重,也就是,11%—15%此类企业的出口只占全部出口值的 1.5%—3%。但向10 个及以上的市场出口 10 种及以上产品的企业占全部企业数的比重(5%—11%)却远远小于这些企业出口值占全部出口值的比重(23%—54%),前者只相当于后者的 1/5—1/4。换句话说,大约 20%的此类企业却完成 80%以上的出口值。这与一些针对其他经济体的经验研究结果类似①,显示出明显的帕累托分布特征(Baldwin 和 Harrigan,2011)。而且,我们还发现,企业出口的产品个数与企业出口的市场个数之间呈现显著的正相关关系,如表 5-5 所示。②

表 5-5　中国工业企业贸易产品个数与其贸易市场个数之间的相关性

相关性 ＼ 年份	2000	2003	2006	2009	2011	2013	2000—2013
企业出口的产品个数与企业出口的市场个数之间的相关性	0.294	0.281	0.328	0.30	0.295	0.312	0.30
企业进口的产品个数与企业进口的市场个数之间的相关性	0.558	0.579	0.589	0.641	0.673	0.689	0.617

注:相关系数在 5%的水平上显著。
资料来源:基于中国海关数据和工业企业数据的合并数据计算而得。

那么,为什么会出现越来越多的企业倾向于向多个市场出口多种产品,而且占总出口值绝对大的比重呢? 首先,企业也许在海外营销方面存在规模经济(economies of scale),从而使得较少的企业出口较大的比重。其次,如果存在市场特定(market-specific)的沉没成本,且在不同市场上的盈利性不同,则生产率相对较高的出口者将出口更多的市场。出口市场数量的增加反映的是出口市场层面上的广延边际。如果沿着这一广延边际进行扩展,那么在每家企业的出口市场数不变的情况下,它们的出口

①　比如迈耶和奥塔维亚诺(Mayer 和 Ottaviano,2007)发现,2003 年,法国大约 10.7%的企业向 10 个及以上的市场出口 10 种及以上的产品,而这类企业的出口值占当年全部出口值的比重高达 76.3%。

②　由表 5-5 企业可以看到,进口的产品个数与企业进口的来源地市场个数之间也具有正相关关系,而且相关性大于企业出口的产品个数与企业出口的市场个数之间的相关性。

值将变得更加不均等。最后,如果存在产品特定(product-specific)的沉没成本,且企业在不同产品上的盈利性不同,则生产率相对较高的出口者将出口更多种类的产品。出口产品种类的增加反映的是产品层面上的广延边际。若沿着这一广延边际进行扩展,则也将会放大出口值的非均等性(Bernard 等,2007)。

接下来分析贸易模式。从表5-6可以知道:首先,与从事一般贸易的同类出口企业相比,从事加工贸易的"1产品—1市场"的出口企业占出口企业总数的比重较高,但其出口值比重则与从事一般贸易的同类出口企业相当;从事加工贸易的"10+产品—10+市场"的出口企业占出口企业总数的比重较低,其出口值比重也较低。其次,对于一般贸易而言,无论是以出口企业个数衡量还是以出口值衡量,仅向1个目的地市场出口1种产品的企业所占比重趋于下降,而向10个及以上市场出口10种及以上产品的企业所占比重趋于上升。对于加工贸易而言,这两种情形下的企业所占比重均趋于上升。表5-6还表明,以产品与目标市场衡量,从事加工贸易的企业相对于一般贸易企业更加专业化、其出口集中度也越高。

最后,比较四种不同所有制企业。表5-7左边显示不同"产品—出口市场"组合情况下的出口企业个数占全部出口企业个数的百分比。与前文类似的是:对于每一年度,较大数值的百分比也均集中在该年度子表区域的左上方和右下方。从2000年到2013年,仅向1个市场出口1种产品的国有企业数量所占比重基本稳定在12%,而向10个及以上的市场出口10种及以上产品的国有企业所占比重约为11%—15%。对于外商独资企业,仅向1个市场出口1种产品的企业数量所占比重略有下降(从11.32%降至7.75%),而向10个及以上市场出口10种及以上产品的企业数量所占比重稳步上升(从4.81%升至14.56%)。仅向1个市场出口1种产品的私营企业数量所占比重略有下降(从14.77%降至10.50%),而向10个及以上市场出口10种及以上产品的私营企业数量所占比重略有上升(从7.88%升至10.17%)。仅向1个市场出口1种产品的中外合资合作企业数量所占比重从13.9%降至9.06%,而向10个及以上市场出口 10 种及以上产品的私营企业数量所占比重趋于上升（从 4.41% 升至 12.93%）。可以看出，不管是哪种所有制，都有相当数量的企业向 10 个及以上的市场出口 10 种及以上的产品。这进一步佐证了中国工业企业（特别是外商独资企业）在出口产品和出口市场方面的多元化特征。

表 5-6　中国不同贸易模式出口企业的"产品—市场"分布

贸易模式	年份	产品数＼市场数	出口企业个数占比（%）						出口值占比（%）					
			1	2	3	4—9	10+	Total	1	2	3	4—9	10+	Total
一般贸易	2000	1	18.68	4.51	2.01	3.29	0.98	29.48	6.01	1.59	0.94	2.49	1.82	12.84
		2	6.64	4.67	2.22	3.72	1.03	18.28	2.03	1.49	0.98	3.60	1.99	10.08
		3	3.20	2.49	1.66	3.22	1.35	11.92	1.37	1.42	0.96	2.46	3.39	9.60
		4—9	5.07	4.67	3.34	9.10	5.34	27.52	3.03	2.89	3.55	10.86	13.81	34.14
		10+	1.90	1.50	1.04	3.48	4.88	12.80	2.46	2.31	1.68	7.12	19.76	33.33
		Total	35.50	17.84	10.27	22.81	13.57	100	14.91	9.69	8.11	26.52	40.77	100
	2013	1	14.07	4.14	2.25	4.57	1.91	26.94	2.36	0.81	0.45	1.51	1.69	6.82
		2	3.64	3.67	2.19	5.22	2.78	17.51	1.09	0.74	0.77	1.96	3.20	7.75
		3	1.60	1.72	1.50	4.27	2.82	11.90	0.48	0.72	0.33	1.82	2.41	5.75
		4—9	2.63	2.56	2.41	10.07	10.89	28.55	1.03	0.93	1.73	5.76	13.82	23.28
		10+	1.02	0.90	0.76	3.69	8.72	15.09	0.68	0.98	0.75	4.41	49.57	56.39
		Total	22.95	12.99	9.11	27.82	27.12	100	5.65	4.18	4.03	15.45	70.70	100
加工贸易	2000	1	19.97	5.84	2.87	5.73	2.88	37.28	3.65	1.66	0.99	3.06	4.36	13.72
		2	7.69	3.62	1.66	3.95	2.57	19.49	2.37	1.39	0.77	3.17	4.45	12.15
		3	4.03	1.88	1.10	2.35	1.92	11.29	2.16	1.85	0.82	3.19	4.02	12.03
		4—9	7.15	3.93	2.20	4.60	4.41	22.29	4.12	3.10	2.00	11.06	18.71	38.99
		10+	3.45	2.12	0.95	1.66	1.47	9.65	3.46	2.12	1.34	3.13	13.07	23.12
		Total	42.29	17.40	8.78	18.28	13.25	100	15.76	10.12	5.91	23.61	44.60	100
	2013	1	20.55	5.49	2.66	4.52	0.77	34.00	4.06	1.53	0.78	2.53	1.30	10.21
		2	4.02	5.57	3.09	5.75	1.32	19.75	1.72	1.84	0.99	3.03	2.20	9.78
		3	1.57	2.01	2.13	4.92	1.61	12.23	0.57	0.88	0.76	4.15	1.89	8.27
		4—9	2.04	2.20	2.43	10.89	7.62	25.18	2.44	1.10	1.74	7.94	13.45	26.66
		10+	0.44	0.43	0.39	2.38	5.20	8.83	0.44	0.59	0.56	4.80	38.70	45.09
		Total	28.61	15.70	10.70	28.47	16.52	100	9.23	5.94	4.83	22.45	57.54	100

资料来源：基于中国海关数据和工业企业数据的合并数据计算而得。

表 5-7 右边给出了各种"产品—出口市场"组合情形下企业的出口值占当年全部出口值的百分比。与前面类似，对于每一年度，较大数值的百分比也均集中在该年度子表区域的右下方，即与其他情形相比，企业的

出口值占当年全部出口值的比重相对较高,而且这一比重趋于上升。比如,2000 年,国有企业向 10 个及以上市场出口 10 种及以上产品的比重为 39.16%,到 2013 年则增至 63.85%;外商独资企业则从 26.9%增加到 66.13%;私营企业从 20.26%增加到 32.55%;中外合资合作企业从 18.26%升至 58.75%。同样地,向 10 个及以上市场出口 10 种及以上产品的企业占全部企业数的比重远小于这些企业出口值占全部出口值的比重。这也进一步证实,中国工业出口企业(特别是外商独资企业)具有"多产品—多出口市场"的特征、企业水平上的集约边际是中国各类工业企业出口增长的重要渠道。对此,下面进一步探讨。

表 5-7 中国不同所有制工业企业出口的"产品—市场"分布

所有制	年份	市场数／产品数	出口企业个数占比（%）						出口值占比（%）					
			1	2	3	4—9	10+	Total	1	2	3	4—9	10+	Total
国有企业	2000	1	12.77	4.43	2.10	4.57	0.91	24.77	1.12	1.98	0.80	2.48	0.78	7.16
		2	3.53	5.15	2.10	4.43	1.38	16.58	0.63	1.07	0.71	4.13	3.48	10.02
		3	1.52	2.76	2.05	4.48	1.76	12.58	0.24	1.03	0.67	1.41	3.41	6.75
		4—9	1.95	3.48	2.72	12.15	7.43	27.73	0.72	0.59	0.91	12.79	12.30	27.31
		10+	0.57	0.71	0.71	4.91	11.43	18.34	1.65	1.07	0.87	6.01	39.16	48.76
		Total	20.34	16.53	9.67	30.54	22.92	100	4.36	5.73	3.96	26.82	59.13	100
	2013	1	11.40	4.04	2.34	4.67	2.48	24.93	0.63	0.56	0.69	0.99	1.64	4.52
		2	2.55	2.97	1.91	4.89	3.61	15.93	0.26	0.15	0.15	4.36	3.01	7.91
		3	0.99	0.92	0.99	3.82	3.12	9.84	0.90	0.13	0.07	0.95	1.95	4.01
		4—9	1.35	1.98	1.98	8.64	13.81	27.76	1.02	0.39	0.24	2.97	11.90	16.52
		10+	0.64	0.78	0.99	3.82	15.30	21.53	0.18	0.25	0.23	2.54	63.85	67.04
		Total	16.93	10.69	8.22	25.85	38.31	100	2.99	1.48	1.38	11.81	82.35	100
外商独资企业	2000	1	11.32	3.60	1.84	3.22	1.66	21.64	1.50	1.09	0.54	1.50	1.90	6.53
		2	6.29	3.41	1.69	3.51	1.85	16.74	1.77	0.89	0.54	2.34	2.38	7.93
		3	3.98	2.28	1.43	2.77	1.87	12.34	1.70	1.74	0.95	1.83	2.56	8.78
		4—9	7.80	5.68	3.42	8.36	7.26	32.51	3.84	4.39	2.51	8.99	18.89	38.62
		10+	3.81	2.98	1.50	3.67	4.81	16.77	2.51	2.17	1.79	4.77	26.90	38.15
		Total	33.20	17.95	9.87	21.53	17.45	100	11.32	10.29	6.33	19.44	52.62	100
	2013	1	7.75	2.54	1.34	2.70	1.52	15.86	0.48	0.27	0.13	0.48	0.63	1.99
		2	4.12	2.53	1.48	3.09	2.04	13.26	0.96	0.32	0.25	0.61	1.24	3.39
		3	2.29	1.68	1.12	3.00	2.11	10.21	0.36	0.16	0.16	0.74	1.31	2.73
		4—9	5.27	3.88	2.73	10.24	9.47	31.58	1.78	1.24	1.83	3.05	8.61	16.50
		10+	2.94	2.33	1.78	7.48	14.56	29.10	0.99	1.20	0.88	6.19	66.13	75.39
		Total	22.36	12.97	8.46	26.52	29.69	100	4.56	3.19	3.25	11.07	77.92	100

续表

所有制	年份	产品数\市场数	出口企业个数占比（%）						出口值占比（%）					
			1	2	3	4—9	10+	Total	1	2	3	4—9	10+	Total
私营企业	2000	1	14.77	5.20	1.97	5.63	1.55	29.11	3.55	1.91	0.61	2.12	1.95	10.14
		2	4.22	4.36	2.39	4.64	0.98	16.60	2.38	1.50	1.10	4.82	0.70	10.50
		3	2.67	2.25	0.56	5.20	2.95	13.64	2.04	1.61	0.40	3.72	3.85	11.61
		4—9	2.39	3.09	3.09	10.27	7.74	26.58	2.73	3.23	2.06	13.90	11.19	33.11
		10+	0.14	0.98	1.55	3.52	7.88	14.06	0.11	1.77	3.36	9.16	20.26	34.65
		Total	24.19	15.89	9.56	29.25	21.10	100	10.80	10.01	7.53	33.71	37.95	100
	2013	1	10.50	3.91	2.19	5.11	2.96	24.67	3.49	0.76	0.64	1.69	3.21	9.79
		2	2.96	2.89	2.00	5.23	4.25	17.34	0.98	0.50	0.56	2.09	5.30	9.43
		3	1.28	1.39	1.36	4.18	4.17	12.38	0.38	0.42	0.37	1.80	5.39	8.36
		4—9	1.86	1.95	1.96	9.76	14.91	30.45	0.83	0.74	0.81	6.16	24.70	33.24
		10+	0.69	0.53	0.59	3.18	10.17	15.16	0.99	0.38	0.63	4.62	32.55	39.18
		Total	17.29	10.68	8.11	27.46	36.46	100	6.68	2.80	3.02	16.35	71.15	100
中外合资合作企业	2000	1	13.90	4.14	1.95	4.08	1.55	25.62	4.17	0.96	0.48	2.27	1.73	9.60
		2	6.00	3.97	1.96	3.87	1.81	17.61	2.81	1.30	0.84	1.98	2.13	9.06
		3	3.24	2.29	1.35	2.98	1.90	11.78	1.68	1.94	0.63	2.63	2.44	9.33
		4—9	6.62	5.12	3.11	8.40	6.63	29.89	4.02	2.67	2.03	10.92	16.88	36.53
		10+	3.61	2.63	1.41	3.32	4.14	15.11	3.86	3.49	2.11	7.76	18.26	35.48
		Total	33.39	18.15	9.78	22.66	16.03	100	16.54	10.37	6.07	25.57	41.45	100
	2013	1	9.06	3.36	1.63	4.30	2.50	20.85	1.71	0.31	0.23	0.84	1.36	4.45
		2	3.22	2.59	1.58	4.34	3.46	15.19	0.56	0.42	0.32	1.27	2.86	5.43
		3	1.66	1.52	1.27	3.25	3.18	10.88	0.33	0.27	0.14	1.49	2.27	4.50
		4—9	3.52	2.66	2.29	9.10	11.95	29.53	0.87	0.70	0.82	4.36	13.45	20.20
		10+	2.03	1.78	1.19	5.63	12.93	23.55	0.57	1.15	0.68	4.27	58.75	65.42
		Total	19.49	11.90	7.96	26.63	34.01	100	4.04	2.85	2.20	12.23	78.69	100

资料来源:基于中国海关数据和工业企业数据的合并数据计算而得。

第三节 中国工业企业内部的出口销售分布

前面一节考察了中国工业企业出口的"多产品—多市场"分布特征，但没有分析企业内部(within-firm)的出口销售分布。已有文献如阿玛多和奥普拉莫拉(Amador 和 Opromolla,2011)、阿克拉克斯和缪恩德乐(Arkolakis 和 Muendler,2011)发现，多产品企业的出口集中于少数热销产品(top-selling product)，而冷门产品(lowest-selling product)的销售只占多产品出口企业的很小份额；产品越热销(下面按照出口值排序)，其销售就越集中于热销市场。我们这里使用中国工业企业数据与海关数据的匹配数据,观察这些特征事实是否也发生在正处于改革、开放与转型过程之中的中国。同时,我们还将进一步考察这些特征事实对于不同的贸易模式与所有制有何不同。下面分三个维度进行分析,即包括特定企业的不同产品出口到特定市场、特定企业的特定产品出口到不同市场以及特定企业的不同产品出口到不同市场。

一、"多产品"企业的不同产品出口到特定市场

我们考虑拥有相同产品种类数的工业企业,并把每家企业出口到一个特定目的地市场(比如美国)的产品按照从最热销产品(比如第 1 名记为 rank 1,第 2 名记为 rank 2,等等)到最冷门产品的顺序进行排序;然后,针对一个特定的产品排序位置(比如 rank 1,或 rank2,等等),计算该产品对应的所有企业的平均出口值;最后,将产品的排序与对应的产品出口值放在同一坐标图中,从而展示两者之间的关系。

中国工业企业的出口目的地市场很多,我们可以选择任何一个目的地市场,来观察企业内部的出口销售分布。下面选择美国作为中国工业企业出口目的地市场的代表,因为美国是中国最大的贸易伙伴。我们的匹配数据显示,2000 年中国工业企业对美国出口 521 亿美元,占当年中国工业企业总出口的 20.9%,位居第一位;2013 年中国工业企业对美国出口 5430 亿美元,占当年中国工业企业总出口的 19.7%,仍然位居第一位。

图 5-6 描绘了 2000 年与 2013 年中国工业企业对美国的出口,这些企业按照其拥有的出口产品种类(按 HS 八分位编码分别为 4、8、16、32 种)分为四类。我们发现,对于美国这个目的地市场而言,中国工业企业的单个产品出口销售值相对于产品排序位置的弹性在 2000 年约为 -1.68、在 2013 年约为-2.69,即意味着出口销售值随着排序位置的变动(从高到低)而下降。比如,2000 年,对于拥有 4 种产品的企业(即 4-product firms)、8 种产品的企业(即 8-product firms)、16 种产品的企业(即 16-product firms)、32 种产品的企业(即 32-product firms)而言,它们的最热销(即 rank 1)产品的平均出口值分别是 271.37 万美元、275.82 万

(单位:千美元)

出
口
值

（1）2000年中国工业企业对美国出口

▲ 4种产品的企业 (790)　■ 8种产品的企业 (193)
◆ 16种产品的企业 (22)　● 32种产品的企业 (2)

企业内产品排序 (HS8)

(单位:千美元)

出
口
值

（2）2013年中国工业企业对美国出口

▲ 4种产品的企业 (2884)　■ 8种产品的企业 (789)
◆ 16种产品的企业 (170)　● 32种产品的企业 (25)

企业内产品排序 (HS8)

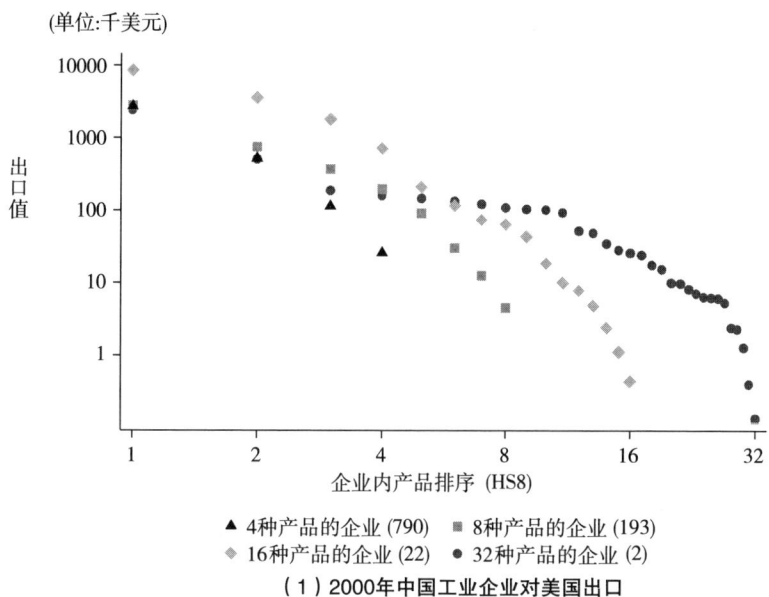

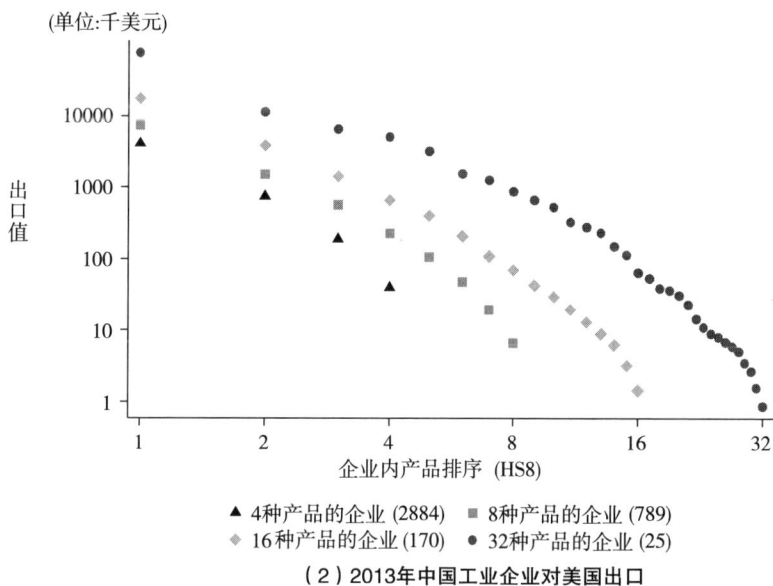

图 5-6　中国工业企业内部不同产品出口销售分布:美国为目的地市场

注:横轴表示企业内部的产品排序。企业分为四类,分别为拥有 4 种产品的企业(即 4-product firms)、8 种产品的企业(即 8-product firms)、16 种产品的企业(即 16-product firms)、32 种产品的企业(即 32-product firms),括号中的数值表示相应类别的企业个数。

资料来源:笔者计算作图。

美元、857.53 万美元、245.76 万美元,而它们排名第二(即 rank 2)的产品平均出口值则分别降至 53 万美元、75.78 万美元、356.68 万美元、51.11万美元。值得注意的是,最热销产品对出口企业总出口值的贡献是最大的。比如,对于 32 种产品的企业而言,其对美国出口的前三位产品合计(315.98 万美元)占该类企业对美国出口总值(445.78 万美元)的70.88%(见表5-8)。

表5-8 中国工业企业内部不同产品出口销售分布:美国为目的地市场

产品排名	2000 年拥有不同产品种类数的企业:四类企业及其出口值(百万美元)				2013 年拥有不同产品种类数的企业:四类企业及其出口值(百万美元)			
	4	8	16	32	4	8	16	32
1	2.7137	2.7582	8.5753	2.4576	4.1034	7.3245	17.562	75.4449
2	0.5302	0.7578	3.5668	0.5111	0.7386	1.5187	3.8747	11.2825
3	0.1169	0.3762	1.8207	0.1912	0.1867	0.5601	1.4013	6.5986
4	0.0263				0.0394			
8		0.0046				0.0067		
16			0.0004				0.0014	
32				0.0001				0.0009
排名前三的产品出口值占比(%)	99.22	91.99	91.6	70.88	99.22	95.88	93.58	86.46
出口总值(百万美元)	3.3870	4.2310	15.244	4.4578	5.0681	9.8075	24.4039	107.9398

注:企业分为四类,分别为拥有 4 种产品的企业、8 种产品的企业、16 种产品的企业、32 种产品的企业。表中只列出前三名及最后一名的产品出口值。
资料来源:笔者计算而得。

从图5-6与表5-8还可以发现,相对于拥有较少种类产品的出口企业而言,拥有较多种类产品的出口企业更能容忍冷门产品的较低销售额。比如,2013 年,对于拥有 32 种产品的企业而言,其排名第 32 位(最冷门产品)的产品对美国平均出口销售值仅为 900 美元;对于拥有 16 种产品

的企业，其排名第 16 位（最冷门产品）的产品对美国平均出口销售值为
1400 美元；而对于拥有 8 种产品、4 种产品的企业而言，它们的最冷门产
品（分别排名第 8 位、第 4 位）对美国平均出口销售值则分别为 6700 美
元、39400 美元。

以上发现与伯纳德等（Bernard 等，2011）、迈耶等（Mayer 等，2014）等
的多产品企业贸易模型不太一致，后者认为产品的市场进入成本是固定
的或是个常数。但阿克拉克斯和缪恩德乐（Arkolakis 和 Muendler，2011）
则认为，不同产品的市场进入成本是不同的；市场进入成本的下降将导致
更多的贸易，而这主要是因为新出口企业带着其第一种产品进入巾场。

接下来，我们以 2013 年中国工业企业向美国出口为例，观察不同贸
易模式与所有制的差异（如图 5-7、图 5-8 所示）。其中，一般贸易以及
外商独资企业、中外合资合作企业的情形与现有文献的发现一致，但加工
贸易以及国有企业、私营企业中的"最多产品"企业（比如国有企业是"16
种产品"，其他为"32 种产品"）的行为则不同：这些企业排名靠前的产品
出口值甚至低了其他多产品企业，这　趋势随着产品的越来越冷门才发
生改变。[①]　其中的原因可能是，这些企业出口多种产品而没有很好地利
用规模经济。

二、"多市场"企业的特定产品出口到不同市场

我们考虑拥有相同个数目的地市场的工业企业，并把每家企业特定
产品（基于 HS 八分位的某种产品）的出口目的地市场按照从最热销市
场（比如第 1 名记为 rank 1，第 2 名记为 rank 2，等等）到最冷门市场的
顺序进行排序；然后，针对一个特定的市场排序位置（比如 rank 1 或
rank2，等等），计算该市场对应的所有企业的平均出口值；最后，将市场
的排序与对应的产品出口值放在同一坐标图中，从而展示两者之间的
关系。

---

① 图 5-6 关于 2000 年的情形也类似。

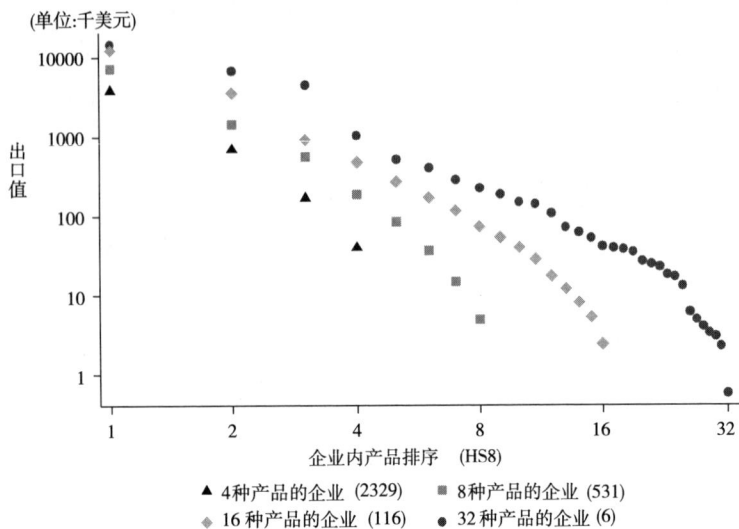

（1）一般贸易

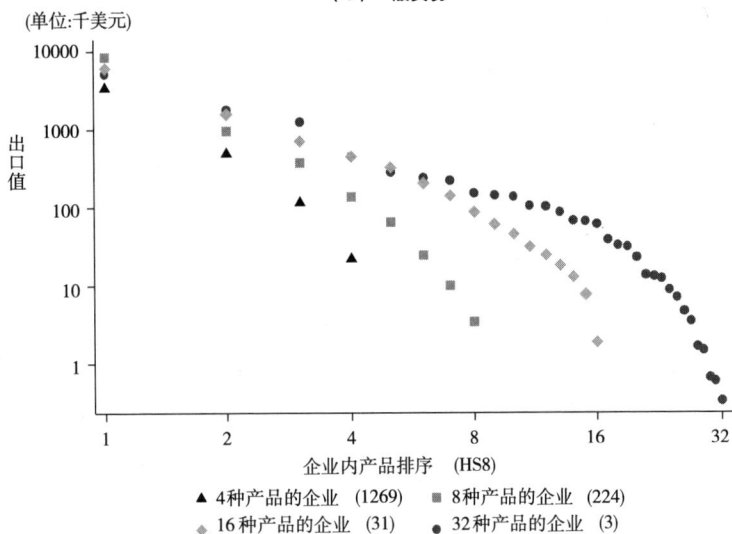

（2）加工贸易

图5-7 2013年中国不同贸易模式工业企业内部不同产品出口销售分布：美国为目的地市场

注：横轴表示企业内部的产品排序。企业分为四类，分别为拥有4种产品的企业、8种产品的企业、16种产品的企业、32种产品的企业，括号中的数值表示相应类别的企业个数。

资料来源：笔者计算作图。

(单位:千美元)

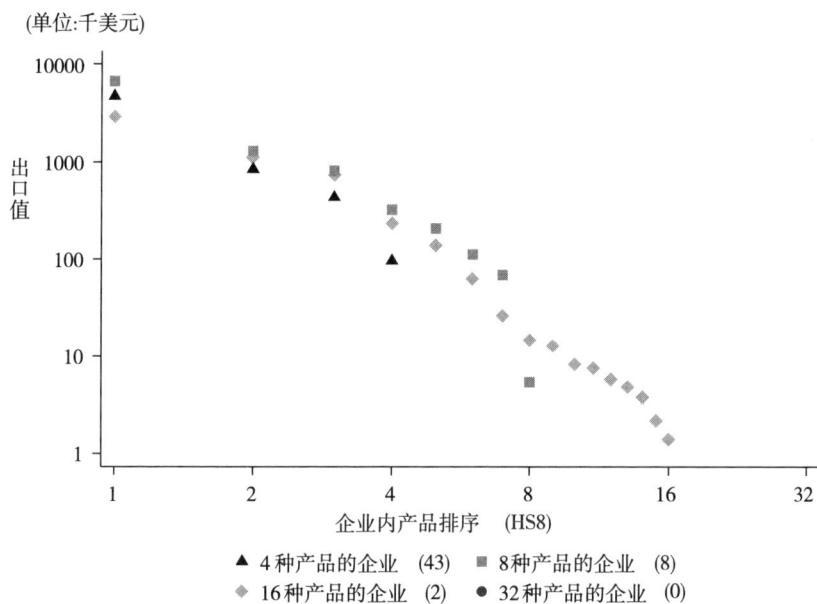

（1）国有企业

(单位:千美元)

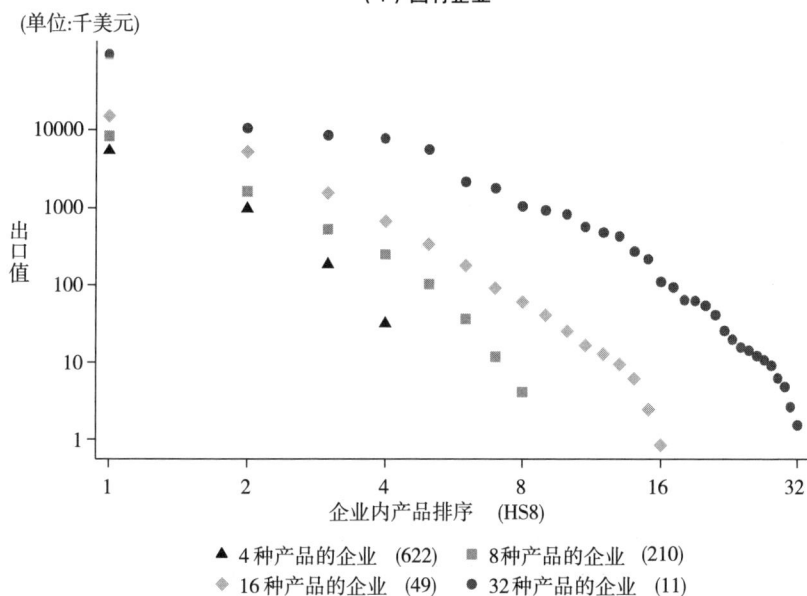

（2）外商独资企业

**图 5-8 2013 年中国不同所有制工业企业内部不同产品出口销售分布:
美国为目的地市场**

(单位:千美元)

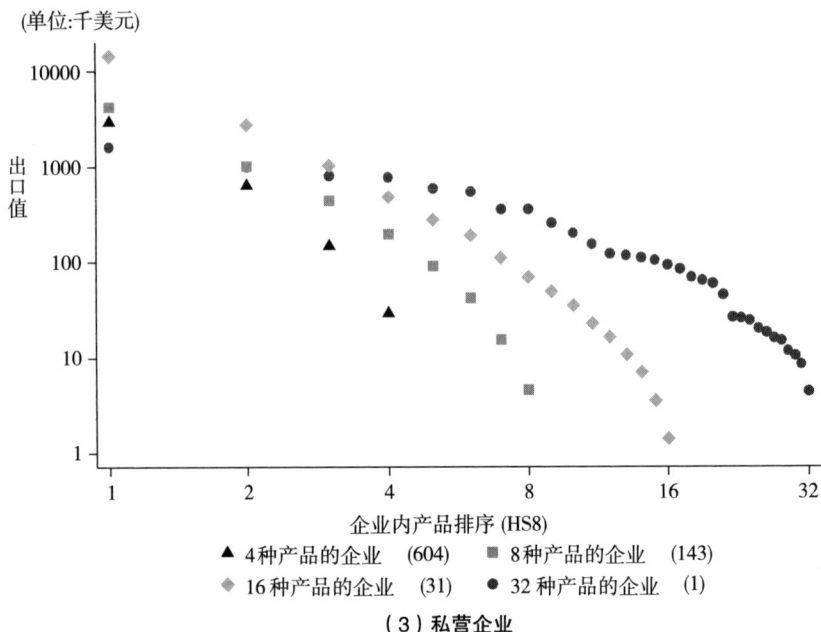

企业内产品排序 (HS8)

▲ 4种产品的企业　(604)　■ 8种产品的企业　(143)
◆ 16种产品的企业　(31)　● 32 种产品的企业　(1)

（3）私营企业

(单位:千美元)

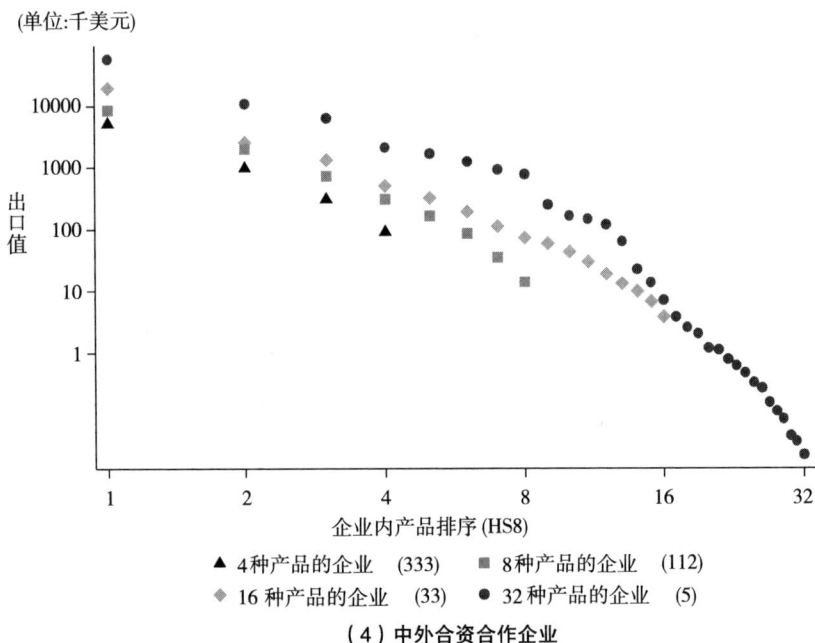

企业内产品排序 (HS8)

▲ 4种产品的企业　(333)　■ 8种产品的企业　(112)
◆ 16 种产品的企业　(33)　● 32 种产品的企业　(5)

（4）中外合资合作企业

图 5-8　2013 年中国不同所有制工业企业内部不同产品出口销售分布:美国为目的地市场

注:横轴表示企业内部的产品排序。企业分为四类,分别为拥有 4 种产品的企业、8 种产品的企业、16 种产品的企业、32 种产品的企业,括号中的数值表示相应类别的企业个数。在国有企业中,没有企业拥有 32 种产品。

资料来源:笔者计算作图。

　　中国工业企业的出口产品很多，我们可以选择任何一种产品，来观察企业内部出口销售分布。下面选择 HS 八分位编码为"84713000"（对应的产品为"重量≤10 公斤的便携自动数据处理设备"）作为中国工业企业出口产品的代表[①]，因为我们的匹配数据显示，2013 年该产品是中国出口值最大的产品，达到 1970 亿美元。同时，我们也展示除了该税号产品之外的所有产品加总的分布情况。如图 5-9 所示。这些出口企业按照目的地市场个数（分别为 2、4、6、8 个）分为四类。

　　我们发现，对于"HS84713000"这种产品而言，中国工业企业在单个目的地市场上的销售值相对于市场排序位置的弹性在 2013 年约为−1.65，即意味着市场销售值随着市场排序位置的变动（从高到低）而下降。比如，2013 年，对于出口 2 个市场（即 2 - destination firms）、4 个市场（即 4-destination firms）、6 个市场（即 6 - destination firms）、8 个市场（即 8-destination firms）的企业而言，它们最热销（即 rank 1）市场的平均销售值分别是 553.52 万美元、439.56 万美元、5814.60 万美元、890.02 万美元，而它们排名第二（即 rank 2）的市场平均销售值则分别降至 52.60 万美元、99.28 万美元、744.29 万美元、135.38 万美元。值得注意的是，最热销市场对出口企业总出口值的贡献是最大的，比如，对于 8 个市场的企业而言，其位于第一位的市场的销售值合计（890.02 万美元）占该类企业该种产品出口总值（1189.65 万美元）的 74.81%（见表 5-9）。

　　从图 5-9 与表 5-9 还可以发现，相对于拥有较少目的地市场的出口企业而言，拥有较多目的地市场的出口企业更能容忍冷门市场的较低销售额。比如，2013 年，对于 8 个市场的企业，其排名第 8 位的市场（最冷门市场）的平均销售值仅为 2.74 万美元；对于 6 个市场的企业，其排名第 6 位的市场（最冷门市场）平均销售值为 3.21 万美元；而对于 4 个市场、2 个市场的企业而言，它们的最冷门市场（分别排名第 4 位、第 2 位）平均

―――――――――――

　　① 中国海关税号以"8471"开始的所有产品主要是计算机及其零部件。此外，我们还考察了中国的传统优势产品——纺织品，选择 HS61103000 即"化纤制针织钩编套头衫、开襟衫、外穿背心等"，该产品在 2013 年的出口总值为 153.8 亿美元，当年排名第 14 位，是出口量最大的纺织品。分析结果与"HS84713000"产品十分相似，参见附录图 5A-2 和表 5A-1。

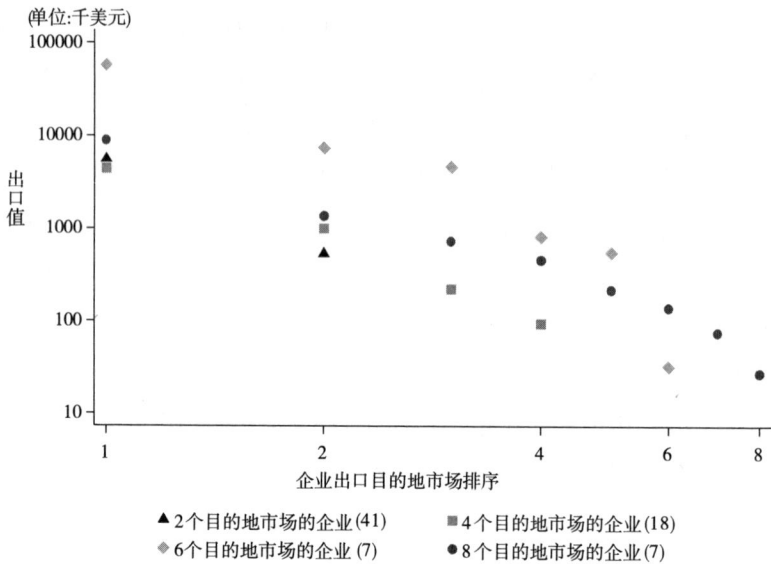

（单位:千美元）

▲2个目的地市场的企业(41)　■4个目的地市场的企业(18)
◆6个目的地市场的企业(7)　●8个目的地市场的企业(7)

（1）"HS 84713000"产品的出口

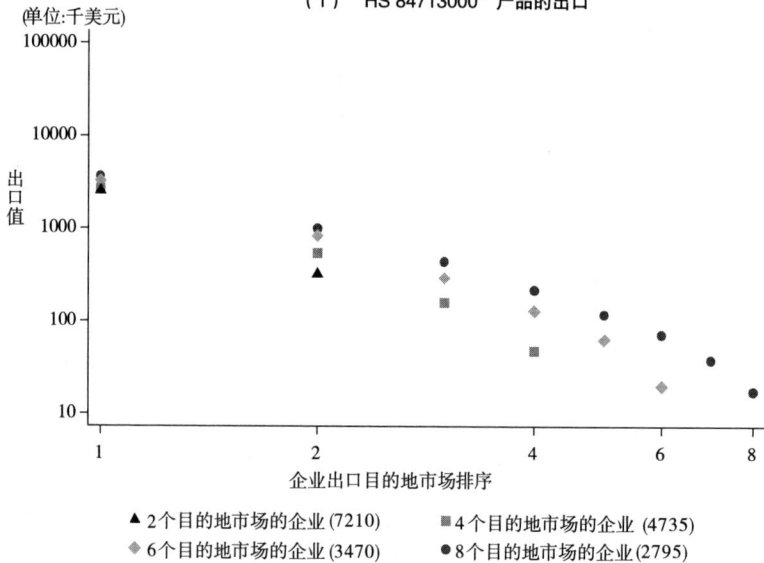

（单位:千美元）

▲2个目的地市场的企业(7210)　■4个目的地市场的企业(4735)
◆6个目的地市场的企业(3470)　●8个目的地市场的企业(2795)

（2）除"HS 84713000"之外所有产品的出口

图5-9　2013年中国工业企业内部特定产品出口不同目的地市场

注:"84713000"对应的产品为"重量≤10公斤的便携自动数据处理设备"。横轴表示企业的出口目
　的地市场排序。企业分为四类,分别为拥有2个目的地市场的企业(即2-destination firms)、4个
　目的地市场的企业(即4-destination firms)、6个目的地市场的企业(即6-destination firms)、8个目
　的地市场的企业(即8-destination firms),括号中的数值表示相应类别的企业个数。
资料来源:笔者计算作图。

销售值则分别为 9.39 万美元、52.6 万美元。[①]

表5-9　2013 年中国工业企业的"HS 84713000"产品出口到不同市场

市　场　排　名	拥有不同数量目的地市场的企业：四类企业及其出口值（百万美元）			
	2	4	6	8
1	5.5352	4.3956	58.1460	8.9002
2	0.526	0.9928	7.4429	1.3538
4		0.0939	0.8043	0.4531
6			0.0321	0.1395
8				0.0274
排名第一的市场的销售值占比（%）	91.32	77.05	81.20	74.81
出口总值（百万美元）	6.0612	5.7049	71.6071	11.8965

注："84713000"对应的产品为"重量≤10 公斤的便携自动数据处理设备"。企业分为四类，分别为拥有
　　2 个目的地市场的企业、4 个目的地市场的企业、6 个目的地市场的企业、8 个目的地市场的企业。
资料来源：笔者计算而得。

下面以 2013 年中国工业企业向多个市场出口"HS 84713000"产品为例，观察不同贸易模式与所有制的差异（如图 5-10、图 5-11 所示）。我们的匹配样本显示，出口这种产品的国有企业有 4 个，但都是单一市场；其他所有制企业及贸易模式基本上与前面的发现一致，即市场销售值随着市场排序位置从高到低而趋于下降。

三、特定企业的不同产品出口到不同市场

这里针对特定企业进行分析，即考虑特定企业的不同产品出口到不同市场，这也算是一个具体的企业国际化案例分析。[②] 我们选择两家企业并把企业名称省去，一家是某电脑有限公司（记为 A 企业），另一家是

---

① 图 5-9（2）展示的是除"HS 84713000"之外所有产品加总的出口分布，其基本态势与图 5-9（1）类似。

② 已有文献如阿克拉克斯和缪恩德乐（Arkolakis 和 Muendler, 2011）主要考察企业内（within-firm）市场销售的分布。我们尚未发现有文献从特定企业的角度考察产品内（within-product）的出口销售分布。因此，这里的分析是对现有文献的发展。

(单位:千美元)

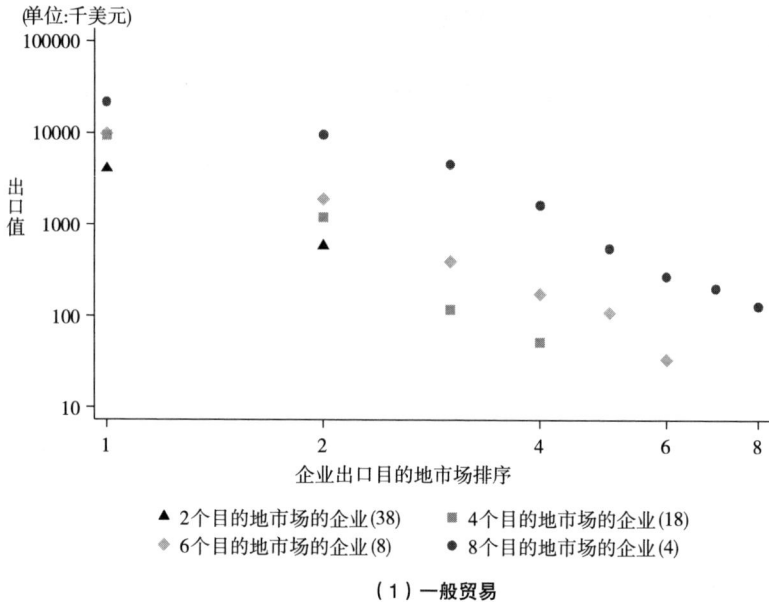

（1）一般贸易

▲ 2个目的地市场的企业(38)　■ 4个目的地市场的企业(18)
◆ 6个目的地市场的企业(8)　● 8个目的地市场的企业(4)

(单位:千美元)

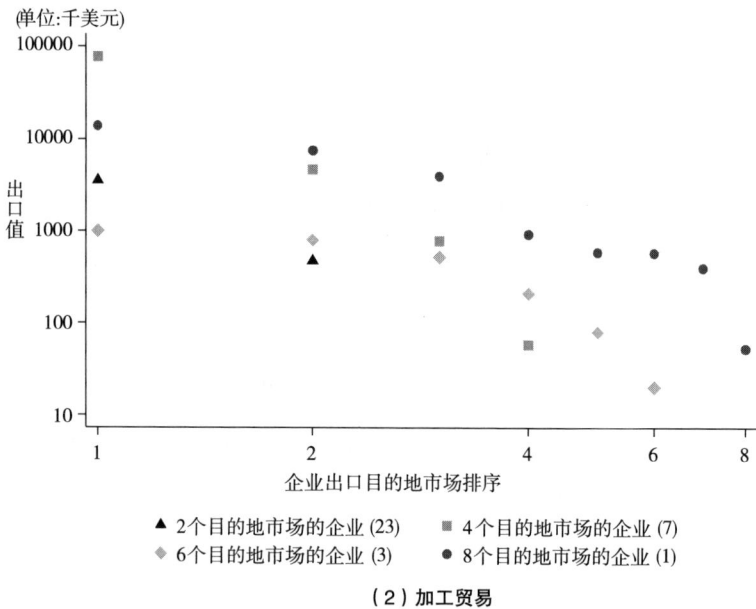

（2）加工贸易

▲ 2个目的地市场的企业 (23)　■ 4个目的地市场的企业 (7)
◆ 6个目的地市场的企业 (3)　● 8个目的地市场的企业 (1)

图 5-10　2013 年中国不同贸易模式工业企业内部"HS 84713000"产品出口不同目的地市场

注:"84713000"对应的产品为"重量≤10 公斤的便携自动数据处理设备"。横轴表示企业的出口目
　　的地市场排序。企业分为四类,分别为拥有 2 个目的地市场的企业、4 个目的地市场的企业、6
　　个目的地市场的企业、8 个目的地市场的企业,括号中的数值表示相应类别的企业个数。
资料来源:笔者计算作图。

(单位:千美元)

（1）国有企业

（2）外商独资企业

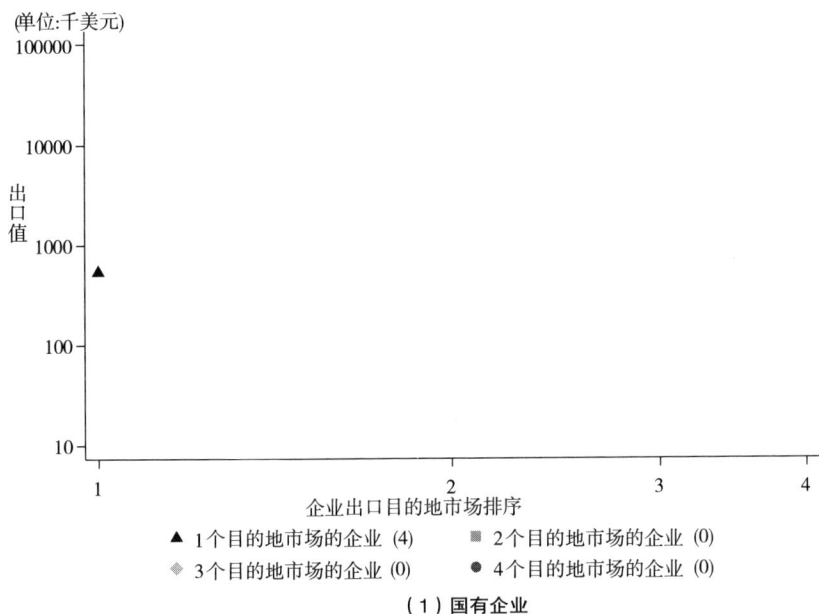

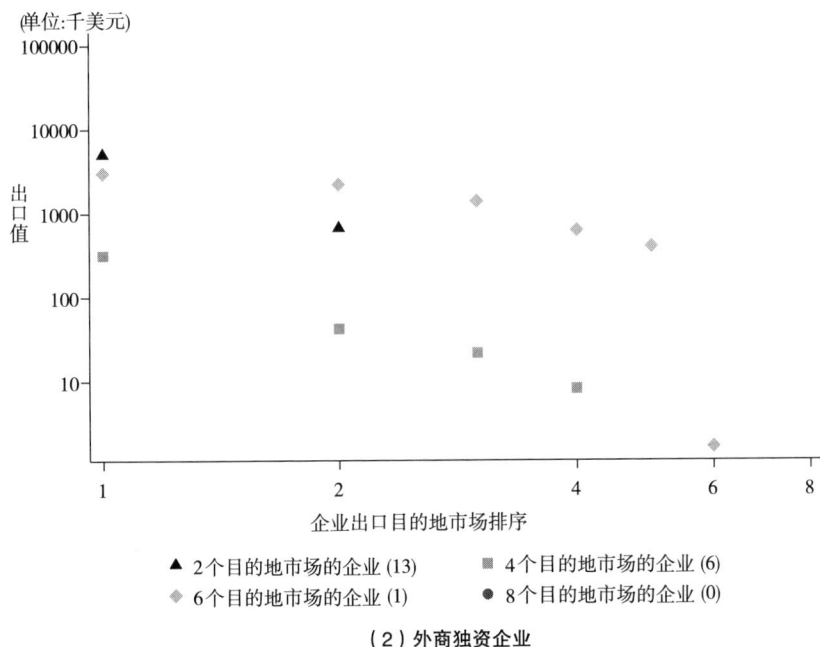

图 5-11 2013 年中国不同所有制工业企业内部"HS 84713000"产品出口不同目的地市场

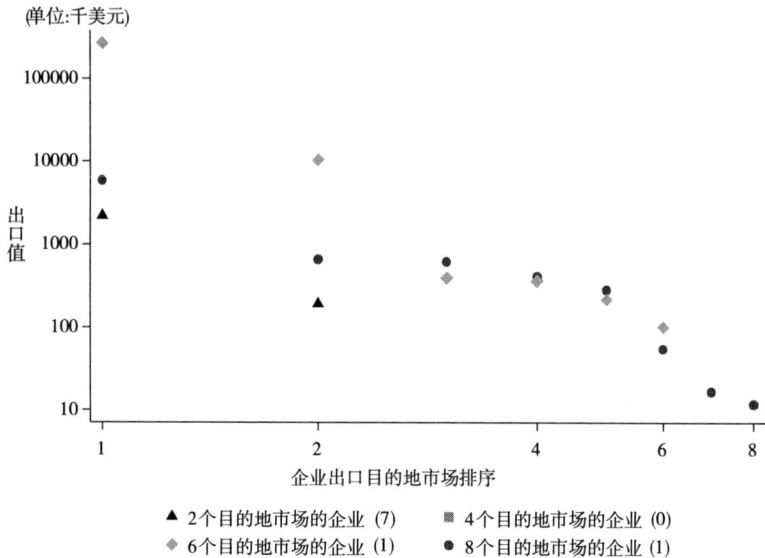

（3）私营企业

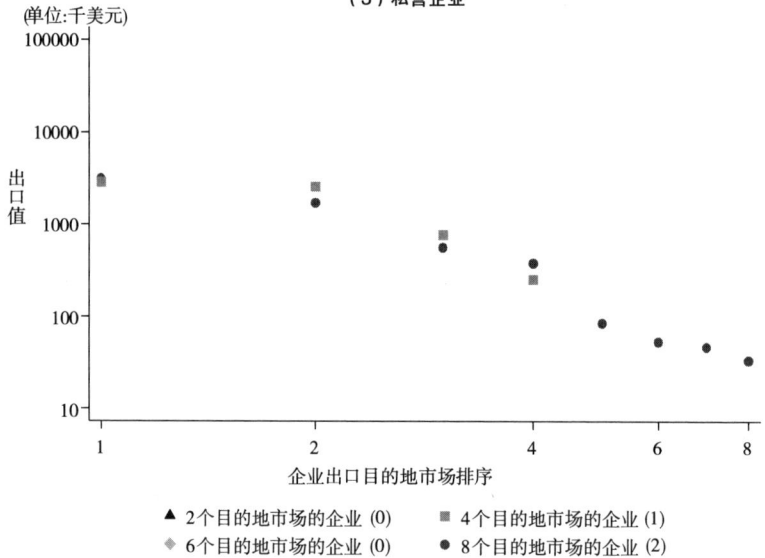

（4）中外合资合作企业

图 5-11　2013 年中国不同所有制工业企业内部"HS 84713000"产品出口不同目的地市场

注："84713000"对应的产品为"重量≤10公斤的便携自动数据处理设备"。横轴表示企业的出口目的地市场排
　　序。国有企业分为四类,分别为拥有1个目的地市场、2个目的地市场、3个目的地市场和4个目的地市场的
　　企业。其他所有制企业包括的四类企业分别为拥有2个目的地市场、4个目的地市场、6个目的地市场及8
　　个目的地市场的企业,括号中的数值表示相应类别的企业个数(有些情况为0,即表示不存在这样的企业)。
资料来源:笔者计算作图。

某技术有限公司(记为 B 企业)。[①] 2013 年,A、B 两家企业的出口值在我们匹配的中国工业企业中分别位列第 1 名和第 7 名,其中 A 企业的出口产品(按 HS 八分位编码)种类为 156 个、目的地市场为 96 个,B 企业的出口产品种类为 313 个、目的地市场为 189 个。毫无疑问,这两家企业都是"多产品—多市场"企业,且具有较强的代表性。当然,我们可以选择任何一家企业进行分析。

我们把每家企业不同产品(按特定产品的销售市场数进行分类,即分为"2 市场"产品、"4 市场"产品等)的出口目的地市场按照从最热销市场(比如第 1 名记为 rank 1,第 2 名记为 rank 2,等)到最冷门市场的顺序进行排序;然后,针对一个特定的市场排序位置(比如 rank 1,或 rank2 等),计算该市场所对应的所有类别产品的平均出口值;最后,将市场的排序与对应的产品出口值放在同一坐标图中,从而观察两者之间的关系。如图 5-12 所示。这些出口产品按照目的地市场个数(分别为 2、4、8、16 个)分为四类。

我们发现,对于 A、B 这两家企业而言,其产品在单个目的地市场销售值相对于市场排序位置的弹性在 2013 年分别约为-0.988、-1.008,即意味着特定企业的不同产品市场销售值随着市场排序位置(从高到低)而下降。[②] 以 B 企业为例,2013 年,对于出口 2 个市场(即 2-destination products)、4 个市场(即 4-destination products)、8 个市场(即 8-destination products)、16 个市场(即 16-destination products)的产品而言,它们最热销(即 rank 1)市场的平均销售值分别是 4.66 万美元、7.22 万美元、37.38 万美元、1665.60 万美元,而它们排名第二(即 rank 2)的市场平均销售值则分别降至 1.37 万美元、0.98 万美元、4.28 万美元、463.42 万美元。此外,最热销产品对出口企业总出口值的贡献是最大的,比如,对于 B 企业

----

① 2013 年的数据还显示:A 企业是外商独资企业、B 企业是民营(私营)企业,这两家企业的出口贸易模式都是多样的,包括一般贸易与加工贸易模式,它们的运输方式包括海运、铁路运输、汽车运输、空运及邮运等。

② 按照销售市场的个数将产品分为不同类别,如何从经济学直觉或理论上去解释"多市场"产品的销售分布?这是由于"企业—产品—市场"特定的成本是异质性的,而非理论模型所假定的是对称的。

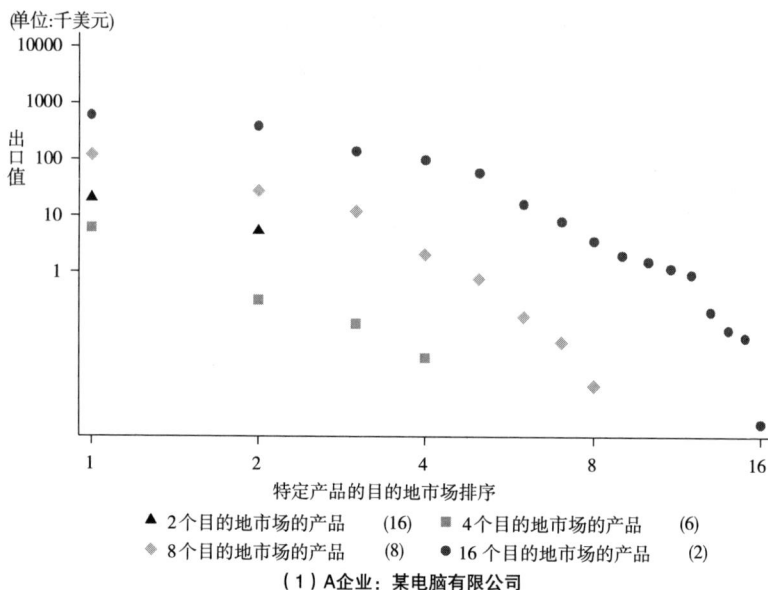

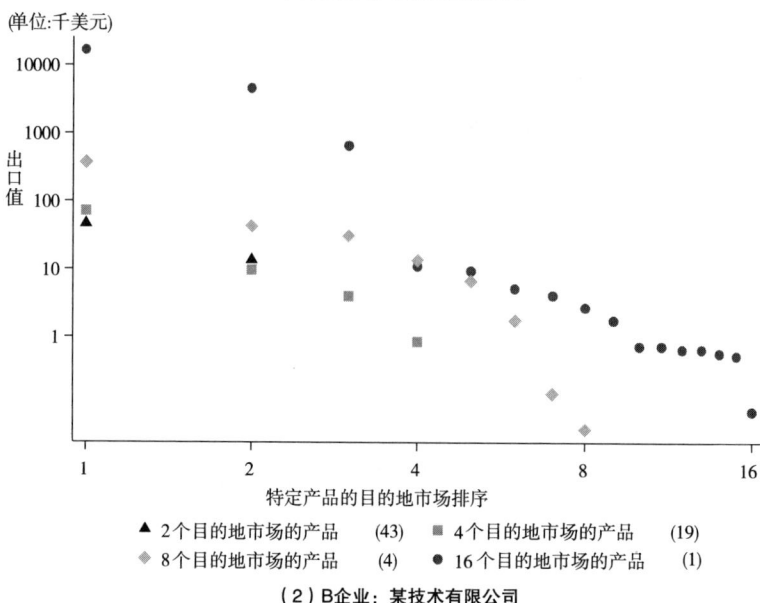

图5-12　2013年中国两家公司的不同产品出口到不同目的地市场

注:横轴表示特定企业的出口目的地市场排序。特定企业的出口产品分为四类,分别为出口2个目
的地市场(即2-destination products)、4个目的地市场(即4-destination products)、8个目的地市场
(即8-destination products)及16个目的地市场的产品(即16-destination products),括号中的数值
表示相应类别的产品种类数。

资料来源:笔者计算作图。

的"16个市场"产品而言,其位于第一位的市场的销售值占该类产品出口总值(约2.2亿美元)的75.74%;对于A企业的"16个市场"产品而言,其第一位市场的销售值(60.8万美元)占该类产品出口总值(约133万美元)的45.70%(见表5-10)。

表5-10　2013年中国两家公司的不同产品出口到不同目的地市场的销售比较

市场排名	A企业(某电脑有限公司):出口产品按出口市场数分为四类、对应的出口值(千美元)				B企业(某技术有限公司):出口产品按出口市场数分为四类、对应的出口值(千美元)			
	2	4	8	16	2	4	8	16
1	20.16	6.09	117.62	608.00	46.59	72.20	373.76	16655.97
2	5.27	0.32	27.47	392.36	13.66	9.79	42.82	4634.15
3		0.12	11.82	139.56		4.06	31.12	662.43
4		0.03	2.03	97.63		0.87	13.48	11.15
5			0.76	58.90			6.87	9.48
6			0.16	16.31			1.78	5.22
7			0.06	8.07			0.15	4.18
8			0.01	3.55			0.04	2.74
9				2.00				1.78
10				1.54				0.74
11				1.16				0.73
12				0.92				0.66
13				0.20				0.65
14				0.09				0.58
15				0.07				0.54
16				0.002				0.08
排名第一市场的销售值占比(%)	79.29	92.86	73.54	45.70	77.33	83.07	79.52	75.74
出口总值(千美元)	25.42	6.56	159.93	1330.36	60.25	86.91	470.02	21991.07

注:特定企业的出口产品分为四类,分别为出口2个目的地市场、4个目的地市场、8个目的地市场及16个目的地市场的产品。
资料来源:笔者计算而得。

图 5-12 与表 5-10 还显示,相对于拥有较少目的地市场的出口产品,企业在拥有较多目的地市场的出口产品上更能容忍最冷门市场的较低销售额。以 A 企业为例,2013 年,对于 16 个市场的产品,其排名第 16 位的市场(最冷门市场)的平均销售值仅为 2 美元;对于 8 个市场的产品,其排名第 8 位的市场(最冷门市场)平均销售值为 10 美元;对于 4 个市场、2 个市场的产品而言,它们的最冷门市场(分别排名第 4 位、第 2 位)平均销售值则分别为 30 美元、5270 美元。

第四节 中国工业企业出口产品的市场内分布与市场间关系

本节观察不同产品范围的出口企业在同一个目的地市场上(within-destination)的分布,以及同一种产品在不同目的地市场之间(across destination)的销售关系。

一、中国工业企业出口产品的市场内分布

考察中国工业企业出口产品的目的地市场内分布,目的是要探讨对于特定的目的地市场,中国工业企业的出口产品范围与销售分布存在什么样的关系。为了回答这一问题,我们将企业按照其在特定市场上的销售产品范围(scope)(如 2-产品、3-产品,等等)进行排序,并观察销售产品范围与对应百分位数(scope percentile)之间的关系。中国工业企业的出口市场很多,我们可以选择任何一个市场进行分析。这里按照前面的做法,仍然选择美国市场作为代表。

由图 5-13 可知,对于给定的目的地市场如美国,具有较宽产品范围(wide-scope)的出口企业只是少数,而大多数出口企业的产品范围较为狭窄(narrow-scope)。[1] 比如,向美国出口的、位于第 50 百分位数(中位数)的

---

[1] 实际上,我们通过更多的分析发现,中国工业企业的大多数出口目的地市场以及进口来源地市场也都呈现这一特征。

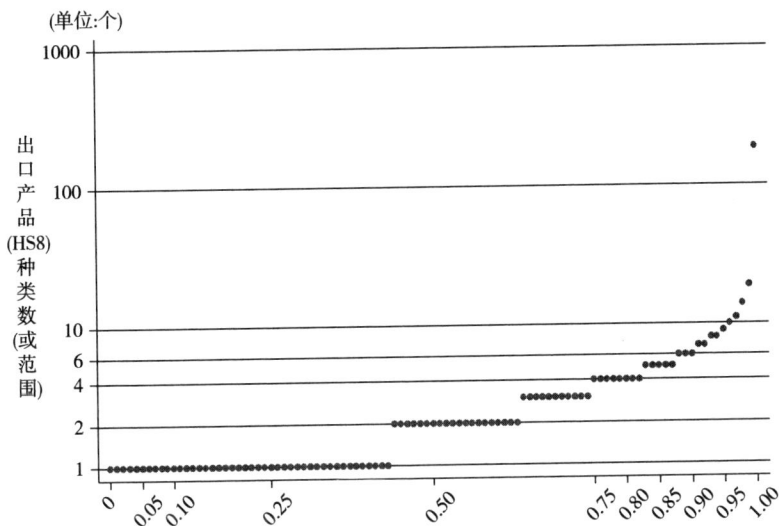

（单位：个）

出口产品(HS8)种类数(或范围)

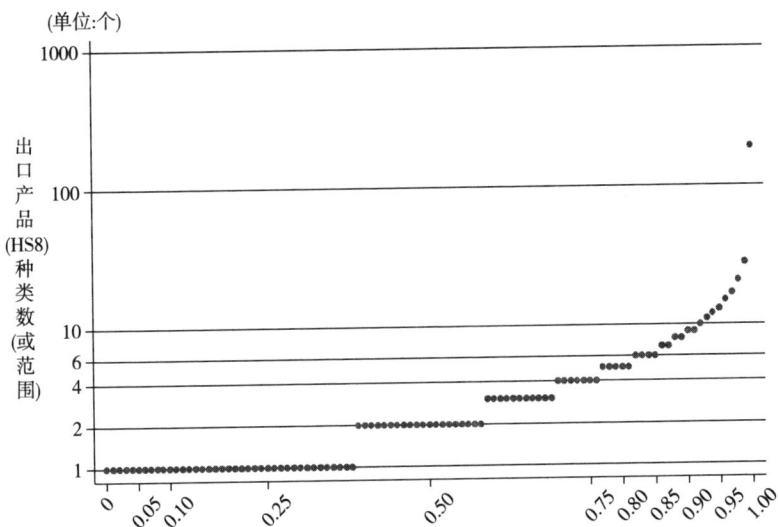

出口销售值在不同百分位水平的出口企业

（1）美国为出口目的地：2000年

（单位：个）

出口产品(HS8)种类数(或范围)

出口销售值在不同百分位水平的出口企业

（2）美国为出口目的地：2013年

图 5-13　中国工业企业出口到美国：出口产品范围与出口销售分布

注：纵坐标表示出口企业的产品范围(scope)即出口产品种类数，其对应的百分位数即为横坐标。横
　　坐标最右边的观测值表示出口销售值在最高百分位数水平的出口企业，比如第95百分位表示
　　95%的出口企业的产品范围小于此产品范围。

资料来源：笔者计算作图。

出口企业只销售 2 种产品[见图 5-13(1)、(2)]。出口企业的产品范围是一个离散变量,但其总体分布的形状近似一个幂律分布变量(power-law distributed variable)的分布。[①]

与现有文献探讨的对象不同,中国工业企业有不同的贸易模式与所有制结构。下面以 2013 年中国工业企业向美国出口为例,观察不同贸易模式与所有制的差异(如图 5-14、图 5-15 所示)。结果显示,所有贸易模式及所有制企业的出口产品范围与出口销售分布之间的关系跟前面的总体分析结果类似。略有差异的是:向美国出口的、位于第 50 百分位数(中位数)的外商独资企业销售 3 种产品,而其他类型企业则只销售 2 种产品;一般贸易企业销售 2 种产品,而加工贸易企业则只销售 1 种产品。一般贸易与加工贸易企业的差异意味着,对于特定目的地市场而言,从事加工贸易的出口企业更加专业化于相对狭窄的产品范围。这进一步暗示,加工贸易企业的出口产品是全球价值链分工中的一个特定产品或环节。

二、中国工业企业出口产品的市场间关系

考察中国工业企业出口产品的目的地市场之间关系的目的是要探讨,一家企业在一个市场上热销的产品是否在其他市场上也是热销产品,以及那些成功的产品是不是销往更多的市场。

已有文献如阿克拉克斯和缪恩德乐(Arkolakis 和 Muendler,2011)发现,一家企业在一个市场上的热销产品也是其他市场上的热销产品,而且那些销售好的产品往往会销往更多的市场。这一规律与阿门特和科伦(Armenter 和 Koren,2014)提出的"球箱模型"(balls-and-bins model)不一致,后者认为产品被随机分配至不同目的地市场;这一规律也与伯纳德等(Bernard 等,2011)的随机企业—产品模型 (stochastic firm-product model)的

---

① 伊藤等(Eaton 等,2011)发现,在每个目的地市场,有较大销售额的企业很少,而大量的企业只有很小的销售额。我们使用中国工业企业合并数据进行类似分析,也发现这一规律(将总出口值与其对应的百分位数放在同一个坐标图中观察)。

(单位:个)

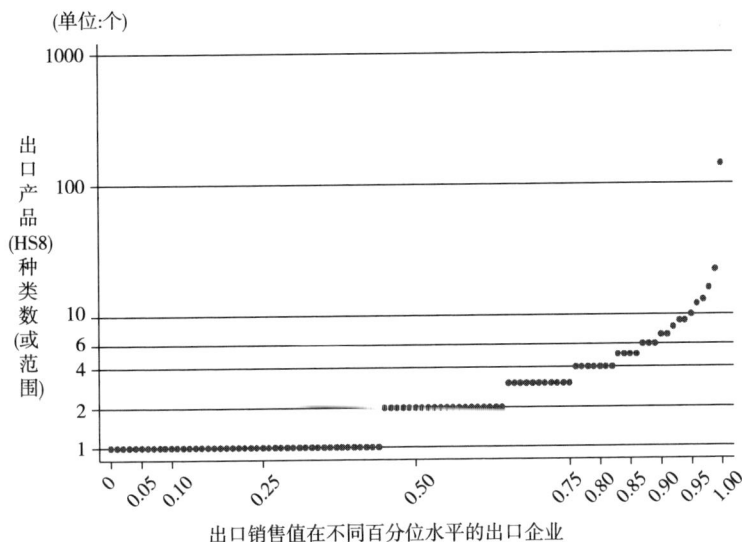

出口销售值在不同百分位水平的出口企业

(1) 一般贸易

(单位:个)

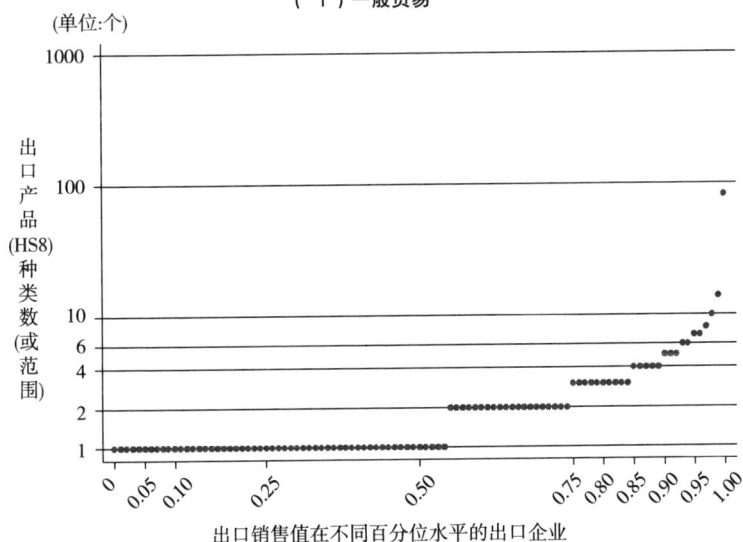

出口销售值在不同百分位水平的出口企业

(2) 加工贸易

**图 5-14 2013 年中国工业企业的出口产品范围与出口销售分布:
不同贸易模式比较(出口目的地为美国)**

注:纵坐标表示出口企业的产品范围(scope)即出口产品种类数,其对应的百分位数即为横坐标。横
坐标最右边的观测值表示出口销售值在最高百分位数水平的出口企业,比如第 95 百分位表示
95%的出口企业的产品范围小于此产品范围。

资料来源:笔者计算作图。

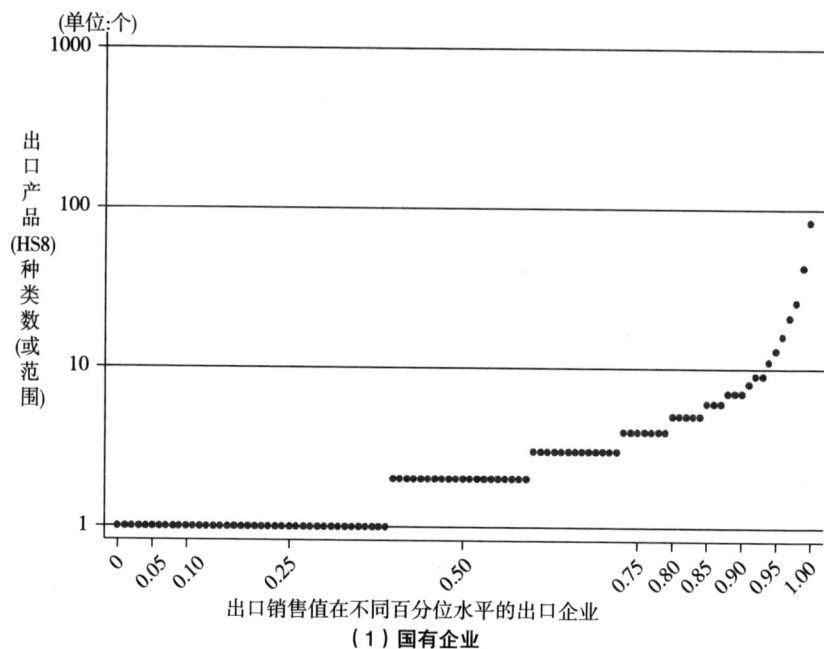

（1）国有企业

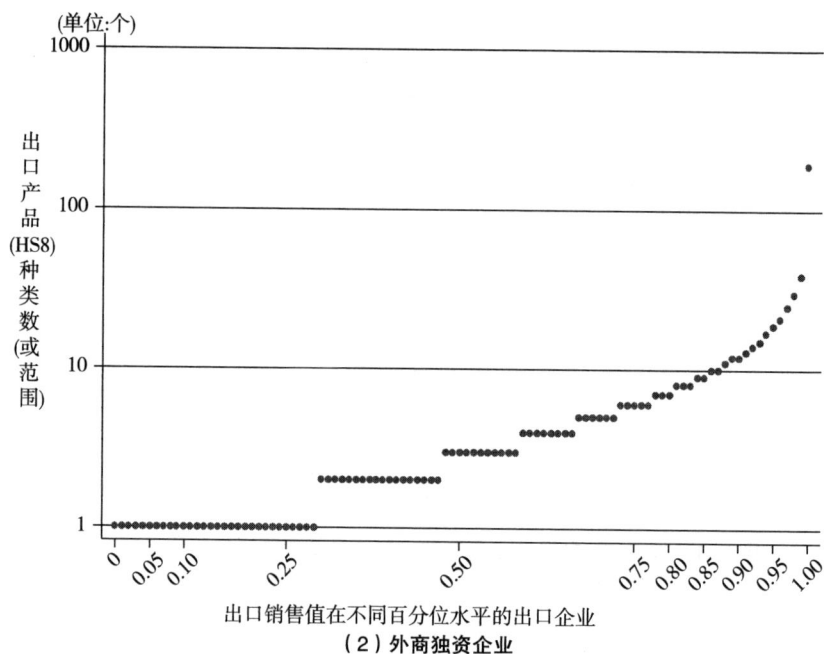

（2）外商独资企业

图5-15 2013年中国工业企业的出口产品范围与出口销售分布：
不同所有制比较（出口目的地为美国）

（3）私营企业

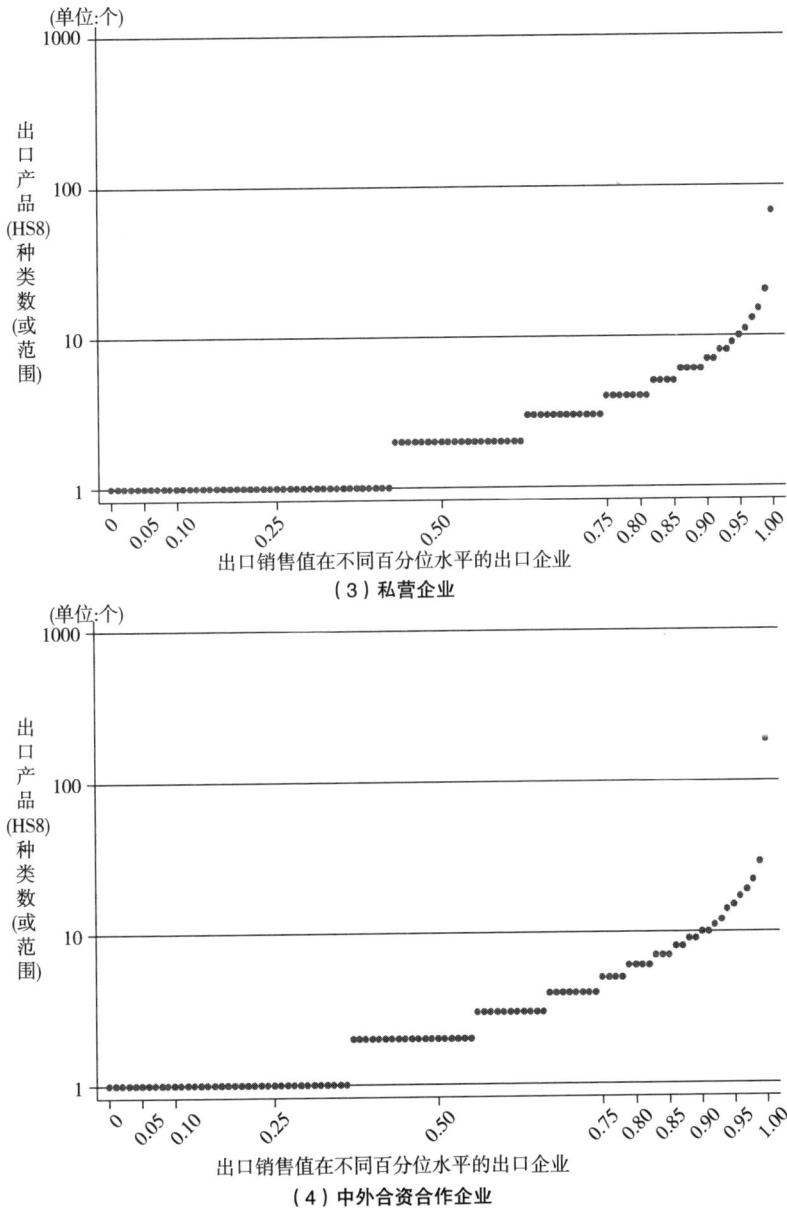

（4）中外合资合作企业

图 5-15　2013 年中国工业企业的出口产品范围与出口销售分布:
不同所有制比较（出口目的地为美国）

注:纵坐标表示出口企业的产品范围(scope)即出口产品种类数,其对应的百分位数即为横坐标。横
　　坐标最右边的观测值表示出口销售值在最高百分位数水平的出口企业,比如第 95 百分位表示
　　95%的出口企业的产品范围小于此产品范围。

资料来源:笔者计算作图。

基准形式不一致,后者认为不同市场之间的产品销售是不相关的。针对这一事实,阿克拉克斯和缪恩德乐(Arkolakis 和 Muendler,2011)构造了一个模型用来刻画企业"核心能力"(core competency)的选择以及产品特定的进入成本(product-specific entry costs)。那么,中国工业企业的市场销售呈现出什么样的特征呢?下面使用匹配数据进行分析。

我们将中国最大的贸易伙伴——美国作为参照国(参照市场),同时再观察其他市场,结果如表5-11所示。该表的上半部分展示的是出口,下半部分是进口。从表5-11可以发现:

第一,对于企业内部的多种产品,在参照国市场上热销的产品也同样在其他市场上有较高的销售额。

第二,排名较低的产品出口到较少的目的地市场。随着在参照国市场上产品排名的下降,企业出口的目的地市场的个数也趋于下降。比如,2013年在美国市场上排名第一的产品对应中国工业企业38300家,这些企业至少出口一种产品到美国(即包括单一产品出口企业)。这些出口企业平均每家的出口市场个数为15.64个,它们排名第一的产品出口到的市场个数占其任何产品所能到达的所有目的地市场总数的近80%。在美国市场上销售至少2种产品的企业所能达到的目的地市场个数平均为16.32个,但这些企业排名第二的产品出口到的市场个数占其任何产品所能到达的所有目的地市场总数的比重只有42.13%。这一比重对于排名第4位的产品而言则降至22.41%,对于排名第128位的产品而言则只有3.51%。

第三,在同一个目的地市场如美国,中国工业企业的每种产品销售值的对数值与企业的产品范围(产品种类数)呈正相关关系。比如,2000年与2013年,这一相关系数在美国市场上分别为0.537、0.627,且均在1%统计水平上显著异于0。[1] 因此,对于具有较宽产品范围的出口企业而言,其每种产品在特定目的地市场上都能取得较高的销售收入。我们关

---

[1] 我们观察进口也具有同样的规律,即在同一个来源地市场如美国,中国工业企业的每种产品进口值的对数值与企业的进口产品范围(产品种类数)也呈正相关关系(相关系数为0.313,且在1%统计水平上显著异于0)。

于中国的这一发现与阿克拉克斯和缪恩德乐(Arkolakis 和 Muendler,2011)关于巴西的发现相一致,但拒绝已有假说即企业的产品范围是随机的。如果企业的产品范围是随机的,那么在特定的市场上,企业的销售规模应该独立于企业的产品范围。

表5-11　中国的贸易国(美国作为参照国)与世界其他市场的重叠程度:按照产品排序

在参照国的产品排序	2000 年				2013 年			
	重叠程度(%)(1)	最热销产品的重叠程度(%)(2)	每家企业的市场数(3)	企业数(4)	重叠程度(%)(5)	最热销产品的重叠程度(%)(6)	每家企业的市场数(7)	企业数(8)
中国出口企业向美国(参照国)及至少一个其他市场出口一种产品								
1	80.09	80.09	10.66	9866	79.68	79.68	15.64	38300
2	39.33	77.97	11.26	8441	42.13	78.24	16.32	34298
4	20.58	74.31	12.61	5804	22.41	75.67	17.88	25299
8	12.41	68.90	14.97	2765	13.55	72.90	20.44	14315
16	8.90	61.16	18.04	953	9.12	70.48	23.58	5934
32	6.51	46.34	21.91	227	6.97	67.87	29.30	1755
64	4.86	39.48	36.96	49	5.27	62.70	41.45	394
128	2.42	25.46	54.08	13	3.51	54.30	58.04	82
中国进口企业从美国(参照国)及至少一个其他市场进口一种产品								
1	37.57	37.57	7.51	8006	38.48	38.48	8.77	14772
2	29.77	37.25	7.57	7907	28.26	37.50	8.91	14319
4	23.77	36.27	7.94	7274	22.03	35.61	9.76	12283
8	19.24	35.31	8.57	6197	17.92	34.01	11.15	9568
16	15.88	34.44	9.43	4721	13.96	32.94	12.88	6914
32	12.87	33.62	10.64	2930	10.58	32.31	15.21	4297
64	10.13	33.35	12.65	1261	8.01	30.90	18.75	2013
128	8.15	32.66	15.24	381	5.79	29.33	24.65	630

注:参照国市场上的产品排序是按企业内部不同产品的贸易值从大到小排列。第(3)、(7)列的市场数表示每家企业(对应产品特定排序所显示的产品个数)出口或进口的平均市场数;第(1)、(5)列的重叠程度表示特定排序的一种产品所涉及(进口或出口)的市场数占总市场个数[即第(3)、(7)列]的百分比(%);第(2)、(6)列的最热销产品重叠程度表示企业(对应产品特定排序所显示的产品个数)最热销产品所涉及(进口或出口)的市场数占总市场个数[即第(3)、(7)列]的百分比(%)。

资料来源:笔者计算而得。

　　作为对照,表5-11的下半部分给出了进口情形,即中国进口企业从美国(参照国)及至少一个其他市场进口一种产品。与出口情形不同的是,对于同一家企业而言,排名第一的产品进口(来自美国)与来自其他国家的进口的重叠程度较低(不到40%)。这意味着,不同于出口,将进口集中于一个特定来源国未必能产生明显优势。

接下来主要从出口方面分析中国工业企业的不同贸易模式与所有制特征,如表5-12所示。我们仍然以美国为参照国,并主要关注2013年。可以看出,不同贸易模式与所有制出口企业的表现有所差异。相对于一般贸易,从事加工贸易的中国工业出口企业在美国市场上最热销产品与其他市场上该种产品的重叠程度较低(52.21%),而且平均每家企业的出口市场个数较少(9.73个),它们特定排名的产品出口到的市场个数占其任何产品所能到达的所有目的地市场总数的比重均较低(52.21%至2.47%)。这进一步说明,加工贸易出口企业更可能专注于特定市场与特定产品。

四种所有制出口企业相比,国有企业平均每家出口的市场个数较多、市场重叠程度较低。比如,对于排名第一的产品而言,每家国有企业出口的市场数平均为20.16个,而外商独资企业、私营企业与中外合资合作企业每家的出口市场数平均分别为14.42个、16.61个、16.23个。最热销产品的市场重叠程度对于国有企业来说是70.80%,对于其他三类企业而言则均为80%左右。这意味着,中国国有工业企业更倾向于向更多的市场出口更多不同的产品。

表5-12 2013年中国出口企业向美国(参照国)及至少一个其他市场出口一种产品:不同贸易模式与所有制比较

在参照国的产品排序	重叠程度(%)(1)	最热销产品的重叠程度(%)(2)	每家企业的市场数(3)	企业数(4)	重叠程度(%)(5)	最热销产品的重叠程度(%)(6)	每家企业的市场数(7)	企业数(8)
	一般贸易				加工贸易			
1	67.69	67.69	13.23	32251	52.21	52.21	9.73	21714
2	37.21	65.73	13.86	29021	31.09	49.67	10.32	19442
4	20.33	62.17	15.77	20660	18.10	45.13	12.57	12936
8	12.49	58.53	18.87	10850	11.19	40.37	16.66	5863

续表

在参照国的产品排序	重叠程度(%)(1)	最热销产品的重叠程度(%)(2)	每家企业的市场数(3)	企业数(4)	重叠程度(%)(5)	最热销产品的重叠程度(%)(6)	每家企业的市场数(7)	企业数(8)
16	8.59	55.86	22.81	4051	7.90	36.78	22.65	1851
32	6.59	53.56	30.12	1074	5.46	34.12	33.35	435
64	4.74	50.32	43.42	236	4.02	31.30	48.25	96
128	3.21	38.74	54.46	52	2.47	17.55	55.16	25
	国有企业				外商独资企业			
1	70.80	70.80	20.16	639	79.41	79.41	14.42	8036
2	40.08	69.51	21.23	581	45.45	78.35	14.85	7425
4	23.30	66.14	23.59	436	25.68	76.42	16.04	5964
8	15.00	64.65	29.45	253	15.77	73.92	17.93	3884
16	8.27	62.71	34.69	131	10.90	71.06	20.20	1919
32	9.06	59.13	45.35	54	7.28	69.34	26.55	677
64	7.64	62.84	69.64	25	4.84	68.06	35.87	171
128	2.60	63.40	96.08	12	2.95	64.29	55.56	25
	私营企业				中外合资合作企业			
1	80.06	80.06	16.61	8284	79.61	79.61	16.23	4526
2	40.42	78.63	17.50	7339	43.28	78.16	16.84	4073
4	20.78	76.10	19.49	5196	23.94	75.35	18.39	3017
8	11.61	72.88	22.90	2651	14.53	72.88	20.81	1812
16	7.88	69.54	27.24	900	9.11	72.56	24.57	841
32	5.64	64.46	34.12	209	7.75	71.34	32.56	278
64	4.52	44.76	41.74	35	4.71	65.20	47.50	72
128	3.72	22.76	50.78	9	5.31	55.18	52.43	14

注:参照国市场上的产品排序是按企业内部不同产品的出口值从大到小排列。第(3)、(7)列的市场数表示每家企业(对应产品特定排序所显示的产品个数)出口的平均市场数;第(1)、(5)列的重叠程度表示特定排序的一种产品的出口市场数占总市场个数[即第(3)、(7)列]的百分比(%);第(2)、(6)列的最热销产品重叠程度表示企业(对应产品特定排序所显示的产品个数)最热销产品的出口市场数占总市场个数[即第(3)、(7)列]的百分比(%)。

资料来源:笔者计算而得。

第五节　中国工业企业的出口动态

本部分基于中国工业企业匹配数据,采用边际分解方法分析中国工业出口企业的出口动态。

一、边际分解方法

我们按照胡莫斯和克莱诺(Hummels 和 Klenow,2005)、迈耶和奥塔维亚诺(Mayer 和 Ottaviano,2007)的思路,把某一个国家或地区的出口分解为不同的边际(如图 5-16 所示)。首先是一个国家或地区有不同的出口目的地,即指出口市场层面的广延边际(出口市场的数量),对每个市场有不同的出口量即指出口市场层面的集约边际;其次是企业层面的广延边际(即出口企业的数量)和集约边际(即每家出口企业的平均出口量);最后是产品层面的广延边际(即出口产品的数量)和集约边际(即每种产品的每家企业平均出口量)。

进一步地,为了刻画中国工业企业出口的动态变化,我们首先按照伊藤等(Eaton 等,2007)与阿玛多和奥普拉莫拉(Amador 和 Opromolla,2011)的方法,将企业分为三类(如图 5-17 所示):(1) t 年"进入企业"(entrants)即指在 $t-1$ 年不在市场上(因而没有出口数据)、但在 t 年出现在市场上的企业;(2) t 年"退出企业"(exiters)即指在 $t-1$ 年在市场上、但在 t 年不出现在市场上(因而没有出口数据)的企业;(3)"持续存在企业"(continuing firms)即指在 $t-1$ 年和 t 年均出现在市场上的企业。这样,我们就可以把中国工业企业的任意两年的出口增长分解为"进入企业"、"退出企业"和"持续存在企业"的贡献。也就是说,从企业出口增长中分解出企业水平上的广延边际(extensive margin)(即企业进出市场)和集约边际(intensive margin)(即企业留在市场上)。

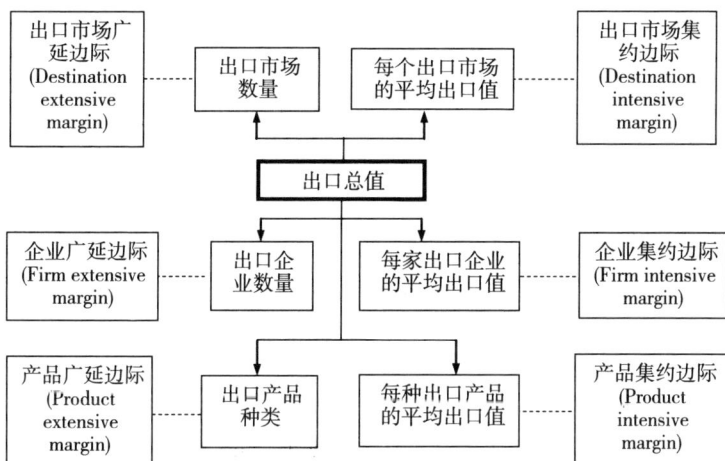

图 5-16　贸易出口的边际分解:广延边际与集约边际

资料来源:笔者制作而成。

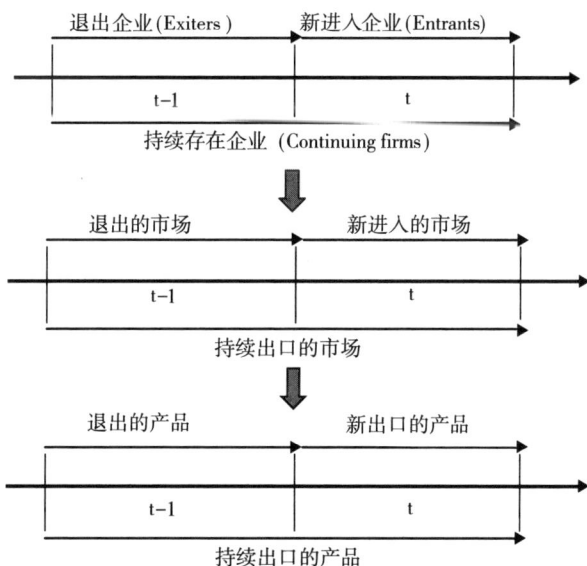

图 5-17　计算出口增长的三类企业/产品/市场与两种边际的界定

资料来源:笔者制作而成。

　　根据图 5-17,我们定义 ΔY_t 为中国工业企业出口在 $t-1$ 年和 t 年的变化;$j \in N$、X、C 分别表示"进入企业"集合、"退出企业"集合和"持续存在企业"集合。这样,中国工业企业出口在 $t-1$ 年和 t 年的变化可以计算为:

$$\Delta Y_t \equiv Y_t - Y_{t-1} = \sum_{j \in N} \Delta Y_{jt} + \sum_{j \in X} \Delta Y_{jt} + \sum_{j \in C} \Delta Y_{jt} \tag{5.1}$$

接下来将"持续出口企业"的出口分解为"新进入的市场"(AD)、"退出的市场"(DD)、"持续出口的市场"(CD),用集合表示为 $z \in AD$、DD、CD,即在企业水平上将出口分解为出口目的地市场上的广延边际和集约边际,计算如下:

$$\sum_{j \in C} \Delta Y_{jt} = \sum_{j \in C} \left(\sum_{z \in AD} \Delta Y_{zjt} + \sum_{z \in DD} \Delta Y_{zjt} + \sum_{z \in CD} \Delta Y_{zjt} \right) \tag{5.2}$$

最后,进一步将"持续出口的市场"上的产品分解为"新出口的产品"(AP)、"退出的产品"(DP)、"持续出口的产品"(CP),用集合表示为 $v \in AP$、DP、CP,即在企业水平上将出口分解为产品意义上的广延边际和集约边际,计算如下:

$$\sum_{z \in CD} \Delta Y_{zjt} = \sum_{z \in CD} \left(\sum_{v \in AP} \Delta Y_{vzjt} + \sum_{v \in DP} \Delta Y_{vzjt} + \sum_{v \in CP} \Delta Y_{vzjt} \right) \tag{5.3}$$

将以上等式合并起来,从而将中国工业企业的出口增长表示为:

$$\Delta Y_t \equiv Y_t - Y_{t-1} = \sum_{j \in N} \Delta Y_{jt} + \sum_{j \in X} \Delta Y_{jt} + \sum_{j \in C} \left(\sum_{z \in AD} \Delta Y_{zjt} + \sum_{z \in DD} \Delta Y_{zjt} \right) +$$
$$\sum_{j \in C} \sum_{z \in CD} \left(\sum_{v \in AP} \Delta Y_{vzjt} + \sum_{v \in DP} \Delta Y_{vzjt} + \sum_{v \in CP} \Delta Y_{vzjt} \right) \tag{5.4}$$

按照伊藤等(Eaton 等,2007)的方法,我们将公式(5.4)中的每一项除以($Y_t + Y_{t-1}$)/2(即 $t-1$ 年和 t 年的出口的平均值)来求得出口的百分比变化。这样做的原因正如伊藤等(Eaton 等,2007)指出的,在计算某个变量两个时点之间的变化率时,采用两个时点上数值的平均值作为分母,而不是仅采用前一时点数值作为分母,因为前一种做法至少具有两个方面优势:(1)在前一个时间点数值接近于 0 时,不至于出现增长率趋于无穷大的情况;(2)如果一个时间段 $x\%$ 的正增长紧接着是下一个时间段 $-x\%$ 的负增长,则两个时间段合在一起的期初和期末的数值将保持不变。

二、基本分析

表5-13是基于匹配的中国工业企业总出口的分解。① 可以看出,2000——

---

① 我们还针对中国工业企业的不同目的地市场(比如美国、日本、德国等),将出口企业的出口增长进行边际分解。限于篇幅,不再一一列出。

2013 年整个样本时期,中国工业企业出口年均增长率为 18.74%。但这个时期包括两个时间段:2008 年全球金融危机之前即 2000—2007 年,中国的工业企业出口增长率基本保持在 15% 以上,年均增长 23.33%,最高增长发生在中国加入 WTO 之后的 2002—2005 年;但全球金融危机之后至 2013 年,年均增长率降至 13.39%,其中 2008—2009 年出现了负增长(-15.09%)。

表 5-13　2000—2013 年中国工业企业出口增长的分解:总体分析

(单位:%)

期　限	ΔY_t	企业维度				目标市场维度				产品维度			
		EM			IM	EM			IM	EM			IM
		Net	N	X	C	Net	AD	DD	CD	Net	AP	DP	CP
2000—2001	19.08	2.85	4.90	-2.05	16.24	2.35	5.59	-3.24	13.88	1.81	6.62	-4.81	12.07
2001—2002	14.31	4.24	5.90	-1.66	10.07	2.27	6.04	-3.77	7.8	3.73	12.24	-8.51	4.08
2002—2003	32.05	5.69	6.84	-1.15	26.35	3.63	6	-2.37	22.73	5.31	14.42	-9.11	17.42
2003—2004	39.71	14.99	19.04	-4.05	24.72	2.53	5.23	-2.7	22.19	3.04	5.91	-2.87	19.16
2004—2005	22.87	1.30	2.58	-1.28	21.57	2.95	5.77	-2.82	18.63	3.49	8.46	-4.97	15.14
2005—2006	16.61	8.84	11.71	-2.87	7.77	1.67	5.72	-4.05	6.11	4.40	6.96	-11.36	10.51
2006—2007	18.69	-10.67	7.24	-17.91	29.37	4.43	7.46	-3.03	24.95	13.70	33.45	-19.75	11.24
2007—2008	17.64	1.95	2.63	-0.68	15.69	3.01	5.88	-2.87	12.68	1.92	6.85	-4.93	10.76
2008—2009	-15.09	2.11	3.34	-1.23	-17.21	-1.22	4.06	-5.28	-15.99	0.14	6.34	-6.2	-16.13
2009—2010	27.09	1.36	2.07	-0.71	25.73	2.52	5.25	-2.73	23.21	2.39	5.81	-3.42	20.82
2010—2011	6.89	-6.29	5.16	-11.45	13.18	1.60	4.21	-2.61	11.57	1.34	4.57	-3.23	10.24
2011—2012	41.34	18.70	22.62	-3.92	22.64	0.61	4.82	-4.21	22.02	1.59	6.42	-4.83	20.43
2012—2013	2.47	0.33	1.22	-0.89	2.14	0.10	2.91	-2.81	2.04	0.41	3.6	-3.19	1.63
2000—2007	23.33	3.89	8.32	-4.42	19.44	2.83	5.97	-3.14	16.61	3.81	12.58	-8.77	12.80
2007—2013	13.39	3.03	6.17	-3.15	10.36	1.10	4.52	-3.42	9.26	1.30	5.60	-4.30	7.96
2000—2013	18.74	3.49	7.33	-3.83	15.25	2.03	5.30	-3.27	13.22	2.65	9.36	-6.71	10.57

注:表中的 EM、IM 分别表示广延边际(extensive margin)和集约边际(intensive margin)。就企业维度而言,N、X、C 分别表示"进入企业"集合、"退出企业"集合和"持续存在企业"集合,Net 表示企业广延边际的净值即等于 N 加上 X;ΔY 等于企业维度的 EM 中的 Net 加上 IM,表示中国工业企业出口在 $t-1$ 年和 t 年的变化。就"目标市场维度"而言,AD、DD、CD 分别表示"新进入的市场""退出的市场""持续出口的市场",三者之和等于企业维度的集约边际 C,Net 等于 AD 加上 DD。就"产品维度"而言,AP、DP、CPD 分别表示"新出口的产品""退出的产品""持续出口的产品",三者之和等于市场维度的集约边际 CD,Net 等于 AP 加上 DP。2000—2007、2007—2013、2000—2013 分别表示 2000—2007 年平均、2007—2013 年平均、2000—2013 年平均,其他为逐年变化率。

资料来源:笔者基于数据计算而得。

边际分解显示,在推动中国工业企业总体出口增长方面,企业维度(firm dimension)的集约边际(即持续出口企业的销售)比广延边际(即出口企业的进入与退出)更为重要。比如,在整个样本期间,工业企业出口的年均名义增长率为18.74%。这一平均增长率的81.4%是由企业维度的集约边际贡献的;两个分段样本时期的情形与之类似。这一结果不同于伊藤等(Eaton等,2007)与阿玛多和奥普拉莫拉(Amador和Opromolla,2011)的发现,他们分别基于1997—2005年哥伦比亚的数据、1996—2005年葡萄牙的数据发现,广延边际起到更大的作用。我们还发现,在样本时期里,企业的净进入(net entry)大约可以解释20%的总体出口扩张,而企业总进入(gross entry)则可以解释40%的总出口增长。

当我们移至下一个分解即目标市场分解时,我们发现出口市场维度的集约边际(即持续出口市场上的出口增长)可以解释企业维度集约边际的85%以上。然而,持续出口企业的新进入市场与退出市场的总贡献也不低。因此,涉及目标市场切换的经济资源再配置的水平相对较高。产品维度的分解也很有趣。在持续出口的目标市场上新出口的产品与退出的产品的净贡献通常较小。持续出口企业的持续出口目标市场以及持续出口目标市场上的持续出口产品在解释中国工业企业出口增长方面起到非常关键的作用。

表5-14还比较了不同贸易模式与所有制企业的出口增长机制。在样本时期里,一般贸易的出口增长速度始终高于加工贸易,而且在金融危机之后加工贸易处于大幅萎缩状态。相对于一般贸易,企业水平上的集约边际在推动加工贸易出口变化方面比广延边际更重要,而目标市场切换的频率在加工贸易方面则比较低。这里分贸易模式分析也同样发现,持续出口企业的持续出口目标市场以及持续出口目标市场上的持续出口产品在解释中国不同贸易模式工业企业出口增长方面起到非常关键的作用。但略有不同的是金融危机之后加工贸易的表现,企业进出、目的地市场及产品的增减在很大程度上解释了金融危机之后加工贸易的变化。这也表明,金融危机对加工贸易的冲击可能要比对一般贸易的冲击大。

在样本时期里,中国工业企业中的私营企业的出口增长最快,其次是外商独资企业。总体来看,对于所有类型企业,持续出口企业的持续出口目标市场以及持续出口目标市场上的持续出口产品在解释出口增长方面都起到非常重要的作用。然而,私营企业和外资企业相对于另外两种企业,企业水平上的广延边际比集约边际更重要一些。企业的进出频率对于所有类型企业而言都是比较高的,这表明在出口市场上的竞争很激烈。对于外资企业而言,目标市场的切换频率相对较低。如果将这一发现与上面关于加工贸易的证据联系在一起,我们可以认为,外资企业的出口以及加工贸易有着更为特定的目标市场,因而在全球供应链和价值链当中更有可能保持特定的环节。

表5-14　2000—2013年中国工业企业出口增长的分解:不同贸易模式与所有制的比较

(单位:%)

	期限		企业维度			目标市场维度				产品维度			
			EM		IM	EM			IM	EM			IM
		ΔY_t	Net	N	X	C	Net	AD	DD	CD	Net	AP	DP	CP
一般贸易	2000—2007	30.17	8.18	12.71	-4.53	21.99	4.82	10.58	-5.76	17.17	3.48	11.61	-8.13	13.69
	2007—2013	23.65	7.89	11.58	-3.69	15.76	2.55	10.10	-7.55	13.21	2.55	11.62	-9.07	10.66
	2000—2013	27.16	8.04	12.19	-4.14	19.12	3.77	10.36	-6.59	15.34	3.05	11.61	-8.57	12.29
加工贸易	2000—2007	20.91	2.74	7.75	-5.01	18.17	2.37	5.00	-2.63	15.81	4.09	13.48	-9.40	11.72
	2007—2013	-0.56	4.27	9.47	-5.20	-4.84	-1.02	9.94	-10.96	-3.82	-2.54	10.56	-13.10	-1.28
	2000—2013	11.00	3.45	8.54	-5.09	7.55	0.81	7.28	-6.47	6.75	1.03	12.13	-11.11	5.72
国有企业	2000—2007	20.49	2.40	9.46	-7.05	18.08	3.18	12.62	-9.44	14.90	3.02	13.35	-10.33	11.88
	2007—2013	4.43	-1.17	3.11	-4.28	5.60	0.11	7.66	-7.55	5.50	0.26	8.37	-8.11	5.24
	2000—2013	13.08	0.75	6.53	-5.77	12.32	1.76	10.33	-8.57	10.56	1.75	11.05	-9.30	8.81
外商独资企业	2000—2007	25.75	4.85	8.30	-3.45	20.90	2.33	3.97	-1.64	18.57	4.78	13.67	-8.90	13.79
	2007—2013	7.74	2.18	6.78	-4.60	5.57	0.34	1.95	-1.62	5.23	0.77	3.44	-2.67	4.46
	2000—2013	17.44	3.62	7.60	-3.98	13.82	1.41	3.04	-1.63	12.41	2.93	8.95	-6.02	9.49

续表

	期限	ΔY_t	企业维度				目标市场维度				产品维度			
			EM			IM	EM			IM	EM			IM
			Net	N	X	C	Net	AD	DD	CD	Net	AP	DP	CP
私营企业	2000—2007	57.52	23.54	26.43	-2.89	33.97	8.91	14.53	-5.62	25.06	5.17	12.22	-7.05	19.89
	2007—2013	12.34	1.94	8.80	-6.86	10.41	0.54	6.34	-5.80	9.87	0.83	7.16	-6.33	9.04
	2000—2013	36.67	13.57	18.29	-4.72	23.10	5.05	10.75	-5.70	18.05	3.17	9.89	-6.72	14.88
中外合资合作企业	2000—2007	16.70	-0.21	4.93	-5.15	16.91	2.74	5.84	-3.10	14.17	2.82	11.55	-8.73	11.35
	2007—2013	6.31	-0.21	3.85	-4.06	6.52	0.07	3.25	-3.18	6.45	0.67	5.04	-4.37	5.78
	2000—2013	11.90	-0.21	4.43	-4.65	12.11	1.51	4.65	-3.14	10.60	1.82	8.54	-6.72	8.78

注：表中的 EM、IM 分别表示广延边际（extensive margin）和集约边际（intensive margin）。就企业维度而言，N、X、C 分别表示"进入企业"集合、"退出企业"集合和"持续存在企业"集合，Net 表示企业广延边际的净值即等于 N 加上 X；ΔY 等于企业维度的 EM 中的 Net 加上 IM，表示中国工业企业出口在 $t-1$ 年和 t 年的变化。就"目标市场维度"而言，AD、DD、CD 分别表示"新进入的市场""退出的市场""持续出口的市场"，三者之和等于企业维度的集约边际 C，Net 等于 AD 加上 DD。就"产品维度"而言，AP、DP、CPD 分别表示"新出口的产品""退出的产品""持续出口的产品"，三者之和等于市场维度的集约边际 CD，Net 等于 AP 加上 DP。2000—2007、2007—2013、2000—2013 分别表示 2000—2007 年平均、2007—2013 年平均、2000—2013 年平均。

资料来源：笔者基于数据计算而得。

第六节　中国工业企业的国际投资

一、基本背景

根据 2016 年联合国贸发会议（UNCTAD）的世界投资报告数据，2015年中国内地吸引外资（IFDI）总额为 1356.1 亿美元，仅次于美国（3798.94亿美元）、中国香港（1748.921 亿美元）居第三位；中国内地对外直接投资（OFDI）总额为 1275.6 亿美元，也居第三位，仅次于美国（2999.69 亿美元）和日本（1286.53 亿美元）。从图 5-18 可以看出，在中国加入 WTO 之前,中国的 OFDI 始终处于比较低的水平,但 IFDI 增长迅速;随后中国的 OFDI 开始发力,增速超过 IFDI,前者逐渐逼近后者,并且有超过后者的势头。如果情况真是如此,那么中国将由以前的资本净流入国转变为资本净流出国。

（单位：百万美元）

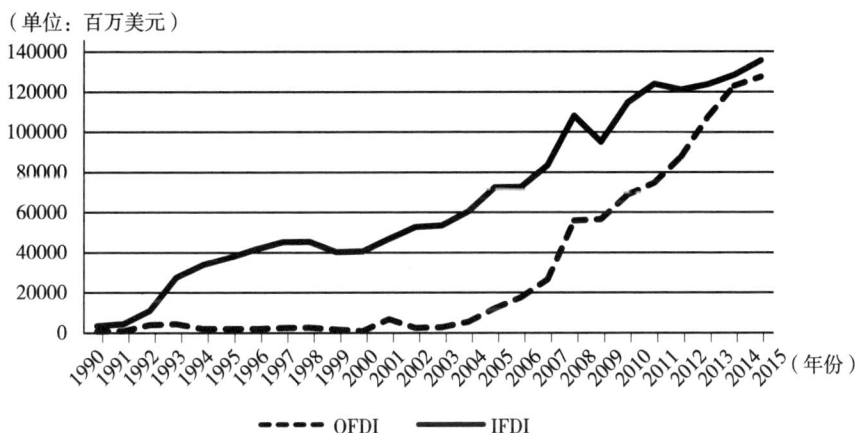

图 5-18　1990—2015 年中国的 OFDI 与 IFDI 比较

资料来源:笔者基于数据制作而成。

（单位：百万美元）

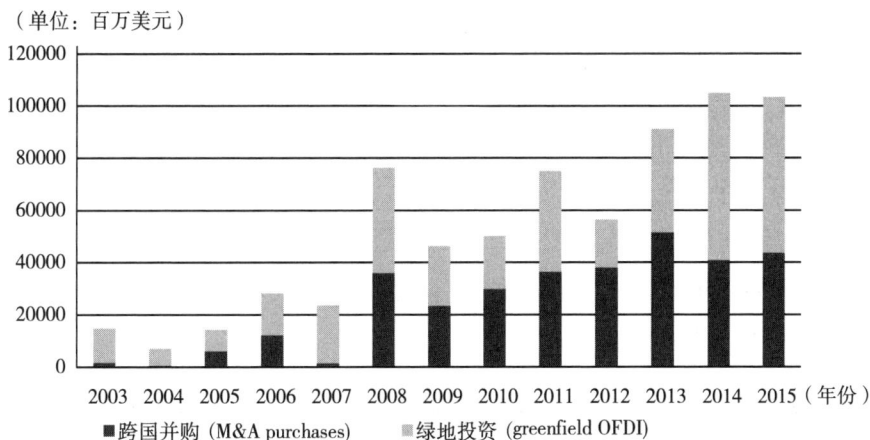

图 5-19　中国的对外投资方式:绿地投资与跨国并购(M&A)

资料来源:笔者基于数据制作而成。

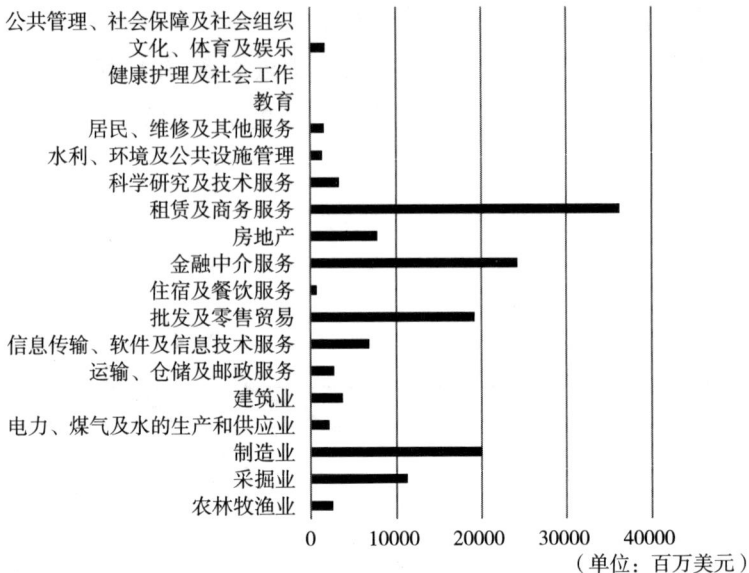

图 5-20　中国 OFDI 的行业分布

资料来源:笔者基于数据制作而成。

从对外投资方式看(见图 5-19),2008 年以来,跨国并购(M&A)在中国的 OFDI 中变得越来越重要,与绿地投资旗鼓相当,甚至在某些年份超过绿地投资。从行业看(见图 5-20),中国的 OFDI 主要分布在租赁和商务服务、金融中介服务、批发和零售贸易、制造业、采掘业等。从东道国分布看(见表 5-15),无论是基于国家水平上的投资金额数据,还是基于中国对外投资的企业数量,以及基于这些指标的变化,我们都可以清楚地看到,美国等发达经济体、俄罗斯等资源丰裕的经济体是中国企业对外直接投资的主要目的地。尤为重要的是,除中国香港以外,美国实际上是中国企业对外直接投资的首选地。

表 5-15　中国企业进行 OFDI 的目的地分布:基于前 20 位经济体的比较

中国企业向下列经济体进行 OFDI 的金额及变化(百万美元)				中国企业向下列经济体进行 OFDI 的频率及变化(个数)			
前 20 位经济体	2013 年	前 20 位经济体	2013 年相对于 2003 年的变化	前 20 位经济体	2015 年	前 20 位经济体	2013 年相对于 2003 年的变化
中国香港	62823.8	中国香港	61674.8	中国香港	2498	中国香港	1123

续表

中国企业向下列经济体进行 OFDI 的金额及变化(百万美元)				中国企业向下列经济体进行 OFDI 的频率及变化(个数)			
前 20 位经济体	2013 年	前 20 位经济体	2013 年相对于2003 年的变化	前 20 位经济体	2015 年	前 20 位经济体	2013 年相对于2003 年的变化
开曼群岛	9253.4	开曼群岛	8446.79	美国	1492	美国	547
美国	3873.43	美国	3808.38	澳大利亚	302	俄罗斯	129
澳大利亚	3457.98	澳大利亚	3427.59	俄罗斯	251	新加坡	123
英属维尔京群岛	3221.56	英属维尔京群岛	3011.88	日本	200	日本	96
新加坡	2032.67	新加坡	2035.88	新加坡	199	澳大利亚	92
印度尼西亚	1563.38	印度尼西亚	1536.58	韩国	191	印度尼西亚	90
英国	1419.58	英国	1417.47	德国	187	德国	83
卢森堡	1275.21	卢森堡	1275.21	英属维尔京群岛	177	阿拉伯联合酋长国	74
俄罗斯	1022.25	加拿大	1015.95	印度尼西亚	159	韩国	73
加拿大	1008.65	俄罗斯	991.63	加拿大	149	越南	71
德国	910.81	德国	885.75	柬埔寨	138	柬埔寨	68
哈萨克斯坦	811.49	哈萨克斯坦	808.55	开曼群岛	129	加拿大	65
老挝	781.48	老挝	780.68	越南	122	马来西亚	59
泰国	755.19	伊朗	737.45	马来西亚	116	泰国	57
伊朗	745.27	泰国	697.88	泰国	110	老挝	55
马来西亚	616.38	马来西亚	614.41	英国	110	英属维尔京群岛	51
津巴布韦	517.53	津巴布韦	517.5	老挝	109	印度	47
柬埔寨	499.33	沙特阿拉伯	478.58	缅甸	107	巴西	39
越南	480.5	柬埔寨	477.38	哈萨克斯坦	97	中国台湾	37

资料来源:笔者基于中国海外投资企业数据与 CEIC 数据制作而成。

最后需要指出的是,虽然从流量看,中国的 OFDI 发展速度惊人,2015 年占全球的比重达到 8.65%,排在美国和日本之后(见表 5-16)。

表 5-16　2015 年全球 FDI 流量与存量排名:前 20 位经济体占全球的比重

(单位:%)

经济体	OFDI 流量	经济体	IFDI 流量	经济体	OFDI 存量	经济体	IFDI 存量	经济体	M&A 购买
美国	20.35	美国	21.56	美国	23.89	美国	22.37	美国	16.64

续表

经济体	OFDI 流量	经济体	IFDI 流量	经济体	OFDI 存量	经济体	IFDI 存量	经济体	M&A 购买
日本	8.73	中国香港	9.92	德国	7.24	中国香港	6.29	爱尔兰	13.51
中国内地	8.65	中国内地	7.70	英国	6.14	英国	5.83	加拿大	12.17
荷兰	7.69	爱尔兰	5.71	中国香港	5.93	中国内地	4.89	日本	6.98
爱尔兰	6.89	荷兰	4.12	法国	5.25	德国	4.49	德国	6.47
德国	6.40	瑞士	3.91	日本	4.90	新加坡	3.92	中国内地	6.05
英属维尔京群岛	5.17	新加坡	3.70	瑞士	4.54	瑞士	3.33	瑞士	5.54
瑞士	4.77	巴西	3.67	加拿大	4.31	法国	3.09	英国	4.85
加拿大	4.56	英属维尔京群岛	2.93	荷兰	4.29	加拿大	3.03	法国	3.26
中国香港	3.74	加拿大	2.76	中国内地	4.03	荷兰	2.83	新加坡	2.93
卢森堡	2.67	印度	2.51	爱尔兰	3.17	英属维尔京群岛	2.44	荷兰	2.81
比利时	2.61	法国	2.43	英属维尔京群岛	3.00	澳大利亚	2.15	中国香港	2.48
新加坡	2.41	英国	2.24	新加坡	2.50	西班牙	2.13	卢森堡	2.41
法国	2.38	德国	1.80	西班牙	1.89	巴西	1.95	西班牙	2.32
西班牙	2.35	比利时	1.76	意大利	1.86	比利时	1.88	澳大利亚	1.60
韩国	1.87	墨西哥	1.72	比利时	1.83	爱尔兰	1.74	卡塔尔	1.23
意大利	1.87	卢森堡	1.40	澳大利亚	1.58	墨西哥	1.68	比利时	0.77
俄罗斯	1.80	澳大利亚	1.26	瑞典	1.38	意大利	1.34	阿联酋	0.72
瑞典	1.61	意大利	1.15	中国台湾	1.34	印度	1.13	奥地利	0.66
挪威	1.32	智利	1.14	韩国	1.11	瑞典	1.13	俄罗斯	0.60
加总	97.83		83.40		90.18		77.64		93.98

资料来源:根据 UNCTAD 数据整理而得。

但从存量看,中国仅占全球的 4.03%,位居第 10 位,排在美国、德国、英国、中国香港、法国、日本、瑞士、加拿大和荷兰之后。2015 年,中国成为全球第六大跨国并购购买国家,总金额占全球的比重达到 6.05%。然而,无论以流量还是以存量衡量、以 OFDI 还是以 IFDI 衡量,美国都是世界上的头号投资热土。在这方面,中国与美国的差距很大。另外,如果从微观企业看,前面第一章也已提到,中国进入"世界 500 强"的企业不少,但其跨国化程度与美国等发达经济体相比还有很大差距。

二、企业层面上的 OFDI 与贸易:不同国际化方式的组合

中国国家商务部的中国企业(包括工业企业)OFDI 数据始于 1983 年。该数据显示(见图 5-21),20 世纪 80 年代到 90 年代经核准的中国企业 OFDI 发生数(频率)总计 84 起;进入 21 世纪特别是中国加入 WTO 之后,中国企业 OFDI 发生数迅速上升,从 2000 年的 16 起上升至 2015 年 9011 起。这 16 年间 OFDI 发生数(37010 起)占全部样本时期的 99.8%。企业 OFDI 发生数最多的是 111 起、最少的是 1 起。同时,可以看到中国企业 OFDI 发生数(频率)与 OFDI 发生金额的走势基本一致。因此,即使我们没有企业水平 OFDI 金额数据,仅从 OFDI 发生数也能判断其基本趋势。

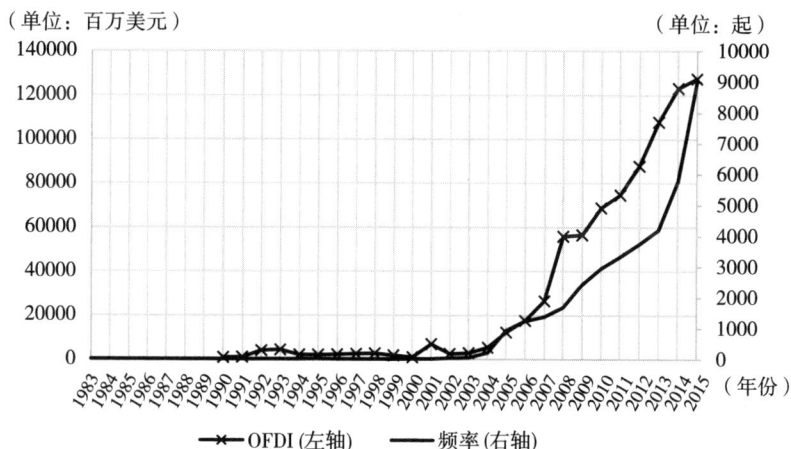

图 5-21 1983—2016 年中国企业 OFDI 发生数(频率)与 OFDI 金额对比

注:频率表示企业 OFDI 发生数。
资料来源:基于中国国家商务部数据。

那么,中国企业 OFDI 增长存在什么样的机制呢? 为了回答这一问题,

我们基于公式(5.4)将中国企业 OFDI 增长分解为企业与东道国两个维度的广延边际与集约边际,结果如表 5-17 所示。可以发现:第一,2000—2015 年中国企业 OFDI 年均增长 39.24%,而且主要是因为企业与东道国两个维度的广延边际增长所致,也就是主要通过企业大规模进出 OFDI 市场实现的,集约边际(即持续存在企业向持续的东道国进行投资)的贡献微乎其微。第二,考虑到基数问题,金融危机实际上并未阻碍中国企业的 OFDI 扩张。这与前面关于中国工业企业出口增长的分析结果不同。

表 5-17 2000—2015 年中国企业 OFDI 增长的分解:总体分析

(单位:%)

期限	ΔOFDI$_t$	企业维度				东道国维度			
		EM			IM	EM			IM
		Net	N	X	C	Net	AD	DD	CD
2000—2001	11.76	11.76	100	−88.24	—	0.00	5.88	−5.88	—
2001—2002	80.00	80.00	140	−60	—	—	—	—	—
2002—2003	32.00	32.00	98	−66	—	0.00	14	−14	0.00
2003—2004	115.64	116.36	154.91	−38.55	−0.73	−0.73	2.18	−2.91	0.00
2004—2005	124.98	125.67	158.69	−33.02	−0.69	−0.87	2.59	−3.46	0.17
2005—2006	27.76	28.68	105.82	−77.14	−0.92	−0.92	6.41	−7.33	0.00
2006—2007	10.37	8.85	94.05	−85.2	1.53	1.68	9.00	−7.32	−0.15
2007—2008	19.68	22.10	99.12	−77.02	−2.42	−1.64	8.89	−10.53	−0.78
2008—2009	36.38	37.88	107.57	−69.69	−1.51	−1.75	7.55	−9.3	0.24
2009—2010	19.45	18.26	93.73	−75.47	1.19	1.64	12.8	−11.16	−0.45
2010—2011	11.95	14.02	91.06	−77.04	−2.07	−1.44	12.3	−13.74	−0.64
2011—2012	11.61	12.52	90.54	−78.02	−0.91	−0.94	12.83	−13.77	0.03
2012—2013	11.51	12.42	90.64	−78.22	−0.91	−0.76	12.92	−13.68	−0.15
2013—2014	31.84	33.20	100.75	−67.55	−1.36	−1.48	12.86	−14.34	0.12
2014—2015	43.72	43.33	106.78	−63.45	0.39	0.43	12.52	−12.09	−0.04
2000—2007	57.50	57.62	121.64	−64.02	−0.14	−0.12	6.68	−6.82	0.00

续表

期限	ΔOFDI$_t$	企业维度				东道国维度			
		EM			IM	EM			IM
		Net	N	X	C	Net	AD	DD	CD
2007—2015	23.27	24.22	97.52	−73.31	−0.95	−0.74	11.58	−12.33	−0.21
2000—2015	39.24	39.80	108.78	−68.97	−0.60	−0.45	9.48	−9.97	−0.13

注：表中的 EM、IM 分别表示广延边际（extensive margin）和集约边际（intensive margin）。就企业维度而言，N、X、C 分别表示"进入企业"集合、"退出企业"集合和"持续存在企业"集合；Net 表示企业维度的广延边际的净值即等于 N 加上 X。ΔY 等于企业维度的 EM 中的 Net 加上 IM，表示中国企业 OFDI 在 $t-1$ 年和 t 年的变化。就东道国维度而言，AD、DD、CD 分别表示"新进入的市场""退出的市场""持续 OFDI 的市场"，二者之和等于企业维度的集约边际 C，Net 等于 AD 加上 DD。2000—2007、2007—2015、2000—2015 分别表示相关时段的平均增长率，其他为逐年变化率。"—"表示数据缺失。

资料来源：笔者基于数据计算而得。

通过将中国企业的 OFDI 数据与中国工业企业数据、海关数据进行匹配，我们可以观察到 OFDI 原始数据中看不到的信息如企业所有制类型、贸易模式等。如表 5-18 所示，以 2013 年为例，实施 OFDI 的工业出口企业几乎涉及所有贸易模式与所有制形式。其中，从事一般贸易的企业数占 19.57%、从事加工贸易（包括来料加工装配贸易与进料加工贸易）的企业占 33.60%、从事保税区及出口加工区贸易（包括保税仓库进出境货物、保税区仓储转口货物、出口加工区进口设备）的企业合计占 22.26%。在各种所有制形式中，私营企业占 29.36%、中外合资合作企业占 13.1%、国有企业占 6.64%、外商独资企业占 4.44%，但有 46.47% 的企业的所有制特征不明（可能是因为登记出现遗漏或者故意隐瞒）。也就是说，中国实施 OFDI 的企业大多是从事加工贸易及保税区和出口加工区贸易的企业，但这些企业有近 50% 是没有所有制信息的。①

---

① 这似乎暗示一个问题：中国企业 OFDI 到底是海外投资还是转移资产？在中国，如果企业想转移资产，通过加工贸易及保税区和出口加工区贸易的方式（比如高报进口价格、低报出口价格）是比较容易做到的，因为按现行政策，这些贸易方式下的进口是不交关税的（对于这一问题的进一步讨论，参见第七章第一节）。中国人民银行一位负责人曾在中国发展高层论坛 2017 年年会上指出，"有些企业在中国的负债率已经很高了，再借一大笔钱去海外收购；有一些则在直接投资的包装下，转移资产"，即所谓"明修栈道，暗度陈仓"。

表 5-18 2013 年中国 OFDI 工业出口企业的所有制及贸易模式特征

	贸易模式及代码	国有企业	外商独资企业	私营企业	中外合资合作企业	其他或未知	合计（家数）	比重（%）
10	一般贸易	37	30	174	72	291	604	19.57
11	国家间、国际组织无偿援助和赠送的物资	1	0	4	1	8	14	0.45
12	其他境外捐赠物资	0	0	0	0	2	2	0.06
14	来料加工装配贸易	29	22	150	62	219	482	15.62
15	进料加工贸易	33	27	162	65	268	555	17.98
19	边境小额贸易	13	8	44	31	81	177	5.74
20	来料加工装配进口的设备	7	1	10	6	26	50	1.62
22	对外承包工程出口货物	4	3	13	10	23	53	1.72
25	外商投资企业作为投资进口的设备、物品	13	8	61	30	78	190	6.16
30	易货贸易	0	0	1	0	1	2	0.06
31	免税外汇商品	1	0	0	1	1	3	0.10
33	保税仓库进出境货物	22	13	82	38	132	287	9.30
34	保税区仓储转口货物	21	11	96	42	158	328	10.63
35	出口加工区进口设备	8	3	28	9	24	72	2.33
39	其他	16	11	81	37	122	267	8.65
	合计（家数）	205	137	906	404	1434	3086	100
	比重（%）	6.64	4.44	29.36	13.09	46.47	100	

资料来源：笔者基于匹配数据计算而得。

接下来，我们结合匹配的中国工业企业数据与海关数据，分析中国 OFDI 企业与非 OFDI 企业的差异。①

---

① 两类企业的样本数差异很大，实施 OFDI 的企业数量较少。下面的分析是基于两类企业平均的结果。

首先，我们观察 OFDI 企业与非 OFDI 企业的"出口产品—出口市场"分布，如表 5-19 所示。可以看出：首先，与不实施 OFDI 的同类出口企业相比，实施 OFDI 企业中的"1 产品—1 市场"的出口企业占出口企业总数的较小比重，但其出口值占比则与不实施 OFDI 的同类出口企业相当；而实施 OFDI 的"10+产品—10+市场"的出口企业占出口企业总数的较大比重（28.66%），其出口值比重更高（64.23%）。因此，以产品与目标市场衡量，实施 OFDI 的企业相对于未实施 OFDI 企业更加多元化、其出口集中度更低。

表 5-19　2013 年中国工业企业出口的"产品—市场"分布：
OFDI 企业与非 OFDI 企业的比较

年份	产品数＼市场数	出口企业个数占比（%）						出口值占比（%）					
		1	2	3	4—9	10+	Total	1	2	3	4—9	10+	Total
OFDI 企业	1	4.67	1.45	1.13	2.74	2.74	12.72	1.30	0.59	0.05	0.13	2.99	5.06
	2	0.48	0.97	1.45	3.38	4.03	10.31	0.00	0.02	0.05	0.63	4.02	4.71
	3	0.81	0.32	0.81	2.58	4.67	9.18	0.05	0	0.02	0.57	2.64	3.28
	4—9	1.77	1.61	1.77	6.76	16.91	28.82	1.45	0.14	0.08	0.86	14.18	16.71
	10+	1.45	1.61	1.45	5.8	28.66	38.97	0.68	0.56	1.13	3.63	64.23	70.24
	Total	9.18	5.96	6.60	21.26	57.00	100	3.50	1.31	1.32	5.81	88.06	100
非 OFDI 企业	1	11.05	3.7	1.89	4.38	2.57	23.59	1.51	0.60	0.36	1.1	1.72	5.29
	2	3.43	2.96	1.83	4.56	3.38	16.17	1.00	0.5	0.38	1.52	3.11	6.51
	3	1.59	1.54	1.25	3.7	3.27	11.36	0.42	0.31	0.22	1.32	2.57	4.85
	4—9	2.97	2.60	2.27	9.46	12.33	29.63	1.45	1.06	1.24	4.46	12.87	21.08
	10+	1.44	1.21	0.97	4.57	11.05	19.25	0.83	0.99	0.79	5.06	54.61	62.28
	Total	20.49	12.02	8.22	26.67	32.60	100	5.21	3.46	2.99	13.46	74.88	100

注：10+表示 10 个及以上的产品或出口目的地国家和地区。限于篇幅，其他年份略。
资料来源：笔者基于匹配数据计算而得。

其次，我们考察 OFDI 企业与非 OFDI 企业的出口销售分布，重点分析两类企业的不同产品出口到特定市场情形。我们以 2013 年中国工业企业向美国出口为例①，OFDI 企业与非 OFDI 企业均按照出口产品种类

①　实际上，我们可以选择任何一个目的地市场。美国既是中国最大的贸易伙伴，也是中国最大的 OFDI 东道国。

（单位:千美元）

出口值

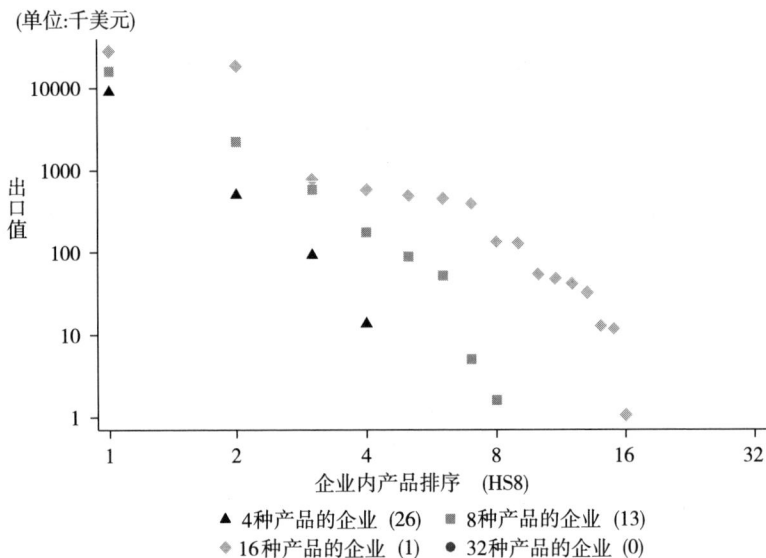

企业内产品排序　（HS8）

▲ 4种产品的企业（26）　■ 8种产品的企业（13）
◆ 16种产品的企业（1）　● 32种产品的企业（0）

（1）有OFDI的工企与海关匹配企业

（单位:千美元）

出口值

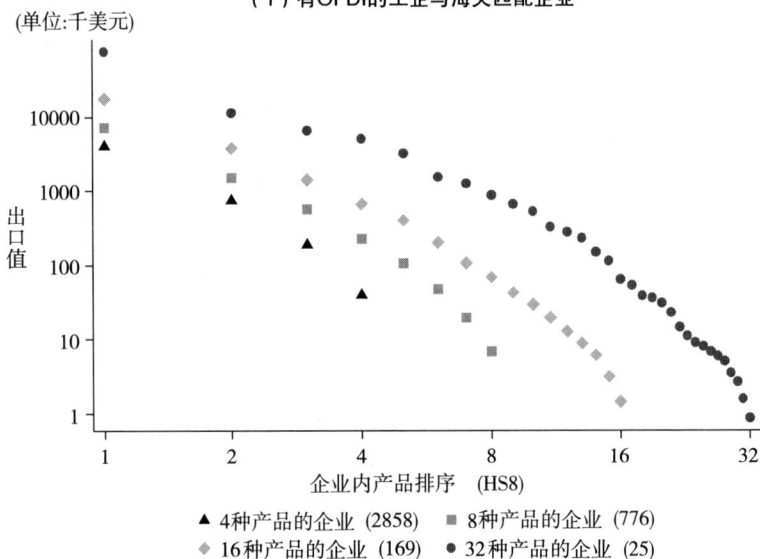

企业内产品排序　（HS8）

▲ 4种产品的企业（2858）　■ 8种产品的企业（776）
◆ 16种产品的企业（169）　● 32种产品的企业（25）

（2）无OFDI的工企与海关匹配企业

图5-22　2013年中国OFDI工业企业与非OFDI工业企业内部的
不同产品出口销售分布比较:美国为目的地市场

注:横轴表示企业内部的产品排序。企业分为四类,分别为拥有4种产品的企业、8种
　产品的企业、16种产品的企业、32种产品的企业,括号中的数值表示相应类别的企业个数。
资料来源:笔者基于匹配数据计算作图。

(按 HS 八分位编码分别为 4、8、16、32 种)分为四类。[①] 我们发现,对于美国这个目的地市场而言,这两类企业的单个产品出口销售值相对于产品排序位置的弹性在 2013 年分别约为-2.834、-2.693,即意味着出口销售值随着排序位置(从高到低)而下降(见图 5-22、表 5-20)。但相对于拥有不同产品范围的非 OFDI 企业,OFDI 企业的最热销产品的平均出口值较大,这可能是因为对外直接投资促进了企业的出口。后面将进一步检验。

表 5-20 2013 年中国 OFDI 工业企业与非 OFDI 工业企业内部的
不同产品出口销售分布比较:美国为目的地市场

市场排名	OFDI 企业:按拥有的产品种类数分为四类企业、对应的出口值(百万美元)				非 OFDI 企业:按拥有的产品种类数分为四类企业、对应的出口值(百万美元)			
	4	8	16	32	4	8	16	32
1	8.97	16.08	27.69	—	4.06	7.18	17.50	75.44
2	0.50	2.21	18.54	—	0.74	1.51	3.79	11.28
3	0.09	0.59	0.78	—	0.19	0.56	1.40	6.60
4	0.01	0.17	0.58	—	0.04	0.22	0.66	5.13
8		0.002	0.13	—	0.007	0.07		0.87
16			0.001	—			0.001	0.06
32				—				0.001
排名前三的产品出口值占比(%)	99.86	98.32	95.17	—	99.21	95.8	93.56	86.46
出口总值(百万美元)	9.58	19.19	49.40	—	5.03	9.65	24.26	107.94

注:企业分为四类,分别为拥有 4 种产品的企业(即 4-product firms)、8 种产品的企业(即 8-product firms)、16 种产品的企业(即 16-product firms)、32 种产品的企业(即 32-product firms)。表中只列出前三名及最后一名的产品出口值。
资料来源:笔者基于匹配数据计算而得。

再次,我们观察 OFDI 企业与非 OFDI 企业在同一个目的地市场上(within-destination)的出口销售分布,即分析对于特定的目的地市场,两类企业的出口产品范围与销售分布存在什么样的关系。如图 5-23 所

---

① 样本中的 OFDI 企业没有"32-产品"的企业。

示,以 2013 年两类企业向美国出口为例,两类企业的出口产品范围与出口销售分布之间的关系跟前面的总体结果类似。略有差异的是:向美国出口的、位于第 50 百分位数(中位数)的 OFDI 企业销售 3 种产品,而非 OFDI 企业则只销售 2 种产品。这一差异意味着,对于特定目的地市场而言,实施 OFDI 的出口企业可能更加多元化。

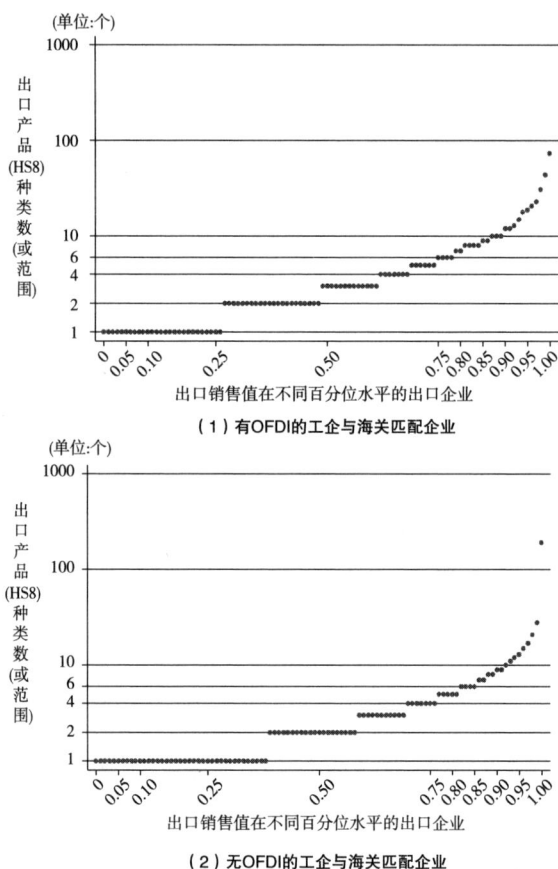

(1)有OFDI的工企与海关匹配企业

(2)无OFDI的工企与海关匹配企业

图 5-23　2013 年中国 OFDI 工业企业与非 OFDI 工业企业对美国的出口比较:出口产品范围与出口销售分布

注:纵坐标表示出口企业的产品范围(scope)即出口产品种类数,其对应的百分位数即为横坐标。横坐标最右边的观测值表示出口销售值在最高百分位数水平的出口企业,比如第 95 百分位表示 95% 的出口企业的产品范围小于此产品范围。

资料来源:笔者基于匹配数据计算作图。

最后，我们观察 OFDI 企业与非 OFDI 企业的同一种产品在不同目的地市场之间（across destination）的销售关系。我们将中国最大的贸易伙伴与 OFDI 东道国美国作为参照国（参照市场），同时再观察其他市场的情况，结果如表 5-21 所示。相对于非 OFDI 企业，实施 OFDI 的中国工业出口企业在美国市场上最热销产品与其他市场上该种产品的重叠程度较高（80.51%），而且平均每家企业的出口市场个数较多（27.53 个），它们排名第 1—8 名的产品出口到的市场个数占其任何产品所能到达的所有目的地市场总数的比重均较高（80.51% 至 15.60%）。这进一步说明，实施 OFDI 的出口企业更可能倾向于多元化发展。

表 5-21　2013 年中国向美国（参照国）及至少一个其他市场出口一种产品：OFDI 工业企业与非 OFDI 工业企业比较

在参照国的产品排序	重叠程度(%)(1)	最热销产品的重叠程度(%)(2)	每家企业的市场数(3)	企业数(4)	重叠程度(%)(5)	最热销产品的重叠程度(%)(6)	每家企业的市场数(7)	企业数(8)
	OFDI 工业企业				非 OFDI 工业企业			
1	80.51	80.51	27.53	359	79.66	79.66	15.53	37942
2	44.92	79.83	28.42	336	42.09	78.21	16.20	33963
4	23.96	77.64	29.87	277	22.40	75.63	17.76	25023
8	15.60	76.30	33.27	207	13.54	72.82	20.26	14109
16	8.93	75.68	37.86	114	9.22	70.33	23.32	5821
32	6.36	76.41	46.22	51	7.05	67.52	28.89	1705
64	4.12	63.17	44.18	22	5.30	62.90	41.69	373
128	3.73	69.71	48.20	5	3.80	54.60	60.35	78

注：参照国市场上的产品排序是按企业内部不同产品的出口值从大到小排列。第（3）、（7）列的市场数表示每家企业（对应产品特定排序所显示的产品个数）出口的平均市场数；第（1）、（5）列的重叠程度表示特定排序的一种产品的出口市场数占总市场个数（即第（3）、（7）列）的百分比（%）；第（2）、（6）列的最热销产品重叠程度表示企业（对应产品特定排序所显示的产品个数）最热销产品的出口市场数占总市场个数（即第（3）、（7）列）的百分比（%）。
资料来源：笔者基于匹配数据计算而得。

第七节　本章的主要发现与政策启示

中国工业部门（主要是制造业部门）的加工贸易比重要高于其他行

业,但这一比重正趋于下降。与一般贸易相比,加工贸易以出口企业数量、出口产品种类以及出口目的地数量衡量更加专业化一些。所有制结构分解显示,国有企业与中外合资合作企业占总出口的比重趋于下降,而外商独资企业与私营企业的比重趋于上升。以出口企业数量与出口产品种类衡量,私营企业增长得最快,但其平均出口值最低。国有企业的出口企业数量、出口产品种类以及出口目的地数量是最少的。

中国大多数工业出口企业仅仅出口一至两种产品、仅仅向一至两个目的地市场出口。随着出口产品种类与出口目的地市场数量的增加,相应的企业的数量所占比重则趋于下降,从而呈现出典型的帕累托分布特征。但出口产品与目的地市场两个维度上的联合分布表明,"多产品—多市场"的企业在很大程度上解释了中国工业出口的水平与增长;与从事一般贸易的企业相比,从事加工贸易的企业在出口产品与出口市场方面更加专业化、在出口值方面越来越集中化(出口集中度在提高)。

中国"多产品"工业企业的出口集中于少数热销产品,而冷门产品的销售只占多产品出口企业的很小份额;产品越热销(按出口值排序),其销售就越集中于热销市场。在这方面,中国企业与外国企业没有本质的差别。大多数出口企业的产品范围较为狭窄。出口企业的产品范围是一个离散变量,其总体分布形状近似幂律分布。一家企业在一个市场上的热销产品也同时是其他市场上的热销产品,而且那些销售好的产品往往销往更多的市场。

我们把中国工业企业的出口增长分解为三个维度的广延边际与集约边际。持续出口的企业向持续的市场出口持续的产品在很大程度上解释了中国工业出口增长。这意味着三个层面上的集约边际所起的作用最大。但对于不同贸易模式与不同的所有制企业,也存在一些差异。外资企业以及加工贸易的出口市场变动较小,这似乎证明它们有比较固定的市场与供应链条。

从流量看,中国内地的 OFDI 发展速度惊人,2015 年占全球的比重排在美国和日本之后;从存量看,中国内地位居全球第十位。无论以流量还是以存量衡量、以 OFDI 还是以 IFDI 衡量,美国都是世界头号投资热土,也是中国企业 OFDI 的首选地。中国企业 OFDI 的增长主要是因为企业与东道国两个维度的广延边际增长所致,也就是主要通过企业大规模进出 OFDI 市场实现的,集约边际(即持续存在企业向持续的东道国进行投资)的贡献微乎其微。中国实施 OFDI 的企业大多是从事加工贸易及保税区和出口加工区贸易的企业,但这些企业有近 50%是没有所有制信息的。以产品与目标市场衡量,实施 OFDI 的企业相对于未实施 OFDI 企业更可能倾向于多元化发展。相对于拥有不同产品范围的非 OFDI 企业,OFDI 企业最热销产品的平均出口值较大。

本章的研究结果具有深刻的政策含义。首先,理解不同类型企业、贸易模式、OFDI 在中国贸易出口与 OFDI 增长中的相对重要性有助于重新审视与改进中国宏观水平上的对外贸易和对外投资政策与战略。由于存在微观水平上的企业异质性,因此在制定和实施相关贸易和投资的政策与战略时"自下而上"式的机制应该给予更多的关注。对于任何一个国际化(出口或 OFDI)的企业而言,确定产品(或业务)与目标市场的组合是一项具有较高潜在收益与风险的决策。产品(或业务)与目标市场的切换使得企业能够平衡风险和收益,从而能够在瞬息万变的市场中生存下来。在宏观层面,改革开放与自由化导致的贸易与投资增长将具有重要的经济含义,因为这意味着经济活动将重新配置并得到更加有效的利用。

其次,中国近年来 OFDI 的发展令人瞩目,其行业与东道国分布应有其内在作用机制。重要的是,一方面应该鼓励市场机制的作用,另一方面也应考虑中国目前的特殊背景——资本账户没有完全开放。在目前中国经济处于低迷、困难加剧、风险陡增的情况下,不排除可能存在的以 OFDI 形式发生的资本外逃(资产转移)现象。为什么会存在这一现象? 可能需要我们更多地从宏观层面与制度层面寻找答案,而不是一味地埋怨企业与市场。但无论如何,这一问题对于目前及未来很长一段时间的中国经济而言尤为紧要。

附　录

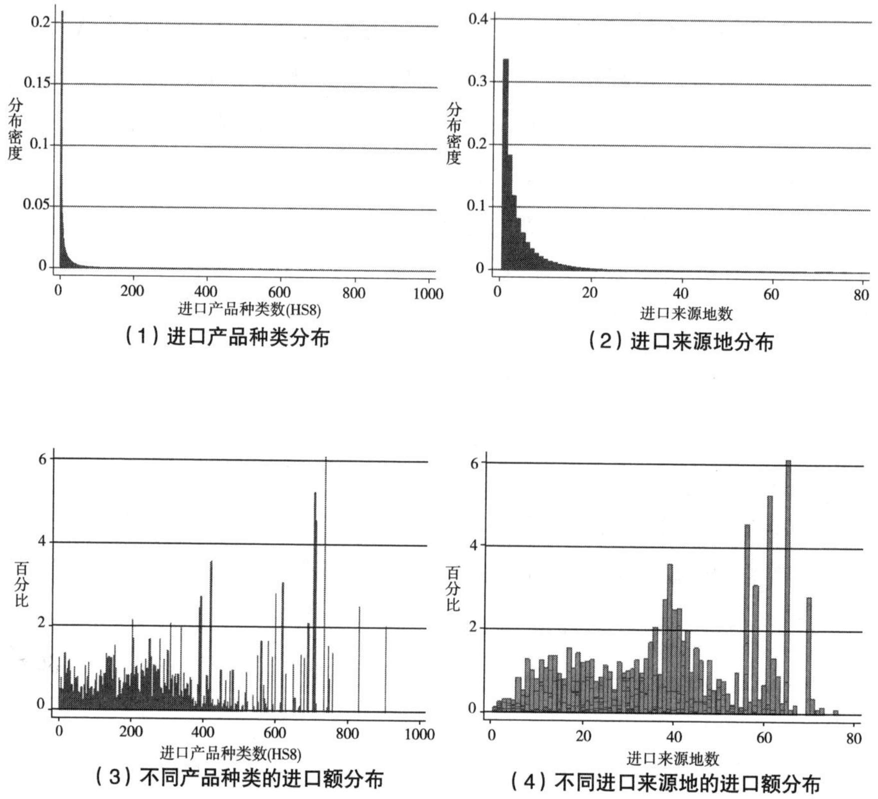

（1）进口产品种类分布

（2）进口来源地分布

（3）不同产品种类的进口额分布

（4）不同进口来源地的进口额分布

图 5A-1　2000—2013 年中国工业企业进口的产品（HS 八分位）种类与市场分布

资料来源：笔者基于匹配数据制作。

(单位:千美元)

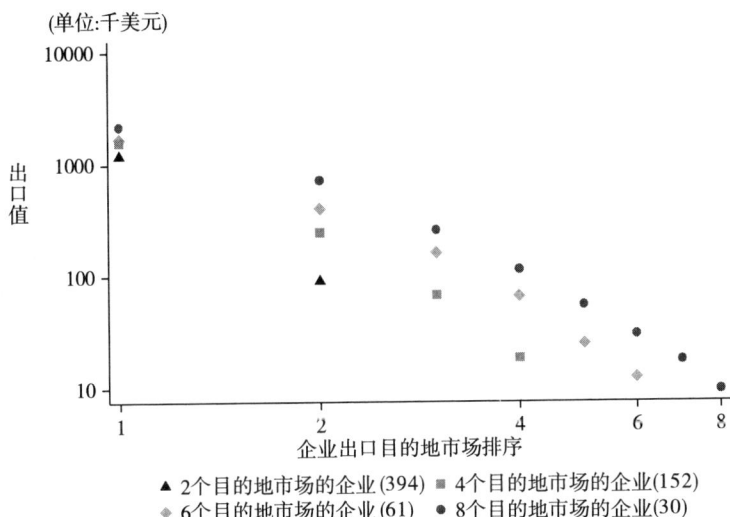

图 5A-2 2013 年中国工业企业的"HS61103000"产品出口不同目的地市场

注:HS 61103000 为"化纤制针织钩编套头衫、开襟衫、外穿背心等",该产品 2013 年出口 153.8 亿美元,排名第 14 位,是当年中国出口量最大的纺织产品。企业分为四类,分别为拥有 2 个目的地市场的企业、4 个目的地市场的企业、6 个目的地市场的企业、8 个目的地市场的企业,括号中的数值表示相应类别的企业个数。

资料来源:笔者基于数据计算制作。

表 5A-1 2013 年中国工业企业的"HS61103000"产品出口到不同市场

市场排名	拥有不同数量目的地市场的企业：四类企业及其出口值（百万美元）			
	2	4	6	8
1	1.1952	1.5899	1.6690	2.2008
2	0.0908	0.2474	0.4027	0.7226
4		0.0186	0.0660	0.1141
6			0.0124	0.0300
8				0.0096
排名第一市场的销售值占比（%）	92.94	82.64	71.39	64.61
出口总值（百万美元）	1.2860	1.9238	2.3377	3.4064

注:HS 61103000 为"化纤制针织钩编套头衫、开襟衫、外穿背心等",该产品 2013 年出口 153.8 亿美元,排名第 14 位,是当年中国出口量最大的纺织产品。企业分为四类,分别为拥有 2 个目的地市场的企业、4 个目的地市场的企业、6 个目的地市场的企业、8 个目的地市场的企业。

资料来源:笔者基于数据计算而得。

第六章　中国工业企业经济绩效：
水平、结构与动态

本章将围绕前面章节讨论的企业国际化不同方式特别是国际贸易与国际投资两大维度，从总体、所有制形式、隶属关系、行业结构、地区等多个视角，评估中国工业企业的经济绩效表现及其动态变化。我们按照第三章介绍的方法，重点关注企业的全要素生产率(TFP)，同时兼顾企业的单要素生产率、相关财务指标以及就业、要素密集度等。本章只是一个全景式的描述，不涉及企业国际化与经济绩效之间的因果关系问题。对于这一问题，后面的章节将加以研究。

第一节　企业经济绩效：总体观察

在展开分析之前，我们需要在前面第三章的基础上进一步明确用来衡量中国工业企业经济绩效的主要指标。由于本项研究使用的中国工业企业数据样本期是1998—2013年，其间一些指标或口径发生了比较大的变化，因此有必要说明以下几点：第一，"规模以上工业企业"的涵盖范围发生了变化[①]；第二，由于2008年及之后数据中缺失了固定资产净值和中间投入信息，所以我们只能对1998—2007年期间的企业测算TFP值；第三，企业的工业增加值信息在很多年份（比如2001、2004、2008、2009、2011—2013年）是缺失的，因此我们主要基于总产值而非增加值来测算企业的TFP；第四，整个样本时期都有的关键变量为工业总产值、就业、工

---

① 参见第三章第四节的讨论。

业销售值、出口交货值以及一些主要财务指标。基于此，我们将用来衡量中国工业企业经济绩效的主要指标及其界定总结如表 6-1 所示。企业经济绩效指标主要包括 TFP 和单要素生产率（资本和劳动生产率）以及资产利润率、净资产利润率、资产负债率等财务绩效指标。除此之外，我们的分析还涉及企业的基本特征指标，主要包括资本密集度、就业（反映企业规模）以及以不同方式衡量的企业国际化指标。[1]

　　基于表 6-1 的相关指标，我们首先分析总体样本，具体结果如表 6-2、图 6-1 所示。首先，在样本时期里，中国工业企业的平均 TFP 是趋于上升的，从 1998 年的 1.428 升至 2007 年的 1.674，上升了 17.2%；但可能由于受到中国加入 WTO 的冲击，平均 TFP 在 2000 年之后出现短暂的下降，随后开始回升。与此同时，中国工业企业的平均资本生产率与平均劳动生产率也是趋于上升的，且期末相对于期初分别上升了 54.7%、309%。可以看出，劳动生产率的上升速度最快，大大超过资本生产率与全要素生产率的增速。

　　由于缺乏 2008 年及之后的数据，因此，我们无法准确判断全球金融危机之后中国工业企业 TFP 的状况。但从全要素生产率与劳动生产率的关系，我们大致可以推测这期间中国工业企业效率的变化。已有文献表明，当资本—劳动比率可变时，劳动生产率增长率和全要素生产率增长率之间的差别是很大的。[2] 比如，杨（Young，1992）就发现东亚经济体的 TFP 增长率接近于零，但劳动生产率增长率却非常高。也就是说，这个地区的成功或奇迹靠的是汗水或勤奋（perspiration），而不是灵感或创新（inspiration）。通过大规模投资使得资本迅速积累，资本—劳动比和增量

---

　　① 关于企业国际化指标的讨论，还可以参见第三章第三节以及第三章附录表 3A-3。

　　② 根据索罗（Solow，1957）的增长核算模型，可以看出劳动生产率和全要素生产率之间的差别。假定生产函数为：$Q = A(t)f(K, L)$，令 q 表示劳动生产率（$= Q/L$），k 表示资本—劳动比（$= K/L$），s_l、s_k 分别为劳动和资本的产出弹性。如果假定规模报酬不变即 $s_l = 1 - s_k$，则有 $\dfrac{dq}{q} = \dfrac{dA}{A} + s_k\left(\dfrac{dk}{k}\right)$。这表明，劳动生产率增长率等于全要素生产率增长率再加上资本产出弹性与资本—劳动比增长率的乘积。当资本—劳动比上升时，劳动生产率增长率将超过全要素生产率增长率。

表6-1　衡量中国工业企业绩效的主要指标与企业特征指标

维度		指标名称	指标界定	所在期限
企业绩效指标	生产率指标	TFP	全要素生产率(基于半参数方法,参见第三章)	1998—2007
		LP	基于产出的实际劳动生产率(=实际产出/劳动力,千元/人)	1998—2013
		KP	基于产出的实际资本生产率(=实际产出/实资本,千元/千元)	1998—2007
	财务指标	LA	资产负债率(=总负债/总资产比率)	1998—2013
		ROA	资产利润率或总资产报酬率(Return on Assets)(=利润总额/资产总额)	1998—2013
		ROE	净资产利润率或权益报酬率(Return on Equity)(=利润总额/所有者权益(或净资产)总额)	1998—2013
企业基本特征指标	要素投入及规模指标	K_L	资本密集度(=资本/劳动,千元/人)	1998—2007
		L	就业(人数)	1998—2013
	国际化指标	EX_S	出口率(=出口交货值/工业销售产值×100%)	1998—2013
		D_Ie	工业企业数据中的出口虚拟变量(若出口交货值为正,则为1;否则为0)	1998—2013
		D_Ce	海关数据与工业企业数据的匹配数据中的海关出口虚拟变量(若出口为正,则为1;否则为0)	1998—2013
		D_OFDI	对外直接投资虚拟变量(企业若进行OFDI,则为1;否则为0)	1998—2013
		D_CeOfdi	1表示海关数据显示的出口或/和OFDI,否则为0	1998—2013
		D_IeOfdi	1表示工业企业数据显示的出口或/和OFDI,否则为0	1998—2013

注:关于国际化虚拟变量的界定,还可参见第三章第三节以及第三章附录表3A-3。
资料来源:笔者整理而得。

资本产出比(Incremental Capital-Output Ratio,ICOR)不断提高,劳动生产率增长加快,但投资效率持续下降,TFP增长甚微、甚至出现停滞或下降。从表6-2可以看出,在样本时期里,中国工业企业的劳动生产率年均增长率(9.85%)大大高于TFP年均增长率(1.78%);平均资本密集度趋于上升，其年均增长率接近5%。[1]

另外，在样本时期里，中国工业企业的平均出口率即出口交货值占工业销售产值的比重从13.6%上升至17.8%，但其中出现的波折是：在2007年之后趋于下降，并降至2010年的7%，这应该是受到全球金融危机的负面冲击所致。平均资产负债率在样本时期里略有下降，基本处于50%—67%的合理稳健区间。平均资产利润率、净资产利润率趋于上升。[2] 由于该样本时期正好涵盖中国加入WTO的2001年，因此可以初步观察到中国加入WTO所产生的影响。表6-2的结果显示，中国加入WTO与大多数指标的变化存在一定程度上的关系。

表6-2　中国工业企业的绩效表现：总体分析

年份＼指标	TFP	KP	LP	K_L	ROA	ROE	LA	EX_S
1998	1.428	15.94	180.30	72.44	0.039	0.177	0.671	13.6
1999	1.419	15.63	172.04	73.15	0.044	0.146	0.664	13.7
2000	1.44	24.02	195.79	79.18	0.05	0.133	0.649	14.8
2001	1.405	31.06	216.86	82.64	0.081	0.168	0.627	15.6
2002	1.407	36.97	244.58	87.92	−0.11	0.169	0.609	16.2
2003	1.453	29.89	280.03	87.82	0.238	0.184	0.594	16.8
2004	1.529	30.70	307.80	86.82	0.069	0.192	0.601	18.2
2005	1.58	27.99	359.21	103.06	0.093	0.245	0.573	16.8
2006	1.639	26.47	422.66	107.81	0.098	0.258	0.564	15.9
2007	1.674	30.79	489.04	112.12	0.119	0.314	0.555	14.9
2008	—	—	508.90	—	0.134	0.323	0.554	13.1
2009	—	—	596.42	—	0.151	0.337	0.535	12.2

---

[1]　如果基于前一个脚注的增长公式 $\dfrac{dq}{q} = \dfrac{dA}{A} + s_k\left(\dfrac{dk}{k}\right)$ 进行回归分析，我们可以得到1998—2007年中国工业企业的资本产出弹性为0.47、劳动产出弹性为0.53。

[2]　净资产利润率（权益报酬率）用来评价企业投资者投入企业的资本获取净收益的能力。该指标在中国评价上市公司业绩综合指标的排序中居于首位。一般认为，企业净资产收益率越高，企业的运营效益越好，对投资者、债权人的保证程度越高。对该指标的综合对比分析，可以看出企业获利能力在同行业中所处的地位，以及与同类企业的差异水平。

续表

年份＼指标	TFP	KP	LP	K_L	ROA	ROE	LA	EX_S
2010	—	—	651.57	—	0.166	0.324	0.510	7.0
2011	—	—	1018.75	—	0.256	0.487	0.508	18.2
2012	—	—	1100.79	—	0.449	0.451	0.511	18.8
2013	—	—	737.84	—	0.199	0.462	0.509	17.8
年均增长率(%)	1.78	7.59	9.85	4.97	—	—	—	1.81

注:TFP(水平值)、ROA、ROE、LA、EX_S、K_L(千元/人)、KP、LP 分别表示企业的 TFP 水平值、资产利润率、净资产利润率、资产负债率、出口率、资本密集度、资本生产率与劳动力生产率,相关指标解释见表 6-1,下同。2008 年及之后的数据缺少有关资本的信息,因此 TFP、K_L、KP 无法计算出来。由于企业 ROE 的方差很大,尤其表现在 2011 年和 2013 年,因此,我们将该指标平均值计算限定在大于-500 且小于 500 之间的样本范围(ROE 大于且等于 500 的企业数为总样本的 0.65%,小于且等于-500 的企业仅 211 家、全部样本数为 4226537 家企业)。年均增长率=(期末/期初)$^{1/(t-1)}$-1,t 为年数。

资料来源:笔者计算而得。

最后,由于我们采用的是大样本数据(样本数参见附录表 6A-1),因此为了全面展示相应指标的分布特征和动态变化,我们借助于核密度函数图来加以比较分析。从图 6-1 可知,期末相对于期初,企业的 TFP、单要素生产率与资本密集度的密度曲线均向右移动,即意味着这些指标趋于上升。但企业的资产利润率、净资产利润率、资产负债率、出口率等指标则表现出较大的离散性,期末相对于期初的变化很难从图中直观地观察到,需要进一步分析。

（1）全要素生产率（TFP）（对数值）　　（2）劳动生产率（LP）（对数值）

图 6-1　中国工业企业的经济绩效与特征:基于总体样本的比较

（3）资本生产率（KP）（对数值）

（4）资产利润率（ROA）

（5）净资产利润率（ROE）

（6）资产负债率（LA）

（7）出口率（EX_S）

（8）资本密集度（K_L）（对数值）

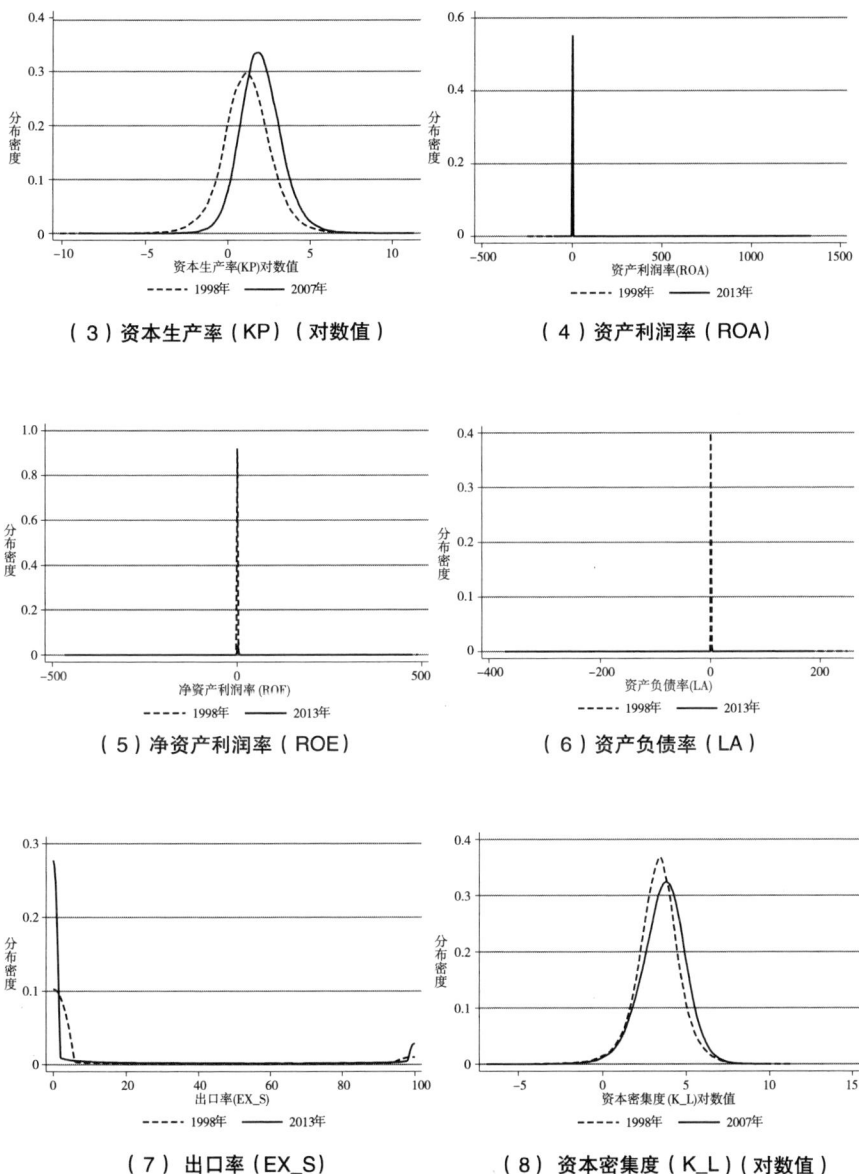

图6-1 中国工业企业的经济绩效与特征:基于总体样本的比较

注:由于企业 ROE 的方差很大,尤其表现在 2011 年和 2013 年,因此,我们将该指标平均值计算限定
在大于-500 且小于 500 之间的样本范围(ROE 大于且等于 500 的企业数为总样本的 0.65%、小
于且等于-500 的企业仅 211 家,全部样本数为 4226537 家企业)。

资料来源:笔者基于数据制作。

第二节　企业经济绩效：国际化与否的差异

我们基于不同的国际化方式，观察国际化企业与非国际化企业之间的差异，并考虑不同的所有制、隶属关系、行业及地区差异。

一、总体视角

在1998—2013年间，中国工业企业中的出口企业的平均出口率呈现先升后降趋势，从1998年的60%升至2004年的64%，随后开始下降，到2013年降至不足52%（见图6-2）。

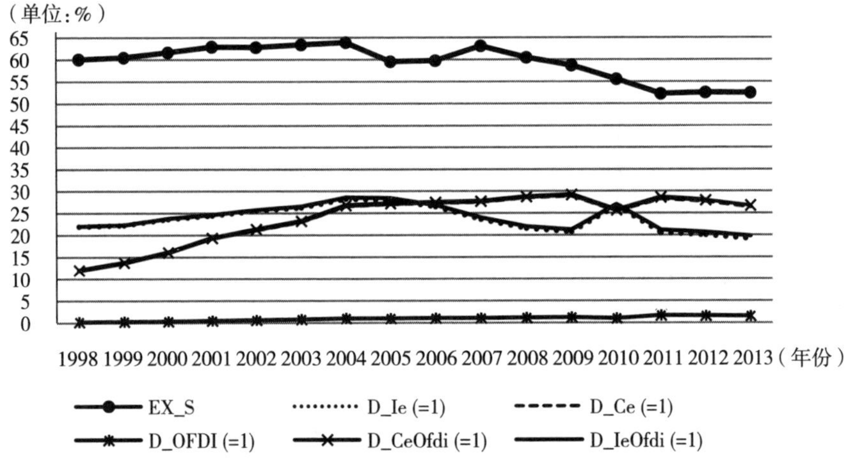

图6-2　中国工业企业的国际化趋势

注：EX_S表示工业企业数据库中显示的出口企业（不含非出口企业）的出口率（%），D_Ie（=1）、D_Ce（=1）、D_OFDI（=1）、D_CeOfdi（=1）、D_IeOfdi（=1）分别表示以特定数据库显示的国际化企业个数占全部企业个数的比重（%），见表6-1。

资料来源：笔者基于数据计算制作。

中国工业企业数据库中显示的出口企业个数占全部企业个数比重也呈先升后降趋势，即从1998年22%升至2004年的28%，随后降至2013年的不足20%。中国海关数据与工业企业数据的匹配数据显示的海关出口企业个数所占比重呈现先升后稳态势，即从1998年的12%升至2004年的27%，随后基本保持在这一水平上下。中国OFDI企业个数占全部企业的比重持续上升,从 1998 年的 0.22%升至 2013 年的 1.6%。中国工业企业数据与 OFDI 数据的匹配数据显示的国际化(出口或/和 OFDI)企业个数占比(1998 年为 22.06%、2013 年为 19.79%)、中国海关数据和工业企业数据匹配再与 OFDI 数据匹配的结果显示的国际化(出口或/和 OFDI)企业个数占比(1998 年为 12.06%、2013 年为 26.7%)呈现的变化趋势基本上与各自不考虑 OFDI 方式的变化趋势相同,因为 OFDI 企业占比相对较低。

我们以不同的国际化口径进行统计发现(见表 6-3),在不假定方差相同的情况下,t 检验国际化企业的平均 TFP 均显著低于非国际化企业(低的幅度在 5.1%—9.2%),但二者都是趋于上升的、年均增长率基本相当(1.8%左右)。国际化企业的资产负债率平均低于非国际化企业。而两类企业的资产利润率、净资产利润率、劳动生产率、资本密集度的高低取决于国际化方式界定。比如,OFDI 企业的资本密集度、劳动生产率比非 OFDI 企业高;而工业企业数据显示的出口企业(D_Ie=1)的劳动生产率则比非出口企业低、资本密集度差异不显著。

表 6-3 中国工业企业的经济绩效:国际化与非国际化的比较

		非国际化企业				国际化企业				t 检验差异整个样本期
		1998	2004	2007	2013	1998	2004	2007	2013	
D_Ie	TFP	1.450	1.551	1.706	—	1.361	1.480	1.582		0.092*
D_Ce	TFP	1.435	1.544	1.694	—	1.375	1.487	1.617		0.051*
D_OFDI	TFP	1.428	1.531	1.676	—	1.274	1.396	1.531		0.083*
D_CeOfdi	TFP	1.435	1.544	1.694	—	1.374	1.486	1.618		0.051*
D_IeOfdi	TFP	1.450	1.552	1.707	—	1.361	1.479	1.583		0.091*
D_Ie	ROE	-0.258	-1.129	0.277	64.863	0.118	0.645	-0.026	0.170	-22.49
D_Ce	ROE	-0.199	-1.084	0.274	70.852	0.011	0.630	0.024	1.274	13.93***
D_OFDI	ROE	-0.174	-0.635	0.199	53.207	0.119	0.193	0.720	0.109	10.67***
D_CeOfdi	ROE	-0.199	-1.087	0.274	71.131	0.011	0.627	0.026	1.264	13.97***
D_IeOfdi	ROE	-0.258	-1.136	0.277	65.359	0.118	0.641	-0.021	0.178	-21.99
D_Ie	ROA	0.042	0.074	0.132	0.223	0.029	0.055	0.076	0.097	0.006
D_Ce	ROA	0.041	0.075	0.135	0.227	0.024	0.053	0.078	0.120	-0.001

续表

		非国际化企业				国际化企业				t检验差异 整个样本期
		1998	2004	2007	2013	1998	2004	2007	2013	
D_OFDI	ROA	0.039	0.069	0.119	0.200	0.058	0.070	0.089	0.114	−1.304
D_CeOfdi	ROA	0.041	0.075	0.135	0.228	0.024	0.053	0.079	0.121	−0.0002
D_IeOfdi	ROA	0.042	0.074	0.133	0.224	0.029	0.055	0.077	0.099	0.007
D_Ie	LA	0.683	0.606	0.551	0.497	0.631	0.590	0.569	0.563	0.005*
D_Ce	LA	0.685	0.611	0.552	0.494	0.574	0.573	0.563	0.553	0.027*
D_OFDI	LA	0.671	0.601	0.555	0.509	0.552	0.580	0.571	0.545	0.048*
D_CeOfdi	LA	0.685	0.611	0.552	0.494	0.574	0.573	0.563	0.553	0.028*
D_IeOfdi	LA	0.683	0.606	0.551	0.497	0.631	0.590	0.569	0.562	0.006*
D_Ie	LP	165.7	312.6	507.1	729.1	231.9	295.6	430.7	774.6	27.34*
D_Ce	LP	166.6	289.7	476.6	749.4	280.4	357.8	521.8	705.6	−103.18*
D_OFDI	LP	180.1	306.3	487.2	725.4	280.6	450.2	645.3	1517.4	−1080.9*
D_CeOfdi	LP	166.6	289.4	476.1	741.8	280.3	358.2	522.7	726.9	−115.22*
D_IeOfdi	LP	165.6	311.7	505.4	720.9	232.1	298.2	437.4	806.1	−15.65
D_Ie	K_L	59.99	68.84	87.37		82.15	66.83	81.71	—	0.184
D_Ce	K_L	58.55	62.91	82.29	—	116.46	83.89	96.40	—	−26.49*
D_OFDI	K_L	65.50	67.98	85.62		89.14	93.77	113.78	—	−30.74*
D_CeOfdi	K_L	58.54	62.80	82.19		116.42	84.10	96.60	—	−27.58*
D_IeOfdi	K_L	59.97	68.64	87.12	—	82.14	67.31	82.50	—	−0.448

注:D_Ie、D_Ce、D_OFDI、D_CeOfdi、D_IeOfdi分别表示以特定数据库显示的国际化方式(国际化等于1,否则等于0),见表6-1。不再列出资本生产率KP。限于篇幅,有些年份数据略。在不假定方差相同的情况下,t检验非国际化企业与国际化企业之间是否存在差异(非国际化企业的值减去国际化企业的值),*、**、***分别表示在1%、5%、10%的水平上显著;检验的两个样本期间分别为1998—2007年、1998—2013年。"—"表示数据缺失。

资料来源:笔者基于数据计算而得。

　　进一步地,我们以2007年企业TFP为例,比较不同口径(基于表6-2)界定的国际化企业与非国际化企业的TFP分布特征,结果如图6-3所示。可以看到,不管以何种口径界定国际化(出口/OFDI)与否,两类企业的TFP分布都很类似,但国际化企业与非国际化企业相比并未显示出较高的TFP水平,这进一步证实了前面的发现。

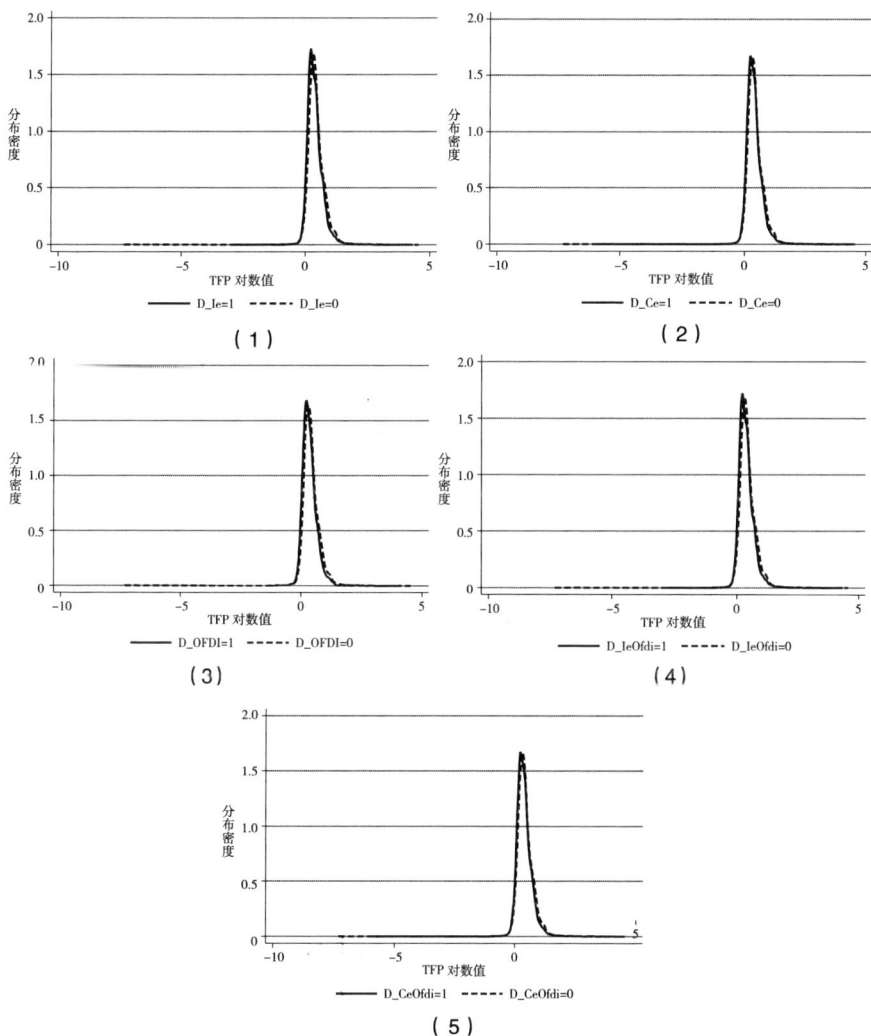

（1）

（2）

（3）

（4）

（5）

图6-3　2007年中国国际化企业与非国际化企业的 TFP 比较

注:关于界定企业国际化的不同口径和方法,参见表6-2。

资料来源:笔者基于数据计算制作。

二、不同所有制视角

我们分国有绝对控股、国有相对控股及其他三种所有制进行考察,考虑国际化与非国际化两种情形,并重点关注企业 TFP。

第一,观察中国工业企业的基本所有制结构。表 6-4 报告的内容涉及两个指标、五种国际化界定口径。第一个指标是国际化企业占相应所有制企业个数比重。[①] 可以看出,国有绝对控股企业中以 OFDI 界定的国际化企业所占比重在 2004 年之后是所有类型企业该项比重最高的(2013 年达到 2.12%),但以其他口径界定的国际化企业占相应所有制企业个数比重最高的是其他所有制企业包括民营企业和外资企业(2013 年在 19%—28%之间)。从趋势看,所有类型企业的 OFDI 企业占比均趋于上升。以其他国际化口径衡量,国有绝对控股的国际化企业占比趋于上升,而其他所有制国际化企业占比趋于下降。国有相对控股的国际化企业占比的变化趋势取决于国际化口径的选择:以工业企业数据(及与 OFDI 合并数据)显示,该指标趋于下降;以海关合并数据(及与 OFDI 合并数据)显示,该指标趋于上升。

表 6-4 中国工业企业的所有制结构与国际化

(单位:%)

			1998	2001	2004	2007	2010	2013
国际化企业占相应所有制企业个数比重	D_Ie	国有绝对控股	12.79	12.35	12.30	16.07	19.46	13.54
		国有相对控股	16.84	14.43	13.18	11.61	13.25	11.79
		其他	38.90	33.52	31.88	25.15	28.48	19.67
	D_Ce	国有绝对控股	5.89	9.64	13.34	21.07	15.89	18.81
		国有相对控股	4.48	6.64	9.64	12.83	10.89	16.98
		其他	27.75	28.26	30.11	29.24	27.77	27.05
	D_OFDI	国有绝对控股	0.18	0.41	0.78	1.53	1.15	2.12
		国有相对控股	0.09	0.19	0.40	0.70	0.61	1.62
		其他	0.42	0.76	1.10	1.14	1.03	1.54
	D_CeOfdi	国有绝对控股	5.93	9.71	13.49	21.36	16.11	19.23
		国有相对控股	4.49	6.66	9.68	12.93	10.98	17.34
		其他	27.78	28.36	30.26	29.42	27.91	27.33
	D_IeOfdi	国有绝对控股	12.86	12.50	12.58	16.56	19.83	14.36
		国有相对控股	16.86	14.50	13.34	11.90	13.50	12.49
		其他	39.07	33.81	32.23	25.56	28.84	20.26

---

① 关于不同所有制企业的样本数,参见附录表 6A-2。

续表

			1998	2001	2004	2007	2010	2013
国际化企业占全部所有制国际化企业个数比重	D_Ie	国有绝对控股	21.81	11.97	4.62	4.06	5.51	3.48
		国有相对控股	24.77	12.36	3.89	3.62	3.85	1.43
		其他	53.41	75.68	91.49	92.32	90.64	95.08
	D_Ce	国有绝对控股	18.34	11.85	5.32	4.56	4.69	3.51
		国有相对控股	12.03	7.21	3.02	3.43	3.29	1.50
		其他	69.62	80.94	91.67	92.01	92.01	94.99
	D_OFDI	国有绝对控股	29.91	17.47	8.25	8.05	8.64	6.66
		国有相对控股	12.99	7.03	3.32	4.56	4.65	2.41
		其他	57.10	75.49	88.43	87.39	86.71	90.93
	D_CeOfdi	国有绝对控股	18.43	11.89	5.35	4.59	4.73	3.55
		国有相对控股	12.04	7.20	3.01	3.43	3.30	1.52
		其他	69.53	80.90	91.64	91.97	91.97	94.93
	D_IeOfdi	国有绝对控股	21.85	12.01	4.67	4.11	5.55	3.58
		国有相对控股	24.72	12.31	3.89	3.65	3.87	1.47
		其他	53.44	75.67	91.44	92.24	90.58	94.95

资料来源:笔者基于数据计算而得。

再看第二个指标即国际化企业占全部所有制国际化企业个数比重。无论以何种国际化度量指标衡量,其他所有制国际化企业占比都是最高的,且在样本时期里趋于上升,到2013年比重达到90%以上;而国有绝对控股和相对控股国际化企业占比则是下降的,到2013年二者的比重均在10%以下。

第二,仅从工业企业数据库的出口企业来看,出口交货值占工业销售产值的比重最低的是国有绝对控股企业,其次是国有相对控股企业,其他所有制企业的该项比重最高。但三者在样本时期里均呈下降趋势,分别从34%降至22%、从57%降至42%、从72%降至54%。降速最快的是国有绝对控股出口企业(-2.8%),最慢的是其他类型所有制企业(-1.9%),见图6-4。

第三,比较不同所有制企业的TFP。表6-5显示,不管以何种指标界定国际化,其他所有制企业的平均TFP都显著高于国有绝对或相对控股企业(在非国际化企业中的高出幅度为3%—4%、在国际化企业中的高出

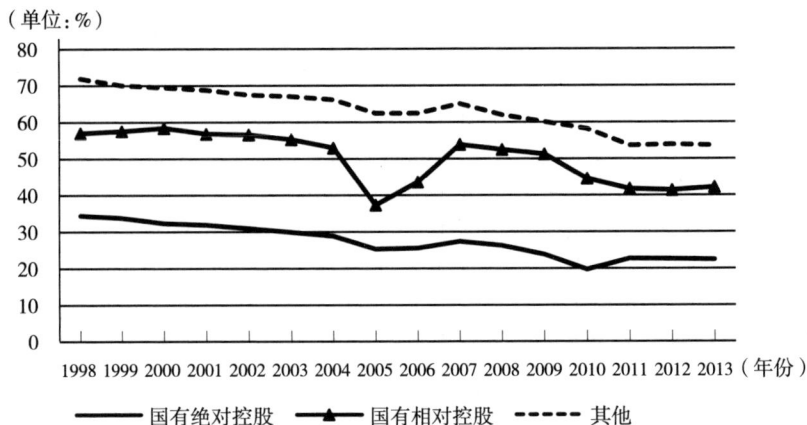

（单位：%）

图 6-4　中国不同所有制工业企业的出口绩效

资料来源：笔者基于数据计算制作。

幅度为 5%—7%）；不管是何种所有制，国际化企业的 TFP 基本上都显著低于非国际化企业，低的幅度在 3%—16% 之间。

表 6-5　中国不同所有制企业的 TFP：国际化与非国际化的比较

		非国际化企业				国际化企业				t 检验国际化与否的差异		
		国有绝对控股	国有相对控股	其他	t 检验	国有绝对控股	国有相对控股	其他	t 检验	国有绝对控股	国有相对控股	其他
D_Ie	1998	1.482	1.455	1.401	-0.04*	1.308	1.351	1.387	-0.07*	0.16*	0.08*	0.09*
	2001	1.452	1.445	1.41		1.312	1.371	1.344				
	2004	1.621	1.564	1.542		1.382	1.528	1.482				
	2007	1.779	1.711	1.702		1.528	1.663	1.582				
D_Ce	1998	1.465	1.439	1.394	-0.04*	1.297	1.359	1.399	-0.05*	0.08*	0.03*	0.06*
	2001	1.438	1.44	1.399		1.363	1.339	1.355				
	2004	1.6	1.566	1.535		1.478	1.492	1.487				
	2007	1.758	1.713	1.69		1.618	1.651	1.616				
D_OFDI	1998	1.453	1.436	1.396	-0.03*	1.214	1.223	1.316	-0.06*	0.15*	0.04	0.08*
	2001	1.43	1.434	1.388		1.254	1.282	1.292				
	2004	1.581	1.559	1.524		1.303	1.379	1.404				
	2007	1.723	1.705	1.672		1.527	1.538	1.531				

续表

		非国际化企业				国际化企业				t检验国际化与否的差异		
		国有绝对控股	国有相对控股	其他	t检验	国有绝对控股	国有相对控股	其他	t检验	国有绝对控股	国有相对控股	其他
D_CeOfdi	1998	1.465	1.439	1.394	-0.04*	1.296	1.359	1.399	-0.05*	0.08*	0.03*	0.06*
	2001	1.438	1.44	1.399		1.363	1.339	1.354				
	2004	1.601	1.566	1.536		1.476	1.492	1.487				
	2007	1.758	1.712	1.689		1.622	1.656	1.617				
D_IeOfdi	1998	1.482	1.455	1.401	-0.04*	1.308	1.351	1.387	-0.07*	0.16*	0.08*	0.09*
	2001	1.452	1.445	1.411		1.313	1.371	1.344				
	2004	1.622	1.564	1.542		1.381	1.526	1.482				
	2007	1.778	1.711	1.703		1.536	1.666	1.582				

注：非国际化企业、国际化企业的内部不同所有制t检验主要检验国有绝对和相对控股企业与其他所有制的差异。t检验不假定方差相同；t检验国际化与否的差异是不同所有制的非国际化与国际化企业之间是否存在差异（即非国际化企业的值减去国际化企业的值），* 表示在1%水平下显著；t检验的样本期间为1998—2007年。

资料来源：笔者基于数据计算而得。

　　第四，比较不同所有制企业的资本密集度。表6-6表明，在样本时期里，其他所有制企业的平均资本密集度呈现先降后升态势，这主要受中国加入 WTO 的影响，市场化企业将顺应比较优势的现状和变化。而国有绝对控股企业的资本密集度则持续上升。另外，对于国际化企业，国有绝对或相对控股企业的平均资本密集度显著高于其他所有制企业。不管何种所有制，国际化企业的平均资本密集度基本上都显著高于非国际化企业（但工业企业数据及其与 OFDI 数据的匹配数据显示的其他所有制企业中的国际化企业平均资本密集度则低于国际化企业）。

表6-6　中国不同所有制企业的资本密集度：国际化与非国际化的比较

		非国际化企业				国际化企业				t检验国际化与否的差异		
		国有绝对控股	国有相对控股	其他	t检验	国有绝对控股	国有相对控股	其他	t检验	国有绝对控股	国有相对控股	其他
D_Ie	1998	58.5	47.8	78.6	-8.6*	77.1	51.6	98.3	11.3*	-29.7*	-1.5***	4.6*
	2001	79.6	50.5	68.1		100.0	53.5	67.4				
	2004	102.1	61.0	66.1		136.7	80.7	62.8				
	2007	145.8	74.9	85.5		190.1	71.8	77.5				

续表

		非国际化企业				国际化企业				t检验国际化与否的差异		
		国有绝对控股	国有相对控股	其他	t检验	国有绝对控股	国有相对控股	其他	t检验	国有绝对控股	国有相对控股	其他
D_Ce	1998	56.5	46.6	76.1	-6.2*	128.5	88.8	118.3	45.2*	-75.3*	-54.9*	-19.5*
	2001	75.8	47.1	59.9		134.5	101.4	90.1				
	2004	95.8	54.4	60.5		165.8	145.0	76.9				
	2007	136.9	68.9	80.9		207.1	108.4	90.4				
D_OFDI	1998	61.5	48.4	86.5	-4.8*	99.2	115.6	77.8	86.5*	-108.4*	-93.8*	-18.3*
	2001	82.7	50.8	67.7		152.3	131.4	78.8				
	2004	107.6	63.4	64.8		181.4	211.1	82.6				
	2007	155.0	74.1	83.2		223.7	132.6	103.9				
D_CeOfdi	1998	56.5	46.5	76.1	-6.2*	128.3	89.0	118.3	45.6*	-76*	-55.3*	-19.6*
	2001	75.8	47.1	59.8		134.4	101.5	90.2				
	2004	95.5	54.3	60.4		166.7	145.1	77.1				
	2007	136.3	68.7	80.8		208.1	109.2	90.5				
D_IeOfdi	1998	58.5	47.8	78.6	-8.6*	77.2	51.7	98.2	11.5*	-30.4*	-2.2**	4*
	2001	79.5	50.4	68.0		100.2	53.8	67.5				
	2004	101.8	60.7	65.9		137.3	81.9	63.3				
	2007	145.4	74.6	85.3		190.6	73.5	78.2				

注:非国际化企业、国际化企业的内部不同所有制 t 检验主要检验国有绝对和相对控股企业与其他所有制的差异。t 检验不假定方差相同;t 检验国际化与否的差异是不同所有制的非国际化与国际化企业之间是否存在差异(即非国际化企业的值减去国际化企业的值),* 、** 、*** 分别表示在 1%、5%、10% 水平下显著;t 检验的样本期间为 1998—2007 年。

资料来源:笔者基于数据计算而得。

第五,比较不同所有制企业的财务指标。表 6-7 显示,其他所有制企业的平均资产利润率(ROA)显著高于国有绝对或相对控股企业(高出幅度为 10% 左右),尤其在中国加入 WTO 之后,这一现象尤为明显。对于国有相对控股企业,国际化企业的平均 ROA 显著低于非国际化企业;而对于其他两类所有制而言,国际化企业与非国际化企业的平均 ROA 均没有显著差异。

表 6-7　中国不同所有制企业的资产利润率（ROA）：国际化与非国际化的比较

		非国际化企业				国际化企业				t检验国际化与否的差异		
		国有绝对控股	国有相对控股	其他	t检验	国有绝对控股	国有相对控股	其他	t检验	国有绝对控股	国有相对控股	其他
D_Ie	1998	-0.028	0.11	0.064	-0.12**	-0.016	0.06	0.033	-0.1***	-0.03	0.05*	0.02
	2004	-0.004	0.115	0.082		0.015	0.069	0.057				
	2007	0.039	0.138	0.139		0.036	0.081	0.078				
	2013	0.065	0.208	0.233		0.03	0.111	0.099				
D_Ce	1998	-0.028	0.104	0.061	-0.12*	0.006	0.04	0.027	-0.11**	-0.04	0.06*	0.02
	2004	-0.005	0.115	0.082		0.018	0.053	0.055				
	2007	0.039	0.138	0.142		0.038	0.085	0.08				
	2013	0.064	0.213	0.237		0.043	0.116	0.123				
D_OFDI	1998	-0.026	0.101	0.052	-0.09**	0.04	0.044	0.07	-1.57	-0.06	0.05*	-1.48
	2004	-0.002	0.109	0.074		0.043	0.065	0.073				
	2007	0.038	0.131	0.124		0.06	0.086	0.091				
	2013	0.061	0.198	0.208		0.035	0.096	0.121				
D_CeOfdi	1998	-0.028	0.104	0.061	-0.12*	0.006	0.04	0.027	-0.11**	-0.04	0.06*	0.02
	2004	-0.005	0.115	0.082		0.018	0.053	0.055				
	2007	0.039	0.138	0.142		0.038	0.085	0.08				
	2013	0.064	0.214	0.238		0.043	0.116	0.124				
D_IeOfdi	1998	-0.028	0.11	0.064	-0.12**	-0.016	0.06	0.033	-0.1***	-0.03	0.05*	0.02
	2004	-0.004	0.115	0.082		0.015	0.069	0.057				
	2007	0.039	0.138	0.139		0.037	0.081	0.078				
	2013	0.065	0.209	0.233		0.03	0.112	0.101				

注：非国际化企业、国际化企业的内部不同所有制 t 检验主要检验国有绝对和相对控股企业与其他所有制的差异。t 检验不假定方差相同；t 检验国际化与否的差异是不同所有制的非国际化与国际化企业之间是否存在差异（即非国际化企业的值减去国际化企业的值），*、**、*** 分别表示在 1%、5%、10% 水平下显著；t 检验的样本期间为 1998—2013 年。

资料来源：笔者基于数据计算而得。

表 6-8 显示，对于非国际化企业而言，国有绝对或相对控股企业的平均净资产利润率（ROE）均低于其他所有制企业，但这在统计上不显著。对于国际化企业中的 OFDI 企业而言，国有绝对或相对控股企业的平均净资产利润率（ROE）均显著低于其他所有制企业；但对于其他国际化方式而言，两类所有制企业的平均 ROE 并没有显著的差异。不管是何

种所有制,国际化企业的平均 ROE 均不显著地高于非国际化企业。

表 6-8　中国不同所有制企业的净资产利润率(ROE):国际化与非国际化的比较

		非国际化企业				国际化企业				t 检验国际化与否的差异		
		国有绝对控股	国有相对控股	其他	t 检验	国有绝对控股	国有相对控股	其他	t 检验	国有绝对控股	国有相对控股	其他
D_Ie	1998	-0.89	0.18	0.173	-4.97	0.091	0.19	0.095	-31.8	2.88	0.02	-25.3
	2004	-10.3	0.317	0.186		0.099	0.262	0.689				
	2007	-1.8	0.341	0.428		0.004	-0.446	-0.011				
	2013	147.9	2.02	61.9		0.091	4.064	0.115				
D_Ce	1998	-0.785	0.186	0.164	-17	-0.335	0.092	0.088	0.9	0.55	0.42*	18.2***
	2004	-10.4	0.335	0.203		0.103	0.075	0.678				
	2007	-1.9	0.338	0.433		0.032	-0.348	0.038				
	2013	150	2.6	68.1		32.3	0.387	0.134				
D_OFDI	1998	-0.76	0.181	0.143	-11.9	0.084	0.101	0.141	-0.15**	2.38	0.15*	13.1***
	2004	-9.03	0.31	0.348		0.603	0.148	0.157				
	2007	-1.52	0.25	0.312		0.141	0.254	0.798				
	2013	130.4	2.29	50.4		0.083	0.217	0.109				
D_CeOfdi	1998	-0.79	0.186	0.164	-17	-0.333	0.092	0.088	0.9	0.58	0.42*	18.2***
	2004	-10.4	0.335	0.203		0.103	0.075	0.675				
	2007	-1.9	0.338	0.433		0.034	-0.344	0.039				
	2013	150.8	2.652	68.4		31.7	0.385	0.137				
D_IeOfdi	1998	-0.89	0.18	0.173	-5	0.091	0.19	0.095	-31	2.89	0.02	-24.7
	2004	-10.3	0.317	0.186		0.131	0.26	0.683				
	2007	-1.8	0.342	0.428		0.007	-0.427	-0.006				
	2013	149.3	2.03	62.3		0.09	3.85	0.126				

注:非国际化企业、国际化企业的内部不同所有制 t 检验主要检验国有绝对和相对控股企业与其他所
　　有制的差异。t 检验不假定方差相同;t 检验国际化与否的差异是不同所有制的非国际化与国际
　　化企业之间是否存在差异(即非国际化企业的值减去国际化企业的值),*、**、*** 分别表示在
　　1%、5%、10% 水平下显著;t 检验的样本期间为 1998—2013 年。
资料来源:笔者基于数据计算而得。

　　表 6-9 显示,不管企业国际化与否,与国有绝对或相对控股企业相
比,其他所有制企业的平均资产负债率显著较低(基本在 60% 以下),国
有绝对控股企业的平均资产负债率最高(基本在 60% 以上)。对于国有

绝对和相对控股企业而言,国际化企业的平均资产负债率低于非国际化企业。对于其他所有制,国际化企业与非国际化企业的平均资产负债率的差异取决于国际化的界定,比如,OFDI 企业的平均资产负债率低于非OFDI 企业。在样本时期里,国际化企业中的其他所有制企业的平均资产负债率保持稳定,其他情形下的企业的平均资产负债率则趋于下降。

表 6-9　中国不同所有制企业的资产负债率(LA):国际化与非国际化的比较

		非国际化企业				国际化企业				t 检验国际化与否的差异		
		国有绝对控股	国有相对控股	其他	t 检验	国有绝对控股	国有相对控股	其他	t 检验	国有绝对控股	国有相对控股	其他
D_Ie	1998	0.757	0.646	0.609	0.09 *	0.748	0.676	0.562	0.07 *	0.02 *	0.06 **	−0.01 *
	2004	0.738	0.607	0.583		0.681	0.627	0.584				
	2007	0.647	0.571	0.542		0.629	0.615	0.564				
	2013	0.63	0.532	0.488		0.605	0.616	0.56				
D_Ce	1998	0.762	0.653	0.609	0.09 *	0.66	0.627	0.543	0.07 *	0.06 *	0.07 ***	0.01 *
	2004	0.744	0.613	0.59		0.644	0.579	0.569				
	2007	0.651	0.573	0.542		0.616	0.596	0.559				
	2013	0.63	0.54	0.484		0.612	0.552	0.551				
D_OFDI	1998	0.756	0.652	0.591	0.09 *	0.54	0.573	0.554	0.03 *	0.14 *	0.04 **	0.03 *
	2004	0.732	0.61	0.583		0.546	0.563	0.584				
	2007	0.645	0.576	0.547		0.553	0.56	0.573				
	2013	0.627	0.543	0.502		0.589	0.508	0.543				
D_CeOfdi	1998	0.762	0.653	0.609	0.09 *	0.659	0.627	0.543	0.07 *	0.06 *	0.007 ***	0.01 *
	2004	0.744	0.613	0.59		0.643	0.579	0.569				
	2007	0.652	0.573	0.542		0.615	0.596	0.559				
	2013	0.63	0.54	0.484		0.612	0.552	0.55				
D_IeOfdi	1998	0.757	0.647	0.609	0.09 *	0.746	0.676	0.562	0.07 *	0.02 *	0.007 **	−0.01 *
	2004	0.738	0.607	0.583		0.678	0.627	0.584				
	2007	0.647	0.572	0.541		0.626	0.612	0.564				
	2013	0.63	0.533	0.488		0.605	0.608	0.559				

注:非国际化企业、国际化企业的内部不同所有制 t 检验主要检验国有绝对和相对控股企业与其他所有制的差异。t 检验不假定方差相同;t 检验国际化与否的差异是不同所有制的非国际化与国际化企业之间是否存在差异(即非国际化企业的值减去国际化企业的值),*、**、*** 分别表示在 1%、5%、10% 水平下显著;t 检验的样本期间为 1998—2013 年。

资料来源:笔者基于数据计算而得。

三、不同隶属关系视角

我们将中国工业企业的隶属关系分为中央所属、省级所属以及其他隶属关系三种,考虑国际化与非国际化两种情形。

第一,观察中国工业企业的基本隶属关系结构。表6-10报告了两个指标、五种国际化界定口径。[①] 第一个指标是国际化企业占相应隶属关系企业个数比重。[①] 可以看出,省级所属企业中以OFDI界定的国际化企业所占比重是所有类型企业该项比重最高的(2013年达到3.51%),但以其他口径界定的国际化企业占相应隶属关系企业个数比重对于三类企业基本相当(2013年在16%—27%之间),其他隶属关系企业略高。从趋势看,所有类型企业的OFDI企业占比均趋于上升。以其他国际化口径衡量,所有类型隶属关系国际化企业占比先升后降。 这可能是受到中国加入

表6-10　中国工业企业的隶属关系结构与国际化

(单位:%)

			1998	2001	2004	2007	2010	2013
国际化企业占相应隶属关系企业个数比重	D_Ie	中央所属	17.33	15.65	19.89	22.45	25.23	15.30
		省级所属	24.71	23.48	20.88	22.65	28.57	18.38
		其他	21.93	24.75	28.63	23.64	26.59	19.23
	D_Ce	中央所属	13.80	17.87	22.13	28.89	19.91	19.58
		省级所属	16.21	22.30	23.87	30.06	22.30	24.70
		其他	11.68	19.16	26.79	27.48	25.74	26.51
	D_OFDI	中央所属	0.31	0.89	1.10	1.99	1.31	2.14
		省级所属	0.36	0.80	1.38	2.12	1.53	3.51
		其他	0.21	0.53	1.00	1.11	0.99	1.54
	D_CeOfdi	中央所属	13.90	18.02	22.29	29.10	20.06	19.86
		省级所属	16.31	22.44	24.09	30.43	22.57	25.48
		其他	11.70	19.23	26.93	27.65	25.89	26.79
	D_IeOfdi	中央所属	17.49	16.09	20.24	23.21	25.76	16.08
		省级所属	24.84	23.81	21.33	23.32	29.05	19.84
		其他	22.01	24.95	28.95	24.04	26.93	19.83

---

① 关于不同隶属关系的企业样本数,可参见附录表6A-2。

续表

			1998	2001	2004	2007	2010	2013
国际化企业占全部隶属关系国际化企业个数比重(%)	D_Ie	中央所属	2.24	1.32	1.09	0.93	1.31	0.82
		省级所属	7.21	5.18	2.41	2.02	2.97	1.36
		其他	90.56	93.51	96.50	97.05	95.73	97.82
	D_Ce	中央所属	3.26	1.91	1.28	1.02	1.07	0.77
		省级所属	8.64	6.23	2.93	2.29	2.41	1.33
		其他	88.11	91.86	95.79	96.68	96.52	97.91
	D_OFDI	中央所属	3.93	3.30	1.68	1.72	1.79	1.41
		省级所属	10.27	7.80	4.45	3.93	4.19	3.17
		其他	85.80	88.90	93.87	94.35	94.02	95.43
	D_CeOfdi	中央所属	3.27	1.92	1.29	1.03	1.07	0.77
		省级所属	8.67	6.25	2.94	2.31	2.43	1.35
		其他	88.05	91.83	95.77	96.67	96.50	97.88
	D_IeOfdi	中央所属	2.25	1.34	1.09	0.94	1.32	0.84
		省级所属	7.22	5.20	2.44	2.04	2.98	1.42
		其他	90.53	93.45	96.47	97.02	95.71	97.74

资料来源:笔者基于数据计算而得。

WTO 与 2008 年全球金融危机的影响,前者使得中国企业的国际化程度提高,而后者则对除 OFDI 之外的国际化方式起到相反的作用。

再看第二个指标即国际化企业占全部隶属关系国际化企业个数比重。无论以何种国际化度量指标衡量,其他隶属关系国际化企业占比都是最高的,且在样本时期里趋于上升,到 2013 年比重达到 95% 以上;中央所属国际化企业占比最低,且与省级所属企业一样趋于下降。

第二,仅从工业企业数据库的出口企业来看,出口交货值占工业销售产值的比重最低的是中央所属企业,其次是省级所属企业,其他隶属关系企业的该项比重最高。但三者在样本时期里均呈下降趋势,分别从 25% 降至 17%、从 35% 降至 24%、从 63% 降至 53%。降速最快的是中央所属出口企业(-2.5%),最慢的是其他类型隶属关系企业(-1.1%)。见图 6-5。

第三,比较不同隶属关系企业的 TFP。表 6-11 显示,不管企业国际化与否,中央及省级所属企业的平均 TFP 均低于其他类型企业,而且在

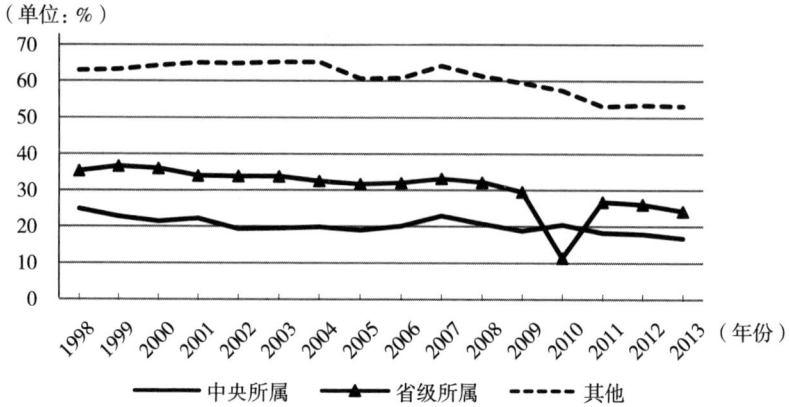

图 6-5 中国不同隶属关系工业企业的出口绩效

资料来源:笔者基于数据计算制作。

统计上基本是显著的。同类型企业相比,国际化企业的平均 TFP 均低于非国际化企业。

表 6-11 中国不同隶属关系企业的 TFP:国际化与非国际化的比较

		非国际化企业				国际化企业				t 检验国际化与否的差异		
		中央所属	省级所属	其他	t 检验	中央所属	省级所属	其他	t 检验	中央所属	省级所属	其他
D_Ie	1998	1.563	1.497	1.444	-0.01 ***	1.303	1.323	1.365	-0.09 *	0.17 *	0.16 *	0.09 *
	2001	1.379	1.379	1.432		1.254	1.362	1.344				
	2004	1.589	1.706	1.546		1.425	1.385	1.482				
	2007	1.744	1.777	1.705		1.398	1.601	1.584				
D_Ce	1998	1.536	1.457	1.431	-0.03 *	1.349	1.398	1.373	-0.03 *	0.04 ***	0.06 *	0.05 *
	2001	1.361	1.37	1.42		1.332	1.386	1.353				
	2004	1.567	1.675	1.54		1.498	1.49	1.487				
	2007	1.673	1.755	1.693		1.587	1.671	1.616				
D_OFDI	1998	1.506	1.447	1.425	-0.03 *	1.323	1.158	1.284	-0.04	0.14 *	0.08 ***	0.08 *
	2001	1.356	1.375	1.408		1.28	1.257	1.288				
	2004	1.553	1.629	1.527		1.209	1.327	1.401				
	2007	1.65	1.731	1.675		1.333	1.558	1.533				
D_CeOfdi	1998	1.536	1.457	1.431	-0.03 *	1.349	1.396	1.373	-0.03 *	0.04 ***	0.06 *	0.05 *
	2001	1.361	1.371	1.42		1.331	1.385	1.353				
	2004	1.567	1.676	1.54		1.498	1.488	1.486				
	2007	1.674	1.752	1.693		1.586	1.677	1.617				

续表

		非国际化企业				国际化企业				t检验国际化与否的差异		
		中央所属	省级所属	其他	t检验	中央所属	省级所属	其他	t检验	中央所属	省级所属	其他
D_IeOfdi	1998	1.563	1.497	1.444	0.01***	1.304	1.322	1.365	-0.09*	0.17*	0.16*	0.09*
	2001	1.379	1.379	1.432		1.257	1.361	1.344				
	2004	1.59	1.707	1.546		1.422	1.386	1.482				
	2007	1.747	1.776	1.705		1.399	1.609	1.584				

注：非国际化企业、国际化企业的内部不同隶属关系t检验主要检验中央及省级所属企业与其他企业的差异。t检验不假定方差相同；t检验国际化与否的差异是不同隶属关系的非国际化与国际化企业之间是否存在差异（即非国际化企业的值减去国际化企业的值），*、*** 分别表示在1%、10%的水平下显著；t检验的样本期间为1998—2007年。

资料来源：笔者基于数据计算而得。

第四，比较不同隶属关系企业的资本密集度。表6-12 表明，在样本时期里，其他隶属关系企业的平均资本密集度呈现先降后升态势，这主要受中国加入 WTO 的影响，市场化企业将顺应比较优势的现状和变化。而中央及省级所属企业的平均资本密集度则持续上升。不管企业国际化与否，中央及省级所属企业的平均资本密集度均显著高于其他类型企业。在同类型企业内部，国际化企业的平均资本密集度基本上高于非国际化企业。

表6-12　中国不同隶属关系企业的资本密集度：国际化与非国际化的比较

		非国际化企业				国际化企业				t检验国际化与否的差异		
		中央所属	省级所属	其他	t检验	中央所属	省级所属	其他	t检验	中央所属	省级所属	其他
D_Ie	1998	111.1	71.0	57.8	37.8*	105.7	101.4	80.1	81.8*	-58.8*	-36*	2.2*
	2001	102.9	94.6	64.0		195.7	125.7	64.7				
	2004	102.9	117.1	66.8		182.5	149.8	63.6				
	2007	169.3	158.8	85.5		214.5	226.4	77.5				
D_Ce	1998	69.0	65.6	57.8	29.9*	319.4	144.6	105.7	105.7*	-89.2*	-101.6*	-22.0*
	2001	109.3	80.0	58.2		164.8	172.9	89.5				
	2004	103.4	102.5	61.2		178.9	186.8	79.3				
	2007	155.8	139.4	80.8		236.8	254.4	91.2				

续表

		非国际化企业				国际化企业				t检验国际化与否的差异		
		中央所属	省级所属	其他	t检验	中央所属	省级所属	其他	t检验	中央所属	省级所属	其他
D_OFDI	1998	110.0	79.7	63.3	48.9*	104.6	107.8	86.7	113.6*	-123*	-80.8*	-25.8*
	2001	119.5	103.0	64.1		304.6	125.3	85.9				
	2004	120.6	124.8	65.5		257.6	157.6	88.9				
	2007	181.5	177.4	83.2		226.0	213.4	108.3				
D_CeOfdi	1998	69.1	65.6	57.8	29.8*	318.3	144.4	105.7	105.4*	-89.1*	-101.7*	-22.2*
	2001	109.3	79.9	58.2		164.8	172.6	89.6				
	2004	103.4	102.3	61.1		178.9	186.6	79.6				
	2007	155.7	138.5	80.7		236.8	255.0	91.3				
D_IeOfdi	1998	111.1	70.9	57.8	37.7*	105.7	101.4	80.1	81.5*	-58.9*	-36.4*	1.6*
	2001	102.8	94.5	64.0		194.1	125.6	64.9				
	2004	102.8	116.9	66.6		182.1	149.8	64.0				
	2007	168.8	158.7	85.2		214.9	225.1	78.3				

注:非国际化企业、国际化企业的内部不同隶属关系t检验主要检验中央及省级所属企业与其他企业
的差异。t检验不假定方差相同;t检验国际化与否的差异是不同隶属关系的非国际化与国际化
企业之间是否存在差异(即非国际化企业的值减去国际化企业的值),* 表示在1%的水平下显
著;t检验的样本期间为1998—2007年。
资料来源:笔者基于数据计算而得。

第五,比较不同隶属关系企业的财务指标。表6-13和表6-14显
示,不管企业国际化与否,中央及省级所属企业的平均资产利润率和平均
净资产利润率均低于其他类型企业,而且在大多数情况下是统计显著的。
对于省级所属企业而言,国际化企业的平均利润率均显著高于非国际
化企业;对于中央所属企业而言,两类企业的平均利润率没有显著差
异;对于其他类型企业而言,两类企业的平均资产利润率(ROA)没有
显著差异,但国际化企业的平均净资产利润率(ROE)并不显著高于非
国际化企业。

表 6-13 中国不同隶属关系企业的资产利润率（ROA）：国际化与非国际化的比较

		非国际化企业				国际化企业				t 检验国际化与否的差异		
		中央所属	省级所属	其他	t 检验	中央所属	省级所属	其他	t 检验	中央所属	省级所属	其他
D_Ie	1998	-0.004	-0.02	0.048	-0.36**	0.002	-0.014	0.033	-0.12**	-0.65	-0.01*	0.02
	2004	0.003	0.017	0.078		0.028	0.033	0.056				
	2007	0.006	0.039	0.136		0.047	0.033	0.077				
	2013	0.06	0.05	0.228		0.026	0.044	0.098				
D_Ce	1998	-0.007	-0.024	0.047	-0.36**	0.02	0.012	0.026	-0.12**	-0.68	-0.02*	0.01
	2004	0.002	0.015	0.078		0.03	0.036	0.053				
	2007	0.001	0.037	0.138		0.051	0.038	0.08				
	2013	0.06	0.051	0.232		0.034	0.044	0.122				
D_OFDI	1998	-0.003	-0.019	0.045	-0.29**	0.051	0.055	0.058	-1.47	-0.55	-0.04*	-1.4
	2004	0.008	0.02	0.072		0.035	0.063	0.071				
	2007	0.015	0.037	0.122		0.062	0.059	0.09				
	2013	0.055	0.049	0.204		0.03	0.045	0.118				
D_CeOfdi	1998	-0.007	-0.024	0.047	-0.36**	0.02	0.012	0.026	-0.11**	-0.68	-0.02*	0.01
	2004	0.002	0.015	0.078		0.029	0.036	0.053				
	2007	0.001	0.037	0.138		0.051	0.038	0.08				
	2013	0.06	0.051	0.232		0.034	0.044	0.122				
D_IeOfdi	1998	-0.004	-0.02	0.048	-0.36**	0.002	-0.014	0.033	-0.12**	-0.65	-0.01*	0.02
	2004	0.004	0.017	0.078		0.026	0.033	0.056				
	2007	0.006	0.038	0.136		0.047	0.034	0.078				
	2013	0.06	0.05	0.228		0.027	0.044	0.1				

注：非国际化企业、国际化企业的内部不同隶属关系 t 检验主要检验中央及省级所属企业与其他企业的差异。t 检验不假定方差相同；t 检验国际化与否的差异是不同隶属关系的非国际化与国际化企业之间是否存在差异（即非国际化企业的值减去国际化企业的值），*、**、*** 分别表示在 1%、5%、10% 的水平下显著；t 检验的样本期间为 1998—2013 年。

资料来源：笔者基于数据计算而得。

表 6-14　中国不同隶属关系企业的净资产利润率(ROE):国际化与非国际化的比较

		非国际化企业				国际化企业				t检验国际化与否的差异		
		中央所属	省级所属	其他	t检验	中央所属	省级所属	其他	t检验	中央所属	省级所属	其他
D_Ie	1998	-7.422	-0.119	-0.055	0.11	0.138	0.276	0.105	-29.2	20.9	-1.6***	-23.7
	2004	-79.25	0.557	0.172		0.002	0.396	0.659				
	2007	-5.18	-2.97	0.4		0.216	-0.915	-0.01				
	2013	681.4	6.651	59		0.164	0.122	0.17				
D_Ce	1998	-7.014	-0.018	-0.024	-8.4	-0.006	-0.013	0.014	-2.5***	30	-1.6***	14.2***
	2004	-81.6	0.621	0.187		-0.023	0.214	0.651				
	2007	-5.671	-3.301	0.403		0.188	-0.659	0.039				
	2013	719.2	7.216	64.4		0.13	0.09	1.299				
D_OFDI	1998	-5.978	-0.017	-0.02	-6.8	0.111	0.077	0.124	-0.2*	16.8	-1.4***	10.9***
	2004	-63.7	0.528	0.312		-0.059	0.136	0.2				
	2007	-4.01	-2.55	0.298		0.18	0.141	0.754				
	2013	587.7	5.627	48.3		0.021	0.111	0.111				
D_CeOfdi	1998	-7.02	-0.018	-0.024	-8.4	-0.005	-0.013	0.014	-2.5***	30	-1.6***	14.2***
	2004	-81.7	0.623	0.187		-0.022	0.213	0.648				
	2007	-5.69	-3.32	0.404		0.187	-0.649	0.04				
	2013	721.8	7.288	64.7		0.129	0.092	1.289				
D_IeOfdi	1998	-7.4	-0.119	-0.055	0.12	0.138	0.275	0.105	-28.8	21.1	-1.6***	-23.2
	2004	-79.6	0.559	0.171		0.003	0.389	0.654				
	2007	-5.2	-2.996	0.401		0.212	-0.885	-0.005				
	2013	688	6.767	59.4		0.163	0.121	0.179				

注:非国际化企业、国际化企业的内部不同隶属关系t检验主要检验中央及省级所属企业与其他企业
的差异。t检验不假定方差相同;t检验国际化与否的差异是不同隶属关系的非国际化与国际化
企业之间是否存在差异(即非国际化企业的值减去国际化企业的值),*、**、*** 分别表示在1%、
5%、10%的水平下显著;t检验的样本期间为1998—2013年。
资料来源:笔者基于数据计算而得。

表 6-15 显示,不管企业国际化与否,中央及省级所属企业的平均资
产负债率均显著高于其他企业。在同类企业里,国际化企业的平均资产
负债率低于非国际化企业。在样本时期里,各类企业的平均资产负债率
均呈下降趋势。

表6-15　中国不同隶属关系企业的资产负债率（LA）：国际化与非国际化的比较

		非国际化企业				国际化企业				t检验国际化与否的差异		
		中央所属	省级所属	其他	t检验	中央所属	省级所属	其他	t检验	中央所属	省级所属	其他
D_Ie	1998	0.661	0.72	0.681	0.15*	0.632	0.694	0.626	0.08*	-0.02	0.11*	0.001
	2004	0.659	0.698	0.601		0.664	0.598	0.589				
	2007	0.631	0.65	0.548		0.62	0.6	0.568				
	2013	0.638	0.631	0.493		0.617	0.572	0.562				
D_Ce	1998	0.67	0.739	0.681	0.16*	0.57	0.587	0.573	0.05*	0.07*	0.16*	0.02*
	2004	0.674	0.71	0.607		0.61	0.573	0.572				
	2007	0.642	0.659	0.549		0.597	0.592	0.562				
	2013	0.641	0.635	0.49		0.611	0.573	0.552				
D_OFDI	1998	0.656	0.714	0.669	0.14*	0.491	0.488	0.562	0.02	0.13*	0.17*	0.04*
	2004	0.661	0.679	0.598		0.515	0.517	0.584				
	2007	0.63	0.641	0.552		0.557	0.535	0.572				
	2013	0.636	0.622	0.506		0.572	0.566	0.544				
D_CeOfdi	1998	0.67	0.739	0.681	0.16*	0.571	0.586	0.573	0.05*	0.07*	0.16*	0.02*
	2004	0.674	0.71	0.607		0.608	0.573	0.573				
	2007	0.642	0.66	0.549		0.597	0.591	0.562				
	2013	0.642	0.636	0.49		0.608	0.573	0.552				
D_IeOfdi	1998	0.661	0.72	0.681	0.15*	0.631	0.693	0.626	0.08*	0.01	0.11*	0.002***
	2004	0.66	0.699	0.601		0.66	0.596	0.589				
	2007	0.633	0.651	0.548		0.615	0.598	0.568				
	2013	0.639	0.631	0.493		0.614	0.574	0.561				

注：非国际化企业、国际化企业的内部不同隶属关系t检验主要检验中央及省级所属企业与其他企业
　　的差异。t检验不假定方差相同；t检验国际化与否的差异是不同隶属关系的非国际化与国际化
　　企业之间是否存在差异（即非国际化企业的值减去国际化企业的值），*、**、*** 分别表示在1%、
　　5%、10%的水平下显著；t检验的样本期间为1998—2013年。
资料来源：笔者基于数据计算而得。

四、不同行业视角

考虑样本数量问题，我们把数据库中的四分位行业归并为两分位进行比较分析。同时限于篇幅，我们仅考虑以 D_IeOfdi（即工业企业与OFDI数据合并）界定的国际化与非国际化两种情形以及1998年和期末

2007 年或 2013 年比较静态分析。① 详细结果见表 6-17、表 6-18、表 6-19。同时,我们还将结合中国各省区市都倾向重点发展的六大工业行业进行比较分析(见表 6-16),但这些行业并不完全一样:有的是政府垄断(比如石油加工、炼焦及核燃料加工业),有的是受政府产业政策的影响甚大(比如交通运输设备制造业、医药制造业)。不过,根据前面第四章的分析,这些行业参与全球价值链分工的程度基本上都较深。对于这些行业而言,较为深入地参与全球价值链分工所产生的积极效应可能会在一定程度上受到政府垄断或产业政策负面影响的削弱。

表 6-16　中国六大重点发展的工业行业

中国各地倾向重点发展的工业行业	本书数据库与之对应的主要两分位行业
电子信息产品制造业	通信设备、计算机及其他电子设备制造业(40)
汽车制造业	交通运输设备制造业(37)
石油化工及精细化工制造业	石油加工、炼焦及核燃料加工业(25);化学原料及化学制品制造业(26);化学纤维制造业(28)
精品钢材制造业	黑色金属冶炼及压延加工业(32)
成套设备制造业	通用设备制造业(35);专用设备制造业(36);电气机械及器材制造业(39)
生物医药制造业	医药制造业(27)

资料来源:根据中国国家统计局官方网站以及本项研究数据库制作。

　　第一,看中国工业企业的行业特征。表 6-17 显示,1998 年,出口企业数在该行业企业中占比超过 50% 的行业有四个,依次是:文教体育用品制造业,纺织服装、鞋、帽制造业,废弃资源和废旧材料回收加工业,皮革、毛皮、羽毛(绒)及其制品业。到 2013 年,出口企业数占比超过 50% 的行业已经没有了,比重最高的是文教体育用品制造业(45.12%)。②

　　1998 年,出口企业占所有行业出口企业个数比重最高的五个行业依次是:纺织业(12.53%),纺织服装、鞋、帽制造业(11.97%),金属制品业

---

① 其他年份数据暂略。
② 关于各行业的企业样本数,可参见附录表 6A-3。

(5.96%),通用设备制造业(5.85%),化学原料及化学制品制造业(5.76%)。到 2013 年,该项比重最高的五个行业依次为:电气机械及器材制造业(18.60%),金属制品业(7.73%),纺织服装、鞋、帽制造业(7.68%),纺织业(6.27%),有色金属冶炼及压延加工业(6.10%)。

在出口企业中,出口交货值占工业销售产值比重(EX_S)超过 70%的行业在 1998 年有五个,依次是:纺织服装、鞋、帽制造业,废弃资源和废旧材料回收加工业,文教体育用品制造业,皮革、毛皮、羽毛(绒)及其制品业,家具制造业;在 2013 年有四个,依次是:皮革、毛皮、羽毛(绒)及其制品业,纺织服装、鞋、帽制造业,文教体育用品制造业,家具制造业。

上面提到的出口企业数量比重较高的通用设备制造业、化学原料及化学制品制造业、电气机械及器材制造业是重点发展的行业,但其出口率并非最高(2013 年这三个行业分别为 35.7%、31.4%、55.6%,分别列第 21、28、9 位)。

表 6-17　中国不同行业工业企业的出口绩效　　　(单位:%)

id	行　　业	国际化企业占该行业企业个数比重		国际化企业占所有行业国际化企业个数比重		工业企业数据库出口企业的 EX_S	
		1998	2013	1998	2013	1998	2013
06	煤炭开采和洗选业	1.52	0.74	0.13	0.08	13.0	32.5
07	石油和天然气开采业	14.55	2.90	0.02	0.01	20.7	3.6
08	黑色金属矿采选业	1.38	0.88	0.02	0.04	36.6	0.2
09	有色金属矿采选业	2.44	1.08	0.09	0.03	34.6	26.2
10	非金属矿采选业	8.49	2.05	0.42	0.11	47.7	33.6
11	其他采矿业	1.31	8.09	0.02	0.02	50.5	0.9
13	农副食品加工业	11.48	9.93	3.70	3.37	55.6	58.4
14	食品制造业	14.82	15.19	2.10	1.68	55.0	48.4
15	饮料制造业	8.54	6.33	0.86	0.52	37.8	30.7
16	烟草制品业	9.52	18.03	0.09	0.03	13.2	2.9
17	纺织业	38.73	21.41	12.53	6.27	60.4	51.4
18	纺织服装、鞋、帽制造业	63.07	35.87	11.97	7.68	84.8	76.3

id	行 业	国际化企业占该行业企业个数比重		国际化企业占所有行业国际化企业个数比重		工业企业数据库出口企业的EX_S	
		1998	2013	1998	2013	1998	2013
19	皮革、毛皮、羽毛（绒）及其制品业	53.78	36.96	4.95	4.28	80.7	77.2
20	木材加工及木、竹、藤、棕、草制品业	18.62	10.64	1.21	1.33	67.5	61.0
21	家具制造业	25.48	32.35	1.02	2.28	71.0	72.6
22	造纸及纸制品业	11.95	10.38	1.55	1.02	50.6	40.4
23	印刷业和记录媒介的复制	5.45	14.48	0.57	1.01	48.3	40.7
24	文教体育用品制造业	66.48	45.12	3.32	5.07	81.5	75.0
25	石油加工、炼焦及核燃料加工业	7.76	3.91	0.23	0.11	30.7	17.8
26	化学原料及化学制品制造业	18.67	15.74	5.76	5.49	40.0	31.4
27	医药制造业	20.22	18.07	1.78	1.74	38.2	35.1
28	化学纤维制造业	26.08	16.96	0.59	0.46	46.1	25.5
29	橡胶制品业	29.17	23.47	1.44	5.72	53.5	52.6
30	塑料制品业	26.64	7.71	4.39	3.44	66.0	45.7
31	非金属矿物制品业	9.81	9.81	3.93	1.49	50.2	32.9
32	黑色金属冶炼及压延加工业	8.41	12.32	0.73	0.69	34.0	26.9
33	有色金属冶炼及压延加工业	15.68	22.07	1.03	6.10	43.9	54.0
34	金属制品业	26.82	23.53	5.96	7.73	61.6	40.1
35	通用设备制造业	22.37	23.18	5.85	5.33	38.7	35.7
36	专用设备制造业	17.26	21.91	3.25	3.83	28.4	32.5
37	交通运输设备制造业	14.06	23.99	2.56	1.52	35.8	47.0
39	电气机械及器材制造业	42.74	37.35	0.16	18.60	17.4	55.6
40	通信设备、计算机及其他电子设备制造业	24.75	33.74	5.30	1.89	53.4	46.6
41	仪器仪表及文化、办公用机械制造业	45.25	35.57	5.32	0.81	66.5	63.1
42	工艺品及其他制造业	35.58	3.41	1.81	0.06	56.1	35.3

续表

id	行　　业	国际化企业占该行业企业个数比重		国际化企业占所有行业国际化企业个数比重		工业企业数据库出口企业的EX_S	
		1998	2013	1998	2013	1998	2013
43	废弃资源和废旧材料回收加工业	54.23	14.14	5.22	0.08	82.2	51.4
44	电力、热力的生产和供应业	0.55	0.56	0.07	0.05	35.6	25.2
45	燃气生产和供应业	2.30	1.36	0.02	0.02	49.4	10.2
46	水的生产和供应业	0.19	0.46	0.01	0.01	57.7	67.1

注:国际化企业占该行业企业个数比重(%)、国际化企业占所有行业国际化企业个数比重(%)分别以 D_IeOfdi(即工业企业与 OFDI 数据合并)界定的国际化确定。工业企业数据库出口企业的 EX_S 以 D_Ie界定的国际化确定。阴影部分的行业属于六大重点发展的工业行业。
资料来源:笔者基于数据计算而得。

　　第二,看不同行业的资本密集度(K_L)。表 6-18 显示,资本密集度较高的行业主要是:石油加工、炼焦及核燃料加工业,烟草制品业,化学纤维制造业,黑色金属冶炼及压延加工业,化学原料及化学制品制造业。最低的行业基本上是:纺织业,皮革、毛皮、羽毛(绒)及其制品业,纺织服装、鞋、帽制造业,文教体育用品制造业,家具制造业等。就国际化企业而言,资本密集度较高行业(比如烟草制品业、石油加工、炼焦及核燃料加工业)的企业的资本密集度是趋于上升的且显著高于非国际化企业;资本密集度较低行业(比如纺织业,纺织服装、鞋、帽制造业)的企业的资本密集度是趋于下降的且显著低于非国际化企业。政府重点发展的工业行业大多具有较高的资本密集度,且国际化企业的资本密集度显著高于非国际化企业。

　　第三,总体上看,在 1998 年 TFP 较高的行业是石油加工、炼焦及核燃料加工业,但到了 2007 年,TFP 较高的行业主要是一些资本密集度并不高的行业如木材加工及木、竹、藤、棕、草制品业,塑料制品业,非金属矿物制品业,仪器仪表及文化、办公用机械制造业,家具制造业等;TFP 较低的行业主要是黑色金属冶炼及压延加工业、电气机械及器材制造业、有色金属冶炼及压延加工业,烟草制品业,这些行业要么是政府垄断专营,要么是政府重点发展。在样本时期里,大多数行业的平均 TFP 都出现了上升,TFP 出现下降的行业主要是石油加工、炼焦及核燃料加工业,农副食品加工业,黑色金属冶炼及压延加工业,有色金属冶炼及压延加工业,烟草制品业。t 检验显示,在印刷业和记录媒介的复制,石油加工、炼焦及核燃料加工业,非金属矿物制品业,通信设备、计算机及其他电子设备制造业这几个行业中,国际化企业与非国际化企业的平均 TFP 没有显著差异;在除此之外的其他所有行业,国际化企业的平均 TFP 均显著低于非国际化企业。

表 6-18　中国不同行业工业企业的 TFP 与资本密集度:国际化和非国际化比较

id	行业	TFP						K_L					
		总体		非国际化		国际化		t检验	总体		非国际化		国际化		t检验
		1998	2007	1998	2007	1998	2007		1998	2007	1998	2007	1998	2007	
13	农副食品加工业	1.45	1.37	1.46	1.38	1.33	1.31	0.09*	68.9	107.1	64.5	109.5	100.3	93.4	-1.11
14	食品制造业	1.38	1.44	1.42	1.46	1.21	1.35	0.11*	77.5	106.5	68.0	101.4	126.9	127.7	-28.7*
15	饮料制造业	1.24	1.39	1.25	1.40	1.15	1.29	0.09*	92.5	145.0	86.9	139.1	148.1	201.8	-62.6*
16	烟草制品业	0.72	0.80	0.72	0.84	0.68	0.63	0.11*	141.7	315.3	124.2	299.3	296.3	381.9	-179*
17	纺织业	1.31	1.40	1.35	1.44	1.26	1.33	0.08*	63.0	68.3	54.9	69.3	73.3	65.7	2.0*
18	纺织服装、鞋、帽制造业	1.64	1.78	1.69	1.80	1.61	1.76	0.1*	44.0	28.2	37.2	31.3	47.6	25.4	5.1*
19	皮革、毛皮、羽毛(绒)及其制品业	1.30	1.31	1.35	1.34	1.27	1.29	0.08*	49.8	32.2	50.4	40.0	49.3	24.9	14.4*
20	木材加工及木、竹、藤、棕、草制品业	1.34	3.18	1.36	3.25	1.25	2.91	0.18*	60.6	60.2	58.9	62.0	67.6	52.9	10.0*
21	家具制造业	1.39	1.93	1.42	2.02	1.29	1.81	0.08*	46.7	56.7	39.4	64.5	67.3	46.0	5.8*
22	造纸及纸制品业	1.41	1.73	1.43	1.74	1.27	1.66	0.05*	70.8	91.9	64.4	83.6	116.4	159.9	-56.7*
23	印刷业和记录媒介的复制	1.31	1.78	1.32	1.79	1.15	1.66	0.03	52.9	106.0	48.3	104.2	129.0	119.8	-32.7*
24	文教体育用品制造业	1.45	1.75	1.51	1.75	1.42	1.75	0.07*	36.7	37.3	36.9	44.5	36.6	33.1	7.4*
25	石油加工、炼焦及核燃料加工业	2.11	1.40	2.14	1.41	1.80	1.31	0.03	230.2	247.0	227.2	225.8	264.4	739.8	-256*
26	化学原料及化学制品制造业	1.55	1.67	1.56	1.68	1.48	1.60	0.06*	74.1	140.6	65.0	124.2	111.6	218.4	-60.3*
27	医药制造业	1.29	1.86	1.33	1.89	1.15	1.72	0.16*	64.9	143.5	60.8	143.5	80.5	143.8	-13.3*

续表

id	行 业	TFP						K_L					
		总体		非国际化		国际化		t检验	总体		非国际化		国际化		t检验
		1998	2007	1998	2007	1998	2007		1998	2007	1998	2007	1998	2007	
28	化学纤维制造业	1.35	1.42	1.37	1.42	1.31	1.41	0.03**	150.8	184.4	128.3	154.2	212.7	339.3	-89.9*
29	橡胶制品业	1.22	1.45	1.24	1.49	1.16	1.36	0.06*	52.4	72.4	40.9	67.7	78.5	83.7	-17.6*
30	塑料制品业	1.50	2.33	1.48	2.35	1.55	2.27	0.04*	79.3	81.5	69.3	80.7	105.9	83.5	-8.3*
31	非金属矿物制品业	1.51	2.29	1.52	2.31	1.50	2.17	-0.01	73.9	106.2	64.8	106.7	155.0	103.1	-15.6*
32	黑色金属冶炼及压延加工业	1.36	1.31	1.37	1.33	1.18	1.15	0.09*	71.7	128.8	62.3	110.7	167.7	316.6	-132*
33	有色金属冶炼及压延加工业	1.58	1.11	1.60	1.12	1.48	1.06	0.04**	80.3	108.6	75.8	100.0	103.4	166.3	-54.9*
34	金属制品业	1.41	1.46	1.45	1.48	1.30	1.39	0.08*	66.4	68.6	60.3	70.6	82.4	63.5	-1.7**
35	通用设备制造业	1.40	1.52	1.43	1.55	1.29	1.43	0.09*	46.3	69.0	37.0	66.3	77.6	79.1	-19.6*
36	专用设备制造业	1.51	1.80	1.51	1.82	1.48	1.76	0.05*	44.1	76.4	38.6	73.1	87.6	87.6	-21.2*
37	交通运输设备制造业	1.54	1.59	1.58	1.62	1.32	1.45	0.13*	59.6	87.3	51.8	79.4	104.1	114.6	-34.1*
39	电气机械及器材制造业	1.13	1.28	1.16	1.32	1.09	1.18	0.12*	48.0	68.3	43.4	70.1	56.1	64.2	3.6*
40	通信设备、计算机及其他电子设备制造业	1.20	1.86	1.23	1.95	1.13	1.77	0.01	59.6	83.8	55.0	69.1	73.1	98.2	-24.6*
41	仪器仪表及文化、办公用机械制造业	1.54	2.04	1.58	2.19	1.50	1.80	0.19*	76.0	58.2	63.6	58.2	90.1	58.0	-18.3*
42	工艺品及其他制造业	1.26	1.36	1.31	1.46	1.19	1.28	0.13*	53.4	46.5	43.7	56.8	69.8	38.4	18.9*
43	废弃资源和废旧材料回收加工业	1.32	—	1.38	—	1.27	—	0.09*	48.7	—	46.9	—	50.2	—	12.8*

注:t检验不假定方差相同,t检验国际化与否的差异是不同行业的非国际化企业与国际化企业之间是否存在差异(即非国际化企业的值减去国际化企业的值),*、**、*** 分别表示在 1%、5%、10% 水平下显著;t检验的样本期间为 1998—2007 年。"—"表示数据缺失。与表 6-17 不同,本表中企业的 TFP 与 K_L 测算主要基于的行业是代码"13"至"43",其他行业数据缺失,下同。

资料来源:笔者基于数据计算而得。

　　第四,如表 6-19 所示,资产利润率(或总资产报酬率)(ROA)比较高的行业主要是:非金属矿采选业,黑色金属矿采选业,家具制造业,煤炭开采和洗选业,木材加工及木、竹、藤、棕、草制品业。对于大多数行业,国际化企业的资产利润率要低于非国际化企业。动态地看,在样本时期里,资产利润率(或总资产报酬率)都出现了不同程度的上升。

第五,在1998年,净资产利润率(或权益报酬率)(ROE)比较高的行业主要是几个采掘行业如其他采矿业、非金属矿采选业、煤炭开采和洗选业。到2007年,净资产利润率(或权益报酬率)(ROE)比较高的行业主要是食品制造业,交通运输设备制造业,废弃资源和废旧材料回收加工业,纺织服装、鞋、帽制造业。在大多数行业,国际化企业的净资产利润率并不显著高于非国际化企业。动态地看,在样本时期里,大多数行业的净资产利润率(或权益报酬率)都出现了不同程度的上升。对于国际化企业而言,出现下降的制造业行业主要是化学原料及化学制品制造业,电气机械及器材制造业,木材加工及木、竹、藤、棕、草制品业,文教体育用品制造业,纺织业等。

表6-19 中国不同行业工业企业的利润率:国际化和非国际化比较

id	行业	ROA						ROE					
		总体		非国际化		国际化		t检验	总体		非国际化		国际化		t检验
		1998	2007	1998	2007	1998	2007		1998	2007	1998	2007	1998	2007	
06	煤炭开采和洗选业	0.08	0.20	0.08	0.20	0.04	0.15	-0.12*	0.50	0.66	0.51	0.61	0.08	7.71	-0.30
07	石油和天然气开采业	0.04	0.15	0.04	0.15	0.06	0.11	-0.12*	0.12	0.12	0.12	0.12	0.08	0.10	-114964
08	黑色金属矿采选业	0.09	0.77	0.09	0.78	0.08	0.21	0.02	0.04	0.83	0.03	0.83	0.16	0.34	0.90
09	有色金属矿采选业	0.04	0.25	0.03	0.25	0.17	0.12	0.05*	-0.76	1.23	-0.80	1.24	0.50	0.26	0.08
10	非金属矿采选业	0.18	0.31	0.20	0.32	0.04	0.28	0.10*	0.69	-0.02	0.74	-0.03	0.08	0.55	0.42***
11	其他采矿业	0.00	0.15	0.00	0.16	0.03		-0.02	0.99	-1.99	1.00	-2.18	0.17	0.19	-0.12
13	农副食品加工业	0.04	0.27	0.03	0.27	0.09	0.18	0.06*	0.19	0.32	0.21	0.31	0.02	0.45	0.02
14	食品制造业	0.02	0.22	0.01	0.24	0.13	0.13	0.05*	0.04	1.63	0.04	1.86	0.05	0.37	0.74***
15	饮料制造业	0.01	0.23	0.01	0.24	0.17	0.16	0.05*	0.08	0.50	0.07	0.50	0.13	0.47	-0.09
16	烟草制品业	0.15	0.15	0.15	0.15	0.05	0.14	-0.04**	0.02	0.23	0.01	0.23	0.06	0.23	-0.09***
17	纺织业	0.01	0.18	0.02	0.21	0.09	0.09	0.05*	-1.27	0.13	-2.15	0.16	0.08	0.03	0.24**
18	纺织服装、鞋、帽制造业	0.04	0.19	0.06	0.24	0.11	0.11	0.13**	0.13	1.15	0.08	1.59	0.17	0.37	0.51*
19	皮革、毛皮、羽毛(绒)及其制品业	0.05	0.21	0.07	0.26	0.04	0.12	0.09*	0.16	0.60	0.26	0.74	0.08	0.36	0.31*

续表

id	行业	ROA								ROE							
		总体		非国际化		国际化		t检验		总体		非国际化		国际化		t检验	
		1998	2007	1998	2007	1998	2007			1998	2007	1998	2007	1998	2007		
20	木材加工及木、竹、藤、棕、草制品业	0.08	0.33	0.09	0.34	0.07	0.19	0.11 *		-1.33	0.68	-1.85	0.80	0.86	-0.33	0.31 *	
21	家具制造业	0.09	0.19	0.10	0.23	0.05	0.09	0.14 *		0.16	0.41	0.20	0.48	0.04	0.27	0.19	
22	造纸及纸制品业	0.05	0.17	0.05	0.18	0.03	0.07	0.05 *		0.16	0.76	0.15	0.83	0.23	0.21	0.04	
23	印刷业和记录媒介的复制	0.01	0.17	0.01	0.19	0.02	0.03	0.03 *		-0.01	0.32	0.00	0.34	-0.01	0.23	0.14	
24	文教体育用品制造业	0.05	0.25	0.08	0.31	0.03	0.18	0.10 *		0.15	-0.44	0.22	0.65	0.11	-1.75	0.46 **	
25	石油加工、炼焦及核燃料加工业	0.07	0.17	0.07	0.18	0.02	0.09	-1.12		0.07	0.46	0.13	0.46	-0.65	0.30	-3.27	
26	化学原料及化学制品制造业	0.04	0.22	0.05	0.24	0.03	0.12	0.05 *		0.23	1.26	0.17	1.47	0.48	0.20	0.91 **	
27	医药制造业	0.03	0.18	0.03	0.20	0.03	0.12	0.02 *		0.06	0.45	0.03	0.51	0.16	0.19	0.05	
28	化学纤维制造业	0.02	0.10	0.03	0.11	0.01	0.06	0.04 *		0.49	0.42	0.68	0.46	-0.02	0.25	0.12	
29	橡胶制品业	0.06	0.18	0.07	0.21	0.03	0.07	0.10 *		0.23	0.60	0.40	0.53	-0.18	0.85	0.05	
30	塑料制品业	0.05	0.22	0.06	0.23	0.03	0.15	0.07 *		-0.17	0.88	-0.26	0.92	0.08	0.45	0.35 *	
31	非金属矿物制品业	0.04	0.19	0.04	0.20	0.04	0.10	0.1 ***		0.23	0.65	0.25	0.69	0.07	0.27	-0.19	
32	黑色金属冶炼及压延加工业	0.03	0.16	0.04	0.17	0.01	0.05	0.08 **		0.39	0.53	0.41	0.57	0.18	0.25	0.33 *	
33	有色金属冶炼及压延加工业	0.06	0.18	0.06	0.20	0.02	0.10	0.06 *		0.15	0.59	0.19	0.65	-0.06	0.35	2.06	
34	金属制品业	0.05	0.18	0.06	0.22	0.03	0.08	-0.00		0.33	0.61	0.42	0.70	0.10	0.30	0.15 *	
35	通用设备制造业	0.04	0.18	0.05	0.22	0.02	0.08	0.12 **		-0.54	0.57	-0.78	0.67	0.28	0.23	-0.12	
36	专用设备制造业	0.03	0.15	0.04	0.17	0.02	0.08			0.08	0.35	0.09	0.35	0.08	0.08	0.05	
37	交通运输设备制造业	0.03	0.16	0.04	0.20	0.01	0.06	0.05 *		0.15	1.40	0.19	1.81	-0.05	0.10	0.06	
39	电气机械及器材制造业	-0.03	0.13	-0.03	0.17	-0.03	0.06	0.25		0.04	0.63	-0.14	0.90	0.29	0.17	0.25	
40	通信设备、计算机及其他电子设备制造业	0.03	0.16	0.04	0.19	0.02	0.10	-0.38		0.05	0.33	0.11	0.42	-0.12	0.15	-0.38	
41	仪器仪表及文化、办公用机械制造业	0.02	0.29	0.02	0.37	0.02	0.14	0.50		0.06	0.79	0.07	1.08	0.05	0.26	0.50	

续表

id	行业	ROA								ROE							
		总体		非国际化		国际化		t检验		总体		非国际化		国际化		t检验	
		1998	2007	1998	2007	1998	2007			1998	2007	1998	2007	1998	2007		
42	工艺品及其他制造业	0.02	0.14	0.03	0.14	0.01	0.08	0.05		-0.62	0.81	-0.99	0.81	0.02	0.67	0.05	
43	废弃资源和废旧材料回收加工业	0.07	0.17	0.08	0.18	0.07	0.10	-0.02		0.22	1.61	0.23	1.78	0.20	0.56	-0.02	
44	电力、热力的生产和供应业	0.02	0.05	0.02	0.05	0.02	0.07	14.76		-5.56	377	-5.59	379	0.01	0.17	14.76	
45	燃气生产和供应业	-0.01	0.14	-0.01	0.13	-0.02	0.16	0.81		-0.02	0.34	-0.02	0.33	-0.08	0.71	0.81	
46	水的生产和供应业	0.00	0.05	0.00	0.05	0.16	0.12	-0.23***		0.00	-0.97	0.00	-0.97	0.32	0.14	-0.23***	

注:t检验不假定方差相同,t检验国际化与否的差异是不同行业的非国际化企业与国际化企业之间是否存在差异(即非国际化企业的值减去国际化企业的值),*、**、*** 分别表示在 1%、5%、10% 水平下显著;t 检验的样本期间为 1998—2013 年。

资料来源:笔者基于数据计算而得。

五、不同地区视角

第一,中国各地区出口企业个数占比差异很大,表 6-20 显示,1998 年,出口企业数占相应地区的比重超过 40% 的地区是福建和广东,比重较低(不足 5%)的地区有贵州、黑龙江、新疆和西藏;到 2013 年,出口企业数占比超过 40% 的地区是浙江和上海,比重较低(不足 5%)的地区有黑龙江、甘肃、西藏、河南、内蒙古和贵州。[①] 1998 年,出口企业占全国出口企业个数比重较高的五个地区依次是广东、江苏、浙江、上海、山东,它们合计占 73.4%,有 15 个省区市的比重不足 1%;到 2013 年排名前五的地区是浙江、广东、江苏、山东、福建,它们合计占 74.89%,有 16 个省区市的比重不足 1%。可以看出,中国的出口企业大多数集中于东部地区。1998 年,在出口企业中,出口交货值占工业销售产值比重(EX_S)超过 60% 的地区主要是西藏、广东、福建、浙江和海南,到 2013 年则是广东和福建。

---

① 关于各省区市的企业样本数,可参见附录表 6A-4。

表6-20 中国不同地区工业企业的出口绩效

（单位:%）

地区	出口企业占相应地区企业个数比重		该地区出口企业占全国出口企业个数比重		出口企业的EX_S	
	1998	2013	1998	2013	1998	2013
北 京	14.90	27.83	1.89	1.42	44.99	27.37
天 津	26.98	26.77	2.15	1.96	54.87	43.17
河 北	11.76	10.62	2.70	2.03	52.57	43.13
山 西	5.02	5.81	0.47	0.30	35.02	33.84
内蒙古	6.85	2.81	0.29	0.17	37.62	29.47
辽 宁	21.46	10.77	4.00	2.52	55.35	50.74
吉 林	9.20	5.62	0.54	0.43	44.00	37.97
黑龙江	4.35	4.57	0.45	0.27	35.32	29.83
上 海	32.27	42.48	9.13	5.66	55.65	45.09
江 苏	29.30	23.89	16.07	15.97	55.33	47.98
浙 江	38.53	43.27	15.65	23.21	61.16	53.81
安 徽	13.74	8.66	1.60	1.94	47.64	45.99
福 建	48.44	26.82	2.75	6.03	80.90	66.11
江 西	5.89	11.06	0.66	1.24	48.20	52.61
山 东	25.93	13.46	8.72	7.54	52.61	51.36
河 南	5.38	3.46	1.71	0.98	45.73	39.42
湖 北	7.53	6.57	1.64	1.34	40.67	39.04
湖 南	10.91	6.26	1.37	1.16	47.07	40.81
广 东	44.37	39.28	23.83	22.14	77.95	62.38
广 西	13.15	9.38	1.14	0.68	46.10	43.63
海 南	8.48	16.57	0.12	0.09	60.21	46.36
重 庆	10.78	10.00	0.65	0.76	34.27	33.24
四 川	7.70	5.68	1.10	1.02	33.97	29.51
贵 州	4.68	1.86	0.28	0.08	23.60	33.20
云 南	7.59	6.73	0.58	0.32	35.19	32.91
西 藏	1.01	3.57	0.01	0.00	85.03	11.45
陕 西	8.41	5.64	0.67	0.35	30.02	23.65
甘 肃	6.30	4.01	0.22	0.10	32.00	25.47
青 海	5.02	5.59	0.07	0.04	50.18	19.56

续表

地区	出口企业占相应地区企业个数比重		该地区出口企业占全国出口企业个数比重		出口企业的EX_S	
	1998	2013	1998	2013	1998	2013
宁　夏	7.01	7.85	0.11	0.11	48.87	29.66
新　疆	3.56	5.51	0.19	0.16	38.88	39.40

资料来源:笔者基于数据计算而得。

第二,看不同地区的资本密集度(K_L)(见表6-21)。1998年,资本密集度较高的地区是福建、海南、广东,2007年则是海南、西藏、青海。动态地看,大多数地区的资本密集度都是趋于上升的,但广东和福建则是趋于下降的。在资本密集度较高的地区,国际化企业的资本密集度基本高于非国际化企业;在资本密集度较低的地区,国际化企业的资本密集度基本低于非国际化企业;大多数地区(尤其在东北地区、中西部地区的省区市)的国际化企业的平均资本密集度均显著低于非国际化企业。

第三,总体上看,1998年TFP较高的地区是西藏和北京。其中国际化企业与非国际化企业TFP较高的地区在1998年仍是西藏和北京。动态地看,在样本时期里,大多数地区的TFP都出现了上升,而出现下降的地区主要是北京、西藏。几乎所有地区的国际化企业的平均TFP均显著低于非国际化企业。

表6-21　中国不同地区工业企业的TFP与资本密集度:国际化和非国际化比较

地区	TFP 均值							K_L						
	总体		非国际化		国际化		t检验	总体		非国际化		国际化		t检验
	1998	2007	1998	2007	1998	2007		1998	2007	1998	2007	1998	2007	
北　京	1.91	1.56	1.95	1.57	1.69	1.51	0.13*	57.9	93.3	55.4	85.4	71.4	120.8	-28.7*
天　津	1.68	1.91	1.80	2.00	1.46	1.74	0.21*	83.6	120.3	66.4	104.1	117	153.3	-30.2*
河　北	1.51	1.68	1.52	1.7	1.43	1.56	0.07*	52.4	96.9	51.3	97	59.9	96.3	2.5***
山　西	1.54	1.54	1.55	1.55	1.46	1.48	0.07*	42.4	134.5	42.4	135.9	41.5	121.1	-6.8
内蒙古	1.53	1.76	1.51	1.74	1.69	1.99	0.05	54.1	120.6	54.0	118.3	55.2	156.9	-17.5*
辽　宁	1.51	1.78	1.58	1.78	1.34	1.77	0.06*	60.6	118.1	53.9	120.2	80.4	108.4	-5.4*
吉　林	0.90	2.05	0.91	2.06	0.77	1.99	0.11*	—	138.2	—	136.5	—	154.3	-30.6*

续表

地区	TFP 均值						K_L							
	总体		非国际化		国际化		t检验	总体		非国际化		国际化		t检验
	1998	2007	1998	2007	1998	2007		1998	2007	1998	2007	1998	2007	
黑龙江	1.4	1.73	1.41	1.74	1.16	1.64	0.11*	56.4	116.4	53.7	114.8	103.1	133.3	−16**
上　海	1.29	1.74	1.28	1.76	1.31	1.69	0.06*	80.4	113.3	70.7	97.4	100.1	147.5	−38.3*
江　苏	1.29	1.54	1.29	1.54	1.28	1.54	0.03*	52.2	85.6	47.3	79.5	63.5	104.7	−18.0*
浙　江	1.23	1.43	1.23	1.45	1.22	1.4	0.04*	59.9	67.9	60.7	71.5	58.7	62.7	12.6*
安　徽	1.48	1.74	1.49	1.76	1.44	1.6	0.07*	43.6	82.4	41.9	83.3	52.9	77	2.9***
福　建	1.46	1.71	1.47	1.76	1.44	1.64	0.09*	413.3	69.9	469.2	79	361.1	54.4	28.1*
江　西	1.64	1.8	1.66	1.82	1.35	1.67	0.13*	41.1	84	40.6	84.4	46	81.6	0.8
山　东	1.42	1.81	1.45	1.81	1.35	1.82	0.10*	51.9	92.3	48.9	93.1	59.4	89.1	2.4
河　南	1.48	1.96	1.48	1.97	1.34	1.89	−0.22*	39.3	83.2	39	83	43.2	86.1	−4.3*
湖　北	1.76	2.08	1.77	2.10	1.67	1.93	0.15*	43.3	89	41.5	88.6	63.9	93	−7.0*
湖　南	1.44	1.75	1.46	1.75	1.34	1.74	0.05*	47.8	76.9	48.4	79.1	44.2	57.3	9.9*
广　东	1.42	1.58	1.35	1.57	1.49	1.6	0.01**	103.3	66.3	111.4	69.8	94.9	61.8	10.4*
广　西	1.31	2	1.32	2.02	1.26	1.89	0.09*	60.3	75.3	61.1	75.4	56.2	74.8	7.7*
海　南	1.1	1.65	1.1	1.69	1.07	1.44	0.04	127.5	218.2	119.7	161.4	189.8	517.9	−179.2*
重　庆	1.37	1.51	1.38	1.52	1.28	1.46	0.07*	42.2	71.1	41.3	70.2	48.8	77.6	−12.6*
四　川	1.39	1.99	1.41	2.01	1.20	1.78	0.14*	54.8	88.1	55.8	87.5	45.8	93.6	−9.7*
贵　州	1.48	1.58	1.50	1.60	1.26	1.37	0.13*	45.3	80.8	44.9	80	51.9	92.1	−8.6**
云　南	1.30	1.61	1.31	1.64	1.2	1.39	0.11*	71.3	107.7	70.4	104.3	79.1	133.3	−16.9*
西　藏	2.63	1.98	2.65	1.98	1.76	1.67	0.81*	55.3	206.8	55.5	210.5	46.9	34	35.1*
陕　西	1.60	1.78	1.62	1.81	1.38	1.55	0.09*	50.1	102.5	48.9	101.2	59.8	116.3	−12.7*
甘　肃	1.04	2.1	1.06	2.13	0.74	1.49	0.35*	—	96.9	—	94.9	—	127.3	−48.7*
青　海	1.86	2.26	1.91	2.28	1.22	1.96	0.29*	59.4	159.5	60.6	156.3	46.3	210.4	6.2
宁　夏	1.36	1.64	1.37	1.64	1.27	1.57	0.09*	54.7	122.1	53.8	118.2	64.4	154.4	−18.5*
新　疆	1.36	1.53	1.37	1.54	1.15	1.41	0.11*	59.0	154.2	55.3	147.7	135	227.7	−95.1*

注：t检验不假定方差相同，t检验国际化与否的差异是不同地区的非国际化企业与国际化企业之间
　　是否存在差异（即非国际化企业的值减去国际化企业的值），*、**、***分别表示在1%、5%、10%
　　的水平下显著；t检验的样本期间为1998—2007年。"—"表示数据缺失。
资料来源：笔者基于数据计算而得。

第四，在样本时期里，大多数地区的资产利润率（或总资产报酬率）

（ROA）、净资产利润率（或权益报酬率）（ROE）都出现了上升（见表6-22）。t检验表明，大多数地区的国际化企业的资产利润率（ROA）均显著低于非国际化企业；而大多数地区的国际化企业与非国际化企业的净资产利润率（ROE）没有显著差异。

表6-22　中国不同地区工业企业的利润率：国际化和非国际化比较

地区	ROA 均值							ROE 均值						
	总体		非国际化		国际化		t检验	总体		非国际化		国际化		t检验
	1998	2007	1998	2007	1998	2007		1998	2007	1998	2007	1998	2007	
北　京	0.04	0.05	0.05	0.04	0.02	0.06	-0.01*	0.10	0.10	0.11	0.09	0.04	0.15	-1.29
天　津	0.01	0.18	0.02	0.20	-0.01	0.11	0.46	0.38	1.81	0.30	2.36	0.56	0.31	0.45**
河　北	0.13	0.26	0.13	0.28	0.06	0.12	0.09*	0.48	0.63	0.52	0.58	0.19	1.01	0.28**
山　西	0.01	0.06	0.01	0.06	0	0.02	0.04*	-0.26	0.25	-0.28	0.26	0.05	0.06	-4.57
内蒙古	0.01	0.19	0.01	0.19	0	0.21	0.06*	-0.34	31.27	-0.21	32.07	-2.01	3.72	6.25***
辽　宁	-0.02	0.36	-0.02	0.38	0.01	0.21	0.07*	0.08	6.01	0.11	6.68	-0.02	0.46	-0.38
吉　林	-0.01	0.23	-0.01	0.24	-0.01	0.11	0.06*	0.06	0.93	0.07	0.96	0.11	0.43	0.22**
黑龙江	0.02	0.17	0.02	0.17	0	0.07	0.03*	0.06	3.11	0.07	3.25	-0.19	0.27	3.37
上　海	0.03	0.05	0.04	0.05	0.01	0.05	0.01*	0.09	0.27	0.15	0.43	-0.03	0.06	-0.00
江　苏	0.03	0.17	0.03	0.20	0.01	0.12	0.03*	0.10	0.40	0.09	0.49	0.12	0.12	0.26*
浙　江	0.04	0.07	0.04	0.08	0.01	0.06	-0.24	0.13	0.66	0.13	1.05	0.12	0.15	0.09
安　徽	0.04	0.18	0.05	0.18	0.01	0.13	0.04*	0.49	128.77	0.55	141.04	0.11	0.36	19.80
福　建	0.05	0.19	0.05	0.21	0.06	0.15	0.04*	0.16	0.43	0.21	0.42	0.11	0.47	0.21*
江　西	0.01	0.28	0.01	0.28	0	0.29	-0.02*	-1.16	6.01	-1.24	6.70	0.17	0.53	0.42
山　东	0.10	0.37	0.10	0.40	0.10	0.21	0.16*	-0.05	0.77	-0.17	0.79	0.28	0.62	0.35*
河　南	0.13	0.21	0.14	0.21	0.05	0.13	0.08*	0.44	-0.58	0.47	-0.61	-0.09	0.25	-1.00
湖　北	0.05	0.23	0.05	0.24	0.01	0.14	-0.20	0.31	-0.06	0.35	0.52	-0.08	-8.33	-0.69
湖　南	0	0.35	0.00	0.35	0.01	0.27	0.05*	-5.70	0.67	-6.44	0.68	0.15	0.52	-3.42
广　东	0.02	0.12	0.02	0.16	0.01	0.07	0.05*	0.06	410.34	0.05	678.49	0.08	0.36	-71.89
广　西	0	0.21	-0.01	0.21	0.01	0.08	0.02*	0.19	0.49	-0.07	0.50	1.86	0.33	-0.45**
海　南	-0.02	0.06	-0.02	0.07	-0.08	-0.01	0.00	-0.05	3.91	-0.07	4.71	0.21	0.05	0.16
重　庆	-0.01	0.22	-0.01	0.23	-0.04	0.11	0.07*	-1.70	0.58	-1.93	0.62	0.20	0.26	0.11**
四　川	-0.02	0.18	-0.02	0.19	-0.02	0.10	0.23***	-2.62	0.49	-2.85	0.51	0.08	0.23	0.16
贵　州	-0.01	0.16	-0.01	0.16	-0.02	0.07	0.03*	0.28	-0.71	0.33	-0.73	-0.57	0.36	0.11

续表

地区	ROA 均值							ROE 均值						
	总体		非国际化		国际化		t检验	总体		非国际化		国际化		t检验
	1998	2007	1998	2007	1998	2007		1998	2007	1998	2007	1998	2007	
云　南	-0.02	0.07	-0.02	0.07	-0.01	0.08	0	-0.07	3.11	-0.09	3.31	0.17	0.42	1.15 *
西　藏	0.30	0.05	0.30	0.05	0.07	0.12	0.04 ***	1.27	-0.10	1.28	-0.11	0.47	0.16	0.13
陕　西	-0.01	0.17	-0.01	0.18	-0.01	0.08	0.04 *	0.58	-10.95	0.66	-11.62	-0.21	0.20	0.81
甘　肃	0.03	0.05	0.03	0.05	-0.02	0.03	0.01 **	0.08	0.13	0.11	0.12	-0.35	0.43	-1.93
青　海	-0.05	0.03	-0.05	0.03	-0.07	0.05	0	-0.11	0.10	-0.10	0.10	-0.27	0.10	-0.06
宁　夏	-0.03	0.05	-0.03	0.05	0	0.04	-0.01 *	-0.06	-0.03	-0.13	-0.03	0.79	0.06	-0.17
新　疆	-0.01	0.09	-0.01	0.09	0	0.06	0.01 **	-2.09	0.59	-2.17	0.62	0.04	0.13	-0.23

注：t检验不假定方差相同，t检验国际化与否的差异是不同地区的非国际化企业与国际化企业之间
　　是否存在差异（即非国际化企业的值减去国际化企业的值），*、**、*** 分别表示在 1%、5%、10%
　　的水平下显著；t检验的样本期间为 1998—2013 年。
资料来源：笔者基于数据计算而得。

第三节　企业经济绩效的动态变化：基于二元边际分解

前面的分析主要关注中国工业企业经济绩效的水平和结构特征，尚未涉及经济绩效的动态变化。实际上，考虑到经济发展的阶段演进，企业经济绩效的动态变化往往具有十分特殊的意义。我们将重点分析企业 TFP 的动态变化，同时也关注资本密集度、就业、实际工资和实际产出等涉及要素结构、经济福利和经济增长的重要指标。

为了刻画企业 TFP 等指标的动态变化，我们首先按照伊藤等（Eaton 等，2007）与阿玛多和奥普拉莫拉（Amador 和 Opromolla，2011）的方法[1]，将企业分为三类：(1) t 年"进入企业"（entrants），即指在 $t-1$ 年不在市场上（因而没有 TFP 等指标数据）、但在 t 年出现在市场上的企业；(2) t 年"退出企业"（exiters），即指在 $t-1$ 年在市场上、但在 t 年不出现在市

---

[1] 伊藤等（Eaton 等，2007）、阿玛多和奥普拉莫拉（Amador 和 Opromolla，2011）的研究主要是分析企业出口增长动态，我们将他们的方法应用于分析 TFP 增长动态。笔者也曾使用这一方法分析过中国工业企业的出口动态问题（Cheng，2012）。

场上(因而没有 TFP 等指标数据)的企业;(3)"持续存在企业"(continuing firms)即指在 $t-1$ 年和 t 年均出现在市场上的企业。这样,我们就可以把中国工业企业的任意两年的 TFP 等指标增长分解为"进入企业""退出企业"和"持续存在企业"的贡献。也就是说,从企业 TFP 等指标增长中分解出企业水平上的广延边际(extensive margin)(即企业进出市场)和集约边际(intensive margin)(即企业留在市场上)。如图 6-6 所示。

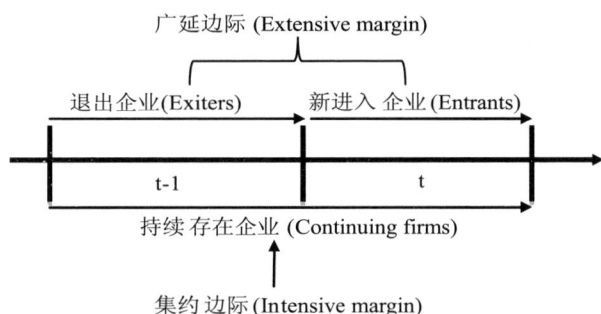

图6-6　计算 TFP 等指标增长的三类企业与两种边际的界定

资料来源:笔者整理制作。

根据图 6-6,我们定义 ΔY_t 为中国工业企业 TFP 等指标在 $t-1$ 年和 t 年的变化;$j \in En$、Ex、Con 分别表示"进入企业"集合、"退出企业"集合和"持续存在企业"集合。这样,中国工业企业 TFP 等指标在 $t-1$ 年和 t 年的变化可以计算为:

$$\Delta Y_t \equiv Y_t - Y_{t-1} = \sum_{j \in En} \Delta Y_{jt} + \sum_{j \in Ex} \Delta Y_{jt} + \sum_{j \in Con} \Delta Y_{jt}$$

按照伊藤等(Eaton 等,2007)的方法,将该式中的每一项除以 $(Y_t+Y_{t-1})/2$(即 $t-1$ 年和 t 年的 TFP 等指标的平均值)来求得 TFP 等指标的百分比变化。[①] 根据以上方法,我们从总体、所有制性质、隶属关系、两分位行业、省区市等多个角度,同时区分国际化与非国际化企业,分别计算出中国工业企业 TFP 等绩效指标的逐年增长率与整个样本时期的

---

① 我们在前面第五章第五节已经讨论了这样做的好处。

平均增长率及其边际分解（广延边际与集约边际）。① 限于篇幅，我们仅考虑以 D_IeOfdi（即工业企业数据与 OFDI 数据合并）界定的国际化与非国际化两种情形。

一、总体分析

我们分两个时期：1998—2007 年、2007—2013 年。前一个时期见证了中国加入 WTO，且位于 2008 年的全球金融危机之前，被认为是中国经济表现很好的时期；后一个时期是金融危机之后，被认为是中国经济表现下滑的时期。

首先，看 1998—2007 年。从图 6-7 可以看出，基于伊藤等（Eaton 等，2007）方法计算得到的中国工业企业 TFP 年均增长率为 11.53%②，而且主要是靠企业广延边际即企业进出市场导致的 TFP 增长（增长率为 10.5%）实现的；"企业进入"引起的 TFP 上升超过了"企业退出"导致的 TFP 下降，从而使得广延边际的净贡献为正。进一步地，把企业分为国际化与非国际化企业，如表 6-23 所示。国际化企业与非国际化企业的 TFP 增长的边际分解与整体样本类似，两类企业的 TFP 增长率相当（国际化与非国际化企业分别为 11.70%、11.47%）。

资本密集度年均增长率为 12.79%，并且主要是靠企业广延边际即企业进出市场实现的（9.37%）。国际化企业与非国际化企业的资本密集度增长的边际分解与整体样本类似，但国际化企业的资本密集度增长率（10.11%）低于非国际化企业（13.83%）。

实际工资年均增长率为 14.54%，且主要是靠企业集约边际即企业继续留在市场上实现的（9.2%）。其中，国际化企业的实际工资增长率（15.52%）高于非国际化企业（13.28%）。国际化企业的实际工资年均增

---

① 以下五个行业无 TFP 水平值或数据不够而无法计算 TFP 增长率：石油和天然气开采业、非金属矿采选业、电力和热力的生产及供应业、燃气生产和供应业、水的生产和供应业。剩下的共计 30 个行业。

② 值得注意的是，与前面第一节的 TFP 增长率计算不同，这里的 TFP 增长率计算是基于伊藤等（Eaton 等，2007）方法。

长的边际分解与整体样本类似,但在非国际化企业的实际工资年均增长中,企业广延边际与集约边际的贡献基本相当。

就业增长率为3.89%,全部是靠企业集约边际实现的,企业广延边际的贡献为负。国际化和非国际化企业的就业增长分解与之类似,但前者的增长率更高(5.43%)。实际产出年均增长率为19.29%,全部是靠企业集约边际实现的,企业广延边际的贡献为负。国际化和非国际化企业的就业增长分解与之类似,但前者的增长率更高(19.44%)。

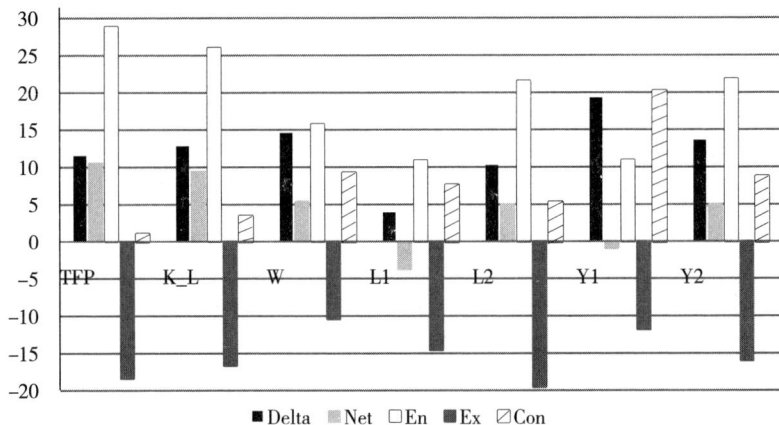

图6-7 中国工业企业的绩效增长:总体样本

注:Delta(Δ)表示增长率(%),等于EM中的Net加上IM(Con)。EM(包含Net、En、Ex)、IM(Con)分别表示广延边际和集约边际;En、Ex、Con分别表示"进入企业"集合、"退出企业"集合和"持续存在企业"集合;Net表示广延边际的净值即等于En加上Ex。TFP、K_L、W(即实际工资)的样本时期为1998—2007;L₁、L₂的样本时期分别为1998—2007年、2007—2013年;实际产出Y₁、Y₂的样本时期分别为1998—2007年、2007—2013年。限于篇幅,逐年增长率暂略。

资料来源:笔者基于数据计算而得。

其次,看2007—2013年,但这个时期的可观测指标主要是就业和实际产出。中国工业企业的就业增长率为10.22%,超过50%是靠企业集约边际实现的。其中,国际化企业的就业增长分解与之类似,而非国际化企业的就业增长主要是靠企业广延边际(即企业进出市场)实现的,且增长率高于国际化企业。实际产出年均增长率为13.58%,主要是靠企业集约边际实现的。国际化和非国际化企业的产出增长分解与之类似,但非国际化企业的产出增长率更高(17.86%)。

总结起来,可以发现,在前一个时期,国际化企业的 TFP、实际工资、就业和产出增长均快于非国际化企业,这可能受到中国加入 WTO 的积极影响更大。而在第二个时期,国际化企业的就业和产出增长都较低,可能受到全球金融危机的负面影响比非国际化企业更大。

表6-23　中国工业企业的绩效增长:国际化与非国际化比较

	非国际化企业				国际化企业				
	Δ	EM		IM	Δ	EM			IM
		Net	En	Ex	Con		Net	En	Ex	Con
TFP	11.47	10.56	35.13	−24.57	0.92	11.70	10.36	33.72	−23.36	1.34
K_L	13.83	9.62	33.35	−23.73	4.20	10.11	9.48	30.97	−21.49	0.64
W	13.28	6.61	27.84	−21.23	6.67	15.52	5.87	19.88	−14.02	9.65
L₁	2.72	−4.40	15.73	−20.13	7.13	5.43	−2.98	13.02	−16.00	8.41
L₂	14.16	7.41	24.77	−15.88	6.76	3.95	1.51	19.13	−17.32	2.44
Y₁	19.14	−0.55	16.91	−17.46	19.69	19.44	−0.46	12.58	−13.04	19.91
Y₂	17.86	7.31	23.77	−15.00	10.55	7.74	2.31	21.63	−18.85	5.43

注:Δ表示增长率(%),等于 EM 中的 Net 加上 IM。EM、IM 分别表示广延边际和集约边际;En、Ex、Con 分别表示"进入企业"集合、"退出企业"集合和"持续存在企业"集合;Net 表示广延边际的净值即等于 En 加上 Ex。TFP、K_L、W(即实际工资)的样本时期为 1998—2007 年;L₁、L₂的样本时期分别为 1998—2007 年、2007—2013 年;实际产出 Y₁、Y₂的样本时期分别为 1998—2007 年、2007—2013 年。限于篇幅,逐年增长率暂略。

资料来源:笔者基于数据计算而得。

二、基于不同所有制与隶属关系的分析

前面已经提及,在中国,企业的所有制与隶属关系特征直接反映了政府对企业的影响或干预程度,这两者有时又是紧密联系在一起的。比如,隶属于中央的所谓央企就是国有企业。关于所有制,我们首先分析国有绝对控股、国有相对控股及其他所有制这三大类,然后进一步将所有制细分为 10 类;最后分析三种隶属关系即包括中央所属、省级所属及其他隶

属关系。本部分重点考察的指标主要是企业 TFP 与就业的增长,前者毫无疑问反映生产效率,后者则反映对就业的贡献。

由表 6-24 可知,1998—2007 年间中国工业企业中的国有绝对控股、国有相对控股企业的 TFP 都出现了负增长(年均增长率为 -10.79%、-6.25%),而且主要是由企业广延边际(企业进出市场)引起的。但其他类型企业的 TFP 增长非常快,增长率高达 22.46%,也主要由企业广延边际引起的。对于国有绝对控股企业而言,国际化企业的 TFP 增长高于非国际化企业(前者的绝对值更小);但对于国有相对控股和其他所有制企业而言,前者则低于后者(前者的绝对值更大)。

表 6-24　中国三种所有制工业企业的 TFP 与就业增长:国际化与非国际化比较

		整体样本					非国际化企业					国际化企业				
		Δ	EM			IM	Δ	EM			IM	Δ	EM			IM
			Net	En	Ex	Con		Net	En	Ex	Con		Net	En	Ex	Con
TFP	国有绝对控股	-10.79	-11.86	23.65	-35.51	1.08	-11.65	-12.63	26.01	-38.64	0.98	-6.78	-8.35	32.76	-41.11	1.57
	国有相对控股	-6.25	-7.49	31.08	-38.57	1.24	-5.78	-7.08	33.21	-40.29	1.30	-8.80	-9.90	43.56	-53.46	1.09
	其他	22.46	21.49	38.58	-17.08	0.97	24.84	23.89	48.27	-24.38	0.96	17.47	16.31	38.62	-22.31	1.16
L_1	国有绝对控股	-6.90	-8.63	9.26	-17.89	1.73	-7.72	-9.98	13.30	-23.28	2.26	-5.78	-7.54	11.83	-19.37	1.76
	国有相对控股	-8.39	-12.79	16.07	-28.86	4.40	-8.66	-12.86	18.74	-31.59	4.19	-7.73	-12.73	19.82	-32.55	5.01
	其他	18.53	4.33	18.14	-13.81	14.20	19.42	5.97	26.56	-20.58	13.44	17.63	3.08	17.27	-14.20	14.55
L_2	国有绝对控股	-0.20	0.38	23.15	-28.37	-0.58	2.18	1.66	26.11	-24.12	0.52	-3.79	-1.56	20.93	-22.79	-2.23
	国有相对控股	-4.53	-2.06	20.16	-28.29	-2.48	-3.32	-1.97	21.21	-23.61	-1.35	-7.69	-2.21	19.76	-22.41	-5.48
	其他	13.49	6.39	20.84	-16.48	7.10	18.05	9.36	24.05	-12.82	8.69	6.29	2.34	18.39	-15.58	3.96

注:Δ表示增长率(%),等于 EM 中的 Net 加上 IM。EM、IM 分别表示广延边际和集约边际;En、Ex、Con 分别表示"进入企业"集合、"退出企业"集合和"持续存在企业"集合;Net 表示广延边际的净值即等于 En 加上 Ex。L_1、L_2 的样本时期分别为 1998—2007 年、2007—2013 年。限于篇幅,逐年增长率暂略。
资料来源:笔者基于数据计算而得。

　　无论是 2008 年全球金融危机之前还是之后,国有绝对控股和国有相对控股工业企业的就业增长均为负值,而且前期的增长下降幅度更大。前期的就业增长下降全部是由企业广延边际(进出市场引起的竞争)引起,但后期的就业增长下降则主要是由企业集约边际(即已有企业的就业增长下降)引起的;前期非国际化企业的就业增长降幅更大,后期则是国际化企业的就业增长降幅更大。然而,对于其他所有制企业而言,就业始终保持较高的增长率,前期达到 18.53%、后期为 13.49%,且均主要是由企业集约边际引起的;国际化企业的就业增长低于非国际化企业。

　　我们把中国工业企业进一步细分为十种所有制形式①,如表 6-25 所示。可以看出:国有企业和集体企业的 TFP 增长率为负,分别为-17.08%、-10.4%。与之形成鲜明对比的是,私营企业和外商独资企业的 TFP 增长率最高,分别高达 33.16%、24.46%。企业的广延边际(进出市场)解释了绝大部分的就业增长或下降。大多数类型企业中的国际化企业的 TFP 增长率反而低于非国际化企业,但"持续存在的国际化企业"的 TFP 增长率大多高于"持续存在的非国际化企业"。

　　从就业来看,国有企业和集体企业的就业增长率也为负,而且在 2008 年之前的降幅更大,分别为-11.27%、-14.24%。国有企业和集体企业的就业增长下降主要是由企业广延边际引起的,国际化企业的降幅更大。就业增长较快的所有制企业主要是私营企业和外资企业(包括外商独资与港澳台独资),但不同的是,这两类企业的就业增长基本上都是靠企业集约边际实现的。对大多数类型企业而言,非国际化企业的就业增长高于国际化企业。

---

　　①　此处的外商独资、中外合资与中外合作分类都不包括港澳台资企业,后者单独列出。如果不特别说明,则前者包含后者。

表 6-25　中国十种所有制工业企业的 TFP 与就业增长：国际化与非国际化比较

	整体样本					非国际化企业					国际化企业				
	Δ	EM			IM	Δ	EM			IM	Δ	EM			IM
		Net	En	Ex	Con		Net	En	Ex	Con		Net	En	Ex	Con
TFP															
外商独资	24.46	23.22	37.38	-14.16	1.24	27.65	27.19	61.71	-34.52	0.46	23.09	21.80	39.72	-17.92	1.29
国有企业	-17.08	-18.26	18.16	-36.42	1.19	-17.38	-18.61	20.85	-39.45	1.23	-15.13	-16.67	25.65	-42.32	1.54
中外合作	7.75	6.43	33.45	-27.02	1.33	7.18	5.77	44.70	-38.93	1.40	8.13	6.44	38.86	-32.42	1.68
中外合资	11.26	10.38	29.58	-19.20	0.89	11.21	11.04	43.24	-32.20	0.17	11.30	10.06	33.34	-23.28	1.24
集体企业	-10.4	-11.73	24.02	-35.75	1.33	-9.46	-10.82	27.35	-38.17	1.36	-16.28	-17.55	33.12	-50.67	1.26
私营企业	33.16	32.29	53.14	-20.86	0.87	33.52	32.68	57.58	-24.90	0.84	31.28	29.90	59.65	-29.75	1.38
其他企业	21.69	20.99	46.13	-25.15	0.71	22.45	21.83	50.92	-29.00	0.62	18.31	17.52	49.70	-32.18	0.79
港澳台独资	17.04	16.85	34.00	-17.15	0.19	20.52	20.53	57.12	-36.59	-0.01	15.53	14.86	36.26	-21.40	0.67
港澳台合资	5.36	4.34	27.36	-23.02	1.03	5.80	4.67	37.37	-32.70	1.13	4.90	3.87	32.19	-28.32	1.03
港澳台合作	0.06	0.06	27.79	-27.73	-0.01	0.23	-0.14	44.27	-44.41	0.38	-0.03	-0.04	31.77	-31.80	0.01
L_1															
外商独资	24.68	5.40	14.96	-9.56	19.29	26.95	8.23	31.45	-23.22	18.71	24.17	5.06	15.54	-10.48	19.11
国有企业	-11.27	-10.64	9.23	-19.87	-0.63	-11.29	-11.38	13.25	-24.63	0.09	-11.24	-10.30	11.66	-21.96	-0.94
中外合作	8.23	-1.90	15.70	-17.60	10.13	6.98	-3.30	19.83	-23.13	10.28	8.79	-1.14	17.43	-18.57	9.93
中外合资	10.39	-1.39	12.13	-13.52	11.77	8.67	-1.99	20.57	-22.55	10.66	11.26	-1.04	13.27	-14.32	12.30
集体企业	-14.24	-15.81	12.64	-28.45	1.57	-13.47	-15.09	15.80	-30.89	1.62	-16.60	-17.68	16.62	-34.29	1.07
私营企业	29.97	12.15	30.01	-17.86	17.82	29.59	12.64	33.66	-21.02	16.95	31.06	11.75	32.13	-20.38	19.31
其他企业	13.96	3.60	20.80	-17.20	10.36	14.34	4.35	25.97	-21.62	9.99	13.41	2.52	20.90	-18.38	10.90
港澳台独资	17.89	4.06	15.96	-11.90	13.83	20.04	5.06	31.79	-26.73	14.97	17.39	4.22	17.22	-13.00	13.17
港澳台合资	5.81	-3.21	13.25	-16.46	9.02	5.01	-3.00	21.08	-24.08	8.02	6.26	-3.29	15.01	-18.30	9.55
港澳台合作	1.27	-4.86	12.45	-17.31	6.13	-2.11	-5.90	21.71	-27.61	3.79	2.22	-4.36	14.04	-18.40	6.59
L_2															
外商独资	6.44	1.59	18.29	-20.48	4.85	10.83	4.35	22.36	-17.14	6.48	5.26	1.05	18.73	-17.47	4.21
国有企业	-6.64	-3.91	23.74	-35.54	-2.73	-4.81	-3.70	25.76	-30.20	-1.11	-10.00	-4.30	21.88	-27.04	-5.70
中外合作	-1.77	0.09	16.79	-20.85	-1.86	3.74	2.11	18.00	-15.46	1.62	-4.82	-0.97	17.23	-18.39	-3.85
中外合资	5.27	1.88	18.29	-20.05	3.40	10.90	4.16	21.13	-16.14	6.74	1.95	0.76	18.62	-17.70	1.18
集体企业	-7.94	-4.78	19.24	-31.22	-3.17	-7.09	-4.71	20.20	-25.85	-2.38	-11.44	-5.22	18.72	-24.98	-6.22
私营企业	17.56	8.84	22.61	-15.01	8.72	19.50	10.18	24.16	-11.95	9.33	10.05	4.46	20.39	-15.04	5.59
其他企业	12.12	7.53	25.38	-20.43	4.59	15.60	10.12	28.42	-16.27	5.48	5.09	2.71	21.61	-18.37	2.38
港澳台独资	6.51	2.26	15.98	-16.59	4.25	12.90	5.88	22.30	-15.24	7.01	4.47	1.30	15.81	-14.26	3.17
港澳台合资	5.37	1.65	16.86	-18.61	3.72	9.83	3.35	19.73	-15.71	6.47	2.39	0.65	16.63	-15.85	1.74
港澳台合作	-4.87	-1.35	13.19	-18.51	-3.52	3.51	0.68	18.52	-17.71	2.83	-7.46	-1.87	12.05	-14.30	-5.59

注：Δ表示增长率(%)，等于 EM 中的 Net 加上 IM。EM、IM 分别表示广延边际和集约边际；En、Ex、
　　Con 分别表示"进入企业"集合、"退出企业"集合和"持续存在企业"集合；Net 表示广延边际的净
　　值即等于 En 加上 Ex。L_1、L_2 的样本时期分别为 1998—2007 年、2007—2013 年。限于篇幅，逐年
　　增长率暂略。

资料来源：笔者基于数据计算而得。

最后观察企业的不同隶属关系。表6-26显示,中央所属和省级所属企业的TFP和就业增长率均为负;而其他隶属关系企业的TFP和就业增长率均为正,TFP增长率高达12.26%。企业广延边际是各类企业TFP变化的主因,而集约边际则基本上是就业变化的主因。对于三种隶属关系企业而言,国际化企业TFP增长率均高于非国际化企业。由于中央所属及省级所属企业基本上都是国企,因此这里的发现再次证实了表6-24、表6-25关于国有企业的基本结论。

表6-26　中国不同隶属关系工业企业的TFP与就业增长:国际化与非国际化比较

		整体样本					非国际化企业					国际化企业				
		Δ	EM			IM	Δ	EM			IM	Δ	EM			IM
			Net	En	Ex	Con		Net	En	Ex	Con		Net	En	Ex	Con
TFP	中央所属	-1.65	-2.72	25.78	-28.50	1.08	-2.44	-3.90	30.32	-34.21	1.45	1.21	1.28	32.50	-31.22	-0.07
	省级所属	-2.13	-2.46	24.06	-26.52	0.33	-2.25	-2.18	29.62	-31.80	-0.07	-1.84	-3.70	25.17	-28.87	1.86
	其他	12.26	11.20	29.73	-18.53	1.06	12.21	11.26	36.06	-24.81	0.95	12.42	11.08	34.66	-23.58	1.34
L_1	中央所属	-3.11	-5.31	11.69	-17.00	2.20	-2.69	-6.12	16.52	-22.63	3.43	-3.51	-5.10	14.71	-19.81	1.60
	省级所属	-2.49	-5.26	9.93	-15.19	2.77	-3.23	-6.26	14.93	-21.19	3.03	-1.56	-4.65	11.86	-16.52	3.09
	其他	5.82	-3.28	11.88	-15.17	9.11	4.23	-4.01	16.72	-20.74	8.25	8.06	-2.39	13.79	-16.18	10.46
L_2	中央所属	-0.56	0.64	24.17	-29.24	-1.21	2.38	2.93	26.29	-22.78	-0.55	-4.28	-2.25	23.59	-26.29	-2.04
	省级所属	-1.45	-0.35	23.96	-30.48	-1.09	0.32	-0.08	28.23	-28.33	0.40	-3.80	-0.91	20.65	-21.73	-2.89
	其他	11.81	5.63	20.85	-17.62	6.18	15.80	8.21	23.94	-14.09	7.60	5.25	1.96	18.45	-16.09	3.29

注:Δ表示增长率(%),等于EM中的Net加上IM。EM、IM分别表示广延边际和集约边际;En、Ex、Con分别表示"进入企业"集合、"退出企业"集合和"持续存在企业"集合;Net表示广延边际的净值即等于En加上Ex。L_1、L_2的样本时期分别为1998—2007年、2007—2013年。限于篇幅,逐年增长率暂略。

资料来源:笔者基于数据计算而得。

三、基于不同行业与地区的分析

关于中国各工业行业、省区市的比较分析,我们主要关注企业TFP指标。[①] 表6-27报告的是各行业企业TFP表现。可以看出,TFP增长较

---

① 其他指标限于篇幅不再一一列出。

快的三个行业是:电气机械及器材制造业,木材加工及木、竹、藤、棕、草制品业,塑料制品业。TFP增长率较低的三个行业是:石油加工、炼焦及核燃料加工业、烟草制品业、废弃资源和废旧材料回收加工业。有一半行业的国际化企业TFP增长率高于非国际化企业。在国际化企业样本中,广延边际为正的行业个数多于集约边际为正的行业个数,而非国际化企业样本正好相反。这意味着,相对于非国际化企业,国际化企业的市场进出更倾向于促进TFP的增长。大多数重点发展的工业行业的TFP增长率处于中下水平。

表6-27 中国不同行业工业企业的TFP增长:国际化与非国际化比较

id	行业	整体样本				
		ΔTFP	EM			IM
			Net	En	Ex	Con
13	农副食品加工业	6.10	7.22	31.33	−24.11	−1.12
14	食品制造业	5.32	5.46	30.74	−25.28	−0.14
15	饮料制造业	5.13	4.93	28.21	−23.28	0.21
16	烟草制品业	−6.62	−7.52	14.09	−21.62	0.90
17	纺织业	12.90	12.42	31.70	−19.27	0.48
18	纺织服装、鞋、帽制造业	10.82	10.05	31.49	−21.44	0.77
19	皮革、毛皮、羽毛(绒)及其制品业	10.45	10.55	31.57	−21.02	−0.10
20	木材加工及木、竹、藤、棕、草制品业	25.10	18.62	40.96	−22.34	6.48
21	家具制造业	16.57	15.39	37.61	−22.22	1.18
22	造纸及纸制品业	10.15	8.41	28.08	−19.67	1.74
23	印刷业和记录媒介的复制	8.20	6.08	27.02	−20.95	2.13
24	文教体育用品制造业	12.50	10.18	30.05	−19.87	2.32
25	石油加工、炼焦及核燃料加工业	4.63	8.17	32.59	−24.42	−3.54
26	化学原料及化学制品制造业	10.35	10.19	30.54	−20.35	0.15
27	医药制造业	12.26	10.24	27.97	−17.73	2.01

续表

id	行业	整体样本				
		ΔTFP	EM			IM
			Net	En	Ex	Con
28	化学纤维制造业	8.94	8.61	32.91	−24.29	0.33
29	橡胶制品业	11.46	10.11	32.13	−22.02	1.35
30	塑料制品业	16.65	13.39	34.06	−20.67	3.26
31	非金属矿物制品业	11.81	8.63	28.35	−19.71	3.18
32	黑色金属冶炼及压延加工业	10.15	10.43	36.24	−25.81	−0.29
33	有色金属冶炼及压延加工业	8.80	12.53	38.21	−25.69	−3.72
34	金属制品业	10.70	10.70	36.02	−25.32	0.00
35	通用设备制造业	13.76	13.19	33.81	−20.62	0.58
36	专用设备制造业	10.77	10.07	34.17	−24.10	0.70
37	交通运输设备制造业	10.34	10.61	31.53	−20.92	−0.27
39	电气机械及器材制造业	27.78	28.12	69.41	−37.78	−0.44
40	通信设备、计算机及其他电子设备制造业	10.01	7.90	38.13	−30.23	2.10
41	仪器仪表及文化、办公用机械制造业	5.27	3.81	36.71	−32.90	1.46
42	工艺品及其他制造业	16.00	15.63	43.55	−27.92	0.37
43	废弃资源和废旧材料回收加工业	−31.62	−18.13	35.55	−61.08	1.29

续表 6-27

id	行业	非国际化企业					国际化企业				
		ΔTFP	EM			IM	ΔTFP	EM			IM
			Net	En	Ex	Con		Net	En	Ex	Con
13	农副食品加工业	5.71	6.70	35.03	−28.33	−0.99	8.83	7.93	39.17	−31.24	0.90
14	食品制造业	4.77	5.18	35.24	−30.06	−0.41	8.14	7.62	38.01	−30.40	0.53
15	饮料制造业	5.10	5.09	31.55	−26.47	0.01	5.45	4.20	35.71	−31.51	1.25
16	烟草制品业	−7.29	−9.49	18.00	−27.48	2.19	−1.63	−0.43	29.74	−30.17	−1.20
17	纺织业	15.17	14.92	41.85	−26.92	0.24	8.67	7.45	34.44	−26.99	1.22

续表

id	行业	非国际化企业				国际化企业				
		ΔTFP	EM			IM	ΔTFP	EM			IM
			Net	En	Ex	Con		Net	En	Ex	Con
18	纺织服装、鞋、帽制造业	13.91	13.32	50.96	-37.64	0.59	8.55	7.29	33.78	-26.49	1.26
19	皮革、毛皮、羽毛(绒)及其制品业	11.30	11.65	48.45	-36.80	-0.35	9.65	8.66	35.00	-26.34	0.99
20	木材加工及木、竹、藤、棕、草制品业	25.07	18.76	45.83	-27.07	6.31	25.13	19.60	49.24	-29.64	5.54
21	家具制造业	14.22	13.56	45.80	-32.24	0.66	21.57	18.75	42.39	-23.64	2.82
22	造纸及纸制品业	10.24	8.66	30.83	-22.17	1.58	9.34	7.66	38.68	-31.02	1.69
23	印刷业和记录媒介的复制	7.48	5.48	28.52	-23.04	1.99	16.78	14.26	44.10	-29.84	2.53
24	文教体育用品制造业	13.45	11.34	52.05	-40.71	2.11	11.97	9.87	31.43	-21.56	2.10
25	石油加工、炼焦及核燃料加工业	4.98	8.53	34.90	-26.37	-3.55	-1.58	0.39	38.48	-38.09	-1.97
26	化学原料及化学制品制造业	10.63	10.35	35.81	-25.46	0.28	8.99	8.80	36.49	-27.69	0.19
27	医药制造业	12.42	10.72	32.33	-21.60	1.70	11.51	8.92	34.31	-25.39	2.59
28	化学纤维制造业	10.27	10.16	37.53	-27.37	0.11	3.90	2.48	38.30	-35.81	1.42
29	橡胶制品业	11.77	10.67	38.71	-28.04	1.11	10.51	9.90	37.28	-27.38	0.61
30	塑料制品业	16.98	13.90	40.45	-26.54	3.07	15.74	12.84	37.69	-24.85	2.91
31	非金属矿物制品业	11.51	8.50	31.33	-22.83	3.01	14.02	11.37	40.33	-28.96	2.65
32	黑色金属冶炼及压延加工业	10.16	10.41	38.96	-28.55	-0.26	10.00	10.28	46.24	-35.96	-0.28
33	有色金属冶炼及压延加工业	9.19	12.74	42.42	-29.68	-3.55	6.41	9.63	47.17	-37.54	-3.22
34	金属制品业	10.58	10.75	42.66	-31.91	-0.17	11.04	10.76	38.76	-27.99	0.27
35	通用设备制造业	14.02	13.55	39.67	-26.12	0.47	12.73	12.09	37.87	-25.78	0.65
36	专用设备制造业	10.16	9.47	39.10	-29.63	0.70	13.16	12.47	43.15	-30.67	0.69
37	交通运输设备制造业	9.29	9.65	35.68	-26.02	-0.36	15.67	15.10	40.58	-25.47	0.57
39	电气机械及器材制造业	25.80	27.01	75.01	-44.62	-1.56	29.69	29.12	75.45	-42.69	0.85

续表

id	行业	非国际化企业					国际化企业				
		ΔTFP	EM			IM	ΔTFP	EM			IM
			Net	En	Ex	Con		Net	En	Ex	Con
40	通信设备、计算机及其他电子设备制造业	6.04	4.06	44.08	-40.02	1.98	17.68	15.13	45.48	-30.35	2.54
41	仪器仪表及文化、办公用机械制造业	7.22	5.47	47.62	-42.15	1.76	2.30	1.47	36.56	-35.09	0.83
42	工艺品及其他制造业	12.75	12.44	53.44	-41.00	0.30	19.17	18.43	46.28	-27.85	0.74
43	废弃资源和废旧材料回收加工业	-36.40	-20.79	48.18	-75.97	1.28	-28.31	-16.23	40.32	-61.48	1.14

注:EM、IM 分别表示广延边际和集约边际;En、Ex、Con 分别表示"进入企业"集合、"退出企业"集合和"持续存在企业"集合;Net 表示广延边际的净值即等于 En 加上 Ex。ΔTFP 等于 EM 中的 Net 加上 IM。阴影部分的行业属于十大重点发展的工业行业。样本时期为 1998—2007 年。限于篇幅,每个行业的逐年增长率(%)暂略。

资料来源:笔者基于数据计算而得。

表 6-28 是关于中国大陆 31 个省区市的 TFP 增长比较。可以看到,TFP 增长较快的三个地区依次是福建(24.66%)、浙江(16.83%)和山东(16.66%)。北京、山西、贵州、新疆、甘肃和西藏是中国 TFP 增长较慢的地区,其中甘肃和西藏在样本时期的 TFP 增长率则为负。TFP 增长较快的地区基本上是东部地区,而 TFP 增长较慢的地区基本上是中西部地区。有一半地区的国际化企业 TFP 增长率高于非国际化企业。各地区 TFP 变化的主因是广延边际的贡献。

表 6-28　中国不同省区市工业企业的 TFP 增长:国际化与非国际化比较

地区	整体样本					非国际化企业					国际化企业				
	ΔTFP	EM			IM	ΔTFP	EM			IM	ΔTFP	EM			IM
		Net	En	Ex	Con		Net	En	Ex	Con		Net	En	Ex	Con
北京	2.36	4.55	27.66	-23.11	-2.18	1.28	3.15	31.87	-28.72	-1.87	7.43	9.18	33.89	-24.71	-1.74
天津	12.21	10.09	39.81	-29.72	2.12	12.13	10.47	46.97	-36.50	1.66	12.39	8.47	41.06	-32.59	3.92
河北	5.66	5.21	23.01	-17.80	0.45	5.61	5.08	25.86	-20.78	0.53	5.99	6.05	31.73	-25.67	-0.06
山西	1.89	2.65	27.02	-24.36	-0.76	1.65	2.53	29.37	-26.84	-0.88	4.77	4.24	39.14	-34.90	0.53
内蒙古	8.78	9.80	51.40	-40.38	-1.31	9.30	10.09	53.52	-42.17	-1.02	3.04	4.34	56.02	-51.14	-1.66
辽宁	13.67	13.05	32.46	-19.41	0.61	14.27	14.04	38.95	-24.91	0.23	11.26	9.59	34.03	-24.44	1.66

续表

地区	整体样本					非国际化企业					国际化企业				
	ΔTFP	EM			IM	ΔTFP	EM			IM	ΔTFP	EM			IM
		Net	En	Ex	Con		Net	En	Ex	Con		Net	En	Ex	Con
吉林	13.59	11.71	32.59	-20.88	1.88	13.39	11.99	35.13	-23.14	1.40	15.58	10.58	38.24	-27.67	5.00
黑龙江	2.76	2.33	27.38	-25.04	0.43	2.32	1.92	28.72	-26.80	0.41	9.47	8.03	37.53	-29.50	1.43
上海	8.69	5.97	22.22	-16.25	2.72	9.13	6.27	30.72	-24.45	2.87	7.76	6.20	26.13	-19.93	1.55
江苏	11.47	10.14	26.95	-16.81	1.32	12.33	11.07	34.19	-23.12	1.27	9.15	8.00	32.14	-24.14	1.15
浙江	16.83	15.70	29.49	-13.79	1.13	16.71	15.65	38.00	-22.34	1.06	17.01	15.95	34.40	-18.45	1.06
安徽	10.59	9.96	28.07	-18.11	0.64	10.83	9.94	32.38	-22.44	0.90	9.08	9.51	35.65	-26.13	-0.43
福建	24.66	23.07	35.86	-12.80	1.59	27.38	26.26	47.23	-20.97	1.12	20.88	19.20	37.59	-18.39	1.68
江西	8.46	7.95	32.92	-24.97	0.51	7.73	7.42	35.64	-28.22	0.31	15.67	14.18	48.93	-34.74	1.49
山东	16.66	15.37	30.91	-15.54	1.29	17.89	17.02	37.25	-20.23	0.87	12.45	10.37	32.45	-22.07	2.08
河南	6.88	4.72	23.57	-18.85	2.16	7.18	4.94	36.18	-31.24	2.23	7.06	3.31	44.68	-41.37	3.75
湖北	4.95	4.06	31.45	-27.39	0.89	4.82	3.97	34.07	-30.10	0.85	6.35	4.92	42.36	-37.44	1.43
湖南	12.76	11.38	33.16	-21.77	1.38	13.07	11.65	36.41	-24.76	1.41	10.34	9.00	42.32	-33.32	1.34
广东	11.82	11.40	27.32	-15.92	0.42	13.27	12.64	39.27	-26.63	0.63	10.25	9.87	30.60	-20.72	0.37
广西	10.71	8.59	28.89	-20.30	2.12	10.89	8.72	31.76	-23.04	2.17	9.71	8.47	35.13	-26.67	1.24
海南	6.66	4.49	23.75	-19.26	2.17	6.26	3.90	25.07	-21.17	2.36	9.28	7.69	31.52	-23.83	1.59
重庆	8.92	9.13	25.06	-15.93	-0.21	8.95	9.25	28.55	-19.30	-0.29	8.60	8.53	31.33	-22.80	0.07
四川	13.27	12.26	29.76	-17.50	1.01	13.32	12.30	32.23	-19.93	1.02	12.58	10.66	38.31	-27.65	1.93
贵州	1.69	0.36	19.74	-19.39	1.34	1.63	0.19	21.70	-21.51	1.44	2.80	2.57	34.67	-32.10	0.22
云南	3.27	2.64	19.25	-16.61	0.63	3.13	2.45	21.89	-19.44	0.68	4.58	4.59	28.65	-24.06	-0.01
西藏	-11.42	-11.26	30.66	-41.92	-0.16	-11.45	-11.23	31.14	-42.37	-0.22	-8.08	-9.37	53.91	-58.98	1.28
陕西	4.19	3.33	23.91	-20.58	0.86	4.34	3.50	25.91	-22.41	0.84	2.50	2.03	32.40	-30.36	0.47
甘肃	-3.48	-2.50	33.06	-35.56	-0.98	3.46	2.30	39.89	-37.60	1.17	-3.73	-2.85	34.10	-36.95	-0.89
青海	2.92	3.32	31.62	-28.30	-0.40	2.94	2.99	33.75	-30.76	-0.05	2.49	-1.73	34.83	-36.56	4.21
宁夏	7.26	6.22	29.85	-23.63	1.03	6.98	6.09	32.19	-26.10	0.89	10.05	8.60	41.83	-33.23	1.45
新疆	0.48	0.52	22.90	-22.38	-0.03	0.06	0.11	24.31	-24.20	-0.06	7.83	8.16	33.04	-24.88	-0.33

注:EM、IM 分别表示广延边际和集约边际;En、Ex、Con 分别表示"进入企业"集合、"退出企业"集合和"持续存在企业"集合;Net 表示广延边际的净值即等于 En 加上 Ex。ΔTFP 等于 EM 中的 Net 加上 IM。阴影部分所显示的省区市 TFP 增长率最低。样本时期为 1998 — 2007 年。限于篇幅,每个地区的逐年增长率(%)暂略。

资料来源:笔者基于数据计算而得。

第四节　本章的主要发现及启示

本章以 TFP 指标为核心,详细分析了中国工业企业的经济绩效水平、结构及动态变化。中国工业企业的平均 TFP 增长速度不及劳动生产率增长,劳动生产率增长率与 TFP 增长率之间的巨大差异,意味着中国工业企业的平均资本密集度在不断提高。中国应该警惕的是,在劳动生产率与资本密集度迅速上升的同时,TFP 增长可能出现下降的趋势,也就是说要警惕出现"汗水经济"。

如果将中国工业企业分为国际化与非国际化两大类,则国际化企业的平均 TFP 显著低于非国际化企业,但二者均趋于上升且年均增长率相当。然而,异质性企业贸易理论的基本预期表明,国际化企业的生产率要高于非国际化企业。但本章的研究结果显然与这一预期相反,需要进一步探究。

边际分解显示,中国工业企业的 TFP 增长主要是靠企业广延边际即企业进出市场引发的竞争效应而实现的,而实际工资、就业、实际产出的增长则主要是靠企业集约边际即企业继续留在市场上而实现的。国际化企业的实际工资增长率、就业增长率、实际产出均高于非国际化企业,但前者的资本密集度增长率低于后者,两类企业的 TFP 增长率相当。在全球金融危机前,可能受到中国加入 WTO 的积极影响,国际化企业的实际工资、就业和产出的增长均快于非国际化企业;在全球金融危机之后,国际化企业的就业和产出增长都较低。

如果将企业分为国有绝对控股、国有相对控股及其他三类,则不管以何种指标界定国际化,其他所有制企业的平均 TFP 都显著高于国有绝对或相对控股企业;不管是何种所有制,国际化企业的平均 TFP 大多显著低于非国际化企业。对于国际化企业,国有绝对或相对控股企业的平均资本密集度显著高于其他所有制企业;而国际化企业的平均资本密集度大多显著高于非国际化企业。边际分解显示,国有绝对控股、国有相对控股企业的 TFP 都出现了负增长,而且主要是由企业广延边际(市场进出)

引起的。但其他类型企业的 TFP 增长非常快,增长率高达 22.46%,也主要是由企业广延边际引起的。对于国有绝对控股而言,国际化企业的 TFP 增长高于非国际化企业;但对于国有相对控股和其他所有制企业而言,则前者低于后者。如果把企业进一步细分为十种所有制形式,则国有企业和集体企业的 TFP 增长率、就业增长率均为负,而私营企业和外商独资企业的 TFP 和就业增长较快。企业的广延边际(进出市场)解释了绝大部分的 TFP 和就业增长或下降。大多数类型企业中的国际化企业的 TFP 和就业增长率反而低于非国际化企业。

如果将企业分为中央所属、省级所属及其他三类,则不管企业国际化与否,中央及省级所属企业的平均 TFP 大多显著低于其他类型企业;同类型企业相比,国际化企业的平均 TFP 均低于非国际化企业。边际分解表明,中央所属和省级所属企业的 TFP 和就业增长率均为负,而其他隶属关系企业的 TFP 和就业增长率均为正。企业广延边际是各类企业 TFP 变化的主因,而集约边际则基本上是就业变化的主因。

如果从行业角度看,则资本密集度较高的国际化企业的资本密集度趋于上升且高于非国际化企业,资本密集度较低的国际化企业的资本密集度趋于下降且低于非国际化企业;TFP 较高的行业的资本密集度并不高,而 TFP 较低的行业则要么是政府垄断专营、要么是政府产业政策关注的重点(较为深入地参与 GVC 分工对这些行业产生的积极效应可能在一定程度上受到政府垄断或产业政策负面影响的削弱)。动态分解显示,大多数重点发展的工业行业的 TFP 增长率都较低;相对于非国际化企业,国际化企业的市场进出更倾向于促进 TFP 的增长。

如果从地区角度看,则中国的出口企业大多集中于东部地区;TFP 最高的地区是北京和西藏,但在样本时期里出现了下降,而其他地区的 TFP 则趋于上升。动态分解显示,TFP 增长较快的地区为东部地区,而 TFP 增长较慢的地区为中西部地区;各地区 TFP 变化的主因是广延边际的贡献。

中国工业企业的资本密集度(K_L)、TFP、出口率(EX_S)、资产负债率(LA)、利润率(ROA 和 ROE)等大多数指标的变化都在一定程度

上受到中国加入 WTO、全球金融危机等外部冲击的影响。比如，受到中国加入 WTO 的影响，市场化企业（非国有绝对控股、非中央隶属等企业）会顺应比较优势的现状和变化，从而出现资本密集度先降后升的态势。

附　录

表 6A-1　中国工业企业样本数

年份	TFP	KP	LP	K_L	ROA	ROE	LA	EX_S
1998	126611	126611	148045	126611	144799	143992	144799	143701
1999	134555	134555	154623	134555	153846	153103	153846	152724
2000	129983	129983	156674	129983	155717	155023	155717	154682
2001	144361	144361	163843	144361	163270	162576	163270	161952
2002	155929	155929	176504	155929	176069	175396	176069	174769
2003	174646	174646	193263	174646	192850	192165	192850	191957
2004	248391	248391	271444	248391	271264	270424	271264	269581
2005	245487	245485	268795	245487	268381	267622	268381	267528
2006	272308	272303	298073	272308	297631	296932	297631	296866
2007	306685	306680	333865	306685	333236	332573	333236	333065
2008	—	—	407571	—	407560	406896	407560	407121
2009	—	—	345616	—	345604	344953	345604	345139
2010	—	—	343722	—	343131	342398	343131	342976
2011	—	—	268421	—	299067	298412	299564	176302
2012	—	—	306550	—	320050	317983	319643	180292
2013	—	—	342474	—	342929	338843	342065	194658
合计	1938956	1938956	4179483	1938944	4215404	4199291	4214630	3793313

注:样本数与相应指标对应。"—"表示数据缺失。
资料来源:笔者基于数据计算而得。

表 6A-2　中国不同所有制和隶属关系工业企业样本数

年份	TFP						ROA					
	所有制			隶属关系			所有制			隶属关系		
	国有绝对控股	国有相对控股	其他所有制	中央所属	省级所属	其他隶属关系	国有绝对控股	国有相对控股	其他所有制	中央所属	省级所属	其他隶属关系
1998	41415	42573	42623	3146	7769	115696	53091	47413	44295	3962	9118	131719
1999	39576	41640	53339	3217	7784	123554	51752	46570	55524	4014	9169	140663

年份	TFP						ROA					
	所有制			隶属关系			所有制			隶属关系		
	国有绝对控股	国有相对控股	其他所有制	中央所属	省级所属	其他隶属关系	国有绝对控股	国有相对控股	其他所有制	中央所属	省级所属	其他隶属关系
2000	32001	34219	63763	2840	7367	119776	45344	41442	68931	3744	9312	142661
2001	27731	30188	86442	2625	7194	134542	38541	34305	90424	3270	8784	151216
2002	18680	24627	112622	2800	7030	146099	34963	30992	110114	3519	8710	163840
2003	14932	20834	138880	2662	6581	165403	29067	26244	137539	3343	8155	181352
2004	18979	18950	210462	3404	7043	237944	28653	22616	219995	4176	8833	258255
2005	14729	16219	214539	2782	6081	236624	22677	19814	225890	3494	7700	257187
2006	15258	21267	235783	2629	5780	263899	23280	25477	248874	3345	7333	286953
2007	13180	20434	273071	2486	5373	298826	19797	24512	288927	3240	6931	323065
2008	—	—	—	—	—	—	19477	19243	368840	3247	6770	397543
2009	—	—	—	—	—	—	16885	16183	312536	2900	5814	336890
2010	—	—	—	—	—	—	25856	26521	290754	4719	9421	328991
2011	—	—	—	—	—	—	15688	9326	274053	3196	4880	290991
2012	—	—	—	—	—	—	16355	9201	294494	3412	5023	311615
2013	—	—	—	—	—	—	16907	8004	318018	3544	4858	334527
合计	236481	270951	1431524	28591	68002	1842363	458333	407863	3349208	57125	120811	4037468

注："—"表示数据缺失。

资料来源：笔者基于数据计算而得。

表6A-3 中国工业企业两分位行业分类及其对应企业样本数

大类	两分位代码	具 体 行 业	1998（基于TFP统计）	2007（基于TFP统计）	2013（基于ROA统计）
采掘业	06	煤炭开采和洗选业	—	—	6831
	07	石油和天然气开采业	—	—	138
	08	黑色金属矿采选业	—	—	3193
	09	有色金属矿采选业	—	—	1575
	10	非金属矿采选业	—	—	3504
	11	其他采矿业	—	—	173

大类	两分位代码	具 体 行 业	1998（基于TFP统计）	2007（基于TFP统计）	2013（基于ROA统计）
制造业	13	农副食品加工业	9714	17771	23008
	14	食品制造业	4218	6538	7506
	15	饮料制造业	3053	4342	5602
	16	烟草制品业	284	140	122
	17	纺织业	9135	27575	19900
	18	纺织服装、鞋、帽制造业	5962	14623	14541
	19	皮革、毛皮、羽毛（绒）及其制品业	2884	7377	7867
	20	木材加工及木、竹、藤、棕、草制品业	1657	6824	8477
	21	家具制造业	1257	4067	4796
	22	造纸及纸制品业	4030	8236	6638
	23	印刷业和记录媒介的复制	3237	5014	4745
	24	文教体育用品制造业	1583	4053	7628
	25	石油加工、炼焦及核燃料加工业	909	2086	1962
	26	化学原料及化学制品制造业	9542	22534	23663
	27	医药制造业	2710	5681	6532
	28	化学纤维制造业	714	1536	1863
	29	橡胶制品业	1534	3642	16546
	30	塑料制品业	5212	15185	30252
	31	非金属矿物制品业	12455	23958	10282
	32	黑色金属冶炼及压延加工业	2685	6986	3784
	33	有色金属冶炼及压延加工业	2064	6528	18772
	34	金属制品业	6972	17728	22316
	35	通用设备制造业	8229	26426	15606
	36	专用设备制造业	5886	13156	11860
	37	交通运输设备制造业	5593	13892	4302
	39	电气机械及器材制造业	124	19070	33801
	40	通信设备、计算机及其他电子设备制造业	6757	10966	3805
	41	仪器仪表及文化、办公用机械制造业	3663	4413	1548
	42	工艺品及其他制造业	1563	6338	1287
	43	废弃资源和废旧材料回收加工业	2985	—	382

大类	两分位代码	具 体 行 业	1998(基于TFP统计)	2007(基于TFP统计)	2013(基于ROA统计)
水电供应业	44	电力、热力的生产和供应业	—	—	5708
	45	燃气生产和供应业	—	—	1106
	46	水的生产和供应业	—	—	1308

注:"—"表示数据缺失。

资料来源:笔者基于数据计算而得。

表6A-4 中国31个省(自治区、直辖市)的工业企业样本数

地区代码	省区市	1998(基于TFP统计)	2007(基于TFP统计)	2013(基于ROA统计)
11	北京	3858	5947	3478
12	天津	1908	5111	4965
13	河北	6317	9440	12965
14	山西	2028	2403	3487
15	内蒙古	986	2391	3989
21	辽宁	4949	14583	15880
22	吉林	—	3305	5136
23	黑龙江	2486	2573	3930
31	上海	8896	14550	9054
32	江苏	17121	40865	45431
33	浙江	12712	50326	36438
34	安徽	3257	7212	15197
35	福建	1650	13991	15252
36	江西	2626	5138	7600
37	山东	9663	34234	37997
41	河南	8211	11527	19212
42	湖北	5991	7939	13872
43	湖南	3197	8375	12513
44	广东	15558	40836	38315
45	广西	2157	3718	4912
46	海南	305	372	362
50	重庆	1665	3375	5165
51	四川	3779	8807	12179

续表

地区代码	省区市	1998(基于 TFP 统计)	2007(基于 TFP 统计)	2013(基于 ROA 统计)
52	贵州	1410	1539	3036
53	云南	1849	1999	3210
54	西藏	110	48	54
61	陕西	1982	2592	4139
62	甘肃	—	1382	1736
63	青海	288	307	443
64	宁夏	391	631	954
65	新疆	1261	1169	2028

注:"—"表示数据缺失。

资料来源:笔者基于数据计算而得。

第七章　中国工业企业经济绩效:基于国际化方式与市场选择的视角

　　现实经济当中,企业面临的市场包括国内市场和国际市场,而国际市场又包括不同国家和地区的市场;同时,企业进入国际市场的方式也有多种,包括出口贸易、对外投资等。那么,为什么不同的企业会选择不同的国际化方式、不同的目的地市场? 不同国际化方式、不同目的地市场的企业有着怎样不同的经济绩效? 异质性企业贸易理论(见第二章文献评述)告诉我们,生产率最低的企业将离开市场、生产率较低的企业将选择供应或服务国内市场、生产率较高的企业将会选择既供应或服务国内市场又供应或服务国外市场。但对于最后一类企业来说,其进入国外市场的方式是不同的,取决于企业的生产率差异与不同进入模式所带来的成本之间的相互作用:一方面,生产率最高的企业将选择 FDI,而生产率相对较低的企业将选择出口;另一方面,企业如果因在国外投资而避免的贸易成本(包括运输成本)高于其投资而带来的成本时,企业则会选择 FDI而非出口。那么,对于中国工业企业而言,异质性企业贸易理论的预测也适用吗? 为了回答这一问题,本章基于出口与 OFDI 等不同国际化方式选择和组合、目的地市场选择和组合以及"产品—市场"组合的视角,比较分析中国工业企业的经济绩效。

第一节　国际化方式选择与企业经济绩效

　　企业的异质性包括多个方面,其中生产率(主要是 TFP)的异质性最为重要。由于帕累托分布(Pareto distribution)可以很好地刻画现实经济中的企业生产率高低的分布①,因此,很多异质性企业贸易模型(Melitz, 2003;及拓展模型)都假定企业的生产率遵循帕累托分布 $G(\varphi) = 1 - \left(\dfrac{\underline{\varphi}}{\varphi}\right)^{\theta}$(对于 $\varphi \geq \underline{\varphi}$)。其中,$\varphi$ 表示生产率(下画线表示临界值),$\theta > 0$ 表示形状参数(shape parameter)。② 如图 7-1 所示。

由此可以得出:生产率最低的企业将离开其所在的产业,因为如果它要留下来,不管选择什么样的组织形式,其经营利润都将为负;生产率较低的企业将选择供应或服务国内市场;生产率较高的企业将会选择既供应或服务国内市场又供应或服务国外市场。在其他情况给定时,生产率较高的企业将选择 FDI,而生产率较低的企业将选择出口。

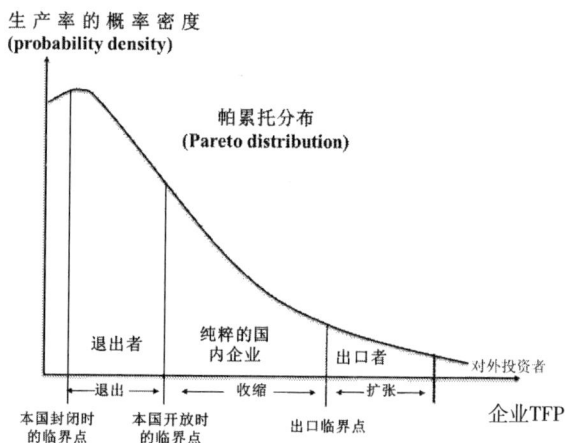

图 7-1 国际化与非国际化企业的 TFP 分布

资料来源:笔者基于相关文献(Melitz,2003;及拓展模型)制作。

---

① 帕累托分布是一种幂律分布(power law probability distribution),幂律分布广泛应用于自然科学、经济与金融学等众多领域,且表现形式多种多样(幂指数不同)。实际上,还有一些文献(如 Eaton 和 Kortum,2002)假定企业的生产率遵循弗雷谢(Fréchet)分布(见第十章的讨论)。但这两种分布都是右偏分布。

② 累积分布函数(Cumulative Distribution Function,CDF)为 $G(\varphi) = 1 - \left(\dfrac{\underline{\varphi}}{\varphi}\right)^{\theta}$,概率密度函数(Probability Density Function,PDF)为 $g(\varphi) = \dfrac{\theta m^{\theta}}{\varphi^{\theta+1}}$。

　　但是，我们在第六章基于不同视角的初步分析已经表明，对于中国工业企业而言，国际化企业相对于非国际化企业并不具有生产率的优势。那么，如果考虑企业不同国际化方式选择和组合，结果又将如何呢？这里将进一步讨论。

　　我们将企业分为四种：既不出口也不 OFDI 的企业（既 No-export 且 No-OFDI）、不出口但 OFDI 的企业（既 No-export 且 OFDI）、出口但不 OFDI 的企业（既 Export 且 No-OFDI）、既出口又 OFDI 的企业（既 Export 且 OFDI）。按照异质性企业贸易理论的预测，既不出口也不 OFDI 的企业的 TFP 最低，而既出口又 OFDI 的企业的 TFP 最高。

　　结果如表 7-1 所示。可以清楚地看到，既不出口也不 OFDI 的企业的平均 TFP 并不是最低的；相反，在大多数年份这类企业的平均 TFP 却是最高的。既出口又 OFDI 的企业的平均 TFP 也不是最高的；相反，在大多数年份这类企业的平均 TFP 却是最低的。这一发现与前面第六章的分析结果基本一致。表 7-5 的 Pearson 相关性分析也进一步证实了这一点，即不论以何种国际化方式衡量，国际化企业的平均 TFP 均低于非国际化企业。

　　表 7-1 还报告了四种类型企业的平均资本密集度（千元/人）。可以看出，在中国加入 WTO 之前，既出口又 OFDI 的企业的平均资本密集度是最高的；在中国加入 WTO 之后，OFDI 但不出口的企业的平均资本密集度是最高的。综合起来说，就是 OFDI 企业的平均资本密集度高于其他类型企业，这也为表 7-5 的 Pearson 相关性分析所证实。

　　与理论预期一致的是，非国际化企业的数量是最多的，而国际化企业则凤毛麟角。但这也同时意味着不同类型企业的 TFP 与资本密集度的标准差将很不一样。事实也是如此。比如，既不出口也不 OFDI 企业的平均 TFP 和资本密集度的标准差相对较大，而既出口又 OFDI 企业平均 TFP 和和资本密集度的标准差则较小。

　　另外，我们还对四组企业两两之间在 TFP 和资本密集度上的差异性进行 t 统计量检验（不假定方差相同），共有 6 对检验，结果如表 7-3 所示。可以看出，前面的分析结论仍然成立：国际化企业相对于非国际化企业并不具有生产率方面的优势。

表 7-1　国际化不同方式与企业的 TFP、资本密集度

		TFP				K_L				观测值	
		均值		标准差		均值		标准差			
		No-OFDI	OFDI	No-OFDI	OFDI	No-OFDI	OFDI	No-OFDI	OFDI	No-OFDI	OFDI
1998	No-export	1.45	1.32	1.71	0.32	60.0	79.1	352.3	115.1	94716	94
	Export	1.36	1.25	1.48	0.28	82.1	94.2	277.6	160.3	31615	186
1999	No-export	1.45	1.40	1.75	1.27	59.4	74.3	133.1	93.3	100727	124
	Export	1.31	1.25	0.93	0.25	69.9	91.3	167.8	126.8	33457	247
2000	No-export	1.47	1.32	1.58	0.42	66.5	109.4	162.9	212.2	94626	158
	Export	1.35	1.31	1.01	0.60	79.3	164.8	463.8	1128.7	34874	325
2001	No-export	1.43	1.34	1.18	0.48	66.3	100.5	188.5	166.3	104702	287
	Export	1.34	1.25	0.91	0.31	69.2	90.4	174.7	170.7	38878	494
2002	No-export	1.43	1.47	1.23	1.95	68.4	104.2	159.0	239.7	111313	354
	Export	1.34	1.30	0.96	0.56	68.3	88.8	172.9	169.3	43604	658
2003	No-export	1.48	1.40	1.23	0.49	70.1	102.8	179.8	166.7	124112	482
	Export	1.38	1.37	0.77	1.18	67.3	90.4	177.0	159.2	49183	869
2004	No-export	1.55	1.44	1.55	0.50	68.6	114.3	174.1	240.3	171758	775
	Export	1.48	1.37	1.49	0.43	66.4	84.1	198.7	135.2	74214	1644
2005	No-export	1.60	1.57	1.48	1.04	75.1	126.7	175.6	309.9	170805	893
	Export	1.53	1.42	1.30	0.63	67.5	90.3	186.5	157.0	72186	1603
2006	No-export	1.65	1.68	1.60	1.98	81.1	127.5	201.6	279.0	193920	991
	Export	1.60	1.45	1.89	0.84	74.5	93.9	217.5	156.1	75499	1898
2007	No-export	1.71	1.62	1.62	1.11	87.1	134.5	215.5	254.5	227262	1179
	Export	1.59	1.48	1.36	1.40	81.1	102.3	249.4	172.4	76118	2126
1998-2007	No-export	1.55	1.53	1.52	1.25	72.7	119.2	199.7	250.8	1393941	5337
	Export	1.46	1.40	1.33	0.9	72.3	94.9	232.7	255.8	529628	10050

注：Export、OFDI、No-export、No-OFDI 分别表示企业出口、OFDI、不出口、不进行 OFDI。资本密集度
　的单位为千元/人。
资料来源：笔者基于数据计算而得。

　　为了全面反映四种类型企业的 TFP 与资本密集度分布及其差异，我
们使用核密度图加以展示（见图 7-2）。可以看出，以上结论基本上没有
受到挑战。为什么会出现这一结果呢？正如文献（如 Brainard，1993、
1997；Helpman 等，2004）已经提到的可能的原因是，企业因 OFDI 而避免
的其他国际化方式（如贸易）成本（包括运输成本、关税及非关税壁垒等）
高于其 OFDI 而带来的成本时，企业将选择 OFDI，尽管企业的 TFP 可能

并不高。① 但这只解释了 OFDI 企业的 TFP 为什么会低于出口企业，但无法解释为什么国际化企业（出口/OFDI）的 TFP 低于非国际化企业。下文将继续进行探讨。

接下来，我们观察四类企业的财务绩效差异。由表 7-2 可知，四类企业的资产利润率、净资产利润率、资产负债率的变动非常复杂，看不出哪类企业表现得更优。标准差显示，每类企业内部不同企业的财务绩效的差异很大。然而，表 7-4 的 Pearson 相关性分析显示，相对于非 OFDI 企业，OFDI 企业的资产利润率（ROA）较高；不论以何种国际化方式衡量，国际化企业的资产负债率（LA）都比非国际化企业低；但国际化企业的净资产利润率（ROE）与非国际化企业没有差异。表 7-3 的 t 统计量检验（不假定方差相同）进一步证实了这些发现。

表 7-2　国际化不同方式与企业的财务绩效

		ROA				ROE				LA			
		均值		标准差		均值		标准差		均值		标准差	
		No-OFDI	OFDI	No-OFDI	OFDI	No-OFDI	OFDI	No-OFDI	OFDI	No-OFDI	OFDI	No-OFDI	OFDI
1998	No export	0.04	0.06	0.81	0.10	-0.26	0.14	78.62	0.22	0.68	0.55	0.86	0.25
	Export	0.03	0.05	0.23	0.09	0.12	0.11	6.46	0.21	0.63	0.55	0.33	0.21
2001	No-export	0.09	0.06	7.77	0.09	0.31	0.14	20.64	0.77	0.64	0.57	0.54	0.23
	Export	0.05	0.07	0.29	0.08	0.17	0.17	23.00	0.21	0.60	0.55	0.40	0.21
2004	No-export	0.07	0.06	0.24	0.12	-1.14	0.25	587.32	4.83	0.61	0.58	0.50	0.24
	Export	0.05	0.07	0.42	0.21	0.66	0.17	137.66	0.48	0.59	0.58	1.39	0.21
2007	No-export	0.13	0.10	0.39	0.21	0.28	0.26	41.08	0.83	0.55	0.55	0.38	0.25
	Export	0.08	0.08	0.20	0.24	-0.06	0.98	68.69	39.20	0.57	0.58	0.29	0.23
2010	No-export	0.19	0.13	0.53	0.26	0.26	0.27	52.25	0.87	2.32	1.98	4.00	3.02
	Export	0.11	0.11	0.29	0.32	-0.05	0.20	86.37	2.17	1.90	1.69	2.98	2.52
2013	No-export	0.22	0.16	2.65	0.43	65.36	0.45	—	4.65	0.50	0.53	0.92	0.27
	Export	0.10	0.09	0.29	0.23	0.18	-0.10	35.48	17.94	0.56	0.56	0.35	0.24
1998-2013	No-export	0.15	0.12	26.25	0.24	5.58	0.36	8713	15.92	0.7	0.65	1.97	0.92
	Export	0.08	2.22	5.47	361.8	28.86	0.27	28139	13.11	0.7	0.66	1.1	0.8

注："—"表示数据缺失。

资料来源：笔者基于数据计算而得。

---

① 但我们在前面第五章的讨论表明，如果更多的企业是通过加工贸易及保税区和出口加工区贸易的方式（高报进口价格、低报出口价格）（虚假贸易）转移资产，而不是进行真正意义上的 OFDI，那么这些所谓 OFDI 的企业的 TFP 可能就不高。这在很大程度上是由于制度扭曲与统计扭曲造成的结果。

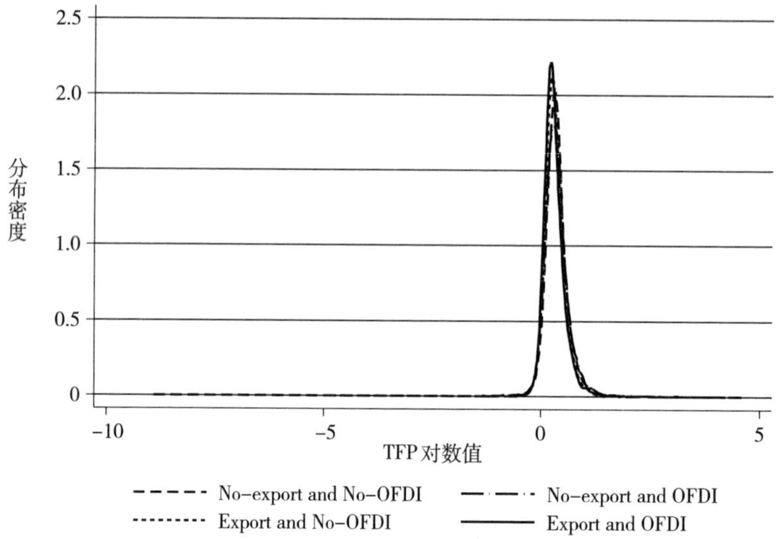

（1）TFP分布

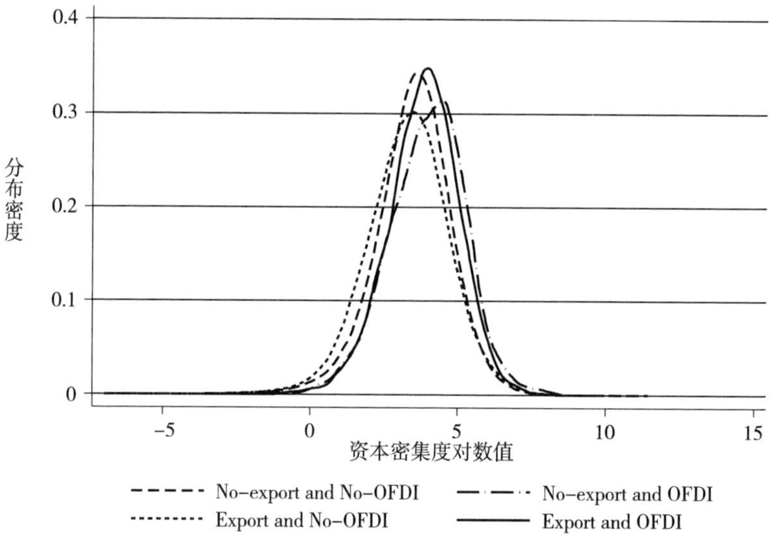

（2）资本密集度（K_L）分布

图7-2 1998—2007年四类企业的TFP与资本密集度分布

注：Export、OFDI、No-export、No-OFDI分别表示企业出口、OFDI、不出口、不进行OFDI。资本密集度
　　的单位为千元/人。

资料来源：笔者基于数据计算制作。

表7-3 不同组别差异性的 t 统计量检验

		No-export 且 OFDI(2)	Export 且 No-OFDI(3)	Export 且 OFDI(4)
TFP	No-export 且 No-OFDI(1)	(1)和(2)无显著差异	(1)显著大于(3)	(1)显著大于(4)
	No-export 且 OFDI(2)		(2)显著大于(3)	(2)显著大于(4)
	Export 且 No-OFDI(3)			(3)显著大于(4)
K_L	No-export 且 No-OFDI(1)	(1)显著小于(2)	(1)和(3)无显著差异	(1)显著小于(4)
	No-export 且 OFDI(2)		(2)显著大于(3)	(2)显著大于(4)
	Export 且 No-OFDI(3)			(3)显著小于(4)
ROA	No-export 且 No-OFDI(1)	(1)显著大于(2)	(1)显著大于(3)	(1)和(4)无显著差异
	No-export 且 OFDI(2)		(2)显著大于(3)	(2)和(4)无显著差异
	Export 且 No-OFDI(3)			(3)和(4)无显著差异
ROE	No-export 且 No-OFDI(1)	(1)和(2)无显著差异	(1)和(3)无显著差异	(1)和(4)无显著差异
	No-export 且 OFDI(2)		(2)和(3)无显著差异	(2)和(4)无显著差异
	Export 且 No-OFDI(3)			(3)和(4)无显著差异
LA	No-export 且 No-OFDI(1)	(1)显著大于(2)	(1)显著大于(3)	(1)显著大于(4)
	No-export 且 OFDI(2)		(2)显著小于(3)	(2)和(4)无显著差异
	Export 且 No-OFDI(3)			(3)显著大于(4)

注:t 统计量检验的显著水平为10%。在不假定方差相同的情况下,检验不同组别是否存在差异。

资料来源:笔者基于数据计算整理而得。

表 7-4　国际化方式与企业经济绩效之间的 **Pearson** 相关关系

	1998—2007		1998—2013		
	TFP	K_L	ROA	ROE	LA
D_Ie	−0.0280*	−0.0004	−0.0001	0.0006	−0.0011*
D_Ce	−0.0146*	0.0525*	0.000	−0.0004	−0.0066*
D_OFDI	−0.0050*	0.0130*	0.0036*	−0.0001	−0.0028*
D_CeOfdi	−0.0145*	0.0530*	0.000	−0.0004	−0.0067*
D_IeOfdi	−0.0279*	0.001	−0.0001	0.0006	−0.0014*

注:* 表示相关系数在 5% 的水平上显著。D_Ie 为工业企业数据中的出口虚拟变量(若出口交货值为正,则为 1;否则为 0)、D_Ce 为海关与工企匹配数据中的海关出口虚拟变量(若出口为正,则为 1;否则为 0)、D_OFDI 为对外直接投资虚拟变量(企业若进行 OFDI,则为 1;否则为 0)、D_CeOfdi 为虚拟变量(1 表示海关显示的出口或/和 OFDI,否则为 0)、D_IeOfdi 为虚拟变量(1 表示工企显示的出口或/和 OFDI,否则为 0)。变量代码见第六章的介绍。

资料来源:笔者基于数据计算而得。

最后,观察企业的 OFDI 是否促进了企业出口。表 7-5 比较了出口但不 OFDI 企业与既出口又 OFDI 企业的出口率。可以看出,在样本时期里,既出口又 OFDI 企业的平均出口率一直低于出口但不进行 OFDI 的企业。比如,2013 年出口但不 OFDI 企业与既出口又 OFDI 企业的平均出口率分别为 53%、46%;整个样本时期的两类企业的平均出口率分别为 57%、48%。关于这两类企业差异性的 t 统计量检验(不假定方差相同)也表明(见表 7-5 最后一行),前者的出口率大于后者。这一发现意味着,一方面,企业的 OFDI 可能替代了企业出口;但另一方面,正如我们在前面第五章所讨论的,如果更多的企业通过加工贸易及保税区和出口加工区贸易的方式(高报进口价格、低报出口价格)(虚假贸易)转移资产,那么既出口又 OFDI 企业的出口率可能就低于出口但不 OFDI 企业。全样本比较的密度图分布如图 7-3 所示。

表 7-5　有无 **OFDI** 的出口企业出口率比较

		均值(%)		标准差(%)		观测值	
		No-OFDI	OFDI	No-OFDI	OFDI	No-OFDI	OFDI
1998	Export	60	51	38	39	32333	210

续表

		均值（%）		标准差（%）		观测值	
		No-OFDI	OFDI	No-OFDI	OFDI	No-OFDI	OFDI
1999	Export	61	48	38	39	34192	281
2000	Export	62	50	38	39	36683	377
2001	Export	63	53	38	39	39566	563
2002	Export	63	54	38	38	44319	749
2003	Export	64	53	37	38	49818	985
2004	Export	64	54	38	38	74815	1840
2005	Export	60	55	39	37	73608	1792
2006	Export	60	55	38	36	76855	2140
2007	Export	63	54	37	36	76414	2411
2008	Export	61	54	38	36	85014	2940
2009	Export	59	50	38	37	69258	2591
2010	Export	56	27	117	72	89269	2246
2011	Export	52	48	40	36	58512	3077
2012	Export	53	48	38	36	61123	3214
2013	Export	53	46	38	36	62571	3300
1998—2013	Export	57	48	51	41	964350	28716
		Ha：diff>0（p=0.00）					

注：Export、OFDI、No-OFDI 分别表示企业出口、OFDI、不进行 OFDI。t 统计量检验的显著水平为
　　10%。在不假定方差相同的情况下，检验不同组别是否存在差异。
资料来源：笔者基于数据计算而得。

第二节　目的地市场异质性与企业经济绩效

第二章的文献评述显示，如果国家（市场）之间存在非对称性（比如规模差异），则竞争程度就存在差异，从而影响市场上异质性企业（生产者和出口者）的行为选择（Melitz 和 Ottaviano，2008）。对于中国工业企业而言，全球 200 多个国家和地区都可能成为出口贸易和对外投资的目的地市场。显然，这些市场千差万别，具有很强的异质性。那么，中国工业企业的经济绩效与目的地市场的异质性存在什么样的关系呢？本节将探讨这一问题。

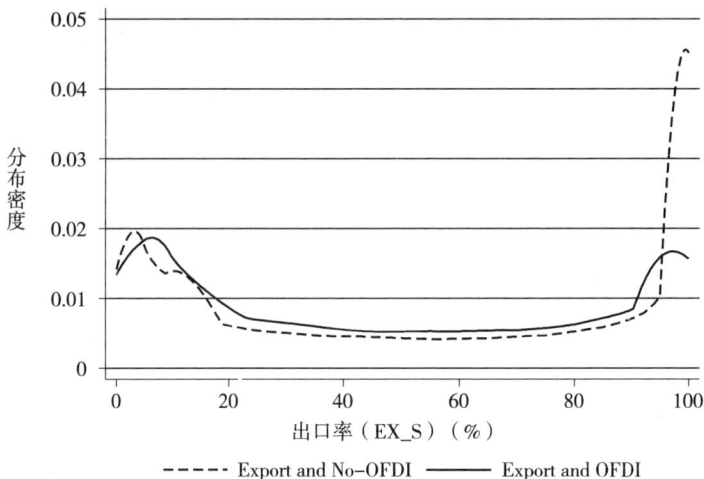

图 7-3　1998—2013 年有无 OFDI 的企业出口率分布密度图

注："Export and No-OFDI""Export and OFDI"分别表示出口但不 OFDI 企业、既出口又 OFDI 企业。
资料来源：笔者基于数据计算制作。

一、目的地市场异质性描述

为了刻画中国工业企业出口与 OFDI 目的地市场（即经济伙伴）的异质性，我们重点使用以下几组变量。这些变量的简单统计描述如表 7-6 所示。

一是实际 GDP（百万美元）与实际人均 GDP（美元）。前者可以反映经济体的经济规模或市场规模，后者反映经济体的收入水平或经济发展水平。二者均以 2005 年不变美元价格衡量、取对数，分别记为 logGDP、logPGDP。这两个变量的原始数据取自世界银行 databank 与联合国统计署 UNstats。

二是经济体的制度质量（记为 Rulelaw）。Rulelaw 取值范围为 -2.5—2.5，主要反映对社会规则的信心和遵守程度，特别是反映契约执行质量以及产权和法治质量等。该变量数据取自 WGI（Worldwide Governance Indicators）数据库（www.govindicators.org）。指数构造方法参见考夫曼等的研究（Kaufmann 等，2010）。

三是中国与伙伴经济体的联系，主要包括：(1)中国到伙伴经济体的距离,取对数,记为 logDist;(2)伙伴经济体与中国是否接壤,记为虚拟变量 Contig,"接壤"为 1,否则为 0;(3)伙伴经济体与中国的官方语言是否相同,记为虚拟变量 Comlang,"官方语言相同"为 1,否则为 0。这三组数据均取自 CEPII 数据库(http://www.cepii.fr/),详细介绍参见迈耶和日格纳格的研究(Mayer and Zignago,2011)。

表 7-6　2000—2013 年中国企业出口与 OFDI 目的地市场异质性统计描述

	logGDP	logPGDP	Rulelaw	logDist	Contig	Comlang
均　值	9.67	8.23	−0.02	9.00	0.08	0.02
最小值	3.05	4.89	−2.67	6.70	0	0
最大值	16.49	11.97	2.00	9.87	1	1
样本数	2828	2824	2691	2806	2806	2806

注:每年的市场个数在 197—212 之间。
资料来源:笔者基于相关数据源计算整理而得。

二、总体分析

我们按照经济体代码和名称将以上讨论的市场异质性数据跟中国工业企业贸易与 OFDI 数据(均含有目的地信息)进行匹配;以此为基础,对中国工业出口/OFDI 企业的经济绩效与目的地市场特征进行简单 Pearson 相关性分析。结果如表 7-7 所示。表 7-7 的上、下两个部分分别显示了中国工业出口企业、OFDI 企业的分析结果。①

从广延边际的视角看,目的地市场的经济规模越大、人均收入水平越高、制度质量越好,则中国对其出口和 OFDI 的企业数量就越多、出口产品种类就越多②;同时,如果目的地市场与中国接壤、与中国有共同官方语言,则中国向其出口和 OFDI 的企业数量就越多、出口产品种类就越多。但是,如果目的地市场距离中国越远,则中国向其出口和 OFDI 的企

①　附录图 7A-1、图 7A-2、图 7A-3 详细展示了中国工业企业的国际化和经济绩效指标与目的地市场异质性指标之间的关系。这些图形与表 7-7 的结果相互印证。
②　无论是真正意义上的 OFDI 还是转移资产,结果显示都是一样的(即使无法清楚地加以区分)。

业数量就越少、出口产品种类就越少。

从集约边际的角度看,如果目的地市场的经济规模越大、人均收入水平越高、制度质量越好、与中国接壤并拥有共同官方语言,则中国企业向其出口的平均值、最大值(即最高出口值)、标准差(即表示出口值的离散程度)就越大;但距离因素起相反的作用[1];目的地市场的经济规模越大,则中国企业向其出口的最小值(最低/临界出口值)就越小。也就是说,在这样[2]的市场,更多、更小、差异更大的出口企业都能够找到机会。

表7-7 目的地市场异质性与中国工业企业经济绩效:Pearson 相关性分析

		中国工业企业的出口和 OFDI 目的地市场特征					
		logGDP	logPGDP	Rulelaw	logDist	Contig	Comlang
中国工业企业出口	出口企业数量 (2000—2013)	0.692*	0.365*	0.369*	-0.245*	0.055*	0.264*
	出口产品种类 (2000—2013)	0.806*	0.364*	0.35*	-0.302*	0.081*	0.295*
	企业出口值 (2000—2013) 平均值	0.041*	0.067*	0.078*	-0.074*	0.041*	0.082*
	最小值	-0.079*	0.006	-0.016	0.02	-0.003	-0.009
	最大值	0.288*	0.191*	0.213*	-0.18*	0.075*	0.21*
	标准差	0.222*	0.201*	0.225*	-0.151*	0.052*	0.189*
	出口企业 TFP(对数)(2000—2007) 平均值	0.12*	0.201*	0.148*	-0.041	0.023	0.045**
	最小值	-0.598*	-0.258*	-0.281*	0.233*	-0.072*	-0.207*
	最大值	0.727*	0.314*	0.304*	-0.208*	0.049**	0.188*
	标准差	0.21*	0.094*	0.074*	-0.135*	0.117*	0.06*
	出口企业 K_L(对数)(2000—2007) 平均值	-0.381*	-0.253*	-0.212*	-0.078*	0.106*	-0.044**
	最小值	-0.75*	-0.303*	-0.298*	0.162*	-0.025	-0.184*
	最大值	0.736*	0.253*	0.256*	-0.26*	0.086*	0.217*
	标准差	0.274*	0.135*	0.109*	-0.063*	0.025	0.098*
	出口企业的其他参考指标 (2000—2013) ROA 均值	0.048*	0.036**	0.044*	0.003	-0.01	-0.012
	ROE 均值	0.016	-0.016	-0.031	-0.04*	0.036**	-0.008
	LA 均值	-0.018	-0.033**	-0.033**	0.015	0.011	-0.017
	就业人数	-0.371*	-0.175*	-0.177*	0.063*	0.055*	-0.077*
	实际产出	-0.443*	-0.251*	-0.253*	0.069*	0.0583*	-0.101*

---

[1] 距离因素对出口广延边际与集约边际的影响如已有文献所揭示的那样。

[2] 由于我们缺乏中国工业企业 OFDI 的价值信息,因此无法分析企业 OFDI 的集约边际变化。

续表

		中国工业企业的出口和 OFDI 目的地市场特征					
		logGDP	logPGDP	Rulelaw	logDist	Contig	Comlang
中国工业企业OFDI	OFDI 企业数量(2000—2013)	0.293*	0.249*	0.257*	-0.164*	0.203*	0.304*
	OFDI 企业 TFP(对数)(2000—2007) 平均值	0.032	-0.102	-0.044	-0.18*	0.1	0.027
	最小值	-0.231*	-0.28*	-0.009	-0.087	0.051	0.035
	最大值	0.266*	0.074	-0.062	-0.025	0.077	0.006
	标准差	0.349*	0.249*	0.172*	-0.018	0.081	-0.03
	OFDI 企业 K_L(对数)(2000—2007) 平均值	-0.057	-0.05	-0.022	-0.006	0.159*	0.042
	最小值	-0.325*	-0.197*	-0.002	0.001	0.049	0.064
	最大值	0.243*	0.158*	0.057	-0.026	0.176*	0.05
	标准差	0.345*	0.223*	0.154**	-0.039	0.081	0.005
	OFDI 企业的其他参考指标(2000—2013) ROA 均值	0.042	-0.003	0.004	-0.085*	0.006	0.11*
	ROE 均值	-0.029	-0.074	-0.071	-0.059	0.003	-0.007
	LA 均值	-0.065	-0.087*	-0.067	-0.027	0.083	0.018
	就业人数	0.033	-0.001	-0.015	0.01	0.098	0.083
	实际产出	0.009	-0.015	-0.056	0.024	0.088	0.08**

注:*、** 分别表示在 5%、10% 的水平上显著。企业就业人数与实际产出为对数值。
资料来源:笔者基于匹配数据计算整理而得。

如果目的地市场的经济规模越大、人均收入水平越高、制度质量越好、与中国接壤并拥有共同官方语言,则中国向其出口的企业的 TFP 平均值、最大值、标准差(即表示 TFP 离散程度)就越大,而 TFP 最小值即最低临界值就越小。目的地市场离中国越远,则中国向其出口的企业的 TFP 最低临界值就越高,这也符合经济学直觉,即生产率越高的企业走得越远。关于 OFDI 的情形有些复杂,但比较明确的是,目的地市场的经济规模越大、人均收入水平越高、制度质量越好,则中国对其 OFDI 的企业的 TFP 标准差(即表示 TFP 离散程度)就越大,而 TFP 最小值即最低临界值就越小。

因此,与经济规模小、收入水平低、制度质量差的目的地市场相比,经济规模大、人均收入水平高、制度质量好的市场更能容纳来自中国的 TFP

较低的多元化出口和 OFDI 企业。[①] 这一结论非常重要！前面图 7-1 表明,企业要实现国际化需要具备最低的 TFP 最小临界值,而我们这里的分析表明,对于不同的国际化市场,企业的 TFP 最小临界值是不同的。由此,我们可以在一定程度上解释前面遇到的疑问:为什么国际化企业比非国际化企业的 TFP 更低？如果相对于中国国内而言,中国国际化企业的目的地市场的经济规模更大、人均收入水平更高、制度质量更好,那么这些经济体要求的企业 TFP 最小临界值可能更低、TFP 离散程度可能更高。

就中国出口和 OFDI 工业企业的资本密集度而言,我们可以发现,目的地市场的经济规模越大、人均收入水平越高、制度质量越好,中国对其出口和 OFDI 的企业的资本密集度最小临界值就越低,但资本密集度的最大值和标准差就越大。这意味着,这些市场容纳中国出口和 OFDI 的企业的资本密集度范围更广,也就是说不同资本密集度的企业都能在这些市场上找到机会。

进一步地,我们按照中国出口/OFDI 企业的 TFP 与资本密集度最低临界值,列出最小临界值最低的 15 个目的地市场(见表 7-8)。可以看到:一方面,美国、加拿大、中国香港、韩国、英国等发达经济体基本上是中国对其出口和 OFDI 企业的 TFP 和资本密集度最小临界值最低的目的地市场,它们甚至低于一些非洲穷国。另一方面,OFDI 企业的 TFP 和资本密集度最低临界值普遍高于出口企业,这也正是前面图 7-1 所表达的意思。

---

① 梅里兹和奥塔维亚诺(Melitz 和 Ottaviano,2008)发现,大国内部的竞争较为激烈,产品选择余地较大、平均生产率较高,但企业生存率较低、新进入者失败的概率较高;贸易自由化通过提升平均生产率而提高两国国内的竞争,但这些效应在大国将会更强烈(因为它吸引的企业数量更多)(即存在母市场效应)。奥和李(Aw 和 Lee,2008)采用 2000 年中国台湾电子企业的微观数据,研究了台湾省跨国公司的区位选择与企业异质性之间的关系。他们将台湾企业供应的市场分为三部分:中等收入水平的本地(台湾)、高收入水平的外地(如美国)和低收入水平的外地(如中国大陆)。结果表明,生产率较高的企业向外进行 FDI,而且生产率最高的企业同时在美国和中国大陆投资;仅仅投资美国的企业要比那些仅仅投资于中国大陆的企业具有更高的生产率,其原因在于企业在中国大陆的固定投资成本要小于其在美国的投资成本。但他们尚未探讨投资企业的生产率临界值问题,而我们这里关于中国工业企业的经验证据表明,经济规模大、人均收入水平高、制度质量好的市场更能容纳来自中国的 TFP 较低(即 TFP 最小临界值较低)的企业。因此,我们的分析在经验层面上进一步丰富了现有文献提供的证据(见第二章文献评述)。

表 7-8　中国对目的地市场出口/OFDI 企业的 TFP 与资本密集度最低临界值：以最低的 15 个目的地市场为例（从低到高排序）

2007 年中国出口企业				2007 年中国 OFDI 企业			
目的地市场	TFP 最低临界值	目的地市场	K_L 最低临界值	目的地市场	TFP 最低临界值	目的地市场	K_L 最低临界值
美国	0.022	英国	0.008	中国香港	0.740	英国	3.883
加拿大	0.022	日本	0.008	美国	0.767	美国	4.201
中国香港	0.062	中国香港	0.008	加拿大	0.821	印度	4.756
阿联酋	0.062	美国	0.008	韩国	0.946	俄罗斯	4.884
澳大利亚	0.062	韩国	0.008	埃塞俄比亚	0.955	韩国	4.913
墨西哥	0.062	加拿大	0.009	土耳其	0.970	波兰	6.352
沙特阿拉伯	0.062	澳大利亚	0.009	阿联酋	0.984	智利	7.368
土耳其	0.062	荷兰	0.011	法国	0.998	刚果民主共和国	8.113
印度尼西亚	0.062	巴拿马	0.011	澳大利亚	0.998	中国香港	9.420
印度	0.062	挪威	0.011	阿尔及利亚	1.031	几内亚	11.942
韩国	0.062	希腊	0.011	德国	1.039	苏丹	11.983
新加坡	0.062	新加坡	0.011	俄罗斯	1.045	尼日利亚	11.983
巴基斯坦	0.062	阿联酋	0.011	智利	1.045	加纳	11.983
俄罗斯	0.065	菲律宾	0.011	墨西哥	1.071	新西兰	12.988
日本	0.065	以色列	0.011	印度	1.079	蒙古	13.163

注：资本密集度的单位为千元/人。

资料来源：笔者基于匹配数据计算。

表 7-7 还显示了中国工业企业的财务指标与目的地市场异质性的关系。可以看出，目的地市场的经济规模越大、人均收入水平越高、制度质量越好，中国对其出口的企业的资产利润率就越高，而资产负债率就越低、以就业人数和实际产出规模衡量的企业规模就越小。关于 OFDI 的情况比较复杂，但有一点比较肯定，即目的地市场的人均收入水平越高，中国对其进行 OFDI 的企业的资产负债率就越低。因此，总体来说，目的地市场的经济规模越大、人均收入水平越高、制度质量越好，中国对其出口和 OFDI 的企业的财务绩效就越好。

三、基于特定产品的分析

我们以特定 HS 八分位编码产品为例，观察该产品在不同出口市场上所对应企业的 TFP 和资本密集度及其最低临界值的差异性。我们挑选两种产品:一是 HS85171210 即"手持(包括车载)式无线电话机",二是 HS64039900 即"其他橡、塑或再生皮革外底,皮革鞋面的鞋靴"。这两种产品在 2007 年中国工业企业数据与海关数据的匹配数据显示的出口额中分别居第 1 位和第 8 位,分别达到 230. 827 亿美元、22. 881 亿美元,而且后者还是纺织服装鞋类产品中出口额最多的。另外,这两种产品可以分别代表资本密集型产品和劳动密集型产品。[①]

2007 年,这两种产品所对应出口企业的 TFP 与资本密集度分布如图 7-4 所示。可以看出,这两种产品对应的出口企业的 TFP 分布非常相似,均接近 Fréchet 分布;两种产品的最低临界值也接近,HS85171210 的 TFP 范围为 $[0. 322, 4. 217]$,HS64039900 的 TFP 范围为 $[0. 386, 5. 095]$。但 HS64039900 即"其他橡、塑或再生皮革外底,皮革鞋面的鞋靴"对应出口企业的资本密集度更低一些,这也基本符合预期。

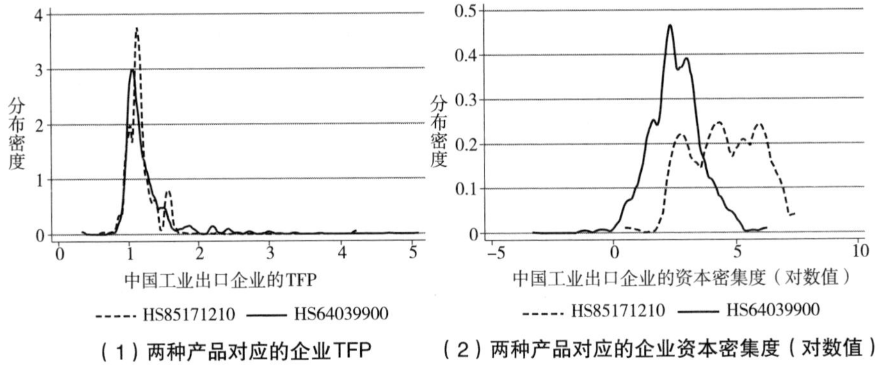

(1)两种产品对应的企业 TFP   (2)两种产品对应的企业资本密集度(对数值)

图 7-4   2007 年特定产品对应的中国工业出口企业的 TFP 与
资本密集度分布:基于所有市场

注:TFP 为水平值,资本密集度(千元/人)为对数值(为了更好地在图形中显示)。HS85171210 为"手持(包括车载)式无线电话机"、HS64039900 为"其他橡、塑或再生皮革外底,皮革鞋面的鞋靴"。
资料来源:笔者基于匹配数据计算制作。

[①]   实际上,我们可以选择任意产品进行比较分析。

那么,紧接着的问题是:这两种产品对应的(很多)出口企业的经济绩效与其(很多)目的地市场的特征有何关系?我们基于 2007 年的数据,对目的地市场异质性与企业经济绩效进行简单 Pearson 相关性分析,结果如表 7-9 所示。可以看出,这里以两种特定产品为例的分析结果与表 7-7 的总体分析结果基本类似。其中,特别需要指出的是,对于这两种产品而言,目的地市场的经济规模越大、收入水平越高、制度质量越好,则出口到该市场的企业数就越多、企业的 TFP 和资本密集度的最小临界值就最低。

表 7-9　目的地市场异质性与企业经济绩效:Pearson 相关性分析
　　　　（以特定产品为例）

			中国工业企业的出口目的地市场特征					
			logGDP	logPGDP	Rulelaw	logDist	Contig	Comlang
HS85171210 "手持(包括车载)式无线电话机"	出口企业数		0.516*	0.296*	0.33*	-0.393*	0.283*	0.504*
	企业出口值	平均值	0.602*	0.397*	0.444*	-0.131	0.036	0.124
		最小值	0.109	0.19*	0.184*	0.004	-0.037	-0.03
		最大值	0.509*	0.319*	0.383*	-0.17*	0.095	0.217*
		标准差	0.556*	0.36*	0.424*	-0.129	0.052	0.14
	出口企业TFP（对数）	平均值	0.14**	-0.08	0.025	-0.033	0.16*	0.085
		最小值	-0.501*	-0.288*	-0.249*	0.42*	-0.114	-0.12
		最大值	0.455*	0.182*	0.215*	-0.259*	0.15	0.237*
		标准差	0.42*	0.245*	0.224*	-0.288*	0.074	0.075
	出口企业K_L（对数）	平均值	0.054	-0.147**	0.064	-0.017	-0.005	0.039
		最小值	-0.563*	-0.491*	-0.291*	0.242*	-0.102	-0.214*
		最大值	0.4596*	0.118	0.231*	-0.207*	0.1	0.182*
		标准差	-0.078	0.068	0.026	0.019	-0.045	0.016

续表

			中国工业企业的出口目的地市场特征					
			logGDP	logPGDP	Rulelaw	logDist	Contig	Comlang
HS64039900 "其他橡、塑或再生皮革外底,皮革鞋面的鞋靴"	出口企业数		0.666*	0.497*	0.491*	-0.111	0.036	0.159**
	企业出口值	平均值	0.358*	0.251*	0.201*	-0.126	0.19*	0.185*
		最小值	-0.198*	-0.309*	-0.291*	-0.049	0.191*	-0.051
		最大值	0.427*	0.334*	0.302*	-0.193*	0.198*	0.268*
		标准差	0.39*	0.33*	0.284*	-0.243*	0.289*	0.257*
	出口企业TFP(对数)	平均值	-0.187*	-0.255*	-0.167**	0.136	-0.096	-0.045
		最小值	-0.655*	-0.578*	-0.483*	0.239*	-0.101	-0.449*
		最大值	0.708*	0.502*	0.454*	-0.02	-0.052	0.173**
		标准差	0.372*	0.273*	0.269*	0.006	0.023	0.145
	出口企业K_L(对数)	平均值	-0.185*	-0.221*	-0.096	-0.012	0.071	-0.038
		最小值	-0.665*	-0.538*	-0.42*	0.053	0.009	-0.226*
		最大值	0.689*	0.511*	0.46*	-0.146	0.014	0.243*
		标准差	0.414*	0.243*	0.252*	-0.04	0.023	0.184

注:*、**分别表示在5%、10%的水平上显著。企业就业人数与实际产出为对数值。样本时间为
  2007年。资本密集度的单位为千元/人。
资料来源:笔者基于匹配数据计算整理而得。

接下来的问题是:这两种产品对应的(很多)出口企业在(很多)不同市场上的TFP与资本密集度最低临界值一样吗? 为了回答这一问题,我们按照这两种产品对应的中国出口企业的TFP与资本密集度最低临界值,列出最小临界值最低的15个目的地市场(见表7-10)。可以看出,美国、日本、加拿大、中国香港等发达经济体均在列,这也进一步证实了前面的发现。

表7-10 2007年两种产品对应的中国出口企业的TFP与资本密集度最小临界值:
以最低的15个目的地市场为例(从低到高排序)

HS85171210对应的中国工业出口企业				HS64039900对应的中国工业出口企业			
目的地市场	TFP最低临界值	目的地市场	K_L最低临界值	目的地市场	TFP最低临界值	目的地市场	K_L最低临界值
泰国	0.322	泰国	1.60	中国台湾	0.386	中国香港	0.04
越南	0.322	美国	1.60	中国香港	0.386	美国	0.04
日本	0.322	中国香港	1.60	意大利	0.750	英国	0.30
美国	0.634	新加坡	1.60	巴拿马	0.750	加拿大	0.30
加拿大	0.634	阿拉伯联合酋长国	1.60	马来西亚	0.750	土耳其	0.30

续表

HS85171210 对应的中国工业出口企业				HS64039900 对应的中国工业出口企业			
目的地市场	TFP 最低临界值	目的地市场	K_L 最低临界值	目的地市场	TFP 最低临界值	目的地市场	K_L 最低临界值
韩国	0.634	俄罗斯	1.60	英国	0.750	以色列	0.30
中国香港	0.819	安哥拉	1.60	西班牙	0.750	智利	0.31
新加坡	0.819	西班牙	1.60	巴西	0.750	萨尔瓦多	0.31
阿联酋	0.819	芬兰	1.60	美国	0.750	危地马拉	0.31
中国台湾	0.819	印度	8.03	日本	0.750	德国	0.61
法国	0.819	越南	11.66	荷兰	0.750	秘鲁	0.61
荷兰	0.819	加拿大	11.66	德国	0.750	捷克	0.61
俄罗斯	0.889	乌克兰	11.66	马耳他	0.753	哥伦比亚	0.61
印度	0.889	巴布亚新几内亚	11.66	加拿大	0.753	爱尔兰	0.61
马来西亚	0.889	特立尼达和多巴哥	11.66	俄罗斯	0.849	乌克兰	0.70

注：资本密集度的单位为千元／人。

资料来源：笔者基于匹配数据计算整理而得。

四、基于特定市场的分析

我们以美国（USA）、德国（Germany）、日本（Japan）和韩国（South Korea）这四个重要出口市场为例，观察以上提及的两种产品（HS85171210 与 HS64039900）所对应的中国出口企业在这四个市场上的 TFP 与资本密集度分布（见图 7-5）。[①]

对于产品 HS85171210（即"手持（包括车载）式无线电话机"）而言，中国出口企业 TFP 最低临界值最小的市场是日本（0.322）、最大的市场是德国（0.889），美国与韩国居中（均为 0.634）；对于 TFP 的分布形态，日本和德国市场比较相似，美国与韩国市场比较相似。中国出口企业资本密集度最低临界值最小的市场是美国（资本密集度水平值为 1.6）、最大的是日本和韩国（均为 16.49）、德国居中（12.69），资本密集度在这些市场的分布均呈"山峰"状，但在美国市场上的资本密集度分布更靠左

---

① 我们可以分析任何一个市场上的任何一种产品对应的所有中国出口企业的 TFP 与资本密集度分布。

边。这意味着美国市场上的中国出口企业的资本相对密集度更低。

对于产品 HS64039900(即"其他橡、塑或再生皮革外底,皮革鞋面的鞋靴")而言,中国出口企业的 TFP 在四个市场上的分布十分相似,均接近 Fréchet 分布,最低临界值也很接近(四个市场分别为 0.75、0.75、0.75、0.87)。中国出口企业的资本密集度在四个市场上的分布也十分相似,均接近正态分布,最低临界值最小的市场是美国(水平值为 0.04)、最大的是日本(1.29)、德国和韩国居中(分别为 0.61、0.99)。

这些具体到特定产品、特定市场的案例性探讨再次证实前面的发现:不同目的地市场呈现出来的企业 TFP 和资本密集度最低临界值很不相同。这其中无疑存在着深刻的经济学理论逻辑与现实逻辑,需要进一步研究发掘。此处基于中国工业企业的经验分析丰富了现有文献的证据。

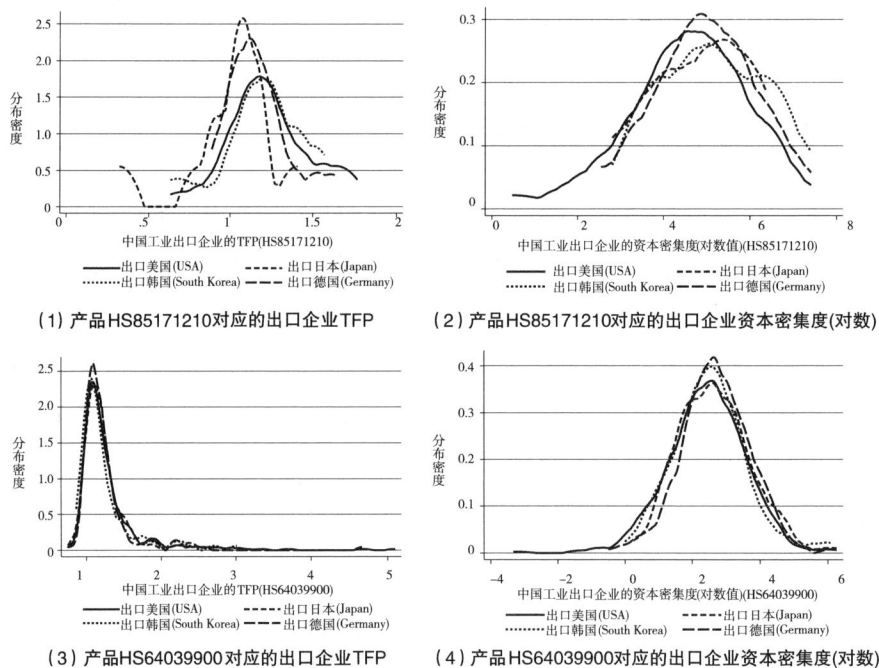

(1) 产品HS85171210对应的出口企业TFP

(2) 产品HS85171210对应的出口企业资本密集度(对数)

(3) 产品HS64039900对应的出口企业TFP

(4) 产品HS64039900对应的出口企业资本密集度(对数)

图7-5　2007 年特定产品对应的中国工业出口企业的 TFP 与资本密集度分布:基于不同市场的比较

注:TFP 为水平值,资本密集度(千元/人)为对数值(为了更好地在图形中显示)。HS85171210 为"手持(包括车载)式无线电话机"、HS64039900 为"其他橡、塑或再生皮革外底,皮革鞋面的鞋靴"。
　　资料来源:笔者基于匹配数据计算制作。

第三节　"产品—市场"组合与企业经济绩效

现实表明,企业出口的产品种类与目的地市场并不是单一的,而是具有多样性。已有文献(见第二章文献评述)也表明,企业的产品种类与出售目的地市场是不同的,且与企业的生产率存在一定关系。我们前面也分析了企业的"产品—市场"组合与企业出口绩效之间的关系,但并未探究这些组合与企业的 TFP 等经济绩效存在什么样的关系。本节将讨论这一问题。

首先,我们分别从产品与市场两个维度观察不同种类产品、不同数量市场的企业在经济绩效上的差异。从图 7-6 可以直观地看出,企业出口产品种类越多、出口市场数量越多,则企业的 TFP 水平似乎就越低。[①] 进一步地,我们还比较了一般贸易与加工贸易两种贸易模式以及国有企业、外资企业、私营企业与中外合资合作企业等四种所有制企业,结果基本上与图 7-6 显示的情形类似。

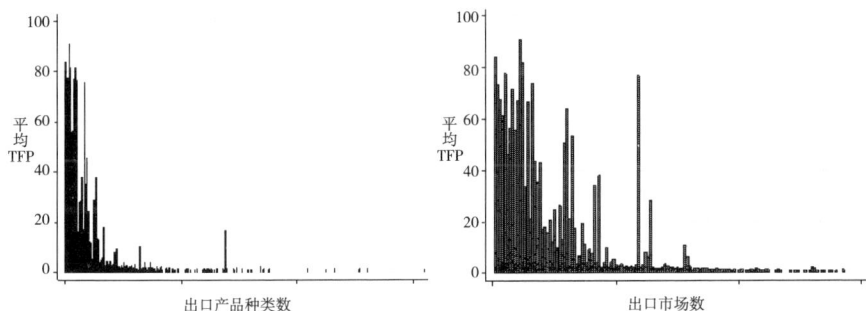

（1）TFP与企业出口产品种类数（No of export products）（2）TFP与企业出口市场数（No of export destinations）

图 7-6　1998—2007 年出口产品和市场多样性与企业经济绩效

资料来源:笔者基于匹配数据计算制作。

---

①　本部分主要关注企业的 TFP。附录图 7A-4 还显示了企业资本密集度与出口产品种类数、出口市场数的关系,初步结果表明,企业出口产品种类越多、出口市场数量越多,则企业的资本密集度似乎就越低。

为了进一步检验图7-6初步显示的规律,我们列出企业的主要经济绩效指标与企业出口产品种类数、出口市场数之间的Pearson相关关系。如表7-11所示。基于2000—2007年样本总体的相关性分析表明,出口企业的TFP与其出口产品种类数正相关、与其出口市场数负相关;资本密集度与企业的出口产品种类数和出口市场数均负相关;资产利润率和净资产利润率与企业的出口产品种类数和出口市场数均不存在显著的相关关系;资产负债率与企业出口产品种类数负相关、与出口市场数正相关。这似乎意味着,在中国工业出口企业中,产品更趋多元化、市场更趋集中化、资本密集度较低的企业具有较高的TFP。

不同贸易模式分析显示,一般贸易与加工贸易企业的TFP均与出口市场数负相关,但前者的TFP与出口产品种类数不相关,后者则是正相关的。加工贸易企业的资本密集度与出口市场数正相关;两类企业的资产利润率和净资产利润率与出口产品种类数和市场数均不存在显著的相关关系;两类企业的资产负债率与出口产品种类数不相关、但与出口市场数正相关。这表明,在加工贸易企业中,产品更加多元化、市场更趋集中化的企业具有更高的TFP。

不同所有制分析显示,国有企业的TFP、资本密集度、净资产利润率均与其出口产品种类数、市场数没有显著的相关关系;而外资企业、中外合资合作企业的TFP与出口产品种类数正相关、与出口市场数负相关。这意味着,在这两类企业中,产品更加多样化、市场更趋集中化的企业具有更高的TFP。私营企业的TFP、资本密集度、资产利润率均与出口产品种类数、市场数均呈负相关关系,资产负债率与出口产品种类数、出口市场数正相关。这意味着,在私营企业中,产品和市场更加专业化的出口企业往往具有较高的TFP、较高的资产利润率以及较低的资产负债率。

表7-11　企业经济绩效与出口产品种类数、出口市场数之间的 **Pearson** 相关关系

		样本期限:2000—2007		样本期限:2000—2013		
		TFP	K_L	ROA	ROE	LA
总体	产品种类数	0.0095*	−0.0303*	−0.0002	−0.0008	−0.004*
	出口市场数	−0.0175*	−0.0156*	0.0006	−0.0004	0.0143*
一般贸易	产品种类数	−0.0024	−0.0262*	−0.0001	−0.0006	0.0012
	出口市场数	−0.0200*	−0.0267*	−0.0001	−0.0001	0.0205*
加工贸易	产品种类数	0.0387*	−0.0765*	−0.001	−0.0008	0.0011
	出口市场数	−0.0119*	0.0144*	0.0006	−0.0007	0.0216*
国有企业	产品种类数	−0.0008	0.0036	0.008	−0.0044	−0.0148
	出口市场数	0.0002	0.0109	0.0464*	−0.0092	−0.0414*
外资企业	产品种类数	0.0109*	−0.0621*	0.004	0.0031	−0.0005
	出口市场数	−0.0163*	−0.0203*	−0.0011	0.0014	0.0144*
私营企业	产品种类数	−0.0099*	−0.0041	−0.0251*	−0.0004	0.0107*
	出口市场数	−0.0243*	−0.0082*	−0.0298*	−0.002	0.0165*
中外合资合作企业	产品种类数	0.0278*	−0.0465*	0.0008	−0.0006	0.0067
	出口市场数	−0.0192*	−0.0102*	0.0019	0.0047	0.0423*

注:* 表示相关系数在5%的水平上显著。资本密集度的单位为千元/人。
资料来源:笔者基于匹配数据计算整理而得。

其次,我们分析中国工业企业的经济绩效在出口产品与目的地市场两个维度上的联合分布特征。前面第五章主要关注的指标是出口企业数与出口值,这里主要关注企业的 TFP。[①] 表7-12 左边是不同"出口产品—出口市场"组合的出口企业的平均 TFP,右边是相应企业个数所占比重。对于仅向一个市场出口一种产品的企业而言,2000 年、2007 年以及2000—2007 年整个时期的平均 TFP 分别为 1.37、1.66、1.52,企业个数所占比重分别为 13.46%、9.82%、11.06%;对于面向不同数量目的地市场

---

　　① 　关于企业的资本密集度、资产与净资产利润率、资产负债率的分布情况,这里不再一一列出。

仅出口一种产品的企业而言,平均 TFP 在 2000 年似乎随着市场数的增加而趋于下降、在 2007 年则趋于上升、在整个样本期变化不大。对于仅面向一个或两个市场但出口不同种类数的企业而言,随着产品种类数的增加,平均 TFP 是趋于上升的。2007 年相对于 2000 年,大多数"产品—市场"组合的企业 TFP 都是趋于上升的。

表 7-12　中国工业出口企业的产品—市场组合与 TFP:总体分析

年份	m／c	平均 TFP						企业数比重(%)					
		1	2	3	4—9	10+	AVG	1	2	3	4—9	10+	Total
2000	1	1.37	1.31	1.35	1.36	1.28	1.33	13.46	4.27	1.9	3.78	1.74	25.15
	2	1.38	1.36	1.4	1.35	1.27	1.35	5.18	3.74	2.1	3.9	1.91	16.83
	3	1.35	1.28	1.32	1.29	1.56	1.36	2.72	2.07	1.37	3.18	2.07	11.41
	4……9	1.44	1.42	1.42	1.29	1.32	1.38	5.41	4.45	2.91	9.32	7.7	29.81
	10+	1.53	1.49	1.38	1.36	1.42	1.44	3.26	2.45	1.46	3.81	5.83	16.8
	AVG/Total	1.41	1.37	1.37	1.33	1.37	1.37	30.03	16.98	9.75	24.00	19.24	100.00
2007	1	1.66	1.66	1.71	1.59	1.68	1.66	9.82	3.34	1.83	4.18	2.53	21.7
	2	1.67	1.61	1.55	1.56	1.56	1.59	3.57	2.98	1.88	4.63	3.37	16.43
	3	1.72	1.66	1.55	1.64	1.58	1.63	1.69	1.66	1.31	3.83	3.19	11.68
	4—9	1.58	1.67	1.57	1.57	1.54	1.59	2.98	3.03	2.62	10.1	12.55	31.27
	10+	1.77	1.7	1.63	1.6	1.53	1.65	1.51	1.36	1.16	4.83	10.06	18.92
	AVG/Total	1.68	1.66	1.6	1.59	1.58	1.62	19.56	12.38	8.8	27.57	31.69	100.00
2000—2007	1	1.52	1.49	1.51	1.5	1.53	1.51	11.06	3.70	1.92	3.96	2.06	22.70
	2	1.51	1.49	1.48	1.49	1.49	1.49	4.09	3.35	1.88	4.20	2.57	16.09
	3	1.49	1.49	1.48	1.48	1.49	1.49	2.09	1.92	1.38	3.61	2.54	11.52
	4—9	1.51	1.51	1.5	1.46	1.45	1.49	4.03	3.63	2.92	9.94	10.25	30.76
	10+	1.73	1.58	1.53	1.51	1.45	1.56	2.25	1.92	1.36	4.93	8.47	18.93
	AVG/Total	1.55	1.51	1.5	1.49	1.48	1.51	23.51	14.50	9.45	26.64	25.90	100.00

注:m、c 分别表示目的地市场数、出口产品(HS 八分位产品)的种类数。
资料来源:笔者基于匹配数据计算整理而得。

接下来分析不同贸易模式(见表 7-13)。对于向一个市场出口一种产品的出口企业而言，从事加工贸易的企业平均 TFP 增长较快(从 2000 年的 1.35 上升至 2007 年的 1.68)，且到 2007 年超过从事一般贸易的企业(1.63)；这种情形下从事加工贸易的企业个数所占比重较高(接近 20%)。对于向 10 个及以上市场出口 10 种及以上产品的企业而言，从事加工贸易的企业平均 TFP 趋于下降，而从事一般贸易的平均 TFP 则趋于上升；但前者企业个数所占比重较低(不到 3%)。

表 7-13　中国工业出口企业的产品—市场组合与 TFP：不同贸易模式比较

	年份	c＼m	平均 TFP						企业数比重(%)					
			1	2	3	4—9	10+	AVG	1	2	3	4—9	10+	Total
一般贸易	2000	1	1.37	1.34	1.34	1.32	1.28	1.33	17.02	4.42	2.05	3.4	1.11	27.99
		2	1.48	1.3	1.37	1.44	1.31	1.38	6.1	4.16	2.36	3.93	1.08	17.63
		3	1.39	1.33	1.31	1.33	1.24	1.32	3.02	2.28	1.55	3.41	1.59	11.84
		4—9	1.41	1.36	1.44	1.29	1.40	1.38	4.8	4.61	3.31	9.67	6.05	28.44
		10+	1.49	1.49	1.30	1.33	1.33	1.39	2.12	1.59	1.05	3.92	5.43	14.11
		AVG/Total	1.43	1.36	1.35	1.34	1.31	1.36	33.06	17.06	10.31	24.31	15.26	100
	2007	1	1.63	1.63	1.71	1.58	1.68	1.65	11.03	3.5	1.85	4.12	2.26	22.76
		2	1.74	1.61	1.55	1.57	1.53	1.60	3.68	3.16	1.95	4.69	3.12	16.6
		3	1.62	1.66	1.55	1.66	1.57	1.61	1.66	1.79	1.38	3.87	3.02	11.72
		4—9	1.63	1.63	1.59	1.55	1.54	1.59	2.93	3.13	2.71	10.34	11.93	31.04
		10+	1.72	1.70	1.61	1.56	1.51	1.62	1.27	1.27	1.11	4.73	9.5	17.87
		AVG/Total	1.67	1.65	1.60	1.58	1.57	1.61	20.57	12.85	9	27.75	29.84	100
加工贸易	2000	1	1.35	1.34	1.33	1.36	1.32	1.34	18.07	5.99	2.71	5.96	3.65	36.38
		2	1.37	1.32	1.37	1.30	1.40	1.35	7.06	3.52	1.67	4.21	3.03	19.48
		3	1.30	1.24	1.29	1.51	1.39	1.35	3.5	1.72	1.1	2.55	2.26	11.13
		4—9	1.52	1.54	1.31	1.27	1.33	1.39	6.88	3.55	2.18	4.97	4.87	22.44
		10+	1.6	1.43	1.49	1.5	1.93	1.59	3.81	2.45	1.11	1.52	1.67	10.56
		AVG/Total	1.43	1.37	1.36	1.39	1.47	1.40	39.32	17.23	8.76	19.2	15.48	100
	2007	1	1.68	1.68	1.74	1.62	1.61	1.67	19.39	4.93	2.75	6.18	4.24	37.48
		2	1.63	1.57	1.53	1.63	1.56	1.58	6.29	3.62	1.91	4.29	3.57	19.68
		3	1.71	1.95	1.60	1.60	1.51	1.67	2.82	1.71	1.16	2.9	2.68	11.26
		4—9	1.66	1.55	1.57	1.64	1.55	1.59	4.56	3.00	1.99	5.68	6.38	21.61
		10+	1.81	1.82	1.76	1.77	1.75	1.78	2.28	1.3	0.85	2.56	2.98	9.97
		AVG/Total	1.7	1.71	1.64	1.65	1.60	1.66	35.34	14.56	8.65	21.61	19.84	100

注：m、c 分别表示目的地市场数、出口产品(HS 八位产品)的种类数。
资料来源：笔者基于匹配数据计算整理而得。

进一步地,我们比较四种不同所有制企业(见表7-14)。2007年,平均而言,国有企业的TFP最低(1.52),外商独资企业的TFP最高(1.69)。动态地看,从2000年到2007年,几乎所有"产品—市场"组合下的企业的平均TFP都出现了不同程度的增长。

2007年,对于向一个市场出口一种产品的企业而言,国有企业、外商独资企业、私营企业、中外合资合作企业的平均TFP分别为1.50、1.93、1.63、1.67,企业个数所占比重分别为13.49%、8.19%、11.13%、8.46%。可以看出外商独资企业的平均TFP最高、国有企业最低(而且所占比重较高)。

对于向10个及以上市场出口10种及以上产品的企业而言,国有企业、外商独资企业、私营企业、中外合资合作企业的平均TFP分别为1.37、1.56、1.49、1.59,企业个数占比分别为10.61%、9.61%、8.84%、10.82%。可以看出国有企业的平均TFP仍然是最低的(而且所占比重较高)。①

表7-14 中国工业出口企业的产品—市场组合与TFP:不同所有制比较

	年份	m / c	平均TFP						企业数比重(%)					
			1	2	3	4—9	10+	AVG	1	2	3	4—9	10+	Total
国有企业	2000	1	1.45	1.18	1.18	1.25	1.07	1.23	18.74	4.18	1.53	3.56	1.02	29.02
		2	1.21	1.09	1.29	1.29	1.28	1.23	5.09	4.89	1.53	3.67	0.92	16.09
		3	1.40	1.19	1.23	1.19	1.13	1.23	2.44	1.73	2.14	4.38	1.63	12.32
		4—9	1.23	1.17	1.25	1.20	1.25	1.22	2.34	2.95	2.44	11.91	7.03	26.68
		10+	1.24	1.26	1.09	1.34	1.17	1.22	0.51	0.71	0.61	4.58	9.47	15.89
		AVG/Total	1.31	1.18	1.21	1.25	1.18	1.23	29.12	14.46	8.25	28.11	20.06	100
	2007	1	1.50	1.45	1.53	1.81	1.48	1.55	13.49	5.58	2.16	2.7	1.8	25.72
		2	1.32	1.42	1.59	1.41	1.45	1.44	5.22	4.5	2.34	5.58	2.34	19.96
		3	1.34	1.41	1.30	1.32	3.20	1.71	1.8	1.08	1.98	5.04	2.7	12.59
		4—9	1.31	2.20	1.35	1.37	1.31	1.51	2.16	2.34	2.16	12.41	9.35	28.42
		10+	1.51	1.25	1.10	1.82	1.37	1.41	0.18	0.36	0.18	1.98	10.61	13.31
		AVG/Total	1.40	1.55	1.37	1.55	1.76	1.52	22.84	13.85	8.81	27.7	26.8	100

① 2007年,"3产品—10+市场"组合下的国有企业的平均TFP达到了3.20,但这种情况下的企业个数占比仅为2.70%。

续表

年份	m\c	平均TFP						企业数比重（%）					
		1	2	3	4—9	10+	AVG	1	2	3	4—9	10+	Total
外商独资企业 2000	1	1.34	1.29	1.27	1.51	1.27	1.34	8.36	3.14	1.44	3.20	1.70	17.83
	2	1.52	1.28	1.37	1.36	1.29	1.36	5.29	2.48	1.50	3.53	1.89	14.7
	3	1.46	1.34	1.33	1.40	2.07	1.52	2.94	2.22	1.37	3.2	1.89	11.63
	4—9	1.35	1.56	1.82	1.31	1.24	1.46	7.64	5.81	3.07	9.08	8.95	34.55
	10+	1.65	1.39	1.48	1.33	1.25	1.42	5.88	3.92	1.76	3.53	6.21	21.29
	AVG/Total	1.46	1.37	1.45	1.38	1.42	1.42	30.11	17.57	9.14	22.53	20.64	100
外商独资企业 2007	1	1.93	1.81	1.55	1.88	1.62	1.76	8.19	2.61	1.41	2.79	1.49	16.49
	2	1.72	1.68	1.61	1.55	1.62	1.64	4.82	2.99	1.59	3.12	2.07	14.59
	3	1.95	1.55	1.67	2.00	1.57	1.75	2.79	1.92	1.4	2.88	1.97	10 95
	4—9	1.59	1.78	1.55	1.62	1.60	1.63	5.82	4.67	3.02	10.03	9.36	32.89
	10+	1.65	1.88	1.68	1.72	1.56	1.70	3.91	2.81	1.87	6.86	9.61	25.07
	AVG/Total	1.77	1.74	1.61	1.75	1.59	1.69	25.53	15	9.29	25.68	24.5	100
私营企业 2000	1	1.29	1.33	1.17	1.24	1.31	1.27	14.92	4.83	1.47	4.41	1.05	26.68
	2	1.27	1.25	1.21	1.23	1.23	1.24	6.72	4.62	4.41	5.04	1.68	22.48
	3	1.17	1.29	1.19	1.23	1.32	1.24	1.05	1.26	0.42	4.83	2.52	10.08
	4—9	1.29	1.41	1.21	1.8	1.26	1.29	3.99	3.15	3.15	8.4	8.19	26.89
	10+	1.38	1.76	1.45	1.28	1.21	1.42	0.84	0.63	1.26	3.99	7.14	13.87
	AVG/Total	1.28	1.41	1.25	1.25	1.27	1.29	27.52	14.5	10.71	26.68	20.59	100
私营企业 2007	1	1.63	1.71	1.73	1.57	1.63	1.65	11.13	3.56	2.19	4.88	2.76	24.52
	2	1.58	1.62	1.59	1.61	1.49	1.58	3.34	3.3	2.11	5.31	3.85	17.9
	3	1.58	1.73	1.50	1.60	1.52	1.59	1.32	1.67	1.36	4.4	3.74	12.49
	4—9	1.54	1.55	1.55	1.52	1.49	1.53	1.97	2.5	2.39	10.23	13.93	31.03
	10+	1.55	1.52	1.63	1.49	1.49	1.54	0.51	0.65	0.68	3.38	8.84	14.06
	AVG/Total	1.58	1.63	1.60	1.56	1.52	1.58	18.27	11.68	8.73	28.2	33.13	100
中外合资合作企业 2000	1	1.45	1.35	1.38	1.39	1.33	1.38	13.35	4.2	1.97	4.61	1.76	25.89
	2	1.47	1.32	1.33	1.43	1.38	1.39	4.74	4.41	2.27	3.86	1.39	16.67
	3	1.30	1.30	1.29	1.33	1.69	1.38	2.74	2.00	1.49	2.68	1.32	10.23
	4—9	1.39	1.49	1.31	1.32	1.50	1.40	6.24	5.29	3.42	8.91	6.85	30.7
	10+	1.60	1.54	1.50	1.41	1.27	1.46	4.27	3.32	1.29	3.66	3.96	16.5
	AVG/Total	1.44	1.40	1.36	1.38	1.43	1.40	31.35	19.21	10.44	23.72	15.28	100
中外合资合作企业 2007	1	1.67	1.60	1.57	1.57	1.72	1.63	8.46	3.08	1.66	3.69	2.49	19.38
	2	1.67	1.65	1.50	1.54	1.71	1.61	3.9	2.47	1.89	4.36	2.96	15.59
	3	1.89	1.87	1.47	1.60	1.59	1.68	1.9	1.64	1.23	3.79	2.68	11.24
	4—9	1.58	1.93	1.60	1.55	1.64	1.66	3.44	3.09	3.12	9.51	10.86	30.02
	10+	2.13	1.68	1.70	1.64	1.59	1.75	2.85	2.04	1.86	6.19	10.82	23.77
	AVG/Total	1.79	1.75	1.57	1.58	1.65	1.67	20.55	12.32	9.76	27.54	29.82	100

注：m、c 分别表示目的地市场数、出口产品（HS 八分位产品）的种类数。

资料来源：笔者基于匹配数据计算整理而得。

最后,我们比较 OFDI 企业与非 OFDI 企业的表现,如表 7-15 所示。可以看出,2007 年,不同情形下的 OFDI 企业的平均 TFP 均低于非 OFDI 企业。比如,二者"1 产品—1 市场"组合的企业平均 TFP 分别为 1.53、1.66;"10+产品—10+市场"组合的企业平均 TFP 分别为 1.42、1.54。两类企业中的"10+产品—10+市场"组合的企业数所占比重趋于上升(分别从 2000 年的 16.37%、5.64%升至 2007 年的 22.46%、9.53%),而"1 产

表 7-15　中国工业出口企业的产品—市场组合与 TFP:OFDI 与否的比较

	年份	c\m	平均 TFP						企业数比重(%)					
			1	2	3	4—9	10+	AVG	1	2	3	4—9	10+	Total
OFDI	2000	1	1.22	1.42	1.16	1.24	1.17	1.24	10.62	3.98	0.44	1.77	2.65	19.47
		2	2.16	1.48	1.15	1.34	1.33	1.49	1.77	1.33	1.33	5.31	1.33	11.06
		3	1.10	1.28	3.69	1.19	1.22	1.70	1.77	1.77	1.33	2.65	3.98	11.5
		4—9	1.51	1.27	1.19	1.36	1.20	1.31	0.44	3.98	1.77	15.93	10.18	32.3
		10+	1.57	1.30	1.54	1.38	1.45	1.45	2.21	0.44	1.33	5.31	16.37	25.66
		AVG/Total	1.51	1.35	1.75	1.30	1.27	1.44	16.81	11.5	6.19	30.97	34.51	100
	2007	1	1.53	1.45	1.60	1.53	1.60	1.54	4.49	1.77	1.24	2.63	2.39	12.52
		2	1.60	1.46	1.58	1.57	1.54	1.55	1.82	2.34	1.67	3.97	3.49	13.28
		3	1.56	1.46	1.62	1.53	1.52	1.54	0.76	1.24	0.81	3.15	4.25	10.22
		4—9	1.58	1.48	1.39	1.50	1.45	1.48	1.53	2.2	2.39	8.65	19.3	34.07
		10+	1.77	1.46	1.66	1.46	1.42	1.55	0.76	0.57	1.00	5.11	22.46	29.91
		AVG/Total	1.61	1.46	1.57	1.52	1.51	1.53	9.36	8.12	7.12	23.51	51.89	100
非 OFDI	2000	1	1.37	1.31	1.35	1.36	1.28	1.33	13.51	4.27	1.92	3.82	1.73	25.25
		2	1.37	1.35	1.40	1.35	1.27	1.35	5.24	3.78	2.12	3.88	1.92	16.93
		3	1.36	1.28	1.28	1.29	1.57	1.36	2.74	2.07	1.37	3.19	2.03	11.4
		4—9	1.44	1.42	1.42	1.29	1.33	1.38	5.5	4.46	2.93	9.21	7.66	29.76
		10+	1.53	1.49	1.38	1.36	1.42	1.44	3.27	2.48	1.46	3.78	5.64	16.65
		AVG/Total	1.41	1.37	1.37	1.33	1.37	1.37	30.26	17.07	9.81	23.88	18.98	100
	2007	1	1.66	1.66	1.71	1.59	1.68	1.66	10.05	3.41	1.85	4.25	2.53	22.09
		2	1.67	1.61	1.55	1.56	1.56	1.59	3.65	3.01	1.89	4.65	3.36	16.57
		3	1.72	1.67	1.55	1.64	1.58	1.63	1.73	1.68	1.33	3.86	3.14	11.74
		4—9	1.58	1.68	1.58	1.57	1.55	1.59	3.04	3.06	2.63	10.16	12.27	31.15
		10+	1.77	1.70	1.63	1.60	1.54	1.65	1.54	1.39	1.17	4.82	9.53	18.45
		AVG/Total	1.68	1.66	1.60	1.59	1.58	1.62	20	12.56	8.87	27.75	30.83	100

注:m、c 分别表示目的地市场数、出口产品(HS 八分位产品)的种类数。
资料来源:笔者基于匹配数据计算整理而得。

品—1市场"组合的比重趋于下降(分别由10.62%、13.51%降至4.49%、10.05%)。动态地看,两类企业大多数组合下的TFP均出现上升趋势。

第四节　贸易模式、出口市场与企业经济绩效动态变化

首先,我们观察中国从事一般贸易和加工贸易的出口企业的TFP水平是否存在差异。这是对前面第六章研究内容的补充。表7-16显示,在除2003年外的其他所有年份以及整个样本时期,中国从事一般贸易的出口企业的平均TFP均显著低于加工贸易出口企业(t统计量检验不假定两组样本的方差相同)。

表7-16　中国从事不同贸易模式的出口企业的TFP水平比较

年份	一般贸易(OT)					加工贸易(PT)					t检验差异(PT-OT)
	最小值	最大值	均值	标准差	企业数	最小值	最大值	均值	标准差	企业数	
2000	0.063	50.744	1.356	1.521	151528	0.179	50.744	1.49	2.164	162795	0.134 *
2001	0.01	46.299	1.323	0.824	170256	0.01	45.508	1.348	1.032	226716	0.0245 *
2002	0.006	26.025	1.307	0.525	151391	0.182	81.762	1.398	1.145	279276	0.09 *
2003	0.0003	61.395	1.357	0.675	172629	0.0003	29.108	1.346	0.695	383560	-0.011 *
2004	0.018	84.129	1.441	1.13	243470	0.036	77.069	1.585	2.117	638972	0.144 *
2005	0.039	90.824	1.472	0.991	365848	0.158	67.492	1.504	0.861	950977	0.033 *
2006	0.065	81.737	1.497	1.143	420125	0.136	81.737	1.595	1.808	1051863	0.098 *
2007	0.022	75.534	1.537	1.392	247978	0.062	75.534	1.651	1.904	897755	0.114 *
2000—2007	0.0003	90.824	1.455	1.111	1923225	0.0003	81.762	1.516	1.584	4591914	0.061 *

注:* 表示在10%水平下显著。在不假定方差相同的情况下,检验加工贸易与一般贸易的出口企业TFP(水平值)是否存在差异。OT、PT分别表示一般贸易和加工贸易。关于不同贸易模式出口企业的TFP分布可以参见附录图7A-5。
资料来源:笔者基于匹配数据计算整理而得。

其次,采用第六章介绍的边际分解方法,探究从事不同贸易模式以及服务不同目的地市场的企业的绩效动态变化。实际上,我们可以计算所有

目的地市场对中国工业企业经济绩效的贡献或影响,但这里只列出中国最重要的两个出口市场——美国和日本市场的贡献。结果如表7-17所示。

可以看出,在样本时期里,一般贸易企业的TFP、资本密集度、实际工资、就业及实际产出的增长率均高于加工贸易企业。出口美国市场的中国工业企业的TFP、资本密集度及实际工资的增长率均高于总体平均水平,但就业和产出增长率则低于总体平均水平。出口日本市场的中国工业企业的实际工资的增长率高于总体平均水平,但其他指标则低于总体平均水平。因此,与日本市场相比较,出口美国市场的中国工业企业对中国工业经济绩效增长的贡献更大。

另外,TFP与资本密集度的变化主要是因为广延边际(企业进出市场)的贡献;实际工资的变化几乎受到两种边际的同样影响。对就业与产出变化而言,如果企业从事一般贸易,则集约边际(持续留在市场中的企业)的影响更大一些;如果企业从事加工贸易且在2008年金融危机之后,则广延边际的影响更大一些。如果企业出口美国和日本市场,则其就业与产出的变化更易受到集约边际的影响。

表7-17 中国工业企业的绩效增长:不同贸易模式与市场的贡献比较

		Δ	EM			IM
			Net	En	Ex	Con
TFP	总体	21.33	20.12	36.45	−16.33	1.21
	一般贸易	23.66	22.48	40.08	−17.60	1.17
	加工贸易	13.44	12.10	31.82	−19.72	1.35
	美国	24.93	23.87	45.34	−21.48	1.07
	日本	18.16	17.13	39.98	−22.86	1.03
K_L	总体	16.54	15.58	34.02	−18.44	0.96
	一般贸易	18.41	17.17	37.25	−20.08	1.24
	加工贸易	10.16	10.87	31.25	−20.39	−0.70
	美国	20.69	20.06	45.92	−25.87	0.63
	日本	13.67	14.40	39.48	−25.09	−0.73

续表

		Δ	EM			IM
			Net	En	Ex	Con
W	总体	20.46	10.58	24.20	−13.63	9.88
	一般贸易	21.07	11.76	27.70	−15.94	9.31
	加工贸易	19.29	9.06	24.95	−15.89	10.22
	美国	23.36	13.79	32.26	−18.47	9.57
	日本	20.47	12.04	32.73	−20.70	8.44
L_1	总体	20.67	7.72	17.54	−9.83	12.95
	一般贸易	23.69	8.97	20.59	−11.62	14.72
	加工贸易	17.37	7.21	16.11	−8.91	10.16
	美国	15.14	7.91	20.20	−12.29	7.23
	日本	9.95	6.51	18.16	−11.65	3.45
L_2	总体	9.95	3.19	11.31	−8.11	6.76
	一般贸易	10.78	4.31	12.43	−8.12	6.46
	加工贸易	4.79	5.50	14.38	−8.88	−0.71
	美国	8.19	3.33	13.85	−10.52	4.86
	日本	8.12	2.92	14.13	−11.20	5.20
Y_1	总体	35.00	8.76	16.75	−7.99	26.24
	一般贸易	39.47	10.10	19.37	−9.27	29.38
	加工贸易	30.26	8.11	15.48	−7.37	22.16
	美国	27.58	7.27	17.40	−10.13	20.31
	日本	25.63	8.06	17.37	−9.32	17.57
Y_2	总体	16.87	4.62	12.01	−7.39	12.25
	一般贸易	17.53	5.85	12.90	−7.05	11.67
	加工贸易	11.92	8.40	17.00	−8.60	3.52
	美国	11.33	5.90	16.61	−10.70	5.43
	日本	14.00	5.50	15.90	−10.41	8.50

注：表中的 EM、IM 分别表示广延边际和集约边际；En、Ex、Con 分别表示"进入企业"集合、"退出企业"集合和"持续存在企业"集合；Net 表示广延边际的净值即等于 En 加上 Ex。Δ表示增长率（%），Δ等于 EM 中的 Net 加上 IM。TFP、K_L、W（即实际工资）的样本时期为 1998—2007 年；L_1、L_2 的样本时期分别位 1998—2007 年、2007—2013 年；实际产出 Y_1、Y_2 的样本时期分别为 1998—2007 年、2007—2013 年。资本密集度的单位为千元/人。

资料来源：笔者基于匹配数据计算整理而得。

第五节 本章的主要发现及启示

本章基于中国工业企业不同国际化方式选择和组合的分析，表明国际化企业的平均 TFP 低于非国际化企业;在国际化企业中既出口又进行 OFDI 的企业的平均 TFP 并不是最高的,甚至相反。这一发现与异质性企业贸易理论的基本预期截然不同。出现这一现象的可能原因是:一是企业因实施 OFDI 而避免的其他国际化方式(如贸易)成本(包括运输成本、关税及非关税壁垒等)高于其因 OFDI 而带来的成本时,企业将选择 OFDI,尽管企业的 TFP 可能并不高;二是如果更多的企业是通过加工贸易及保税区和出口加工区贸易的方式(实际是虚假贸易)转移资产,而不是进行真正意义上的 OFDI,那么这些所谓 OFDI(及出口)的企业的 TFP 可能就不高;三是不同市场包括本国市场与外国市场所要求的 TFP 最低临界值可能并不相同。

如果将中国工业企业的经济绩效与目的地市场的异质性联系起来,我们发现,目的地市场的经济规模越大、人均收入水平越高、制度质量越好,则中国对其出口/OFDI 的企业数量就越多、出口产品种类就越多,中国向其出口/OFDI 的企业的 TFP 标准差(即表示 TFP 离散程度)就越大、TFP 最低临界值就越小。也就是说,这些市场相对于经济规模小、收入水平低、制度质量差的市场,更能容纳来自中国的 TFP 较低的多元化出口和 OFDI 企业。这可以在一定程度上解释为什么中国国际化企业比非国际化企业的 TFP 更低:在同等条件下,如果相对于中国国内市场而言,中国国际化企业的目的地市场的经济规模更大、人均收入水平更高、制度质量更好,那么这些市场要求的企业 TFP 最小临界值可能更低、TFP 离散程度可能更高。也就是说,在这样的市场,更多、更小、差异更大的企业都能够找到发展的机会。

就中国工业出口企业而言,如果将出口产品种类数、出口市场数与企业经济绩效联系起来,我们发现:总体上,产品更趋多元化、市场更趋集中化、资本密集度较低的企业往往具有较高的 TFP。相对于一般贸易企业,产品更加多元化、市场更趋集中化的加工贸易企业具有更高的 TFP。相对于其他所有制企业,外资企业、中外合资合作企业中,产品更加多样化、市场更趋集中化的企业具有更高的 TFP;在私营企业中,产品和市场更加专业化的出口企业往往具有较高的 TFP。2007 年相对于 2000 年,大多数

"产品—市场"组合的企业 TFP 都趋于上升；对于向一个市场出口一种产品的出口企业而言，从事加工贸易的企业平均 TFP 增长更快且到 2007 年超过从事一般贸易的企业；对于向十个及以上市场出口十个及以上产品的企业而言，从事加工贸易的平均 TFP 趋于下降，而从事一般贸易的平均 TFP 则趋于上升。国有企业的 TFP 最低、外商独资企业的 TFP 最高。不同"产品—市场"组合下的 OFDI 企业的平均 TFP 均低于非 OFDI 企业。

统计检验显示，中国一般贸易出口企业的平均 TFP 均显著低于加工贸易出口企业；基于边际分解方法的分析表明，一般贸易企业的 TFP、资本密集度、实际工资、就业及实际产出的增长率均高于加工贸易企业。相对于总体水平及日本市场，出口美国市场的中国工业企业对中国工业经济绩效增长的贡献更大。

附　录

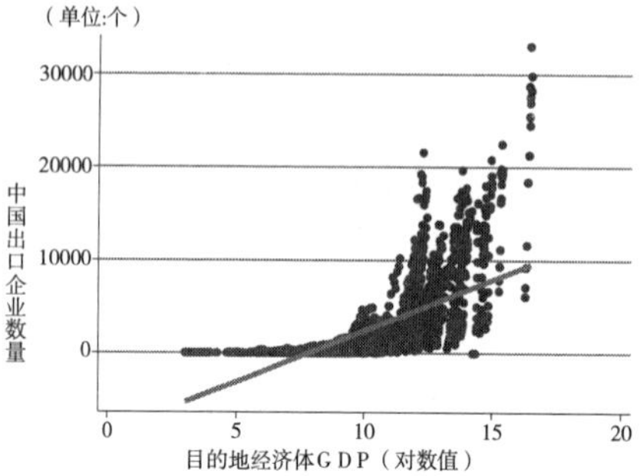

（1）目的地经济体经济规模(GDP) 与中国对其
出口企业数的关系

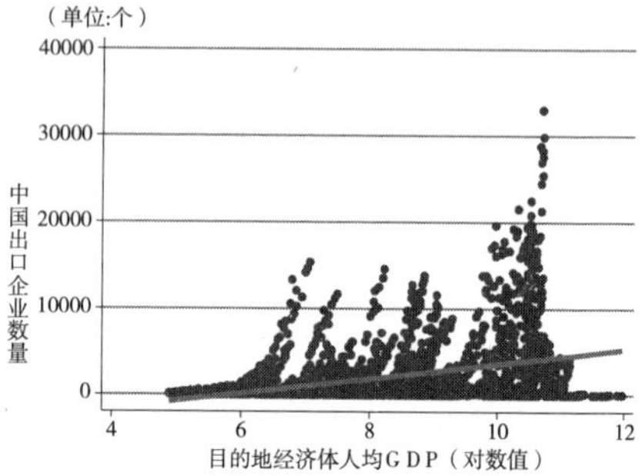

（2）目的地经济体收入水平(人均GDP) 与中国
对其出口企业数的关系

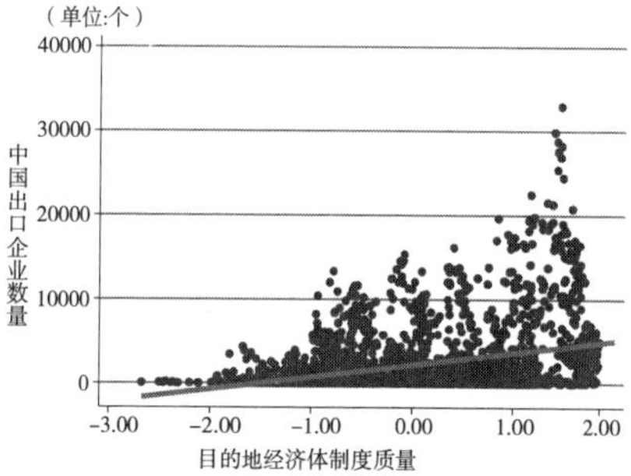

（3）目的地经济体制度质量与中国对其出口企业
数的关系

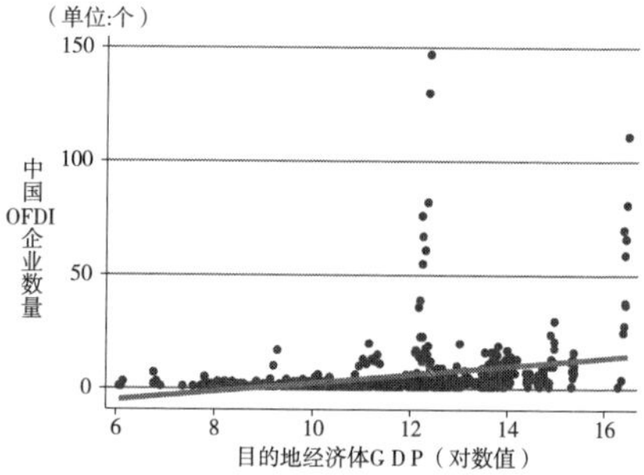

（4）目的地经济体经济规模(GDP) 与中国对其
投资企业数的关系

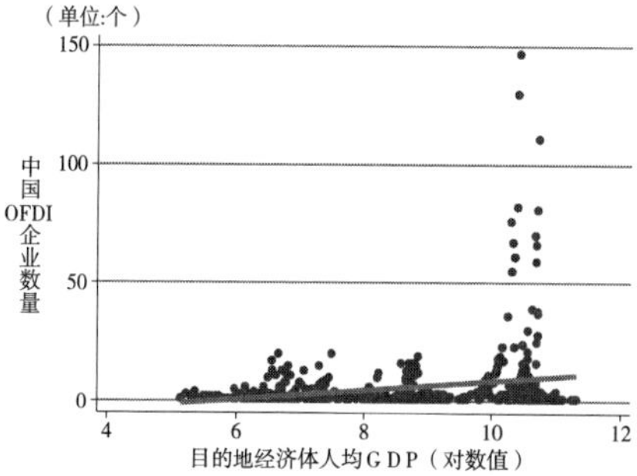

（5）目的地经济体收入水平（人均GDP）与中国
对其投资企业数的关系

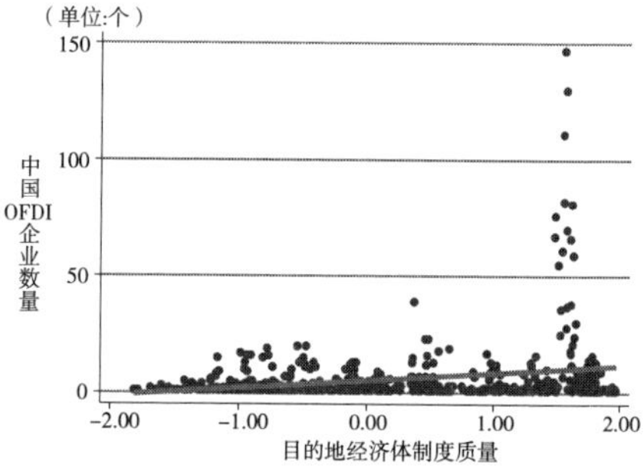

（6）目的地经济体制度质量与中国对其投资
企业数的关系

图7A-1　2000—2013年中国出口和OFDI企业数与目的地经济体异质性指标的关系

资料来源：笔者基于匹配数据计算制作。

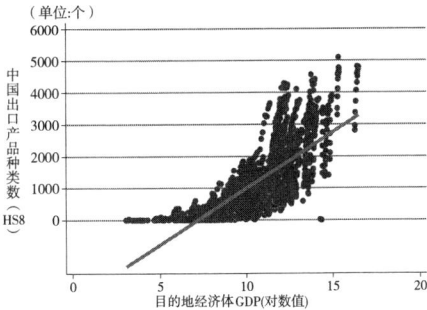

（1）目的地经济体经济规模（GDP）与中国对其
　　出口产品数的关系

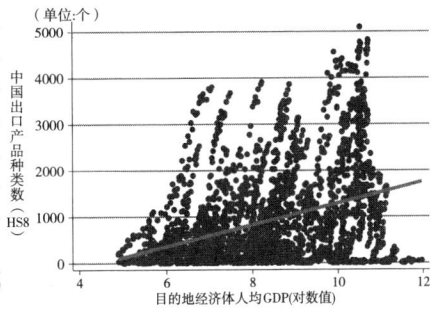

（2）目的地经济体收入水平（人均GDP）与中国
　　对其出口产品数的关系

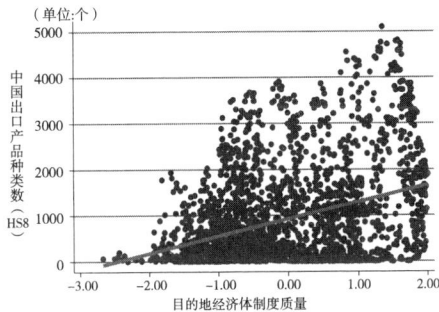

（6）目的地经济体制度质量与中国对其出口产品
　　数的关系

图7A-2　2000—2013年中国出口产品数与目的地经济体异质性指标的关系

资料来源：笔者基于匹配数据计算制作。

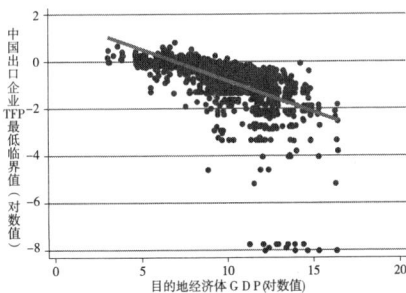

（1）目的地经济体经济规模（GDP）与中国对其
　　出口企业TFP最低临界值的关系

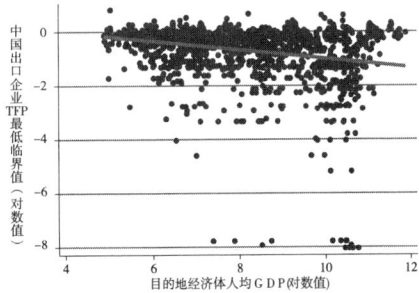

（2）目的地经济体收入水平（人均GDP）与中国
　　对其出口企业TFP最低临界值的关系

图7A-3　2000—2007年中国出口企业TFP和资本密集度最低临界值与
目的地经济体异质性指标的关系

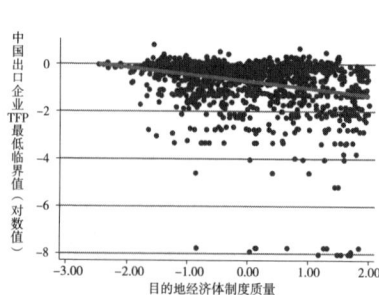

（3）目的地经济体制度质量与中国对其出口企业
TFP最低临界值的关系

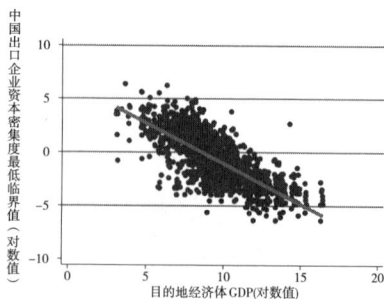

（4）目的地经济体经济规模（GDP）与中国对其出口
企业资本密集度最低临界值的关系

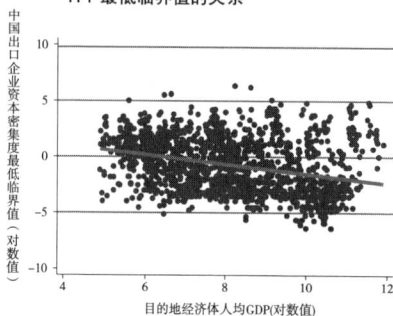

（5）目的地经济体收入水平（人均GDP）与中国对
其出口企业资本密集度最低临界值的关系

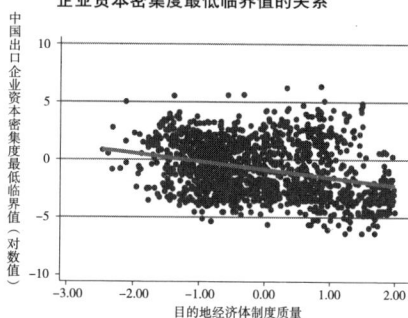

（6）目的地经济体制度质量与中国对其出口企业资本
密集度最低临界值的关系

**图 7A-3　2000—2007 年中国出口企业 TFP 和资本密集度最低临界值与
目的地经济体异质性指标的关系**

注：TFP、资本密集度、GDP 与人均 GDP 均为对数值。
资料来源：笔者基于匹配数据计算制作。

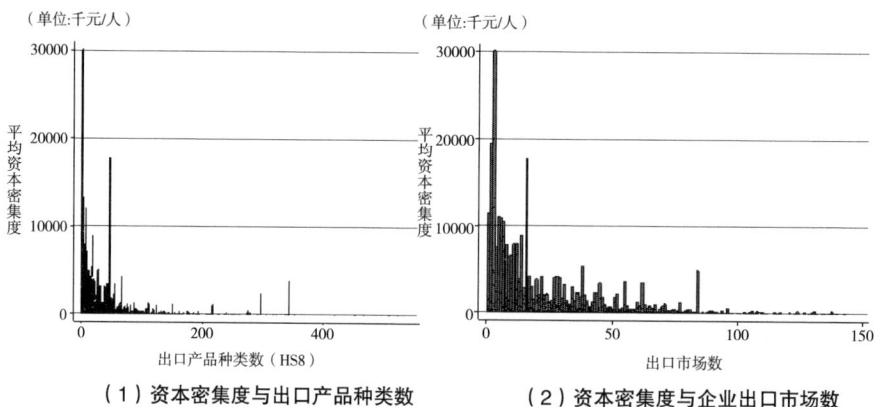

（1）资本密集度与出口产品种类数

（2）资本密集度与企业出口市场数

图 7A-4　2000—2007 年中国出口产品种类、出口市场数与出口企业资本密集度的关系
资料来源：笔者基于匹配数据计算制作。

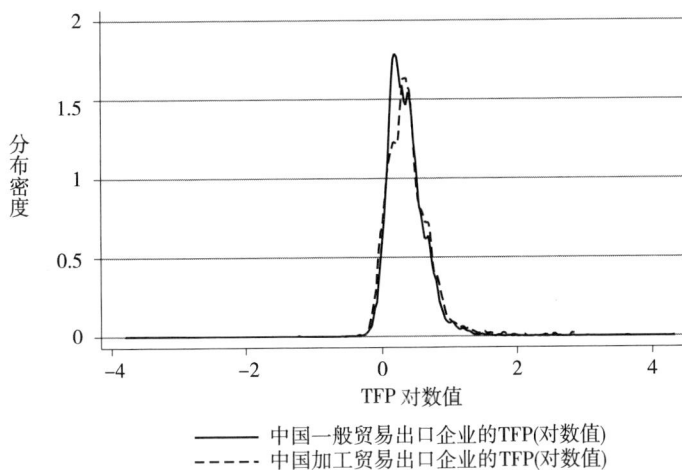

图 7A-5　2007 年中国不同贸易模式出口企业的 TFP（对数值）分布

资料来源：笔者基于匹配数据计算制作。

第八章 中国工业企业国际化学习效应与自选择效应

前面章节主要从不同角度分析了中国工业企业间（inter-firm）经济绩效的差异以及企业国际化与经济绩效的相关关系（correlation），但没有探讨二者之间的因果关系（causation）。① 这一因果关系至少涉及三个基本问题：一是经济绩效好的企业是否会成为国际化企业？ 这一问题的实质是要分析企业国际化自选择效应（self-selection effect）。二是企业国际化能否提高企业的经济绩效？ 这一问题的实质是要分析企业国际化学习效应（learning-by-internationalizing effect）。三是国际化企业的存在能否提高其他非国际化企业国际化的可能性以及所有企业的经济绩效？ 这一问题的实质是要探讨企业国际化的溢出效应（spill-over effect）或外部性（externality）。② 本章将通过实证分析，检验这些效应，从而探究中国工业企业国际化与经济绩效的因果关系。

第一节 国际化学习效应与自选择效应：理论基础

第二章的文献综述表明，企业国际化与经济绩效之间的因果关系问题是相关理论与实证研究的焦点。比如，克莱里季斯等（Clerides 等，1998）最早从国际贸易的角度将沉没成本引入一个离散选择模型框架

---

① 企业国际化与经济绩效的因果关系涉及企业内（intra-firm）经济绩效的变化问题。

② 另外，还有一个相关问题是：国际化企业的经济绩效是否高于非国际化企业？ 这一问题的实质是要分析企业国际化的升水效应（premium effect）。前面的第六章、第七章已经涉及这一问题，本章将进一步探讨。

（discrete choice framework），结果表明，生产率最高的企业自选择进入（self-select into）出口市场；一旦企业进入出口市场，其生产率就可能得到提升即可能存在正的出口学习效应。赫尔普曼等（Helpman 等，2004）、阿诺德和加沃斯克（Arnold 和 Javorcik，2009）等从国际投资（FDI 和 M&A）的角度研究企业的自选择效应与学习效应。由于企业国际化不仅包括国际贸易，还包括国际投资，因此，这里为了展示中国工业企业国际化与经济绩效之间的因果关系，我们借鉴克莱里季斯等（Clerides 等，1998）的结构分析模型，但同时考虑贸易与投资两种国际化方式。

假定市场结构为垄断竞争；在国际市场上，外国对本国（出口/OFDI）企业的产品的需求为 q^f，价格为 p^f，即有 $q^f = z^f (p^f)^{-\sigma^f}$，其中随机变量 z^f 表示其他影响需求的因素（包括外国收入水平、汇率和其他产品价格）且 $\sigma^f > 1$；在国内市场上，企业面临类似的需求条件即 $q^h = z^h (p^h)^{-\sigma^h}$；企业可以对国内外购买者实行差别定价。假定边际成本为常数 c，则现期总利润可以表示为边际成本和两个市场需求的函数：

$$\pi(c,z) = c^{1-\sigma^f} z^f (\sigma^f - 1)^{\sigma^f - 1} (\sigma^f)^{-\sigma^f} + c^{1-\sigma^h} z^h (\sigma^h - 1)^{\sigma^h - 1} (\sigma^h)^{-\sigma^h}$$
$$= \pi^f(c,z^f) + \pi^h(c,z^h) \tag{8.1}$$

令 M 为企业参与国际市场或国际化的固定成本[①]，那么当 $\pi^f(c,z^f) > M$ 时，企业才能从国际化中获取正的净利润。但实际上，企业国际化（不管是出口还是 OFDI）还会产生沉没成本（记为 F），这使得企业必然面临动态最优化问题（dynamic optimization problem）。因此，就需要刻画 c、z 等相关变量的动态变化过程。令 $z_t = f(x_t, z_{t-1}^{(-)})$，其中 x_t 为影响其他需求因素的外生变量向量（包括汇率和企业特定的噪音），$z_{t-1}^{(-)} = \{z_{t-1}, z_{t-2}, z_{t-3}, \cdots\}$。

令 $c_t = g(u_t, c_{t-1}^{(-)}, INT_{t-1}^{(-)})$，其中 u_t 为影响边际成本的外生变量向量（如要素价格和企业特定的噪音）；$INT_{t-1}^{(-)} = \{INT_{t-1}, INT_{t-2}, INT_{t-3}, \cdots\}$ 表

[①]　根据现有文献如梅里兹（Melitz，2003）、赫尔普曼等（Helpman et al.，2004）等，不同国际化方式引起的固定成本是不同的。

示过去的国际化状态路径,即企业若在 j 年国际化(出口/OFDI)则 $INT_{t-j}=1$,否则 $INT_{t-j}=0$。由此,企业的利润最大化问题可表示为:

$$V_t = \max_{INT_t^{(+)}} E_t \sum_{\tau=0}^{\infty} \delta^{\tau} \left[INT_{t+\tau} (\pi^f(c_{t+\tau}, z_{t+\tau}^f) - M - (1 - INT_{t+\tau-1})F) + \delta^{\tau} \pi^h(c_{t+\tau}, z_{t+\tau}^h) \right] \tag{8.2}$$

其中, $INT_t^{(+)} = \{INT_t, INT_{t+1}, INT_{t+2}, \cdots\}$ 表示企业的未来国际化状态路径, E_t 是基于 t 时期信息的预期值, δ 为贴现率。

同样地,企业选择现期 INT_t,满足贝尔曼(Bellman)等式:

$$V_t = \max_{INT_t} [INT_t (\pi^f(c_t, z_t^f) - M - (1 - INT_{t-1})F) + \pi^h(c_t, z_t^h) + \delta E_t(V_{t+1} | INT_t)] \tag{8.3}$$

这一行为特征意味着,在下列条件满足时,企业将参与国际市场或国际化:

$$\pi^f(c_t, z_t^f) - M + \delta [E_t(V_{t+1} | INT_t = 1) - E_t(V_{t+1} | INT_t = 0)] \geq (1 - INT_{t-1})F \tag{8.4}$$

需要指出的是,企业退出而后再进入国际市场所产生的沉没成本应该不同于从未参与国际市场的企业的沉没成本。为了反映这一差异,公式(8.4)需要进一步拓展,即定义 F^0 为从未参与国际市场的企业的启动成本(start-up cost),而 F^j 为 $j-1$ 年前参与国际市场而后退出国际市场的企业的启动成本($F^1=0$)。对公式(8.4)的拓展意味着,在下列条件满足时,企业 i 将会在 t 年参与国际市场(即 $INT_{it}=1$):

$$\pi^f(c_{it}, z_{it}^f) - M + \delta [E_t(V_{it+1} | INT_{it} = 1) - E_t(V_{it+1} | INT_{it} = 0)] \geq F^0 - \sum_{j=1}^{J} (F^0 - F^j) \widetilde{INT}_{it-j} \tag{8.5}$$

其中,若企业在第 $t-j$ 年参与国际市场,则 $\widetilde{INT}_{it-j}=1$,否则 $\widetilde{INT}_{it-j}=0$。当 $j=1$ 时, $\widetilde{INT}_{it-1} = INT_{it-1}$;当 $j \geq 2$ 时, $\widetilde{INT}_{it-j} = INT_{it-j} \prod_{k=1}^{j-1} (1 - INT_{it-k})$。接下来,定义潜变量 INT_{it}^* 为现期净利润加上未来第 t 期参与国际市场而产生的预期收入,即: $INT_{it}^* = \pi^f(c_{it}, z_{it}^f) - M + \delta [E_t(V_{it+1} | INT_{it} = 1) - E_t(V_{it+1} | INT_{it} = 0)]$。代入公式(8.5),从而得到 INT_{it} 遵循以下动态离散

过程：

$$INT_{it} = \begin{cases} 1, \text{如果 } INT_{it}^{*} \geqslant F^{0} - \sum_{j=1}^{J} (F^{0} - F^{j}) \, \tilde{INT}_{it-j} \\ 0, \text{其他情形} \end{cases} \quad (8.6)$$

可以将 $INT_{it}^{*} - F^{0}$ 表示为若干变量的简约形式（reduced form），即公式右边包括以下变量：

（1）企业成立年限变量（Age_{it}）。在下面计量分析时，该变量等于样本当年年份减去企业成立年份再加上 1（比如，某企业截至 2002 年的存续年数 = 2002 – 成立年份 + 1），并取对数值 $\ln Age$。

（2）企业的资本—劳动力比率（K_L）。该比率不仅能反映企业的资本相对密集度（capital intensity），而且还可以反映企业（与同一类企业相比）利用所在国家或地区的要素禀赋的情况。计量分析时取对数值。

（3）反映企业外生特征的行业部门、所有制形式以及隶属关系等虚拟变量，记为 X_{it}。

（4）反映企业规模的变量（scale）。在计量分析时，我们将根据情况（比如在稳健性检验时）确定是否加入该变量以及选择什么指标来加以反映。比如，通常选择就业人数或资本存量的滞后一期值，而该变量与企业资本—劳动力比率相关。

（5）边际成本滞后项的对数值。边际成本的滞后项用反映企业经济绩效指标（记为 Pr）的滞后项替代。企业经济绩效指标包括前面第三章和第六章给出的全要素生产率以及财务指标。其中，全要素生产率是按照第三章的方法测算得到的。

除了以上变量外，实际经济中影响企业国际化与否的因素还有很多，包括目的地市场异质性等，我们很难穷尽所有并加以控制，但可以按照伍德里奇（Woodridge，2002）归入误差项。其中 η_i 为每家企业自身的固定效应，用来控制一些不随时间变化的因素；μ_t 为随年份变化的固定效应，用来控制一些不随企业变化的因素，比如人民币汇率变动、中国加入 WTO 等；ε_{it} 为用来控制其他因素的异质性效应并服从正态分布。

于是,企业 i 的启动成本为:

$$INT_{it}^* - F^0 = \beta^a \mathrm{Ln}(Age_{it}) + \beta^k \mathrm{Ln}(K\_L_{it-1}) + \beta^x X_{it} + \beta^s \mathrm{Ln}(Scale_{it-1})$$

$$+ \sum_{j=1}^{J} \beta_j^p \mathrm{Ln}(Pr_{it-j}) + \eta_i + \mu_t + \varepsilon_{it} \qquad (8.7)$$

将公式(8.7)代入公式(8.6),得到可以测度企业自选择效应的国际市场参与方程:

$$INT_{it} = \begin{cases} 1,\text{如果}\ \beta^\alpha \mathrm{Ln}(Age_{it}) + \beta^k \mathrm{Ln}(K\_L_{it-1}) + \beta^x X_{it} + \beta^s \mathrm{Ln}(Scale_{it-1}) \\ \quad + \sum_{j=1}^{J} \beta_j^p \mathrm{Ln}(Pr_{it-j}) + \sum_{j=1}^{J}(F^0 - F^j)\widetilde{INT}_{it-j} + \eta_{it} + \mu_{it} + \varepsilon_{it} \geqslant 0 \\ 0,\text{其他情形} \end{cases}$$

$$(8.8)$$

基于公式(8.8)估计的 $\widetilde{INT}_{it-j}$ 的系数衡量的是,相对于没有国际化经历的企业,有国际化经历的企业的进入成本更低,即更有可能重新进入国际市场。

接下来构建衡量企业国际化学习效应的经验方程。基于对国际化学习效应的界定,企业的边际成本取决于其以前国际化状态,除此之外等式右边还应包括边际成本滞后项的对数值以及上面提到的相关变量。同样,边际成本用企业经济绩效指标 Pr 替代。于是,企业经济绩效决定方程为:

$$\mathrm{Ln}(Pr_{it}) = \gamma_0 + \gamma^a \mathrm{Ln}(Age_{it}) + \gamma^k \mathrm{Ln}(K\_L_{it-1}) + \gamma^x X_{it} + \gamma^s \mathrm{Ln}(Scale_{it-1})$$

$$+ \sum_{j=1}^{J} \gamma_j^p \mathrm{Ln}(Pr_{it-j}) + \sum_{j=1}^{J} \gamma_j^e INT_{it-j} + \eta_i + \mu_t + v_{it} \qquad (8.9)$$

基于公式(8.8)与公式(8.9),我们就可以检验企业国际化与其经济绩效之间的关系,即分析自选择效应、国际化学习效应与外部性。

第二节　两大数据集

本章的经验研究将用到两个数据集:一是1998—2007年中国工业企业匹配数据集,主要用来分析企业 TFP。如前面章节提及,2008年及之后因相关信息的缺失而无法测算企业 TFP。为了计量分析,我们先按照已有文献如谢千里等(2008)、余淼杰(2010、2011)等的做法,去掉一些异常样本,包括:(1)成立时间缺失或无效的企业,(2)没有识别编码的企业,(3)就业人数小于 10 人的企业,(4)实际资本存量为 0 或缺失的企业,(5)因为有关财务数据缺失而导致按照第三章的方法计算的 TFP 值缺失的企业样本,(6)所有制形式、隶属关系不明的企业。最终得到的整个样本时期的有效样本企业总数达 1938956 家,如表 8-1 所示。可以看出,在 1998—2007 年期间,如果仅按照中国工业企业数据显示的出口信息统计,则出口企业个数占全部样本企业的比重为 25%—31%;如果基于工业企业数据与海关数据的匹配数据并以海关出口信息统计,则出口企业个数占全部样本企业的比重为 12%—26%。在此期间,OFDI 企业个数占全部样本企业的比重为 0.22%—1.08%。工业企业数据显示,出口企业的平均出口率(即出口交货值占工业销售产值比重)在样本期间基本保持在 60%以上。

第二个数据集是 1998—2013 年中国工业企业匹配数据集,主要用来分析企业财务绩效如资产利润率(ROA)、净资产利润率(ROE)等,如表 8-2 所示,整个样本时期的样本企业总数达 4226537 家。与之相比较,由于计算企业 TFP 所要求的数据信息相对苛刻,因此,在对应时期里,表 8-1 的企业样本数比表 8-2 的企业样本数少。从表 8-2 可以看出,在 1998—2013 年期间,如果仅按照中国工业企业数据显示的出口信息统计,则出口企业个数占全部样本企业的比重为 19%—28%;如果基于工业企业数据与海关数据的匹配数据并以海关出口信息统计,则出口企业个数占全部样本企业的比重为 12%—29%。在此期间,OFDI 企业个数占全部样本企业的比重为 0.22%—1.67%。工业企业数据显示,出口企业的平均出口率(即出口交货值占工业销售产值比重)在样本期间基本保持在 52%以上。这些指标与表 8-1 显示的相近。

表 8-1　1998—2007 年企业样本：国际化与非国际化企业

年份	工业企业数据					工业企业数据与海关数据匹配			工业企业数据与OFDI 数据匹配		
	总体样本企业数	非出口企业数	出口企业数	出口企业占比(%)	出口企业出口率(%)	海关显示非出口企业数	海关显示出口企业数	海关显示出口企业占比(%)	非OFDI企业数	OFDI企业数	OFDI企业占比(%)
1998	126611	94810	31801	25.12	60.11	111286	15325	12.10	126331	280	0.22
1999	134555	100851	33704	25.05	60.61	116039	18516	13.76	134184	371	0.28
2000	129983	94784	35199	27.08	62.05	108769	21214	16.32	129500	483	0.37
2001	144361	104989	39372	27.27	63.08	116220	28141	19.49	143580	781	0.54
2002	155929	111667	44262	28.39	62.96	122777	33152	21.26	154917	1012	0.65
2003	174646	124594	50052	28.66	63.48	134959	39687	22.72	173295	1351	0.77
2004	248391	172533	75858	30.54	64.03	185437	62954	25.34	245972	2419	0.97
2005	245487	171698	73789	30.06	60.35	182164	63323	25.79	242991	2496	1.02
2006	272308	194911	77397	28.42	60.57	201860	70448	25.87	269419	2889	1.06
2007	306685	228441	78244	25.51	63.24	227787	78898	25.73	303380	3305	1.08
合计	1938956	1399278	539678			1507298	431658		1923569	15387	

注：出口企业个数占比等于出口企业个数除以总体样本企业数，海关显示出口企业占比等于海关显
　示出口企业个数除以总体样本企业数。

资料来源：笔者基于数据计算整理。

表 8-2　1998—2013 年企业样本：国际化与非国际化企业

年份	工业企业数据					工业企业数据与海关数据匹配			工业企业数据与OFDI 数据匹配		
	总体样本企业数	非出口企业数	出口企业数	出口企业占比(%)	出口企业出口率(%)	海关显示非出口企业数	海关显示出口企业数	海关显示出口企业占比(%)	非OFDI企业数	OFDI企业数	OFDI企业占比(%)
1998	148045	115502	32543	21.98	60.06	130238	17807	12.03	147714	331	0.22
1999	154623	120150	34473	22.29	60.52	133295	21328	13.79	154191	432	0.28
2000	156674	119614	37060	23.65	61.67	131464	25210	16.09	156088	586	0.37
2001	163843	123714	40129	24.49	62.87	132210	31633	19.31	162933	910	0.56
2002	176504	131436	45068	25.53	62.82	139037	37467	21.23	175337	1167	0.66
2003	193263	142460	50803	26.29	63.40	148581	44682	23.12	191730	1533	0.79
2004	271444	194789	76655	28.24	63.92	199170	72274	26.63	268705	2739	1.01
2005	268803	193400	75403	28.05	59.56	196012	72791	27.08	265971	2832	1.05
2006	298104	219109	78995	26.50	59.80	216488	81616	27.38	294801	3303	1.11

续表

年份	工业企业数据					工业企业数据与海关数据匹配			工业企业数据与OFDI数据匹配		
	总体样本企业数	非出口企业数	出口企业数	出口企业占比（%）	出口企业出口率（%）	海关显示非出口企业数	海关显示出口企业数	海关显示出口企业占比（%）	非OFDI企业数	OFDI企业数	OFDI企业占比（%）
2007	333896	255071	78825	23.61	63.13	241918	91978	27.55	330106	3790	1.14
2008	407571	319617	87954	21.58	60.53	291098	116473	28.58	402824	4747	1.16
2009	345616	273767	71849	20.79	58.66	245527	100089	28.96	341369	4247	1.23
2010	343732	252217	91515	26.62	55.58	255854	87878	25.57	340272	3460	1.01
2011	300217	238584	61633	20.53	52.23	215218	84999	28.31	295203	5014	1.67
2012	320738	256401	64337	20.06	52.55	231897	88841	27.70	315520	5218	1.63
2013	343464	277587	65877	19.18	52.46	252759	90705	26.41	338062	5402	1.57
合计	4226537	3233418	993119			3160766	1065771		4180826	45711	

注：出口企业个数占比等于出口企业个数除以总体样本企业数，海关显示出口企业占比等于海关显示出口企业个数除以总体样本企业数。

资料来源：笔者基于数据计算整理。

第三节　关于国际化效应的计量检验

本部分检验主要基于1998—2007年数据集，分析企业国际化与企业TFP的因果关系。表8-3给出了主要变量的描述性统计结果以及皮尔森（Pearson）相关关系。①

首先，什么样的企业会是国际化（出口/OFDI）的？过去有参与国际市场（出口/OFDI等国际化）经历（五个国际化指标即 D_Ie、D_Ce、D_OFDI、D_CeOfdi、D_IeOfdi 的滞后项）、企业规模越大（劳动力与资本存量越大）以及非国有绝对或相对控股（Otherown）的企业越可能成为国际化企业，但以 TFP 衡量的企业经济绩效越高的企业未必成为国际化企业。如果企业所在行业的出口/OFDI 密集度越高（分别用以下六个指标衡量：工

---

① 表8-3未列出全部变量的 Pearson 相关关系，其余变量的 Pearson 相关关系参见附录表8A-1。

业企业数据显示的行业出口价值密集度 Intensity1 和行业出口企业密集度 Intensity2、工业企业数据与海关数据匹配并由海关信息显示的行业出口企业密集度 Intensity3、工业企业数据与 OFDI 数据匹配而显示的 OFDI 企业所占比重 Intensity4、三大数据匹配并由工业企业数据信息显示的出口或/和 OFDI 企业所占比重 Intensity5、三大数据匹配并由海关信息显示的出口或/和 OFDI 企业所占比重 Intensity6），则该企业成为国际化企业的可能性就越高。

其次，国际化（出口/OFDI）会提高企业的 TFP 吗？表 8-3 的相关系数显示，国际化并未提高企业的经济绩效，但如果企业是非国有绝对或相对控股（Otherown）、非中央或省级所属（Otheraffil），则具有较高的经济绩效。六个指标衡量的行业出口/OFDI 密集度对企业 TFP 的影响都是负面的。以下基于计量模型做进一步分析。

表 8-3　主要变量的描述性统计与 Pearson 相关关系

序号	变量	均值	标准差	1	2	3	4	5	6	7	8	9	10
1	D_Ie	0.2783	0.4482	1.000									
2	D_Ce	0.2226	0.416	0.414	1.000								
3	D_OFDI	0.0079	0.0887	0.075	0.138	1.000							
4	D_CeOfdi	0.2237	0.4167	0.413	0.997	0.167	1.000						
5	D_IeOfdi	0.2811	0.4495	0.993	0.420	0.143	0.423	1.000					
6	TFP (log)	0.3434	0.3315	-0.061	-0.028	-0.009	-0.028	-0.060	1.000				
7	K_L (log)	3.4318	1.3491	-0.056	0.069	0.030	0.070	-0.053	0.002	1.000			
8	L (log)	4.7821	1.1165	0.281	0.191	0.076	0.192	0.282	-0.120	-0.054	1.000		
9	K (log)	8.2139	1.7039	0.140	0.180	0.073	0.181	0.143	-0.078	0.756	0.612	1.000	
10	EX_S	0.1734	0.3435	0.810	0.341	0.049	0.340	0.804	-0.051	-0.144	0.196	0.014	1.000
11	Otheraffil	0.9502	0.2176	0.006	-0.016	-0.006	-0.016	0.005	0.061	-0.067	-0.143	-0.147	0.059
12	Centralaffil	0.0147	0.1205	-0.010	0.003		0.003	-0.010	-0.036	0.044	0.112	0.108	-0.043
13	Otherown	0.7383	0.4396	0.145	0.180	0.027	0.181	0.147	0.075	0.012	-0.112	-0.064	0.171
14	StatAown	0.122	0.3272	-0.087	-0.089	-0.010	-0.089	-0.088	-0.088	0.055	0.146	0.139	-0.128
15	Age (log)	2.015	0.8921	0.020	-0.034		-0.034	0.018	-0.086	0.009	0.238	0.163	-0.033

续表

序号	变量	均值	标准差	1	2	3	4	5	6	7	8	9	10
16	Intensity1	0.0438	0.0555	0.155	0.109	0.018	0.109	0.155	-0.041	-0.056	0.099	0.021	0.151
17	Intensity2	0.1002	0.1855	0.870	0.360	0.058	0.359	0.864	-0.055	-0.143	0.262	0.059	0.804
18	Intensity3	0.0582	0.1179	0.412	0.923	0.131	0.920	0.417	-0.015	0.008	0.186	0.128	0.368
19	Intensity4	0.0001	0.001	0.072	0.130	0.930	0.155	0.133	-0.008	0.025	0.070	0.066	0.048
20	Intensity5	0.1008	0.1852	0.867	0.367	0.106	0.369	0.871	-0.054	-0.141	0.263	0.061	0.801
21	Intensity6	0.0587	0.1186	0.411	0.920	0.156	0.923	0.420	-0.015	0.009	0.186	0.129	0.367
滞后一期	D_Ie			0.812	0.425	0.075	0.424	0.807	-0.058	-0.064	0.283	0.138	0.709
	D_Ce			0.439	0.991	0.135	0.988	0.444	-0.033	0.073	0.211	0.197	0.361
	D_OFDI			0.080	0.135	0.992	0.162	0.145	-0.011	0.034	0.085	0.083	0.052
	D_CeOfdi			0.438	0.988	0.163	0.991	0.448	-0.033	0.074	0.213	0.199	0.361
	D_IeOfdi			0.808	0.431	0.145	0.434	0.815	-0.058	-0.060	0.285	0.142	0.704
	TFP (log)			-0.068	-0.035	-0.010	-0.035	-0.067	0.487	0.005	-0.120	-0.076	-0.055
	K_L (log)			-0.054	0.076	0.031	0.077	-0.052	0.004	0.833		0.654	-0.151
	L (log)			0.273	0.197	0.078	0.198	0.275	-0.125	-0.005	0.927	0.611	0.191
	K (log)			0.137	0.189	0.075	0.191	0.140	-0.079	0.652	0.611	0.917	0.007
	EX_S			0.707	0.355	0.049	0.354	0.703	-0.047	-0.161	0.199	0.005	0.866
	Intensity1			0.159	0.116	0.019	0.116	0.160	-0.042	-0.061	0.107	0.024	0.158
	Intensity2			0.722	0.374	0.059	0.373	0.718	-0.050	-0.157	0.265	0.052	0.716
	Intensity3			0.434	0.908	0.129	0.905	0.438	-0.016	0.004	0.204	0.138	0.390
	Intensity4			0.076	0.126	0.919	0.151	0.134	-0.009	0.028	0.078	0.074	0.051
	Intensity5			0.721	0.380	0.108	0.382	0.725	-0.049	-0.154	0.266	0.055	0.714
	Intensity6			0.433	0.906	0.152	0.908	0.441	-0.016	0.005	0.205	0.139	0.389

注：只列出显著性水平小于 10% 的相关系数，其他不显著的则为空格。D_Ie、D_Ce、D_OFDI、D_CeOfdi、D_IeOfdi 分别表示以不同口径界定的企业国际化指标（参见第六章）。Intensity1、Intensity2 分别表示工业企业数据显示的行业出口价值密集度（即企业所在两分位行业的出口所占比重）、工业企业数据显示的行业出口企业密集度（某行业出口企业数占该行业企业总数的比重），Intensity3 表示工业企业数据与海关数据匹配而由海关信息显示的行业出口企业密集度（某行业出口企业数占该行业企业总数的比重），Intensity4 表示工业企业数据与 OFDI 数据匹配而显示的 OFDI 企业所占比重，Intensity5 表示三大数据匹配并由工业企业数据信息显示的出口或/和 OFDI 企业所占比重，Intensity6 表示三大数据匹配并由海关信息显示的出口或/和 OFDI 企业所占比重。

资料据来源：笔者基于数据计算整理。

一、自选择效应与外部性检验

我们分别基于国际化广延边际和集约边际两个角度对企业国际化自

选择效应和外部性进行检验。国际化广延边际是指企业国际化(出口/OFDI)与否,用 t 期的企业国际化虚拟变量表示;国际化集约边际是指企业出口多少,用 t 期的企业出口率(即出口交货值与工业销售产值比率)表示①。最终的计量结果如表 8-4 和表 8-5 所示。

表 8-4 列出了五种指标界定的国际化方式(工业企业数据中的出口虚拟变量 D_Ie、海关与工业企业匹配数据中的海关出口虚拟变量 D_Ce、对外直接投资虚拟变量 D_OFDI、海关数据显示的出口或/和 OFDI 虚拟变量 D_CeOfdi、工业企业数据显示的出口或/和 OFDI 虚拟变量 D_IeOfdi)及其对应的 11 个模型设定。可以看出,对于所有模型设定而言,$t-1$ 期的 TFP(对数值)的系数均为负(-0.204——-0.029),且基本在 1% 的水平上显著。这意味着,无论以何种指标界定企业国际化(出口/OFDI)与否,企业的 TFP 越高,则企业越不可能成为国际化(出口/OFDI)企业。也就是说,中国工业企业的国际化(出口/OFDI)不是因为其自身有较高的生产率,即不存在正向的自选择效应。② 这一结论在控制过去国际化(出口/OFDI)经历、资本密集度、所有制、隶属关系、年份、行业、地区等因素之后,仍然是成立的。

尽管企业的 TFP 与企业是否国际化存在负相关关系,但有国际化(出口/OFDI)经历($t-1$ 期的国际化五种指标)、资本密集度[$Ln(K/L)_{t-1}$]越高、成立年限(LnAge)越长以及非国有绝对或相对控股的企业越可能成为国际化(出口/OFDI)企业。然而,非中央或省级所属的企业越不可能成为国际化企业,但如果非中央或省级所属的企业是非国有绝对或相对控股企业,则国际化与否并未受到显著负面影响。这似乎暗示,中央所属和省级所属企业之所以能成为国际化企业,其原因可能是其更容易得益于国际化(出口/OFDI)补贴等优惠措施。

---

① 我们暂且没有企业 OFDI 金额数据,因此无法基于 OFDI 进行集约边际分析。

② 第二章的文献评述显示,已有的大多数经验分析都支持自选择效应的存在,但对于出口学习效应的检验结果则并不一致。

表 8-4　基于国际化广延边际对自选择效应与外部性的检验：Probit 模型

	D_Ie			D_Ce		D_OFDI		D_IeOfdi		D_CeOfdi	
	(1)	(2)	(3)	(4)	(5)	(6)	(7)	(8)	(9)	(10)	(11)
经济绩效：											
$Lntfp_{t-1}$	-0.204 *** [0.005]	-0.128 *** [0.007]	-0.120 *** [0.007]	-0.140 *** [0.005]	-0.029 * [0.017]	-0.098 *** [0.015]	-0.049 [0.059]	-0.202 *** [0.005]	-0.118 *** [0.007]	-0.140 *** [0.005]	-0.029 * [0.017]
控制变量：											
D_Ie_{t-1}		2.543 *** [0.004]	2.714 *** [0.008]								
D_Ce_{t-1}					4.913 *** [0.028]						
D_OFDI_{t-1}							5.877 *** [0.113]				
D_IeOfdi_{t-1}									2.740 *** [0.008]		
D_CeOfdi_{t-1}											4.906 *** [0.028]
$Intensity1_{t-1}$		1.031 *** [0.049]									
$Intensity2_{t-1}$			-0.532 *** [0.021]								
$Intensity3_{t-1}$					1.548 *** [0.114]						
$Intensity4_{t-1}$							41.669 *** [11.644]				
$Intensity5_{t-1}$									-0.554 *** [0.022]		
$Intensity6_{t-1}$											1.559 *** [0.114]
$Ln(K/L)_{t-1}$		0.021 *** [0.001]	0.020 *** [0.001]		0.058 *** [0.004]		0.073 *** [0.017]		0.020 *** [0.001]		0.059 *** [0.004]
Ownership		0.234 *** [0.017]	0.237 *** [0.017]		0.268 *** [0.048]		0.319 ** [0.147]		0.239 *** [0.017]		0.267 *** [0.048]
Affil		-0.201 *** [0.009]	-0.196 *** [0.009]		-0.148 *** [0.025]		-0.201 * [0.108]		-0.197 *** [0.009]		-0.149 *** [0.025]

续表

	D_Ie			D_Ce		D_OFDI		D_IeOfdi		D_CeOfdi	
	(1)	(2)	(3)	(4)	(5)	(6)	(7)	(8)	(9)	(10)	(11)
Ownership * Affil		0.009 [0.018]	0.005 [0.018]		-0.063 [0.050]		-0.253 [0.156]		0.002 [0.018]		-0.061 [0.050]
LnAge		0.008*** [0.003]	0.007*** [0.003]		0.016* [0.008]		0.039 [0.037]		0.006** [0.003]		0.017** [0.008]
pseudo R^2	0.137	0.579	0.58	0.08	0.961	0.053	0.979	0.135	0.584	0.08	0.961
p	0.000	0.000	0.000	0.000	0.000	0.000	0.000	0.000	0.000	0.000	0.000
N	1216429	1216423	1216423	1216429	1216423	1207822	1207816	1216429	1216423	1216429	1216423

注:t 期的企业国际化虚拟变量为因变量。系数下面的括号内为稳健标准差。***、**、*分别表示在
 1%、5%和10%水平上显著。国际化虚拟变量为:国际化=1,否则=0。Ownership 为所有制虚拟
 变量:若为国有绝对或相对控股,则等于0;否则等于1。Affil 为隶属关系虚拟变量:若为中央或
 省级所属,则等于0;否则等于1。Ownership * Affil 为所有制虚拟变量和隶属关系虚拟变量的相
 互作用项。各模型均包含年份、省区市及两分位行业三个维度的固定效应。
资料来源:笔者基于数据分析结果整理。

另外,从表8-4看,行业国际化(出口/OFDI)密集度对该行业企业参
与国际市场可能性的影响取决于该指标的界定。仅基于工业企业数据显
示的信息,如果行业国际化密集度以 t-1 期企业占两分位行业的出口价
值比重(即 Intensity1$_{t-1}$)表示,则其对企业参与国际市场可能性的影响为
正;如果行业国际化密集度以某行业出口企业数占该行业企业总数的比
重(即 Intensity2$_{t-1}$)表示,则其对企业参与国际市场可能性的影响为负。
前者意味着,某个行业的出口规模越大,则该行业中的企业出口可能性就
越大,即呈现出正的外部性;后者意味着某一行业内出口企业越多,则该
行业其他企业出口的可能性就越小,即呈现出负的外部性。表面上看,这
两种影响是相互冲突的,但实际上它们具有一致性。这是因为,行业出口
规模越大即在更大程度上属于出口型行业、面对国际市场竞争,则行业水
平上的规模经济以及企业水平上的规模经济越容易实现;同时,国际市场
竞争导致的选择效应(selection effect)和规模效应(scale effect)使得留下
来的企业倾向于扩大规模,企业数量减少。相反,在给定行业内,如果所
有(准备)出口的企业都在竞争特定的投入品,那么出口企业的增加将导
致获取特定投入品的成本提高,从而降低该行业非出口企业转变为出口

企业的可能性。这一发现也同样适用于模型(9)综合考虑企业出口和OFDI 的情形。对于其他情形包括模型(5)、(7)和(11),如果行业国际化密集度以某行业出口/OFDI 企业数占该行业企业总数的比重表示,则其对企业参与国际市场可能性的影响均显著为正。

表 8-5 报告了基于企业国际化集约边际的检验结果。模型设定(1)、(2)、(3)是仅基于工业企业数据集得到的计量结果,模型设定(4)和(5)是基于工业企业数据与海关数据匹配而得到的计量结果;前三个模型的因变量是企业出口率,后两个模型的因变量是企业的海关出口值(对数)。可以看出,对于所有模型而言,$t-1$ 期的 TFP(对数值)的系数均为负(前三个模型的系数为 -0.032——0.012,后两个模型的系数为 -0.265——-0.243),且均在 1% 的水平上显著。这意味着,企业的 TFP 越高,则企业的出口率或出口值就越低。换句话说,中国工业企业的出口规模扩大不是因为其自身有较高的生产率,即不存在正向的自选择效应。这一基本结果在控制过去国际化经历、资本密集度、所有制、隶属关系、年份、行业、地区等因素之后,仍然不变。

对于模型设定(1)、(2)、(3)而言,有出口经历(D_Ie_{t-1})、资本密集度[$Ln(K/L)_{t-1}$]越低、成立年限(LnAge)越短、非国有绝对或相对控股、非中央或省级所属的企业越可能多出口。比较表 8-4 的结果,我们可以发现,资本密集度、成立年限对企业国际化广延边际和集约边际的影响是不同的:在决定企业能否参与国际市场方面,资本密集度较高、成立年限较长的企业将有更大的可能性(因为存在着国际化与否的最低临界值);而在决定企业多大程度上参与国际市场方面,资本密集度较低、成立年限较短的企业将有更大的优势。以两种指标衡量的行业出口密集度对该行业企业出口的影响均显著为正。这意味着,某个行业的出口规模越大、出口企业数越多,则该行业中的企业出口率就越高,即呈现出正的外部性。

模型设定(4)和(5)与前三个模型相似的是,国际化经历对企业出口有积极影响、非国有绝对或相对控股的企业越可能多出口。

表 8-5 基于国际化集约边际对自选择效应与外部性的检验:OLS 模型

	因变量:工业企业数据显示的 t 期企业出口率 EX_S			因变量:匹配数据中海关数据显示的 t 期企业出口值(对数)	
	(1)	(2)	(3)	(4)	(5)
企业经济绩效:					
$Lntfp_{t-1}$	-0.032 *** [0.001]	-0.012 *** [0.001]	-0.012 *** [0.001]	-0.265 *** [0.019]	-0.243 *** [0.018]
控制变量:					
国际化经历		0.478 *** [0.001]	0.308 *** [0.002]		2.225 *** [0.016]
$Intensity1_{t-1}$		0.209 *** [0.007]			
$Intensity2_{t-1}$			0.535 *** [0.004]		
$Intensity3_{t-1}$					-0.613 *** [0.147]
$Ln(K/L)_{t-1}$		-0.018 *** [0.000]	-0.017 *** [0.000]		0.083 *** [0.004]
Ownership		0.016 *** [0.002]	0.015 *** [0.002]		0.355 *** [0.051]
Affil		0.034 *** [0.001]	0.028 *** [0.001]		-0.243 *** [0.039]
Ownership * Affil		0.018 *** [0.002]	0.019 *** [0.002]		-0.139 ** [0.054]
LnAge		-0.011 *** [0.000]	-0.011 *** [0.000]		0.029 *** [0.007]
Adj. R^2	0.223	0.56	0.571	0.062	0.174
p	0.000	0.000	0.000	0.000	0.000
N	1216429	1216423	1216423	193039	193038

注:系数下面的括号内为稳健标准差。***、**、* 分别表示在 1%、5% 和 10% 水平上显著。国际化经历对于模型设定(1)、(2)、(3)是 D_Ie_{t-1},对于模型设定(4)、(5)是 D_Ce_{t-1},国际化虚拟变量为:国际化=1,否则=0。企业出口率为企业的出口交货值占工业销售产值比重。Ownership 为所有制虚拟变量:若为国有绝对或相对控股,则等于 0;否则=1。Affil 为隶属关系虚拟变量:若为中央或省级所属,则等于 0;否则=1。Ownership * Affil 为所有制虚拟变量和隶属关系虚拟变量的相互作用项。各模型均包含年份、省区市及两分位行业三个维度的固定效应。

资料来源:笔者基于数据分析结果整理。

二、学习效应与外部性检验

为了检验国际化学习效应即国际化对企业 TFP 的影响,我们分别从国际化广延边际和集约边际两个维度加以分析。前者是指企业国际化与否,用 $t-1$ 期的企业国际化虚拟变量表示;后者是指企业国际化程度,用 $t-1$ 期的企业出口率表示。计量结果如表 8-6 和表 8-7 所示。

由表 8-6 可知,无论基于哪种模型设定以及以何种指标界定国际化广延边际,企业国际化(出口/OFDI)与否对企业 TFP 的影响都是负的(-0.035—-0.017),并且均在 1% 的水平上显著。这意味着,中国工业企业不存在正向的国际化学习效应。这一结论在控制过去的 TFP 水平、资本密集度、所有制、隶属关系、年份、行业、地区等因素之后,仍然未受到挑战。

表 8-6　基于国际化广延边际对学习效应与外部性的检验

	因变量:$Lntfp_t$										
	(1)	(2)	(3)	(4)	(5)	(6)	(7)	(8)	(9)	(10)	(11)
企业国际化:											
D_Ie_{t-1}	-0.035 *** [0.001]	-0.022 *** [0.001]	-0.028 *** [0.001]								
D_Ce_{t-1}				-0.017 *** [0.001]	-0.030 *** [0.001]						
D_OFDI_{t-1}						-0.019 *** [0.002]	-0.021 *** [0.006]				
D_IeOfdi_{t-1}								-0.021 *** [0.001]	-0.021 *** [0.001]		
D_CeOfdi_{t-1}										-0.017 *** [0.001]	-0.030 *** [0.001]
控制变量:											
$Lntfp_{t-1}$		0.360 *** [0.003]	0.362 *** [0.003]		0.347 *** [0.003]		0.347 *** [0.003]		0.347 *** [0.003]		0.347 *** [0.003]
$Ln(K/L)_{t-1}$		0.000 * [0.000]	0.001 ** [0.000]		0.001 *** [0.000]		0.001 *** [0.000]		0.001 *** [0.000]		0.001 *** [0.000]

续表

	因变量:Lntfp_t										
	(1)	(2)	(3)	(4)	(5)	(6)	(7)	(8)	(9)	(10)	(11)
Intensity1_{t-1}		0.376 *** [0.008]									
Intensity2_{t-1}			0.024 *** [0.003]								
Intensity3_{t-1}					0.074 *** [0.006]						
Intensity4_{t-1}							0.909 * [0.533]				
Intensity5_{t-1}									0.027 *** [0.003]		
Intensity6_{t-1}											0.074 *** [0.005]
Ownership		0.010 *** [0.003]	0.010 *** [0.003]		0.012 *** [0.003]		0.008 ** [0.003]		0.010 *** [0.003]		0.012 *** [0.003]
Affil		0.034 *** [0.002]	0.033 *** [0.002]		0.032 *** [0.002]		0.033 *** [0.002]		0.032 *** [0.002]		0.032 *** [0.002]
Ownership * Affil		-0.017 *** [0.003]	-0.018 *** [0.003]		-0.007 * [0.003]		-0.005 [0.003]		-0.005 [0.003]		-0.007 * [0.003]
LnAge		-0.012 *** [0.000]	-0.012 *** [0.000]		-0.012 *** [0.000]		-0.012 *** [0.000]		-0.011 *** [0.000]		-0.012 *** [0.000]
Adj. R^2	0.22	0.327	0.325	0.239	0.334	0.238	0.334	0.239	0.334	0.239	0.334
p	0.000	0.000	0.000	0.000	0.000	0.000	0.000	0.000	0.000	0.000	0.000
N	1216429	1216423	1216423	1216429	1216423	1216429	1216429	1216429	1216423	1216429	1216423

注:系数下面的括号内为稳健标准差。***、**、*分别表示在1%、5%和10%水平上显著。因变量为t期企业的 TFP。六种国际化虚拟变量($t-1$ 期的国际化广延边际)为:国际化 = 1,否则 = 0。Ownership 为所有制虚拟变量:若为国有绝对或相对控股,则等于0;否则等于1。Affil 为隶属关系虚拟变量:若为中央或省级所属,则等于0;否则等于1。Ownership * Affil 为所有制虚拟变量和隶属关系虚拟变量的相互作用项。各模型均包含年份、省区市及两位数行业三个维度的固定效应。
资料来源:笔者基于数据分析结果整理。

　　企业过去的 TFP 表现与现期的表现显著正相关,系数为 0.347—0.362。非国有绝对或相对控股、非中央或省级所属企业往往具有较高的 TFP(系数为 0.008—0.034)。企业的资本密集度越高,则其 TFP 越高。

企业的年龄与企业的 TFP 负相关,即企业成立年限越久,其 TFP 就越低。

再看国际化外部性的影响。以不同指标衡量的行业国际化密集度对企业 TFP 的影响均显著为正,系数为 0.024—0.909。这其中的原因如前面所讨论的:一方面,行业国际化密集度越高即意味着该行业在更大程度上属于国际化行业、更多地面对国际市场竞争,那么行业水平上的规模经济以及企业水平上的规模经济越容易实现,从而能够提高企业 TFP 水平。因此,这主要体现为规模效应引起的企业绩效提升。另一方面,以某行业国际化企业数占该行业企业总数的比重度量的行业国际化密集度对企业 TFP 的影响显著为正,这主要体现为竞争效应引起的企业绩效提升。

接下来分析国际化集约边际的影响(见表 8-7)。模型设定(1)、(2)、(3)是仅基于工业企业数据集得到的计量结果,模型设定(4)和(5)是基于工业企业数据与海关数据匹配而得到的计量结果。可以看到,不管对于何种模型,国际化集约边际即企业出口多少对企业 TFP 的影响均显著为负(系数为 -0.042—-0.004),即不存在正向的国际化学习效应。但企业过去的 TFP 表现与现期的表现显著正相关(系数为 0.347—0.362)。企业的资本密集度高低与企业 TFP 正相关,但显著性受到模型设定和数据集的影响。如果企业是非中央或省级所属的企业或为非国有绝对或相对控股企业,则往往具有较高的 TFP。企业的年龄与企业的 TFP 负相关,即企业成立年限越久,其 TFP 就越低。

关于外部性问题,如果看模型(2)和(3),则以企业占两分位行业的出口价值比重(即 Intensity1_{t-1})衡量的行业国际化密集度对企业 TFP 的影响显著为正,这与前面的发现相同,但以某行业出口企业数占该行业企业总数的比重度量的行业国际化密集度对企业 TFP 的影响显著为负。前一种影响主要体现为规模效应引起的企业绩效提升,后一种影响主要体现为挤出效应引起的企业绩效下降,但前一种影响是主要的[前者的系数(0.377)远大于后者(-0.007)的绝对值]。如果观察模型(5),则可发现,以某行业出口企业数占该行业企业总数的比重度量的行业国际化密集度对企业 TFP 的影响显著为正。

表 8-7 基于国际化集约边际对学习效应与外部性的检验

	因变量:Lntfp$_t$				
	(1)	(2)	(3)	(4)	(5)
企业国际化:					
EX$_{t-1}$	-0.042 *** [0.001]	-0.029 *** [0.001]	-0.023 *** [0.001]	-0.005 *** [0.000]	-0.004 *** [0.000]
控制变量:					
Lntfp$_{t-1}$		0.360 *** [0.003]	0.362 *** [0.003]		0.347 *** [0.007]
Ln(K/L)$_{t-1}$		0.000 [0.000]	0.000 [0.000]		0.003 *** [0.001]
Intensity1$_{t-1}$		0.377 *** [0.008]			
Intensity2$_{t-1}$			-0.007 *** [0.002]		
Intensity3$_{t-1}$					0.259 *** [0.024]
Ownership		0.009 ** [0.003]	0.010 *** [0.003]		0.014 ** [0.007]
Affil		0.036 *** [0.002]	0.035 *** [0.002]		0.028 *** [0.006]
Ownership * Affil		-0.016 *** [0.003]	-0.017 *** [0.003]		-0.011 [0.008]
LnAge		-0.012 *** [0.000]	-0.012 *** [0.000]		-0.008 *** [0.001]
Adj. R^2	0.219	0.327	0.325	0.274	0.365
p	0.000	0.000	0.000	0.000	0.000
N	1216429	1216423	1216423	173268	173266

注:系数下面的括号内为稳健标准差。*** 、** 、* 分别表示在1%、5%和10%水平上显著。因变量为 t
　期企业的 TFP。EX_{t-1}对于模型(1)、(2)、(3)而言是工业企业数据显示的 t-1 期的企业出口率
　(企业的出口交货值占工业销售产值比重),对于模型(4)和(5)而言是匹配数据中海关数据显示
　的 t-1 期企业出口值(对数)。Ownership 为所有制虚拟变量:若为国有绝对或相对控股,则等于
　0;否则等于 1。Affil 为隶属关系虚拟变量:若为中央或省级所属,则等于 0;否则等于 1。
　Ownership * Affil 为所有制虚拟变量和隶属关系虚拟变量的相互作用项。各模型均包含年份、省
　区市及两分位行业三个维度的固定效应。
资料来源:笔者基于数据分析结果整理。

第四节 基于 PSM 方法的稳健性检验

在前面的计量分析中,我们讨论企业国际化与企业 TFP 之间因果关系,并未考虑企业在国际化之前的差异性。换句话说,国际化企业与非国际化企业的 TFP 可能在国际化之前就很不相同,因此,国际化之后两类企业的 TFP 差异可能并不是因为国际化导致的,而可能是由于国际化之前二者的差异导致的。有鉴于此,理想的做法应该是,为了评估国际化对企业 TFP 的影响,我们应该比较可以在一起比较的两类企业,但这样的两类匹配企业一般是观察不到的。为此,我们需要采用倾向分匹配方法(Propensity Score Matching,PSM)(Rosenbaum 和 Rubin,1983),对国际化(出口/OFDI)企业与非国际化企业之间存在的、可观察到的特征差异进行调整,从而能够进行充分对等的匹配。这样,匹配起来的国际化企业与非国际化企业在某种程度上具有相似的企业特征,包括企业成立年限、就业、资本密集度等。然后,我们采用双重差分匹配估计法(difference-in-difference matching estimator)(Heckman 等,1997)检验国际化学习效应假说,从而捕捉国际市场新进入者与非国际化企业之间的 TFP 增长差异程度。[①] 因为与匹配样本相比,非匹配样本更加多样化、可比性较差,所以,当样本仅限于匹配企业时,国际化对企业 TFP 的影响将相对较小。这里主要基于匹配的企业样本进行分析。

一、基本方法与程序

在 PSM 估计中,我们通过估计下列等式得到国际化(出口/OFDI)企业与非国际化企业的经济绩效差异幅度即国际化升水或溢价(premium):

$$TFP_{ATT} = E[Y_{it} \mid \rho, D = 1] - [Y_{it} \mid \rho, D = 0]$$

---

① 瓦格纳(Wagner,2002)首次用 PSM 方法分析出口对企业规模和劳动生产率的影响。目前已有很多研究采用这一方法(Greenaway 和 Kneller,2003;Arnold 和 Hussinger,2005;Fernandes 和 Isgut,2005;De Loecker,2007;Yang 和 Mallick,2010)。

以上等式也称为国际化升水等式。其中，TFP_{ATT} 是指相匹配的国际化企业与非国际化企业之间的平均经济绩效（TFP）差异，也就是指企业国际化与其反事实（counter-factual）行为即非国际化所产生影响的平均差异。Y_{it} 是指企业 i 在 t 期的经济绩效。倾向分（propensity score）$\rho = \Pr\{D=1 \mid X\}$（即基于给定的企业特征 X，企业成为国际化企业的概率），取值范围为 $[0,1]$。倾向分 ρ 根据给定的企业特征如资本、就业、企业成立年限、部门或行业虚拟变量、年份虚拟变量而计算得到。基于倾向分 ρ，可以获得具有基本类似企业特征的处理组（treated group）（即国际化企业）与控制组（control group）（即非国际化企业）。D 为虚拟变量，即若企业为国际化企业，则 $D=1$；若企业为非国际化企业，则 $D=0$。

我们采用类似的匹配方法即基于以下等式，分析自选择国际化效应的存在性：

$$TFP_{ATT} = E[Y_{it'} \mid \rho, D=1] - [Y_{it'} \mid \rho, D=0]$$

其中，t' 表示企业进入国际市场之前的某一年份。$Y_{it'}$ 和 ρ 分别表示企业 i 在其进入国际市场之前某一年的经济绩效和倾向分。TFP_{ATT} 是指在进入国际市场之前某一年相匹配的国际化企业与非国际化企业之间的平均经济绩效差异。

另外，我们还采用双重差分匹配估计法即基于以下等式，检验国际化学习效应假说：

$$DDM_{ATT} = E[Y_{it} - Y_{it'} \mid \rho, D=1] - [Y_{it} - Y_{it'} \mid \rho, D=0]$$

其中，t' 表示企业进入国际市场的年份，t 表示进入国际市场之后的某一年。因此，$Y_{it} - Y_{it'}$ 表示企业进入国际市场之后的一定时期里企业 i 的经济绩效增长差异程度。D 为虚拟变量，即若企业为国际市场的新进入者，则 $D=1$；若企业仍为非国际化企业，则 $D=0$。我们可以将企业进入国际市场之后的时期分为 1 年、2 年等不同时间段。

根据勒文和夏内西（Leuven 和 Sianesi，2003）提供的 STATA 软件包 psmatch2 介绍，匹配方法有好几种。但很多研究通常采用核配比（Kernel matching）、半径配比（caliper/radius matching）、k-临近配比（k-Nearest neighbors matching）等方法。考虑到软件运行时间太长，这里仅采用带宽

（bandwidth）为 0.06 的核配比（Kernel matching）方法。具体步骤为：

首先，我们以 D_IeOfdi（工业企业数据与 OFDI 数据匹配显示的企业出口及 OFDI 与否，参见第六章表 6-1）来界定企业是否国际化，从而确定处理组（即国际化企业）与控制组（即非国际化企业）。

其次，确定企业国际化虚拟变量为一系列与企业国际化概率和结果变量（outcome variables）（比如企业 TFP）相关的变量的函数。这些变量同时影响企业国际化决策与结果变量，但不应该受到企业国际化与否的影响，也就是说，这些变量外生于企业国际化决策。在本项研究中，我们考虑的这些变量主要包括企业规模（分别以资本和劳动力数量表示）及其平方项、企业年龄及其平方项、三个维度（31 省区市、10 个年份、30 个两分位行业）虚拟变量等。

再次，基于倾向分确定可以匹配的样本，并评估样本中处理组与控制组的匹配质量（采用 pstest 命令进行检验，或采用 psgraph 命令进行图形分析）。

最后，计算企业国际化的相关效应即处理效应（Treatment Effects）包括平均处理效应（Average Treatment Effect，ATE）、对控制组的平均处理效应（Average Treatment Effect on the Untreated，ATU）、对处理组的平均处理效应（Average Treatment Effect on the Treated，ATT），并采用自抽样方法（bootstrapping）计算效应估计的标准差［采用命令 bootstrap r(att)］。[1]

二、分析结果

首先观察匹配的样本中处理组（即国际化企业）与控制组（即非国际化企业）之间的重叠程度或匹配质量。图 8-1 是关于总体样本中的处理组与控制组匹配结果。可以看出，相匹配的处理组与控制组有相当高的比例具有相同或相似的倾向分。使用 pstest 检验的结果也显示，绝大多数变量的（处理组与控制组之间）标准化偏差（standardized bias）在匹配后都缩小了，而且大多数 t 检验的结果不拒绝处理组与控制组无系统性

---

[1]　需要指出的是，这些处理在计算机上的连续运行花了两个多月时间才最终完成。

差异的原假设。① 这些都表明,样本的匹配质量比较高。

作为处理组(国际化企业)主要结果变量(outcome variables)即企业的 TFP 列在表 8-8、表 8-9、表 8-10、表 8-11 中。我们将匹配前后处理组(国际化企业)与控制组(非国际化企业)的差异及其显著性做了比较,这些比较分别基于总体样本以及不同所有制与隶属关系。

首先看总体样本(即表 8-8)。从国际化升水效应分析一栏可以看出:在匹配前,国际化企业的 TFP 比非国际化企业低 6.2%;在匹配后,前者比后者低 1.3%,匹配前后均通过了显著性检验。这意味着,相对于非国际化企业,国际化企业并不具有较高的生产率水平。

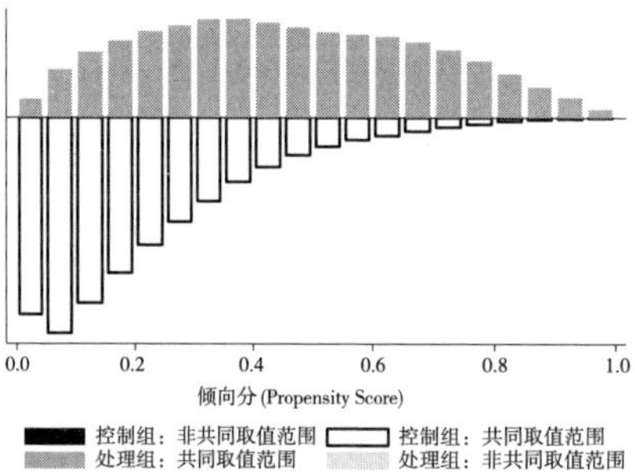

(1)国际化升水(premium)分析:倾向分共同取值范围

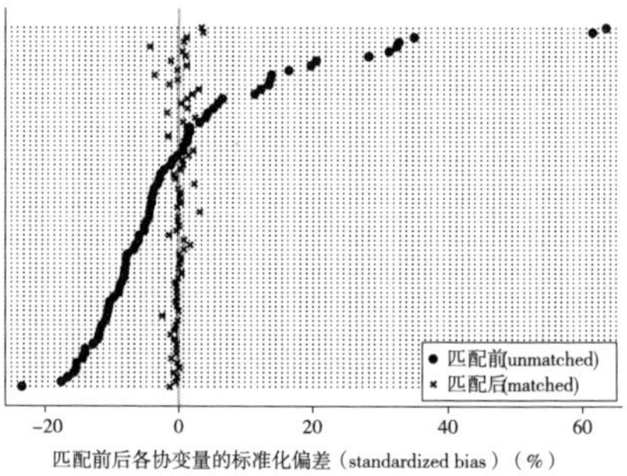

(2)国际化升水(premium)分析:匹配前后各变量的标准化偏差

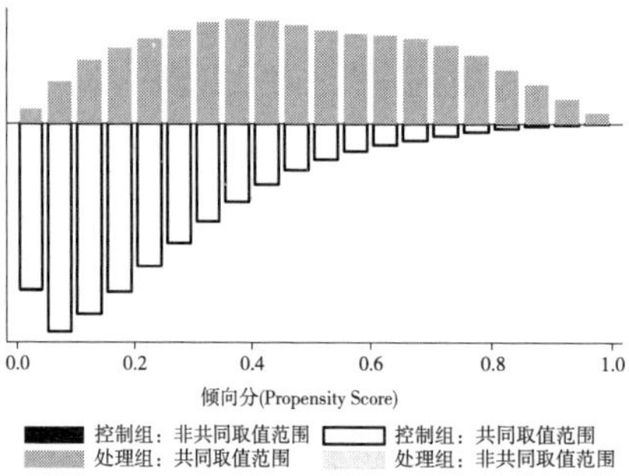

(3)国际化自选择效应分析(企业进入国际市场前1年):倾向分共同取值范围

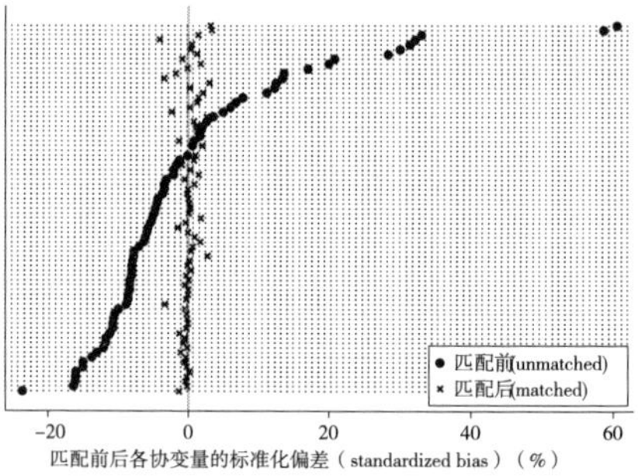

(4)国际化自选择效应分析(企业进入国际市场前1年):匹配前后各变量的标准化偏差

图 8-1 被匹配的样本中处理组与控制组的匹配质量

① 也就是说,处理组(国际化企业)与控制组(非国际化企业)之间的大多数协变量(covariate)在经过核配比(Kernel matching)之后都是相似的。

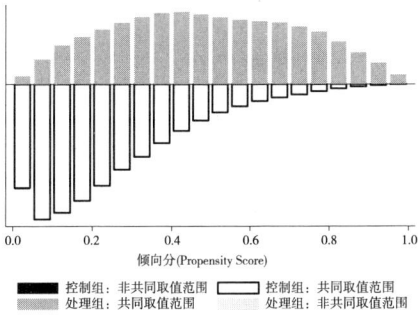

（5）国际化自选择效应分析（企业进入国际市场前2年）：倾向分共同取值范围

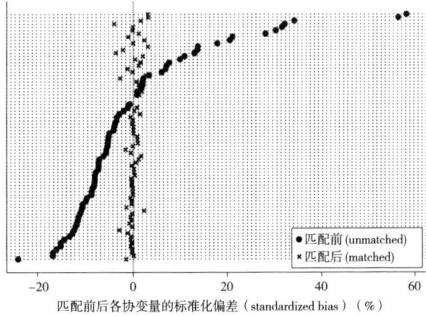

（6）国际化自选择效应分析（企业进入国际市场前2年）：匹配前后各变量的标准化偏差

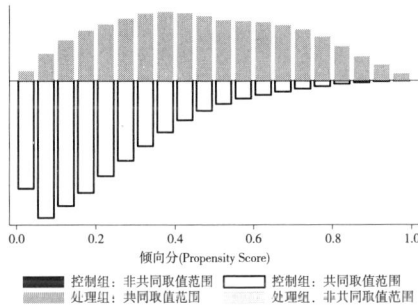

（7）国际化学习效应分析（企业进入国际市场后第1年）：倾向分共同取值范围

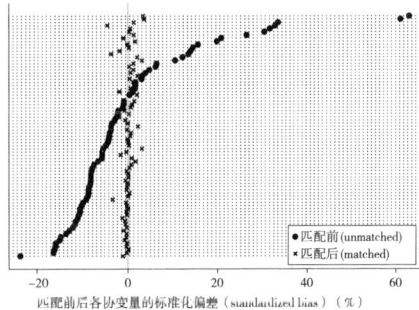

（8）国际化学习效应分析（企业进入国际市场后第1年）：匹配前后各变量的标准化偏差

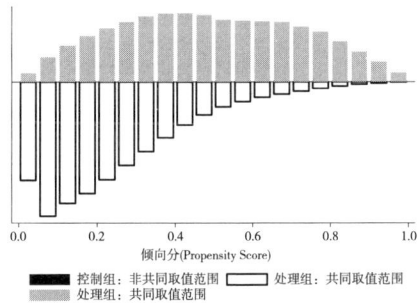

（9）国际化学习效应分析（企业进入国际市场后第2年）：倾向分共同取值范围

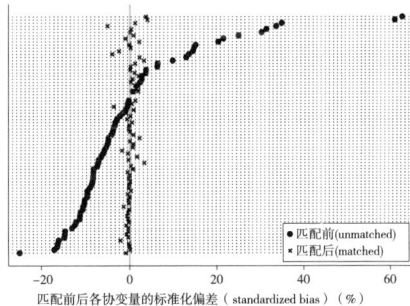

（10）国际化学习效应分析（企业进入国际市场后第2年）：匹配前后各变量的标准化偏差

图 8-1　被匹配的样本中处理组与控制组的匹配质量

注：左边各子图的横轴为倾向分（propensity score）；控制组为非国际化企业，处理组为国际化企业。
　　右边各子图的横轴为各协变量的标准化偏差（standardized bias across covariables），右边各子图涉及的协变量（covariates）主要包括企业规模（分别以资本和劳动力数量表示）及其平方项、企业年龄及其平方项等六个变量，以及三个维度（31 个省区市、10 个年份、30 个两分位行业）虚拟变量（这些变量因过多而未列在纵坐标上）。
资料来源：笔者基于数据分析结果整理而得。

关于自选择效应(包括进入国际市场前1年和2年),新进入国际市场的企业与非国际化企业在匹配前后在生产率方面均存在显著的差异。在进入国际市场前1年,新进入国际市场的企业的TFP比非国际化企业低6.2%(匹配前)、1.7%(匹配后);在进入国际市场前2年,新进入国际市场的企业的TFP比非国际化企业低5.8%(匹配前)、1.6%(匹配后)。这表明,在进入国际市场前,潜在的国际化企业并不比非国际化企业具有更高的生产率。[①]

表8-8　国际化升水效应、自选择效应和学习效应:总体样本分析

	样本	处理组	控制组	处理组与控制组的差异	t统计值	处理组样本数	控制组样本数
国际化升水效应(t期)	Unmatched	1.365	1.427	−0.062	−84.28	545011	1393933
	ATT	1.365	1.379	−0.013	−14.14	545009	1392662
自选择效应:进入国际市场前1年(t−1期)	Unmatched	1.350	1.412	−0.062	−74.27	372812	843611
	ATT	1.350	1.367	−0.017	−16.02	372810	842346
自选择效应:进入国际市场前2年(t−2期)	Unmatched	1.333	1.391	−0.058	−59.52	260286	537672
	ATT	1.333	1.349	−0.016	−12.18	260267	536941
学习效应:进入国际市场后第1年(t+1期)	Unmatched	1.377	1.433	−0.056	−64.06	371911	844509
	ATT	1.377	1.39	−0.014	−12.18	371910	843435
学习效应:进入国际市场后第2年(t+2期)	Unmatched	1.381	1.438	−0.056	−52.99	258172	539782
	ATT	1.381	1.397	−0.016	−11.10	258172	539147

注:结果变量(outcome variables)为企业TFP(对数值)。在分析国际化升水效应和自选择效应时,处理组(Treated)是指国际化企业,控制组(Control)是指非国际化企业;在分析国际化学习效应时,处理组(Treated)是指国际市场新进入者,控制组(Control)是指非国际化企业。"Unmatched"是指未经过倾向分匹配的,"ATT"是指以结果变量(outcome variables)即企业TFP衡量的、针对处理组的平均处理效应。t统计值显示处理组与控制组之间差异程度的显著性。
资料来源:笔者基于数据分析结果整理。

[①] 这一发现以及随后的发现都完全不同于杨和麦里克(Yang和Mallick,2010),后者基于世界银行投资环境(WBIC)调查数据,分析2000—2002年2340家中国企业的出口升水效应、学习效应与自选择效应,结果发现中国企业不仅存在出口升水效应,而且存在正的出口学习效应与自选择效应。与之比较,我们使用的数据包含的中国企业样本数要大得多(达到百万级,因此更适合使用PSM方法);另外,我们不仅考察了出口,还同时考察了其他国际化方式及其组合。

关于学习效应(包括进入国际市场之后的第 1 年和第 2 年),国际化企业与非国际化企业在经过匹配之后在 TFP 方面仍然存在显著的差异。在进入国际市场后第 1 年,国际化企业的 TFP 比非国际化企业低 5.6%(匹配前)、1.4%(匹配后);在进入国际市场后第 2 年,国际化企业的 TFP 比非国际化企业低 5.6%(匹配前)、1.6%(匹配后)。这意味着,在进入国际市场后,国际化企业并不比非国际化企业具有更高的生产率,即不存在正向的国际化学习效应。

其次看不同所有制和不同隶属关系(即表 8-9、表 8-10、表 8-11)。国际化升水效应分析显示:在匹配前后,所有类型所有制、隶属关系的国际化企业的 TFP 均比非国际化企业低,且基本在统计上都显著(国有相对控股企业除外)。比如,国有绝对控股的国际化企业的 TFP 比非国际化企业分别低 16.2%(匹配前)和 8.3%(匹配后),国有相对控股的国际化企业的 TFP 比非国际化企业分别低 8.1%(匹配前)和 1.1%(匹配后,但不显著),其他所有制的国际化企业的 TFP 比非国际化企业分别低 9.3%(匹配前)和 2.2%(匹配后)。中央所属的国际化企业的 TFP 在匹配前后分别比非国际化企业低 17.2%(匹配前)和 8.2%(匹配后),省级所属的国际化企业分别比非国际化企业低 15.9%(匹配前)和 14.8%(匹配后),其他隶属关系的国际化企业比非国际化企业分别低 8.8%(匹配前)和 1.5%(匹配后)。

表 8-9 国际化升水效应:不同所有制和隶属关系分析

		样本	处理组	控制组	处理组与控制组的差异	t 统计值	处理组样本数	控制组样本数
不同所有制	国有绝对控股	Unmatched	1.364	1.526	−0.162	−15.23	41358	195120
		ATT	1.364	1.447	−0.083	−6.58	41346	195120
	国有相对控股	Unmatched	1.440	1.520	−0.081	−10.64	45025	225925
		ATT	1.440	1.451	−0.011	−1.27	45015	225925
	其他所有制	Unmatched	1.474	1.567	−0.093	−38.05	458628	972888
		ATT	1.474	1.495	−0.022	−6.81	458626	972888

续表

		样本	处理组	控制组	处理组与控制组的差异	t统计值	处理组样本数	控制组样本数
不同隶属关系	中央所属	Unmatched	1.342	1.515	-0.172	-6.29	6961	21627
		ATT	1.343	1.425	-0.082	-2.66	6952	21627
	省级所属	Unmatched	1.393	1.552	-0.159	-9.08	19173	48829
		ATT	1.393	1.541	-0.148	-7.01	19149	48829
	其他隶属	Unmatched	1.467	1.554	-0.088	-37.34	518877	1323477
		ATT	1.467	1.482	-0.015	-4.94	518875	1323477

注:结果变量(outcome variables)为企业 TFP(对数值)。在分析国际化升水效应和自选择效应时,处理组(Treated)是指国际化企业,控制组(Control)是指非国际化企业;在分析国际化学习效应时,处理组(Treated)是指国际市场新进入者,控制组(Control)是指非国际化企业。"Unmatched"是指未经过倾向分匹配的,"ATT"是指以结果变量(outcome variables)即企业 TFP 衡量的、针对处理组的平均处理效应。t统计值显示处理组与控制组之间差异程度的显著性。

资料来源:笔者基于数据分析结果整理。

这进一步证实,国际化企业与非国际化企业相比并不具有较高的生产率水平。

国际化自选择效应(包括进入国际市场前 1 年和 2 年)分析显示(表 8-10),对于所有类型所有制和隶属关系企业而言,新进入国际市场的企业的 TFP 在匹配前后均显著低于非国际化企业(国有相对控股企业除外)。

表8-10 国际化自选择效应:不同所有制和隶属关系分析

		样本	进入国际市场前 1 年(t-1 期)				进入国际市场前 2 年(t-2 期)			
			处理组	控制组	处理组与控制组的差异	t统计值	处理组	控制组	处理组与控制组的差异	t统计值
不同所有制	国有绝对控股	Unmatched	1.365	1.497	-0.132	-11.68	1.377	1.510	-0.133	-9.48
		ATT	1.365	1.454	-0.089	-6.55	1.377	1.481	-0.104	-6.25
	国有相对控股	Unmatched	1.447	1.519	-0.072	-7.76	1.463	1.529	-0.067	-5.89
		ATT	1.448	1.456	-0.008	-0.73	1.463	1.488	-0.025	-1.86
	其他所有制	Unmatched	1.474	1.558	-0.084	-31.42	1.484	1.558	-0.075	-22.61
		ATT	1.474	1.498	-0.024	-6.84	1.484	1.508	-0.024	-5.51

续表

	样本	进入国际市场前1年(t-1期)				进入国际市场前2年(t-2期)			
		处理组	控制组	处理组与控制组的差异	t统计值	处理组	控制组	处理组与控制组的差异	t统计值
不同隶属关系	中央所属 Unmatched	1.330	1.464	-0.134	-5.29	1.326	1.461	-0.135	-4.75
	中央所属 ATT	1.330	1.405	-0.074	-2.7	1.326	1.391	-0.065	-2.11
	省级所属 Unmatched	1.380	1.520	-0.140	-8.04	1.377	1.530	-0.153	-7.5
	省级所属 ATT	1.380	1.530	-0.150	-7.06	1.377	1.546	-0.168	-6.89
	其他隶属 Unmatched	1.469	1.545	-0.077	-29.51	1.480	1.549	-0.069	-21.36
	其他隶属 ATT	1.469	1.487	-0.018	-5.22	1.480	1.502	-0.021	-4.89

注:结果变量(outcome variables)为企业TFP(对数值)。在分析国际化升水效应和自选择效应时,处理组(Treated)是指国际化企业,控制组(Control)是指非国际化企业;在分析国际化学习效应时,处理组(Treated)是指国际市场新进入者,控制组(Control)是指非国际化企业。"Unmatched"是指未经过倾向分匹配的、"ATT"是指以结果变量(outcome variables)即企业TFP衡量的、针对处理组的平均处理效应。t统计值显示处理组与控制组之间差异程度的显著性。

资料来源:笔者基于数据分析结果整理。

比如,在进入国际市场前1年,新进入国际市场的国有绝对控股企业的TFP比非国际化企业低13.2%(匹配前)、8.9%(匹配后),国有相对控股企业的TFP比非国际化企业低7.2%(匹配前)、0.8%(匹配后,不显著),其他所有制企业的TFP比非国际化企业低8.4%(匹配前)、2.4%(匹配后);中央所属企业的TFP比非国际化企业低13.4%(匹配前)、7.4%(匹配后),省级所属企业的TFP比非国际化企业低14%(匹配前)、15%(匹配后),其他隶属关系企业的TFP比非国际化企业7.7%(匹配前)、1.8%(匹配后)。

在进入国际市场前2年,新进入国际市场的国有绝对控股企业的TFP比非国际化企业低13.3%(匹配前)、10.4%(匹配后),国有相对控股企业的TFP比非国际化企业低6.7%(匹配前)、2.5%(匹配后,不显著),其他所有制企业的TFP比非国际化企业低7.5%(匹配前)、2.4%(匹配后);中央所属企业的TFP比非国际化企业低13.5%(匹配前)、6.5%(匹配后),省级所属企业的TFP比非国际化企业低15.3%(匹配前)、16.8%(匹配后),其他隶属关系企业的TFP比非国际化企业6.9%(匹配前)、2.1%(匹配后)。

这意味着,不管是何种所有制和隶属关系企业,在进入国际市场前,潜在的国际化企业并不比非国际化企业具有更高的生产率。

国际化学习效应(包括进入国际市场之后的第 1 年和第 2 年)分析显示(表 8-11),在生产率方面,所有类型所有制和隶属关系的企业在进入国际市场后(包括 1 年和 2 年)均比非国际化企业低,且基本在统计上都显著(国有相对控股企业除外)。比如,在进入国际市场后第 1 年,国有绝对控股企业的 TFP 比非国际化企业低 14.6%(匹配前)、9.6%(匹配后),国有相对控股企业的 TFP 比非国际化企业低 6.5%(匹配前)、0.9%(匹配后,但不显著),其他所有制企业的 TFP 比非国际化企业低 7.4%(匹配前)、2.2%(匹配后);中央所属企业的 TFP 比非国际化企业低 11.7%(匹配前)、7.2%(匹配后),省级所属企业的 TFP 比非国际化企业低 15.8%(匹配前)、17.2%(匹配后),其他隶属关系企业的 TFP 比非国际化企业低 6.9%(匹配前)、1.5%(匹配后)。

在进入国际市场后第 2 年,国有绝对控股企业的 TFP 比非国际化企业低 15.8%(匹配前)、10.2%(匹配后),国有相对控股企业的 TFP 比非国际化企业低 7.7%(匹配前)、3.0%(匹配后),其他所有制企业的 TFP 比非国际化企业低 7.5%(匹配前)、3.6%(匹配后);中央所属企业的 TFP 比非国际化企业低 12.2%(匹配前)、7.7%(匹配后),省级所属企业的 TFP 比非国际化企业低 14.8%(匹配前)、16.1%(匹配后),其他隶属关系企业的 TFP 比非国际化企业 7.4%(匹配前)、3.1%(匹配后)。

这些结果均表明,中国所有类型(所有制和隶属关系)的工业企业均不存在正向的国际化学习效应。

表 8-11 国际化学习效应:不同所有制和隶属关系分析

		样本	进入国际市场之后第 1 年(t+1 期)				进入国际市场之后第 2 年(t+2 期)			
			处理组	控制组	处理组与控制组的差异	t 统计值	处理组	控制组	处理组与控制组的差异	t 统计值
不同所有制	国有绝对控股	Unmatched	1.339	1.485	-0.146	-13.34	1.316	1.474	-0.158	-12.44
		ATT	1.339	1.435	-0.096	-7.48	1.316	1.418	-0.102	-6.92
	国有相对控股	Unmatched	1.425	1.490	-0.065	-7.65	1.398	1.475	-0.077	-8.64
		ATT	1.425	1.434	-0.009	-0.84	1.397	1.428	-0.030	-2.8
	其他所有制	Unmatched	1.456	1.530	-0.074	-25.88	1.423	1.498	-0.075	-23.31
		ATT	1.456	1.478	-0.022	-5.78	1.423	1.459	-0.036	-8.43

续表

		样本	进入国际市场之后第1年(t+1期)				进入国际市场之后第2年(t+2期)			
			处理组	控制组	处理组与控制组的差异	t统计值	处理组	控制组	处理组与控制组的差异	t统计值
不同隶属关系	中央所属	Unmatched	1.323	1.440	−0.117	−5.04	1.316	1.439	−0.122	−3.93
		ATT	1.324	1.396	−0.072	−2.88	1.317	1.395	−0.077	−2.36
	省级所属	Unmatched	1.359	1.518	−0.158	−8.58	1.346	1.493	−0.148	−7.54
		ATT	1.360	1.532	−0.172	−7.7	1.346	1.507	−0.161	−6.6
	其他隶属	Unmatched	1.449	1.518	−0.069	−25.71	1.417	1.492	−0.074	−24.86
		ATT	1.449	1.465	−0.015	−4.33	1.417	1.448	−0.031	−7.84

注:结果变量(outcome variables)为企业TFP(对数值)。在分析国际化升水效应和自选择效应时,处理组(Treated)是指国际化企业,控制组(Control)是指非国际化企业,在分析国际化学习效应时,处理组(Treated)是指国际市场新进入者,控制组(Control)是指非国际化企业。"Unmatched"是指未经过倾向分匹配的、"ATT"是指以结果变量(outcome variables)即企业TFP衡量的、针对处理组的平均处理效应。t统计值显示处理组与控制组之间差异程度的显著性。

资料来源:笔者基于数据分析结果整理。

第五节　关于中国企业国际化效应的总结

本章首先在理论上分析了企业国际化与企业生产率之间的相互作用机制;然后通过面板数据计量分析与倾向分匹配方法,实证检验了中国工业企业国际化的升水效应、自选择效应、学习效应以及外部性。

首先,面板数据计量结果显示,无论是基于国际化广延边际还是基于国际化集约边际分析,中国工业企业的国际化(与否或程度)不是因为其自身有较高的TFP,即不存在正向的自选择效应。这一结论在控制过去国际化经历、资本密集度、所有制、隶属关系、年份、行业、地区等因素之后仍然成立。但有国际化经历、非国有绝对或相对控股的企业更可能成为国际化(或国际化程度高)企业。行业国际化(出口/OFDI)密集度对该行业企业参与国际市场可能性的影响取决于该指标的界定。如果这一影响是正向的,则意味着某个行业的出口/OFDI规模越大,则该行业中的企业出口/OFDI可能性就越大,即呈现出正的外部性。如果这一影响是负向的,则意味着,行业出口/OFDI规模越大即在更大程度上属于外向型行业、面对国际市场竞争,则行业水平上的规模经济以及企业水平上的规模经济越容易实现;同时,国际市场竞争导致的选择效应和规模效应使得留下来的企业倾向于扩大规模,企业数量减少;出口企业的增加将导致获得特定投入品的成本提高,从而降低该行业非出口企业转变为出口企业的可能性。

另外,基于国际化广延边际和国际化集约边际两个维度的分析,表明中国工业企业不存在正向的国际化学习效应。但企业过去的 TFP 表现与现期的表现正相关;如果企业是非国有绝对或相对控股、非中央或省级所属企业的话,则往往具有较高的 TFP。以不同指标衡量的行业国际化密集度在大多数情况下对企业 TFP 的影响都是显著为正的,即存在正的国际化外部性。

其次,采用倾向分匹配方法的稳健性检验进一步表明,无论是基于总体样本还是分不同所有制和隶属关系,国际化企业的 TFP 并不显著地高于非国际化企业;潜在的国际化企业在进入国际市场前并不比非国际化企业具有更高的 TFP,即不存在正向的国际化自选择效应;国际化企业在进入国际市场后并不比非国际化企业具有更高的 TFP,即不存在正的国际化学习效应。这些发现进一步证实了前面基于面板数据的计量结果。

附　录

表 8A-1　其余主要变量的描述性统计与 Pearson 相关关系

序号	变量	11	12	13	14	15	16	17	18	19	20	21
11	Otheraffil	1.000										
12	Centralaffil	-0.534	1.000									
13	Otherown	0.284	-0.182	1.000								
14	StatAown	-0.416	0.277	-0.626	1.000							
15	Age (log)	-0.180	0.114	-0.399	0.355	1.000						
16	Intensity1	-0.001	-0.003	0.058	-0.043	-0.030	1.000					
17	Intensity2	0.029	-0.027	0.150	-0.104	-0.006	0.242	1.000				
18	Intensity3	0.004	-0.007	0.188	-0.101	-0.039	0.205	0.448	1.000			
19	Intensity4	-0.005		0.028	-0.012		0.033	0.062	0.139	1.000		
20	Intensity5	0.029	-0.027	0.154	-0.106	-0.007	0.245	0.996	0.456	0.109	1.000	
21	Intensity6	0.004	-0.007	0.188	-0.101	-0.039	0.205	0.447	0.997	0.163	0.458	1.000
滞后1期	D_Ie	0.007	-0.013	0.152	-0.088	0.007	0.150	0.723	0.427	0.073	0.722	0.427
	D_Ce	-0.017	0.003	0.187	-0.091	-0.048	0.113	0.383	0.917	0.128	0.388	0.915
	D_OFDI	-0.006		0.027	-0.009	-0.003	0.020	0.062	0.129	0.931	0.107	0.152
	D_CeOfdi	-0.017	0.002	0.187	-0.091	-0.048	0.113	0.382	0.915	0.153	0.390	0.918
	D_IeOfdi	0.007	-0.013	0.154	-0.089	0.006	0.150	0.719	0.432	0.136	0.726	0.435
	TFP (log)	0.059	-0.037	0.062	-0.081	-0.083	-0.048	-0.063	-0.026	-0.010	-0.063	-0.026
	K_L (log)	-0.079	0.051	-0.002	0.066	0.015	-0.051	-0.146	0.008	0.025	-0.144	0.009
	L (log)	-0.155	0.116	-0.121	0.163	0.251	0.099	0.260	0.195	0.073	0.261	0.196
	K (log)	-0.164	0.117	-0.081	0.159	0.177	0.025	0.056	0.135	0.068	0.058	0.136
	EX_S	0.066	-0.047	0.182	-0.134	-0.052	0.146	0.715	0.389	0.048	0.713	0.388
	Intensity1		-0.006	0.060	-0.043	-0.037	0.956	0.251	0.216	0.034	0.253	0.216
	Intensity2	0.033	-0.030	0.160	-0.107	-0.020	0.230	0.851	0.471	0.064	0.849	0.470
	Intensity3	0.006	-0.009	0.195	-0.105	-0.055	0.211	0.473	0.988	0.137	0.479	0.985
	Intensity4	-0.005		0.027	-0.011	-0.004	0.034	0.065	0.135	0.988	0.109	0.158
	Intensity5	0.033	-0.031	0.163	-0.109	-0.022	0.233	0.848	0.479	0.113	0.853	0.481
	Intensity6	0.006	-0.009	0.195	-0.105	-0.055	0.212	0.472	0.985	0.161	0.480	0.988

注:只列出显著性水平小于10%的相关系数,其他不显著的则为空格。D_Ie、D_Ce、D_OFDI、D_CeOfdi、D_IeOfdi 分别表示以不同口径界定的企业国际化指标(参见第六章)。Intensity1、Intensity2 分别表示工业企业数据显示的行业出口价值密集度(即企业所在两分位行业的出口所占比重)、工业企业数据显示的行业出口企业密集度(某行业出口企业数占该行业企业总数的比重),Intensity3 表示工业企业数据与海关数据匹配并由海关信息显示的行业出口企业密集度(某

行业出口企业数占该行业企业总数的比重),Intensity4 表示工业企业数据与 OFDI 数据匹配而显示的 OFDI 企业所占比重,Intensity5 表示三大数据匹配并由工业企业数据信息显示的出口或/和 OFDI 企业所占比重,Intensity6 表示三大数据匹配并由海关信息显示的出口或/和 OFDI 企业所占比重。

资料来源:笔者基于数据分析结果整理。

第九章　中国工业企业国际化的福利效应

中国工业企业的国际化不是空中楼阁,而是植根于中国经济及经贸政策的大背景;中国工业企业的国际化不是独来独往,而是中国经济与世界上其他国家和地区经济存在着不同程度的经济贸易及政策互动关系;中国工业企业也不是为了国际化而国际化,而是以中国经济福利的改善为根本出发点与主要衡量标准。前面章节在微观层面上研究了中国企业国际化与经济绩效的关系,属于微观个体层面上的绩效评价。本章将从中国工业行业及经济整体的角度,评估国际化的福利效应,从而探究微观层面上的国际化与经济绩效变化是如何反映在行业及经济整体层面上的。

第一节　背景与前提

评估中国工业企业国际化的福利效应离不开三个基本背景:一是自20世纪70年代末以来(尤其是中国加入 WTO 以来),中国通过改革开放逐渐融入世界经济与国际分工,采取的主要途径是不断降低关税与非关税壁垒;二是全球自由贸易区蓬勃发展,在很大程度上促进了贸易与投资的自由化发展,改善了各国、各地区的经济贸易和投资环境;三是各国乃至全球的经济发展与分工已经进入价值链和产业链分工的新时期,一国之内各行业以及各国各行业之间相互关联、相互影响。

首先分析第一个背景。关税与非关税壁垒无疑是影响企业国际化最为重要的政策因素之一,因此,观察中国以及世界关税和非关税壁垒的水平及变化,有助于理解影响企业国际化及其福利效应的政策作用机制。

本章使用的关税税率是基于两分位 ISIC 编码的进口加权关税税率（import-weighted tariff rates），可以细分至双边贸易层面。除此之外，我们还基于关税等值（tariff equivalent）或综合贸易成本（comprehensive trade cost）方法测算综合性的贸易壁垒，既包括关税壁垒也包括非关税壁垒，可以看作是贸易壁垒限制的最大值。这一测算出来的数据可以细分至两分位 ISIC 行业层面及双边贸易层面。这两组数据的具体处理方式参见本章第三节。

我们选择 2000—2011 年这个时期，该时期正好涵盖中国加入 WTO 的年份。[①] 表 9-1 报告了在此期间中国及其他 29 个样本经济体关税以及以关税等值衡量的综合性贸易壁垒的限制水平及变化趋势。可以看到，在中国加入 WTO 的前一年即 2000 年，世界平均关税税率为 7.73%；中国为 15.52%，是世界平均水平的 2 倍，仅低于印度（29.89%）和墨西哥（17.22%）；平均关税税率最低的经济体是美国，为 2.98%。到 2011 年，世界平均关税税率降至 5.41%，降幅达 30%；除韩国、匈牙利之外的其他经济体的平均关税税率都出现了不同程度的下降。中国的税率降至 7.84%，降幅接近 50%，高于世界平均降幅，税率水平在样本经济体中排名第 7 位（从高到低）。

然而，基于关税等值方法测算的综合性贸易壁垒大大高于一般的关税壁垒，而且前者在样本时期的降幅也远低于同期一般关税税率的降幅。[②] 2000 年，世界平均综合性贸易壁垒为 161.44%，综合性贸易壁垒最高的三个经济体是墨西哥、巴西和卢森堡，最低的经济体是德国、荷兰；中国综合性贸易壁垒为 182.77%，高于世界平均水平以及美国（132.25%）。到 2011 年，世界平均综合性贸易壁垒降至 148.96%，中国与之相当；德国是最低的，仅为 80.45%；墨西哥是最高的，高达 221.62%。总之，在所考察的样本时期里，绝大多数经济体的一般关税税率与综合性贸易壁垒都出现了不同程度的下降，标志着包括中国在内的世界上绝大多数经济体

---

① 选择这一时期也是为了与其他数据的样本时间进行对接。

② 鉴于综合性贸易壁垒包含有一般关税，因此，我们可以推测非关税壁垒的降幅甚微、甚至保持不变或趋于上升。仅考虑一般关税壁垒可能会低估实际存在的贸易壁垒的影响。

越来越趋向自由、开放。

表 9-1　2000—2011 年中国与其他样本经济体关税和非关税壁垒水平及变化

（单位:%）

经济体	关　税			关税等值		
	2000	2011	变化	2000	2011	变化
中国	15.52	7.84	-49.49	182.77	148.60	-18.69
澳大利亚	5.44	2.54	-53.33	209.28	190.12	-9.15
奥地利	5.23	4.45	-14.95	131.88	120.33	-8.76
比利时	5.23	4.45	-14.95	110.00	98.05	-10.87
巴西	14.52	12.86	-11.38	222.04	196.00	-11.73
加拿大	4.31	3.29	-23.66	153.25	159.27	3.93
德国	4.21	3.78	-10.23	88.25	80.45	-8.83
丹麦	5.23	4.45	-14.95	128.88	128.97	0.07
西班牙	5.23	4.45	-14.95	132.19	119.85	-9.34
芬兰	5.23	4.45	-14.95	153.64	149.75	-2.53
法国	5.23	4.45	-14.95	111.10	106.98	-3.71
英国	5.23	4.45	-14.95	110.85	103.29	-6.82
希腊	4.21	3.78	-10.23	194.72	184.98	-5.00
匈牙利	7.57	8.67	14.46	163.45	144.30	-11.72
印度尼西亚	9.01	6.36	-29.40	211.16	198.31	-6.08
印度	29.89	12.05	-59.69	207.42	175.67	-15.31
爱尔兰	5.23	4.45	-14.95	165.69	169.50	2.30
意大利	5.23	4.45	-14.95	114.31	104.62	-8.48
日本	3.73	2.43	-34.87	196.95	186.00	-5.56
韩国	9.57	9.95	3.98	188.52	180.92	-4.03
卢森堡	4.21	3.78	-10.23	221.38	181.13	-18.18
墨西哥	17.22	7.13	-58.59	245.32	221.62	-9.66
荷兰	5.23	4.45	-14.95	99.34	97.41	-1.94
葡萄牙	4.21	3.78	-10.23	187.62	174.75	-6.86
俄罗斯	12.30	9.21	-25.14	179.53	177.15	-1.33

续表

经济体	关　税			关税等值		
	2000	2011	变化	2000	2011	变化
世界其余地区	12.66	8.59	−32.15	102.43	97.96	−4.37
瑞典	5.23	4.45	−14.95	128.52	125.83	−2.09
土耳其	5.71	4.06	−28.84	183.29	145.25	−20.75
中国台湾	7.10	0.64	−90.97	187.30	174.94	−6.60
美国	2.98	2.55	−14.29	132.25	126.79	−4.13
世界平均	7.73	5.41	−30.05	161.44	148.96	−7.73

注:"变化"等于 2011 年的数值减去 2000 年的数值之后再除以 2000 年的数值并乘以 100%。关税及
　关税等值的计算参见本章第三节。
资料来源:笔者基于数据计算整理。

　　表 9-2 还专门列出了中国两分位行业的关税与综合性贸易壁垒的水平及变化趋势。我们可以发现:首先,各行业的关税与综合性贸易壁垒水平差异很大。比如,2000 年,一般关税税率最高的三个行业是食品、饮料与烟草,纺织及纺织品,皮革与制鞋(均高于 22%),但这三个行业并不是综合性贸易壁垒最高的行业,综合性贸易壁垒最高的行业是农林牧渔业,采掘业,焦炭、炼油及核燃料(均超过 230%)。其次,各行业的关税与综合性贸易壁垒均趋于下降,但降幅差异较大。一般关税税率的降幅均超过 30%,最大的降幅接近 58%(比如食品、饮料与烟草);综合性贸易壁垒的降幅大多超过 10%,最大的降幅接近 40%(比如未列入其他分类的机器)。在工业行业差异较大的情况下,如何评估关税削减的贸易与福利效应,就成为一个重要课题。显然,我们需要使用能够反映产业关联与产业多样性的多部门模型。

表 9-2　2000—2011 年中国两分位行业的关税和非关税壁垒水平及变化

(单位:%)

行业	关　税			关税等值		
	2000	2011	变化	2000	2011	变化
农林牧渔业	18.88	10.55	−44.12	252.29	211.60	−16.13
采掘业	2.20	1.00	−54.58	244.78	208.30	−14.90

续表

行业	关　税			关税等值		
	2000	2011	变化	2000	2011	变化
食品、饮料与烟草	32.53	13.77	−57.67	215.11	176.18	−18.10
纺织及纺织品	22.35	10.97	−50.92	132.32	112.11	−15.28
皮革与制鞋	22.35	10.97	−50.92	144.68	123.57	−14.59
木材及木制品	7.41	4.13	−44.19	205.55	183.72	−10.62
纸浆、纸及印刷出版	8.10	3.43	−57.63	206.03	189.86	−7.85
焦炭、炼油及核燃料	7.27	3.80	−47.78	234.95	187.01	−20.41
化工及化学制品	12.14	5.86	−51.73	137.69	115.39	−16.19
橡胶及塑料	15.12	7.74	−48.81	174.81	127.02	−27.34
其他非金属矿物	20.96	10.68	−49.04	212.40	181.91	−14.36
基本金属及金属制品业	10.74	7.48	−30.36	172.27	142.95	−17.02
未列入其他分类的机器	13.27	6.64	−49.94	150.49	94.69	−37.08
电气及光学设备	13.54	6.99	−48.43	111.38	75.73	−32.01
运输设备	20.10	9.36	−53.43	180.43	123.36	−31.63
其他制造业、回收利用	21.41	12.09	−43.54	150.32	113.62	−24.42

资料来源:笔者基于数据计算整理。

中国在每个行业上对每个贸易伙伴实施的关税与非关税壁垒如图9-1所示。我们看到,2000年,中国对大多数经济体的大多数行业实施的关税税率超过22%(即在第80百分位以上),而综合性贸易壁垒水平差异很大。到2011年,中国对大多数经济体的大多数行业实施的关税与非关税壁垒都出现不同程度下降。

接下来分析第二个背景。自20世纪90年代初以来,尤其是在最近十年,以有关经济体签订区域贸易协议(Region Trade Agreements,RTAs)或建立自由贸易区(Free Trade Area,FTA)(以下统称FTA)为代表的区域经济一体化成为世界经济发展的一大显著特征。① 这一特征并未因为这次尚未结束的全球金融危机的影响而有所改变。截至2016年,向WTO

---

① FTA有时也指"自由贸易协定"(Free Trade Agreement)。但FTA建设不仅仅限于贸易领域,还涵盖投资等很多方面。

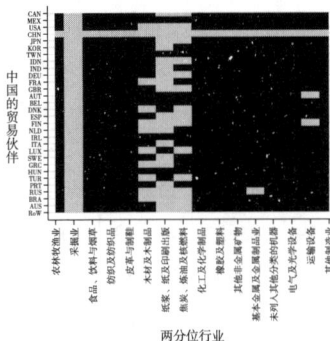

（1）2000 年一般关税率（tariff）

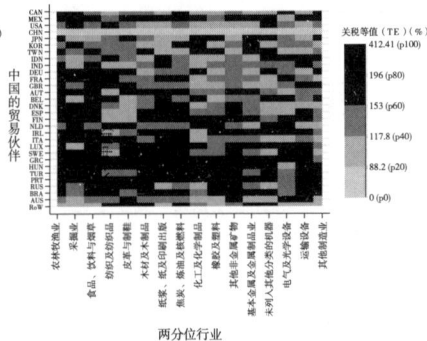

（2）2000 年综合性贸易壁垒（或关税等值）

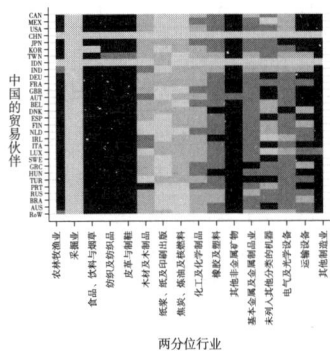

（3）2011 年一般关税率（tariff）

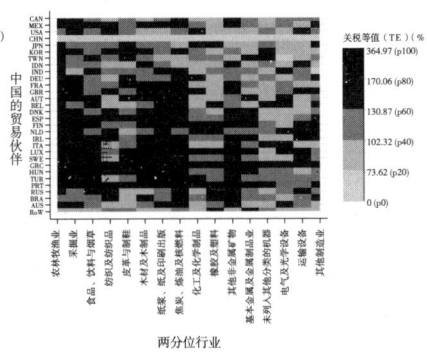

（4）2011 年综合性贸易壁垒（或关税等值）

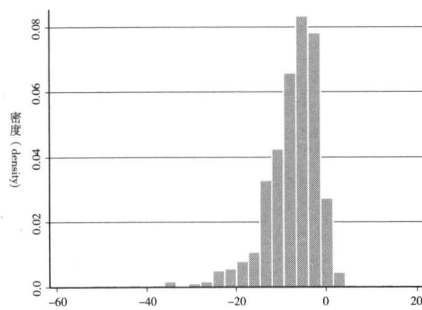

（5）一般关税率变化的分布（2011 年相对于 2000 年）

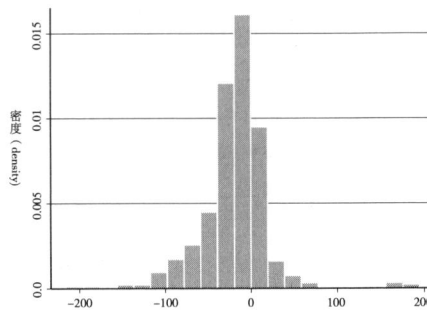

（6）综合性贸易壁垒（或关税等值）变化的分布
（2011 年相对于 2000 年）

**图 9-1　中国在各行业上对贸易伙伴实施的关税与
非关税壁垒水平及其变化趋势**

注：图中的经济体与行业代码参见表 9-4。

资料来源：笔者基于数据制作整理。

报告的 FTA 个数累计达 600 多个,其中 400 个已经付诸实施。另外,还不断有 FTA 正处于谈判或考虑之中。目前,除蒙古和毛里塔尼亚以外的其他 162 个 WTO 成员都参加了至少一个 FTA,有的 WTO 成员(如西欧地区国家)参加的 FTA 数量甚至超过 40 个。前面考察的全球关税与非关税壁垒的下降在很大程度上与各种类型的 FTA 发展有关。FTA 的发展促进了经济的全球化、改善了企业从事国际化经营的环境,并将最终影响各国、各地区、各行业的贸易与福利水平。

关于第三个背景,我们已经在前面章节进行了一些分析,这里需要强调的是,在经济全球化与全球价值链分工时代,不同国家与不同行业之间是相互联系的。当一个国家在一个特定行业对另外的国家削减关税和非关税壁垒时,这不仅会影响该行业的成本和价格,同时还会影响那些与该行业存在价值链关联(比如上下游关联)的行业的成本和价格。另外,一些行业即使为非贸易品行业、不直接参与国际贸易,但也可能通过与贸易品行业的价值链关联而间接地参与国际贸易,因此,贸易品行业的关税和非关税壁垒削减也会最终影响非贸易品行业的成本和价格。然而,需要指出的是:一方面,所有这些因关税和非关税壁垒变化而产生的直接与间接效应强度均取决于这些行业之间的相互关联程度;另一方面,所有这些政策效应的传递都是经由微观企业经营等行为而实现的。

实际上,以上三个背景是相互联系的,是本章评估中国工业企业国际化福利效应的基本前提。也就是说,我们在测算中国工业企业国际化(体现中国及贸易伙伴的经济开放和自由化)的福利效应时[①],需要将国家—行业的相互关联和作用机制引进一般均衡分析框架。通常用来评估经济政策福利效应的一般均衡分析框架是可计算一般均衡模型(Computable General Equilibrium Model)(以下简称 CGE 模型)(张欣,2010;Dixon 等,2016)。但 CGE 模型受到很多批评,比如,这类模型很不透明、有太多的"黑箱"不易也无法打开、参数太多且随意性太强,等等。

[①]　中国工业企业的国际化体现了中国经济的开放与自由化,它离不开其他国家和地区经济的开放与自由化。

考虑到 CGE 模型的这些不足,同时受到数据限制,我们准备采用卡利恩多—帕罗一般均衡分析模型(Caliendo-Parro CGE,以下简称 CP 模型)(Caliendo 和 Parro,2015)。CP 模型基于伊藤和科特姆(Eaton 和 Kortum,2002)模型(该模型以下简称为 EK 模型),将投入—产出表中观察到的国家—行业的相互关联和作用机制引入一个"多国—多行业李嘉图模型",用来评估关税政策产生的贸易与福利效应。该模型的理论基础是一般均衡理论,它在实际运用时最大的优势是不需要太多的数据与参数,使用相对变化率(relative changes)来分析贸易(不限于贸易)政策变化产生的贸易效应与福利效应。

下面首先介绍并讨论 CP 模型,然后基于该模型评估中国及其他经济体经贸政策的变化对中国的经济福利产生的影响。需要指出的是,卡利恩多和帕罗(Caliendo 和 Parro,2015)在评估贸易政策效应时仅仅考虑了一般关税,而没有考虑非关税壁垒等。我们这里的分析不仅考虑关税壁垒,还考虑用关税等值方法测算的综合性贸易壁垒。从前面的分析可以看出,仅考虑一般关税壁垒可能会低估实际存在的贸易壁垒(包括非关税壁垒)的影响。因此,这一拓展分析很有必要。

第二节　一般均衡分析模型

CP 模型是一般均衡模型,考虑了中间品和价值链贸易、行业异质性以及投入—产出关联等特征事实。它以伊藤和科特姆(Eaton 和 Kortum,2002)的李嘉图贸易模型为基础,假定有 N 个国家(i,n)、J 个行业(j,k)[①],所有行业分为贸易品与非贸易品行业;只有一种生产要素即劳动力,劳动力在行业之间自由流动但不能跨国流动;生产是规模报酬不变;所有市场完全竞争。因为存在贸易成本,所以进口国将从成本最低的提供者那里进口中间品,并用作其他行业(其产出可以是最终品或中间品)生

---

① 本部分基本上沿用了 CP 模型的字母与代码。该模型的作者之一 Lorenzo Caliendo 应邀于 2017 年 5 月 24 日来复旦大学世界经济系"国际经济学前沿讲座"做学术报告,其间作者与其进行了讨论,并获得启发,在此表示感谢!

产的投入。

另外,如同 EK 模型,CP 模型刻画不同生产者的生产率差异,认为不同生产者或行业的生产率及其离散程度不同;生产率离散程度越高,经济贸易一体化带来的收益就越大。所以,不同行业生产率离散程度的异质性、生产中使用的中间品比重以及不同行业之间的关联程度共同决定着贸易政策变化(包括关税与非关税壁垒削减)所产生的行业间不同影响以及贸易和福利效应。

一、基本设定与均衡条件

首先,假定每个经济体有 L_n 个代表性家庭,通过消费最终品 C_n^j 实现效用的最大化,家庭的偏好可以用 C-D 效用函数表示:$u(C_n) = C_n^{1\alpha_n^1} C_n^{2\alpha_n^2} \cdots C_n^{J\alpha_n^J} = \prod_{j=1}^{J} C_n^{j\alpha_n^j}$,其中 $\sum_{j=1}^{J} \alpha_n^j = 1$。家庭收入用 I_n 表示,包括工资收入 $w_n L_n$、关税收入 R_n、来自世界其他地区的转移支付(贸易赤字)D_n。

其次,假定每个行业 j 使用两种投入即劳动力(l)和来自相关行业的组合中间品(composite intermediate goods)(也可以看作是材料投入)(m),来生产每种中间品 $\omega^j \in [0,1]$。不同经济体的中间品生产者的生产效率是不同的,用 $z_n^j(\omega^j)$ 表示经济体 n 生产中间品 ω^j 的效率。中间品 ω^j 的生产技术用 C-D 生产函数表示。各经济体、各行业的增加值份额 γ_n^j 与中间品所占份额 $\gamma_n^{k,j} \geq 0$($\sum_{k=1}^{J} \gamma_n^{k,j} = 1 - \gamma_n^j$)是不同的。假定中间品生产是规模报酬不变,且市场完全竞争,因此,企业按照单位成本定价:$\frac{c_n^j}{z_n^j(\omega^j)}$,其中 c_n^j 表示一个投入组合(input bundle)的成本,即:

$$c_n^j = (\prod_{k=1}^{J} (\gamma_n^{k,j})^{-\gamma_n^{k,j}} (\gamma_n^j)^{-\gamma_n^j}) w_n^{\gamma_n^j} \prod_{k=1}^{J} P_n^{k\gamma_n^{k,j}} \qquad (9.1)①$$

p_n^k 表示来自行业 k 的组合中间品的价格。与单一部门模型或没有产业关联关系的多部门模型不同的是,公式(9.1)中的组合投入的成本取决

① 关于如何从 C-D 生产函数推导出成本函数与条件要去需求函数,可以参见附录 9A-1。

于经济中所有组合中间品(包括贸易品行业和非贸易品行业)的价格。贸易政策的变化将影响任何一个行业的价格,并通过中间投入而间接地影响所有行业。

再次,假定有两类贸易成本,即冰山贸易成本(iceberg trade costs) d_{ni}^j 与关税 τ_{ni}^j①,合在一起表示为: $\kappa_{ni}^j = \tilde{\tau}_{ni}^j d_{ni}^j = (1 + \tau_{ni}^j) d_{ni}^j$。假设三角不等式成立,即对于所有的目的地经济体 n、h、i, $\kappa_{nh}^j \kappa_{hi}^j \geqslant \kappa_{ni}^j$。这样,在考虑贸易成本之后,在经济体 i 生产的一单位可贸易的中间品 ω^j 在经济体 n 买到的话,价格应是 $\dfrac{c_i^j \kappa_{ni}^j}{z_i^j(\omega^j)}$。所以,经济体 n 获得的中间品 ω^j 的价格为:

$$p_n^j(\omega^j) = \min_i \left\{ \frac{c_i^j \kappa_{ni}^j}{z_i^j(\omega^j)} \right\}。$$

假定技术分布遵循 EK 模型的假定,即经济体 n 的产品 ω^j 的生产效率遵循弗雷歇(Fréchet)分布: $F_n^j(z) = e^{-\lambda_n^j z^{-\theta^j}}$。该分布的位置参数(location parameter) $\lambda_n^j \geqslant 0$,且对于不同经济体和行业是不同的。某行业的该参数值越大,则该行业的平均生产率就越高,即存在绝对优势(absolute advantage)。该分布的形状参数(shape parameter) θ^j 对于不同行业也是不同的。如果该参数值越小,则不同产品 ω^j 的生产率离散程度就越高(生产率异质性越大),即存在比较优势(comparative advantage)。假定生产率的分布独立于产品、行业与经济体,且 $1 + \theta^j > \sigma^j$。据此,可以求解价格的分布。于是,对于经济体 n 与行业 j,组合中间品的价格为:

$$P_n^j = A^j \left[\sum_{j=1}^N \lambda_i^j \left(c_i^j \kappa_{ni}^j \right)^{-\theta^j} \right]^{-\frac{1}{\theta^j}} \tag{9.2}$$

其中,A^j 为常数。公式(9.2)也是非贸易品行业的价格指数。在非贸易品行业,因为 $\kappa_{ni}^j = \infty$,所以价格指数变为 $P_n^j = A^j \lambda_i^{j\,-\frac{1}{\theta^j}} c_i^j$。

---

① $d_{ni}^j > 1$ 表示要让 j 行业的一单位产品从经济体 i 到达经济体 n,出发前需要生产 $d_{ni}^j > 1$ 单位(大于1的部分在途中被消耗掉); $d_{nn}^j = 1$ 表示国内没有冰山成本。 τ_{ni}^j 为基于单位价格的关税税率。

最后,假定经济体 n 花在行业 j 上的总支出 $X_n^j = P_n^j Q_n^j$ [1]。经济体 n 花在来自经济体 i 的行业 j 产品的支出 X_{ni}^j 占总支出 X_n^j 的份额为:

$$\pi_{ni}^j = \frac{X_{ni}^j}{X_n^j} = \frac{\lambda_i^j \left(c_i^j \kappa_{ni}^j\right)^{-\theta^j}}{\sum_{h=1}^N \lambda_i^j \left(c_i^j \kappa_{ni}^j\right)^{-\theta^j}} \tag{9.3}$$

该公式利用了弗雷歇(Fréchet)分布的特征[2],将支出份额表示成技术、价格和和贸易成本的函数。可以看出,双边贸易份额 π_{ni}^j 等式实际上是传统引力模型的一种多行业形式。关税的变化通过 κ_{ni}^j 对贸易份额产生直接影响、通过投入组合 c_i^j [公式(9.2)]对贸易份额产生间接影响,后者反映了行业之间的投入—产出关联关系。

对产品 j 的总支出等于企业花在组合中间品上的支出与家庭的支出二者之和。这样,X_n^j 就等于

$$P_n^j Q_n^j = X_n^j = \sum_{k=1}^J \gamma_n^{j,k} \sum_{j=1}^N X_i^k \frac{\pi_{in}^k}{1+\tau_{in}^k} + \alpha_n^j I_n \tag{9.4}$$

基于支出和贸易差额的定义,有

$$\sum_{j=1}^J \sum_{j=1}^N \left(X_n^j \frac{\pi_{ni}^j}{1+\tau_{ni}^j}\right) - D_n = \sum_{j=1}^J \sum_{j=1}^N \left(X_i^j \frac{\pi_{in}^j}{1+\tau_{in}^j}\right) \tag{9.5}$$

这表明,经济体 n 除去关税支付的总支出,减去贸易差额,等于每个经济体花在来自经济体 n 的可贸易品上除去关税支付的总支出之和。

由此可以定义关税政策 τ_{ni}^j 下的均衡:对于所有的经济体 n、所有行业 j,在 L_n、D_n、λ_n^j、d_{ni}^j 给定时,每个经济体的工资向量 w 与每个经济体—行业的价格 P 均满足均衡条件公式(9.1)至公式(9.5)。

二、相对变化的均衡:贸易政策变化的影响

根据卡利恩多和帕罗(Caliendo 和 Parro,2015),这里要求解的均衡不是特定关税政策下的均衡,而是求解关税政策的变化所引起的价格和

---

[1]　关于组合中间品 Q_n^j 的生产技术,参见附录9A-2。

[2]　参见卡利恩多和帕罗(Caliendo 和 Parro,2015)的附录证明。

工资的变化,也就是求解相对变化的均衡。这样做的优势在于:一是可以将模型与基年的数据进行准确匹配;二是可以识别贸易政策的净变化对均衡结果产生的影响;三是可以求解模型的一般均衡而无须估计一些在数据中很难确定的参数,比如生产率 λ_n^j 与冰山贸易成本 d_{ni}^j。由此定义以下均衡为:令 (w,P) 为贸易政策 τ 下的均衡、(w',P') 为贸易政策 τ' 下的均衡、$(\hat{w},\hat{P}) = (w'/w, P'/P)$ 为贸易政策 τ' 相对于贸易政策 τ 的均衡,那么基于公式(9.1)至公式(9.5),相对变化的均衡条件满足以下公式:

投入组合的成本为:$\hat{c}_n^j = \hat{w}_n^{\gamma_n^j} \prod_{k=1}^{J} \hat{P}_n^{k \ \gamma_n^{k,j}}$ (9.6)

价格指数为:$\hat{P}_n^j = \left[\sum_{i=1}^{N} \pi_{ni}^j \left(\hat{\kappa}_{ni}^j \hat{c}_i^j \right)^{-\theta^j} \right]^{-\frac{1}{\theta^j}}$ (9.7)

双边贸易份额为:$\hat{\pi}_{ni}^j = \left[\dfrac{\hat{\kappa}_{ni}^j \hat{c}_i^j}{\hat{P}_n^j} \right]^{-\theta^j}$ (9.8)

每个经济体 n 与行业 j 的总支出为:

$$P_n^{j'} Q_n^{j'} = X_n^{j'} = \sum_{k=1}^{J} \gamma_n^{j,k} \sum_{i=1}^{N} X_i^{k'} \frac{\pi_{in}^{k'}}{1+\tau_{in}^{k'}} + \alpha_n^j I_n'$$ (9.9)

贸易平衡为:

$$\sum_{i=1}^{J} \sum_{i=1}^{N} \left(X_n^{j'} \frac{\pi_{ni}^{j'}}{1+\tau_{ni}^{j'}} \right) - D_n = \sum_{i=1}^{J} \sum_{i=1}^{N} \left(X_i^{j'} \frac{\pi_{in}^{j'}}{1+\tau_{in}^{j'}} \right)$$ (9.10)

在以上条件中,$\hat{\kappa}_{ni}^j = \dfrac{1+\tau_{ni}^{j'}}{1+\tau_{ni}^j}$,$I_n' = w_n' L_n + \sum_{i=1}^{J} \sum_{i=1}^{N} \tau_{ni}^{j'} \left(X_n^{j'} \frac{\pi_{ni}^{j'}}{1+\tau_{ni}^{j'}} \right) + D_n$。

实际上,求解这些均衡条件只需要关税(τ 和 τ')、双边贸易份额(π_{ni}^j)、生产中的增加值份额(γ_n^j)、增加值($w_n L_n$)、中间投入份额(γ_n^{kj})、行业生产率离散程度(θ^j)等数据以及由这些数据求得的每个行业占最终需求的份额(α_n^j)数据。

三、实际工资与福利的变化

首先,每个行业 j 实际工资 $\dfrac{\hat{w}_n}{\hat{P}_n^j}$ 的反事实变化是本国产品支出份额

$\hat{\pi}^{j}_{nn}$ 与行业价格 $\hat{P}^{j}_{n}$ 的函数。[1] 使用消费支出份额作为权重进行行业加总,从而得到以下关于实际工资对数变化的等式:

$$\ln\frac{\hat{w}_n}{\hat{P}_n} = -\underbrace{\sum_{i=1}^{J}\frac{\alpha^{j}_{n}}{\theta^{j}}\ln\hat{\pi}^{j}_{nn}}_{\text{最终品}} - \underbrace{\sum_{i=1}^{J}\frac{\alpha^{j}_{n}}{\theta^{j}}\frac{1-\gamma^{j}_{n}}{\gamma^{j}_{n}}\ln\hat{\pi}^{j}_{nn}}_{\text{中间品}} - \underbrace{\sum_{i=1}^{J}\frac{\alpha^{j}_{n}}{\gamma^{j}_{n}}\ln\prod_{k=1}^{J}\left(\frac{\hat{P}^{k}_{n}}{\hat{P}^{j}_{n}}\right)^{\gamma^{k,j}_{n}}}_{\text{行业关联}}$$

$$(9.11)$$

从公式(9.11)可以看出,实际工资的变化除了受到本国支出份额 $\hat{\pi}^{j}_{nn}$ 和行业价格 $\hat{P}^{j}_{n}$ 影响外,还受到一些参数的影响。如果生产中的增加值份额(γ^{j}_{n})等于1,则中间品仅使用劳动力生产且只生产最终品,这时公式(9.11)缩减至第一项,即实际工资的变化取决于每个行业占最终需求的份额(α^{j}_{n})、行业生产率离散程度(θ^{j})以及本国支出份额 $\hat{\pi}^{j}_{nn}$ 。如果 γ^{j}_{n} 不等于1且中间投入份额 $\gamma^{j,j}_{n}=1-\gamma^{j}_{n}$,即意味着不存在行业关联,因为中间品的生产均使用劳动力与同一行业的材料投入。贸易成本的削减会降低可贸易中间品的价格,从而降低组合中间品的价格。这样,中间品的生产者将会得益。这一额外的效应由公式(9.11)第二项捕捉。最后,材料投入价格指数 $\prod_{k=1}^{J}\hat{P}^{k}_{n}{}^{\gamma^{k,j}_{n}}$ 捕捉了行业 k 的组合中间品价格变化对行业 j 的实际工资的影响。价格下降的行业的中间投入份额($\gamma^{k,j}_{n}$)越大,则生产中使用的材料投入的成本降幅就越大。这一影响由公式(9.11)的最后一项捕捉,这一项反映了行业关联关系的重要性。

其次,对于不同经济体、不同行业,关税变化对福利的影响可以分解为贸易条件效应与贸易量效应。先定义经济体 n 的代表性消费者的福利 $W_n = \frac{I_n}{P_n} = \frac{w_n L_n + R_n + D}{P_n}$,两边全微分得 $d(W_n P_n) = \mathrm{d}w_n L_n + \mathrm{d}R_n + \mathrm{d}D$,两边除以 $I_n = W_n P_n$ 得[2]:

$$\frac{\mathrm{d}(W_n P_n)}{W_n P_n} = \frac{\mathrm{d}w_n L_n}{I_n} + \frac{\mathrm{d}R_n}{I_n} + \frac{\mathrm{d}D}{I_n} = \frac{\mathrm{d}w_n L_n}{I_n}\frac{w_n}{w_n} + \frac{\mathrm{d}R_n}{I_n}\frac{R_n}{R_n}$$

---

[1]　关于家庭收入与实际工资变化的分析,参见附录9A-3。

[2]　关于消费价格指数与福利评价的分析,参见附录9A-4。

$$\mathrm{dln}W_n = \frac{w_n L_n}{I_n}\mathrm{dln}w_n + \frac{R_n}{I_n}\mathrm{dln}R_n - \mathrm{dln}P_n$$

由此可得：

$$\mathrm{dln}W_n = \frac{1}{I_n}\sum_{i=1}^{J}\sum_{i=1}^{N}\underbrace{(E_{ni}^{j}\mathrm{dln}c_n^{j} - M_{ni}^{j}\mathrm{dln}c_i^{j})}_{\text{贸易条件}(ToT)} + \frac{1}{I_n}\sum_{i=1}^{J}\sum_{i=1}^{N}\underbrace{\tau_{ni}^{j}M_{ni}^{j}(\mathrm{dln}M_{ni}^{j} - \mathrm{dln}c_i^{j})}_{\text{贸易量}(VoT)}$$

$$(9.12)①$$

公式(9.12)的第一项为关税变化引起的福利变化中的多边、多行业贸易条件效应。如果出口价格相对于进口价格趋于上升，则贸易条件改善，福利上升。行业水平上的出口价格与进口价格的变化分别以出口与进口为权重。每个行业对总贸易条件变化的贡献取决于行业水平上的贸易差额与行业水平上的进出口价格变化。显然，这也反映了行业关联关系的重要性。公式(9.12)的第二项为关税变化引起的福利变化中的多边、多行业贸易量效应。贸易创造越多，则贸易量（即经过进口价格缩减后的进口值）就越大，对福利提高的贡献就越大。初始的关税与进口量确定了这一效应在不同经济体、不同行业的重要性。

进一步地，根据公式(9.12)，可以定义双边与行业层面上的贸易条件与贸易量效应：

表9-3 双边与行业层面上的贸易条件与贸易量效应

层面	贸易条件效应	贸易量效应
经济体 n 与经济体 i 之间（双边层面）	$\mathrm{dln}tot_{ni} =$ $\sum_{i=1}^{J}(E_{ni}^{j}\mathrm{dln}c_n^{j} - M_{ni}^{j}\mathrm{dln}c_i^{j})$	$\mathrm{dln}vot_{ni} =$ $\sum_{i=1}^{J}\tau_{ni}^{j}M_{ni}^{j}(\mathrm{dln}M_{ni}^{j} - \mathrm{dln}c_i^{j})$
经济体 n 的行业 j（行业层面）	$\mathrm{dln}tot_n^{j} =$ $\sum_{i=1}^{N}(E_{ni}^{j}\mathrm{dln}c_n^{j} - M_{ni}^{j}\mathrm{dln}c_i^{j})$	$\mathrm{dln}vot_n^{j} =$ $\sum_{i=1}^{N}\tau_{ni}^{j}M_{ni}^{j}(\mathrm{dln}M_{ni}^{j} - \mathrm{dln}c_i^{j})$

资料来源：笔者基于卡利恩多和帕罗（Caliendo 和 Parro，2015）整理。

---

① 关于公式(9.12)的推导，可以参见卡利恩多和帕罗（Caliendo 和 Parro，2015）的附录证明。

由此,关于经济体 n 福利变化的等式(9.12)可以写为

$$\mathrm{dln}W_n = \frac{1}{I_n}\sum_{i=1}^{N}\left(\mathrm{dln}tot_{ni} + \mathrm{dln}vot_{ni}\right) = \frac{1}{I_n}\sum_{j=1}^{J}\left(\mathrm{dln}tot_n^j + \mathrm{dln}vot_n^j\right)$$

$$(9.13)$$

基于此,可以对一个经济体的福利变化进行双边与行业两个层面上的进一步分解。

第三节 数据来源、处理及统计描述

在前面第二节分析框架的基础上,本部分主要介绍数据的来源与处理。我们需要用到的数据来自多个方面,主要包括 UNCTAD-TRAINS (UNCTAD-Trade Analysis Information System)、WITS(World Integrated Trade Solution)数据库以及前面第四章已经使用过的 WIOD 数据库等。最终分析涉及的经济体30 个(N=30)、行业 35 个(J=35)(如表9-4 所示)。经济体与行业样本均基于 WIOD 数据,但经济体个数比 WIOD 原始数据少11 个,这是因为这11 个经济体的数据有些残缺,如果这些经济体都加上的话,Matlab 软件运行会陷入死循环。我们做了多次尝试之后最终决定将这11 个经济体都归入"世界其余地区",从而最终要考察的经济体样本数为30 个(即29 个经济体+1 个"世界其余地区")。另外,我们把35 个行业分为16 个贸易品行业(序号1 至16)与19 个非贸易品行业(序号17 至35)两大类。①

表 9-4 福利分析的样本经济体与行业信息

福利效应分析数据(基于 WIOD 数据)						中国工业企业数据
英文简码	序号	经济体(N=30)	序号	行业(J=35 个)	英文简码	行业代码(id)范围
AUS	1	澳大利亚		贸易品行业		
]AUT	2	奥地利	1	农林牧渔业	Agri Hunt For Fish	—

---

① 实际上,我们也可以把所有行业都看作是贸易品行业,并使用关税等值作为所有行业的贸易壁垒(因为服务行业很少有关税数据,只能计算其关税等值),来进行福利分析。但由于我们主要分析中国的工业行业(主要是贸易品行业),因此我们仍然区分贸易品与非贸易品。关于服务业问题留作以后再进一步研究。

续表

福利效应分析数据（基于 WIOD 数据）					中国工业企业数据
BEL	3	比利时	2	采掘业	Mining	600≤id<1200
BRA	4	巴西	3	食品、饮料与烟草	Food Bev Tob	1300≤id<1700
CAN	5	加拿大	4	纺织及纺织品	Textiles	1700≤id<1800
CHN	6	中国	5	皮革与制鞋	Leather Footware	1800≤id<2000
DEU	7	德国	6	木材及木制品	Wood	2000≤id<2200
DNK	8	丹麦	7	纸浆、纸及印刷出版	Paper Print Pub	2200≤id<2500
ESP	9	西班牙	8	焦炭、炼油及核燃料	Petroleum	2500≤id<2600
FIN	10	芬兰	9	化工及化学制品	Chemicals	2600≤id<2900
FRA	11	法国	10	橡胶及塑料	Rubber Plastics	2900≤id<3100
GBR	12	英国	11	其他非金属矿物	Other Non-Met Min	3100≤id<3200
GRC	13	希腊	12	基本金属及金属制品业	Basic Metals	3200≤id<3500
HUN	14	匈牙利	13	未列入其他分类的机器	Machinery Nec	3500≤id<3700
IDN	15	印度尼西亚	14	电气及光学设备	Elec Optic Eq	3800≤id<4200
IND	16	印度	15	运输设备	Transport Eq	3700≤id<3800
IRL	17	爱尔兰	16	其他制造业、回收利用	Manuf Nec Rec	4200≤id<4400
]ITA	18	意大利		非贸易品行业		
]JPN	19	日本	17	电力、煤气及供水	Elec Gas Water	4400≤id<4700
KOR	20	韩国	18	建筑	Construction	—
LUX	21	卢森堡	19	机动车销售及维修、燃料销售	Sale Repair Motor	—
MEX	22	墨西哥	20	除机动车外的批发贸易及佣金贸易	Wholesale	—
NLD	23	荷兰	21	除机动车外的零售贸易、家庭用品维修	Retail	—
PRT	24	葡萄牙	22	住宿和餐饮业	Hotels Rest	—
RUS	25	俄罗斯	23	内陆运输	Inland Transp	—
RoW	26	世界其余地区	24	水运	Water Transp	—
SWE	27	瑞典	25	空运	Air Transp	—
TUR	28	土耳其	26	其他支持及辅助运输活动、旅行社活动	Other Transp Serv	—
TWN	29	中国台湾	27	邮政与电信	Post Telecom	—
USA	30	美国	28	金融中介	Financial Int	—
			29	房地产活动	Real Estate	—
			30	机器设备租赁及其他商务活动	Other Business Act	—

续表

福利效应分析数据（基于 WIOD 数据）			中国工业企业数据
	31	公共管理与国防、社会保障	Public Adm	—
	32	教育	Education	—
	33	健康及社会工作	Health Social Work	—
	34	其他社区服务、社会及个人服务	Other Services	—
	35	有雇工的私人住户	Private Households	—

注："—"表示中国工业无相关行业与 WIOD 行业相匹配。
资料来源：基于 WIOD 数据与中国工业企业数据。

我们选择 2000 年即中国加入 WTO 的前一年作为福利分析的初始年份，选择 2011 年作为对照年份，从而观察 2000 年到 2011 年的变化。选择这一时期的最大优势在于，它正好涵盖了中国加入 WTO 的重要历史时刻、见证了中国经济逐渐融入世界经济即中国经济逐渐国际化的重要历程。借此，我们可以观察中国加入 WTO 所带来的关税与非关税壁垒的变化及其对中国乃至世界产生的福利效应。在介绍完以上基本背景设定之后，接下来逐一说明后面福利分析所涉及的具体变量及相关数据处理。

一、双边贸易流

基于 WIOD 数据计算经济体 n 与经济体 i 之间在行业层面上的双边贸易流。用 M_{ni}^{j} 表示经济体 n 从经济体 i 进口行业 j 的产品，用 X_{ni}^{j} 表示经济体 n 向经济体 i 出口行业 j 的产品。[①] 基于此，计算每个经济体 n、行业 j 的贸易差额：$D_{n}^{j} = \sum_{i=1}^{N} M_{ni}^{j} - \sum_{i=1}^{N} X_{in}^{j}$；计算经济体 n 与经济体 i 在行业 j 上的双边贸易份额：$\pi_{ni}^{j} = \dfrac{X_{ni}^{j}}{\sum_{i=1}^{N} X_{ni}^{j}} = \dfrac{M_{ni}^{j}(1+\tau_{ni}^{j})}{\sum_{i=1}^{N} M_{ni}^{j}(1+\tau_{ni}^{j})}$，其中，关税与非关税贸易壁垒的测算见随后的介绍。

① 双边贸易流数据也可以从 UN-Comtrade 数据库中获取，但需要进行行业归并对接。这里直接基于 WIOD 数据库进行计算，无须进行行业归并对接。作为稳健性检验，可以用 UN-Comtrade 数据再做一次分析，这留作以后进一步研究。

我们以基年 2000 年数据来展示计算结果(见图 9-2)。图 9-2(1)显示,中国对大多数贸易伙伴的纺织及纺织品出口均在第 60 百分位以上,即超过 2.64 亿美元,显示较强的出口量优势。图 9-2(2)报告的是中国在所有贸易品行业上与贸易伙伴的双边贸易。一方面,以对不同贸易伙伴的出口值衡量,纺织及纺织品、电气及光学设备是中国最重要的出口工业行业(对大多数伙伴的出口值在第 80 百分位以上);另一方面,美国、日本是中国大多数工业行业最重要的出口目的地(出口值大多在第 80 百分位以上)。

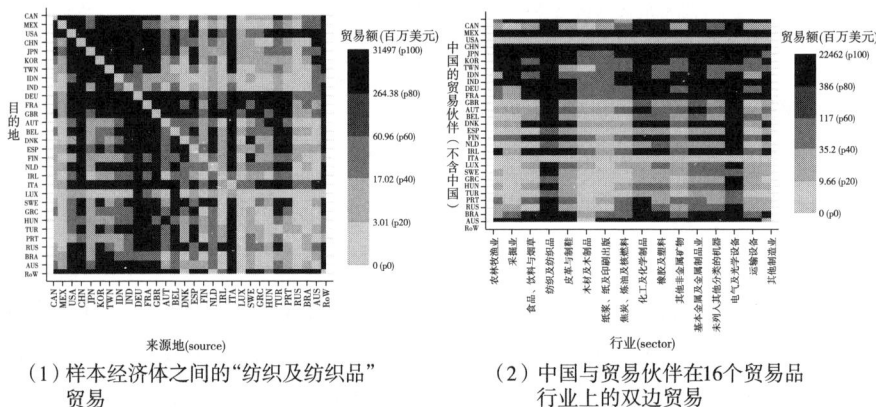

(1)样本经济体之间的"纺织及纺织品"贸易

(2)中国与贸易伙伴在16个贸易品行业上的双边贸易

图 9-2　2000 年样本经济体之间的双边贸易

注:图中的经济体与行业代码参见表 9-4。
资料来源:笔者基于数据制作。

二、增加值、总产出与投入—产出系数

基于 WIOD 直接获得每个经济体 n 与每个行业 j 的增加值 V_n^j 与总产出 Y_n^j 数据。但需要指出的是,个别行业的总产出为 0,这将意味着价格无法确定,因而导致模型的计算变得复杂,并进而导致 Matlab 软件程序无法运行下去。为了避免这种问题的发生,我们令所有值为 0 的总产出等于 1(美元),这相对于样本中的其他总产出值是一个非常小的数。[①] 然后计算增加值占总产出的份额 $\gamma_n^j = \dfrac{V_n^j}{Y_n^j}$。基于投入—产出矩阵,计算投

———————

① 当然也可以尝试其他的数值,但结果基本一样。

入—产出(I-O)系数。在I-O系数表对角线上的数值反映的是行业自身关联,非对角线上的数值反映不同行业之间的关联关系。

进一步地,计算各行业最终消费占总体最终消费的份额:

$$\alpha_n^j = \frac{Y_n^j + D_n^j - \sum_{k=1}^{J} \gamma_n^{j,k} Y_n^k}{I_n}$$,即行业j的总支出减去中间品支出,再除以总的最终吸收。

三、行业生产率离散程度(贸易弹性)θ

在EK模型以及CP模型中,贸易弹性与生产率参数的离散程度相关,并决定着贸易流如何对关税的变化作出反应。如果生产率不太分散化,即较大的θ^j(如图9-3),则关税的变化不会大幅度改变贸易品的份额。这是因为产品的替代性较低(产品差异性较小)。相反,如果生产率较为分散化,则较小的关税变化就会引起贸易品份额的较大幅度调整。[1]这是因为产品的替代性较高(产品差异性较大)。

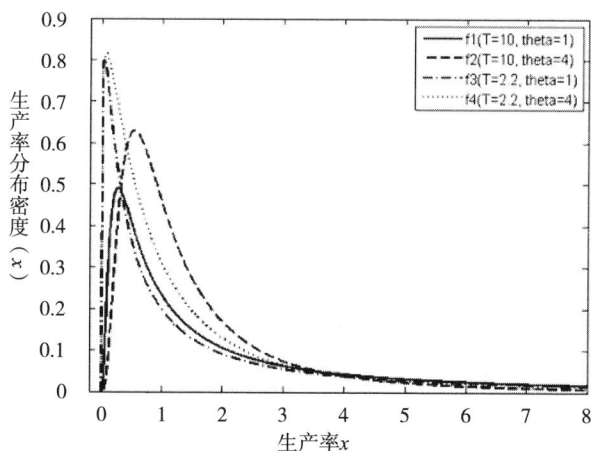

图9-3 弗雷歇(Fréchet)分布(分布函数为 $F(x) = e^{-Tx^{-\theta}}$)

注:θ值越大,意味着生产率越集中(较低生产率)以及更小的异质性;T值越大,越往右偏。
资料来源:笔者制作整理。

---

[1] 在阿明顿(Armington)模型中,贸易弹性(对于贸易成本)是替代弹性。

由于我们的行业划分与卡利恩多和帕罗（Caliendo 和 Parro，2015）非常接近，因此我们直接使用后者的贸易弹性值，如表9-5所示。[①] 可以看出各行业的贸易弹性差异很大，但都位于现有文献估计的取值范围。

表9-5　16个贸易品行业的贸易弹性与关税行业匹配

序号	行业（J=16个）	英文简码	中国工业行业代码（id）范围	贸易弹性θ	两分位 HS 产品分类
1	农林牧渔业	Agri Hunt For Fish	—	9.11	01—03、05—10、12—14
2	采掘业	Mining	600≤id<1200	13.53	25—27
3	食品、饮料与烟草	Food Bev Tob	1300≤id<1700	2.62	4、11、15—24
4	纺织及纺织品	Textiles	1700≤id<1800	8.1	43、50—63、65
5	皮革与制鞋	Leather Footware	1800≤id<2000	8.1	41、42、64
6	木材及木制品	Wood	2000≤id<2200	11.5	44—46
7	纸浆、纸及印刷出版	Paper Print Pub	2200≤id<2500	16.52	47—49
8	焦炭、炼油及核燃料	Petroleum	2500≤id<2600	64.85	27
9	化工及化学制品	Chemicals	2600≤id<2900	3.13	28—38
10	橡胶及塑料	Rubber Plastics	2900≤id<3100	1.67	39、40
11	其他非金属矿物	Other Non - Met Min	3100≤id<3200	2.41	68—70
12	基本金属及金属制品业	Basic Metals	3200≤id<3500	3.28	71—76、78—83
13	未列入其他分类的机器	Machinery Nec	3500≤id<3700	1.45	84、93
14	电气及光学设备	Elec Optic Eq	3800≤id<4200	12.91	85、90、91
15	运输设备	Transport Eq	3700≤id<3800	1.84	86—89
16	其他制造业、回收利用	Manuf Nec Rec	4200≤id<4400	3.98	66、67、92、94—96

注：贸易弹性值基于卡利恩多和帕罗（Caliendo 和 Parro，2015）。两分位 HS 产品分类基于 UNCTAD－TRAINS 数据。

资料来源：基于相关数据及卡利恩多和帕罗（Caliendo 和 Parro，2015）整理而得。

四、关税与非关税壁垒

（一）关税的测算

我们使用的行业水平双边关税税率取自 UNCTAD－TRAINS 数据库。

[①] 卡利恩多和帕罗（Caliendo 和 Parro，2015）采用新的方法估算贸易弹性，适用于所有模型；也可以采用该种方法进行估算。

该数据库给出的税率包括简单平均税率与加权平均税率,后者以进口额为权重进行加权平均;这些税率分别是以两分位 HS 编码、四分位 HS 编码和六分位 HS 编码呈现的。我们选择两分位 HS 编码产品的进口加权关税税率(import-weighted tariff rates),然后按照联合国 HS 编码与 ISIC 编码的匹配方法,将 96 个两分位 HS 产品分类与表 9-4 列出的 16 个贸易品行业进行匹配。匹配结果见表 9-5 最后一列。

我们仅选取 2000 年与 2011 年的税率,如果这两年的税率缺失,就以最靠近这两年的税率替代;另外,我们还从 WITS(World Integrated Trade Solution)数据库下载最惠国加权平均关税税率(MFN weighted average tariff)作为补充,以替代用以上方法无法获取的税率。行业匹配之后,大多数贸易品行业都对应多个两分位 HS 编码产品,我们就取它们的平均值作为该贸易品行业的关税率。"世界其余地区"(RoW)的行业关税率等于除表 9-4 所列 29 个经济体之外的其他所有国家和地区的行业税率的平均值。[①] 关于中国及其他经济体的关税统计描述参见前面的表 9-1、表 9-2 与图 9-1。

(二)非关税壁垒的测算

我们使用的非关税壁垒数据是基于综合贸易成本(comprehensive trade cost)或关税等值(tariff equivalent)方法计算而得到的。现有文献关于综合贸易成本的分析大多是从安德森和凡·文库普(Anderson 和 van Wincoop,2003)"多国一般均衡国际贸易模型"开始的。在该模型中,每个经济体都拥有与其他经济体不同的单一产品;最优化的消费者消费不同品种的本国与国外产品,经济体之间的消费者偏好相同并可用不变替代弹性(Constant Elasticity of Substitution,CES)效用函数表示。其中关键一点是,该模型假定存在外生的双边贸易成本。令 p_h 是本国(h)产品的净供给价格,外国(f)消费者面对的该产品价格 $p_{hf} = p_h \times t_{hf}$。其中,$t_{hf} \geqslant 1$ 表示双边贸易总成本因子,即等于 1 加上关税等值(tariff equivalent)。由

---

① 在 UNCTAD-TRAINS 数据库中,报告税率的经济体(reporter)有 193 个、伙伴经济体(partner)有 272 个。我们这里定义的"世界其余地区"(RoW)是指除了表 9-4 所列 29 个经济体之外的所有经济体(包括 164 个报告税率的经济体、243 个伙伴经济体)。

此推导出带有贸易成本的引力方程：

$$T_{hf} = \frac{y_h y_f}{y^W} \left(\frac{t_{hf}}{\Pi_h P_f} \right)^{1-\sigma} \tag{9.14}$$

其中，T_{hf} 表示本国向外国的名义出口，y_h、y_f 分别表示本国与外国的名义收入，$y^W (\equiv \sum_c y_c)$ 表示世界收入。$\sigma > 1$ 表示产品之间的替代弹性。Π_h 和 P_f 分别表示本国和外国的价格指数，并分别被安德森和凡·文库普（Anderson 和 van Wincoop，2003）称为外向多边阻力（outward multilateral resistance）变量和内向多边阻力（inward multilateral resistance）变量，因为这两个多边阻力变量包括与其他所有贸易伙伴的贸易成本。该方程表明，在其他条件给定时，国家越大彼此之间的贸易就越多，但双边贸易成本 t_{hf} 会减少双边贸易量。在经验分析中，贸易成本通常作为边境壁垒和地理距离这两个代理变量的函数，但多边阻力变量却难以找到合适的代理变量。诺维（Novy，2013）找到了一种方法，从而消掉了以上引力方程中的多边阻力变量。首先，给出与公式（9.14）相对应的本国国内贸易 T_{hh} 引力方程，并求出两个多边阻力变量的乘积：

$$\Pi_h P_h = \left(\frac{T_{hh}/y_h}{y_h/y^W} \right)^{\frac{1}{\sigma-1}} t_{hh} \tag{9.15}$$

同样地，也给出与公式（9.14）相对应的外国国内贸易 T_{ff} 引力方程，并求出两个多边阻力变量的乘积。然后，给出与公式（9.14）相对应的外国对本国出口（T_{fh}）的引力方程，并将该方程与公式（9.14）的两边各自相乘，得：

$$T_{hf} T_{fh} = \left(\frac{y_h y_f}{y^W} \right)^2 \left(\frac{t_{hf} t_{fh}}{\Pi_h P_h \Pi_f P_f} \right)^{1-\sigma} \tag{9.16}$$

把从两国国内贸易引力方程求出的多边阻力变量乘积代入公式（9.16），得：

$$\frac{t_{hf} t_{fh}}{t_{hh} t_{ff}} = \left(\frac{T_{hh} T_{ff}}{T_{hf} T_{fh}} \right)^{\frac{1}{\sigma-1}}$$

进一步变换为下式：

$$\tau_{hf} \equiv \left(\frac{t_{hf}t_{fh}}{t_{hh}t_{ff}}\right)^{\frac{1}{2}} - 1 = \left(\frac{T_{hh}T_{ff}}{T_{hf}T_{fh}}\right)^{\frac{1}{2(\sigma-1)}} - 1 \qquad (9.17)①$$

其中,τ_{hf}衡量的是双边贸易成本$t_{hf}t_{fh}$与国内贸易成本$t_{hh}t_{ff}$的相对值几何平均,减去1是便于用关税等值来表示贸易成本。该方法无须假定国内贸易是没有摩擦的(frictionless),而是捕捉那些使得国际贸易成本高于国内贸易成本的因素。在 EK 模型和 CP 模型中,$\theta = \sigma - 1$。诺维(Novy,2013)指出:首先,该测算方法是综合性的(comprehensive),因为它不仅涵盖所有显性贸易成本(包括运输成本、关税等)与隐性贸易成本(包括语言壁垒、红头文件、政治关系壁垒等),还隐含消费偏好等的影响②,所以应该看作是贸易成本的上限(upper bound);其次,该方法将贸易成本视为国内外贸易量的函数,因此很容易基于贸易数据(包括时间序列与面板数据)进行计算。

我们基于 WIOD 数据,并按照安德森和凡·文库普(Anderson 和 van Wincoop,2004)与诺维(Novy,2013)的做法,将替代弹性σ的基准值设定为 8,从而估算出 2000 年和 2011 年每个经济体、每个行业的基本关税等值。关于中国及其他经济体的关税等值统计描述参见前面的表 9-1、表 9-2 与图 9-1。在后面的福利分析时,贸易弹性θ值将基于表 9-5 随着行业变化而不同。③ 有了以上基础数据,我们就可以分析经贸政策的福利效应。

第四节 福利效应分析

本节的福利分析始终考虑世界经济存在贸易失衡(顺差或逆差)这一基本事实,包括两大维度(见图 9-4):一是中国单边情形,分别考虑世界其

---

① 诺维(Novy,2013)还推导出来与伊藤和科特姆(Eaton 和 Kortum,2002)的李嘉图模型、钱尼(Chaney,2008)及梅里兹和奥塔维亚诺(Melitz 和 Ottaviano,2008)的异质性企业贸易模型相一致的贸易成本测算公式,其基本形式与公式(9.17)相对应。

② 本国偏好(home bias in preferences)会导致对贸易成本水平的高估。

③ 服务行业虽然没有一般的关税税率,但可以计算关税等值。本项研究主要关注中国工业行业,假定服务行业是非贸易品行业。我们后续的研究将放松这一假定。

余地区(RoW)的关税和非关税壁垒是保持在 2000 年的水平不变还是发生变化两种状态,以此观察中国单边削减关税和非关税壁垒对自身及世界的影响、评估中国削减关税和非关税壁垒的经济效应在多大程度上受到了世界范围内关税和非关税壁垒变化的影响。二是中国与特定经济体组成假想 FTA(或贸易体)情形,这个维度基于两种情形下的反事实(counterfactual)分析:(1)考虑中国假想 FTA 的关税和非关税壁垒发生变化(即从 2000 年到 2011 年的变化),但中国假想 FTA 与世界其余地区之间的关税和非关税壁垒保持在 2000 年的水平;(2)考虑中国假想 FTA 与世界其余地区之间的关税与非关税壁垒发生变化(即从 2000 年到 2011 年的变化),这时再进一步考虑中国假想 FTA 的关税和非关税壁垒是否发生变化。

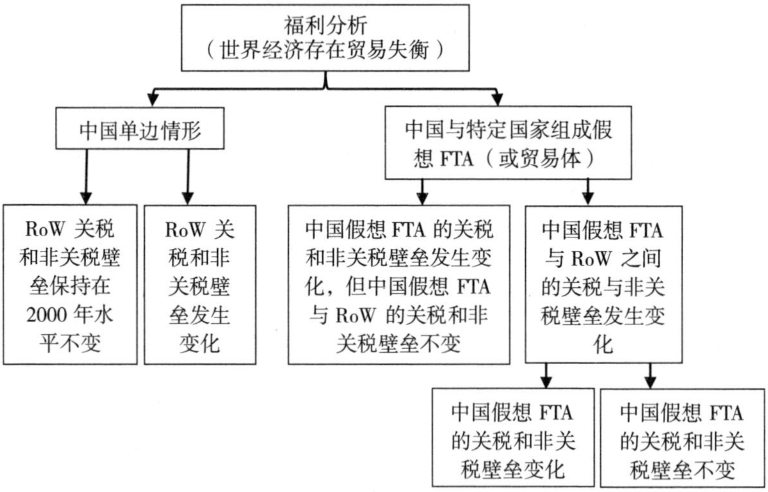

图 9-4 福利分析的基本维度

注:中国单边情形下的世界其余地区(RoW)是指除中国外的世界其余地区;中国与特定国家组成假想 FTA(或贸易体)情形下的世界其余地区是指除假想 FTA 国家外的世界其余地区。中国假想 FTA(即下面要讨论的中国、日本、美国三国之间组成的 FTA)并不是真正 FTA,其内部成员之间削减关税与非关税壁垒也不是 FTA 意义上的,而是实际发生的削减。我们只是将三国放在一起考虑。

资料来源:笔者基于分析制作而成。

一、中国单边情形

表 9-6 展示的福利效应与实际工资的变化分别基于公式(9.12)和

公式(9.11)计算而得。可以看出,当(除中国外的)世界其余地区的关税与非关税壁垒保持在中国加入WTO之前的水平时,如果仅考虑一般关税削减的影响,则中国的福利是下降的,降幅为0.3%;但如果考虑综合性贸易壁垒削减的影响,则中国的福利是上升的,升幅为0.21%。这意味着,削减关税之外的贸易壁垒对于改进中国福利非常重要。但不管何种情形,中国的实际工资都是趋于上升的,升幅达0.56%—0.59%。

如果将福利效应分解为贸易条件效应与贸易量效应,我们可以发现,中国存在一定的贸易转移效应,但仅仅削减一般关税导致的贸易转移效应更大(-0.55%),而且在仅考虑关税削减情形下的福利损失主要是由于贸易转移效应引起的。表9-6给出了福利效应的另一个组成部分——贸易条件效应。可以看出,不管是削减一般关税,还是削减综合性贸易壁垒,中国的贸易条件都是改善的(0.25%—0.26%)。基于公式(9.6)可以理解出口价格是如何变化的。单位成本或出口价格的变化是投入价格即工资与材料价格变化的增函数。最后一列显示,中国的实际工资是上升的。在其他条件给定时,实际工资率的上升推高了出口价格。但根据公式(9.7),在其他条件给定时,进口关税和非关税壁垒的下降会导致进口材料投入价格的下降。所以,出口价格的净变化取决于工资的上升幅度与材料价格的下降幅度。

现实情况是,从2000年到2011年,在中国加入WTO兑现削减关税和非关税壁垒承诺的同时,其他经济体也在削减关税和非关税壁垒,比如前文提到的全球FTA蓬勃发展的事实就是有力的证据。这意味着中国经济的国际环境在改善,对于增进中国的福利水平至关重要。表9-6最后两行报告的中国实际工资与福利的增长率(4.01%和0.67%、0.65%和0.22%)均高于第一种情形(即假定世界其余地区的关税与非关税壁垒保持在中国加入WTO之前的水平不变)。①

---

① 在其他经济体削减关税和非关税壁垒时,如果中国不削减关税和非关税壁垒,则中国的福利与实际工资的变化为0。表中不再一一列出。

表9-6　中国单边削减关税与非关税壁垒的福利效应　（单位:%）

		福利			实际工资
		合计	ToT	VoT	
假定世界其余地区的关税与非关税壁垒保持在2000年水平不变	一般关税	−0.3	0.25	−0.55	0.56
	关税等值	0.21	0.26	−0.055	0.59
世界其余地区的关税与非关税壁垒发生变化	一般关税	0.65	0.85	−0.20	4.01
	关税等值	0.22	0.27	−0.054	0.67

注:ToT、VoT分别表示贸易条件、贸易量,下同。
资料来源:笔者基于数据计算整理。

表9-7给出了中国各贸易品行业(其中14个制造业行业)对总体贸易条件效应与总体贸易量效应的贡献。我们基于表9-3定义的行业测度,计算每个行业j的$\dfrac{\mathrm{dln}tot_n^j}{\sum\limits_{j=1}^{J}\mathrm{dln}tot_n^j}$与$\dfrac{\mathrm{dln}vot_n^j}{\sum\limits_{j=1}^{J}\mathrm{dln}vot_n^j}$。可以看出,各行业对总体效应的贡献差异很大。但实际上,总体贸易条件效应的变化主要是由少数几个行业造成的。比如,排名靠前的电气及光学设备,焦炭、炼油及核燃料,这两个行业合计贡献了总体贸易条件改善效应的60%。

相对于其他行业,为什么一些行业对贸易条件效应的贡献相对较大?其中的原因主要包括进口关税和非关税壁垒的降幅、生产中使用的材料投入的比重高低以及行业之间关联程度的大小。对于中国而言,贸易条件的改善主要是因为出口价格的上升。这是因为:

第一,2000年,中国的电气及光学设备,焦炭、炼油及核燃料两个行业的进口征收的平均关税税率分别为13.54%、7.27%,平均关税等值分别为111.38%、234.95%。虽然这两个行业的关税税率并不是所有行业中最低的,但低于所有行业进口关税税率的均值(见表9-2)。

第二,从第四章的全球价值链分析可知,电气及光学设备,焦炭、炼油及核燃料两个行业生产中使用的中间投入份额分别为77%、81%,分别高于中国经济中的其他所有行业生产中使用的中间投入份额的均值62.2%与中位数61.7%。

第三,这些行业彼此的相互关联程度较高。比如,电气及光学设备生产中使用的焦炭、炼油及核燃料的份额为13.5%,而焦炭、炼油及核燃料生产中使用的电气及光学设备的份额为 5.9%。因此,这些行业进口关税和非关税壁垒的下降也解释了价格效应的一部分。另外,这些行业中任何一个行业的单位生产成本的下降都会因为这些行业呈现的强劲的投入—产出关系而产生一种乘数效应。在其他条件给定时,如果一些行业相对于另外的行业在生产中使用了较高份额的材料投入,那么,这些行业进口关税和非关税壁垒的下降将对这些行业出口价格产生较大的影响(相对于其他行业)。

从表 9-6、表 9-7,我们还可以发现,一般关税削减与综合性贸易壁垒削减对贸易条件的影响以及各行业对总体贸易条件变化的贡献均很相似,但对贸易量的影响以及各行业对总体贸易量变化的贡献却相差很大。

假定世界其余地区的关税与非关税壁垒保持在 2000 年水平不变,那么中国削减一般关税时,纺织及纺织品,电气及光学设备,食品、饮料与烟草三个位列最前面的行业对中国贸易量(VoT)变化的贡献合计为 59.5%;在削减综合性贸易壁垒情形下,位于前三位的行业为电气及光学设备、纺织及纺织品、运输设备,合计贡献为 59.2%。如果考虑世界其余地区的关税与非关税壁垒也发生变化,那么中国削减一般关税时,纺织及纺织品、运输设备、电气及光学设备这三个位列最前面的行业对中国贸易量变化的贡献合计超过 90%;在削减综合性贸易壁垒情形下,这三个行业合计贡献 60%。可见,这些情形都包含了纺织及纺织品、电气及光学设备两个行业。一般而言,贸易量效应取决于关税与非关税壁垒削减幅度、贸易弹性以及生产中使用的材料投入份额,而且这些因素的相对重要性对于不同行业也不尽相同。比如,纺织及纺织品在 2000 年时受到中国的关税保护程度(22.35%)仅低于食品、饮料与烟草(32.53%),而这一年的平均关税税率为 15.52%(见表 9-2)。因此,关税的大幅下降促进了该行业的贸易,使得该行业对总贸易量变化的贡献变大。另外,关税与非关税壁垒削减对有些行业的可贸易中间品价格的影响程度可能要超过别的行业。这一点对于电气及光学设备、运输设备等行业特别重要,其原因前面已经讨论。这些行业贸易价格的下降解释了贸易量效应的上升。

表 9-7　中国削减关税与非关税壁垒的福利效应:行业分解　（单位:%）

| 行业 | 假定世界其余地区的关税与非关税壁垒保持在2000年水平不变 | | | | 世界其余地区的关税与非关税壁垒发生变化 | | | |
| | 一般关税 | | 关税等值 | | 一般关税 | | 关税等值 | |
	ToT	VoT	ToT	VoT	ToT	VoT	ToT	VoT
农林牧渔业	-0.034	5.65	0.044	4.81	2.44	-23.5	0.134	4.80
采掘业	1.86	0.46	1.92	4.39	4.55	1.14	2.06	4.46
制造业								
食品、饮料与烟草	-0.82	15.30	-0.38	7.79	4.04	12.60	-0.201	7.97
纺织及纺织品	4.85	27.50	5.00	19.50	6.73	53.90	4.94	19.90
皮革与制鞋	10.60	5.61	10.30	4.14	5.39	2.47	10.10	4.22
木材及木制品	1.51	0.314	1.50	1.38	1.11	-3.01	1.48	1.33
纸浆、纸及印刷出版	4.08	0.377	4.07	0.323	3.43	-1.01	4.09	0.19
焦炭、炼油及核燃料	24.30	-2.36	25.00	-18.50	7.69	-18.20	24.50	-20.30
化工及化学制品	3.30	3.65	3.68	6.30	13.70	5.70	4.27	6.40
橡胶及塑料	0.17	4.12	0.216	6.54	1.52	8.20	0.279	6.67
其他非金属矿物	2.02	1.87	1.98	4.04	1.33	3.03	1.96	4.12
基本金属及金属制品业	2.65	5.20	2.75	10.50	7.59	7.56	2.93	10.70
未列入其他分类的机器	3.53	2.13	3.55	5.26	7.83	4.73	3.70	5.35
电气及光学设备	36.90	16.70	35.70	22.00	28.90	19.50	35.20	22.30
运输设备	-8.26	9.99	-8.30	17.70	-0.228	23.20	-8.31	18.10
其他制造业、回收利用	13.30	3.45	13.00	3.76	4.01	3.69	12.90	3.79

注:各列的值之和为100%。
资料来源:笔者基于数据计算整理。

中国削减关税和非关税壁垒还对行业专业化程度产生影响。表 9-8 展示了中国加入 WTO 前后各行业出口份额的变化,以此可以观察行业专业化程度的变化。可以看出,无论是否考虑世界关税和非关税壁垒发生了变化,各行业出口份额差别都很大。假定世界其余地区的关税与非关税壁垒保持在 2000 年水平不变,中国削减一般关税时,在 2000 年前(中国加入 WTO 前),中国的电气及光学设备、化工及化学制品、未列入其他分类的机器三个行业的出口份额最高,合计占总出口的 52.5%;在 2000 年之后(中国加入 WTO 后),前三位行业即电气及光学设备、化工及化学制品、未列入其他分类的机器合计占总出口的比重降至50%以下。也就是说，随着中国加入WTO带来的关税和非关税壁垒削减，中国的出口行业趋于分散化。这也反映在最后一行标准化赫芬达尔(Herfindalh)指数(简称HI指数)趋于下降这一趋势上(尽管降幅并不太大)。

表9-8　中国加入WTO前后各行业出口份额的变化　　(单位:%)

行业	假定世界其余地区的关税与非关税壁垒保持在2000年水平不变				世界其余地区的关税与非关税壁垒发生变化			
	一般关税		关税等值		一般关税		关税等值	
	之前	之后	之前	之后	之前	之后	之前	之后
农林牧渔业	3.85	4.8	3.81	4.77	3.85	7.84	3.81	4.80
采掘业	7.28	6.64	7.14	6.47	7.28	4.47	7.14	6.57
制造业								
食品、饮料与烟草	6.48	6.84	7.46	7.87	6.48	7.85	7.46	7.82
纺织及纺织品	6.05	5.84	5.96	5.74	6.05	8.68	5.96	5.65
皮革与制鞋	1.32	1.51	1.3	1.5	1.32	2.35	1.3	1.46
木材及木制品	1.04	1.34	1.03	1.33	1.04	1.50	1.03	1.46
纸浆、纸及印刷出版	3.29	4.18	3.23	4.08	3.29	3.11	3.23	3.99
焦炭、炼油及核燃料	0.625	0.087	0.599	0.082	0.625	0.02	0.599	0.09
化工及化学制品	18.1	18.5	18.5	18.9	18.1	16.33	18.5	18.82
橡胶及塑料	1.8	1.9	1.78	1.88	1.8	1.78	1.78	1.87
其他非金属矿物	0.851	0.892	0.84	0.882	0.851	0.80	0.84	0.88
基本金属及金属制品业	10.1	10.8	9.94	10.7	10.1	9.01	9.94	10.60
未列入其他分类的机器	10.8	11.3	10.7	11.1	10.8	9.40	10.7	11.09
电气及光学设备	23.6	20.4	23	19.9	23.6	21.77	23	19.92
运输设备	3.63	3.75	3.62	3.74	3.63	3.56	3.62	3.74
其他制造业、回收利用	1.18	1.26	1.16	1.25	1.18	1.52	1.16	1.25
出口集中度-HI指数	0.1	0.093	0.1	0.093	0.1	0.091	0.1	0.093

注:除了"出口集中度-HI指数"一行外，各列的值之和为100%。最后一行的出口集中度-HI指数为标准化赫芬达尔指数(normalized Herfindahl index)，其计算如下:假定有N个行业，每个行业的出口份额为s，则一般赫芬达尔指数 $H = \sum_{i=1}^{N} s_i^2$，该指数取值为1/N至1;由此可得到标准化赫芬达尔指数 $H^* = \dfrac{H - 1/N}{1 - 1/N}$，该指数取值为0至1，当N=1时，$H^* = 1$。

资料来源:笔者基于数据计算整理。

以世界范围内削减关税和非关税壁垒（包括中国在内）为参照，中国削减关税及非关税壁垒对其他29个样本经济体的影响还是比较显著的（如表9-9所示）。有三个经济体的福利受到的负面影响最大，分别是卢森堡、希腊、葡萄牙，下降5.54%—11%，其主要原因均是贸易条件出现严重恶化。爱尔兰、加拿大的福利受到正面影响的程度最大，上升了1.58%—2.3%，这主要得益于它们贸易条件的改善。另外，我们还可以看到，受到中国削减一般关税的影响，所有经济体的贸易量都出现了不同程度的下降（-0.12%—-2.64%）。但中国削减综合性贸易壁垒的负面影响程度要轻一些。

表9-9　中国削减关税和和非关税壁垒的全球效应　　（单位:%）

经济体	假定世界其余地区的关税与非关税壁垒保持在2000年水平不变						世界其余地区的关税与非关税壁垒发生变化					
	一般关税			关税等值			一般关税			关税等值		
	福利	ToT	VoT	福利	ToT	VoT	福利	ToT	VoT	福利	ToT	VoT
澳大利亚	-0.37	0.20	-0.57	0.14	0.21	-0.07	0.03	0.29	-0.26	0.43	0.47	-0.04
奥地利	-0.97	-0.31	-0.67	-0.39	-0.32	-0.07	-1.03	-0.48	-0.55	0.43	0.48	-0.05
比利时	0.36	1.60	-1.24	1.59	1.67	-0.08	0.39	1.48	-1.09	-1.39	-1.31	-0.08
巴西	-0.50	-0.16	-0.35	-0.20	-0.16	-0.04	-0.35	-0.09	-0.26	1.01	1.04	-0.03
加拿大	1.58	1.78	-0.21	1.77	1.81	-0.04	1.71	1.68	0.04	-0.02	0.03	-0.04
德国	-0.07	0.46	-0.53	0.43	0.47	-0.04	0.00	0.43	-0.43	0.43	0.47	-0.04
丹麦	-0.31	0.47	-0.78	0.43	0.49	-0.05	-0.19	0.41	-0.60	0.43	0.48	-0.05
西班牙	-2.05	-1.19	-0.86	-1.30	-1.23	-0.08	-2.30	-1.58	-0.72	-1.39	-1.31	-0.08
芬兰	0.67	0.99	-0.32	1.00	1.03	-0.04	2.10	1.00	1.10	1.01	1.04	-0.03
法国	-0.52	0.05	-0.58	0.01	0.05	-0.04	-0.20	-0.06	-0.14	-0.02	0.03	-0.04
英国	-0.75	-0.27	-0.48	-0.33	-0.28	-0.05	-0.83	-0.46	-0.37	-0.33	-0.28	-0.05
希腊	-8.79	-8.10	-0.69	-8.35	-8.28	-0.08	-11.83	-11.72	-0.11	-8.21	-8.13	-0.07
匈牙利	-1.97	-0.59	-1.38	-0.92	-0.63	-0.29	-5.96	-4.62	-1.34	-0.82	-0.53	-0.29
印度尼西亚	0.33	0.78	-0.45	0.76	0.80	-0.04	0.76	0.68	0.08	0.75	0.79	-0.04
印度	-0.44	-0.07	-0.37	-0.12	-0.07	-0.05	3.31	1.97	1.34	-0.19	-0.14	-0.05
爱尔兰	1.64	2.13	-0.48	2.19	2.21	-0.03	2.26	2.43	-0.17	2.21	2.23	-0.03
意大利	-0.38	0.19	-0.57	0.14	0.19	-0.05	-0.35	0.08	-0.43	0.15	0.20	-0.05
日本	-0.19	0.02	-0.21	0.00	0.02	-0.02	-0.16	-0.02	-0.14	0.01	0.02	-0.02

经济体	假定世界其余地区的关税与非关税壁垒保持在2000年水平不变						世界其余地区的关税与非关税壁垒发生变化					
	一般关税			关税等值			一般关税			关税等值		
	福利	ToT	VoT	福利	ToT	VoT	福利	ToT	VoT	福利	ToT	VoT
韩国	-0.02	1.07	-1.09	1.03	1.13	-0.10	-0.29	0.61	-0.90	1.05	1.14	-0.10
卢森堡	-10.80	-8.13	-2.64	-8.83	-8.49	-0.34	-13.03	-10.44	-2.60	-9.71	-9.37	-0.34
墨西哥	-0.18	-0.06	-0.12	-0.09	-0.05	-0.04	3.06	3.12	-0.06	-0.09	-0.05	-0.04
荷兰	0.14	1.00	-0.86	0.99	1.04	-0.04	0.43	1.09	-0.66	1.00	1.04	-0.04
葡萄牙	6.68	-5.19	-1.49	-5.54	-5.38	-0.17	-7.73	-6.42	-1.31	-5.48	-5.31	-0.17
俄罗斯	0.11	0.41	-0.30	0.36	0.42	-0.05	0.30	0.54	-0.24	0.38	0.43	-0.05
世界其余地区	0.53	0.86	-0.34	0.84	0.88	-0.04	0.74	0.85	-0.12	0.85	0.89	-0.04
瑞典	0.47	0.98	-0.51	0.97	1.01	-0.05	0.65	0.96	-0.31	0.97	1.02	-0.05
土耳其	-1.71	-1.15	-0.56	-1.25	-1.17	-0.08	-1.58	-1.46	-0.12	-1.29	-1.22	-0.07
中国台湾	0.22	1.19	-0.97	1.18	1.25	-0.07	1.11	1.63	-0.52	1.18	1.25	-0.07
美国	-1.14	-0.87	-0.27	-0.91	-0.89	-0.02	-1.31	-1.09	-0.21	-0.91	-0.89	-0.02

资料来源:笔者基于数据计算整理。

二、中国与特定经济体组成假想FTA(或贸易体)情形

中国最早构建的FTA是大陆于2004年分别与香港、澳门签署实施的"更紧密经济伙伴安排"(Closer Economic Partnership Arrangements, CEPA),截至2015年,中国(大陆)已经结束谈判、正在实施的FTA共有13个,涉及21个经济体。[①] 但中国与有些经济体实施FTA的年份超出了我们的样本期限(2000—2011年),而没有超出样本年份的经济体又不在我们的样本中("世界其余地区"除外)。然而,我们只能在样本中加以选择。考虑到美国和日本是中国最重要的贸易伙伴(见图9-2),我们挑

---

① 主要包括澳大利亚(2015)、智利(2006)、哥斯达黎加(2011)、中国香港(2004)、冰岛(2014)、中国澳门(2004)、新西兰(2008)、巴基斯坦(2007)、秘鲁(2010)、新加坡(2009)、韩国(2015)、瑞士(2014)以及东盟(ASEAN)10国(2005)(包括文莱、柬埔寨、印度尼西亚、老挝、马来西亚、缅甸、菲律宾、新加坡、泰国、越南)(注意:经济体后面括号里数字表示中国与其FTA实施的年份)。

选这两个经济体并假定中国与其组成假想 FTA 或贸易体(以下简称 CJA)。① 我们分析两种情形:

(一)CJA 与 RoW 之间关税和非关税壁垒保持在 2000 年的水平不变

这种情形考虑 CJA 内部削减关税和非关税壁垒,但假定 CJA 与世界其余地区(以下简称 RoW)之间的关税和非关税壁垒保持在中国加入 WTO 之前 2000 年的水平不变。② 表 9-10 报告了这种情形下的福利效应。可以看出,在削减一般关税时,中、日、美三国的福利都有所下降(见第(1)列),分别为-0.024%、-0.164%、-1.1%;中国的下降幅度最小,美国最大。但中国的实际工资上升1.7%,其次是日本上升0.021%,美国的实际工资则是下降的(见第(8)列)。如果削减综合性贸易壁垒,则中国的福利上升0.2%,日本的福利上升0.006%,美国的福利则下降0.91%。中国和日本的实际工资都是上升的,但美国的实际工资则是下降的。

如果将福利效应分解为贸易条件效应与贸易量效应,我们可以发现,中、日、美这三国都存在一定的贸易转移效应,在削减一般关税时分别为-0.46%、-0.161%、-0.25%,在削减综合性贸易壁垒时分别为-0.055%、-0.016%、-0.018%(见第(5)列)。特别是,对于中国与日本而言,削减一般关税导致的福利损失主要是由于贸易转移效应导致的。

我们还可以基于表 9-3 定义的双边贸易量测度(特定国家分别与 FTA 成员、与 RoW 的双边贸易),通过比较 CJA 之间的贸易及与 RoW 之间的贸易,来观察贸易转移效应影响福利效应的渠道,结果如表 9-10 的第(5)、(6)、(7)列所示。可以发现,CJA 内部削减关税和非关税壁垒产生的贸易创造效应非常小,其中日本的贸易量增加 0.0007%—0.041%,而中国和美国各自的贸易量反而是下降的。另一方面,与 RoW 的贸易量的下降对福利产生负面效应,这是因为发生了贸易转移效应即 CJA 与 RoW 的贸易转移至 CJA 内部。

---

① 实际上,我们可以选择任何经济体与中国组成假想 FTA 或贸易体。
② 注意,这里的"世界其余地区"(RoW)是指除了 CJA 经济体之外的其他所有经济体。

表 9-10　CJA 内部削减关税和非关税壁垒的福利效应:总体分解

(单位:%)

国家		合计(1)	福 利						实际工资(8)
			ToT			VoT			
			合计(2)	CJA(3)	RoW(4)	合计(5)	CJA(6)	RoW(7)	
一般关税	中国	-0.024	0.43	0.45	-0.022	-0.46	-0.048	-0.41	1.7
	日本	-0.164	-0.0034	0.132	-0.135	-0.161	0.041	-0.202	0.021
	美国	-1.1	-0.85	-0.13	-0.72	-0.25	-0.004	-0.24	-2.2
关税等值	中国	0.2	0.26	0.41	-0.15	-0.055	-0.013	-0.041	0.6
	日本	0.006	0.022	0.151	-0.13	-0.016	0.0007	-0.017	0.084
	美国	-0.91	-0.9	-0.14	-0.76	-0.018	-0.0038	-0.015	-2.3

注:第(1)列=第(2)列+第(5)列,第(2)列=第(3)列+第(4)列,第(5)列=第(6)列+第(7)列。四舍五入的计算结果略有出入。

资料来源:笔者基于数据计算整理。

表 9-10 的第(2)列给出了福利效应的另一个组成部分——贸易条件效应。可以看出,中国的贸易条件是改善的(0.26%—0.43%),而日本、美国的贸易条件要么恶化、要么变化不大。如何理解这一效应的差异? 我们可以观察每个国家的出口价格是如何变化的。公式(9.6)表明,单位成本或出口价格的变化是投入价格即工资与材料价格变化的增函数。第(8)列显示,美国的实际工资是下降的,而中国相对于日本,实际工资上升幅度更大。因此,在其他条件给定时,工资率的上升推高了出口价格。但根据公式(9.7)可知,在其他条件给定时,进口关税和非关税壁垒的下降会导致进口材料投入价格的下降。所以,出口价格的净变化取决于工资的上升幅度与材料价格的下降幅度。进一步地,基于公式(9.13)定义的双边贸易条件变化测度,可知:中国的贸易条件改善主要是由于中国与 CJA 成员之间的贸易条件改善所致,这是因为中国主要从日本、美国进口中间品,而后者的出口价格是下降的;日本与 CJA 成员之间的贸易条件也是有所改善的,但日本与 RoW 的贸易条件趋于恶化,并接近或超过改善的程度。美国对两组贸易体的贸易条件都是恶化的,而与 RoW 的贸易条件恶化程度更大。

表 9-11 基于表 9-3 测算了每个国家的各贸易品行业(包括 14 个制

造业行业)对总体贸易条件效应与总体贸易量效应的贡献。可以看出,各行业对总体效应的贡献差异很大。比如,中国排名前2位的电气及光学设备,焦炭、炼油及核燃料贡献了总体贸易条件改善效应的45.50%(在削减一般关税时)、61.1%(在削减综合性贸易壁垒时);日本的这两个行业贡献了总体贸易条件效应的全部(其他有些行业的贡献是负向的);美国排名前2位的电气及光学设备、运输设备贡献了总体贸易条件效应的近40%。

表9-11　CJA内部削减关税和非关税壁垒的福利效应:各行业贡献

(单位:%)

行业	一般关税						关税等值					
	中国		日本		美国		中国		日本		美国	
	ToT	VoT	ToT	VoT	ToT	VoT	ToT	VoT	ToT	VoT	ToT	VoT
农林牧渔业	1.37	4.34	-2.99	0.19	2.05	2.32	0.01	4.81	2.83	0.20	1.94	3.75
采掘业	3.83	0.48	-7.85	1.23	7.24	0.43	1.86	4.43	-5.18	5.34	7.22	3.58
制造业												
食品、饮料与烟草	1.83	11.30	46.70	23.20	3.52	30.80	-0.49	7.87	-44.00	22.70	3.81	24.70
纺织及纺织品	5.68	30.30	5.58	-1.62	4.01	6.18	4.97	19.70	-2.07	1.37	3.94	3.68
皮革与制鞋	7.56	4.62	-0.58	-0.07	1.76	0.20	10.50	4.16	0.29	0.05	1.50	0.12
木材及木制品	1.28	0.266	-2.89	0.14	1.09	0.33	1.50	1.33	0.51	0.21	1.08	0.72
纸浆、纸及印刷出版	3.70	0.285	-0.89	0.38	3.96	1.08	4.11	0.25	3.30	0.27	3.97	2.83
焦炭、炼油及核燃料	13.90	-4.50	-14.1	-14.00	12.20	0.15	25.40	-19.20	65.20	-40.50	12.70	0.24
化工及化学制品	10.00	4.07	25.10	8.12	7.56	9.77	3.50	6.35	-12.20	13.70	7.66	16.40
橡胶及塑料	0.90	4.70	9.61	3.01	1.11	2.65	0.20	6.59	-9.52	3.55	1.12	2.02
其他非金属矿物	1.57	2.06	2.86	1.53	0.95	0.83	2.00	4.07	-2.25	2.07	0.95	1.14
基本金属及金属制品业	5.88	5.75	35.50	11.70	4.08	4.08	2.64	10.60	-27.20	13.80	4.08	4.35
未列入其他分类的机器	6.38	2.44	38.10	13.00	4.52	9.02	3.43	5.29	-29.00	18.00	4.47	8.40
电气及光学设备	31.60	19.40	-28.80	27.80	23.20	17.20	35.70	22.20	139.00	25.90	22.90	12.80
运输设备	-3.78	11.60	1.85	25.00	16.30	12.80	-8.52	17.90	11.50	31.90	16.20	13.40
其他制造业、回收利用	8.21	2.91	-7.26	0.37	6.47	2.06	13.20	3.78	8.30	1.43	6.47	1.87

注:各列的值之和为100%。

资料来源:笔者基于数据计算整理。

正如前面已经提到的,一些行业对贸易条件效应的贡献大小主要取决于三个因素:进口关税和非关税壁垒的降幅、生产中使用的材料投入的比重高低以及行业之间关联程度的大小。从前面基于表9-10的讨论,我们知道,中国贸易条件的改善主要是因为出口价格的上升,以及日美特别是美国是中国的最主要贸易伙伴(贸易量大)。而美国从中国进口大量产品,再加上中国出口价格的上升,在一定程度上导致了美国贸易条件的恶化。所以,为了理解为什么有些行业对中、日、美贸易条件变化的贡献更大,我们需要理解为什么这些行业的出口价格会因为CJA关税和非关税壁垒削减而上升。首先,2000年,中国对来自日本和美国的电气及光学设备进口征收的平均关税税率分别为13.8%、13.2%。① 该行业的关税税率并不是所有行业中最低的,但低于所有行业进口关税税率的均值(15.7%)与中位数(14%)。其次,电气及光学设备生产中使用的材料投入份额为77%,高于中国经济中的其他所有行业生产中使用的中间投入份额的均值62.2%与中位数61.7%。最后,在其他条件给定时,如果一些行业相对于另外的行业在生产中使用了较高份额的材料投入,那么,这些行业进口关税和非关税壁垒的下降将对这些行业出口价格产生较大的影响。

从表9-11,我们还可以发现每个国家的各行业对总体贸易量变化的贡献。对于中国而言,纺织及纺织品、电气及光学设备、运输设备三个行业对中国贸易量的贡献合计达到60%;对于日本而言,贡献程度位于前3位的电气及光学设备,运输设备,食品、饮料与烟草合计超过75%;对于美国而言,贡献程度位于前3位的合计贡献超过50%,它们分别是食品、饮料与烟草,电气及光学设备(在削减一般关税时)或化工及化学制品(在削减综合性关税壁垒时),运输设备。可以看出,对于三个国家而言,贡献度位于前三位的行业都包括了电气及光学设备、运输设备。一般来说,贸易量效应主要取决于关税和非关税壁垒削减幅度、贸易弹性、生产中使用的材料投入份额,而且这些因素的重要性对于这些行业都是不同

---

① 2000年,中国对来自日本和美国的电气及光学设备进口实施的综合性贸易壁垒平均为56%、54%,低于大多数行业。也就是说,相对于其他行业,电气及光学设备所受到的贸易限制措施主要表现为关税。

的。比如,纺织及纺织品在 2000 年时受到中国的保护很严(见前面讨论)。因此,关税和非关税壁垒的大幅下降促进了 CJA 之间的贸易,使得该行业对总贸易量增长的贡献变大。最后,CJA 内部关税和非关税壁垒削减对有些行业的可贸易中间品的价格的影响程度要超过别的行业。这一点对于电气及光学设备、运输设备等行业特别重要,这些行业贸易价格的下降引起贸易量效应的上升。

表 9-12 展示了贸易体削减关税的总体贸易效应。可以看出,这一影响对于贸易体的不同成员而言是不同的。中国从日本、美国的进口分别下降了 34%—45%、5.9%—15%;日本从中国的进口下降了 12.6%—34.8%,但从美国的进口变化在 -1.88%—3.04% 之间。在削减一般关税时,美国从中国的进口上升了 7.7%,但从日本的进口下降了 24%;如果削减综合性关税壁垒,则美国从中日的进口均出现下降。因此,如果从削减一般关税的角度看,日本从美国更多的进口、美国从中国更多的进口,从而形成了学界常说的以价值链分工为基础的"三角贸易"格局,中国在其中扮演的角色是中间品的提供者,其作用随着三国关税的削减而提高。我们可以观察美国的进口,它从中国的进口增长远超过从日本的进口增长。但如果从削减综合性关税壁垒的角度看,中国与日本对美国的贸易依赖更强。

表 9-12　CJA 关税和非关税壁垒削减的贸易效应　　　(单位:%)

	一般关税			关税等值		
	中国	日本	美国	中国	日本	美国
中国进口	—	-34	-5.9	—	-45	-15
日本进口	-12.6	—	3.04	-34.8	—	-1.88
美国进口	7.7	-24	—	-35	-36	—

注:"—"表示情况不存在。
资料来源:笔者基于数据计算整理。

CJA 削减关税还对行业专业化程度产生影响。表 9-13 展示了中国加入 WTO 前后各国各行业出口份额的变化,以此可以观察行业专业化程度的演变。首先,各国各行业集中度差别很大。在 2000 年前(中国加入 WTO 前），中国的电气及光学设备、化工及化学制品、未列入其他分类的机器这三个行业的出口份额最高，合计占总出口的 52.50%；对于日本，三个出口份额最高的行业为采掘业，电气及光学设备，食品、饮料与烟草，合计占总出口的 51.00%；对于美国而言，电气及光学设备，焦炭、炼油及核燃料，运输设备是出口份额最高的三个行业，合计占总出口的 50.20%。相对而言，中国的行业专业化程度更高一些，日本、美国的行业相对分散化一些。这也反映在最后一行的标准化赫芬达尔指数上，中国的 HI 指数最大。在 2000 年之后（中国加入 WTO 后），中国前三位行业即电气及光学设备、化工及化学制品、未列入其他分类的机器合计占总出口的比重降至 50.80%，日本前三位行业占总出口的比重也趋于下降，但美国的则略有上升。三国的 HI 指数变化趋势与之类似。也就是说，随着中国加入 WTO 带来的关税和非关税壁垒削减，中国的出口行业趋于分散化。

表 9-13　CJA 削减关税和非关税壁垒对各行业出口份额的影响

（单位：%）

行业	一般关税						关税等值					
	中国		日本		美国		中国		日本		美国	
	前	后	前	后	前	后	前	后	前	后	前	后
农林牧渔业	3.85	4.42	4.72	6.59	2.43	2.95	3.81	4.76	4.64	5.23	2.44	2.99
采掘业	7.28	5.42	17.60	16.60	9.12	9.18	7.14	6.46	17.10	16.70	9.07	9.29
制造业												
食品、饮料与烟草	6.48	8.80	16.30	18.90	2.60	2.23	7.46	7.85	18.20	18.60	2.76	2.35
纺织及纺织品	6.05	7.11	5.90	5.48	5.60	5.07	5.96	5.71	5.82	5.31	5.56	5.04
皮革与制鞋	1.32	1.34	1.30	1.34	1.90	2.16	1.30	1.49	1.27	1.34	1.90	2.09
木材及木制品	1.04	1.13	3.58	4.37	1.47	1.65	1.03	1.33	3.51	4.49	1.47	1.68
纸浆、纸及印刷出版	3.29	3.35	1.56	1.76	4.37	6.30	3.23	4.07	1.52	1.74	4.39	6.41
焦炭、炼油及核燃料	0.63	0.09	1.57	0.23	14.60	17.50	0.60	0.09	1.50	0.20	15.20	17.50
化工及化学制品	18.10	17.40	7.49	7.35	6.14	5.35	18.50	18.90	7.48	7.78	6.12	5.38
橡胶及塑料	1.80	1.76	1.59	1.55	1.30	1.09	1.78	1.88	1.55	1.61	1.29	1.09
其他非金属矿物	0.85	0.81	0.87	0.82	0.97	0.82	0.84	0.88	0.85	0.85	0.96	0.82
基本金属及金属制品业	10.10	9.93	7.44	7.56	4.62	4.06	9.94	10.60	7.26	7.82	4.57	4.07
未列入其他分类的机器	10.80	10.50	4.79	4.60	4.43	3.64	10.70	11.10	4.66	4.77	4.37	3.63
电气及光学设备	23.60	22.90	17.10	14.70	23.90	23.20	23.00	19.90	16.70	15.10	23.50	23

续表

行业	一般关税						关税等值					
	中国		日本		美国		中国		日本		美国	
	前	后	前	后	前	后	前	后	前	后	前	后
运输设备	3.63	3.78	5.04	4.87	11.70	9.66	3.62	3.74	4.98	5.12	11.60	9.63
其他制造业、回收利用	1.18	1.18	3.08	3.23	4.83	5.15	1.16	1.24	3.01	3.36	4.82	5.12
出口集中度-HI 指数	0.1	0.099	0.0858	0.0856	0.092	0.094	0.1	0.093	0.088	0.086	0.091	0.093

注:除了"出口集中度-HI 指数"一行外,各列的值之和为100%。"前""后"以基年2000年为界。最后一行的出口集中度-HI 指数为标准化赫芬达尔指数(normalized Herfindahl index),其计算如表9-8的注释。

资料来源:笔者基于数据计算整理。

在我们的样本中,其他27个经济体受到CJA关税和非关税壁垒削减的影响比较显著(如表9-14所示)。在削减一般关税时,有三个经济体的福利受到的负面影响最大,分别是卢森堡、希腊、葡萄牙,各自下降10.8%、8.69%、6.68%,其主要原因均是贸易条件出现严重恶化。爱尔兰、加拿大的福利受到正面影响的程度最大,分别上升1.65%、1.52%,这主要得益于它们贸易条件的改善。另外,所有27个经济体的贸易量都出现了不同程度的下降(-0.12%—-2.64%)。这意味着,CJA关税削减产生较大的贸易转移效应,即由跟其他经济体的贸易转向CJA内部的贸易。削减综合性贸易壁垒的影响基本相似,但更多的经济体因此受益,而且贸易转移效应相对较小。

表9-14 CJA关税和非关税壁垒削减的福利效应:其他经济体比较

(单位:%)

经济体	一般关税			关税等值		
	福利	ToT	VoT	福利	ToT	VoT
澳大利亚	-0.38	0.19	-0.58	0.14	0.21	-0.07
奥地利	-0.98	-0.31	-0.67	-0.39	-0.32	-0.07
比利时	0.34	1.59	-1.24	1.59	1.67	-0.08
巴西	-0.51	-0.17	-0.35	-0.20	-0.16	-0.04
加拿大	1.52	1.72	-0.21	1.77	1.81	-0.04
德国	-0.08	0.45	-0.53	0.43	0.47	-0.04

经济体	一般关税			关税等值		
	福利	ToT	VoT	福利	ToT	VoT
丹麦	-0.30	0.48	-0.78	0.43	0.49	-0.05
西班牙	-2.06	-1.19	-0.87	-1.30	-1.23	-0.08
芬兰	0.65	0.98	-0.33	1.00	1.03	-0.04
法国	-0.53	0.05	-0.58	0.01	0.05	-0.04
英国	-0.77	-0.29	-0.48	-0.33	-0.28	-0.05
希腊	-8.69	-7.99	-0.69	-8.37	8.29	-0.08
匈牙利	-1.99	-0.62	-1.38	-0.92	-0.63	-0.29
印度尼西亚	0.32	0.78	-0.46	0.76	0.80	-0.05
印度	-0.44	-0.07	-0.37	-0.12	-0.07	-0.05
爱尔兰	1.65	2.13	-0.48	2.19	2.22	-0.03
意大利	-0.38	0.19	-0.57	0.14	0.19	-0.05
韩国	-0.10	1.01	-1.11	1.03	1.13	-0.10
卢森堡	-10.80	-8.18	-2.64	-8.84	-8.51	-0.34
墨西哥	-0.30	-0.18	-0.12	-0.09	-0.05	-0.04
荷兰	0.13	1.00	-0.87	1.00	1.04	-0.04
葡萄牙	-6.68	-5.19	-1.49	-5.55	-5.38	-0.17
俄罗斯	0.10	0.40	-0.30	0.36	0.42	-0.05
世界其余地区	0.51	0.85	-0.34	0.84	0.88	-0.04
瑞典	0.47	0.98	-0.51	0.97	1.01	-0.05
土耳其	-1.71	-1.15	-0.56	-1.25	-1.17	-0.08
中国台湾	0.10	1.11	-1	1.18	1.25	-0.07

资料来源:笔者基于数据计算整理。

(二)世界范围内(包括CJA)关税和非关税壁垒发生变化

我们可以评估 CJA 关税和非关税壁垒削减的经济效应在多大程度上受到了世界范围内关税和非关税壁垒变化的影响。为此,我们分两步进行分析:

首先,评估世界范围内(包括 CJA)关税和非关税壁垒削减的影响。由表9-15可以看到,并不是每个经济体都能从全球范围内关税和非关税壁垒削减中获益。如果削减一般关税,则在 30 个样本经济体中,有一半经济体的福利出现了上升,升幅最大的是印度、墨西哥、爱尔兰;另外 15 个经济体的福利出现了下降,降幅最大的经济体是卢森堡、希腊、葡萄牙。中国的福利上升 0.65%,并且主要是由于贸易条件的改善所致;日本的福利下降 0.16%,主要是由于贸易量下降所致;美国的福利下降 1.31%,主要是由于贸易条件恶化所致。与只考虑 CJA 关税削减的情形相比,中国的福利显著上升,但美国、日本的福利没有太大变化。削减综合性贸易壁垒对福利的影响则不同,更多的经济体因此受益,而且贸易转移效应相对较小。一些经济体如丹麦、意大利、日本、韩国的福利在仅削减一般关税时是下降的,而在削减综合性贸易壁垒时则是上升的,而另一些国家如印度、墨西哥则相反。

表 9-15 世界范围内关税和非关税壁垒削减的福利效应 （单位:%）

经济体	一般关税			关税等值		
	福利	ToT	VoT	福利	ToT	VoT
澳大利亚	0.03	0.29	−0.26	0.13	0.20	−0.07
奥地利	−1.03	−0.48	−0.56	−0.41	−0.35	−0.07
比利时	0.39	1.48	−1.09	1.61	1.69	−0.08
巴西	−0.35	−0.09	−0.26	−0.20	−0.16	−0.04
加拿大	1.71	1.68	0.04	1.77	1.80	−0.04
中国	0.65	0.85	−0.20	0.22	0.27	−0.05
德国	0.002	0.43	−0.43	0.43	0.47	−0.04
丹麦	−0.19	0.41	−0.60	0.43	0.48	−0.05
西班牙	−2.30	−1.58	−0.72	−1.39	−1.31	−0.08
芬兰	2.10	1.00	1.10	1.01	1.04	−0.03
法国	−0.20	−0.06	−0.14	−0.02	0.03	−0.04
英国	−0.83	−0.46	−0.37	−0.33	−0.28	−0.05
希腊	−11.80	−11.70	−0.11	−8.21	−8.13	−0.07
匈牙利	−5.96	−4.62	−1.34	−0.82	−0.53	−0.29
印度尼西亚	0.76	0.68	0.08	0.75	0.79	−0.04
印度	3.31	1.97	1.34	−0.19	−0.14	−0.05

续表

经济体	一般关税			关税等值		
	福利	ToT	VoT	福利	ToT	VoT
爱尔兰	2.26	2.43	−0.17	2.21	2.23	−0.03
意大利	−0.35	0.08	−0.43	0.15	0.20	−0.05
日本	−0.16	−0.02	−0.14	0.01	0.02	−0.02
韩国	−0.29	0.61	−0.90	1.05	1.14	−0.10
卢森堡	−13	−10.40	−2.60	−9.71	−9.37	−0.34
墨西哥	3.06	3.12	−0.06	−0.09	−0.05	−0.04
荷兰	0.43	1.09	−0.66	1.00	1.04	−0.04
葡萄牙	−7.73	−6.42	−1.31	−5.48	−5.31	−0.17
俄罗斯	0.30	0.54	−0.24	0.38	0.43	−0.05
世界其余地区	0.74	0.85	−0.12	0.85	0.89	−0.04
瑞典	0.65	0.96	−0.31	0.97	1.02	−0.05
土耳其	−1.58	−1.46	−0.12	−1.29	−1.22	−0.07
中国台湾	1.11	1.63	−0.52	1.18	1.25	−0.07
美国	−1.31	−1.09	−0.21	−0.91	−0.89	−0.02

资料来源：笔者基于数据计算整理。

我们还可以把福利效应分解为中、日、美跟 CJA 成员以及跟 RoW的贸易条件与贸易量效应。如表 9-16 所示，可以看出：(1)跟 RoW 的贸易量效应大多是负面的。与表 9-10 仅考虑 CJA 关税和非关税壁垒削减的情形相比，世界范围内关税与非关税壁垒削减的贸易转移效应相对较弱。这意味着 CJA 与 RoW 的贸易也因为世界范围内削减关税和非关税壁垒而被创造出来（即使 CJA 也进行了关税与非关税壁垒削减）。(2)中国的贸易条件改善主要体现在跟 CJA 的贸易；美国跟两组贸易伙伴的贸易条件效应都是负的；日本跟 CJA 的贸易条件效应是正的、跟 RoW 的贸易条件效应则是负的。这解释了为什么相对于仅考虑CJA 关税和非关税壁垒削减的情形，中国从全球关税和非关税壁垒削减中的获益更多。

表 9-16 世界范围内关税和非关税壁垒削减的双边福利效应（单位:%）

经济体	一般关税				关税等值			
	ToT		VoT		ToT		VoT	
	CJA	RoW	CJA	RoW	CJA	RoW	CJA	RoW
中国	0.65	0.21	−0.01	−0.19	0.41	−0.14	−0.014	−0.04
日本	0.14	−0.16	0.02	−0.16	0.15	−0.128	0.0007	−0.017
美国	−0.15	−0.94	−0.02	−0.20	−0.14	−0.75	−0.004	−0.015

资料来源:笔者基于数据计算整理。

进一步地,我们计算各行业对各国总体贸易条件和贸易量效应的贡献,见表 9-17。与仅考虑 CJA 关税和非关税壁垒削减的情形相比,对于中国而言,对贸易条件效应贡献度上升的行业有八个,包括化工及化学制品,未列入其他分类的机器,基本金属及金属制品业,纺织及纺织品,采掘业,食品、饮料与烟草,农林牧渔业,橡胶及塑料,对贸易量效应贡献度上升的行业主要是纺织及纺织品、运输设备,二者合计占 77.1%;对于日本、美国而言,它们位于前三位的行业对贸易量效应的贡献度都趋于上升(分别为 93%、63%)(以上为削减一般关税的情况,削减关税等值的情况类似)。

表 9-17 世界范围内关税和非关税壁垒削减的福利效应的行业贡献

(单位:%)

行业	一般关税						关税等值					
	中国		日本		美国		中国		日本		美国	
	ToT	VoT	ToT	VoT	ToT	VoT	ToT	VoT	ToT	VoT	ToT	VoT
农林牧渔业	2.44	−23.50	9.23	−0.21	1.97	1.51	0.13	4.80	3.15	0.20	1.94	3.74
采掘业	4.55	1.14	46.30	2.16	6.46	0.179	2.06	4.46	−3.56	5.27	7.21	3.58
制造业												
食品、饮料与烟草	4.04	12.60	81.10	27.50	3.25	35.30	−0.20	7.97	−42.90	22.80	3.83	24.90
纺织及纺织品	6.73	53.90	20.30	−0.89	5.15	5.86	4.94	19.90	−1.66	1.37	3.94	3.68
皮革与制鞋	5.39	2.47	3.28	−0.05	1.66	0.288	10.10	4.22	0.40	0.06	1.50	0.12
木材及木制品	1.11	−3.01	6.47	0.10	1.01	−0.002	1.48	1.33	0.81	0.21	1.08	0.72
纸浆、纸及印刷出版	3.43	−1.01	0.23	0.52	3.73	1.55	4.09	0.19	3.33	0.26	3.97	2.82
焦炭、炼油及核燃料	7.69	−18.20	−62.50	−41.30	11.00	−5.44	24.50	−20.30	64.10	−40.60	12.70	0.23
化工及化学制品	13.70	5.70	31.20	10.30	8.27	12.20	4.27	6.40	−12.00	13.80	7.67	16.40
橡胶及塑料	1.52	8.20	14.10	3.67	1.51	3.00	6.67	−9.33	3.55	1.12	2.02

续表

行业	一般关税						关税等值					
	中国		日本		美国		中国		日本		美国	
	ToT	VoT	ToT	VoT	ToT	VoT	ToT	VoT	ToT	VoT	ToT	VoT
其他非金属矿物	1.33	3.03	5.03	1.81	0.921	0.81	1.96	4.12	-2.26	2.07	0.95	1.15
基本金属及金属制品业	7.59	7.56	53.30	13.70	4.21	3.70	2.93	10.70	-27.30	13.80	4.08	4.34
未列入其他分类的机器	7.83	4.73	41.70	17.30	4.46	10.40	3.70	5.35	-29.00	18.00	4.47	8.40
电气及光学设备	28.90	19.50	-120	33.10	24.90	11.90	35.20	22.30	137.00	25.90	22.80	12.60
运输设备	-0.23	23.20	-31.40	32.20	15.50	16.00	-8.31	18.10	10.80	32.00	16.20	13.40
其他制造业、回收利用	4.01	3.69	1.33	0.06	6.03	2.87	12.90	3.79	8.57	1.42	6.45	1.86

资料来源:笔者基于数据计算整理。

表9-18 报告了世界范围内削减关税和非关税壁垒的贸易效应,可以看出:与仅考虑 CJA 关税削减的情形相比,在世界范围内削减关税情形下,中国从美国的进口增长 0.25%、从日本的进口下降幅度变小;日本从美国的进口增长更低、从中国的进口下降幅度更大;美国从中国的进口下降、从日本的进口降幅更大。这是因为更广范围内的贸易创造效应与贸易转移效应跟之前有所不同。而在世界范围内削减综合性贸易壁垒情形下,CJA 内部贸易与之前相比没有太大变化。

表9-18　世界范围内关税和非关税壁垒削减的贸易效应:进口增长

（单位:%）

	一般关税			关税等值		
	中国	日本	美国	中国	日本	美国
中国进口	—	-29	0.25	—	-45	-15
日本进口	-24.9	—	1.62	-34.9	—	-1.87
美国进口	-19	-30	—	-35	-36	—

资料来源:笔者基于数据计算整理。

其次,假定 CJA 关税和非关税壁垒不变、保持在2000 年的水平,评估世界范围关税和非关税壁垒削减的影响。这样可以测算除去 CJA 关税和非关税壁垒削减之外的世界变化的经济效应。然后,比较以上两种情形,我们可以估算,在世界关税和非关税壁垒发生变化的情况下,CJA 关税和非关税壁垒削减的效应。表 9-19 报告了这些结果。可以看出,与之前表 9-10 结果不同的是,在仅考虑一般关税削减时,中、日、美三国的福利效应均为正的,分别增长 0.2%、0.024%、0.047%;中国实际工资的增幅为 0.82%,小于以前的 1.7%;日本的实际工资出现了下降(-0.03%),而之前则是上升的(0.021%);美国的实际工资出现了增长(0.12%),而之前则是下降的(-2.2%)。在考虑综合性贸易壁垒削减且 CJA 综合性贸易壁垒保持不变时,相应的效应变得较弱,这时中国的福利出现小幅下降但实际工资是上升的。

表 9-19 世界关税和非关税壁垒发生变化(CJA 保持在 2000 年不变):
福利效应总体分解 （单位:%）

国家		合计(1)	福 利						实际工资(8)
			ToT			VoT			
			合计(2)	CJA(3)	RoW(4)	合计(5)	CJA(6)	RoW(7)	
一般关税	中国	0.2	0.12	0.039	0.082	0.077	0.077	-0.0002	0.82
	日本	0.024	-0.02	-0.014	-0.007	0.04	0.053	-0.009	-0.03
	美国	0.047	0.024	0.0038	0.02	0.023	0.038	-0.015	0.12
关税等值	中国	-0.003	-0.004	-0.001	-0.002	0.0006	0.0009	-0.0003	0.006
	日本	0.003	0.003	0.001	0.002	0.000	0.000	0.000	0.019
	美国	-0.002	-0.002	-0.001	-0.001	0.000	0.000	0.000	-0.005

注:第(1)列=第(2)列+第(5)列,第(2)列=第(3)列+第(4)列,第(5)列=第(6)列+第(7)列。四舍五入的计算结果略有出入。

资料来源:笔者基于数据计算整理。

进一步分解则可发现:三国跟 RoW 的贸易量的下降幅度小于表 9-10 的结果,而 CJA 内部的贸易创造效应比之前更大。其中的逻辑是:当我们将世界关税和非关税壁垒固定来评估 CJA 的影响时,贸易会从 CJA 外部最低成本提供者转移至 CJA 内部新的低成本提供者,因为 CJA 内部的关税和非关税壁垒较低。而现在,如果我们也允许外部世界的关税和非关税壁垒发生变化,则外部世界存在更多的最低成本提供者(特定国家因为 CJA 较低关税和非关税壁垒而无法进入),这样的话,该模型衡量的是隐含的(离开 CJA 的)贸易转移效应。换句话说,世界范围内削减关税和非关税壁垒提高了由贸易量效应度量的、CJA 国家的机会成本。

第五节 本章主要发现、启示及进一步探讨的问题

本章基于考虑了行业及价值链关联的一般均衡模型,评估中国在推进对外开放过程中,世界(包括中国)关税和非关税壁垒的削减对中国工业行业乃至整个经济的贸易及福利产生的影响。我们分中国单边削减关税和非关税壁垒、中国与日本、美国两国组成假想 FTA 这两种情形进行反事实分析,并得出以下结论:

中国单边削减关税与非关税壁垒使得中国的福利水平及实际工资水平均趋于上升,而且其他经济体削减关税和非关税壁垒意味着中国经济的国际环境改善,可以增进中国的福利水平。中国福利水平的提高主要得益于贸易条件的改善。

行业分解表明,纺织及纺织品、电气及光学设备等工业行业对贸易条件效应和贸易量效应的贡献相对较大,这是因为这些行业的关税和非关税壁垒降幅较大、生产中使用的材料投入比重较高、行业价值链关联程度较大。随着中国加入 WTO 带来的关税和非关税壁垒削减,中国的出口行业趋于分散化。

在中国与日本、美国组成的假想 FTA 削减关税和非关税壁垒的同时,世界范围内也削减关税和非关税壁垒,那么中国的福利与实际工资都是趋于上升的,中国福利水平的提高主要得益于贸易条件的改善,特别是得益于跟日本和美国的贸易条件的改善。每个经济体的行业分解表明,少数几个工业行业如纺织及纺织品、电气及光学设备、运输设备、化工及化学制品对贸易条件效应和贸易量效应的贡献相对较大。这进一步说明了工业行业的国际化对于一国福利变化的重要性。

我们的分析还表明,仅考虑一般关税可能会低估实际存在的各种贸易壁垒的影响,而使用关税等值方法测算的综合性贸易壁垒则有助于客观评估福利效应。

最后需要指出的是,我们使用的一般均衡模型假定 TFP 外生不变,

因此,削减关税和非关税壁垒产生的福利效应是一种未考虑技术变化的净福利效应。而我们在前面章节特别是第六、七、八章的分析表明,在样本时期里,中国工业企业包括国际化与非国际化企业的 TFP 都出现了不同程度的上升。如果一般均衡模型考虑了 TFP 的增长,那么,这种情况下削减关税和非关税壁垒产生的福利效应一定会超过未考虑技术变化时(即本章已经评估)的福利效应。

附　录

（一）附录9A-1：公式（9.1）的推导

这是基于 C-D 生产函数推导成本函数和条件要素需求函数。CP 模型假定中间品 ω^j 的生产技术（C-D 生产函数）为：$q_n^j(\omega^j) = z_n^j(\omega^j)\,[l_n^j(\omega^j)]^{\gamma_n^j}\prod_{k=1}^{J}[m_n^{k,j}(\omega^j)]^{\gamma_n^{k,j}}$。其中，$l_n^j(\omega^j)$ 为劳动力，$m_n^{k,j}(\omega^j)$ 表示来自行业 k 并被用于生产中间品 ω^j 的组合中间品。$\gamma_n^{k,j} \geqslant 0$ 表示来自行业 k 并被用于生产中间品 ω^j 的组合中间品所占比重，并且 $\sum_{k=1}^{J}\gamma_n^{k,j} = 1 - \gamma_n^j$。参数 γ_n^j 表示增加值（value added）所占份额。各经济体、各行业的增加值与中间品所占份额是不同的。

首先，成本最小化问题可以归结为求解：

$$c(w,P,q) = \min_{l,m} wl + Pm$$

$$s.t.\,q = zl^a m^b$$

由约束条件解得：$m = z^{-1/b}q^{1/b}l^{-a/b}$，代入目标函数，则变为：

$$c(w,P,q) = \min_{l,m} wl + Pz^{-1/b}q^{1/b}l^{-a/b}$$

求一阶条件 $\dfrac{\partial c}{\partial l}$，并令其等于 0，则

$$w - \frac{a}{b}Pz^{-\frac{1}{b}}q^{\frac{1}{b}}l^{-\frac{a+b}{b}} = 0$$

从中求得劳动力 l 的条件要素需求函数为：

$$l(w,P,q) = z^{-\frac{1}{a+b}}\left(\frac{aP}{bw}\right)^{\frac{b}{a+b}}q^{\frac{1}{a+b}}$$

由约束条件解得：$l = z^{-1/a}q^{1/a}m^{-b/a}$，代入目标函数，则变为：

$$c(w,P,q) = \min_{l,m} wz^{-1/a}q^{1/a}m^{-b/a} + Pm$$

求一阶条件 $\dfrac{\partial c}{\partial m}$，并令其等于 0，则

$$P - \frac{b}{a}wz^{-\frac{1}{a}}q^{\frac{1}{a}}m^{-\frac{a+b}{a}} = 0$$

从中求得材料投入 m 的条件要素需求函数为：

$$m(w,P,q) = z^{-\frac{1}{a+b}} \left(\frac{aP}{bw}\right)^{-\frac{a}{a+b}} q^{\frac{1}{a+b}}$$

于是,得到成本函数：

$$c(w,P,q) = \min_{l,m}(wl + Pm) = wz^{-\frac{1}{a+b}} \left(\frac{aP}{bw}\right)^{\frac{b}{a+b}} q^{\frac{1}{a+b}} + Pz^{-\frac{1}{a+b}} \left(\frac{aP}{bw}\right)^{-\frac{a}{a+b}} q^{\frac{1}{a+b}}$$

$$= z^{-\frac{1}{a+b}} \left(\frac{a}{b}\right)^{\frac{b}{a+b}} P^{\frac{b}{a+b}} w^{\frac{a}{a+b}} q^{\frac{1}{a+b}} + z^{-\frac{1}{a+b}} \left(\frac{a}{b}\right)^{-\frac{a}{a+b}} P^{\frac{b}{a+b}} w^{\frac{a}{a+b}} q^{\frac{1}{a+b}}$$

$$= z^{-\frac{1}{a+b}} \left[\left(\frac{a}{b}\right)^{\frac{b}{a+b}} + \left(\frac{a}{b}\right)^{-\frac{a}{a+b}}\right] w^{\frac{a}{a+b}} P^{\frac{b}{a+b}} q^{\frac{1}{a+b}}$$

若 $z=1$,且生产是规模报酬不变即 $a+b=1$,则成本函数、单位成本函数分别为：

$$c(w,P,q) = \left[\left(\frac{a}{b}\right)^{b} + \left(\frac{a}{b}\right)^{-a}\right] w^{a} P^{b} q = a^{-a} (1-a)^{-(1-a)} w^{a} P^{1-a} q$$

$$\frac{c(w,P,q)}{q} = a^{-a} (1-a)^{-(1-a)} w^{a} P^{1-a}$$

由此得到类似公式(9.1)的形式,证毕。

(二)附录 9A-2：基于 CES 生产函数推导出需求函数

CP 模型假定,在经济体 n 的行业 j ,组合中间品(也可以看作是材料投入)的生产者从不同经济体挑选能够生产中间品 ω^{j} 的最低成本供应商,并向其采购该中间品,然后以最低成本生产 Q_{n}^{j} 组合中间品。[①] Q_{n}^{j} 的生产技术为：$Q_{n}^{j} = \left[\int r_{n}^{j}(\omega^{j})^{\frac{\sigma^{j}-1}{\sigma^{j}}} d\omega^{j}\right]^{\frac{\sigma^{j}}{\sigma^{j}-1}}$ 。其中, $\sigma^{j} > 0$,表示行业 j 内部不同中间品之间的替代弹性。$r_{n}^{j}(\omega^{j})$ 表示对最低成本提供者的中间品 ω^{j} 的需求。求解可以得到对 ω^{j} 的需求为：$r_{n}^{j}(\omega^{j}) = \left(\frac{p_{n}^{j}(\omega^{j})}{P_{n}^{j}}\right)^{-\sigma^{j}} Q_{n}^{j}$ 。其中, P_{n}^{j} 为

---

① 卡利恩多和帕罗(Caliendo 和 Parro,2015)指出,这里"允许生产者寻求最低成本供应商"的假定有别于带有阿明顿(Armington)类型假定的模型,后者假定"因为存在品种偏好,所以不管价格有何不同,产品总是采购于所有来源地,它们因来源地的差异而不同"。在 EK 模型中,产品采购的来源地是内生决定的、受到关税削减的影响而变化。

组合中间品的单位价格,即 $P_n^j = \left[\int p_n^j (\omega^j)^{1-\sigma^j} \mathrm{d}\omega^j\right]^{\frac{1}{1-\sigma^j}}$ 。p_n^j 表示所有来源地 n 的中间品 ω^j 的最低价格。来自行业 j 的组合中间品既用作生产中间品 ω^j 的材料即总量为 $m_n^{j,k}(\omega^k)$,也用作最终消费即 C_n^j 。于是,市场出清的条件为: $Q_n^j = C_n^j + \sum_{k=1}^{J} \int m_n^{j,k}(\omega^k)\mathrm{d}\omega^k$ 。

为了证明,我们仅考虑两种投入,假定生产函数为 $Q = (r_1^\rho + r_2^\rho)^{\frac{1}{\rho}}$,其中 $\rho = \dfrac{\sigma-1}{\sigma}$, $\sigma > 0$ 表示替代弹性;r 表示投入。可以推广至多种投入。待求解的成本最小化问题为:

$$\begin{cases} \min\limits_{r_1,r_2} p_1 r_1 + p_2 r_2 \\ s.t. r_1^\rho + r_2^\rho = Q^\rho \end{cases}$$

构造拉格朗日函数:

$$L = p_1 r_1 + p_2 r_2 + \lambda(r_1^\rho + r_2^\rho - Q^\rho)$$

最优解的一阶条件为:

$$\frac{\partial L}{\partial r_1} = p_1 - \lambda\rho r_1^{\rho-1} = 0$$

$$\frac{\partial L}{\partial r_2} = p_2 - \lambda\rho r_2^{\rho-1} = 0$$

$$\frac{\partial L}{\partial \lambda} = r_1^\rho + r_2^\rho = Q^\rho$$

求解一阶条件的方程,得:

$$r_1^\rho = p_1^{\frac{\rho}{\rho-1}}(\lambda\rho)^{-\frac{\rho}{\rho-1}}$$

$$r_2^\rho = p_2^{\frac{\rho}{\rho-1}}(\lambda\rho)^{-\frac{\rho}{\rho-1}}$$

代入生产函数,得:

$$(\lambda\rho)^{-\frac{\rho}{\rho-1}}(p_1^{\frac{\rho}{\rho-1}} + p_2^{\frac{\rho}{\rho-1}}) = Q^\rho$$

解得 $\lambda\rho$ 后再代入生产投入 r 的表达式,则可得到条件投入需求 r 函数:

$$(\lambda \rho) = (p_1^{\frac{\rho}{\rho-1}} + p_2^{\frac{\rho}{\rho-1}})^{\frac{\rho}{\rho}} Q^{1-\rho}$$

$$r_1^{\rho} = p_1^{\frac{\rho}{\rho-1}} [(p_1^{\frac{\rho}{\rho-1}} + p_2^{\frac{\rho}{\rho-1}})^{\frac{\rho-1}{\rho}} Q^{1-\rho}]^{-\frac{\rho}{\rho-1}}$$

$$r_2^{\rho} = p_2^{\frac{\rho}{\rho-1}} [(p_1^{\frac{\rho}{\rho-1}} + p_2^{\frac{\rho}{\rho-1}})^{\frac{\rho-1}{\rho}} Q^{1-\rho}]^{-\frac{\rho}{\rho-1}}$$

$$r_1 = p_1^{\frac{1}{\rho-1}} [(p_1^{\frac{\rho}{\rho-1}} + p_2^{\frac{\rho}{\rho-1}})^{\frac{\rho-1}{\rho}} Q^{1-\rho}]^{-\frac{1}{\rho-1}} = p_1^{\frac{1}{\rho-1}} (p_1^{\frac{\rho}{\rho-1}} + p_2^{\frac{\rho}{\rho-1}})^{-\frac{1}{\rho}} Q = \left(\frac{p_1}{(p_1^{\frac{\rho}{\rho-1}} + p_2^{\frac{\rho}{\rho-1}})^{\frac{\rho-1}{\rho}}} \right)^{\frac{1}{\rho-1}} Q$$

$$r_2 = p_2^{\frac{1}{\rho-1}} [(p_1^{\frac{\rho}{\rho-1}} + p_2^{\frac{\rho}{\rho-1}})^{\frac{\rho-1}{\rho}} Q^{1-\rho}]^{-\frac{1}{\rho-1}} = p_2^{\frac{1}{\rho-1}} (p_1^{\frac{\rho}{\rho-1}} + p_2^{\frac{\rho}{\rho-1}})^{-\frac{1}{\rho}} Q = \left(\frac{p_2}{(p_1^{\frac{\rho}{\rho-1}} + p_2^{\frac{\rho}{\rho-1}})^{\frac{\rho-1}{\rho}}} \right)^{\frac{1}{\rho-1}} Q$$

$$r_1 = \left(\frac{p_1}{(p_1^{\frac{\rho}{\rho-1}} + p_2^{\frac{\rho}{\rho-1}})^{\frac{\rho-1}{\rho}}} \right)^{\frac{1}{\rho-1}} Q = \left(\frac{p_1}{(p_1^{1-\sigma} + p_2^{1-\sigma})^{\frac{1}{1-\sigma}}} \right)^{-\sigma} Q$$

$$r_2 = \left(\frac{p_2}{(p_1^{\frac{\rho}{\rho-1}} + p_2^{\frac{\rho}{\rho-1}})^{\frac{\rho-1}{\rho}}} \right)^{\frac{1}{\rho-1}} Q = \left(\frac{p_2}{(p_1^{1-\sigma} + p_2^{1-\sigma})^{\frac{1}{1-\sigma}}} \right)^{-\sigma} Q$$

令 $P = (p_1^{1-\sigma} + p_2^{1-\sigma})^{\frac{1}{1-\sigma}}$，即投入的价格指数。

于是，成本函数为：

$$c = p_1 r_1 + p_2 r_2 = p_1 \left(\frac{p_1}{(p_1^{1-\sigma} + p_2^{1-\sigma})^{\frac{1}{1-\sigma}}} \right)^{-\sigma} Q + p_2 \left(\frac{p_2}{(p_1^{1-\sigma} + p_2^{1-\sigma})^{\frac{1}{1-\sigma}}} \right)^{-\sigma} Q$$

$$= Q(p_1^{1-\sigma} + p_2^{1-\sigma})(p_1^{1-\sigma} + p_2^{1-\sigma})^{\frac{\sigma}{1-\sigma}} = Q(p_1^{1-\sigma} + p_2^{1-\sigma})^{\frac{1}{1-\sigma}}$$

单位成本函数：$\dfrac{c}{Q} = (p_1^{1-\sigma} + p_2^{1-\sigma})^{\frac{1}{1-\sigma}}$

证毕。

（三）附录 9A-3：家庭收入与实际工资变化

首先，家庭收入亦为经济体 n 的最终吸收：

$I_n = $ 劳动收入 + 关税收入 + 贸易赤字

$\quad = w_n L_n + R_n + D_n$

$$= w_n L_n + \sum_{j=1}^{J} \sum_{i=1}^{N} \tau_{ni}^{j} M_{ni}^{j} + \left(\sum_{j=1}^{J} \sum_{i=1}^{N} M_{ni}^{j} - \sum_{j=1}^{J} \sum_{i=1}^{N} E_{ni}^{j} \right)$$

$$= w_n L_n + \sum_{j=1}^{J} \sum_{i=1}^{N} \tau_{ni}^{j} \left(X_n^j \frac{\pi_{ni}^j}{1+\tau_{ni}^j} \right) +$$

$$\left[\sum_{j=1}^{J} \sum_{i=1}^{N} \left(X_n^j \frac{\pi_{ni}^j}{1+\tau_{ni}^j} \right) - \sum_{j=1}^{J} \sum_{i=1}^{N} \left(X_i^j \frac{\pi_{in}^j}{1+\tau_{in}^j} \right) \right]$$

其中，M_{ni}^j 表示经济体 n 从经济体 i 进口行业 j 的产品；所有经济体的贸易差额加总等于 0，即 $\sum_{n=1}^{N} D_n = 0$；特定经济体 n 的各行业的贸易差额加总等于该经济体的总贸易差额，即 $D_n = \sum_{k=1}^{J} D_n^k$；经济体 n 的行业 j 的贸易差额定义为 $D_n^j = \sum_{i=1}^{N} M_{ni}^j - \sum_{i=1}^{N} E_{ni}^j$，其中 $E_{ni}^j = X_i^j \frac{\pi_{in}^j}{1+\tau_{in}^j}$ 表示经济体 n 向经济体 i 出口行业 j 的产品。在模型中，每个经济体的总贸易赤字是外生的，而行业贸易赤字则是内生决定的。

其次，基于公式（9.6）得 $\hat{w}_n = \left(\dfrac{\hat{c}_n^j}{\prod_{k=1}^{J} \hat{P}_n^{k\ \gamma_n^{k,j}}} \right)^{\frac{1}{\gamma_n^{k,j}}}$，基于公式（9.8）得

$\hat{\pi}_{ni}^j = \left[\dfrac{\hat{\kappa}_{ni}^j \hat{c}_i^j}{\hat{P}_n^j} \right]^{-\theta^j}$ 即 $\hat{c}_i^j = \dfrac{\hat{\pi}_{ni}^{j\ -\frac{1}{\theta}} \hat{P}_n^j}{\hat{\kappa}_{ni}^j}$。由此可得 $\hat{w}_n = \left(\dfrac{\hat{\pi}_{ni}^{j\ -\frac{1}{\theta}} \hat{P}_n^j}{\hat{\kappa}_{ni}^j \prod_{k=1}^{J} \hat{P}_n^{k\ \gamma_n^{k,j}}} \right)^{\frac{1}{\gamma_n^{k,j}}}$，两边取对数，得：

$$\ln \hat{w}_n = \frac{1}{\gamma_n^{k,j}} \ln \left(\frac{\hat{\pi}_{ni}^{j\ -\frac{1}{\theta}} \hat{P}_n^j}{\hat{\kappa}_{ni}^j \prod_{k=1}^{J} \hat{P}_n^{k\ \gamma_n^{k,j}}} \right) = - \frac{1}{\gamma_n^{k,j}} \frac{1}{\theta} \ln \hat{\pi}_{ni}^j + \frac{1}{\gamma_n^{k,j}} \ln \hat{P}_n^j -$$

$$\frac{1}{\gamma_n^{k,j}} \ln \left(\hat{\kappa}_{ni}^j \prod_{k=1}^{J} \hat{P}_n^{k\ \gamma_n^{k,j}} \right)$$

两边同减去价格变化 $\ln \hat{P}_n^j$，得：

$$\ln \hat{w}_n - \ln \hat{P}_n^j = - \frac{1}{\gamma_n^{k,j}} \frac{1}{\theta} \ln \hat{\pi}_{ni}^j + \frac{1 - \gamma_n^{k,j}}{\gamma_n^{k,j}} \ln \hat{P}_n^j - \frac{1}{\gamma_n^{k,j}} \ln \left(\hat{\kappa}_{ni}^j \prod_{k=1}^{J} \hat{P}_n^{k\ \gamma_n^{k,j}} \right)$$

可以看出，每个行业 j 实际工资 $\dfrac{\hat{w}_n}{\hat{P}_n^j}$ 的反事实变化是本国产品支出份额 $\hat{\pi}_{nn}^j$ 与行业价格 $\hat{P}_n^j$ 的函数。

（四）附录9A-4：消费价格指数的推导及福利评价

消费者按照公式(9.1)的价格购买最终品,在C-D偏好设定下,消费价格指数为 $P_n = \prod_{j=1}^{J} \left(\dfrac{P_n^j}{\alpha_n^j} \right)^{\alpha_n^j}$ 。该价格指数的推导以及基于此的福利评价如下:

首先,由C-D效用函数求希克斯需求函数(Hicksian demand function)。这就是给定效用,求解使得支出最小化的商品数量。希克斯需求函数 $H(p_1, p_2, u)$ 由效用 u 和价格 p_1、p_2 定义。相应地,所能实现的最小支出也是价格与支出的函数,即支出函数。

以C-D效用函数形式为例:

$$u(C_n) = C_n^{1\alpha_n^1} C_n^{2\alpha_n^2} \cdots C_n^{J\alpha_n^J} = \Pi_{j=1}^{J} C_n^{j\alpha_n^j} \text{,其中} \sum_{j=1}^{J} \alpha_n^j = 1$$

假定两个商品,效用函数为: $u(C) = C_1^{\alpha} C_2^{1-\alpha}$

目标函数为:最小化支出 $\min e = p_1 C_1 + p_2 C_2$

约束条件为: $u(C) - C_1^{\alpha} C_2^{1-\alpha} = 0$

构造拉格朗日函数:

$$L(C_1, C_2, \lambda) = p_1 C_1 + p_2 C_2 + \lambda [u(C) - C_1^{\alpha} C_2^{1-\alpha}]$$

设最优解为内点解,则一阶条件为:

$$\begin{cases} \dfrac{\partial L}{\partial C_1} = p_1 - \lambda \alpha C_1^{\alpha-1} C_2^{1-\alpha} = 0 \\[2mm] \dfrac{\partial L}{\partial C_2} = p_2 - \lambda(1-\alpha) C_1^{\alpha} C_2^{-\alpha} = 0 \\[2mm] \dfrac{\partial L}{\partial \lambda} = u - C_1^{\alpha} C_2^{1-\alpha} = 0 \end{cases}$$

由上求出希克斯需求:

$$C_1 = u \left(\frac{\alpha}{1-\alpha} \frac{p_2}{p_1} \right)^{1-\alpha}$$

$$C_2 = u \left(\frac{\alpha}{1-\alpha} \frac{p_2}{p_1} \right)^{-\alpha}$$

支出函数为:

$$e = p_1 C_1 + p_2 C_2 = p_1 u \left(\frac{\alpha}{1-\alpha} \frac{p_2}{p_1} \right)^{1-\alpha} + p_2 u \left(\frac{\alpha}{1-\alpha} \frac{p_2}{p_1} \right)^{-\alpha}$$

$$= u \left(\frac{\alpha}{1-\alpha} \right)^{1-\alpha} p_1^{\ \alpha} p_2^{\ 1-\alpha} + u \left(\frac{\alpha}{1-\alpha} \right)^{-\alpha} p_1^{\ \alpha} p_2^{\ 1-\alpha}$$

$$= u p_1^{\ \alpha} p_2^{\ 1-\alpha} \left(\frac{\alpha}{1-\alpha} \right)^{-\alpha} \left(\frac{1}{1-\alpha} \right)$$

$$= u p_1^{\ \alpha} p_2^{\ 1-\alpha} \alpha^{-\alpha} (1-\alpha)^{-(1-\alpha)}$$

$$= u \left(\frac{p_1}{\alpha} \right)^{\alpha} \left(\frac{p_2}{1-\alpha} \right)^{1-\alpha}$$

由此得到类似于 $P_n = \prod_{j=1}^{J} \left(\frac{P_n^j}{\alpha_n^j} \right)^{\alpha_n^j}$ 的价格指数(考虑多产品,而不限于两个产品)。

其次,基于以上推导结果进行福利评价,计算等价性变化量 EV (Equivalent Variation)与补偿性变化量 CV(Compensation Variation)。

等价性变化量 EV 用初始价格表示为:

$$EV = e(p_0, u(1)) - e(p_0, u(0)) = u(1) \prod \left(\frac{p_c^0}{share} \right)^{share} - u(0) \prod \left(\frac{p_c^0}{share} \right)^{share}$$

$$= [u(1) - u(0)] \prod \left(\frac{p_c^0}{share} \right)^{share}$$

其中,$share$ 就是上面的 α 或 $1-\alpha$。

补偿性变化量 CV 用政策冲击后的价格表示:

$$CV = e(p_1, u(1)) - e(p_1, u(0)) = u(1) \prod \left(\frac{p_c^1}{share} \right)^{share} - u(0) \prod \left(\frac{p_c^1}{share} \right)^{share}$$

$$= [u(1) - u(0)] \prod \left(\frac{p_c^1}{share} \right)^{share}$$

其中,$share$ 就是上面的 α 或 $1-\alpha$。

第十章　促进企业国际化与经济绩效互动发展的政策思考

随着经济全球化与全球价值链分工的演进,国际贸易和投资的主要动力逐渐由传统的比较优势转换到规模经济优势再到企业尤其是跨国企业优势。在这一趋势下,一个国家和地区的开放程度与竞争力越来越取决于其微观企业的国际化程度与经济绩效水平以及二者之间的互动关系。经过近40年的改革开放尤其自加入WTO以来,中国已经深入地融入世界经济,中国在工业化的道路上不断前进,中国经济的微观基础也已发生了巨大变化。本书正是基于这一背景,采用翔实的微观数据及其他相关数据,以异质性企业国际化理论分析框架为主线,系统研究了中国工业企业的国际化发展、经济绩效表现以及福利效应。

第一节　主要研究工作及发现

在系统概括国内外现实背景和研究背景、扎实构建大规模微观数据库以及优化研究方法的基础上,本书重点完成了四个方面研究工作,并由此获得一些新的发现。

一、关于中国工业企业国际化的研究

首先,从参与全球价值链分工的角度,我们结合行业水平的跨国投入—产出数据与企业水平的中国工业数据,分析中国工业企业的国际化。结果发现,在中国工业行业中,参与全球价值链分工程度越高的行业对中国的企业发展、就业、出口、增加值就越重要。以电气及光学设备为例,该

行业是高度参与全球价值链分工的行业,2011 年该行业占中国工业企业的总体数量、增加值、就业和出口交货值的比重分别高达 14.36%、12.83%、15.56%、49.59%。中国工业企业中的外商独资企业与私营企业在中国经济参与全球价值链分工中发挥着重要作用,其中,外商独资企业是中国加入 WTO 之后出口增长最快的所有制企业;私营企业是中国加入 WTO 之后企业数、增加值和就业增长最快的所有制企业。中国绝大多数行业倾向于较多地使用较高收入水平经济体提供的中间品和增加值,也倾向于向后者提供较多的增加值;中国大多数行业特别是工业行业基于产出和投入的价值链关联指数均居全球前列,关联指数上升的行业远多于下降的行业。这表明中国已经通过产出供给和投入需求两个渠道非常深入地融入全球价值链和产业链。

其次,从国际贸易的角度,我们将中国工业企业数据与海关数据进行匹配,分析中国工业企业的国际化。我们发现,与一般贸易相比,加工贸易以出口企业数量、出口产品种类以及出口目的地数量衡量更加专业化;国有企业与中外合资合作企业占总出口的比重趋于下降,而外商独资企业与私营企业的比重趋于上升,私营企业的出口企业数量与出口产品种类数增长最快。"多产品—多市场"的企业在很大程度上解释了中国工业出口的水平与增长;与从事一般贸易的企业相比,从事加工贸易的企业在出口产品与出口市场方面更加专业化、在出口值方面越来越集中化。中国"多产品"工业企业的出口集中于少数热销产品;越热销产品的销售越集中于热销市场;一家企业在一个市场上的热销产品也同时是其他市场上的热销产品,而且那些销售好的产品往往销往更多的市场。大多数出口企业的产品范围较为狭窄,出口企业的产品范围总体分布形状近似幂律分布。中国工业企业的出口增长可以分解为三个维度的广延边际与集约边际,其中,持续出口的企业向持续的市场出口持续的产品(即三个维度的集约边际)在很大程度上解释了中国工业出口增长;外资企业以及加工贸易的出口市场变动较小,因为它们可能有比较固定的市场与供应链条。

最后,从国际投资的角度,我们将中国企业的 OFDI 数据与中国工业企业数据、海关数据进行匹配,分析中国工业企业的国际化。结果显示,中国的 OFDI 从流量看已排名全球第三位、从存量看位居全球第十位;无论以流量还是以存量衡量,美国都是世界头号投资热土,也是中国企业 OFDI 的首选地。中国企业 OFDI 的增长主要是因为企业与东道国两个维度的广延边际增长所致,也就是主要通过企业大规模进出 OFDI 市场实现的;中国实施 OFDI 的企业大多是从事加工贸易及保税区和出口加工区贸易的企业;以产品与目标市场衡量,中国实施 OFDI 的企业相对于未实施 OFDI 企业更可能倾向于多元化发展;相对于拥有不同产品范围的非 OFDI 企业,OFDI 企业的最热销产品的平均出口值较大。

二、关于中国工业企业经济绩效的研究

首先,我们以 TFP 指标为核心,从总体、所有制形式、隶属关系、行业、地区以及国际化与否等多个角度,全景式地展示中国工业企业的经济绩效水平、结构及动态变化。中国工业企业的平均 TFP 增长速度不及劳动生产率和资本密集度,因此要警惕"汗水经济"的出现。如果根据不同口径将中国工业企业分为国际化与非国际化两类,则国际化企业的平均 TFP 显著低于非国际化企业,尽管二者均趋于上升且年均增长率相当,这与异质性企业贸易理论的基本预期相反。中国工业企业的 TFP 增长主要是靠企业广延边际即企业进出市场引发的竞争效应实现的。在全球金融危机前,国际化企业受到中国加入 WTO 的积极影响,其实际工资、就业和产出的增长均快于非国际化企业,但在全球金融危机后,国际化企业的就业和产出增长速度都较低。国有绝对和相对控股企业的平均 TFP 及其增长率均显著低于其他所有制企业,特别地,国有企业和集体企业的 TFP 增长率和就业增长率均为负,而私营企业和外商独资企业的 TFP 和就业增长较快。中央及省级所属企业的平均 TFP 基本上都显著低于其他类型企业。TFP 较高的行业的资本密集度并不高,而 TFP 较低的行业要么是政府垄断专营、要么是政府产业政策关注的重点(较为深入地参与全球价值链分工对这些行业产生的积极效应可能在一定程度上受到政府垄断或产业政策负面影响而削弱)。TFP 增长较快的地区为东部地

区,而 TFP 增长较慢的地区为中西部地区。

其次,考虑企业国际化方式与目标市场的多样性,我们基于这一视角,比较分析中国工业企业的经济绩效。结果发现,不管以何种口径界定,国际化企业的平均 TFP 均低于非国际化企业,在国际化企业中既出口又进行 OFDI 的企业的平均 TFP 并不是最高的,甚至相反。如果将中国工业企业的经济绩效与目的地市场的异质性联系起来,则目的地市场的经济规模越大、人均收入水平越高、制度质量越好,中国对其出口/OFDI 的企业数量就越多、出口产品种类就越多,中国向其出口/OFDI 的企业的 TFP 标准差(即表示 TFP 离散程度)就越大、TFP 最低临界值就越小,即意味着这些市场相对于经济规模小、收入水平低、制度质量差的市场更能容纳来自中国的 TFP 较低的多元化出口和 OFDI 企业。如果将出口产品种类数、出口市场数与企业经济绩效联系起来,则总体上产品更趋多元化、市场更趋集中化、资本密集度较低的企业往往具有较高的 TFP。不同"产品—市场"组合下的 OFDI 企业的平均 TFP 均低于非 OFDI 企业。

三、关于中国工业企业国际化与经济绩效互动关系的研究

我们依次采用面板数据计量分析与倾向分匹配方法,实证检验了中国工业企业国际化的升水效应、自选择效应与学习效应。

首先,无论是基于国际化广延边际还是基于国际化集约边际的计量分析,中国工业企业的国际化(出口/OFDI)(与否或程度)都不是因为其自身有较高的 TFP,即不存在正向的国际化自选择效应;企业国际化(与否或程度)对企业 TFP 并不产生正的影响,即不存在正向的国际化学习效应。行业国际化密集度对该行业企业参与国际市场可能性的影响取决于该指标的界定:正的外部性意味着某个行业的出口/OFDI 规模越大,则该行业中的企业出口/OFDI 可能性就越大;负的外部性意味着行业出口/OFDI 规模越大,则国际市场竞争导致的选择效应和规模效应使得留下来的企业倾向于扩大规模、企业数量减少,从而降低该行业非出口企业

转变为出口企业的可能性。以不同指标衡量的行业国际化密集度在大多数情况下对企业 TFP 的影响都是显著为正的,即存在正的国际化外部性。

其次,采用倾向分匹配方法的稳健性检验显示,无论是基于总体样本还是分不同所有制和隶属关系,国际化企业的 TFP 并不显著地高于非国际化企业;潜在的国际化企业在进入国际市场前并不比非国际化企业具有更高的 TFP,即不存在正向的国际化自选择效应;国际化企业在进入国际市场后并不比非国际化企业具有更高的 TFP,即不存在正向的国际化学习效应。这与面板数据计量结果一致。

四、关于中国工业企业国际化的福利效应评估

为了探究微观层面上的国际化与经济绩效变化如何反映在行业及经济整体层面上的绩效与福利变化,我们采用考虑了行业及价值链关联的一般均衡模型,评估中国在推进对外开放过程中,世界(包括中国)经贸政策变化(比如关税和非关税壁垒的削减)对中国工业行业乃至整个经济的贸易及福利产生的影响。

中国单边削减关税与非关税壁垒使得中国的福利水平及实际工资水平均趋于上升,而且其他经济体削减关税和非关税壁垒意味着中国经济的国际环境改善,可以增进中国的福利水平。中国福利水平的提高主要得益于贸易条件的改善。纺织及纺织品、电气及光学设备等工业行业对贸易条件效应和贸易量效应的贡献相对较大,这是因为这些行业的关税和非关税壁垒降幅较大、生产中使用的材料投入比重较高、行业价值链关联程度较大。随着中国加入 WTO 带来的关税和非关税壁垒的削减,中国的出口行业逐渐趋于分散化。在中国与日本、美国组成的假想 FTA 削减关税和非关税壁垒的同时,世界范围内也削减关税和非关税壁垒,中国的福利与实际工资都趋于上升,这一现象主要得益于贸易条件的改善,特别是得益于中国跟日本和美国的贸易条件的改善。

我们的分析还表明,使用关税等值方法测算的综合性贸易壁垒有助于客观评估福利效应。鉴于中国工业企业包括国际化与非国际化企业的

TFP 在样本时期里都出现了不同程度的上升,因此考虑了 TFP 增长的福利效应一定会超过未考虑技术变化时的福利效应。

第二节　政策启示与讨论

基于系统的经验分析和计量检验以及由此得到的基本结论,我们对有关政策启示与政策含义进行必要的讨论。

第一,在一般意义上,企业以直接或间接的方式参与全球价值链分工是不能回避的客观事实,中国过去取得的巨大经济成就在很大程度上得益于对外开放、成功融入全球价值链分工。对中国来说,关键的问题不是要不要参与全球价值链分工,而是如何继续有效地参与这一分工,并在这一过程中促进中国企业的发展并逐步提升自身的国际分工地位,从而从微观和宏观两个层面增进经济绩效与经济福利。如何实现这一目标?一方面,要素(资本、劳动力、技术、管理、制度等)禀赋结构决定分工地位,因此,中国需要通过发展教育与科技、优化经济组织(包括企业)与制度结构,为攀升全球价值链奠定人力资本与组织制度基础。企业是促成生产要素和生产条件"新组合"的实践者、是各种优势的集大成者和最终实现者。另一方面,实际人均收入水平越高的经济体越有可能成为中国在全球价值链分工意义上的"朋友"而非"敌人",这一点也被书中基于微观的分析所证实。这应该成为中国进一步推进对外开放,包括有效推进区域经济一体化进程的参考因素。

第二,理解不同类型企业、贸易模式、OFDI 在中国对外贸易与对外投资增长中的相对重要性,有助于重新审视与改进中国宏观水平上的对外贸易和对外投资政策与战略。由于存在微观水平上的企业异质性,因此在制定和实施相关贸易和投资的政策与战略时"自下而上"式的机制应该给予更多的关注。对于任何一个国际化(出口或 OFDI)的企业而言,确定产品(或业务)与目标市场的组合是一项具有较高潜在收益与风险的决策。产品(或业务)与目标市场的切换使得企业能够平衡风险和收益,从而能够在瞬息万变的市场中生存下来。在宏观层面,改革开放与自由化导致的贸易与投资增长将具有重要的经济含义,因为这意味着经济活动将重新配置并得到更加有效的利用。中国近年来 OFDI 的发展令人瞩目,其行业与东道国分布应有其内在作用机制。一方面应该鼓励市场机制的作用,另一方面也应考虑中国目前资本账户没有完全开放的特殊背景。在目前中国经济处于低迷、困难加剧、风险陡增的情况下,不排除可能存在的以 OFDI 形式发生的资本外逃(资产转移)现象。为此,我们应该更多地从宏观层面与制度层面发现问题,而不是一味地归咎于企业与市场。当人们在讨论中国经济问题并经常突出中国特色的时候,我们的研究则显示,在国际贸易与投资涉及的风险与收益权衡方面,中国(非国有)企业与外国企业没有本质的差别。

第三,企业的所有制性质以及隶属关系对企业的经济绩效尤其是全要素生产率(TFP)有着重要影响。无论是本书第六章和第七章的统计分析还是第八章的计量检验,结果都表明,国有股权所占比重越高(比如国有绝对控股)以及隶属关系级别越高(比如中央所属)的企业具有越低的 TFP。这与以下事实相吻合:2001 年底中国加入 WTO 之后,国有企业出口占中国总出口的比重逐渐减少、而进口比重则逐渐增加。这意味着,国有企业越来越集中于国内市场。一方面,在国内市场的垄断地位使得这些企业觉得国内市场比国际市场有着更加稳定的收益预期或更有利可图;另一方面,国有企业的国际化(主要表现为跨国并购和绿地投资)因为受到国际投资领域中的竞争中立与“企业终身国民待遇”(而非限于“准入前国民待遇”)等基本原则的约束而在国际上屡屡受阻。[①] 这两大因素相互作用,导致国有企业更加偏向国内市场、垄断、低效,越发走不出去。这是恶性循环! 因此,无论从国有企业自身的角度,还是从这些企业与中国国民经济的关系(在投入—产出意义上,这些企业大多垄断国内产业链的上游)的角度,提升以 TFP 为核心的经济绩效,不仅应该成为国

---

① 根据美国 2012 年版双边投资协定(BIT)范本,没有“准入前国民待遇”的字眼,而是强调企业“从生到死”整个过程即涉及成立(establishment)、收购(acquisition)、扩张(expansion)、管理(management)、行为(conduct)、运营(operation)、销售(sale)或对投资的其他处置(other disposition of investments)等方面的国民待遇。

有企业改革的主线,而且也应该成为中国进一步市场化改革的基本取向。二者相辅相成,缺一不可。

第四,产业政策可能比较容易改变行业以及企业的资本密集度,但往往很难提高行业及企业的 TFP。本书的研究已经表明,政府重点支持发展的工业行业大多具有较高的资本密集度,但这些行业中的企业未必具有较高的 TFP 水平以及 TFP 增长率,有的甚至比整个样本的平均水平还低。这是因为,在实际经济中,政府推行产业政策的主要途径包括直接通过国有企业进行重点扶持以及通过干预要素(土地、资本)市场来改变目标行业的投入成本结构进而达到扶持的目的。这些做法即使有一些积极影响,也不必多谈。我们需要强调的是,以产业政策表现的政府干预在克服市场失灵或借口克服市场失灵的同时,往往会产生很大的问题,具体表现为:一方面,越多的产业政策意味着越多的寻租空间,这为腐败提供了机会,因而激励着政府官员及其他利益相关者想方设法出台和实施更多的产业政策;另一方面,越多的产业政策意味着越多的资源配置扭曲,这为政府进一步出台新的产业政策提供了借口,即解决由上一个产业政策导致的市场失灵。这样一来,产业政策轻则导致产能过剩和产业泡沫,重则可能导致经济崩溃。[①] 产业政策所隐含的"致命的自负"(哈耶克)不在于产业政策本身的好坏,而在于政府通过产业政策从来就不可能没有代价地达到既定的目标,因为在很多情况下产业政策与所在国家和地区的资源禀赋结构及比较优势背道而驰。这已经为作为产业政策极端形式的计划经济的历史所证明。

第五,企业的国际化(包括国际贸易、国际投资以及一般意义上的参与全球价值链分工)与经济绩效之间关系隐含着十分重要的政策逻辑。如果是国际化导致了企业更高的生产率即存在正向的国际化学习效应,

---

① 2001 年的世界银行研究报告(Stiglitz 和 Yusuf,2001)认为,病态的产业政策至少具有以下特点:(1)没有经过周密的计算,目的不是基于克服某些市场失灵;(2)没有针对特定的市场失灵,或者目标不是最大限度地发挥某些特定战略性产业的外部效应;(3)在设法提高效率时却忽略了市场信号;(4)低估了执行有效干预行为所需要的信息的作用;(5)高估了政府有限的能力;(6)夸大了建立有效的产业所需的人力和其他资源的可获得性;(7)忽略了效率、规模和其他相关方面的因素。

那么对国际化(比如出口/OFDI)实施补贴(及其他促进国际化的政策)将是可取的;如果是更高的生产率导致了国际化即存在正向的自选择效应,而且国家又十分想扩大国际化的话,那么最有效的办法就是促进企业生产率的提高,可以采取的方式包括促进市场竞争、增加研发投入等。如果把自选择效应隐含的因果关系看作是"国内环节"的话,那么学习效应反映的因果关系则是"国际环节"。做好"国际环节"即设法促使学习效应显著为正,就必须先做好"国内环节"(如图 10-1 所示)。然而,本书的研究结果表明,就出口/OFDI 等国际化方式而言,中国工业企业并不存在正向的自选择效应和学习效应。为什么会出现这种情况? 我们可以基于第三章的图 3-1 进行分析。理论上,企业国际化影响企业 TFP(或二者相互作用)的主要途径或传导机制至少包括图 3-1 显示的五个方面:增加投资与劳动力投入(意味着要素投入数量增加);设备改进与技术升级以及教育、培训、干中学(意味着要素投入质量提高);要素自由流动与价格市场化、专业化分工(意味着要素配置效率提高);对知识的理解与运用、管理变革与产权改革(意味着技术效率提高即实际生产点向生产可能性边界 PPF 靠拢);R&D 创新、新技术应用与推广(意味着技术变迁即生产可能性边界 PPF 外移)。但对于中国这样的转型经济体而言,要素自由流动与价格市场化、专业化分工以及管理变革与产权改革更加重要。这些是中国工业企业缺乏正向的国际化自选择效应与学习效应的根本原因。

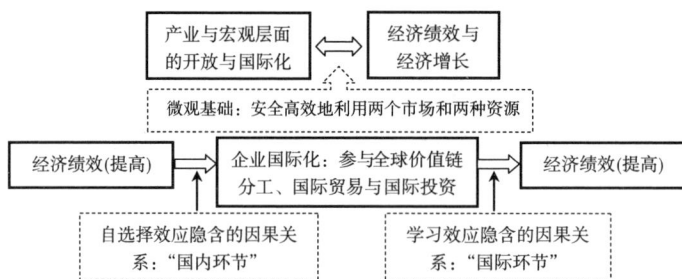

图 10-1 基于企业国际化与经济绩效之间关系的政策逻辑

资料来源:笔者基于分析制作。

最后,需要指出的是,一方面,中国工业企业不存在国际化升水效应,国际化企业的 TFP 低于非国际化企业;但另一方面,中国宏观及产业层面上的国际化(体现为中国与世界经贸政策的自由化如关税和非关税壁垒的削减)对中国工业行业乃至整个经济的贸易及福利产生积极的影响。这看似相互矛盾的两个方面其实隐含着较强的政策意义。对于前者而言,可能原因是:一是全球范围内的不同市场所要求的 TFP 最低临界值并不相同(见第七章分析),其中,一国的经济规模、人均收入水平以及制度质量起到重要作用;二是不同国际化方式所面临的成本—收益权衡(trade-off)差异较大,这跟相关经贸政策结构(关税和非关税壁垒结构)息息相关;三是如果更多的企业是通过加工贸易及保税区和出口加工区贸易的方式(实际是虚假贸易)转移资产,而不是进行真正意义上的OFDI,那么这些所谓 OFDI(及出口)的企业的 TFP 可能就不高,这在很大程度上是由于制度扭曲与统计扭曲造成的。就后者而言,在经济全球化与全球价值链分工的背景下,中国经济和产业国际化的福利效应不仅取决于中国自身经贸政策的自由化程度(比如削减关税与非关税壁垒的幅度),也取决于其他经济体经贸政策的自由化程度。因此,中国进一步推进和深化改革开放,并通过双边、区域和多边途径促进其他经济伙伴的改革开放,改善国际经济环境,对于增进中国的经济绩效与经济福利至关重要。

综上所述,要想提高中国工业企业的国际化水平与经济绩效,就必须对内继续推进市场化改革,使市场在资源配置中切实发挥决定性作用;与此同时,深化对外开放,并与其他经济体一道推进国际经贸环境的改善与优化。不断夯实经济发展的微观基础,尤其要重视市场化企业特别是民营企业和国际化企业的成长,从而使中国经济逐渐由主要以传统贸易理论意义上的比较优势(主要体现为相对成本和价格优势)参与国际分工,转变为主要以新贸易理论意义上的产业规模经济优势(主要体现为非价格竞争优势和产品差异性优势)和异质性企业贸易理论意义上的企业优势(主要体现为跨国企业优势)参与国际分工。只有这样,中国才能够同时发挥好作为发展中国家的成本和价格比较优势、作为大国的国内规模经济优势以及经济全球化和开放带来的国际规模经济优势。另外,提升工业企业的国际化程度与经济绩效,也有助于促进服务业尤其是生产性服务业的发展,为使中国经济顺利向服务经济转型提供坚实、高效的工业物质基础,这也是像美国那样的发达经济体已经走过的历程。

参考文献

1. 包群、邵敏、侯维忠：《出口改善了员工收入吗?》,《经济研究》2011 年第 9 期。

2. 陈维涛、王永进、李坤望：《地区出口企业生产率、二元劳动力市场与中国的人力资本积累》,《经济研究》2014 年第 1 期。

3. 陈勇兵、李燕、周世民：《中国企业出口持续时间及其决定因素》,《经济研究》2012 年第 7 期。

4. 程大中：《中国增加值贸易隐含的要素流向扭曲程度分析》,《经济研究》2014 年第 9 期。

5. 程大中：《中国参与全球价值链分工的程度及演变趋势——基于跨国投入—产出分析》,《经济研究》2015 年第 9 期。

6. 程大中、姜彬、魏如青：《全球价值链分工与自贸区发展:内在机制及对中国的启示》,《学术月刊》2017 年第 5 期。

7. 程大中、李晓易、李爽：《出口与经济绩效——来自中国上市公司的微观证据》,载上海市社会科学界联合会：《中国经济 60 年:道路、模式与发展》,上海人民出版社 2009 年版。

8. 葛顺奇、罗伟：《中国制造业企业对外直接投资和母公司竞争优势》,《管理世界》2013 年第 6 期。

9. 顾露露、Robert Reed：《中国企业海外并购失败了吗?》,《经济研究》2011 年第 7 期。

10. 胡翠、林发勤、唐宜红：《基于"贸易引致学习"的出口获益研究》,《经济研究》2015 年第 3 期。

11. 黄益平、宋立刚：《应用数量经济学》,上海人民出版社 2001 年版。

12. 江小涓：《中国对外开放进入新阶段:更均衡合理地融入全球经济》,《经济研究》2006 年第 3 期。

13. 蒋冠宏：《企业异质性和对外直接投资——基于中国企业的检验证据》,《金融研究》2015 年第 12 期。

14. 蒋冠宏、蒋殿春：《中国企业对外直接投资的"出口效应"》,《经济研究》2014

年第 5 期。

15. 蒋冠宏、蒋殿春、蒋昕桐：《我国技术研发型外向 FDI 的"生产率效应"——来自工业企业的证据》，《管理世界》2013 年第 9 期。

16. 李春顶：《中国企业"出口—生产率悖论"研究综述》，《世界经济》2015 年第 5 期。

17. 李辉：《经济增长与对外投资大国地位的形成》，《经济研究》2007 年第 2 期。

18. 李杰、李捷瑜、黄先海：《海外市场需求与跨国垂直并购》，《经济研究》2011 年第 5 期。

19. 李昕、徐滇庆：《中国外贸依存度和失衡度的重新估算——全球生产链中的增加值贸易》，《中国社会科学》2013 年第 1 期。

20. 李泳：《中国企业对外直接投资成效研究》，《管理世界》2009 年第 9 期。

21. 林毅夫、蔡昉、李周：《中国的奇迹：发展战略与经济改革》（增订版），上海三联书店、上海人民出版社 2002 年版。

22. 刘莉亚、何彦林、王照飞、程天笑：《融资约束会影响中国企业对外直接投资吗？——基于微观视角的理论和实证分析》，《金融研究》2015 年第 8 期。

23. 刘维林：《中国式出口的价值创造之谜：基于全球价值链的解析》，《世界经济》2015 年第 3 期。

24. 刘志彪、张杰：《我国本土制造业企业出口决定因素的实证分析》，《经济研究》2009 年第 8 期。

25. 刘遵义（Lawrence J. Lau）、陈锡康、杨翠红、Leonard K. Cheng、K. C. Fung、Yun-Wing Sung、祝坤福、裴建锁、唐志鹏：《非竞争型投入占用产出模型及其应用——中美贸易顺差透视》，《中国社会科学》2007 年第 5 期。

26. 鲁晓东、连玉君：《中国工业企业全要素生产率估计：1999—2007》，《经济学（季刊）》2012 年第 2 期。

27. 罗长远、张军：《附加值贸易：基于中国的实证分析》，《经济研究》2014 年第 6 期。

28. 吕越、罗伟、刘斌：《异质性企业与全球价值链嵌入：基于效率和融资的视角》，《世界经济》2015 年第 8 期。

29. 毛其淋、许家云：《中国对外直接投资如何影响了企业加成率：事实与机制》，《世界经济》2016 年第 6 期。

30. 裴长洪、郑文：《国家特定优势：国际投资理论的补充解释》，《经济研究》2011 年第 11 期。

31. 钱学锋、熊平：《中国出口增长的二元边际及其因素决定》，《经济研究》2010 年第 1 期。

32. 邱斌、闫志俊：《异质性出口固定成本、生产率与企业出口决策》，《经济研究》

2015 年第 9 期。

33. 王碧珺、谭语嫣、余淼杰、黄益平：《融资约束是否抑制了中国民营企业对外直接投资》，《世界经济》2015 年第 12 期。

34. 王凤彬、杨阳：《跨国企业对外直接投资行为的分化与整合——基于上市公司市场价值的实证研究》，《管理世界》2013 年第 3 期。

35. 王永进、施炳展：《上游垄断与中国企业产品质量升级》，《经济研究》2014 年第 4 期。

36. 王永钦、杜巨澜、王凯：《中国对外直接投资区位选择的决定因素：制度、税负和资源禀赋》，《经济研究》2014 年第 12 期。

37. 王子先：《中国需要有自己的全球价值链战略》，《国际贸易》2014 年第 7 期。

38. 谢千里、罗斯基、张轶凡：《中国工业生产率的增长与收敛》，《经济学（季刊）》2008 年第 3 期。

39. ［美］约瑟夫·熊彼特：《经济发展理论——对于利润、资本、信贷、利息和经济周期的考察》，中译本，何畏等译、张培刚等校，商务印书馆 1997 年版。

40. 杨红丽、陈钊：《外商直接投资水平溢出的间接机制：基于上游供应商的研究》，《世界经济》2015 年第 3 期。

41. 杨小凯：《经济学原理》，中国社会科学出版社 1998 年版。

42. 杨小凯、黄有光：《专业化与经济组织——一种新兴古典微观经济学框架》（中译本，张玉纲译），经济科学出版社 1999 年版。

43. 杨忠、张骁：《企业国际化程度与绩效关系研究》，《经济研究》2009 年第 2 期。

44. 易靖韬：《企业异质性、市场进入成本、技术溢出效应与出口参与决定》，《经济研究》2009 年第 9 期。

45. 于洪霞、龚六堂、陈玉宇：《出口固定成本融资约束与企业出口行为》，《经济研究》2011 年第 4 期。

46. 于永达、吕冰洋：《中国生产率争论：方法的局限性和结论的不确定性》，《清华大学学报（哲学社会科学版）》2010 年第 3 期。

47. 余淼杰：《中国的贸易自由化与制造业企业生产率》，《经济研究》2010 年第 12 期。

48. 余淼杰：《加工贸易、企业生产率和关税减免——来自中国产品面的证据》，《经济学（季刊）》2011 年第 4 期。

49. ［英］约翰·伊特韦尔、默里·米尔盖特、彼得·纽曼主编：《新帕尔格雷夫经济学大辞典》（第四卷），中译本，翻译编辑委员会译，经济科学出版社 1996 年版。

50. 张建红、周朝鸿：《中国企业走出去的制度障碍研究——以海外收购为例》，《经济研究》2010 年第 6 期。

51. 张杰、陈志远、刘元春：《中国出口国内附加值的测算与变化机制》，《经济研究》2013 年第 10 期。

52. 张杰、张培丽、黄泰岩:《市场分割推动了中国企业出口吗?》,《经济研究》2010 年第 8 期。

53. 张杰、郑文平、翟福昕:《中国出口产品质量得到提升了么?》,《经济研究》2014 年第 10 期。

54. 张欣:《可计算一般均衡模型的基本原理与编程》,格致出版社、上海人民出版社 2010 年版。

55. 赵伟:《中国企业"走出去"——政府政策取向与典型案例研究》,经济科学出版社 2004 年版。

56. 钟昌标、黄远浙、刘伟:《外资进入速度、企业异质性和企业生产率》,《世界经济》2015 年第 7 期。

57. 周茂、陆毅、陈丽丽:《企业生产率与企业对外直接投资进入模式选择——来自中国企业的证据》,《管理世界》2015 年第 11 期。

58. 周云波、陈岑、田柳:《外商直接投资对东道国企业间工资差距的影响》,《经济研究》2015 年第 12 期。

59. 宗芳宇、路江涌、武常岐:《双边投资协定、制度环境和企业对外直接投资区位选择》,《经济研究》2012 年第 5 期。

60. Acemoglu, Daron, Philippe Aghion, and Fabrizio Zilibotti, "Distance to Frontier, Selection, and Economic Growth", *Journal of the European Economic Association*, Vol.4, No.1, 2006, pp.37−74.

61. Ackerberg, Daniel, Kevin Caves, and Garth Frazer, "Structural Identification of Production Functions", *UCLA mimeo*, 2006.

62. Ackerberg, Daniel, Kevin Caves, and Garth Frazer, "Identification Properties of Recent Production Function Estimators", *Econometrica*, Vol.83, No.6, 2015, pp.2411−2451.

63. Ackerberg, Daniel, Lanier Benkard, Steven Berry, Ariel Pakes, "Econometric Tools for Analyzing Market Outcomes", *Handbook of Econometrics*, Amsterdam: North−Holland, Vol.6, Part A, 2007, pp.4171−4276.

64. Aghion, Philippe, Mathias Dewatripont, and Patrick Rey, "Competition, Financial Discipline and Growth", *Review of Economic Studies*, Vol.66, No.64, 1999, pp.825−852.

65. Ahmad, Nadim, Sónia Araújo, Alessia Lo Turco and Daniela Maggioni, "Using Trade Microdata to Improve Trade in Value−Added Measures: Proof of Concept Using Turkish Data", in Mattoo, A., Wang, Zhi and Wei, Shang−Jin (ed.), *Trade in Value Added: Developing New Measures of Cross−Border Trade*, The World Bank, Washington, DC, USA, Ch.8, 2013, pp.187−219.

66. Ahn, JaeBin, Amit Khandelwal, and Shang−Jin Wei, "The Role of Intermediaries in

Facilitating Trade", *Journal of International Economics*, Vol.84, No.1, 2011, pp.73-85.

67. Albornoz, Facundo, Calvo Pardo, Gregory Corcos, and Emanuel Ornelas, "Sequential Exporting", *Journal of International Economics*, Vol.88, No.1, 2012, pp.17-31.

68. Almeida, Rita, "The Labor Market Effects of Foreign Owned Firms", *Journal of International Economics*, Vol.72, No.1, 2007, pp.75-96.

69. Amador, João and Luca David Opromolla, "Product and Destination Mix in Export Markets", working Paper, 2011.

70. Amiti, Mary and Donald Davis, "Trade, Firms, and Wages: Theory and Evidence", *Review of Economic Studies*, Vol.79, No.1, 2011, pp.1-36.

71. Amiti, Mary and Jozef Konings, "Trade Liberalization, Intermediate Inputs and Productivity", *American Economic Review*, Vol.97, No.5, 2007, pp.1611-1638.

72. Anderson, James and Eric Van Wincoop, "Gravity with Gravitas: A Solution to the Border Puzzle", *American Economic Review*, Vol.93, No.1, 2003, pp.170-192.

73. Anderson, James and Eric Van Wincoop, "Trade Costs", *Journal of Economic literature*, Vol.42, No.3, 2004, pp.691-751.

74. Antràs, Pol and Elhanan Helpman, "Global Sourcing", *Journal of Political Economy*, Vol.112, No.3, 2004, pp.552-580.

75. Antràs, Pol and David Chor, "Organizing the Global Value Chain", *Econometrica*, Vol.81, No.6, 2013, pp.2127-2204.

76. Antràs, Pol, "Firms, Contracts, and Trade Structure", *Quarterly Journal of Economics*, Vol.118, No.4, 2003, pp.1375-1418.

77. Antràs, Pol, "Property Rights and the International Organization of Production", *American Economic Review*, Vol.95, No.2, 2005, pp.25-32.

78. Antràs, Pol, Davin Chor, Thibault Fally, and Russell Hillberry, "Measuring the Upstreamness of Production and Trade Flows", *American Economic Review*, Vol.102, No.3, 2012, pp.412-416.

79. Antràs, Pol, Teresa C. Fort, and Felix Tintelnot, "The Margins of Global Sourcing: Theory and Evidence from US Firms", *American Economic Review*, Vol.107, No.9, 2017, pp.2514-2564.

80. Arkolakis, Costas and Marc-Andreas Muendler, "The Extensive Margin of Exporting Goods: A Firm-level Analysis", Unpublished Paper, Yale University, New Haven, 2011.

81. Arkolakis, Costas, "A Unified Theory of Firm Selection and Growth", *Quarterly Journal of Economics*, Vol.131, No.1, 2016, pp.89-155.

82. Arkolakis, Costas, Svetlana Demidova, Peter Klenow, and Andrés Rodríguez-Clare,

"The Gains from Trade with Endogenous Variety", *American Economic Review Papers and Proceedings*, Vol.98, No.4, 2008, pp.444-450.

83. Armenter, Roc and Miklós Koren, "A Balls-and-Bins Model of Trade", *American Economic Review*, Vol.104, No.7, 2014, pp.2127-2151.

84. Arnold, Matthias and Beata Javorcik, "Gifted Kids or Pushy Parents? Foreign Direct Investment and Plant Productivity in Indonesia", *Journal of International Economics*, Vol.79, No.1, 2009, pp.42-53.

85. Arnold, Matthias and Katrin Hussinger, "Export Behavior and Firm Productivity in German Manufacturing: a Firm Level Analysis", *Review of World Economics*, Vol.141, No.2, 2005, pp.219-243.

86. Arnold, Metthias, "Productivity Estimation at the Firm Level—A Practical Guide", Mimeo, Bocconi University, Milano, 2005.

87. Atkeson, Andrew and Ariel Tomas Burstein, "Innovation, Firm Dynamics, and International Trade", *Journal of political economy*, Vol.118, No.3, 2010, pp.433-484.

88. Aw, Bee Yan and Yi Lee, "Firm Heterogeneity and Location Choice of Taiwanese Multinationals", *Journal of International Economics*, Vol.75, No.1, 2008, pp.167-179.

89. Aw, Bee Yan, Mark Roberts, and Daniel Yi Xu, "R&D Investment, Exporting, and Productivity Dynamics", *American Economic Review*, Vol.101, No.4, 2011, pp.1312-1344.

90. Aw, Bee Yan, Sukkyun Chung, and Mark Roberts, "Productivity, Output, and Failure: A Comparison of Taiwanese and Korean Manufacturers", *Economic Journal*, Vol.113, No.491, 2003, pp.485-510.

91. Bair, Jennifer, "Global Capitalism and Commodity Chains: Looking Back, Going Forward", *Competition & Change*, Vol.9, No.2, 2005, pp.153-180.

92. Balassa, Bela, "Tariff Reductions and Trade in Manufacturers among the Industrial Countries", *American Economic Review*, Vol.56, No.3, 1966, pp.466-473.

93. Baldwin, Richard, "A Domino Theory of Regionalism", *NBER Working Paper*, No.4465, 1993.

94. Baldwin, Richard and James Harrigan, "Zeros, Quality and Space: Trade Theory and Trade Evidence", *American Economic Journal: Microeconomics*, Vol.3, No.2, 2011, pp.60-88.

95. Baldwin, Richard and Javier Lopez-Gonzalez, "Supply-Chain Trade: A Portrait of Global Patterns and Several Testable Hypotheses", *World Economy*, Vol.38, No.11, 2015, pp.1682-1721.

96. Baldwin, Richard and Toshihiro Okubo, "International Trade, Offshoring and Heterogeneous Firms", *Review of International Economics*, Vol.22, No.1, 2014, pp.9-72.

97. Baldwin, Richard, "21st Century Regionalism: Filling the Gap between 21st Century Trade and 20th Century Trade Rules", *CEPR Policy Insight Vol.*56, 2011.

98. Bems, Rudolfs and Robert Johnson, "Value-Added Exchange Rates", NBER Working Paper, No.18498, 2012.

99. Bernard, Andrew and Bradford Jensen, "Exporters, Jobs, and Wages in U.S. Manufacturing, 1976-1987", *Brookings Papers on Economic Activity*, Microeconomics, 1995, pp.67-112.

100. Bernard, Andrew and Bradford Jensen, "Exporters, Skill Upgrading, and the Wage Gap", *Journal of international Economics*, Vol.42, No.1, 1997, pp.3-31.

101. Bernard, Andrew and Bradford Jensen, "Exceptional Exporter Performance: Cause, Effect, or Both?" *Journal of International Economics*, Vol.47, No.1, 1999, pp.1-25.

102. Bernard, Andrew and Bradford Jensen, "Entry, Expansion and Intensity in the U.S. Export Boom, 1987-1992", *Review of International Economics*, Vol. 12, No. 4, 2004, pp.662-675.

103. Bernard, Andrew, Jonathan Eaton, J.Bradford Jensen, and Samuel Kortum, "Plants and Productivity in International Trade", *American Economic Review*, Vol.93, No.4, 2003, pp.1268-1290.

104. Bernard, Andrew, Bradford Jensen, and Peter Schott, "Trade Costs, Firms and Productivity", *Journal of Monetary Economics*, Vol.53, No.5, 2006, pp.917-937.

105. Bernard, Andrew, Bradford Jensen, Stephen Redding, and Peter Schott, "Firms in International Trade", *Journal of Economic Perspectives*, Vol.21, No.3, 2007, pp.105-130.

106. Bernard, Andrew, Bradford Jensen, Stephen Redding, and Peter Schott, "The Empirics of Firm Heterogeneity and International Trade", *Annual Review of Economics*, Vol. 4, No.1, 2012, pp.283-313.

107. Bernard, Andrew, Stephen Redding and Peter Schott, "Multiple-Product Firms and Product Switching", *American Economic Review*, Vol.100, No.1, 2010, pp.70-97.

108. Bernard, Andrew, Stephen Redding and Peter Schott, "Multi-product Firms and Trade Liberalization", *Quarterly Journal of Economics*, Vol.126, No.3, 2011, pp.1271-1318.

109. Bernard, Andrew, Stephen Redding, and Peter Schott, "Products and Productivity", *Scandinavian Journal of Economics*, Vol.111, No.4, 2009, pp.681-709.

110. Bertrand, Olivier, "Effects of Foreign Acquisitions on R&D Activity: Evidence from Firm-level Data for France", *Research Policy*, Vol.38, No.6, 2009, pp.1021-1031.

111. Blonigen, Bruce, "A Review of the Empirical Literature on FDI Determinants", NBER Working Paper, No.11299, 2005.

112. Blundell, Richard and Steve Bond, "GMM Estimation with Persistent Panel Data:

An Application to Production Functions", IFS Working Paper, W99/4, 1999.

113. Brainard, Lael, "A Simple Theory of Multinational Corporations and Trade with a Trade-off between Proximity and Concentration", NBER Working Paper, No.4269, 1993.

114. Brainard, Lael, "An Empirical Assessment of the Proximity – Concentration Trade-off between Multinational Sales and Trade", *American Economic Review*, 8Vol.7, No. 4, 1997, pp.520–544.

115. Brandt, Loren, Johannes Van Biesebroeck, and Yifan Zhang, "Creative Accounting or CreativeDestruction? Firm – Level Productivity Growth in Chinese Manufacturing", *Journal of Development Economics*, Vol.97, No.2, 2012, pp.339–351.

116. Brandt, Loren, Johannes Van Biesebroeck, Luhang Wang, and Yifan Zhang, "WTO Accession and Performance of Chinese Manufacturing Firms", *American Economic Review*, Vol.107, No.9, 2017, pp.2784–2820.

117. Brandt, Loren, Thomas Rawski, and John Sutton, "Industrial Development in China." In Loren Brandt and Thomas G. Rawski (Eds.), *China's Great Economic Transformation*, New York: Cambridge University Press, 2008, pp.569–632.

118. Bruce Blonigen, Lionel Fontagne, Nicholas Sly, and Farid Toubal, "Cherries for Sale: The Incidence of Cross-Border M&A", NBER Working Paper, No.18414, 2012.

119. Bustos, Paula, "Trade Liberalization, Exports and Technology Upgrading: Evidence on the Impact of MERCOSUR on Argentinean Firms", *American Economic Review*, Vol.101, No.1, 2011, pp.304–340.

120. Caliendo, Lorenzo and Fernando Parro, "Estimates of the Trade and Welfare Effects of NAFTA", *Review of Economic Studies*, Vol.82, No.1, 2015, pp.1–44.

121. Campbell, Jeffrey and Hugo Hopenhayn, "Market Size Matters", *Journal of Industrial Economics*, Vol.53, No.1, 2005, pp.1–25.

122. Casas, Camila and Alejandra González, "Productivity Measures for the Colombian Manufacturing Industry", *Borradores de Economia*, No.947, 2016.

123. Chaney, Thomas, "Distorted Gravity: The Intensive and Extensive Margins of International Trade", *American Economic Review*, Vol.98, No.4, 2008, pp.1707–1721.

124. Chen, Chunlai and Christopher Findlay, "A Review of Cross-border Mergers and Acquisitions in APEC", *Asian-Pacific Economic Literature*, Vol.17, No.2, 2003, pp.14–38.

125. Chen, Wenjie, "The Effect of Investor Origin on Firm Performance: Domestic and Foreign Investment in the United States", *Journal of International Economics*, Vol.83, No.2, 2011, pp.218–228.

126. Cheng, Dazhong, "Product – Destination Portfolio and Dynamics by Firm Ownership and Trade Mode: Evidence from Chinese Industrial Exporters", *China and World*

Economy, Vol.20, No.5, 2012, pp.21-36.

127. Clerides, Sofronis, Saul Lach, and James Tybout, "Is Learning by Exporting Important? Micro - dynamic Evidence from Columbia, Mexico and Morocco", *Quarterly Journal of Economics*, Vol.113, No.3, 1998, pp.903-947.

128. Coelli, Timothy, Dodla Prasada Rao, Christopher O'Donnell, and George Battese, *An Introduction to Efficiency and Productivity Analysis* (2nd Edition), Spinger Science + Business Media, Inc., 2005.

129. Conyon, Martin, Sourafel Girma, Steve Thompson, and Peter Wright, "The Productivity and Wage Effects of Foreign Acquisition in the United Kingdom", *Journal of Industrial Economics*, Vol.50, No.1, 2002, pp.85-102.

130. Costantini, James and Marc Melitz, "The Dynamics of Firm-Level Adjustment to Trade Liberalization". *The Organization of Firms in a Global Economy*, edited by E. Helpman, D.Marin, T.Verdier, 4:107-41. Harvard University Press, 2008.

131. Criscuolo, Chiara and Ralf Martin, "Multinationals and U. S. Productivity Leadership: Evidence from Great Britain", *Review of Economics and Statistics*, Vol.91, No.2, 2009, pp.263-281.

132. Crozet, Matthieu and Pamina Koenig, "Structural Gravity Equation with Extensive and Intensive Margins", *Canadian Journal of Economics*, Vol.43, No.1, 2010, pp.41-62.

133. Crozet, Matthieu, Keith Head, and Thierry Mayer, "Quality Sorting and Trade: Firm-levelEvidence for French Wine", *Review of Economic Studies*, Vol.79, No.2, 2011, pp. 609-644.

134. Cui, Lin and Fuming Jiang, "State Ownership Effect on Firms' FDI Ownership Decisions under Institutional Pressure: A Study of Chinese Outward - Investing Firms", *Journal of International Business Studies*, Vol.43, No.3, 2012, pp.264-284.

135. Dai, Mi, Madhura Maitra, and Miaojie Yu, "Unexceptional Exporter Performance in China? The Role of Processing Trade", *Journal of Development Economics*, Vol. 121, 2016, pp.177-189.

136. Daudin, Guillaume, Christine Rifflart and Danielle Schweisguth, "Who Produces for Whom in the World Economy?" *Canadian Journal of Economics*, Vol.44, No.4, 2011, pp. 1409-1538.

137. Davis, Donald and James Harrigan, "Good jobs, Bad Jobs, and Trade Liberalization", *Journal of International Economics*, Vol.84, No.1, 2011, pp.26-36.

138. De Loecker, Jan, "Do Exports Generate Higher Productivity? Evidence from Slovenia", *Journal of International Economics*, Vol.73, No.1, 2007, pp.69-98.

139. Dedrick, Jason, Kenneth Kraemer, and Greg Linden, "Who Profits From

Innovation in Global Value Chains? A Study of the iPod And Notebook PCs", *Industrial and Corporate Change*, Vol.19, No.1, 2010, pp.81–116.

140. Del Gatto, Massimo, Adriana Di Liberto, and Carmelo Petraglia, " Measuring Productivity", *Journal of Economic Surveys*, Vol.25, No.5, 2011, pp.952–1008

141. Delgado, Miguel, Jose Farinas, and Sonia Ruano, "Firm Productivity and Export Markets: a Non–Parametric Approach", *Journal of international Economics*, Vol.57, No.2, 2002, pp.397–422.

142. Desyllas, Panos and Alan Hughes, "Do High Technology Acquirers Become More Innovative?" *Research Policy*, Vol.39, No.8, 2010, pp.1105–1121.

143. Dixit, Avinash and Gene Grossman, "Trade and Protection with Multi – Stage Production", *Review of Economic Studies*, Vol.49, No.4, 1982, pp.583–94.

144. Dixon, Peter, Michael Jerie, and Maureen Rimmer, "Modern Trade Theory for CGE Modelling: the Armington, Krugman and Melitz Models", *Journal of Global Economic Analysis*, Vol.1, No.1, 2016, pp.1–110.

145. Dunning, John, "Toward an Eclectic Theory of International Production: Some Empirical Tests", *Journal of International Business Studies*, Vol.11, No.1, 1980, pp.9–31.

146. Dunning, John, " Explaining the International Direct Investment Position of Countries: Towards a Dynamic or Developmental Approach", *Weltwirtschafiliches Archiv*, Vol.117, No.1, 1981, pp.30–64.

147. Eaton, Jonathan and Samuel Kortum, "Technology, Geography, and Trade", *Econometrica*, Vol.70, No.5, 2002, pp.1741–1779.

148. Eaton, Jonathan, Marcela Eslava, Maurice Kugler and James Tybout, "Export Dynamics in Colombia: Firm–level Evidence", NBER Working Paper, No.13531, 2007.

149. Eaton, Jonathan, Marcela Eslava, Maurice Kugler and James Tybout, "A Search and Learning Model of Export Dynamics", Penn State University, Unpublished paper, 2010.

150. Eaton, Jonathan, Samuel Kortum, Francis Kramarz, "An Anatomy of International Trade: Evidence from French Firms," *Econometrica*, Vol.79, No.5, 2011, pp.1453–1498.

151. Eckel, Carsten and Peter Neary, " Multi – product Firms and Flexible Manufacturing in the Global Economy", *Review of Economic Studies*, Vol.77, No.1, 2010, pp.188–217.

152. Egger, Hartmut and Udo Kreickemeier, "Firm heterogeneity and the Labor Market Effects of Trade Liberalization", *International Economic Review*, Vol.50, No.1, 2009, pp.187–216.

153. Ekholm, Karolina, Rikard Forslid, and James Markusen, "Export – Platform Foreign Direct Investment", *Journal of the European Economic Association*, Vol.5, No.4,

2007, pp.776-795.

154. Ethier, Wilfred, "The General Role of Factor Intensity in the Theorems of International Trade", *Economics Letters*, Vol.10, No.3-4, 1982, pp.337-342.

155. Evenett, Simon, "The Cross Border Mergers and Acquisitions Wave of the Late 1990s", NBER Working Paper, No.9655, 2003.

156. Fally, Thibault, "On the Fragmentation of Production in the U.S.", *University of Colorado mimeo*, 2011.

157. Falvey, Rod, David Greenaway, and Zhihong Yu, "Intra-Industry Trade between Asymmetric Countries with Heterogeneous Firms", GEP Research Paper No. 2004/05, Leverhulme Centre for Research on Globalization and Economic Policy, University of Nottinghan, 2004.

158. Fan, Haichao, Edwin L-C. Lai, and Yao Amber Li, "Credit Constraints, Quality, and Export Prices: Theory and Evidence from China", *Journal of Comparative Economics*, Vol.43, No.2, 2015, pp.390-416.

159. Feenstra, Robert and Gordon Hanson, "Globalization, Outsourcing, and Wage Inequality", *American Economic Review*, Vol.86, No.2, 1996, pp.240-245.

160. Feenstra, Robert and Hong Ma, "Optimal Choice of Product Scope for Multiproduct Firms under Monopolistic Competition", In *The Organization of Firms in a Global Economy*, ed. E. Helpman, D. Marin, T. Verdier, 6: 173-99. Cambridge MA: Harvard University Press, 2008.

161. Feenstra, Robert, *Advanced International Trade: Theory and Evidence*, Princeton University Press, 2004.

162. Felbermayr, Gabriel and Wilhelm Kohler, "Exploring the Intensive and Extensive Margins of World Trade", *Review of World Economics*, Vol.142, No.4, 2006, pp.642-674.

163. Felbermayr, Gabriel, Julien Prat, and Hans-Jörg Schmerer, "Globalization and Labor Market Outcomes: Wage Bargaining, Search Frictions, and Firm Heterogeneity", *Journal of Economic Theory*, Vol.146, No.1, 2011, pp.39-73.

164. Feng, Ling, Zhiyuan Li, and Deborah Swenson, "The Connection between Imported Intermediate Inputs and Exports: Evidence from Chinese Firms", *Journal of International Economics*, Vol.101, 2016, pp.86-101.

165. Fernandes, Ana and Heiwai Tang, "Determinants of Vertical Integration in Export Processing: Theory and Evidence from China", *Journal of Development Economics*, Vol.99, No.2, 2012, pp.396-414.

166. Fernandes, Ana M. and Alberto Isgut, "Learning-by-Doing, Learning-by-Exporting, and Productivity: Evidence from Colombia", World Bank Policy Research

Working Paper No.3544, Washington, DC, 2005.

167. Fujita, Masahisa and Jacques – Francois Thisse, *Economics of Agglomeration: Cities, Industrial Location, and Globalization* (2nd edition), Cambridge University Press, 2013.

168. Fujita, Masahisa, Paul Krugman, and Anthony Venables, *The Spatial Economy: Cities, Regions, and International Trade*, MIT Press, 1999.

169. Gandhi, Amit, Salvador Navarro, and David Rivers, "On the Identification of Production Functions: How Heterogeneous is Productivity?" Unpublished paper, University of Western Ontario, 2016.

170. Gasiorek, Michael and Javier Lopez–Gonzalez, *China–EU Global Value Chains: Who Creates Value, How and Where?* Report for European Commission, 2014.

171. Ge, Ying, Huiwen Lai, and Susan Chun Zhu, "Multinational Price Premium", *Journal of Development Economics*, Vol.115, 2015, pp.181–199.

172. Gereffi, Gary, "The Organization of Buyer–Driven Global Commodity Chains: How U.S. Retailers Shape Overseas Production Networks". In*Commodity Chains and Global Capitalism*, G.Gereffi and M.Korzeniewicz (eds.), Westport, Praeger Publishers, 1994.

173. Ghosh, Ambica, "Input–output Approach in an Allocation System", *Economica*, Vol.25, No.97, 1958, pp.58–64.

174. Girma, Sourafel and Holger Görg, "Evaluating Foreign Ownership Wage Premium Using aDifference – in – Differences Matching Approach ", *Journal of International Economics*, Vol.72, No.1, 2007, pp.97–112.

175. Goldberg, Pinelopi, Amit Khandelwal, Nina Pavcnik, and Petia Topalova, "Imported Intermediate Inputs and Domestic Product Growth: Evidence from India ", *Quarterly Journal of Economics*, Vol.125, No.4, 2010, pp.1727–1767.

176. Görg, Holger, Michael Henry, and Eric Strobl, "Grant support and Exporting Activity: Evidence from Irish Manufacturing", *Review of Economics and Statistics*, Vol.90, No.1, 2008, pp.168–174.

177. Greenaway, David and Richard Kneller, "Exporting, Productivity and Agglomeration: a Matched Difference in Difference Analysis of Matched Firms", *GEP Research Paper* No. 03/45, Leverhulme Centre for Research on Globalization and Economic Policy, University of Nottingham, 2003.

178. Greenaway, David and Richard Kneller, "Firm Heterogeneity, Exporting and Foreign Direct Investment", *Economic Journal*, Vol.117, No.517, 2007, pp.F134–F161.

179. Grossman, Gene and Elhanan Helpman, "Outsourcing in a Global Economy", *Review of Economic Studies*, Vol.72, No.1, 2005, pp.135–159.

180. Grossman, Gene and Esteban Rossi-Hansberg, "Trading Tasks: A Simple Theory of Offshoring", *American Economic Review*, Vol.98, No.5, 2008, pp.1978-1997.

181. Grossman, Gene, Elhanan Helpman, and Adam Szeidl, "Optimal Integration Strategies for the Multinational Firm", *Journal of International Economics*, Vol.70, No.1, 2006, pp.216-238.

182. Grubel, Herbert and Peter Lloyd, *Intra-industry Trade: The Theory and Measurement of International Trade in Differentiated Products*, London: Macmillan, 1975.

183. Guadalupe, Maria, Olga Kuzmina, and Catherine Thomas, "Innovation and Foreign Ownership", *American Economic Review*, Vol.102, No.7, 2012, pp.3594-3627.

184. Hagemejer, Jan and Mahdi Ghodsi, "Up or Down the Value Chain? The Comparative Analysis of the GVC Position of the Economies of the New EU Member", working Paper, 2014.

185. Halpern, László, Miklós Koren, and Adam Szeidl, "Imported Inputs and Productivity", *American Economic Review*, Vol.105, No.12, 2015, pp.3660-3703.

186. Harrigan, James and Ariell Reshef, "Skill Biased Heterogeneous Firms, Trade Liberalization, and the Skill Premium", *Canadian Journal of Economics*, Vol.48, No.3, 2015, pp.1024-1066.

187. Head, Keith and John Ries, "Heterogeneity and the FDI versus Export Decision of Japanese Manufacturers", *Journal of the Japanese and International Economies*, Vol.17, No.4, 2003, pp.448-467.

188. Head, Keith and John Ries, "Exporting and FDI as Alternative Strategies", *Oxford Review of Economic Policy*, Vol.20, No.3, 2004, pp.409-423.

189. Heckman, James J., Hidehiko Ichimura, and Petra E. Todd, "Matching as an Econometric Evaluation Estimator: Evidence from Evaluating a Job Training Programme", *Review of Economic Studies*, Vol.64, No.(4), 1997, pp.605-654.

190. Helpman, Elhanan, "A Simple Theory of International Trade with Multinational Corporations", *Journal of Political Economy*, Vol.92, No.3, 1984, pp.451-471.

191. Helpman, Elhanan and Oleg Itskhoki, "Labor Market Rigidities, Trade and Unemployment", *Review of Economic Studies*, Vol.77, No.3, 2010, pp.1100-1137.

192. Helpman, Elhanan and Paul Krugman, *Market Structure and Foreign Trade: Increasing Returns, Imperfect Competition, and The International Economy*, MIT press, 1985.

193. Helpman, Elhanan, "The Factor Content of Foreign Trade", *Economic Journal*, Vol.94, No.373, 1984, pp.84-94.

194. Helpman, Elhanan, "Trade, FDI, and the Organization of Firms", *Journal of Economic Literature*, Vol.44, No.3, 2006, pp.589-630.

195. Helpman, Elhanan, Marc Melitz, and Stephen Yeaple, "Export versus FDI with Heterogeneous Firms", *American Economic Review*, Vol.94, No.1, 2004, pp.300-316.

196. Helpman, Elhanan, Marc Melitz, and Yona Rubinstein, "Estimating Trade Flows: Trading Partners and Trading Volumes", *Quarterly Journal of Economics*, Vol.123, No.2, 2008, pp.441-487.

197. Helpman, Elhanan, Oleg Itskhoki, and Stephen Redding, "Inequality and Unemployment in a Global Economy", *Econometrica*, Vol.78, No.4, 2010, pp.1239-1283.

198. Heyman, Fredrik, Fredrik Sjoholm, and Patrik Tinvall, "Is There Really a Foreign Ownership Premium? Evidence from Matched Employer-Employee Data", *Journal of International Economics*, Vol.73, No.2, 2007, pp.355-376.

199. Hopenhayn, Hugo, "Entry, Exit, and Firm Dynamics in Long Run Equilibrium", *Econometrica*, Vol.60, No.5, 1992, pp.1127-1150.

200. Hopkins, Terence and Immanuel Wallerstein, "Patterns of Development of the Modern World-system", *Review (Fernand Braudel Center)*, Vol.1, No.2, 1977, pp.111-145.

201. Horowitz, Joel, "The Bootstrap", *Handbook of Econometrics*, Vol.5, 2001, pp.3159-3228, Elsevier.

202. Hummels, David and Peter Klenow, "The Variety and Quality of a Nation's Exports", *American Economic Review*, Vol.95, No.3, 2005, pp.704-723.

203. Hummels, David, Dana Rapoport and Kei-Mu Yi, "Vertical Specialization and the Changing Nature of World Trade", *Federal Reserve Bank of New York Economic Policy Review*, Vol.4, No.2, 1998, pp.79-99.

204. Hummels, David, Jun Ishii, and Kei-Mu Yi, "The Nature and Growth of Vertical Specialization in World Trade", *Journal of International Economics*, Vol.54, No.1, 2001, pp.75-96.

205. Huttunen, Kristiina, "The Effect of Foreign Acquisition on Employment and Wages: Evidence from Finnish Establishment Data", *Review of Economics and Statistics*, Vol.89, No.3, 2007, pp.497-509.

206. Iacovone, Leonardo and Beata Smarzynska Javorcik, "Multi-product Exporters: Diversification and Micro-level Dynamics", World Bank Policy Research Working Paper, 2008.

207. Javorcik, Beata, "Does Foreign Direct Investment Increase the Productivity of Domestic Firms? In Search of Spillovers through Backward Linkages", *American Economic Review*, Vol.94, No.3, 2004, pp.605-627.

208. Jean, Sébastien, "International Trade and Firms' Heterogeneity under

Monopolistic Competition", *Open Economies Review*, Vol.13, No.3, 2002, pp.291-311.

209. Johnson, Robert and Guillermo Noguera, "Accounting for Intermediates: Production Sharing and Trade in Value-added", *Journal of International Economics*, Vol. 86, No.2, 2012, pp.224-236.

210. Johnson, Robert, "Trade and Prices with Heterogeneous Firms", *Journal of International Economics*, Vol.86, No.1, 2012, pp.43-56.

211. Jones, Ronald and Henryk Kierzkowski, "The Role of Services in Production and International Trade: A Theoretical Framework". *The Political Economy of International Trade*, edited by R.Jones and A.Krueger, Oxford: Basil Blackwell, 1990.

212. Jovanovic Boyan, "Selection and the Evolution of Industry", *Econometrica*, Vol. 50, No.3, 1982, pp.649-70.

213. Kasahara, Hiroyuki and Beverly Lapham, "Productivity and the Decision to Import and Export: Theory and Evidence", *Journal of International Economics*, Vol.89, No.2, 2013, pp.297-316.

214. Katayama, Hajime, Shihua Lu, and James Tybout, "Firm-level Productivity Studies: Illusions and a Solution", *International Journal of Industrial Organization*, Vol.27, No.3, 2009, pp.403-413.

215. Kaufmann, Daniel, Aart Kraay and Massimo Mastruzzi, "The Worldwide Governance Indicators: A Summary of Methodology, Data and Analytical Issues", World Bank Policy Research Working Paper, No.5430, 2010.

216. Kee, Hiau Looi and Heiwai Tang, "Domestic Value Added in Exports: Theory and Firm Evidence from China", *American Economic Review*, Vol.106, No.6, 2016, pp.1402-36.

217. Keller, Wolfgang, "Are International R&D Spillovers Trade-Related? Analyzing Spillovers among Randomly Matched Trade Partners", *European Economic Review*, Vol.42, No.8, 1998, pp.1469-1481.

218. Khandelwal, Amit, Peter Schott, and Shang-Jin Wei, "Trade Liberalization and Embedded Institutional Reform: Evidence from Chinese Exporters", *American Economic Review*, Vol.103, No.6, 2013, pp.2169-2195.

219. Klette, Tor Jakob and Zvi Griliches, "The Inconsistency of Common Scale Estimators When Output Prices are Unobserved and Endogenous", *Journal of Applied Econometrics*, Vol.11, No.4, 1996, pp.343-361.

220. Koopman, Robert, Zhi Wang, and Shang-Jin Wei, "Estimating Domestic Content in Exports When Processing Trade is Pervasive", *Journal of Development Economics*, Vol. 99, No.1, 2012, pp.178-189.

221. Koopman, Robert, Zhi Wang, and Shang-Jin Wei, "Tracing Value-added and

Double Counting in Gross Exports,"*American Economic Review*, Vol.104, No.2, 2014, pp. 459-494.

222. Krugman, Paul, "Increasing Returns, Monopolistic Competition, and International Trade", *Journal of International Economics*, Vol.9, No.4, 1979, pp.469-480.

223. Krugman, Paul, "Scale Economies, Product Differentiation, and the Pattern of Trade", *American Economic Review*, Vol.70, No.5, 1980, pp.950-959.

224. Krugman, Paul, *The Age of Diminished Expectations: U.S. Economic Policy in the 1990s*, MIT Press, 1997.

225. Kugler, Maurice and Eric Verhoogen, "The Quality-complementarity Hypothesis: Theory and Evidence from Colombia", NBER Working Paper, No.14418, 2008.

226. Lawrence, Robert, *Regionalism, Multilateralism, and Deeper Integration*, Washington: Brookings Institution Press, 1996.

227. Leontief, Wassily, "Quantitative Input and Output Relations in the Economic System of the United States", *Review of Economics and Statistics*, Vol.18, No.3, 1936, pp. 105-125.

228. Leuven, Edwin and Barbara Sianesi, "PSMATCH2: Stata Module to Perform Full Mahalanobis and Propensity Score Matching, Common Support Graphing, and Covariate Imbalance Testing", http://ideas.repec.org/c/boc/bocode/s432001.html, 2003.

229. Levinsohn, James and Amil Petrin, "Estimating Production Functions Using Inputs to Control for Unobservables", *Review of Economics Studies*, Vol.70, No.2, 2003, pp. 317-342.

230. Levinsohn, James and Marc Melitz, "Productivity in a Differentiated Product Markets Equilibrium", Unpublished manuscript, 2002.

231. Lichtenberg, Frank, Donald Siegel, Dale Jorgenson, and Edwin Mansfield, "Productivity and Changes in Ownership of Manufacturing Plants", Brookings Papers on Economic Activity, No.3, 1987, pp.643-683.

232. Lileeva, Alla and Daniel Trefler, "Does Improved Market Access Raise Plant-Level Productivity", *Quarterly Journal of Economics*, Vol.125, No.3, 2010, pp.1051-1099.

233. Liu, Qing and Yi Lu, "Firm Investment and Exporting: Evidence from China's Value-Added Tax Reform", *Journal of International Economics*, Vol.97, No.2, 2015, pp. 392-403.

234. Liu, Xiaming, Chengang Wang, and Yingqi Wei, "Do Local Manufacturing Firms Benefit from Transactional Linkages with Multinational Enterprises in China?" *Journal of International Business Studies*, Vol.40, No.7, 2009, pp.1113-1130.

235. Long, Cheryl and Xiaobo Zhang, "Cluster-based Industrialization in China:

Financing and Performance", *Journal of International Economics*, Vol. 84, No. 1, 2011, pp. 112-123.

236. Los, Bart, Marcel Timmer, and Gaaitzen de Vries, "Tracing Value – Added and Double Counting in Gross Exports: Comment", *American Economic Review*, Vol. 106, No. 7, 2016, pp. 1958-1966.

237. Lu, Jiangyong, Yi Lu, and Zhigang Tao, "Exporting Behavior of Foreign Affiliates: Theory and Evidence", *Journal of International Economics*, Vol. 81, No. 2, 2010, pp. 197-205.

238. Ma, Hong, Zhi Wang, and Kunfu Zhu, "Domestic Content in China's Exports and its Distribution by Firm Ownership", *Journal of Comparative Economics*, Vol. 43, No. 1, 2015, pp. 3-18.

239. Ma, Yue, Heiwai Tang, and Yifan Zhang, "Factor Intensity, Product Switching, and Productivity: Evidence from Chinese Exporters", *Journal of International Economics*, Vol. 92, No. 2, 2014, pp. 349-362.

240. Manova, Kalina and Zhihong Yu, "How Firms Export: Processing vs. Ordinary Trade with Financial Frictions", Journal of International Economics, Vol. 100, 2016, pp. 120-137.

241. Manova, Kalina and Zhiwei Zhang, "China's Exporters and Importers: Firms, Products and Trade Partners", NBER Working Paper, No. 15249, 2009.

242. Manova, Kalina and Zhiwei Zhang, "Export Prices across Firms and Destinations", *Quarterly Journal of Economics*, Vol. 127, No. 1, 2012, pp. 379-436.

243. Manova, Kalina, Shang – Jin Wei, and Zhiwei Zhang, "Firm Exports and Multinational Activity under Credit Constraints", *Review of Economics and Statistics*, Vol. 97, No. 3, 2015, pp. 574-588.

244. Marschak, Jacob and William Andrews, "Random Simultaneous Equations and the Theory of Production", *Econometrica*, Vol. 12, No. 4, 1944, pp. 143-205.

245. Mattoo, Aaditya, Zhi Wang, and Shang-Jin Wei (ed.), *Trade in Value Added: Developing New Measures of Cross – Border Trade*, The World Bank, Washington D. C., USA, 2013.

246. Mayer, Thierry and Gianmarco Ottaviano, "The Happy Few: The Internationalization of European Firms", *Bruegel Blueprint Series*, Vol. III, 2007.

247. Mayer, Thierry and Soledad Zignago, "Notes on CEPII's Distances Measures: the GeoDist Database", CEPII Working Paper, 2011.

248. Mayer, Thierry, Marc Melitz, and Gianmarco Ottaviano, "Market Size, Competition, and the Product Mix of Exporters", *American Economic Review*, Vol. 104, No. 2,

2014,pp.495-536.

249. Melitz,Marc and Gianmarco Ottaviano,"Market Size,Trade,and Productivity", *Review of Economic Studies*,Vol.75,No.1,2008,pp.295-316.

250. Melitz, Marc, "The Impact of Trade on Intra - Industry Reallocations and Aggregate Industry Productivity",*Econometrica*,Vol.71,No.6,2003,pp.1695-1725.

251. Meyer, Klaus and Saul Estrin, "Entry Mode Choice in Emerging Markets: Greenfield,Acquisition and Brownfield",Working Paper Center for East European Studies, 18,1998.

252. Miller, Ronald and Peter Blair, *Input - output Analysis: Foundations and Extensions*,Cambridge University Press,2009.

253. Miller, Ronald and Umed Temurshoev, "Output Upstreamness and Input Downstreamness of Industries/Countries in World Production", *International Regional Science Review*,Vol.40,No.5,2017,pp.443-475.

254. Motta,Massimo and George Norman,"Does Economic Integration Cause Foreign Direct Investment?"*International economic review*,Vol.37,No.4,1996,pp.757-783.

255. Neary,Peter,"Two and a Half Theories of Trade",*World Economy*,Vol.33,No.1, 2010,pp.1-19.

256. Nocke,Volker and Stephen Yeaple,"Globalization and Endogenous Firm Scope", NBER Working Paper,No.12322,2006.

257. Nocke, Volker and Stephen Yeaple, "Cross - border Mergers and Acquisitions versus GreenfieldForeign Direct Investment: The Role of Firm Heterogeneity",*Journal of International Economics*,Vol.72,No.2,2007,pp.336-365.

258. Novy, Dennis, "Gravity Redux: Measuring International Trade Costs with Panel Data",*Economic Inquiry*,Vol.51,No.1,2013,pp.101-121.

259. OECD, *Interconnected Economies: Benefiting from Global Value Chains*, OECD Publishing,2013.

260. Oi, Walter and Todd Idson, "Firm Size and Wages", *Handbook of Labor Economics* (edited by O. Ashenfelter, D. Card), Amsterdam: Elsevier, 1999, Vol. 33, pp. 2165-2214.

261. Olley, Steven and Ariel Pakes, "The Dynamics of Productivity in the Telecommunications Equipment Industry",*Econometrica*,Vol.64,No.6,1996,pp.1263-1297.

262. Ornaghi,Carmine,"Mergers and Innovation in Big Pharma",*International Journal of Industrial Organization*,Vol.27,No.1,2009,pp.70-79.

263. Pakes, Ariel, "The Estimation of Dynamic Structural Models: Problems and Prospects,Part II.Mixed Continuous-Discrete Control Models and Market Interactions",In:

J.J. Laffont and C. Sims. (eds) *Advances in Econometrics: Proceedings of the 6th World Congress of the Econometric Society*, Chapter 5, pp.171-259, 1994.

264. Patel, Nikhil, Zhi Wang, and Shang-Jin Wei, "Global Value Chains and Effective Exchange Rates at the Country-Sector Level", NBER Working Paper, No.20236, 2014.

265. Pavcnik, Nina, "Trade Liberalization, Exit, and Productivity Improvements: Evidence from Chilean Plants", *Review of Economic Studies*, Vol. 69, No. 1, 2002, pp. 245-276.

266. Petrin, Amil, Brian Poi, and James Levinsohn, "Production Function Estimation in Stata Using Inputs to Control for Unobservables", *The Stata Journal*, Vol. 4, 2004, pp. 113-123.

267. Ramondo, Natalia, "Foreign Plants and Industry Productivity: Evidence from Chile", *Scandinavian Journal of Economics*, Vol.111, No.4, 2009, pp.789-809

268. Redding, Stephen, "Theories of Heterogeneous Firms and Trade", *Annual Review of Economics*, Vol.3, No.1, 2011, pp.77-105.

269. Roberts, Mark and James Tybout, "The Decision to Export in Colombia: An Empirical Model of Entry with Sunk Costs", *American Economic Review*, Vol. 87, No. 4, 1997, pp.545-564.

270. Rosenbaum, Paul R. and Donald B. Rubin, "The Central Role of the Propensity Score in Observational Studies for Causal Effects", *Biometrika*, Vol. 70, No. 1, 1983, pp. 41-55.

271. Rovigatti, Gabriele and Vincenzo Mollisi, "PRODEST: Stata Module for Production Function Estimation Based on the Control Function Approach", *Statistical Software Components*, 2016.

272. Ruhl, Kim and Jonathan Willis, "New Exporter Dynamics", *International Economic Review*, Vol.58, No.3, 2017, pp.703-726.

273. Sanyal, Kalyan and Ronald Jones, "The Theory of Trade in Middle Products", *American Economic Review*, Vol.72, No.1, 1982, pp.16-31.

274. Solow, Robert, "Technical Change and Aggregate Production Function", *Review of Economics and Statistics*, Vol.39, No.3, 1957, pp.312-320.

275. Stehrer, Robert, Neil Foster and Gaaitzen de Vries, "Value Added and Factors in Trade: A Comprehensive Approach", WIOD Working Paper No.7, 2012.

276. Stiebale, Joel and Frank Reize, "The Impact of FDI through Mergers and Acquisitions on Innovation in Target Firms", *International Journal of Industrial Organization*, Vol.29, No.2, 2011, pp.155-167.

277. Stiebale, Joel, "The Impact of Foreign Acquisitions on the Investors' R&D

Activities-Firm-level Evidence", Ruhr Economic Papers, 2010.

278. Stone, Susan, Ricardo Cepeda, and Anna Jankowska, "*The Role of Factor Content in Trade: Have Changes in Factor Endowments Been Reflected in Trade Patterns and on Relative Wages?*" OECD Trade Policy Papers, No.109, OECD Publishing, 2011.

279. Syverson, Chad, "Product Substitutability and Productivity Dispersion", *Review of Economics and Statistics*, Vol.86, No.2, 2004, pp.534-550.

280. Szamosszegi, Andrew and Cole Kyle, "An Analysis of State-owned Enterprises and State Capitalism in China", *Incorporated for US-China Economic and Security Review Commission*, 2011.

281. Tang, Heiwai and Yifan Zhang, "Quality Differentiation and the Pattern of Intermediated Trade", Manuscript, 2010.

282. Tang, Heiwai and Yifan Zhang, "Quality Differentiation and Trade Intermediation", Working Paper, 2012.

283. Tang, Heiwai, Fei Wang and Zhi Wang, "The Domestic Segment of Global Supply Chains in China under State Capitalism", World Bank Policy Research Working Paper No. 6960, 2014.

284. Timmer, Marcel (ed.), "The World Input-Output Database (WIOD): Contents, Sources and Methods", WIOD Working Paper, No.10, 2012.

285. Tybout, James and Daniel Westbrook, "Trade Liberalization and the Dimensions of Efficiency Change in Mexican Manufacturing Industries", *Journal of International Economics*, Vol.39, No.1, 1995, pp.53-78.

286. UNCTAD, *World Investment Report*, Geneva, 2000.

287. UNCTAD, *Non-equity modes of International Production and Development*, World Investment Report, New York and Geneva, 2011.

288. UNCTAD, *Global Value Chains: Investment and Trade for Development*, World Investment Report, New York and Geneva, 2013.

289. Upward, Richard, Zheng Wang, and Jinghai Zheng, "Weighing China's Export Basket: The Domestic Content and Technology Intensity of Chinese Exports", *Journal of Comparative Economics*, Vol.41, No.2, 2013, pp.527-543.

290. Van Beveren, Ilke, "Total Factor Productivity Estimation: A Practical Review", *Journal of Economic Surveys*, Vol.26, No.1, 2012, pp.98-128.

291. Van Biesebroeck, Johannes, "Exporting Raises Productivity in Sub-Saharan African Manufacturing Firms", *Journal of International Economics*, Vol. 67, No. 2, 2005, pp.373-391.

292. Vanek, Jaroslav, "The Factor Proportions Theory: The N-Factor Case", *Kyklos*,

Vol.21,No.4,1968,pp.749-756.

293. Verdoorn,Petrus,"The Intra-Block Trade of Benelux",*Economic Consequence of the Size of Nations*,edited by E.Robinson,London:Macmillan,1960,pp.291-329.

294. Verhoogen,Eric,"Trade,Quality Upgrading and Wage Inequality in the Mexican Manufacturing Sector",*Quarterly Journal of Economics*,Vol.123,No.2,2008,pp.489-530.

295. Wagner, Joachim, "The Causal Effects of Exports on Firm Size and Labor Productivity:First Evidence from a Matching Approach",*Economics Letters*,Vol.77,No.2,2002,pp.287-292.

296. Wang, Jian and Xiao Wang, "Benefits of Foreign Ownership:Evidence from Foreign Direct Investment in China",*Journal of International Economics*,Vol.97,No.2,2015,pp.325-338.

297. Wang,Zhi,Shang-Jin Wei and Kunfu Zhu,"Quantifying International Production Sharing at the Bilateral and Sector Levels",NBER Working Paper,No.19677,2013.

298. Wang,Zhi,Shang-Jin Wei,Xinding Yu,and Kunfu Zhu,"Characterizing Global Value Chains", the Global Value Chain Development Report 2016 Background Paper Conference in Beijing (March),2016.

299. Wooldridge,Jeffrey,*Econometric Analysis of Cross Section and Panel Data*,The MIT Press,2002.

300. Wooldridge, Jeffrey, "On Estimating Firm-level Production Functions Using Proxy Variables to Control for Unobservables",*Economics Letters*,Vol.104 ,No.3,2009,pp.112-114.

301. WTO,*Annual Report*,Geneva, 1998.

302. WTO,*Measuring Trade in Services:A Training Module*,Geneva, 2010.

303. Yang,Xiaokai and Yew-Kwang Ng,*Specialization and Economic Organization:A New Classical Microeconomic Framework*, North-Holland (Amsterdam and New York),1993.

304. Yang, Yong and Sushanta Mallick, "Export Premium, Self-Selection and Learning-by-Exporting:Evidence from Chinese Matched Firms",*World Economy*,Vol.33,No.10,2010,pp.1218-1240.

305. Yasar,Mahmut,Rafal Raciborski,and Brian Poi,"Production Function Estimation in Stata Using the Olley and Pakes Method",*The Stata Journal*,Vol.8,2008,pp.221-231.

306. Yeaple,Stephen,"The Multinational Firm",*Annual Review of Economics*,Vol.5,No.1,2013,pp.193-217.

307. Yi,Kei-Mu,"Can Vertical Specialization Explain the Growth of World Trade?"*Journal of Political Economy*,Vol.111,No.1,2003,pp.52-102.

308. Young, Alwyn, "A Tale of Two Cities: Factor Accumulation and Technical Change in Hong Kong and Singapore", *NBER Macroeconomics Annual*, Vol.7, 1992, pp.13-54.

309. Yu, Miaojie, "Processing Trade, Tariff Reductions and Firm Productivity: Evidence from Chinese Firms", *Economic Journal*, Vol.125, No.585, 2015, pp.943-988.

310. Zelenyuk, Valentin, "Aggregation of Economic Growth Rates and of Its Sources", *European Journal of Operational Research*, Vol.212, No.1, 2011, pp.190-198.

后　记

本书关于中国工业企业国际化与经济绩效的话题无论在学术上还是在实践中都很重要,也很复杂。尽管笔者做了一些工作,但本书的研究仍然是初步的,有许多问题需要进一步探讨,比如基于国际投资与参与全球价值链视角的分析有待进一步拓展和深化、需要进一步将企业出口与进口结合起来进行分析、需要研究中国服务业企业的国际化与经济绩效并将之与工业企业进行比较等等。

本书是笔者主持的国家自然科学基金面上项目(项目批准号:71272069)的最终研究成果、国家社科基金重点项目(14AZD058)和教育部人文社科重点研究基地重大项目(项目号:17JJD79001)的阶段性成果。国家自然科学基金研究课题从 2013 年开始至 2016 年年底完成,历时四年;从 2016 年年底至 2017 年 9 月,笔者又在课题成果的基础上进行修改完善,最终完成这本专著。

然而,本书的写作过程并不轻松,尤其在涉及数据的处理与更新时,整个研究工作变得十分艰辛、耗时。比如,对于中国工业企业数据、海关数据与 OFDI 数据三大数据库的处理与匹配,笔者就动用了三台大内存(32G 和 16G)计算机,夜以继日地持续运行,历时 80 多天才完成第一阶段的模糊匹配(fuzzy match);随后笔者又组织七位博士生和硕士生一起耗时半个月完成第二阶段人工匹配。在进行倾向得分匹配(propensity score matching)分析时,所有的处理通过两台计算机连续运行两个多月才最终完成。此外,本书除了前两章及最后一章之外,其他所有章节都涉及大规模数据计算处理,笔者为此用 stata 与 matlab 软件编写了成千上万条命令,这一工作也非常耗费时间和精力。因此,从某种程度上说,这本书是人脑与电脑分工协作的产物。

本书的研究与写作离不开很多人的帮助。首先要感谢我的博士生和硕士生在数据处理方面提供的有力帮助,他们是郑乐凯、刘恩泽、葛娴、韩静、韩雪、韩昊廷(韩国)、王庐玥等。感谢复旦大学经济学院科研办公室的施侠、忻怡怡等老师在课题申报、研究与结题事务方面提供的协助。

我要特别感谢复旦大学管理学院统计系副主任肖志国教授,从2012年开始我们就在一起进行一些非常愉快的合作研究,内容涉及全球价值链、自由贸易区与中国开放经济等问题,这使我受益匪浅。我还要感谢美国耶鲁大学的劳伦泽·凯里安德(Lorenzo Caliendo)教授,他于2017年5月24日应复旦大学世界经济系邀请来"国际经济学前沿讲座"做学术报告,其间笔者与他进行了讨论,并深受启迪。本书第九章的分析方法就是基于他与弗南德·帕若(Fernando Parro)合作的论文。我的同事李志远与谢一青两位老师为组织这次学术讲座做了大量工作,并进行了非常有见地的讨论,在此也一并感谢!另外,我要对支持本书出版的人民出版社经济与管理编辑部郑海燕主任表示由衷的谢意。

最后需要指出的是,本书表达的观点是笔者自己的,其他个人与机构都不应对此负责,欢迎读者提出批评与意见。

程大中

2017 年 9 月 22 日于上海复旦大学

策划编辑:郑海燕
责任编辑:李甜甜
封面设计:肖　辉
责任校对:吕　飞

图书在版编目(CIP)数据

中国工业企业的国际化与经济绩效/程大中 著. —北京:人民出版社,2018.4
ISBN 978－7－01－018878－2

Ⅰ.①中…　Ⅱ.①程…　Ⅲ.①工业企业-经济全球化-研究-中国
　②工业企业-经济绩效-研究-中国　Ⅳ.①F425

中国版本图书馆 CIP 数据核字(2018)第 020534 号

中国工业企业的国际化与经济绩效
ZHONGGUO GONGYE QIYE DE GUOJIHUA YU JINGJI JIXIAO

程大中　著

人民出版社 出版发行
(100706　北京市东城区隆福寺街 99 号)

北京汇林印务有限公司印刷　新华书店经销

2018 年 4 月第 1 版　2018 年 4 月北京第 1 次印刷
开本:710 毫米×1000 毫米 1/16　印张:28.5
字数:416 千字

ISBN 978－7－01－018878－2　定价:100.00 元

邮购地址 100706　北京市东城区隆福寺街 99 号
人民东方图书销售中心　电话 (010)65250042　65289539